KB036124

사랑의 세계정치

| 전쟁과 평화

세계정치

하영선 지음

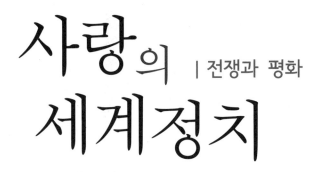

하영선의 세계정치 강의

World Politics of Love
: War and Peace

한울
아카데미

이 도서의 국립중앙도서관 출판예정도서목록(CIP)은 서지정보유통지원시스템 홈페이지(http://seoji.nl.go.kr)와 국가자
료공동목록시스템(http://www.nl.go.kr/kolisnet)에서 이용하실 수 있습니다.
CIP제어번호: CIP2019032084(양장), CIP2019032100(무선)

2012년 6월 정년을 맞아 고별 강연을 하면서 학문적으로 걸어왔던 길을 회고하는 대신에 앞으로 걸을 길을 전망했다. 그러나 종심從心의 세월을 맞은 2016년에 후학들이 지난 50년의 지적 여정을 되돌아보는 한 학기 강의를 해달라는 요청을 했다. 결국 같은 길을 걷고 있는 동학들에게 도움이 될 것이라는 강권을 쉽사리 뿌리치지 못했다.

사랑과 미움의 세계정치에 대한 나의 첫 관심은 1960년 후반 동숭동 대학 시절에서 비롯했다.* 당시는 차가운 냉전질서 속에서 남북한이 치열한 체제 경쟁을 하고 있었다. 국내적으로는 3선 개헌 반대 데모를 겪으면서 나는 적응과 저항이라는 두 갈래 길 대신에 제3의 길로서 사랑의 정치학에 관심을 갖게 되었다. 사랑의 정치학을 통해

---

* 이 책에서는 '세계정치'와 '국제정치'라는 두 용어를 동시에 사용한다. 원칙적으로 국제정치는 국가라는 주인공들의 정치를 의미하며, 세계정치는 국가뿐만 아니라 초국가와 하위국가의 모든 주인공들의 관계를 의미한다. 따라서 서양 근대질서에서는 국제정치가 중심을 이뤘으며, 21세기 탈근대질서에서는 복합세계정치가 새롭게 주목받고 있다.

답해보고자 한 것은, 서로 아끼고 사랑할 가능성을 지닌 인간들이 현실 세계에서는 경쟁하고 미워해서 결국 죽음에 이르는 전쟁 상태를 겪게 되는 원인은 무엇이며, 이를 해결하는 구원의 정치학은 불가능한가라는 어려운 질문이었다. 이 문제를 인간의 내면과 외면 세계의 총체적 결합으로서 풀어보려고 시작된 20대의 지적 고민은 결국 반세기 동안 계속되었다.

사랑의 세계정치에 대한 고민은 역설적으로 무엇보다 미움의 세계정치에 대한 성찰에서 출발해야 한다. 그래서 나는 세계질서에서 미움의 대표적 상징인 핵무기가 어떻게 전 세계적으로 확산되었으며, 또 어떻게 축소될 수 있는가를 본격적으로 따져보기 시작했다. 한편, 한반도 질서와 관련해서는 1980년대의 열기 속에서 한국전쟁에서 비롯한 한반도의 전쟁과 평화 문제를 새로운 시각에서 검토하고 풀기 위해 국제, 남북한, 국내체제의 3중 복합 시각에서 학생들과 함께 고민했다.

1990년대의 탈냉전은 사랑과 미움의 세계정치 시각에서는 새로운 문제를 제기했다. 탈냉전은 단순히 미소 중심의 냉전체제 해체를 의미하는 것이 아니라 새로운 문명사적 변환의 가능성을 보여주기 시작했다. 전통 천하질서, 근대 국제질서, 현대 냉전질서에 이어 탈근대 복합질서라는 역사적 전개 속에서 주인공, 무대, 연기는 모두 새로운 변모를 겪고 있다. 따라서 19세기 한국 외교사가 체험한 전통 천하질서에서 근대 국제질서로의 역사적 변환과 21세기 미래 문명사가 맞이하고 있는 근대와 탈근대 질서의 복합을 특별히 주목했다. 동시에 근대 국제질서를 기반으로 하는 현대 국제정치이론과 탈근대 세계질서를 기반으로 한 복합세계정치이론을 중진국의 지평에서 모색하고, 이러한 한국 국제정치론의 정립을 위한 한국 사회과학 개념사 연구를 진행했다.

　21세기에 들어서서 중국의 급부상에 따른 미중 주도의 아태 신질
서 건축 논의가 활발해지는 것과 병행해 동아시아 질서사를 포괄적으
로 검토하여 역사적 차별성을 밝히는 동시에 미래의 아태 질서가 단
순히 미국과 중국 중심으로 설계되고 건축되지 않도록 해야 한다. 한
걸음 더 나아가 중진국인 한국은 근대와 탈근대의 장점을 결합해 주
인공, 무대, 연기의 복합화라는 꿈을 현실화해서 미움의 세계정치를
사랑의 세계정치로 진화시켜야 한다.

차례

강의를 시작하며   3

1강   사랑의 국제정치학   11

1. 1960년대 세계질서의 변동   13

2. 적응, 저항 그리고 사랑   16

3. 동주와의 만남   20

4. 루소와의 만남   22

5. 자기애와 동정   25

6. 경쟁애의 타락: 이성의 오용과 사회적 불평등   29

7. 자기애와 동정의 인간, 사회, 세계로의 복구   35

8. 복합세계정치학: 사랑의 국제정치학을 향하여   40

2강   세계질서와 한반도의 핵무기   43

1. 미소 공포의 핵균형, 미중 관계 개선, 남북 7·4 공동성명   46

2. 미국 유학과 조지 모델스키   53

3. 한국의 핵개발과 박사학위 논문   57

4. 평화적 핵기술의 세계 확산과 한반도   71

5. 핵무기의 세계적 집중과 확산   72

6. 핵확산의 세계적 관리   73

7. 탈냉전기 북핵 문제   75

더 읽을거리   1. 북핵 위기 해결의 새 길 찾기 **82** ❘ 2. 김정은 신년사의 세 얼굴과 평창올림픽 **87** ❘ 3. 북한의 '신전략노선'과 두 정상회담: 비핵화와 체제 보장 **90** ❘ 4. 북미 정상회담이 남긴 숙제 제대로 풀기 **96** ❘ 5. 김정은 2019년 신년사와 완전 비핵화의 과제 **102** ❘ 6. 성공적인 3차 북미 정상회담이 되려면: 북한식 계산법과 미국식 계산법의 수렴 **105**

3강 **한반도의 전쟁과 평화** 109

1. 신냉전, 페레스트로이카, 중국의 개혁개방, 아웅산 테러 111

2. 다산 연구와 한국 지성사 입문 115

3. 한반도 전쟁 연구와 클라우제비츠 117

4. 한반도 평화 연구와 요한 갈퉁 125

5. 한반도 전쟁과 평화의 새로운 접근 127

4강 **한국 현대 외교정책론** 155

1. 탈냉전의 역사적 변환과 한국 현대사 157

2. 냉전 연구의 갈등: 정통론, 수정론, 탈수정론 163

3. 제4기 신냉전 연구와 한국 냉전 연구 170

4. 한국 현대사의 복합적 접근: 국제체제, 분단체제, 국내체제 173

5. 한국전쟁의 발발 177

6. 미중 대데탕트의 성공과 남북 소데탕트의 실패 189

5강 **현대 국제정치이론** 195

1. 탈냉전과 국제정치이론 197

2. 국제정치이론 강의사 201

3. 『일반 국제정치학(상)』 203

4. 한국 국제정치학의 새 방향 모색 210

5. 현대 국제정치이론과 중견국 214

6. 복합세계정치론 방법론 229

더 읽을거리 1. 한국 사회과학의 새로운 방향 모색: 국제정치학 235

6강   **복합세계정치학**   241

1. 탈냉전과 복합세계정치학   243

2. 기술혁명과 사이버 공간의 등장   244

3. 복합세계정치학: 주인공, 무대, 연기의 복합화   248

7강   **한국 외교사**   265

1. 한국 근대 국제정치: 제너럴셔먼호 사건에서 한일병합까지   268

2. 한국 근대 외교사 연구의 출발   274

3. 근대 한국 외교사의 이해: 3분법에서 5분법으로   281

8강   **한국 근대 사회과학 개념사**   305

1. 개념과 국제정치학: 동서양 문명의 전환과 개념사 연구   307

2. 한국 근대 개념사의 삼중고: 문명 각축, 국제 정치 갈등, 국내정치 대결   316

3. 개념사 연구 방법론: 내면세계의 해석학적 접근   320

4. 한국 개념사 연구의 세 과제: 문명, 냉전, 미래   325

9강   **동아시아 질서 건축사**   335

1. 21세기 중국의 부상과 전통 천하질서   337

2. 전통 천하질서의 형성과 전개   342

3. 복합천하질서 연구방법론: 맹자의 이의역지 해석학   348

4. 복합천하질서의 역사적 전개   351

5. 동아시아 질서 건축사: 천하·근대·냉전·미래 세계질서의 복합   363

10강   **꿈의 세계정치학**   367

　　1. 21세기 세계정치 주인공의 꿈   371

　　2. 21세기 국제정치학을 위한 상상력   377

　　3. 21세기 한국 국제정치학의 꿈   396

　　4. 중견국 한국의 꿈   408

더 읽을거리   1. 21세기 아태 신질서 건축: 신흥 주인공과 무대 410 │ 2. 역사 속의 젊은 그들: 19
세기와 21세기 422 │ 3. 조선 백자의 매력 452 │ 4. 이중섭과 빈센트 반 고흐
454 │ 5. 세한도와 정권의 겨울 455 │ 6. G20과 스무 선재동자 457 │ 7. 박물관의
국제정치 459 │ 8. 옛 제국의 심장에서 새로운 천년을 꿈꾸다 460 │ 9. 아시아의 다
음 천년 수도는? 462 │ 10. 짝퉁 세상과 맑은 인연 463 │ 11. 21세기 허생의 중국 문
제 풀기 465 │ 12. 김옥균 묘 앞에서 467 │ 13. 평양에 두고 온 발표문 468 │ 14. 히
로시마 여행의 회상 470 │ 15. 백남준의 촛불과 네 개의 한반도 그림자 472 │ 16. 매
력국가 건설하기 473 │ 17. 사랑에 기반 둔 경쟁사회 만들려면 475

11강   **토크콘서트**   479

　　강의를 마치며   509

　　본문의 주   512

　　찾아보기   522

1강

사랑의 국제정치학

한 학기 동안 '사랑의 국제정치학 50년'이라는 제목으로 10회 강의를 하겠어요. 50년은 내가 1967년에 서울대학교 문리대 외교학과에 입학해서 국제정치학에 관심을 두기 시작한 지 50년이라는 의미예요. 내가 지난 50년 동안 썼던 글들을 10개의 주제로 나눠서 매주 한 편씩 이야기해 나가려고 해요.

첫 주의 주제는 '사랑의 국제정치학'이에요. 이 주제를 처음으로 다룬 것은 석사학위 논문 「루소 연구서설: Amour de soi와 Amour propre를 중심으로」(1974)[1]였어요. 석사학위 논문부터 이야기를 시작하는 이유는 이 주제가 나의 국제정치학 50년 전체의 바닥에 깔려 있고, 또 이 논문을 쓰면서 보냈던 청춘의 세월이 미국에서 박사학위 논문을 썼던 시간보다 훨씬 길었기 때문이에요.

1. 1960년대 세계질서의 변동

우선 1960년대 중반 동숭동에서 루소를 만났을 당시의 시대 분위기에 대한 이야기부터 시작할게요. 1960년대 중후반은 국제정치적으로 보면 1945년 제2차 세계대전의 종전과 함께 영국의 팍스 브리타니카를 대신해 미국의 팍스 아메리카나가 등장한 지 20년의 시간이 흐른 때였죠. 세계질서의 주도권을 압도적으로 장악했던 미국은 1960년대에 들어서서 처음으로 상대적 쇠퇴를 겪기 시작했어요. 군사적으로 보면 1950년대 후반에 소련의 핵능력이 빠른 속도로 커지고, 1960년대 초반에는 쿠바 미사일 위기를 겪게 되죠. 경제적으로도 일본이나 유럽이 전후 부흥을 이뤄서 1945년 직후 세계 국민총생산

그림 1

1968년 프랑스 파리에서 벌어진 5월 혁명 당시 개선문 앞 샹젤리제 거리에 몰려든 인파

자료: Mondadori via Getty Images / 게티이미지코리아.

GDP의 2분의 1에 육박했던 미국의 GDP는 4분의 1로 감소했어요. 더 구나 1960년대 중반 미국은 베트남전에 직접 개입하면서 국내정치적 으로도 커다란 어려움을 겪고 있었고요. 한편 사회주의권은 본격적으로 중소분쟁이 심화되고 있던 때 동숭동에서 외교학과 신입생으로 국 제정치학을 공부하기 시작했어요.

1968년 5월에는 파리가 전 세계의 주목을 받았어요. 그림 1은 멀리 보이는 파리의 개선문 앞에서 100만 가까운 사람들이 모여 시위 를 하고 있는 모습이에요. 5월 혁명이라고 불리는 이 시위의 첫출발 은 학생들이었지만 노동자를 비롯한 수많은 사람들이 데모에 참여했 죠. 프랑스 남쪽 지방 대학의 학교 행정에 대한 불만에서 시작된 시위 가 점점 불이 붙어서 1968년 5월에는 유럽 전역으로 확산됐고, 컬럼 비아대학을 비롯한 미국의 많은 대학에도 퍼져나갔어요. 전 세계적으 로 기성 질서에 대한 반발과 저항이 일어났던 거죠.

그림 2

1·21 사태 당시 체포된 김신조
자료: 국가기록원.

전후 세계질서가 새로운 변화의 서곡을 맞이하는 속에서 한반도의 남북한은 1968년 1·21 사태를 겪어요. 북한의 김신조를 포함한 특수부대원 31명이 박정희 대통령을 살해하기 위해 휴전선을 넘어 청와대 인근까지 잠입하는 사태가 발생한 거예요(그림 2). 북한은 1960년대에 들어서면서 전쟁 통일의 비현실성에 직면해 3대 혁명 역량 강화라는 새로운 통일 방안을 추진하게 돼요. 다시 말해, 제2의 한국전쟁과 같은 전면전쟁을 통해 통일을 완수한다는 노선 대신에 국제, 북한, 남한의 3대 혁명 역량을 강화해서 통일을 추진하는 노선으로 전환하게 되죠. 1·21 사태에서 드러난 것처럼 대남 게릴라전으로 남북한 간의 긴장이 고조되는 분위기였어요.

국내적으로는 1960년대 후반부터 박정희 대통령이 3선 연임을 위해 헌법 개정을 추진하면서 대학생들의 반정부 시위가 점차 격해지는 상황이었죠. 1969년에는 3선 개헌 반대 투쟁이 본격화됐어요(그림 3). 그래서 거의 매 학기 휴교령이 내려지는 속에서 학교 강의가 진행됐어요. 당시 나는 문리대 잡지였던 《형성》의 편집위원이었는데, "대

그림 3

1969년에 벌어진 3선 개헌 반대 투쟁

자료: 동아일보 / 게티이미지코리아.

학가의 물결"(1968)이라는 제목으로 전 세계의 학생운동을 소개하는 글을 처음 썼죠.

2. 적응, 저항 그리고
사랑

1960년대 중후반의 세계질서 변화, 남북한의 군사적 긴장, 국내 외적으로 반정부 시위가 커져가는 가운데 개인으로서는 미래를 어떻게 살아야 할 것인지에 대한 고민이 컸어요. 신입생으로서 첫해에는 우선 공부를 열심히 하자고 생각했어요. 그리고 외교학과에 들어왔으니까 외무고시에 합격해서 한국을 대표하는 외교관이 돼야겠다는 일반적인 희망이 있었죠. 따라서 대학 첫해의 핵심 단어는 '적응'이었어요. 당시 동숭동의 독특한 분위기이기도 했지만, 막연하게 나는 남들과 다르다고 생각했어요. 따라서 내가 열심히 적응하려고 노력하지 않으면 기성 사회의 가치와 언행의 표준을 쉽게 따르지 못하고 일탈적 삶을 살게 될지 모른다는 불안이 있었죠. 외교관이나 사회인으로서 성공적으로 활동하려면 국내 및 국제사회에 제대로 적응하는 것이 무엇보다 중요하다고 생각했고, 동숭동의 첫해를 대부분 도서관에서 보냈어요.

신입생 생활 1년을 마치고 난 겨울방학이었어요. 도서관에서 콜린 윌슨Colin Wilson의 『아웃사이더Outsider』(1956)[2]를 읽게 됐어요. 요즘 대학생들도 여전히 이 책을 읽는지는 잘 모르겠지만, 당시에는 문리대생의 애독서 중 하나였죠. 추운 중앙도서관에 쭈그리고 앉아 이 책을 읽으면서 적지 않은 충격을 받았어요. 콜린 윌슨의 책을 보면서 당황하고 흥분했던 것은 '적응'의 인간상이 아니라 '저항'의 인간상을 만났기 때문이에요. 전형적인 외부자인 콜린 윌슨이 소개하는 세계의 대표적 외부자들의 삶을 보면서 기성 사회의 규범에 적응하는 대신에 저항하면 어떻게 되는가라는 새 질문에 부딪히게 됐어요. 책에서 소개하는 외부자들은 기성 가치에 불만을 품고 일상적인 삶을 거부하는 사람들이죠. 『아웃사이더』의 마지막 문장은 이렇게 끝나요. "외부자로 시작하지만, 마지막은 성자로 끝나는지도 모른다." 콜린 윌슨은 내부자와는 다른 외부자의 삶을 소개한 다음에 마지막으로 내부자와 외부자의 삶을 넘어선 제3의 삶에서 새로운 해결책을 찾고 있어요.

콜린 윌슨은 16세에 학교를 그만두고 노동을 하면서 독학으로 공부한 사람이에요. 책과 에세이까지 합치면 150여 편의 많은 글을 썼지만, 많은 사람들에게는 『아웃사이더』의 저자로만 기억되고 있죠. 윌슨은 1954년 크리스마스 날 침대에 앉아서 그동안 읽은 책들의 주인공인 외로운 외부자들을 생각하다가 이 책을 쓰기 시작했어요. 가난했던 그는 밤에는 햄프스테드 히스Hampstead Heath라는 런던 북쪽의 자연공원에서 야전침낭을 덮고 잤고, 낮에는 마르크스가 『자본론』을 썼던 대영 박물관 독서실에서 글을 썼어요. 이 책은 나오자마자 폭발적인 반응을 불러일으켰고 오늘날까지도 전 세계적으로 꾸준히 사랑받고 있어요. 그러나 이후의 많은 작품은 그리 큰 성공을 거두지 못했죠.

『아웃사이더』의 첫 장인 '맹인국가'에서 20세기 초 반전 소설가 앙리 바르뷔스Henri Barbusse의 『지옥L'Enfer』에 나오는 주인공은 "나는 너무 깊게, 그러면서도 많이 본다"라고 이야기해요. 맹인국가의 내부자들은 눈먼 자들이고 외부자들은 눈뜬 자들이죠. 그리고 이어서 소설가 표도르 도스토옙스키Fyodor Mikhailovich Dostoevskii, 화가 빈센트 반 고흐Vincent van Gogh, 철학자 프리드리히 니체Friedrich Wilhelm Nietzsche, 무용가 바슬라프 니진스키Vaslav Nizinskii를 비롯한 10여 명의 대표적 외부자들이 어떻게 저항의 길을 선택했고 그 선택의 결과는 무엇이었는지를 대단히 인상적으로 추적하고 있어요. 특히 주목해야 할 것은 대부분 외부자들의 마지막 행로가 정신병 또는 자살이라는 거예요. 여기에서 벗어난 아주 극소수의 예외적인 외부자들은 종교인들이었어요. 외부자는 사회 전체와 고독한 대결을 하는 것이기 때문에 그야말로 수십억 대 일의 싸움을 하는 거죠. 따라서 외부자로서 살아남으려면, 예수처럼 자기 삶의 가치를 종교 수준으로 끌어올려야 한다는 거예요.

이 책을 읽으면서 고민스러웠던 것은, 외부자의 삶에 관한 관심과 동시에 그들의 마지막 행로에 대한 두려움 사이에서 느꼈던 갈등이었어요. 대학교 2학년이 되면서, 내부자가 되기 위한 현실 적응의 노력에서 일단 벗어날 필요가 있다는 생각으로 《형성》이라는 문리대

교지의 편집위원을 시작했고, 콜린 윌슨이 소개한 외부자들의 글을 본격적으로 읽기 시작했어요. 문학, 예술, 사회과학, 철학에 관련된 독서가 늘어나기 시작했고, 당연히 학교 성적은 떨어졌죠. 당시 문리대는 지적 허영이 넘치는 곳이었기 때문에 도스토옙스키의 소설 정도는 제대로 깊이 있게 읽지 않았더라도 '나도 읽었어'라고 말하고 다녀야 하는 분위기 속에, 나는 콜린 윌슨의 소개로 『카라마조프가의 형제들』을 처음으로 진지하게 읽었어요.

표도르 카라마조프의 세 아들 중 누구의 삶을 살아야 할 것인가라는 궁금함이 커졌죠. 첫째 드미트리는 우리가 쉽게 만날 수 있는 세속적인 인간이고, 둘째 이반은 여러분이나 나처럼 창백한 지식인으로 남과 다르다는 외부자 기질을 가지고 있죠. 그리고 셋째 알료샤는 사랑에 충만한 종교적인 인간이죠. 결과적으로 콜린 윌슨은 셋째의 손을 들어주고 있고, 도스토옙스키의 결론도 그렇죠. 『죄와 벌』의 주인공 라스콜리니코프가 스스로를 천재라고 생각하지만, 사창가에서 만난 운명의 여인 소냐에 의해 삶의 의미를 깨닫는 과정도 마찬가지 이야기죠. 세 유형의 삶을 보면서 내부자와 외부자가 아닌 제3의 삶에 본격적으로 관심을 가지기 시작했어요. 내부자의 길을 가기에는 너무 답답했고, 외부자의 길을 선택하기에는 그 결과를 책임질 만한 용기가 없었기 때문이죠. 그런데 『아웃사이더』에서 콜린 윌슨이 결론을 내고 있는 제3의 길이 오늘 말하려고 하는 사랑과 연관돼 있어요. 사회와 개인의 이중택일이 아니라, 사회도 살고 개인도 살 수 있는 길을 찾아 나선 거죠.

3. 동주와의 만남

외부자들의 대표적인 책들을 본격적으로 읽는 동시에 사회과학으로서 국제정치학을 처음으로 배워나가면서 사회과학과 국제정치학의 기본 서적을 읽기 시작했어요. 그 과정에서 처음으로 한평생 길잡이가 된 지도교수인 동주東洲 이용희 교수를 만나게 됐죠. 동주는 1960년대 초부터 박정희 정부의 국제정치 담당 특별고문으로 굉장히 바쁜 세월을 보냈어요. 그러다 정치적 갈등 때문에 내가 외교학과 2학년이던 1968년에 학교로 돌아와서 본격적으로 강의를 다시 시작했어요. 이게 동주와의 학문적 인연의 시작이었죠. 첫 학기의 국제정치 강독에서 우리는 구미 국제정치학의 교과서를 교재로 삼는 대신에 서양 근대 정치사상의 고전을 읽기 시작했어요. 그래서 토마스 홉스Thomas Hobbes를 처음 만나게 됐죠. 그 이후 존 로크John Locke, 장 자크 루소Jean-Jacques Rousseau, 에드먼드 버크Edmund Burke 등의 기본 저서들을 동주라는 지적 중매자를 통해 만나게 됐어요. 당시로서는 대단히 힘든 지적 연애의 시작이었지만, 지나고 보니 국제정치학 공부의 기초를 튼튼하게 쌓을 귀한 기회였어요.

루소로 넘어가기 전에 잠깐 동주에 대해 말하자면, 몇 년 전에 '역사 속의 젊은 그들'이라는 제목으로 공개 강의를 한 적이 있어요. 사실 그런 제목으로 공개 강연을 하고 책[3]까지 낼 생각은 전혀 없었어요. 나보다는 그 책에 나오는 주인공들의 희망이었다고 믿고 싶어요. 그 책에서 정약용, 박지원, 박규수, 유길준, 김양수, 안재홍에 이어서 이용희를 한 장에 걸쳐 다뤘기 때문에, 자세한 것은 책에서 알 수 있을 거예요.

대학 초년 시절에 콜린 윌슨보다 나를 더 당황스럽게 했던 것은 이용희 교수의 『국제정치원론』(1956),[4] 『정치와 정치사상』(1958),[5] 『일반 국제정치학(상)』(1962)[6]이었어요. 그 책들을 읽으면서 가장 기억에 남는 대표적인 구절은 우선 "그것이 그런 것 같지 않다"라는 말이었어요. 이용희 교수는 어미를 절대 두리뭉실하게 쓰지 않는 분이에요. 어미를 확실히 쓸 수 없으면 글을 쓰지 말고 끝까지 생각하라고 했죠. 그런데 예외적으로 "정치는 정치학을 공부하면 알 수 있는 것인가"라는 질문에 대한 대답의 어미는 달랐어요. 이 이야기는 우리가 흔히 말하는 정치학을 공부하면 절대 정치는 알 수 없다는 거죠. 처음 정치학 공부를 시작해서 2년쯤 돼서 그런 말을 들으니 한편으로는 굉장히 흥미롭고, 다른 한편으로는 좌절감이 느껴졌어요. '배워서 알 수 없다면 어떻게 해야 알 수 있나' 하는 의문이 생겼죠. 정치학을 가르치는 당사자가 그렇게 말하는 것은 자기부정이죠. 그런데 다르게 생각하면 그런 자기부정 자체가 굉장히 매력적인 질문 방식이라는 생각이 들어서, '그렇다면 정말 한번 해보자'라는 생각을 하게 됐어요.

동주가 "그것이 그런 것 같지 않다"라고 한 것은 정치나 국제정치를 알기 위해 관련된 대표적인 교과서를 읽으면 된다는 순진한 생각에 동의하지 않는다는 의미이기도 해요. 즉, 특히 정치나 국제정치는 체험되는 삶터의 시공적 편차에 따라서 굉장히 다른 의미로 받아들여지는데, 다른 의미권에서 이론화된 정책이나 해결책을 우리가 보편적 경전처럼 받아들이면 전혀 도움이 안 된다는 거죠. 권역과 전파의 국제정치학을 하지 않고 교과서적인 국제정치학을 아무리 열심히 배워도 내가 겪는 삶터에서 만나는 국제정치 현실에는 커다란 도움을 못 준다는 말을 하고 싶었던 거예요. 그런 점에서 『일반 국제정치학(상)』은 권역과 전파의 국제정치학을 다룬 이례적인 작품이에요. 대학교 초년 시절에는 콜린 윌슨의 책에서 다루는 내부자, 외부자, 또는 종교적 삶에 관한 인문학 서적들을 정신없이 남독하면서, 그리고 동시에 사회과학에서는 권역과 전파의 국제정치학과 연관된 공부를 하느라고 바쁜 시간을 보내면서, 결국 외교관 시험 준비에서는 자연스럽게 멀어졌죠.

또 하나 기억에 남는 것은 정치학, 특히 국제정치학은 '제왕의 학문'이라서 아무나 하는 것이 아니라는 지적이에요. 어린 시절에는 이런 지적을 쉽게 받아들이기 어려웠어요. 내가 이미 막을 내린 조선 시대 왕족도 아니고, 또 대통령을 할 것도 아니라면 제왕의 학문을 배워서 어디에 써먹을 것이냐는 의문을 당연히 가질 수 있죠. 그러나 국제정치학을 제왕적 시각 없이 공부한다면 이 학문이 왜 만들어졌고, 어떻게 실천되는지를 제대로 이해하기 어려워요. 당시에 취직과 관련된 질문을 하면 동주는 제왕의 학문을 하러 온 사람이 왜 취직 걱정을 하느냐고 되물었어요. 정치학은 취직과는 관련이 없고, 또 그런 각오가 없으면 애초에 시작하지 말아야 한다면서, 직업으로서의 정치학과 국제정치학을 생각하지 말라고 했어요. 한편으로는 속상했지만, 한편으로는 의미심장한 말이라고 생각했죠.

4. 루소와의 만남

이용희 교수의 국제정치 강독 세미나 과목을 통해 박사과정 수준의 지적 유격훈련을 받는 과정에서, 현실주의자인 토머스 홉스나 자유주의자인 존 로크에 비해 복합론자인 장 자크 루소가 개인도 살고 전체도 사는 제3의 길을 찾아 헤매는 모습을 보면서 남다른 친화감을 느꼈어요. 신입생 때 도스토옙스키의 『카라마조프가의 형제들』을 읽으면서 세속적인 감정주의자인 첫째 드미트리나 관념적 합리주의자인 둘째 이반이 아니라 사랑의 전도사인 셋째 알료샤에게 끌렸던 반가움 같은 것이었죠. 내가 루소에게 관심을 기울이게 된 것은, 콜린 윌슨식으로 말하자면, 외부자인 루소가 적응과 저항을 넘어선 제3의 길을 찾고 있기 때문이었어요. 따라서 나는 정치학도로서 그의 대표작인 『사회계약론Du Contrat Social ou Principes du droit politique』(1762)[7]을 의무적으로 읽어야겠다고 생각하지 않고, 그가 왜 나와 비슷한 실존적 고민을 하게 됐고 또 어떻게 그 고민을 해결하려 했는지를 알고 싶었어요. 따라서 초기 작품들에서 그가 보여준 고민들을 찾아 나섰어요. 나의 루소 읽기는 단순히 서양 근대 정치사상을 공부하기 위해서가 아니라, 당시 내가 겪고 있던 적응과 저항의 길을 넘어선 사랑이라는 제3의 길을 찾아보려는 실존적 고민에 대한 해답을 찾기 위한 것이었어요.

제네바 출신인 루소는 앤시Annecy(1728~1729), 샹베리Chambéry/레샤르메트Les Charmettes(1730~1739), 리옹Lyon(1740~1741)을 거쳐 1742년에 파리에 자리를 잡게 돼요. 그러나 그가 파리 문단에서 인정받게 된 시점은 디종 학술원Dijon Academy의 논문 현상공모에 『학문예술론 Discours sur les Sciences et les Arts』(1750)[8]으로 당선되고 나서였어요. 그리고 두 번째 논문 응모작이었던 『인류 불평등 기원론Discours sur l'origine et les fondements de l'inégalité parmi les hommes』(1755)[9]은 당선되지는 않았지만 출판되면서 루소가 확실하게 자리를 잡게 해줬죠.

그런데 프랑스혁명의 아버지로 불리게 되는 루소 본인은 내성적이고 수줍음 많은 성격이었어요. 어린 시절에 그의 후견인이자 애인 역할도 했던 바랑Françoise-Louise de Warens 부인은 열세 살 연상이었어요. 루소의 서간체 연애소설인 『누벨 엘로이즈La Nouvelle Heloise』(1761)[10]도 열여덟 살 연하인 소피 두드토Sophie d'Houdetot와 이루지 못한 사랑을 아쉬워하면서 쓴 것으로 알려져 있어요. 이 소설은 18세기 프랑스의 최대 베스트셀러가 됐죠. 루소의 글에는 독자들이 혁명과 사랑을 꿈꾸게 만드는 감성적 자극이 있어요. 그런데 루소는 『학문예술론』의 권두에서 『오비드Ovid』의 "여기에서 나는 야만인이다, 왜냐하면 아무도 나를 이해하지 못하기 때문이다Barbarus hie ego sum quia non intelligor illis"라는 구절을 인용해요. 야만인인 당신들이 문명인인 나를 이해하지 못한다는 그의 생각을 한마디로 표현한 거죠.

루소의 첫 논문 현상공모 응모작인 『학문예술론』의 원래 질문은 "학문과 예술les sciences et les arts의 부흥restoration은 습속moeurs의 순화에 기여했는가"였어요. 이성의 세기라고 부르는 18세기에 이런 질문에 대해 긍정적으로 답변하는 게 자연스럽죠. 그러나 루소는 고민 끝에 그답게 부정적인 대답을 하죠. 디종 학술원에서 당신 글은 어떻냐고 물었을 때 루소는 인류 역사상 극소수를 제외한 대부분의 학문예술은 습속의 순화에 기여하지 못했다고 대답했어요. 그럼에도 루소의 논문을 당선작으로 뽑은 것은 프랑스의 대단한 학문예술력이라고 할 수 있겠죠. 여러분도 지금 배우는 학문이 우리 삶에 얼마나 기여하는지를 진지하게 생각해 볼 필요가 있어요.

루소의 두 번째 글인 『인류 불평등 기원론』도 디종 학술원의 논문 현상공모 응모작이었어요. 인간 불평등의 기원이나 기초를 당시 자연법의 담론체계에서 증명하려고 한 거예요. 이 글은 당선되지는 못했지만, 루소 사상의 기반을 본격적으로 보여주는 작품이라서 그를 제대로 이해하기 위해서는 대단히 중요한 글이에요. 내 석사학위 논문의 주제인 루소의 자기애와 경쟁애도 이 책에서 출발하고 있어요.

5. 자기애와 동정

루소의 논문 응모작들을 읽으면서 그의 고민을 본격적으로 듣고 싶었어요. 가장 간단한 방법은 루소의 자서전 3부작인 『고백Confessions』 (1766~1770년 집필),[11] 『루소, 장 자크를 심판하다Rousseau juge de Jean-Jacques, Dialogues』(1772~1776년 집필),[12] 『고독한 산책자의 몽상Les Rêveries du Promeneur Solitaire』(1776~1778년 집필)[13]을 꼼꼼하게 읽는 거예요. 그중에도 대표작인 『고백』부터 읽기 시작했는데 대단히 이색적이었어요. 자서전은 대부분 자신이 역사의 주인공이었다는 자화자찬으로 채워지죠. 그런데 루소는 『고백』에서 반대로 자기 칭찬을 하고 싶지 않다고 하면서 스스로가 얼마나 못났고 잘못된 삶을 살았나를 제대로 고백하겠다고 말해요. 그러나 고백을 다 듣고 나서 우리가 더 좌절하고 마는 것은 못남의 엄청난 잘남을 뒤늦게 깨닫게 되기 때문이죠. 루소는 1762년에 『사회계약론』과 『에밀Émile』[14]을 출판한 이후에 오랜 피신 생활을 마치고 1770년에 파리로 돌아와 『루소, 장 자크를 심판하다』와 『고독한 산책자의 몽상』을 써요. 그러나 책 제목들이 말하고 있는 것처럼, 루소는 외부자로서 당시의 내부자인 대표적 프랑스 지식인들에게 피해망상 증세를 보일 정도로 힘든 말년의 삶을 살았어요.

루소의 자기 고백을 들으면서 내 머릿속에 제일 처음 떠올랐던 것은 전혀 다른 루소의 두 삶이었어요. 내 석사학위 논문의 시작도 두 삶에서 시작했어요. 하나의 삶은 『누벨 엘로이즈』에서 그리고 있는 파리 상경 초기의 파리인들과의 만남이에요. 이 만남에서 루소는 두 번 놀랐다고 쓰고 있어요. 내성적이고 수줍음 많고 가진 것도 별로 없는 루소는 파리로 갈 때 사상가로서 성공하겠다는 꿈을 꾸기보다는 새로 개발한 악보 기록 방식에 기대를 걸었어요. 그런데 당시 파리에서 지식인들은 귀족 부인의 살롱에 모여 귀족 부인을 얼마나 즐겁게 하느냐에 따라서 평가를 받았죠. 루소는 처음 만난 생면부지의 참석자들이 모두 자기를 오랜 친구처럼 맞이해 줘서 감격스러웠다고 첫인상을 쓰고 있어요. 그런데 어려운 파리 생활을 얼마간 이어나가다 작은 부탁을 했더니, 구면인 파리 깍쟁이들이 마치 한 번도 자신을 본 적이 없었던 것처럼 외면했다는 거예요. 이것이 루소가 기록한 파리의 삶이에요.

이와 대조되는 또 하나의 삶이 있어요. 한번은 루소가 평소 즐기던 방랑을 하다가 하루 종일 굶은 채로 로잔 근처의 시골 농가에 들어가 먹을거리를 부탁했더니, 멀건 국과 이가 부러질 정도로 딱딱한 빵을 주더라는 거예요. 배가 몹시 고팠던 루소가 음식을 허겁지겁 먹고 있는데, 농가 주인이 조금 있다가 음식을 다시 차려주면서, "너무 미안하다. 나는 당신이 세리稅吏인 줄 알았다. 농가 수입을 알아보려고 몰래 온 줄 알고 일부러 함부로 음식을 차려주었는데, 허겁지겁 먹는 모습을 보고 정말 배가 고픈 것을 알았다"라고 사과하더라는 거예요.

남다르게 예민한 상상력을 가진 루소에게 두 삶이 가져다준 첫 질문은 파리인과 농민 중에 "어느 것이 원래의 인간상인가"라는 것이었죠. 루소는 파리인이 가짜고, 농민이 진짜라고 생각했어요. 농민들은 최소한의 자기애amour de soi와 동정pitié에 따라서 살고 있었고, 파리인들은 경쟁애amour propre에 따라서 살고 있다고 봤죠. 그의 두 번째 질문은 "왜 이렇게 다른 두 인간상을 만나게 되는가"였고, 그 해답을 인간의 내면과 외면 세계의 복합적 결합을 통해서 찾고 있어요. 그리고 마지막 세 번째 질문은 "사회 상태의 타락한 인간상을 어떻게 자연 상태의 선한 인간상으로 다시 회복할 수 있는가"였어요.

루소의 한평생은 세 가지 핵심 질문의 해답을 찾기 위한 긴 여정이었어요. 20대의 나는 그 행적을 본격적으로 찾아 나섰어요. 두 인간 상을 추적하는 과정에서 루소 사상의 핵심 개념인 'amour de soi아무르 드 쑤아'와 'amour propre아무르 프로프르'와 만나서 본격적인 지적 연애를 하게 됐어요. 'amour de soi'와 'amour propre'는 굉장히 프랑스적인 표현이어서 우리말로 번역하기가 어렵지만, 일단 각각 '자기애'와 '경쟁애'로 번역하는 것이 그런대로 무난하다고 생각해요. 자기애는 내 눈에 비친 나를 보존하기 위해 최소한으로 아끼는 것이라면, 경쟁애는 남의 눈에 비친 나를 경쟁적으로 아끼는 것이죠. 그의 첫 번째 질문, 그리고 두 번째 질문과 씨름하면서 「루소 연구서설: amour de soi와 amour propre를 중심으로」라는 석사학위 논문을 썼어요. 그리고 그가 미완성으로 남겨놓은 세 번째 질문을 고민하면서 나의 '사랑의 국제정치학'은 싹트기 시작했죠.

루소는 『인류 불평등 기원론』에서 자기애와 동정의 자연적 인간 상이 왜 경쟁애의 인위적 인간상으로 타락했는가를 추적하기 위해 인간의 내면과 외면 세계의 변화를 동시에 관찰하고 있어요. 루소는 이야기를 시작하면서 "나는 이성에 선행하는 두 원칙을 찾을 수 있다고 믿으며, 그중에 하나는 자기애, 그리고 또 하나는 동정이다"라고 말해요. 동정은 남과 정을 같이한다는 의미로, 그중에서도 남의 아픔이나 슬픔처럼 힘든 감정을 내 아픔이나 슬픔으로 받아들이는 거예요. 18세기는 이성의 세기였는데, 오히려 감성이 이성에 선행한다는 외부자의 힘든 길을 선택한 거죠. 이성주의자가 감성중시론을 받아들이기는 어렵죠. 루소가 강조하는 "개체로서 자기 보존을 추구하는 자기애와 전체로서 인류 보존을 추구하는 동정"의 두 원칙에서 중요한 것은 나를 사랑하는 것과 남을 동정하는 것의 관계예요. 정치학이나 국제정치학의 핵심 문제죠. 이 문제를 풀어보려고 고민했던 20대 젊은 날의 많은 시간이 후에 남북한 문제나, 한국이 당면한 국제 문제를 풀어나가는 데 대단히 중요한 영향을 미쳤다고 생각해요.

당시에는 '자기애와 동정이 만약 공존할 수 있다면 그것이 어떻게 가능할까'라는 고민을 많이 했어요. 루소는 개체와 전체가 같이 갈 수밖에 없다는 결론에 도달하죠. 루소의 해답은 콜린 윌슨이 이야기했던 제3의 답으로서 굉장히 새로운 돌파구라고 생각됐어요. 얼른 생각하면 국제정치학과 직접 관련이 없는 주제로 박사학위 논문보다 더 긴 시간을 투자하면서 쓴 석사학위 논문이라, 학과 선생님들은 종교학과가 아닌 외교학과에서 왜 사랑을 주제로 썼는지 궁금해하셨어요.

그러나 석사학위 논문에서 다뤘던 자기애와 경쟁애의 주제는 단순히 개인의 실존 문제만이 아니라 우리가 겪고 있는 국제정치의 핵심 질문이에요. 루소는 '내 나라 사랑하기'와 '다른 나라 사랑하기'를 함께 할 수 있는가 하는 질문을 끝까지 붙잡고 늘어져서 결국 종교적 지평에서 해답을 찾아요. 루소는 신이 지구상에 인간이라는 존재를 살게 했다면 두 본능을 줄 수밖에 없다고 생각했어요. 개인으로서 자기 보존을 할 수 있도록 하는 자기애와 인류로서 살아남을 수 있도록 하는 타자애를 동시에 부여해서 '나'와 '남'이 함께 살 수 있는 우주적 조화harmonie universelle를 이루게 했을 거라는 거죠. 따라서 루소의 원래 인간상은 자기애와 타자애를 상호 모순 없이 발휘하도록 하는 신의 의지에 근거하고 있어요. 그러나 하버드대학의 스탠리 호프먼Stanley Hoffman 교수를 포함한 기존의 대표적인 루소 국제정치학 연구들은 그의 국제정치학을 이런 전체 사상체계의 틀에서 조명하지 못하는 한계를 보여줬어요.

6. 경쟁애의 타락: 이성의 오용과 사회적 불평등

루소는 두 번째 질문인 자기애와 동정의 인간상이 경쟁애의 인간 상으로 타락하는 원인을 내면적으로 양면적 기능을 가진 이성의 오용과 외면적으로 사회적 불평등의 등장의 결합에서 찾고 있어요. 루소가 살았던 서양의 18세기는 이성의 세기라고 부를 만큼 인간 이성에 대해 커다란 기대를 걸었던 시기예요. 그러나 루소는 인간의 감성과 이성의 양면성을 특히 강조하고 있어요. 다르게 생각한 거죠. 따라서 『에밀』에서도 감성을 키우는 공부를 먼저 시키고 나중에 이성을 키우는 공부를 가르쳐야 한다고 말하고 있어요.

18세기의 대표적 지식인들이 인간 이성의 순기능만을 기대했던 것과 달리, 루소는 이성이 자기애와 동정이 아니라 경쟁애와 결합하는 순간에는 엄청난 역기능을 하게 돼서 사회적 불평등을 심화시키면서 걷잡을 수 없는 타락의 국제정치가 진행될 것이라고 봐요. 경쟁애를 사회 상태에서 나타나는 잘못된 사랑의 표현이라고 한다면, 동양이나 한국에도 비슷한 생각들이 있었어요. 나는 『역사 속의 젊은 그들』에서 연암을 한평생 괴롭혔던 단어가 '향원鄕愿'이라고 소개했어요. 오늘날 표현으로는 '사이비'죠. 연암은 18세기 영조와 정조 시기의 내부자인 경화사족을 보면서, 인품을 제대로 갖추지 못한 짝퉁이 당시 조선조를 장악하고 있는 것을 못 견뎌 했어요.

루소는 『인간 불평등 기원론』에서 자기애와 동정의 인간이 경쟁애의 인간으로 타락하는 가설적 역사 과정에 대해 성경처럼 창세기부터 시작해서 인류 종말까지 쓰고 있어요. 원래 인간은 홉스적인 인간처럼 싸우는 존재가 아니었고, 그로티우스적 인간처럼 이해의 갈등을 해결할 수 있는 자연적 사회성을 가지고 있지도 않았다는 거죠. 원래 인간은 최소한의 자기애와 타자에 대한 동정의 조화 속에서 살기 시작했는데, 인간의 내면과 외면의 잘못된 결합 속에서 홉스적 인간이 됐다는 거예요. 따라서 단순히 정치경제학적 시각에서 불평등에 대한 관심으로 『인간 불평등 기원론』을 읽으면 책의 진면목은 드러나지 않아요. 루소가 던지는 질문의 해답을 찾아 일단 그의 내면으로 들어갈 필요가 있어요.

루소는 『인간 불평등 기원론』의 1부와 2부에서 인간이 자연 상태에서 시작해 사회 상태를 거쳐 어떻게 종말을 맞이하게 되는지를 자세히 썼어요. 레몽 폴랭Raymond Polin이 『고독의 정치La politique de la solitude: Essai sur J.-J. Rousseau』(1971)[15]에서 나눈 일곱 시기에 따라서 내면과 외면 세계가 어떻게 결합됐는지를 정리해 볼게요.

『인류 불평등 기원론』에서 묘사한 제1기는 '풍요 속의 고독 상태'예요. 자연은 풍요로운데 인간은 흩어져서 서로 만날 기회가 별로 없이 고독하게 살면서 타인을 만나면 우선 도망갔을 것으로 상정하고 있어요. 배가 고프면 커다란 경쟁 없이 과일을 따 먹고, 우연히 아픈 사람을 만나면 내 삶에 직접 해가 되지 않는 한도에서 아픔을 같이하고 보살폈죠. 따라서 최소한의 육체적 자기 보존을 위한 욕망인 자기애와 아픈 타자에 대한 동정의 공존에 큰 문제가 없었고, 경쟁애는 아직 본격적으로 생겨나지 않았어요. 그리고 이성을 본격적으로 사용할 만큼 풀어야 할 어려움이 많지 않았죠.

제2기는 '최초의 난관obstacle과 최초의 진보 상태'예요. 루소는 이 시기에 난관이라는 표현을 비중 있게 써요. 세월이 흐르면서 인구 증가, 식량 확보를 위한 맹수와의 경쟁, 기후 변화, 자연 생산물의 불확실성 같은 최초의 난관을 맞이해서 최소한의 자기 보존을 위해 필요하면 따 먹는 채취 경제의 형태로만은 유지될 수 없게 되죠. 난관을 극복하기 위한 과정에서 인간은 처음으로 아주 초보적인 경쟁애를 느끼기 시작했지만, 아직까지는 재산과 같은 사회적 불평등이 본격적으로 등장하지 않았어요. 외모나 체격과 같은 자연적 불평등은 사회적 불평등의 무제한성에 비해 불평등의 정도에 한계가 있으므로, 이 시기는 기본적으로 경쟁애보다는 자기애의 시기였어요. 그리고 이성에 선행하는 자연적 감정인 동정이 최초의 난관에 부딪혀서 어려움을 겪는 인간들 속에서 간헐적으로 드러났죠.

제3기는 '인류의 유년기'예요. 이 시기에는 새로운 도구의 발명으로 생산력이 증가하고 가족이 형성돼서 새로운 인간관계가 나타나죠. 이런 외부 변화 속에서 내면세계에서는 연민이 부부애와 부자애로서 구체화돼 자기애와 동정이 공존하고 경쟁애가 아직 본격적으로 활동하지 않으므로, 자연의 질서와 인위적 질서가 조화를 이루는 시기라고 보죠. 루소는 이 시기에 자기 사랑과 타자 사랑이 서로 모순되지 않는 인간관계가 어디까지 확대될 수 있는지를 설명하면서 가족의 출현을 강조해요. 물론 현대 가족은 높은 이혼율에서 보듯이 자기애와 동정의 조화에 적지 않은 어려움을 겪고 있어요. 그러나 인간 집단 중에서 가족은 여전히 자기애와 동정이 함께하는 기초적인 모임이죠.

루소의 고민은 타자에 대한 동정이 어디까지 확대될 수 있는가였어요. 루소는 같은 유類로서의 인간이 타인의 아픔이나 괴로움을 같이 느끼려면 우선 볼 수 있어야 한다고 생각했어요. 우리에게도 첫눈에 반한다는 말이 있잖아요. 루소는 볼 수 없으면 사랑은 불가능하다고 믿었어요. 그런데 볼 수 있는 가족에 대한 사랑이 크면 클수록 볼 수 없는 가족 밖의 인종에 대한 적대감은 커져서 치열한 전쟁 상태의 위험성을 갖게 된다고 말해요. 18세기의 소통 기술이 가진 한계 속에서 루소는 동정이 인간이 서로 마주볼 수 있는 최대한의 범위인 소국 규모의 조국애까지는 확대될 수 있지만, 국민들이 서로 마주보고 사랑을 키울 수 없는 세계국가에 대한 인류애까지는 확대될 수 없다고 생각했죠. 그러나 오늘날처럼 SNS나 인터넷을 통해서 지구가 그물망처럼 연결된 새로운 현실을 보면 루소가 인류애의 가능성에 대해 어떤 생각을 할지 대단히 궁금해요. 루소의 국제정치사상이 세계국가나 국가연방 대신 소국연합을 주장하는 것도 동정의 확대가 소국의 조국애를 넘어설 수 없다고 생각했기 때문이에요.

제4기는 '세계의 청춘기'예요. 이 시기는 루소가 『인류 불평등 기원론』에서 묘사한 가설적 인류사의 전개 과정에서 분기점을 이루고 있어요. 홍수, 해일, 지진, 화산 폭발, 벼락 같은 자연 난관을 극복하기 위해서, 그동안 흩어져 지내던 인간이 가족보다 큰 규모의 종족을 각 지방에서 형성하게 되죠. 이런 외적 상황 변화가 인간 내면에 가져온 새로운 변화는 경쟁애의 성장과 더불어 인간 능력의 발전이었어요. 가족을 넘어서 지속적 인간관계를 가지게 된 인간은 상이한 대상을 의식하고 또 비교하는 습성을 가지게 돼요. 동시에 인간은 자연 상태에 적합했던 선善, bonté으로 새 사회의 난관을 극복할 수 없게 되면서, 주어진 잠재적 능력, 즉 이성과 양심을 발전시켜서 난관을 극복할 새 길을 모색해야만 했어요. 그러나 아직 경쟁애가 맹렬히 활동하지 않았고, 또한 인간 능력의 발전이 인간을 원시 상태의 나태에서 벗어나게 했으므로, 가설적 인류사의 전개 과정에서 가장 중용中庸이 이뤄졌던 때였어요. 따라서 루소는 이 시기를 인류에게 가장 행복하고 견실했던 시대로 봤어요. 인간의 독립적 교제가 가능했고, 또한 개인의 완성이 인류의 쇠퇴를 초래하지 않은 마지막 시기였다는 거죠. '인류의 청춘기'에는 경쟁애가 최소한으로 성장해서 자기애와 연민의 조화를 파괴하지 않았고, 인간이 양심을 기반으로 한 이성의 올바른 사용으로 당면한 난관을 성공적으로 극복했어요. "자연으로 돌아가라"라는 루소의 유명한 말은 단순히 원시인으로 돌아가라는 것이 아니라, 사회 상태의 인간이 자연 상태에서 가능했던 자기애와 연민의 조화를 이룰 수 있는 양심을 기반으로 한 이성으로 난관을 성공적으로 극복하는 '세계의 청춘기'를 실현하도록 노력하라는 거죠.

제5기는 '노동과 사유재산의 시기'예요. 이 시기에는 기술의 발달에 따른 생산력의 향상으로 타자 의존적 노동이 출현하고 사유재산이 발생해요. 이런 변화는 인간의 내면에서 경쟁애의 본격적 활동을 가져왔죠. 이때부터 인간은 행복을 그 자신에게서 찾지 않고 타인의 평판 속에서 찾게 됐고, 그래서 타인에게서 존경받을 만한 것을 소유해야 했어요. 또한 사유재산이 본격적으로 성립하면서 타인의 눈을 끄는 것은 재산의 양이었어요. 따라서 자신의 진정한 필요보다 타인을 능가하기 위한 재산 축적의 열망과 탐욕적 야심은 모든 사람에게 상대방을 해치고자 하는 비열한 성향과 호의의 가면 속에 질투를 불러일으켰죠. 특히 사유재산의 맹아가 싹튼 인류의 유년기에는 경쟁애가 인간의 자연적 불평등을 놓고 비교하는 가운데 오만 또는 허영을 품는 형태로 나타났지만, 본격적인 사유재산 시기에는 재산이 인간의 지위나 신분의 척도가 되면서 인간이 사유재산의 불평등과 경쟁애의 끊임없는 악순환에 빠져들어 갔어요. 이에 따라 한계가 있는 자연적 불평등을 넘어 한계가 없는 사회적 불평등이 무섭게 확대돼요. 이런 상황에서 인간의 이성은 본래의 기능을 벗어나 경쟁애의 만족을 위한 부를 추구하는 수단으로 기능하고, 자기애 대신 경쟁애가 세계를 지배하는 시기가 본격적으로 열렸어요.

루소는 사유재산을 외부에서 비롯된 인간 불평등의 핵심적인 기원이라 보고 강하게 비판하지만, 모든 사유재산을 부정한 것은 아니에요. 자기애를 위한 최소한의 사유재산은 인정하지만, 경쟁애를 기반으로 한 불평등한 사유재산을 비판하는 거예요. 즉, 자기애를 위한 최소한의 사유재산과 연민을 위한 공유를 동시에 포함하는 복합재산제를 해야만 현실적으로 자기애와 연민의 공존이 가능하고, 경쟁애의 성장을 제한할 수 있다고 생각했죠.

제6기는 '공포의 전쟁 상태' 시기예요. 이 시기는 부의 끊임없는 추구로 말미암아 타인의 재산을 감소시켜야만 나의 부가 증가할 수 있는 상태에 이르렀고, 따라서 부자와 빈자의 관계는 지배와 복종 또는 폭력과 약탈 관계로 악화됐어요. 루소는 이런 전쟁 상태의 직접적인 원인을 부자들의 경쟁애에서 찾고 있어요. 부자들이 부의 추구를 위해 지배와 폭력을 사용하게 되자 곧 그 쾌락에 빠져들어 다른 모든 사람을 멸시하고 새로운 노예를 얻기 위해 주변인을 정복하는 일에 전념했고, 반면에 빈자들은 최소한의 자기애를 충족할 권리마저 빼앗겨서 노예가 되거나 약탈의 대상이 될 수밖에 없었죠. 따라서 이 시기는 부자의 경쟁애와 빈자의 자기애의 투쟁기였죠.

마지막으로 제7기는 '사회계약과 소멸의 시기'예요. 루소는 이 시기를 사유재산권과 법의 설정기, 군주제의 수립, 전단적 권력의 등장기로 나누고 있어요. 루소에게 현실의 사회와 법률은 부자들이 외적으로부터 빈자들의 자기애 충족을 보호한다는 명분 아래 빈자들을 속여 위장 계약을 맺음으로써 시작됐죠. 이렇게 잘못된 인위적 질서 속에서 강자가 법의 불이행에 따른 불편과 혼란을 막는다는 이유로 구상한 것이 군주제의 수립이었어요. 지배를 위한 군주들의 투쟁은 더욱 심화되고, 예속의 굴레에 익숙해진 인간들은 스스로 난관을 극복할 수 있는 능력을 상실한 채 자신의 육체적 평안을 유지하기 위해 전제 권력의 성립을 받아들였죠. 이런 인간 외면세계의 격심한 변화 속에서 내면세계에서는 부, 신분, 권력, 역량을 끊임없이 추구하고, 주인의 눈에 얼마나 드는가가 자신의 생존감을 확인하는 유일한 길인 경쟁애의 만개기를 맞이하게 됐죠.

7. 자기애와 동정의 인간, 사회, 세계로의 복구

『인류 불평등 기원론』에서 쓴 가설적 인류사의 전개 과정은 루소의 정치학을 제대로 이해하는 데 필수적이에요. 인간이 일곱 단계를 거치는 동안 부딪힌 세상의 어려움 앞에서 신이 부여했던 자기애와 동정의 인간성을 잃어버리고 경쟁애의 인간성으로 타락하게 됐으므로, 루소의 마지막 질문은 인간성 복구의 문제였죠. 자연 상태로 돌아가자는 그의 말은 원시인이 되자는 것이 아니라, 인류의 청춘기를 되찾자는 의미인 거예요. 경쟁애가 아니라 자기애와 제대로 된 이성을 사용함으로써 인구, 기후, 식량 등 직면한 어려운 문제를 적절히 해결하자는 거죠. 따라서 루소는 이성이 경쟁애가 아니라 자기애와 동정과 결합한 인간, 사회, 세계를 꿈꿨어요.

사회 상태의 타락한 인간상을 어떻게 자연 상태의 선한 인간상으로 다시 회복할 수 있는가라는 문제를 고민하던 루소는 인간 내면의 변화를 다룬 『에밀』과 인간 외면의 변화를 다룬 『정치제도론Les institutions politiques』을 통해, 인류가 다시 한번 제2의 청춘기를 맞으려면 인간의 내면과 외면을 동시에 회복하는 구원의 정치학이 필요하다고 생각했어요. 구체적으로는 경쟁애의 전개를 막고 자기애와 연민의 감

정을 사회 상태에서 확대하는 내용을 쓰고 싶어 했던 거죠. 『에밀』에
서는 인간 내면세계의 변화와 관련해서 인간의 이성보다 감성을 먼저
키워야 하며, 그중에도 어떻게 사회적 경쟁애가 아닌 자연적 자기애
에 충실할 수 있는 인간을 키우고 이성을 사후적으로 발전시킬 것인
가를 썼죠.

　루소는 계획했던 『정치제도론』을 끝까지 완성하지 못했지만, 구
원의 정치학을 위한 국가론에 해당하는 『사회계약론』에서 그가 『인류
불평등 기원론』의 마지막에서 우울하게 그렸던 강자의 가짜 사회계약
의 대안을 제시하려고 노력해요. 이 글은 흔히 루소의 대표 저서로 알
려져 있지만, 읽기가 쉽지 않아요. 혹시 처음 읽자마자 재미를 느꼈다
면 어쩌면 루소의 주저를 독파했다는 지적 허영심, 즉 경쟁애 때문일
지도 몰라요. 이 책의 핵심은 구원의 정치를 위해 국가 차원에서는 정
당한 사회의 기초로 가짜 사회계약 대신 진짜 사회계약이 필요하다고
지적하고, 특히 정치적 권리의 기본 원칙으로서 일반의지volonté générale
를 강조하는 데 있어요.

　일반의지는 서양 근대 정치사상사에서 제일 이해하기 어려운 개
념 중의 하나예요. 우선 '일반'의 뜻에 주목할 필요가 있어요. 루소는
개인 차원에서 자기애와 동정의 문제를 핵심적으로 고민했듯이 국가
차원에서도 개인과 전체의 문제를 집중적으로 조명했어요. 루소 사상
이 개인주의인가, 아니면 집단주의인가를 두고 오랜 논쟁이 있죠. 그
러나 루소가 꿈꿨던 것은 개인과 전체의 이분법이 아니라 개인 속의
전체, 그리고 전체 속의 개인을 동시에 소중하게 생각하는 국가였죠.
따라서 정치적 권리의 원칙으로 개인과 전체 대신 일반의지를 강조한
거예요.

　다음으로 '의지'의 뜻을 살펴보죠. 의지는 'volonté'의 비교적 정

확한 번역어예요. '의意'는 소리 음音 자 밑에 마음 심心 자로 구성되고, '지志'는 사士 자 밑에 심心 자로 구성되죠. '사士'는 갈 지之 자의 변형이에요. '의'는 마음의 소리를 듣는 것이고, '지'는 마음이 소리를 따라간다는 의미예요. 결국 의지란 마음의 소리를 듣고 따른다는 의미인 거죠. 루소는 진정한 마음의 소리란 자기애와 연민이 공존하는 양심의 소리이고, 동시에 신이 제시하는 개인과 인류의 우주적 조화라고 설명해요. 즉, 루소는 사회 구성원이 일반의지를 따라가는 것이 정치적 권리를 정당화할 수 있는 유일한 길이라고 생각한 거예요.

그러나 사회적 불평등의 심화와 함께 인간은 자기애와 동정의 자연적 두 원칙에서 벗어나서 끊임없이 경쟁애의 유혹에 빠지죠. 이런 유혹에서 구원받으려면 이성을 활용해 전체 없는 개인이나 개인 없는 전체의 한계를 벗어나기 위해 제3의 대안으로 일반의지를 따르는 것이 정당하다는 것을 설득해야 해요. 동시에 감성적으로 경쟁애를 막기 위해 연민을 국가 차원으로 확대한 조국애가 필요해요. 그러나 루소는 제네바 같은 소국이 아닌 대국에서는 현실적으로 동정이 조국애로 확대될 수 없다고 여겼어요. 동정은 타자의 아픔과 슬픔을 직접 보면서 생기는 자연스러운 감정이므로 시선이 직접 미치지 못하는 규모의 대국까지 확대될 수는 없다는 거죠.

그런데 루소는 『사회계약론』을 끝내면서 국가를 넘어선 국제 차원에서 구원의 국제정치를 논의해야 하지만 자신의 좁은 시야로는 너무 넓은 새 주제를 제대로 다루지 못했다고 밝히고 있어요. 『인간 불평등 기원론』에서 보여준 부당한 사회계약 대신, 『사회계약론』에서 제시한 정당한 사회계약이 일반의지를 기반으로 맺어지고, 조국애가 강해져서 국가가 국내적으로 단단하게 결합될수록 국제 관계는 오히려 더 치열한 전쟁 상태에 빠질 위험성이 커지죠. 따라서 자기애와 동정의 성공적인 결합이 경쟁애로 타락하지 않고 국가 차원까지 성공적으로 확대되더라도 마지막으로 국제 차원까지 확대되지 못하면 국제적 난관을 해결하는 과정에서 대규모 전쟁에 직면한다는 어려운 숙제가 남아요. 논리적으로는 자기애와 동정의 원칙을 국제 차원까지 확대할 수 있다면 그 해답을 찾을 수 있겠죠. 그러나 루소는 현실적으로 동정의 감정이 소국 중심의 조국애를 넘어서 국제 차원까지 확대될 수 없다고 생각했었어요.

루소는 계획했던 『정치제도론』의 마지막 핵심 부분인 국제정치론을 완성하지는 못했지만, 『인류 불평등 기원론』 발표 이후 구원의 정치학을 구상하면서 국제정치와 관련해서 세 편의 중요한 글들을 남겼어요. 첫째로 「전쟁상태론L'état de Guerre」16이에요. 그의 국제정치관을 짧지만 가장 잘 보여주는 이 유고는 19세기 말에 처음 세상에 모습을 드러냈고, 20세기 초에 찰스 본Charles E. Vaughan에 의해 학계에 널리 알려졌죠. 재미있는 이야기는 20세기 후반에 루소에 관한 박사학위 논문을 준비하던 그레이스 루스벨트Grace Roosevelt가 오랫동안 잘못 접혀 있던 「전쟁상태론」의 원고를 바로 접어서 글의 순서를 새롭게 바꿔놓았다는 거예요. 루소는 이 글을 『사회계약론』을 끝내면서 제기했던 문제에서 시작해요. 정치체를 구성하는 개인 간에는 평화 상태가 가능하지만 정치체 간에는 전쟁 상태라는 혼합 상태가 공공 영역에서의 불행의 진정한 기원이라고 루소는 보고 있어요. 특히 개인 관계는 자연적 불평등의 한계 내에서 진행되지만, 국가 관계는 사회적 불평등에 기반해서 지속적으로 상대방 국가의 존재를 부정함으로써 내 국가의 존재를 보존하려는 전쟁 상태를 벗어날 수 없다는 거예요.

둘째로, 듀팽 부인의 요청으로 루소는 생 피에르Saint Pierre 사제가 쓴 유럽 평화론을 읽기 쉽게 요약한 「아베 드 생 피에르의 영구평화안

발췌Extrait du Projet de Paix Perpétuelle de Monsieur l'Abbé de Saint-Pierre」(1761)[17]를 발표
해요. 루소는 이 발췌요약에서 생 피에르가 유럽에 국가연합을 건설
하기 위해 복잡하게 만든 평화안을 다섯 개 항으로 축약한 다음에 이
런 국가연합체제의 유용성을 평가하고 군주들의 채택 여부를 조심스
럽게 언급하고 있어요.

셋째로, 생 피에르의 영구평화안을 요약하던 시기에 함께 썼던
「영구평화안 비판Jugement du Projet de paix perpétuelle de Monsieur l'Abbé de Saint-Pierre」
(1782)[18]은 사후 출판돼요. 루소는 이 글에서 생 피에르의 영구평화안
을 위한 노력을 높게 평가하지만, 현실적으로 군주들이 이런 평화안
을 채택할 것인지에 대해서는 극히 부정적이에요. 우선, 루소의 눈에
비친 군주들은 대외적으로는 그들의 지배를 확장하고 대내적으로는
그들의 이해를 절대화하려는 단 두 가지 목적만 가지고 있어요. 그런
데 생 피에르가 말한 유럽의회를 도입하면 각국 정부는 현재의 영역
을 받아들여야 하고 군주는 신민의 반란으로부터 보호받을 수 없을
것이니, 군주들로서는 모두 경쟁애의 입장에서 생 피에르의 영구평화
안이 국내정치적으로도 도움이 안 되고 국제정치적으로도 손해라고
봤어요. 그래서 군주들이 겉으로 다들 좋다고 해도 현실적으로는 아
무도 동의하지 않을 거라고 루소는 본 거죠. 루소의 비판대로 생 피에
르의 평화안은 '안'으로 끝났어요. 루소의 국제정치학도 결국 미완에
그친 이유는, 사회적 불평등의 심화를 완화하려면 개인과 전체가 공
존할 수 있도록 외부세계의 제도적 장치 마련과 더불어 내면세계의
인류애와 합리적 이성이 결합돼야 하는데, 현실적으로 국제 차원의
사회계약을 이루는 동시에 타자에 대한 동정심을 조국애를 넘어 인류
애로 확대할 실질적인 방안을 제시하지 못했기 때문이죠.

8. 복합세계정치학:
사랑의 국제정치학을
향하여

루소의 국제정치론을 제대로 이해하려면 『인간 불평등 기원론』에서 개인과 전체 문제를 어떻게 풀었는가에 주목할 필요가 있어요. 개별 국가도 살고 전체도 사는 답을 루소는 소국연합에서 찾아요. 국가연합이되 국가가 소국이어야 한다는 거죠. 하루 돌아다니면 누구네 집에 누가 아픈지 정도는 알 수 있을 정도의 규모여야 서로에 대한 연민이 생겨서 어느 정도 나를 포기하고 일반의지로 가더라도 억울하지 않을 것이기 때문에 소국이 강조된 거예요. 그러나 소국에서 조국애가 커지면 커질수록, 일단 전쟁 상태에 이르면 상대와 죽기 살기로 싸우게 되죠. 따라서 국제제도적으로도 개별 국가와 전체 국가가 함께 사는 합리적 장치를 마련하는 것과 더불어, 개별 국가와 전체 국가가 정체성을 공유하려는 노력이 필요해요. 『사회계약론』에서 사회계약과 조국애가 필요했던 것처럼, 국제정치론에서도 국제사회계약과 인류애가 필요하죠. 루소로서는 논리적으로는 지구 차원에서 개인과 전체를 아우르는 일반의지를 기반으로 하는 국제사회계약을 상정할 수 있지만, 지구 전체의 아픔을 같이할 수 있는 인류애가 가능하리라고는 상상하기 어려웠어요. 요즘처럼 인터넷으로 지구가 그물망처럼 연결된 현실에서 21세기의 루소는 다른 이야기를 할 수 있을지도 모르죠.

1960년대 대학교 초년부터 시작해서, 다음 주에 다루게 될 핵의 국제정치로 넘어가기 전까지의 7~8년 동안 루소에게 몰입할 수 있었던 것은, 단순한 지적 흥미가 아니라 내가 겪고 있던 실존의 문제를 풀어보고 싶었기 때문이에요. 외무고시를 보지 않고 감옥도 가지 않을 이유에 대한 답을 찾는 과정에서 루소를 만났던 거죠. 결국, 루소의 사랑 개념의 지평이 내 지평 확대에 커다란 영향을 미쳐서, 개인과 전체를 함께 품는 방법을 인간 내·외면의 성찰을 통해 찾으려는 복합의 국제정치학을 모색하게 됐어요. 홉스의 현실주의나 그로티우스의 국제사회론이 아니라 루소의 사랑론과 함께 20대를 보냈던 것이 이후 반세기 동안 복합세계정치학을 고민하도록 만들었어요. 관악의 마지막 학기 대학원 강의에서 '사랑과 전쟁의 국제정치학'이라는 제목으로 루소와 클라우제비츠를 강독하면서 사랑의 국제정치학의 소중함을 재확인했어요.

그러나 여러분에게 내가 걸어온 길을 강요하려는 생각은 전혀 없어요. 여러분은 루소가 아닌 홉스나 그로티우스에게 감동할 수 있죠. 또는 서양 사람에게 꼭 감동해야 할 이유도 없죠. 공간으로 보면 서양보다 동양이 훨씬 더 가깝잖아요. 다만 시간적으로 우리가 19세기 중반 이래 서양 표준의 근대를 살고 있기 때문에 동양보다 서양의 영향을 더 받고 있는 현실을 고려할 필요는 있겠죠. 그러나 21세기의 새로운 문명표준은 공간적으로 동양과 서양, 시간적으로 과거와 미래를 동시에 품고 있어요. 몇 년 전에 썼던 『역사 속의 젊은 그들』은 한반도에서 겪었던 과거 동양과 미래 서양의 만남에 대한 지적 연애기였어요. 21세기 역사의 주인공인 여러분은 공간적으로 동양과 서양, 그리고 시간적으로 과거와 미래를 동시에 품는 새로운 지평에서 세계를 바라다보고 살기를 바라요. 동서고금의 새 지평을 갖추기 위해서는 보다 폭넓고 깊이 있는 지적 연애가 필수예요. 따라서 오늘 강의는 여러분의 지적 연애에 도움을 주고자 1960년대 한반도에서 내가 어떻게 루소의 사랑론에 빠져들게 됐는가를 중심으로 이야기했어요. 이렇게 해서 시작된 사랑의 국제정치학이 지난 반세기 동안 어떻게 펼쳐져 왔는가를 앞으로의 강의에서 보여드릴게요. 다음 주에는 사랑을 고민하다가 어떻게 미움의 상징인 핵무기를 주제로 박사학위 논문을 쓰게 됐고, 이런 핵무기를 사랑의 국제정치학 시각에서 어떻게 다뤘는가를 강의하겠어요.

2강

세계질서와
한반도의 핵무기

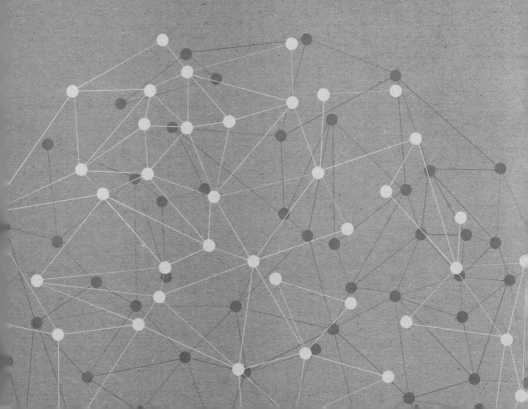

사랑의 국제정치학 두 번째 강의를 시작하겠어요. 지난 강의에서는 1960년대 후반부터 1970년대 전반에 걸쳐 빠져 있었던 루소의 사랑 개념에 관한 석사학위 논문 이야기를 했어요. 오늘 강의는 1970년대 후반에 썼던 세계질서와 한반도의 핵무기에 관한 박사학위 논문 이야기예요.

「루소 연구서설: amour de soi와 amour propre를 중심으로」 (1974)라는 석사학위 논문을 끝내고, 미국의 시애틀에 위치한 워싱턴 대학^{University of Washington}에서 1975년부터 1979년까지 박사과정을 하면서 「Nuclearization of Small States and World Order: The Case of Korea」(1979)[1]라는 박사학위 논문을 썼어요. 이 연구는 박사과정을 마치고 귀국한 후 서울대학교 출판부에서 『Nuclear Proliferation, World Order and Korea』(1983)[2]라는 책으로 출판됐고, 한참 후인 1991년에는 한국어로 번역해 『한반도의 핵무기와 세계질서』[3]라는 제목으로도 출판됐어요.

1975년부터 뒤늦게 미국에서 박사과정을 시작하면서 한국의 핵확산 문제로 박사학위 논문을 쓰리라고는 전혀 예상하지 못했어요. 지난 시간에 이야기했듯이 박사학위 논문보다 더 오랜 시간을 들여서 1974년에 석사학위 논문을 마무리했어요. 당시 지도교수였던 이용희 선생이 석사학위 논문을 보고는 딱 한 마디 하셨어요. "공부를 하고 싶어?"라고 하셔서 그냥 웃고 대답은 안 했어요. 당시 20대 후반이었던 나는 루소가 고민했던 구원의 정치학에 끝까지 천착하려면 프랑스로 유학을 가서 본격적으로 지적 연애를 시작해야겠다고 생각했어요. 루소의 사랑 개념을 개인을 넘어서 국가, 세계 차원에서 본격적으로 따지고 싶었죠. 하지만 프랑스 유학이 실질적으로 어렵다고 판단했기 때문에, 타협안으로 보다 현실적인 국제정치 주제를 가지고 미국에서 박사과정을 밟는 것이 낫겠다는 결정을 내렸죠. 따라서 나의 루소 연구는 일단 미완성인 채로 후일을 기약해야 했어요. 그러나 20대의 젊음을 보내면서 부딪혔던 적응, 반항, 사랑의 세 갈림길에서 사랑의 길에 대한 관심이 루소를 만나게 한 것이었기 때문에, 루소 연구가 중단됐어도 사랑의 국제정치학은 지난 반세기 동안 나의 국제정치학에 커다란 영향을 미쳤죠.

첫 주에도 강조했지만, 나의 20대 당시 연구 주제는 책을 읽으면서 만난 것이 아니라, 1960년대 한반도의 젊은이로서 겪을 수밖에 없었던 고민에서 출발한 것이에요. 그 이후 지난 반세기 동안 나의 국제정치학은 한반도라는 삶터에서 살고 있는 우리가 당면한 문제의 국제정치적 성격을 제대로 밝히고, 또 문제를 풀어보려는 노력이었죠. 오늘 진행할 강의도 그런 시각에서 주목해야 여러분이 앞으로 맞이할 100년의 문제를 찾고 풀어나가는 데 도움이 될 거예요.

1. 미소 공포의 핵균형, 미중 관계 개선, 남북 7·4 공동성명

서울을 떠나서 시애틀에 갈 무렵인 1970년대 중반의 세계질서의 성격은 세계 핵무기 보유량 추세도(그림 1)와 세계 GDP 추세도(그림 3)의 두 그림으로 가장 잘 요약해 볼 수 있어요. 먼저 그림 1은 1950년대부터 2010년대까지 미국과 소련의 핵무기 저장량의 변화 추이를 보여주고 있어요. 두 초강대국이 세계 전체 핵무기의 대부분을 보유하고 있기 때문에 현실적으로 세계 핵무기의 추세를 잘 보여주고 있

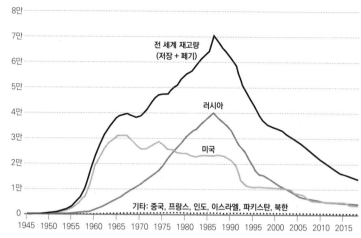

그림 1

세계 핵무기 보유량

자료: Hans M. Kristensen and Robert S. Norris, "Status of World Nuclear Forces"(Federation of American Scientists, 2019), https://fas.org/issues/nuclear-weapons/status-world-nuclear-forces/

죠. 미국과 소련을 중심으로 하는 세계 핵무기 보유량은 냉전 기간에 빠르게 증가해서 냉전 말기인 1980년대에 7만 개 수준에 다다랐지만, 탈냉전과 함께 빠르게 감소해 2010년에는 1만 개 수준이 됐어요.

　오늘 다루는 1970년대에는 미국은 약 2만 5000개의 핵무기를 유지하고 있었고, 소련의 보유량은 1만 개에서 3만 개로 빠르게 증가했어요. 미국과 소련이 치열하게 핵 군비 경쟁을 벌인 결과 그림 2와 같이 1960년대 말과 1970년대 초반 사이에 쌍방이 핵 선제공격을 당하더라도 남은 핵무기로 상대방을 확실하게 파괴mutual assured destruction할 수 있는 양을 보유하게 됐죠. 명실상부하게 공포의 균형이 이루어졌고, 역설적으로 핵의 평화 시기가 찾아왔어요. 구체적으로 미국과 소련이 1971년 5월에 전략핵무기제한협정Strategic Arms Limitation Treaty I을 체결하죠.

　이런 핵무기의 국제정치는 최소 억지minimum deterrence라는 핵전략

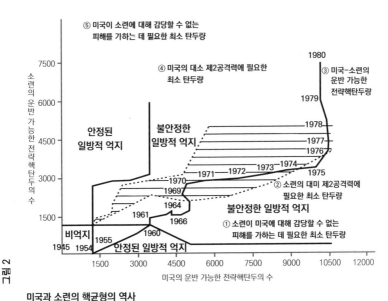

⑤ 미국이 소련에 대해 감당할 수 없는
피해를 가하는 데 필요한 최소 탄두량

④ 미국의 대소 제2공격력에 필요한
최소 탄두량

③ 미국-소련의
운반 가능한
전략핵탄두량

소련의 운반 가능한 전략핵탄두의 수

7500

1980

6000

1979

4500

안정된
일방적 억지

불안정한
일방적 억지

1978

1977
1976

3000

1971   1972   1973 1974
1970   1975
1969

② 소련의 대미 제2공격력에
필요한 최소 탄두량

1500

1961

1964

1966

불안정한 일방적 억지

비억지

1955

1960

① 소련이 미국에 대해 감당할 수 없는
피해를 가하는 데 필요한 최소 탄두량

1945 1954

안정된 일방적 억지

1500   3000   4500   6000   7500   9000   10500 12000

미국의 운반 가능한 전략핵탄두의 수

미국과 소련의 핵균형의 역사

자료: 하영선, 『한반도의 핵무기와 세계질서』(나남, 1991), 56쪽.

그림 2

개념에 기초하고 있어요. 핵무기의 군사적 목적은 방어가 아니라 억지예요. 억지는 나의 폭력 수단인 무기체계가 적으로 하여금 스스로 나를 공격하지 못하도록 만드는 것을 말해요. 핵전략 이론에서는 대체로 상대방 인구의 4분의 1 내지 5분의 1이 사망하거나 산업시설의 2분의 1이 파괴되는 것을 최소 억지력의 기준으로 잡고 있어요. 미국은 1950년대에 이런 억지 능력을 갖추게 됐고, 소련은 1970년대를 맞이하면서 미국에 대한 제2공격력을 보유하게 됐죠. 미국이 선제공격을 하더라도 소련은 남은 핵무기로 미국에 감당할 수 없는 피해를 줄 수 있는 최소 억지력을 갖게 된 거죠.

그림 3은 1820년부터 최근까지 약 200년 동안 세계 GDP의 변화를 시가가 아닌 구매력평가를 기준으로 해서 그린 거예요. 18세기와 19세기 초에 GDP가 가장 높았던 국가는 중국이에요. 중국은 19

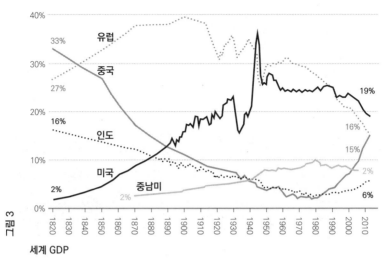

세계 GDP

주: 수치는 세계 국민총생산 대비 비율(%)이며, 구매력평가지수를 기준으로 조정함.

자료: Angus Maddison, University of Groningen, OECD, data post 1980 based on IMF Data.

세기 초반까지 세계 GDP의 3분의 1을 차지했지만, 이후 급격하게 감소해 19세기 후반 이래 점유율이 10% 아래로 떨어지죠. 반면에 미국의 GDP는 1820년대 세계의 1~2% 수준에서 1900년대로 들어서면서 굉장히 빠른 속도로 증가해 제2차 세계대전 직후 절정을 이뤄요. 결과적으로는 유럽이나 소련이 제2차 세계대전의 전승국이었지만, 내용상으로는 패전국 못지않게 경제적 피해를 입었기 때문에, 미국 경제가 압도적으로 전후 세계경제를 주도하게 되죠. 제2차 세계대전 종전 직후인 1945~1950년경에 미국이 전 세계 GDP에서 차지하는 비중은 거의 40%에 육박했어요. 그런데 주목해야 할 것은 그 비중이 1970년대에 들어서면서 25% 수준으로 떨어졌다는 사실이에요. 따라서 1960년대에 조심스럽게 등장하기 시작한 미국의 상대적 쇠퇴 논의가 1970년대에는 본격화되죠. 군사적으로는 미소 간의 핵균형에 의한 상호억지체제가 마련됐고, 경제적으로는 미국이 세계 GDP에서

그림 4

키신저와 저우언라이의 비밀회담
자료: Library of Congress.

차지하는 비중이 4분의 1 정도로 줄어들었을 뿐만 아니라, 중동의 산유국들이 급격하게 성장하는 등 새로운 변화를 겪게 돼요.

1970년대 세계질서의 변화와 함께 동아시아에는 미중 간 관계 개선이 이뤄졌어요. 그림 4는 헨리 키신저Henry Alfred Kissinger와 저우언라이周恩來가 1971년 미중의 관계 개선을 위해 비밀회담을 하던 당시의 모습이 담긴 사진이에요. 저우언라이가 친절하게 키신저에게 젓가락으로 음식을 집어주고 키신저가 조심스럽게 받아서 먹고 있어요. 사진만 봐도 미중 관계가 풀릴 것 같잖아요. 1970년대 초 들어 미중 관계가 커다란 변화를 겪기 시작한 거예요. 냉전체제를 주도하던 미국과 소련이 군사적으로는 제2공격력을 기반으로 공포의 균형을 이루게 되고, 경제적으로는 미국의 지위가 약화되는 시기에 미국과 중국 사이에는 팽팽한 활시위를 놓는다는 의미의 데탕트가 시작됐어요.

1972년 비밀리에 방북한 이후락 당시 중앙정보부장이 김일성과 만나 악수를 나누는 모습
자료: 조선일보 / 게티이미지코리아.

한반도에도 데탕트의 분위기가 오는 듯했어요. 당시 남북한은 여전히 한국전쟁 이후 적대 관계를 유지하고 있었고, 더구나 1968년에 1·21 사태, 울진·삼척의 무장공비 침투, 푸에블로호 피랍 사건 등이 발생하면서 군사적 긴장이 고조된 상황이었는데, 남북한이 비밀리에 만나기 시작해요. 그림 5가 김일성과 이후락이 1972년 7·4 남북공동성명을 위해 처음 만난 모습이 담긴 사진이에요. 이후락 당시 중앙정보부장이 "5월 4일 밤 12시에 예고 없이 찾아온 김일성과 악수하는데, 비상용으로 호주머니에 넣고 간 청산가리가 땀난 손에 묻어서 고생했다"라고 회고한 것을 보면 당시 분위기가 짐작되죠. 미중의 웃는 사진과 달리 남북의 웃는 사진은 진정성이 없어 보이는 것 같기도 해요. 결국 남북한은 7·4 남북공동성명에도 불구하고 소小데탕트를 이루지 못하고 1년 만에 김대중 납치 사건이 발생하면서 다시 냉전 관계

1972년 12월 27일 중앙청에서 열린 유신헌법 공포식

자료: 국가기록원.

그림 9

로 돌아가요.

국내 상황을 살펴보면, 1970년대 초 국제체제의 긴장이 완화되는 추세 속에서 미국의 리처드 닉슨Richard Milhous Nixon 대통령이 주한 미군 감축을 시작하게 되자 박정희 대통령은 새로운 삼중 생존전략을 추진하게 되죠. 국제체제 차원에서는 미국과의 동맹을 최대한 중시하지만, 동시에 소련이나 중국을 대상으로 한 북방정책 가능성을 타진하기도 해요. 남북한체제 차원에서는 위에서 설명한 것처럼 북한과의 대결을 명분으로 7·4 남북공동성명을 추진하고, 국내체제 차원에서는 북한과의 대결을 명분으로 1972년 10월 17일에 유신체제를 선포했어요(그림 6). 그러나 유신체제는 국내정치 질서의 권위주의화를 가속화했고, 결국 1979년 10·26 사태가 발생하면서 종말을 맞게 되죠.

2. 미국 유학과 조지 모델스키

미소의 핵균형, 미중의 관계 개선, 남북한의 데탕트 시도, 국내정치의 혼란 등을 겪으면서 나는 20대 후반에 시애틀의 워싱턴대학으로 유학을 떠났어요. 요즘 유학생들은 인터넷으로 교수들의 최근 연구주제나 학생들의 최근 박사학위 논문의 주제까지 미리 완벽하게 파악하고 가죠. 그런데 당시 나는 워싱턴대학 정치학과 교수들에 대한 사전 지식이 거의 없었어요. 워싱턴대학에서 미 국무부 지원의 동아시아연구 장학금을 제공받기로 약속했기 때문에 루소 연구 대신 현실적 차선책으로 중국에 관한 공부를 할 예정이었어요. 그러나 마지막 순간에 예산 삭감으로 장학금이 취소돼서 일단 자비 유학을 떠났죠. 박사과정을 지원하면서 미중 관계가 격변하기 시작하던 시기에 중국의 외교정책을 중국적 시각에서 다뤄보겠다는 연구계획서를 제출했었어요. 그래서 첫해에는 미국의 중국 외교정책을 본격적으로 연구했죠. 그런데 미국의 중국 전문가나 정책담당자가 미국적 틀로 분석하는 중국 외교정책과 마오쩌둥毛澤東이나 저우언라이가 실제 생각하고 실천하는 중국 외교정책은 서로 상당한 거리가 있지 않나 하는 의문이 생겼어요. 교수에게 그런 질문을 했더니 문제를 그렇게 복잡하게 생각하면 박사학위를 빨리 못 끝내니 일단 미국 국제정치학계에서 한참 유행하고 있는 외교정책 분석틀로 중국 외교를 설명해 보라고 했어요. 1년 동안 미국의 중국 외교정책론 공부를 열심히 했지만, 그것이 중국의 중국 외교정책론은 아니라는 생각을 버리기 어려웠죠. 그래서 결국 무엇보다도 내가 흥미를 느끼고 동시에 미국 국제정치학자들도 관심을 가질 만한 주제를 본격적으로 찾기 시작했어요.

1970년대 세계질서의 대★데탕트는 기대와는 달리 1979년 소련의 아프가니스탄 침공과 함께 다시 신냉전기로 후퇴하죠. 한편 동아시아에서 이뤄진 미중 관계의 개선은 대단히 중요한 변화였어요. 그러나 한반도는 잠시 소小데탕트의 가능성을 맞이했지만, 오래 지나지 않아 냉전의 현실로 되돌아갔죠. 1970년대의 데탕트가 세계, 지역, 한반도에서 각각 다르게 전개된 거죠. 이런 변화 속에서 미국적인 시각에서 중국 외교정책을 분석하는 대신에 동아시아나 한반도의 변화를 체계적으로 따져보는 작업이 내가 해야 할 공부라는 생각이 들었어요. 1960년대에 이용희 교수에게 배웠던 일반 국제정치학적 안목에서 한국 국제정치 문제를 다뤄보려 한 셈이죠.

　　1970년대 미국 국제정치학계는 격변기에 놓여 있었어요. 국제정치학은 원래 세계질서를 주도하는 국가에서 번성하는 제왕의 학문이에요. 따라서 제국의 역사적 체험이 없는 한국은 제국의 국제정치학을 제대로 읽어내기 어려워요. 1945년 이후 1960년대까지는 국민국가가 권력을 두고 치열하게 각축하는 경쟁애의 적나라한 모습이 국제정치의 진면목이라는 현실주의가 팽배했어요. 1970년대에 들어서서 미국이 세계질서 속에서 상대적 쇠퇴를 겪으면서 경쟁적 현실주의 대신 좀 더 다양한 주인공들이 정치·군사뿐만 아니라 정치·경제를 포함한 다양한 무대에서 협력을 모색하는 자유주의 국제정치학의 담론이 등장했어요. 따라서 현실주의와 자유주의 간의 본격적인 토론이 시작됐죠.

　　내가 미국 동부의 아이비리그 대학이나 서부의 버클리, 스탠퍼드 대학에 가서 1970년대 중반의 미국 국제정치학을 만났다면 아마도 현실주의와 자유주의라는 두 갈림길에서 답답해했을 거예요. 그러나 박사과정을 밟았던 워싱턴대학의 정치학과에서는 다행히 조지 모델스키George Modelski 교수가 색다른 국제정치학을 가르치고 있었어요. 모델스키 국제정치학은 우리가 흔히 생각하는 미국 국제정치학과는 상당한 거리가 있어요. 그는 현실주의와 자유주의라는 당대를 대표하는 두 시각을 따르지 않고, 독자적인 세계질서 연구를 상대적으로 외롭게 진행하고 있었죠.

그가 강조한 것은 1970년대에 겪고 있는 세계질서 구조의 변화를 미국 국제정치학계의 주류인 현실주의나 자유주의가 제대로 읽지 못한다는 거였어요. 국제정치 질서의 변화를 제대로 설명하려면 공간적으로 더 넓게, 시간적으로 더 길게 볼 필요가 있다는 거죠. 공시적으로 모델스키는 국제 관계로부터 상대적인 자율성을 지닌 세계 공간을 설정하고 그 변화 추세와 원인을 찾고 있었어요. 그리고 통시적으로 서양이 세계질서를 주도한 근대적 변화의 추세를 읽기 위해서 지난 500년의 변화를 검토하고 있었어요. 보통 국제정치를 시사 해설처럼 단기적으로 보거나 국제정치학을 100년도 안 된 어린 학문이라고 생각하는 것과 다른 입장에 서 있었던 거죠.

내가 강의를 듣기 시작했을 때는 모델스키 교수가 「지구권력의 장주기와 민족국가Long Cycle of Global Power and Nation State」(1978)[4]라는 논문을 쓰던 무렵이었어요. 장주기 이론의 주요 명제는 첫째, 세계정치체제가 1500년부터 상대적인 자율성을 가지고 국가를 넘어 작동하고 있었다는 거예요. 2014년 2월에 세상을 떠날 때는 그의 장주기 연구가 근대 500년을 넘어서 8000년의 진화세계질서 연구로 확대돼 있었어요. 둘째, 세계정치체제가 1500년부터 다섯 번에 걸쳐 100년 기간의 장주기를 보여준다는 거예요. 16세기에는 포르투갈, 17세기에는 네덜란드, 18~19세기에는 영국, 20세기에는 미국이라는 세계국가가 등장해 장주기를 주도했죠. 셋째, 세계정치체제의 100년 장주기는 크게 네 국면을 거쳤다는 거죠. 첫 번째 국면에서는 세계전쟁global war을 통해 세계질서의 주도 국가가 결정되죠. 두 번째 국면에서는 새롭게 등장한 세계국가world power가 동조 세력들과 함께 세계질서를 운영하게 돼요. 세 번째 국면에서는 세계국가가 세계질서라는 공공재를 생산하는 과정에서 사적 이익을 우선적으로 고려함으로써 타 국가들이 주도국의 정당성을 인정하지 않는 비정당화delegitimation가 발생하죠. 네 번째 국면에서 정당화 갈등이 심화되고 최종적으로 주요 국가들의 군비경쟁에 따른 힘의 비집중화deconcentration가 진행돼서 결국 세계전쟁이 발생하죠.

모델스키의 세계정치 장주기론을 들으면서 두 가지 새로운 느낌이 있었어요. 우선, 박사과정 첫해의 중국 외교정책 세미나에서 겪었던 답답함을 덜 느꼈어요. 국제정치학 세미나에서도 전형적인 미국 국제정치학을 배워야 했다면 이런 공부가 미국의 국제정치학자가 아니라 아시아나 한국의 국제정치학자에게는 어떤 의미가 있는가라는 점을 생각하면서 힘들어했을 거예요. 그런데 모델스키의 세계정치학은 세계체제의 장기 질서 변동을 바라다보면서, 그 질서 속의 강대국인 미국이나 비강대국인 한국을 동시에 아우르려는 노력을 하고 있었어요. 따라서 전형적인 미국 국제정치학보다는 훨씬 폭이 넓었어요. 내게는 미국의 주류 국제정치학보다는 모델스키의 세계정치학이 훨씬 의미 있게 다가왔죠.

두 번째로 느낀 것은 국제정치학에서 역사의 중요함이에요. 미국 국제정치학은 대부분 역사를 가르치지 않아요. 고금동서의 국제정치에서 인간 언행의 기본 원칙은 크게 다를 수가 없다는 생각이 깔려 있죠. 그러나 장주기 이론에는 역사를 중시하는 자기 겸손이 있어요. 특히 나는 동주 밑에서 장소의 국제정치학을 배우면서 장소와 역사의 중요성을 오랫동안 배워왔기 때문에 장주기 이론 연구들을 반갑게 읽었어요.

3. 한국의 핵개발과
박사학위 논문

나는 2년 동안 모델스키의 강의를 집중적으로 들으면서 세계질서 연구에 상당한 관심을 가지게 됐어요. 그래서 세계질서 연구를 본격적으로 공부하기 시작했지만, 박사학위 논문을 세계질서와 한반도의 핵확산 문제에 관해서 쓰게 되리라고는 전혀 예상하지 못했어요. 개인의 삶이 계획대로만 진행되지 않는 것처럼 박사학위 논문의 주제 선정도 마찬가지였죠. 중국 외교 대신 국제정치이론을 전공하게 된 것만 해도 상당한 궤도 수정이었는데, 한반도의 핵무기 문제를 세계질서의 장주기 시각에서 다루는 박사학위 논문을 쓰게 된 것은 또 한 번의 궤도 수정이었어요.

모델스키가 세계질서의 장주기 관점에서 핵무기에 관심을 가지고 있을 무렵에 한국이 핵개발 의사를 밝혔어요. 박정희 대통령이 공식적인 월남 패망 직후인 1975년 6월 12일에 《워싱턴포스트》와의 기자회견에서 "우리도 핵무기 개발 능력을 갖추고 있지만 실제로 핵무기를 개발하지는 않고 있으며, 핵확산금지조약NPT을 준수하고 있다. 만약 미국의 핵우산이 철회된다면, 우리는 스스로를 지키기 위해 핵무기 개발에 착수할 수밖에 없다"라고 말하면서 한국의 핵무기 개발 가능성을 공개적으로 처음 밝혔어요. 그리고 6월 26일에는 최형섭 과학기술처 장관이 "한국이 특정 시기에 자체 핵무기를 개발할 수 있는 기술적 잠재력을 갖추고 있다"라고 말했어요. 당시로서는 굉장히 충격적인 발언들이었죠. 1970년대 데탕트가 시작되면서 미중 관계 개선에 따라 중국 바람이 강하게 불고 있었지만, 한반도에서는 7·4 남북 공동성명 이후 잠시 찾아왔던 소데탕트의 꿈이 바로 깨지고 냉전으로 되돌아가는 속에 대통령이 나서서 핵개발 가능성을 밝힌 거예요.

모델스키는 근대 세계정치체제의 장주기를 측정하기 위해서 16세기부터 20세기 상반기까지는 해군력, 그리고 1945년부터는 핵무기의 지구 분포도를 사용했어요. 1945년에 시작된 미국의 핵독점은 1949년에 소련이 핵실험에 성공한 이후 지속적으로 핵무기 보유를 늘리면서 무너지고, 1970년대에 들어서서는 미소가 모두 제2공격력을 가지게 되면서 공포의 균형을 유지하는 핵쌍점 시대를 맞이하죠. 한편 1950년대의 영국, 1960년대의 프랑스와 중국에 이어서 인도가 1974년에 핵실험에 성공하면서 추가 핵확산의 불안이 커져가는 속에, 한국의 박정희 대통령이 1975년에 핵무기 개발 발언을 하니까 커다란 관심을 끌게 됐죠. 모델스키 교수는 핵확산이 빠르게 진행되면서 세계질서의 변화 국면이 비정당화에서 비집중화로 바뀌는 것은 아닌가 하는 점에 주목했죠. 그래서 한 학기 동안 세계질서와 핵확산에 관한 대학원 세미나 수업을 특별히 진행하기도 했어요. 그 수업을 들으면서 나는 현대 세계질서의 폭력의 집중과 분산이라는 시각에서 한반도 핵확산 문제를 다루는 기말 논문을 쓰게 됐죠. 10주라는 짧은 한 학기 동안 일차자료의 접근이 대단히 어렵고 선행연구가 전혀 없는 가운데 한반도의 핵무기 개발사에 관해 쓰는 것은 쉽지 않았어요. 그러나 문제의 중요성 때문에 현실적 제약이 있더라도 한반도 핵확산에 관한 공개 자료들을 최대한 수집해서 숨은그림찾기를 하듯 작업을 시작했죠.

그 논문은 물론 남북한 핵무기의 개발 가능성과 이에 따른 정치적·군사적 영향에 관한 실증 사례 연구였지만, 동시에 핵확산이 세계 질서 변화에서 가지는 의미를 한국 사례에서 찾아보려는 이론적 시도이기도 했어요. 지도교수는 핵확산이 세계질서의 변화에 미치는 영향에 더 관심이 있었고, 나는 한반도 핵확산의 생존적 의미에 더 관심이 있어서 상호 보완이 잘됐어요. 모델스키 교수는 이 논문을 한반도의 핵확산 사례를 분석한 첫 사례 연구로 중요하게 평가해서 버클리대학University of California, Berkeley의 대표적 동아시아 전문가인 로버트 스칼라피노Robert A. Scalapino 교수에게 보냈어요. 스칼라피노 교수는 글을 읽어보고 영어만 약간 고치라고 한 뒤 이를 버클리대학에서 나오는《아시안 서베이Asian Survey》라는 학술지에 「소국의 핵화와 세계질서: 한반도 사례Nuclearization of Small States and World Order: The Case of Korea」[5]라는 제목으로 바로 실었어요. 이 글은 지역연구 학술지에 일반적으로 실리던 연구와 성격이 상당히 달랐지만, 남북한의 핵능력을 시기적절하게 처음으로 검토한 것이었기 때문에 비교적 쉽게 학술지에 게재됐어요.

그 논문이 학술지에 실리자마자 당시 아직 박사과정 학생이었지만 한반도의 핵 전문가 대접을 받게 됐어요. 우선 『개발도상국의 원자력 정책 결정 과정Nuclear Power in Developing Countries: An Analysis of Decision Making』(1982)[6]이라는 책에 군사적 핵개발 위험 당사국들의 평화적 핵기술 도입의 비교연구로 한국 사례를 써달라는 요청을 받았어요. 박사과정 중이라서 주저했지만 거절하기 어려웠어요. 결국 평화적 원자력 기술의 세계적 확산이 한반도에서는 어떻게 진행됐는지를 썼죠. 이 연구를 진행하면서 박사학위 논문으로 확장해야겠다는 생각이 들었고, 지도교수도 이미 쓴 두 논문을 박사학위 논문으로 발전시키는 것에 긍정적이었죠. 그래서 학위 논문의 도입부에는 모델스키의 장주기 이론의 틀에서 핵확산을 다루기 위해 핵무기의 세계적 집중과 확산을 도표화한 내용을 담았어요. 그리고 결론에서는 핵확산의 관리 문제를 다뤘죠.

1) 남북한의 핵능력 분석

박사학위 논문의 첫 핵심은 학술지에서 집중적으로 다뤘던 한반도 핵확산에 관한 네 가지 주제였어요. 첫 번째 주제로, 핵능력을 객관적으로 평가하기 위해 남북한의 원자력 프로그램을 검토했어요. 원자력의 평화적 이용과 군사적 이용 수준을 측정하기 위해서는 핵연료 주기와 핵무기의 제조 기술에 관한 기본 지식이 필요해요. 나는 한 학기 동안 공대 도서관에서 핵공학 교과서에서 다루는 기본적인 핵연료 주기, 핵분열물질, 핵분열과 핵융합에 관한 기초 지식을 독학했어요. 그리고 나서 남북한의 원자력 기술에 관한 공개 자료를 최대한 수집해서 핵능력을 평가했어요.

논문을 쓰던 중에 잠시 귀국해서 당시 통일부 장관으로 계시던 이용희 선생님에게 인사를 갔더니 사랑을 공부하다가 어떻게 핵무기 연구를 하게 됐냐고 물으시는데, 금방 답변을 못 했죠. 그러던 중에 우연히 교회를 지나가다가 본 목사님 설교 제목이 '사랑의 원자탄'이어서 혼자 웃었던 적이 있어요. 그러나 전쟁과 평화의 문제를 계속 공부하면서 핵무기는 결국 인간의 미움의 현대적 결정체이기 때문에 미움의 국제정치학을 가장 잘 보여주는 것이라고 생각하게 됐어요. 궁극적으로 사랑의 국제정치학을 다루려면 우선 미움의 국제정치학에서 출발해야 하는데, 그런 점에서 사랑의 국제정치학과 핵무기의 국제정치학은 뗄 수 없는 관계라고 생각해요.

2) 한반도 핵무기 개발사

두 번째 주제로, 현대 세계질서가 비집중화 국면에서 나타나는 폭력의 분산 지표로서 핵확산 추세를 전망하기 위해 한국의 핵무기 개발 계획의 추진과 포기를 다뤘어요. 좀 더 구체적으로는 프랑스의 플루토늄 재처리 공장의 도입 좌절 사례를 검토했어요. 이 질문은 대단히 중요하고 흥미롭지만, 예민한 문제이다 보니 일차자료 수집이 대단히 어려웠어요. 대학원생으로서 접근할 수 있는 국내외 공개 자료를 모두 모아서 그림 맞추기 작업을 했어요. 당시는 인터넷이 없었기 때문에 한국전력 연감이나 한국원자력연구소 연감 같은 기초 자료도 미국에서 제대로 찾아보기 어려웠어요. 미국 대학의 주요 동아시아 도서관에는 한국과 북한의 문학, 역사나 정치, 경제에 관한 책은 꽤 있었지만, 원자력에 관한 자료는 거의 없었어요. 특히 북한의 원자력 관련 자료는 《노동신문》과 원자력 관련 학술논문 등에서 원시적인 방법으로 모았어요.

1970년대 한국의 핵무기 개발 좌절사는 오늘의 한반도 핵 문제 논의를 위해서도 대단히 중요해요. 2006년 10월 9일에 북한이 1차 핵실험을 한 후에, 한국도 더 늦기 전에 핵무기를 개발해야 한다는 주장이 다시 등장하게 되죠. 그러나 핵무기 개발을 선택하면 결과적으로 우리가 어떤 삶을 살게 될 것인가를 제대로 알기 위해서는 1976년 초에 박정희 대통령이 미국의 경제적·기술적·군사적 압력 속에 어쩔 수 없이 핵무기 개발 계획을 포기할 수밖에 없었던 과정을 자세히 검토할 필요가 있어요.

한반도의 핵무기 개발사를 되돌아보면 핵무기 개발의 핵심적인 요인은 안보, 정치적 지위 또는 영향력의 문제예요. 안보는 첫 주 강의에서 설명한 자기애에 해당해요. 무엇보다 최소한의 자기 생존을 보호하기 위해 폭력 수단을 보유하려는 거죠. 다음으로 정치적 지위 또는 영향력은 경쟁애에 해당해요. 따라서 핵무기는 일차적으로는 억지를 위한 군사적 무기이고, 이차적으로는 영향력을 위한 정치적 무기이죠.

내가 논문을 쓰던 시절에는 참고할 만한 자료가 거의 없었지만, 그 이후 나온 자료 중에 특히 주목할 만한 것으로는 첫째로 미국 CIA의 국립외국평가센터National Foreign Assessment Center가 작성한 「한국: 핵개발과 전략적 결정South Korea: Nuclear Developments and Strategic Decisionmaking」(1978)[7]이라는 보고서가 있어요. 이 보고서는 2005년 10월에 공개됐어요. 다음으로, 윌리엄 버William Burr가 미국 측 외교문서를 정리해서 쓴 「한국의 핵개발 저지Stopping Korea from Going Nuclear」(Part I, II)(2017)[8]에서 미국이 어떻게 한국의 핵개발을 성공적으로 저지했는지 좀 더 상세히 보여주고 있어요. 우드로 윌슨 디지털 아카이브Woodrow Wilson Digital Archive[9]에도 한국 원자력사South Korean Nuclear History와 북한 원자력사North Korean Nuclear History에 관한 일차사료들이 수집돼 있어요.

학위 논문을 쓸 당시에는 이런 자료를 활용할 수 없었어요. 국제정치 연구에서 일차자료가 공개되지 않은 시기의 현대 국제정치를 분석하는 것은 쉽지 않아요. 개혁개방 이전의 현대 중국 전문가들이 개혁개방 이후 새 자료가 공개되면서 기존 연구와 다른 사실들을 알게돼 많은 고생을 했고, 소련과 냉전 전문가들도 소련의 해체와 함께 공개된 방대한 러시아 문서 때문에 불가피하게 새롭게 연구를 진행해야했죠. 박사학위 논문을 쓸 당시에는 한국 핵무기 개발사와 관련된 국내외 정부 문서들이 미공개 상태였기 때문에 나는 당시 공개 자료와 미 의회 자료를 활용해서 조심스럽게 핵개발사의 그림 맞추기를 진행했죠. 다행히 최근에 공개된 일차자료들은 학위 논문의 내용을 세부적으로 보완해 주고 있어요.

최근 공개 자료도 참고해서 한국 핵무기 개발사를 간략하게 정리해 볼게요. 한국이 본격적으로 핵무기 개발에 관심을 기울이는 시기는 1969년 7월 25일 닉슨 대통령이 괌에서 닉슨 독트린을 발표한 이후예요. 닉슨 독트린은 세계질서에서의 위상이 상대적으로 쇠퇴하고 있던 미국이 베트남전에 개입해서 쉽게 승리하지 못하고 국내경제의 어려움을 겪으면서, '태평양 국가'로서 중요한 역할은 계속하겠지만 아시아 문제에 더 이상 직접 개입을 하지 않고 이를 일차적으로 아시아 국가들에 맡기겠다는 거였죠. 닉슨 독트린이 발표됐는데도 불구하고, 1969년 8월에 샌프란시스코에서 닉슨 대통령을 만난 박정희 대통령은 베트남전에서 미국 다음으로 많은 피를 흘린 혈맹인 한국이 닉슨 독트린의 예외라고 생각했어요. 그러나 미국은 대아시아정책을 재검토하면서 한국에 대해서도 1969년 말부터 주한 미군 감축을 검토하기 시작했고, 1970년 3월에 6만 3000여 명의 주한 미군 중 2만여 명을 우선 감축하는 것으로 결정해 한국 정부에 통보하죠. 한국의 안보에 결정적 영향을 미치는 주한 미군 감축 논의가 본격화되자 큰 위기감을 느낀 박정희 대통령은 닉슨 대통령과 심각한 내용의 서한들을 교환하면서 치열한 외교전을 진행해요. 7월에 호놀룰루에서 열린 양국 실무회담에서도 양측은 쉽사리 이견을 조정하지 못했어요.

미국의 스피로 애그뉴Spiro Agnew 부통령이 8월에 서울을 방문해 박정희 대통령과 주한 미군 감축, 한국군 현대화 계획 지원에 관해 회담을 했어요(그림 7). 점심도 제대로 먹지 못하면서 진행된 회의에서 한국이 강하게 내세운 선先지원 후後감축 주장과 미국이 강조한 감축과 지원의 분리 추진 주장이 서로 팽팽하게 맞섰죠. 애그뉴 부통령은 당

그림 7

1970년 8월 26일 박정희 대통령과 만나 악수를 나누고 있는 애그뉴 부통령
자료: 국가기록원.

시를 일생에서 가장 힘들었던 회담으로 회고하기도 했어요. 당시 회담 기록은 한국의 외교관 지망생이라면 반드시 읽어야 할 한국의 생존전략 문서예요. 애그뉴 부통령은 대만으로 가는 비행기에서 주한 미군을 1975년까지 전면 철수할 예정이라고 기자회견을 했죠.

  이런 상황에서 박정희 대통령은 주한 미군 철수에 대비하기 위해 핵무기를 포함한 모든 군사 수단을 동원하는 생존전략을 검토하고 국방과학연구원과 무기개발위원회의를 설립했어요. 핵무기 개발을 포함한 방위산업을 담당한 오원철 경제 제2수석의 주도하에 1972년부터 국내의 일곱 개 관련 연구소들은 핵무기 개발의 기초 연구를 진행하기 시작했어요. 국제적으로는 캐나다의 중수로 원자로와 프랑스의 재처리 기술 도입을 본격적으로 추진하기 시작했죠. 핵무기 개발에 반드시 필요한 우라늄 233, 235나 플루토늄 239를 생산하는 데는 플루토늄 재처리와 우라늄 농축이라는 두 가지 방식이 사용되는데, 농축보다 재처리가 투자비가 훨씬 적게 들어요. 한국은 1972년 5월부터 프랑스의 생고뱅Saint-Gaubain과 핵연료 재처리 시설 도입을 논의하기 시작해서 1975년 4월에 최종 협정을 맺었어요. 인도도 1974년 5월

에 핵실험을 했는데, 이를 사전에 파악하지 못한 미국 중앙정보국CIA
은 뒤늦게 핵확산 위험국을 전 세계적으로 추적하는 과정에서 한국을
요주의 국가로 주목하게 됐죠. 1974년 7월에 주한 미국 대사관도 한
국의 핵무기 개발 계획에 관해 본국에 처음으로 보고해요.

1975년에 들어서서 한국의 핵연료 재처리 사업을 포기시키려는
미국의 압력이 본격화돼요. 이것이야말로 북한의 핵실험 성공 이후
국내에서 활발해진 핵무기 독자 개발론이 특별히 주목해야 할 역사적
선례라 할 수 있어요. 미국은 한국의 프랑스 재처리 시설 도입을 단순
히 원자력을 평화적으로 이용하려는 목적이 아니라 군사적으로 이용
할 위험성이 있다고 판단하고 치열한 외교 활동을 벌였어요. 제일 처
음 시작한 것은 경제 압박이었어요. 만약 한국이 미국의 반대에도 불
구하고 프랑스의 핵연료 재처리 시설을 도입한다면, 고리 1호기에 이
어 고리 2호기의 건설을 위한 미국 수출입은행의 대출금을 미 의회가
승인할 수 없다는 거였어요.

박정희 대통령은 이런 경제 압력을 받고도 재처리 시설의 도입을
쉽사리 포기하지 않았어요. 미국은 1975년 12월 4일 재처리 시설 도
입을 포기하지 않으면 경제적 압력과 함께 한미 간의 원자력 기술 협
력도 불가능하다는 최후통첩을 하고, 12월 9일에 미 국무부 필립 하
비브Philip C. Habib 아태 담당 차관보가 서울을 방문해 관련 협의를 진행했
죠. 미국의 경제적 지원과 원자력 기술 협력 없이 원자력 발전소를 독
자적으로 건설하고 가동할 수는 없었던 것이 한국의 현실이었어요.
그러나 박정희 대통령은 핵무기를 안보의 마지막 보루라고 생각했기
때문에 경제적·기술적 압력을 받으면서도 그것을 쉽게 포기할 수 없
었죠. 결국 마지막 카드로 미국은 만약 한국이 반드시 독자적으로 핵
무기를 개발하겠다면 주한 미군 감축과 함께 약속했던 한국군 현대화

계획을 지원할 수 없다고 경고해요. 한미 군사동맹과 핵무기 독자 개발 중에 하나를 선택하라는 요구를 받고 박정희 대통령은 결국 핵연료 재처리 시설 도입을 포기하죠. 1976년 1월 21~23일에 최형섭 과학기술처 장관과 마이런 크레이처Myron B. Kratzer 미 국무부 원자력 담당 차관보는 협의를 거쳐 프랑스의 재처리 시설을 도입하지 않는 대신 한미 원자력 기술 협력을 강화하는 것에 합의해요. 그리고 1976년 말에 한국은 일단 핵무기 개발 계획을 중단하기로 결정하죠.

이런 재처리 시설 포기의 긴박한 외교전은 먼 옛날 이야기가 아니에요. 현재 한국의 원자력 산업이 세계 5, 6위이기 때문에 미국의 협력 없이도 한국의 원자력을 평화적으로 이용하는 데 큰 차질이 없을 것으로 기대하지만, 현실은 그렇지 않아요. 2015년에 평화적 이용을 위한 한미원자력협정의 개정 과정에서 만약 군사적 이용의 위험성이 조금이라도 있다면 미국은 한국과 원자력 기술 협력을 절대로 할 수 없다는 것을 강조했어요. 1970년대와 비교하면 오늘날 한국의 경제력과 원자력 산업은 비교할 수 없을 정도로 커졌죠. 당시에 한미 원자력 협력은 고리 1, 2호기의 건설과 운영에 관한 것이었지만, 현재는 한국에서 전력 공급의 핵심 역할을 하는 원자로 24기의 운영과 한국형 원자로의 해외 수출 문제까지 국제정치와 복잡하게 얽혀 있어요.

한국의 핵무기 개발 문제는 한국의 안보를 위한 주한 미군 문제와 항상 밀접하게 연관돼 검토됐어요. 1977년 1월, 지미 카터Jimmy Carter 대통령이 주한 미군과 전술핵의 철수를 검토할 것을 지시하면서 박정희 대통령은 다시 핵개발을 고려했지만, 1979년 10월 26일에 김재규 중앙정보부장의 저격으로 세상을 떠났죠. 1970년대에 한미 관계가 어려움을 겪은 공식적인 이유는 당시 권위주의 정부의 독재, 인권 침해, 대미 불법 공작 등이었지만, 사실상 핵무기 개발 문제가 한미 관계에서 가장 풀기 어려운 숙제였어요. 박정희 대통령의 사망 이후 전두환 대통령은 1980년대 초반에 핵무기 개발 계획을 완전히 포기하고 국방과학연구원의 연구 인력을 대량으로 해고했어요.

한반도의 핵 문제는 국내적으로도 상당한 관심 대상이었어요. 한 예로, 한때 대학 입시 면접에서 재미있게 읽은 책을 물어보면 상당수 학생들이 『무궁화 꽃이 피었습니다』를 꼽았어요. 한반도 핵무기 문제를 다룬 책이라고 해서 나도 한번 훑어보니까 시작부터 틀린 사실에서 출발하고 있어서 당황스러웠어요. 한국의 과학자 중에 가장 유력한 노벨상 수상 후보자였던 물리학자 이휘소 박사가 자동차 사고로 의문의 죽음을 당해요. 그런데 소설에는 박정희 대통령이 이휘소 박사를 한국의 핵개발을 위해서 초대했던 것으로 돼 있어요. 하지만 이휘소 박사는 소립자 이론의 세계적 대가로, 핵무기 개발과는 아무런 관계가 없었어요. 그래서 소설 출간 이후 이휘소 박사의 유족이 작가를 명예훼손으로 고소까지 했었죠. 작가는 소설 내용이 실제와 다르더라도 역사적 사실을 모티브로 삼아 소설을 쓸 수도 있지 않느냐는 취지로 말했어요. 그러나 원자력공학과 양자역학조차 제대로 구분하지 못하는 소설이 어린 학생들의 대표적 애독서가 됐다는 것은 답답한 일이었죠.

3) 한반도 핵화의 전략적 평가

논문의 세 번째 주제는 남북한의 핵무기 개발이 한반도의 안보에 유용한가 하는 문제였어요. 미소의 핵냉전사를 되돌아보면 쌍방이 제2공격력을 획득해서 상호억지체제가 마련되면 공포의 균형이 이뤄져서 보유한 핵무기를 역설적으로 사용할 수 없게 되죠. 따라서 한반도에서도 미소처럼 남북한이 모두 핵무기를 보유하면 공포의 균형을 이뤄서 사실상 핵무기를 실전에 사용할 수 없게 되지 않겠느냐 하는 질문이 제기될 수 있어요. 그런데 남북한이 핵무기를 개발하는 경우에 단기적으로 상호억지 가능성은 있지만 그 과정에서 여러 문제가 발생해요. 첫째로, 남북한의 권위주의적 국내체제의 불안정 속에서 남북한의 공포의 균형을 위한 핵개발은 불안정성을 내재하고 있어요. 둘째로, 현재 북한이 핵개발에 따른 국제 제재로 어려움을 겪고 있듯이 핵무기를 개발하는 남북한은 강한 국제 제재 때문에 고난의 길을 걷게 되겠죠. 셋째로, 남북한이 핵무기를 개발하면 일본도 핵무기를 개발해서 동북아 지역에 빠른 핵확산이 진행될 위험이 높아요.

특히 주목해야 할 것은 핵개발을 선택하는 순간 부딪히는 경제적·기술적·군사적 압박이에요. 북한도 지금 제재를 힘들게 견디고 있지만, 현재 한국 경제의 규모와 개방화 정도를 고려하면 한국은 북한보다 그 압박을 견디기가 훨씬 더 어려울 거예요. 한국은 현재 원자력 발전소를 24개 가동해서 국내 전력의 30~40%를 원자력에 의존하고, 세계 원자력 시장에서 본격적으로 수출 경쟁을 시작한 원자력 선진국이에요. 그런데 한국의 원자력 발전은 국제 원자력 기술의 협력 속에서 가능해요. 원자력 발전소를 가동하려면 핵연료주기의 안정적 운영이 필수이고, 농축 우라늄이나 중수소는 군사적 이용을 하지 않는다는 엄격한 조건에서만 안정적으로 공급받을 수 있어요. 따라서 폐쇄체제인 북한과 달리 개방체제인 한국은 현실적으로 국제 제재를 감당할 수가 없어요.

새로운 생존전략으로서 독자적 핵무기를 개발하려면 기술적·경제적 영역에서 원자력의 평화적 이용에 미칠 부정적 영향을 감수해야 해요. 핵개발론자들은 핵개발을 반드시 하지 않더라도 그런 언행을 통해 중국이나 미국에 대한 발언권을 키울 수 있지 않겠냐는 주장을 해요. 그러나 1970년대의 한국 핵무기 개발사를 되돌아보면, 강대국에 대한 발언권이 강화되기보다는 대단히 엄중한 압박에 직면할 가능성이 커요. 그래서 그것을 단순히 상대방 떠보기식의 정책 대안으로 생각하는 것은 굉장히 위험해요. 그러므로 독자적 핵개발론을 주장하기 전에 1970년대 한국의 핵무기 개발사를 꼼꼼히 검토할 필요가 있어요. 오늘날의 국제정치는 1970년대와 마찬가지로 여전히 세계질서에서 강한 영향력을 가지고 있는 핵보유국들이 새로운 핵보유국의 등장을 막기 위한 핵비확산체제를 운영하고 있어요. 따라서 한국 핵무기 유용성의 평가에서는 핵무기가 제한적으로 상호억지의 가능성이 있을 수도 있지만, 핵개발을 선택하는 경우에 실질적으로 겪을 엄청난 국가적 손실을 충분히 고려해서 신중하게 해야 해요.

독자 핵무기 개발 다음의 차선책으로 국내에서는 미국의 전술핵 재배치 논의가 제기되고 있어요. 실제 한반도에는 북한에 핵무기가 없을 때도 한국에 전술핵무기가 1958년부터 배치되기 시작했어요. 총 1000개가량 배치됐다가 1991년 12월 한반도 비핵화 공동선언 직전까지 모두 철수됐죠. 1991년 12월 소련의 해체와 함께 전후 냉전질서가 탈냉전질서로 바뀌면서 미소의 핵무기체계는 중요한 변화를 겪어요. 미국의 무기체계는 핵무기체계와 재래식무기체계로 구성되는데, 데탕트와 함께 이뤄진 전략핵무기제한협정 I, II(1971, 1979)와 탈냉전 이후의 전략핵감축협정(2011)을 거치면서 미국의 전략핵무기 수가 1만 개 이하로 줄죠. 향후 미소의 전략핵 보유 개수는 2021년에 각 1500개로 줄어서, 합쳐서 3000개쯤 될 전망이에요. 핵무기는 장거리의 전략핵, 중거리에 해당하는 유럽 중심의 지역핵, 단거리의 전술핵으로 분류할 수 있어요. 우리 입장에서는 전술핵도 전략적인 성격이 있지만, 미국은 1991년 이후 탈냉전의 세계 군사적 질서를 맞이해 전술핵을 거의 다 없앴어요. 탈냉전 이전에 1만 개가량 있던 전술핵은 2~3년 전 추정을 기준으로 700개 정도가 남았죠. 따라서 미국 입장에서도 전술핵무기의 재배치를 위해서는 먼저 재생산을 해야 하는 형편이에요. 다시 말해서, 배치가 가능한 미국의 전술핵이 없는 현실에서 국내의 전술핵 재배치 논쟁이 진행되고 있는 거죠.

4) 한반도의 핵화와 지역질서

네 번째 주제는 한반도의 핵화가 지역질서의 안정과 평등에 미칠 영향이었어요. 이 주제는 당시 지도교수인 모델스키의 세계질서 연구 시각에서 한반도 핵확산이 세계질서의 안정과 평등에 미치는 영향을 따져보는 것이었어요. 핵확산은 세계질서의 불평등, 즉 권력의 과점을 개선하는 효과가 있죠. 현대 국제정치에서 핵보유국과 비핵보유국의 위상은 분명히 불평등해요. 1960년대 중반 이후 미소는 상호억지를 관리할 수 있는 전략핵무기제한협정을 맺고 나머지 국가들은 더 이상 핵무기를 보유하지 못하도록 핵확산금지조약을 맺음으로써 핵비확산체제를 구축했어요. 냉전 관계의 주축인 미국과 소련이 예외적으로 합의를 해서 다섯 개 핵보유국 이외는 더 이상 핵무기를 못 만들게 한 거예요. 핵확산이 계속되면 세계질서를 운영하는 것이 점점 감당할 수 없을 만큼 어려워질 거라고 본 거죠. 이를 볼 때 핵확산은 과점적 세계질서의 평등 측면에서 긍정적 영향을 미쳤다고 할 수 있어요. 그러나 세계질서의 안정 측면에서 보면 핵보유국이 많아질수록 부정적인 영향을 미치죠. 따라서 세계질서를 파괴할 위험이 있는 핵확산 문제를 해결하려면 과점적 세계질서의 불평등을 개선하는 노력이 필요해요.

　이 네 가지 주제가 《아시안 서베이》에 실렸던 논문의 주요 내용이에요. 지역 전문가들은 남북한의 핵능력 개발사에 대한 최초의 영어 논문이었기 때문에 관심이 있었고, 모델스키는 세계질서 변화 주기와 핵확산의 관계라는 지평에서 이 논문을 주목했어요. 나는 핵무기 개발의 실존적 원인과 결과, 그리고 해결 방안이라는 실천적 과제가 더 궁금했죠.

4. 평화적 핵기술의 세계 확산과 한반도

　한반도 핵화에 관한 첫 번째 논문에 이어, 앞에서 이야기한 것처럼 군사적 핵개발 위험 당사국들의 평화적 핵기술 도입의 비교연구로서 한국 사례를 검토한 두 번째 논문을 썼어요. 평화적 핵기술은 군사적 핵개발의 기반이 될 수 있기 때문에, 평화적 핵기술의 세계적 확산과 남북한의 평화적 기술의 도입을 좀 더 조심스럽게 살펴볼 필요가 있어요. 평화적 핵기술의 세계적 확산이 시작된 것은 1953년 초 드와이트 아이젠하워Dwight David Eisenhower의 '평화를 위한 원자력Atom for Peace' (1953)[10]이라는 유명한 연설 이후예요. 이 연설은 단순히 세계 평화를 위한 이상주의적 동기가 아니라 미국이 원자력 시장을 주도하려는 현실주의적 국가 이익과 밀접하게 연관돼 있어요.

　미국은 자국의 원자력 기술 독점이 깨지는 것이 시간문제라면 평화적 이용을 위한 원자력 시장을 선점할 필요가 있다고 판단해 연구용 원자로를 전 세계에 공급하기 시작했고, 소련도 경쟁에 뛰어들었죠. 1945년부터 현대 무기체계의 꽃인 핵무기에 커다란 관심을 가지고 있기는 했지만, 현실적으로 핵능력을 자주적으로 개발하는 것이 불가능했던 남북한은 연구용 원자로 도입을 적극적으로 추진하기 시작했어요. 한국은 1956년에 교육부에 원자력과를 만들고, 1959년에 미국에서 연구용 원자로를 도입해요. 북한도 소련에서 연구용 원자로를 도입해서, 1960년대에 남북한은 처음으로 연구용 원자로를 가동하게 되죠. 이후 한국은 1960년에서 1968년까지 원자력 발전의 두 번째 단계를 위한 준비 작업을 진행해요. 그리고 1970년대에 들어서서 원자력을 군사적으로 이용하려고 시도하다가 좌절하죠. 1980년대에 들어서면서 한국은 원자력의 군사적 이용을 포기하고 평화적 이용으로 완전히 전환해 과학기술 및 산업경제적 차원에서 원자력을 빠르게 키워나가요. 한편 1980년대 후반에 북한의 재처리 시설을 포함한 영변의 핵시설들이 주목을 받기 시작해요. 북한의 핵개발을 막기 위한 1994년의 제네바 기본합의나 2005년의 베이징 6자합의라는 노력에도 불구하고 북한은 2006년에 처음으로 핵실험에 성공하죠.

5. 핵무기의 세계적 집중과 확산

한국의 핵무기 개발사와 평화적 원자력 기술 도입사의 분석과 함께 나는 박사학위 논문의 전체 골격을 완성하기 위해서 도입부에 지구적 핵확산을 모델스키의 세계질서 장주기 이론의 도움을 받아 세계질서의 폭력 기반의 확산 과정으로 검토했어요. 이런 분석을 위해서 세계질서의 장주기 변화를 측정하는 지표로서 1945년 이후 핵무기의 세계적 집중과 확산을 측정하는 작업을 했어요. 당시 소련의 핵무기 보유량은 전혀 알 수가 없었고 미국의 핵무기 보유량도 제대로 공개되지 않았기 때문에 작업이 쉽지 않았어요. 자료의 빈곤을 해결하기 위한 방안으로 핵무기 자체보다 상대적으로 자료 수집이 용이한 운반 수단을 측정해서 핵무기의 집중과 확산을 정리했죠. 이렇게 해서 작성한 핵무기의 세계적 집중과 확산의 측정도는 미국 핵무기의 압도적 우위가 1950년대 중반 이래 소련의 핵전력의 증강과 함께 쇠퇴하기 시작했고, 1960년대 말부터 핵무기의 세계적 구도가 미소의 쌍점 상태로 들어선 것을 잘 보여주고 있어요. 다음으로는 이런 핵무기의 세계적 구조가 핵보유국과 비핵보유국의 정치적 지위 및 구조에 미치는 여러 영향을 논의했어요.

6. 핵확산의 세계적 관리

박사학위 논문의 결론에서는 '핵무기의 세계적 관리'를 다뤘어요. 이 주제는 현재까지도 여전히 풀지 못하고 있는 숙제로 북핵 문제의 해답을 찾기 위해서도 대단히 중요하죠. 핵 문제를 제대로 해결하려면 핵보유국이 고민하는 핵확산의 불안정성과 핵개발국의 생존 보장을 모두 주목할 필요가 있어요. 따라서 핵확산을 막기 위해서는 국제제재를 하는 동시에 핵개발국의 체제 보장을 동시에 해야 하죠.

이런 핵확산 문제의 이중성을 고민하던 중에 우연히 워싱턴대학 경제학과의 스티븐 청Steven N. S. Cheung 교수로부터 코즈 정리Coase theorem 로 모든 경제 현상을 설명하는 대학원 세미나를 추천받았어요. 경제학을 깊이 있게 공부한 적은 없었지만, 이 수업을 한 학기 동안 청강했어요. 로널드 코즈Ronald Coase 교수는 시카고학파의 중심인물로 노벨 경제학상 수상자이며 100세를 넘어서까지 저술 활동을 했어요. 그는 「사회비용의 문제The Problem of Social Cost」(1960)[11]에서 사회비용에서 생기는 시장 실패를 해결하기 위해 정부와 같은 제3자가 해결책을 마련하면 사회비용의 상호성 때문에 당사자 모두에게 불만족스러운 결과를 가져와 결국 정부실패로 이어진다고 설명해요. 오히려 두 당사자가 완벽한 정보를 가지고 항상 거래하도록 해서 정보비용과 거래비용을 없애면 두 당사자 사이의 협상을 통해 양쪽 모두에게 이익이 되는 해법을 찾아낼 수 있다는 거죠.

핵확산도 경제학에서 설명하는 사회비용의 상호성과 비슷한 문제를 가지고 있어요. 자국의 안보를 위해서 개발하는 핵무기가 주변 관련 국가들을 정치적·군사적으로 위협하게 되죠. 북한의 체제 안보용 핵무기가 한국, 미국, 일본, 중국, 러시아의 안보 문제를 제기하는 것처럼요. 따라서 코즈 정리에 따라 핵확산 문제를 풀려면 우선 문제의 상호성에 주목할 필요가 있어요. 북한의 핵무기가 한반도의 안보에는 어떤 영향을 미치며 주변 관련국들의 안보에는 얼마나 위협이 되는가에 대한 정확한 정보를 완벽하게 공유한 상태에서 관련 당사국들이 직접 협상을 해서 합의안을 찾는 거죠. 핵의 세계적 관리에 대해 코즈 정리를 적용해서 박사학위 논문의 결론으로 마무리했어요. 이 논문은 법경제학의 코즈 정리를 국내외적으로 국제정치학에 처음 적용한 글이었어요. 몇 년 후에 미국의 자유주의 국제정치론을 대표하는 로버트 코헤인Robert Keohane이 「국제레짐의 요구The Demand for International Regimes」(1982)[12]라는 논문에서 코즈 정리를 활용하면서 구미 국제정치학계에서 코즈 정리가 널리 알려지게 됐죠.

뜻하지 않게 원자력공학과 법경제학 관련 글들을 독학으로 읽느라고 조금 고생했지만, 학위 논문의 중심 내용을 이미 다른 논문으로 발표했었기 때문에 박사학위 논문을 비교적 쉽게 마무리하고 1980년 봄학기에 서울대학교로 돌아왔어요. 그러나 한국이 핵개발을 1980년에 공식적으로 포기하면서 당시 국내 학계에서 핵확산의 국제정치학에 대한 관심이 그리 높지 않았기 때문에, 박사학위 논문 주제를 본격적으로 발표하거나 가르칠 기회는 많지 않았어요. 다만 1985년 4월에 소련의 타슈켄트에서 유엔대학이 주최한 '아시아와 태평양의 지역 평화와 안보Regional Peace and Security in Asia and the Pacific' 회의에 한국의 핵전문가로서 해방 이후 처음으로 북한 전문가들과 함께 참석했고, 1986년에는 과학기술처 요청으로 스웨덴의 스톡홀름국제평화연구소Stockholm International Peace Research Institute에서 1년간 핵확산과 군축 문제를 연구할 기회가 있었어요.

7. 탈냉전기 북핵 문제

1970년대에 남북한의 군사적 긴장이 지속되는 상황에서 미국이 주한 미군 감축을 결정하자 한국은 생존전략으로서 핵무기 개발을 시도했죠. 탈냉전 시기인 1990년대에는 소련이 해체되고 중국이 개혁개방노선을 채택하면서 사회주의 국제체제가 붕괴하는 가운데 북한은 핵무기 개발을 본격화해요. 1990년 6월 노태우 대통령과 고르바초프Mikhail Gorbachev 대통령의 샌프란시스코 수교회담 이후 셰바르드나제Eduard Amvrosiyevich Shevardnadze 외무장관이 9월 초 평양을 방문해 김영남 외무상에게 한국과 소련의 수교를 공식 통보해요. 1975년 박정희 대통령이 《워싱턴포스트》와의 인터뷰에서 핵우산이 철수하면 한국은 생존을 위해서 자력으로 핵능력을 개발할 수밖에 없다고 말했던 것처럼, 한소 수교를 일방적으로 통보받자 김영남 외무상은 북한이 핵무기를 포함한 모든 수단을 동원해 독자적 생존을 강구할 수밖에 없다고 밝혔어요.

지구 차원의 탈냉전질서가 새롭게 등장하던 초반에는 한반도에도 남북 고위급회담이 열리고 1991년 말에 '남북 기본합의서'와 '한반도 비핵화 공동선언'이 채택됐어요. 1972년 7·4 남북공동성명 이후 20여 년 만에 탈냉전의 기회를 맞이한 셈이었죠. 그러나 북한의 영변 핵시설에 대한 국제원자력위원회의 사찰을 둘러싼 갈등이 심화되면서 1차 핵위기가 본격화됐어요. 미국과 북한은 상호 위협과 협상 단계를 거쳐 1994년 10월에 제네바 기본합의에 이르렀어요. 나는 20년 동안 풀려고 고생했던 한반도 핵 문제에서 드디어 졸업하는 줄 알고 1995년 2월에 히로시마 원폭기념관으로 고별여행까지 다녀왔어요. 그리고 원자력의 군사적 이용 대신 평화적 이용에 관한 「미일 신원자력 협력협정에 관한 연구」(1994)[13]와 「핵연료주기 연구 개발을 위한 국제정치 환경」(1997)[14]을 한국원자력연구소 연구보고서로 썼어요.

북미 제네바 기본합의에 따라 북한이 핵확산금지조약에 복귀하면서 북한의 핵개발을 전제로 하는 원자력 발전은 중단되고, 한반도에너지개발기구KEDO 주도로 비군사적 용도의 원자력 발전소를 짓기 시작했어요. 하지만 기대와는 달리 2002년에 북한의 우라늄 농축용 원심분리 시설을 둘러싸고 2차 핵위기가 찾아왔죠. 2차 핵위기는 「북한 핵·미사일의 주기적 위기」(2000)[15]에서 분석한 것처럼 발단, 상호 위협, 협상 주기를 거쳐, 2005년 9월 19일에 베이징 4차 6자회담에서 북한 핵 프로그램 포기, 경제 원조, 외교 관계 정상화, 평화체제 성립을 골자로 하는 공동성명을 발표하면서 해결되는 듯했죠.

북한의 핵위기 일지

표 1

	일지	
1차 핵위기	1993년 3월 12일	북한 핵확산금지조약 탈퇴 선언
	1993년 5월 11일	유엔 안전보장이사회 제재결의안 825호
	1994년 10월 21일	북미 제네바 기본합의
	§ 관련 자료: 하영선, 「북한 핵·미사일의 주기적 위기」, 《계간사상》, 제45호(2000).	
2차 핵위기	2002년 10월	미국 국무부 켈리 차관보 방북: 북한이 우라늄 농축용 원심 분리기 시설을 보유하고 핵탄두를 개발하고 있다는 것이 드러남
	2005년 9월 19일	베이징 4차 6자회담 공동성명: 핵 프로그램 포기, 경제 원조, 외교 관계 정상화, 평화체제 성립
	§ 관련 자료: 하영선·전재성, 「북핵문제와 6자회담: 평가와 전망」, 동아시아연구원(EAI) 국가안보 패널 연구보고서(NSPR) 1(2004.6)[개정 2004.10(NSPR 4), 2차 개정 2006.1(NSPR 11)].	
3차 핵위기	2006년 7월 5일	북한 장거리 미사일 실험
	2006년 7월 15일	유엔 안전보장이사회 제재결의안 1695호
	2006년 10월 9일	북한 1차 핵실험
	2006년 10월 14일	유엔 안전보장이사회 제재결의안 1718호
	2007년 2월 13일	9·19 공동성명 이행을 위한 초기 조치 합의서
	§ 관련 자료: 하영선 엮음, 「북핵위기와 한반도 평화」(동아시아연구원, 2006).	
4차 핵위기	2009년 4월 5일	광명성 2호용 은하 2호 장거리 로켓 발사
	2009년 5월 25일	북한 2차 핵실험
	2009년 6월 12일	유엔 안전보장이사회 제재결의안 1874호
	§ 관련 자료: 하영선, "한미정상회담의 평가와 과제: 북한제재전략에서 '공진화(coevolution)' 전략으로", 《EAI 논평》, 제1호(2009.6).	
5차 핵위기	2013년 1월	은하 3호 장거리 로켓 발사
	2013년 1월 22일	유엔 안전보장이사회 제재결의안 2087호
	2013년 2월 12일	북한 3차 핵실험
	2013년 3월 7일	유엔 안전보장이사회 제재결의안 2094호
	§ 관련 자료: 하영선, "3차 북핵실험과 한국의 대북정책," 《EAI 논평》, 제28호(2013.2); 하영선 엮음, 「한반도 신뢰프로세스 2.0: 억제, 관여, 신뢰의 복합 추진」(동아시아연구원, 2014).	
6차 핵위기	2016년 1월 6일	북한 4차 핵실험: "첫 수소탄 시험 성공적 진행"(로동신문)
	2016년 3월 2일	유엔 안전보장이사회 제재결의안 2270호
	§ 관련 자료: 하영선, "김정은 신년사와 핵실험: '휘황한 설계도'의 예고편", EAI 하영선 칼럼 (2016.1.7); 하영선 외, 「북핵위기의 새로운 해법」, EAI 연구보고서(2016.2).	

☞ 다음 쪽으로 이어짐.

7차	2016년 9월 9일	북한 5차 핵실험: 핵무기연구소, "새로 연구·제작한 핵탄두
핵위기		위력 판정을 위한 핵폭발 시험 단행"(로동신문)
	2016년 11월 30일	유엔 안전보장이사회 제재결의안 2321호
	2017년 6월 2일	유엔 안전보장이사회 제재결의안 2356호

§ 관련 자료: 하영선 엮음, 『신정부 외교를 위한 정책 제언』, EAI 외교안보연구시리즈(동아시아연구원, 2017).

8차	2017년 7월 4일	대륙간탄도유도탄 화성 14형 발사
핵위기	2017년 7월 29일	대륙간탄도유도탄 화성 14형 2차 발사
	2017년 8월 5일	유엔 안전보장이사회 제재결의안 2371호

§ 관련 자료: 하영선, "북핵위기 해결의 새 길 찾기", EAI 이슈브리핑(2017.10.11).

　　북한은 결국 2006년의 1차 핵실험 이후 2016년 초에 4차 핵실험을 강행함으로써 6차 핵위기를 맞이했어요(표 1에서 보는 바와 같이 강의 이후 북한은 두 차례 핵실험을 추가로 했으며 이에 따라 현재 8차 위기를 맞이함). 6차 핵위기의 심각성을 제대로 알려면 우선 핵실험 이후 공식 성명문을 제대로 읽을 필요가 있어요. 국내외 북한 전문가들의 주관적 해석은 크게 도움이 되지 않아요. 북한은 공식 성명에서 원폭에서 수폭으로 가는 과학적인 과정을 실험했다고 주장해요. 수폭 개발에 필요한 핵융합반응을 위해서 원자폭탄을 이용해 중수소를 생산하는 단계를 실험하기 시작했다는 거죠. 그리고 핵무기 운반 수단으로 사용할 수 있는 광명성 4호를 일단 우주 궤도에 올려놓는 데 성공한 거예요.

　　다음 핵실험이 이뤄진다면 수소폭탄 완성을 위한 다음 단계의 실험을 하고, 또 대륙간탄도유도탄ICBM의 재진입 과정을 위한 초보적 실험도 하겠죠. 북한이 수소폭탄과 ICBM의 결합에 성공하게 되면 한반도를 넘어 미국 안보에 직접적으로 영향을 미치게 되죠. 따라서 북한의 핵무기 운반 수단이 ICBM의 초보 수준이더라도 미국은 본격적으로 신경을 쓸 수밖에 없어요. 이런 상황에서 김정은 위원장은 공갈외교를 해도 제대로 반응이 없는 미국을 향해 2016년에 4차 핵실험을 강행함으로써 6차 핵위기를 조성한 거예요. 이에 대해서 미국은 과거에 비해 훨씬 신중하게 대응할 수밖에 없었죠.

1990년대 초부터 2016년 초까지 북한이 실행한 핵·미사일 개발에 대해서 유엔을 비롯한 국제사회는 여섯 차례 대북 경제 제재를 결의하면서 대응했지만, 이 결의들은 성공적으로 이행되지 못했어요(표 1에서 보는 바와 같이 강의 이후 추가로 네 차례의 제재가 더 이뤄짐). 이렇게 제재가 예상만큼 효과를 거두지 못했던 중요한 원인은 대북 제재 결의에 참여한 국가들이 일사불란하게 결의 내용을 이행하지 못했기 때문이에요. 중국이나 러시아는 북한의 비핵화를 위한 제재에는 원칙적으로 찬성했지만, 제재 과정에서 초래할지 모를 북한 정권의 불안정성 심화가 자국에 미칠 영향을 고려해 광범위한 경제 제재에 소극적인 태도를 보여왔어요. 한편 북한은 제재에 대한 우회책을 준비해서 피해를 최소화하고 동시에 피해를 최대한 견디는 전략을 쓰며 국제사회의 제재가 북한에 미치는 효과를 약화시키려 노력하고 있죠.

이런 상황에서 우리 정부는 전례 없는 제재를 했으니 너무 걱정하지 않아도 곧 성과가 있을 것이라고 낙관하고 있어요. 그러나 전재성 교수와 공동으로 작성한 동아시아연구원EAI 보고서 「북핵위기의 새로운 해법」(2016)은 이런 정부 전망을 지나친 낙관론으로 평가했어요. 그리고 북핵 문제 해결을 위해서는 4중의 복합적인 노력이 필요하다는 것을 강조했죠.

첫째로, 중국의 보다 적극적인 참여를 유도할 필요가 있어요. 북한의 핵 및 미사일 실험에 대해서 국제사회는 지속적으로 경제 제재를 해왔지만, 특히 북중 관계의 특수성 때문에 가시적인 성과를 거두지 못했어요. 북한이 치러야 할 핵개발의 비용을 극대화해서 최종적으로 북한 비핵화의 목표를 달성하기 위해서는 중국을 더욱 적극적으로 참여시켜서 대북 경제 제재를 강화해야 해요.

둘째로, 대북 비핵 신안보체제의 구축을 위한 새로운 노력이 필요해요. 기존 북한의 핵위협에 대응하는 방안으로 비효율적인 억제용 핵무기 개발이나 비현실적인 미국의 전술핵무기 재배치 논의가 주를 이뤘죠. 그 대신 한국의 독자적 비핵 억지 및 방어 체제를 신속하게 구축하고, 한미 군사동맹의 틀 속에서 주변 국가들의 안보 불안을 키우지 않는 한도 내에서 대북 미사일 방어체제와 확장 억지체제의 강화를 추진해야 해요.

셋째로, 새로운 외교의 필요성을 들 수 있어요. 북한이 핵무기를 개발하는 핵심적인 이유는 불안감이에요. 미국의 대북 적대시 정책을 고려했을 때 삶을 지켜주는 보검으로 핵을 개발한다는 거죠. 북한도 체제 유지를 위해서는 안보가 필수적이지만, 이를 위해서 핵무기를 개발한다는 것은 과잉 안보죠. 북핵을 해결하기 위해서는 북한이 최소한의 핵 없는 안보체제를 유지하면서 경제성장을 추진하는 '비핵 병진노선'을 채택하게 해야 해요. 이렇게 유도하려면 효율적인 제재 조치를 취하면서 북한의 지도 세력에게 '핵 병진노선'의 손해를 극대화하고 동시에 '비핵 병진노선'의 이익을 극대화하는 신호외교를 관련 당사국들이 적극적으로 추진할 필요가 있어요. 양자 또는 다자를 포함하는 6자회담의 협상외교를 재개하려는 노력이 이 과정에서 필요해요.

넷째로, 북핵 위기가 최종적으로 해결되기 위해서는 북한의 지도 세력이 21세기의 새로운 생존전략으로 현재의 핵 병진노선 대신에 비핵 병진노선을 스스로 채택해야 해요. 외과 수술식 북폭이나 체제 붕괴는 비현실적이고 비경제적인 해결 방식으로, 엄청난 비용을 떠안게 되죠. 따라서 최선의 방식은 북한 지도 세력이 기존의 핵·경제 병진노선으로 감당할 수 없는 현실에 직면해서 비핵·경제 병진노선으로 새롭게 자기 조직화하는 진화를 할 수 있도록 도와주는 것이에요.

한반도 핵능력 개발의 역사는 제2차 세계대전 후 세계질서의 변화와 그 속에서 남북한이 처해 있는 국제 관계의 틀 속에서 진행돼 왔어요. 북핵 위기의 해법을 다룬 이 보고서가 나오기까지는 앞에서 설명한 박사과정 시절부터 고민해 왔던 세계질서와 한반도의 핵무기라는 문제의식이 깊게 깔려 있다는 것을 주목하기 바라요.

다음 시간에는 세 번째로 1980년대에 썼던 책인 『한반도의 전쟁과 평화』에 관한 이야기를 할게요. 책을 쓰게 된 목적은 무엇이고, 또 어떤 지적 맥락 속에서 문제의식을 전개하게 됐는지, 그리고 그 책에 담긴 1980년대의 의미는 무엇인지를 다루겠어요. 될 수 있으면 책을 읽고 오세요. 그래야 강의를 더욱 쉽게 이해할 수 있을 거예요.

북핵 위기 해결의 새 길 찾기

자료: 하영선, EAI 이슈브리핑(2017.10.11).

북한의 수소폭탄 개발을 위한 6차 핵실험과 미국 본토까지 도달할 수 있는 장거리 미사일 실험 발사 이후 북핵 위기는 새로운 국면에 접어들었다. 미국의 트럼프 대통령의 유엔 연설과 북한 김정은 위원장의 반박 성명은 위기를 더욱 심화시켰다. 이런 상황에서 한국을 비롯한 관련 당사국들의 위기 해결을 위한 노력은 별다른 성과를 거두지 못하고 있다. 위기에서 탈출하려면 기존 해법들의 한계를 제대로 검토하고 하루빨리 새 길 찾기에 나서야 한다.

트럼프 대북정책의 2대 난관

미국의 트럼프 대통령은 취임 이후 지난 정부의 대북정책인 '전략적 인내'를 강하게 비판하고 새로운 해법으로서 '최대한의 압박과 관여'를 제시했다. 핵심적인 내용을 보면 첫째로 북한의 비핵화를 위한 중국의 역할을 특별히 강조하고, 둘째로 최대한의 압박을 위해서는 군사적 선택도 정책 대안으로서 검토해야 한다는 것이다. 트럼프 대통령의 유엔 연설도 새로 채택한 해법의 틀을 크게 벗어나지 않고 있다. 북한을 타락 국가로 규정한 다음, 만약 북한이 "미국 또는 동맹국들을 공격한다면 미국은 북한을 완전히 파괴하는 수밖에 없다"고 군사적 선택의 중요성을 강조하고 있다.

그러나 미국의 북한 비핵화 길 찾기는 2대 난관에 직면해 있다. 우선 중국은 결코 미국이 기대하는 수준의 제재와 압력을 김정은에게 행사하지 않을 것이다. 중국 역시 북한의 핵무기 개발에 대해서 부정적이므로 유엔의 국제 제재에도 참여하고 있다. 그러나 중국이 정말 우려하는 것은 현재의 핵무장한 김정은 체제보다 미래의 핵 없는 김정은 이후의 체제다. 만약 시장민주주의 형태의 김정은 이후 체제가 등장해서 중국 동북3성의 안보와 경제에 부정적 영향을 미친다면 중국의 핵심이익에 수소폭탄보다 더 큰 피해를 줄지도 모르므로, 중국은 불만스럽지만 차악책으로서 김정은 체제와 북핵 위기의 해결책을 찾는 노력을 하고 있다.

다음으로, 미국이 아무리 군사적 선택 가능성을 적극적으로 시사해도 북한은 쉽사리 물러서지 않을 것이다. 김정은은 예상대로 반박 성명에서 "숨김없는 의사 표명으로 미국의 선택안에 대하여 설명해 준 미국 집권자의 발언은 나를 놀래우거나 멈춰 세운 것이 아니라 내가 선택한 길이 옳았으며 끝까지 가야 할 길임을 확증해 주었다"라고 지적했다. 지난 사반세기 동안의 제재를 비교적 성공적으로 견뎌온 북한은 트럼프 대통령의 수순을 충분히 예상했으며, 따라서 쉽사리 돌을 던질 생각이 없다는 의사 표시를 명확히 하고 있다.

더구나 북핵 위기는 미국과 중국의 아태 질서 건축 경쟁이 벌어지고 있는 분단 한반도에서 진행되고 있기 때문에, 다른 지역질서와 달리 미국은 한국과 긴밀한 협력 속에서 공동 해결책을 찾아야 하고 동시에 중국의 핵심이익을 충분히 고려해야 한다.

따라서 트럼프 대통령의 현재 노력은 북핵 위기를 극복하기 위한 필요조건이기는 하지만 2대 난관을 성공적으로 극복하기는 어려우므로, 새로운 길을 찾기 위한 노력을 해야 한다.

중국 대북정책의 허실

중국은 올해 3월 이래 북핵 위기의 해결 방안으로서 '쌍잠정双暂停'과 '쌍궤병행双軌幷行'을 강조하고 있다. 북한의 핵·미사일 실험과 한미연합군사훈련을 잠정적으로 중단하고 6자회담을 재개해서 북한의 비핵화와 평화협정을 병행 추진하자는 내용을 골자로 하고 있다.

그러나 이러한 제안은 첫째, 현재로서는 한미와 북중의 시각차를 좁히기 어렵다. '쌍잠정'은 진정성과 비대칭성의 한계를 가지고 있다. 한미의 입장에서 그동안의 협상의 역사를 되돌아보면, 단순한 동결을 위한 동결은 항상 진정성 문제를 야기해서 합의를 원점으로 되돌리는 결과를 가져왔기 때문에, 동결은 반드시 비

핵화로의 진정성을 보여주는 첫 단계를 포함해야 한다. 그리고 비대칭성의 한계를 벗어나려면 군사훈련의 조정은 단순한 핵동결이 아니라 남북한의 군사적 위협 개선에서 출발해야 한다.

둘째, '쌍궤병행'에는 이중적 어려움이 따른다. 북한 측 평화협정의 핵심적 내용은 2000년 조명록 차수의 워싱턴 방문 당시 공식화된 이래 변화가 없다. 북미 관계를 적대 관계에서 평화 관계로 전환하기 위해 주한 미군의 철수가 불가피하고, 한미 군사동맹의 해체가 필요하며, 미국의 핵위협이 없어야 한다는 것이다. 한미는 이러한 '북한형' 평화협정 논의를 인정할 수 없으므로 쌍궤의 병행은 현실적으로 첫출발이 불가능하다. 한편 북한도 선先비핵화 후後평화협정이나 비핵화와 평화협정 논의의 병행을 분명하게 반대하고 오직 선先'북한형' 평화협정 후後비핵화 논의만을 강조하고 있다. 따라서 현재 중국의 해법은 핵심 관련 당사국들의 동의를 얻지 못하고 있으므로 논의의 출발점이 되기 어렵다.

한국 대북정책의 암초

문재인 대통령은 지난 2017년 9월 21일 제72차 유엔총회 기조연설에서 "북한이 스스로 핵을 포기할 때까지 강도 높고 단호하게 대응해야 합니다. 모든 나라들이 안보리 결의를 철저하게 이행하고, 북한이 추가 도발하면 상응하는 새로운 조

치를 모색해야 합니다"라고 현재 국면에서 제재의 불가피성을 지적하면서 동시에 "우리 정부와 국제사회는 북한이 유엔헌장의 의무와 약속을 정면으로 위반하고 있음에도 불구하고 북핵 문제를 평화적인 방법으로 해결하기 위해 온 힘을 다해 가능한 모든 노력을 다하고 있습니다"라고 평화적 방법을 통한 해결을 특별히 강조했다.

그리고 이러한 평화적 해결을 위해서는 북한의 붕괴를 바라지 않고 흡수 통일을 추구하지 않으며 북한이 결단을 내리면 국제사회와 함께 다자간 안보 협력과 동북아 경제공동체를 추진해 북한을 도울 준비가 되어 있다고 밝혔다. 한국의 대북정책은 지난 20년에 걸쳐 진행해 온 제재와 관여의 소모적 이분법 논쟁을 뒤늦게 벗어나려는 노력을 하고 있다. 문재인 대통령은 유엔총회 연설에서 불가피한 제재와 평화적 해결 방안을 동시에 강조했다.

그러나 우리가 북핵 위기의 해결이라는 항구에 이르는 길에는 거대한 암초가 놓여 있다. 북한의 핵과 경제의 병진노선이 그것이다. 김정은 체제가 21세기 생존전략으로서 현재의 과잉 안보적 병진노선을 유지하는 한, 북한 비핵화를 위한 양자 및 다자 협상은 끊임없이 도착항이 아니라 출발항으로 돌아갈 것이다. 따라서 성공적인 협상을 위해서는 단순히 협상 재개 조건에 대한 합의만 중요한 것이

아니라 북한의 새로운 생존전략을 위한 자구적 노력을 어떻게 함께 키워나가느냐가 핵심이다.

북핵 위기 해결을 위한 새 길 찾기

북핵 위기 해결의 새 길 찾기를 위해서는 명확한 목표 설정이 우선되어야 한다. 북한의 핵무기 개발이 본격화됨에 따라 목표 설정에 혼란을 겪고 있다. 북한이 사실상 핵무기를 보유하게 되었으므로 좀 더 현실적으로 비핵화보다는 동결을 최종 목표로 삼자는 목소리들이 커지고 있다. 그러나 이러한 혼란은 핵무기의 정치 및 군사의 이중적 성격에 대한 이해 부족에서 비롯된 것이다. 핵무기는 군사 무대에서 파괴력의 질적 혁명을 가져온 것 못지않게 정치 무대에서 강요외교의 가장 중요한 수단으로 사용되어 왔다. 예상한 대로 북한도 이미 핵무기를 군사 무기인 동시에 정치 무기로 활용하고 있다. 따라서 남북한의 비대칭적 정치와 군사 관계를 인정할 수 없다면, 새 길 찾기의 목표는 동결을 징검다리로 해서 완전하고 검증 가능하며 비가역적인 비핵화가 되어야 할 것이다.

북핵 위기를 해결하려는 지난 20여 년의 역사적 노력은 제재와 관여의 이분법적 논쟁의 한계를 뒤늦게 인식하고 제재와 관여를 병행 추진해야 한다는 초보적 길 찾기에 이르렀다. 그러나 새 길 찾기는 그렇게 간단하지 않다. 첫째, 북한의

핵무기 개발이 진행되면 될수록 북핵을 실질적으로 억지할 수 있는 수단이 제대로 마련되어야 한다. 둘째, 핵 없는 북한 체제의 삶과 번영을 확실하고 실용적으로 보장할 수 있는 새 평화체제를 건축해야 한다. 셋째, 새 길 찾기의 완성은 북한의 핵과 경제의 병진노선이 비핵 안보와 번영의 병진노선으로 진화하는 자구적 노력과 함께 이루어질 수 있다. 따라서 제재, 억지, 관여, 자구自救라는 4중 복합의 새 길 찾기를 함께 마련해서 북핵 위기를 빠른 시일 내에 해결해야 한다.

① 제재

유엔 안보리는 1993년 북한의 핵확산방지조약NPT 탈퇴와 국제원자력기구IAEA 사찰 거부에 대해 처음으로 대북 제재를 가한 이후, 2006년 유엔·안전보장이사회 결의 1695호부터 시작해 최근 원유 수출 동결, 정유제품의 수출 축소, 섬유제품의 수입 중단, 해외 북한 노동자의 고용 동결을 골자로 하는 2375호까지 10여 년에 걸쳐서 10회의 제재를 가했다. 그러나 중국의 제한적 협조와 북한의 제재 우회 노력으로 인해 명실상부한 제재의 효과를 충분히 거두지는 못했다.

북한이 핵과 경제의 병진노선을 고수하는 한, 미사일 실험의 지속과 제재 강화라는 악순환은 계속될 것이다. 이러한 과정에서 제재라는 단순 해법으로 북핵 위기를 완전히 해결할 수 있을 것이라는 기대는 비현실적이다. 그러나 강화되는 제재가 무용한 것은 아니다. 이는 궁극적으로 북한이 핵무기 개발의 손익계산을 재고하도록 만드는 데 불가피하게 필요한 수단이다.

② 억지

핵무기 시대에는 파괴력의 혁명적 증가로 핵무기 사용 이후의 방어보다 상대방이 사용 이후 겪게 될 감당할 수 없는 인적·물적 피해 때문에 핵무기 사용 자체를 막도록 하는 억지가 매우 중요하다. 빠른 속도로 개발되고 있는 북한 핵을 억지해서 군사적으로나 정치적으로 사용할 수 없게 만들려면 불가피하게 핵무기를 기반으로 하는 공포의 균형을 이루어야 한다. 이러한 공포의 균형을 위해 최근 국내외에서는 한국의 독자 핵개발, 미국 전술핵 재배치, 미국 전략자산의 순환 배치를 통한 확장 억지 강화, 재래식무기체계 강화가 활발하게 논의되고 있다.

그러나 한국의 독자적 핵개발론은 불안정한 공포의 불균형을 시도하는 대가로 현재의 세계 핵비확산체제에서 북한뿐만 아니라 한국조차 경제적·기술적·안보적 압력에 직면하는 어려움을 겪게 할 것이다. 한 걸음 더 나아가 일본의 핵확산까지 불러와서 한반도를 둘러싼 지역질서도 핵화의 길을 걷게 됨에 따라 체제적 불안정성은 더욱 커질 것이다.

다음으로 미국 전술핵의 재배치는 사

실상 넓은 의미에서 확장 억지의 일부임에도 불구하고 최근 사드 체재 도입보다 훨씬 더 힘든 현실을 불러올 것이다. 따라서 현재로서는 미국 전략자산의 순환 배치를 통한 확장 억지의 강화가 효율성과 현실성 면에서 중요하다. 그러나 확장 억지의 핵심은 상호 신뢰성의 제고에 달려 있다는 것을 명심해야 한다.

마지막으로 한국형 선제 타격 체제, 미사일 방어 체제, 대량 응징 보복 체제의 3축 체제를 조기 구축하고 사드 체제와 같은 한미 연합 능력을 최대한 활용해서 북핵의 정치적·군사적 사용을 억지하도록 최선의 노력을 기울여야 한다.

③ 관여

북핵 위기를 극복하기 위해서는 핵화의 비용 증가를 위한 적극적 제재 및 억지와 함께 비핵화의 이익을 높일 수 있는 적극적인 관여가 필수적이다. 생존과 핵화가 죽음과 빈곤을 가져다주는 데 반해서 비핵화가 오히려 삶과 번영을 보장한다는 것을 보여줄 수 있어야 한다.

무엇보다 중요한 것은 설득력 없는 '북한형 평화체제' 대신에 진정성 있는 '한국형 신평화체제'를 마련하는 것이다. 미국의 대북 적대시 정책 속에 생존의 보검으로서 핵무기를 개발했다는 북한에 핵무기 없이도 충분히 생존을 확보할 수 있다고 믿게 할 만한 대안을 제시해야 한다. 그러기 위해서는 비핵화한 북한 체제를 제대로 보장할 수 있는 복합 평화체제를 건설해야 한다. 북미, 북중, 남북과 같은 양자 안보, 6자회담과 같은 다자 안보, 유엔 같은 지구 안보, 비핵 국내안보와 같은 4중의 잠금 장치를 마련할 필요가 있다. 비핵 안보와 번영의 병진노선이라는 새로운 생존전략을 모색하는 북한이 21세기 세계 무대에서 성공적으로 공연할 수 있게 하기 위해서는 남북한뿐만 아니라 아태 지역 그리고 지구적 차원의 복합적 경제 협력을 추진해야 한다.

④ 자구

관련 당사국들이 제재, 억지, 관여의 적극적인 노력으로 북한의 비핵화를 위한 양자회담 또는 다자회담이 성사되더라도 북한의 김정은 체제가 핵 병진노선을 넘어선 새로운 생존전략의 진정성을 모색하지 않는 한 대화를 통한 북한 비핵화의 꿈은 1994년 제네바 기본합의나 2005년 베이징 공동성명과 마찬가지로 허망하게 깨져버리게 될 것이다. 따라서 북핵 위기의 진정한 탈출은 북한의 자구적 노력이 동반되지 않는 한 불가능하다.

북한이 현재의 핵과 경제의 병진노선을 진화시켜 비핵 안보와 번영의 병진노선을 스스로 추진하기 위해서는 첫째로 시장화가 대단히 중요하다. 다만 북한의 통제체제에서는 시장화의 정치적 영향은 점진적으로 증가할 것이다. 둘째로 정보화가 필수적이다. 북한의 폐쇄 사회에서 현재로서는 제한적 영향을 미치고 있지만, 정보기술의 혁명적 변화로 정보화의 정치적 영향은 빠르게 커질 수밖에 없다. 마지막으로 21세기의 적합 국가로 세계무대에서 살아남으려면 북한도 내재적 자기 조직화로서 북한형 정치화가 불가피하다. 이러한 북한의 자구적 노력과 한국을 비롯한 주변 당사국들의 새로운 대북정책의 공진화가 서로 맞물려야 비로소 북핵 위기를 탈출하기 위한 새로운 길을 찾을 수 있다. 21세기에 걸맞은 '3대 진화 역량 강화'가 절실하다.

따라서 문재인 정부가 시급히 할 일은 한국을 비롯한 관련 당사국들이 현재 추진하고 있는 단순 해법들의 한계를 제대로 파악하고, 제재, 억지, 관여, 자구의 4중 복합 해법을 함께 마련해서 빠른 시일 내에 실천에 옮기도록 하는 길라잡이의 역할이다. 시간이 별로 없다. ◉

더 읽을거리 2

김정은 신년사의 세 얼굴과 평창올림픽

자료: 하영선, EAI 하영선 칼럼(2018.1.9).

김정은의 2018년 신년사는 남북 관계 개선의 기대와 우려를 동시에 불러일으키고 있다. 1950년대 초 처절한 적대 관계로 한국전쟁을 치른 남북한은 1972년 7·4 남북공동성명 이래 2007년 남북 정상회담까지 여섯 차례에 걸쳐 관계 개선의 기대와 좌절을 겪어야 했다. 이러한 역사의 전철을 밟지 않고 이번에는 새로운 길을 걷고자 한다면 우선 신년사를 제대로 읽고 해석하는 것이 무엇보다도 중요하다.

신년사의 진면목을 제대로 보려면 내용 분석이나 빅데이터 분석과 같은 외면적 글 읽기에 머무르지 않고, 말하는 사람의 내면세계까지 읽어보려는 동양 해석학 방법론의 핵심인 이의역지以意逆志에 충실해야 한다. 상대방 마음의 소리意를 들어서 상대방의 마음이 가는 방향志을 알아야 한다는 것이다. 신년사를 낭독하는 김정은 위원장의 속마음을 읽어서 북한이 2018년에 어디로 가고 싶어 하는지를 알려면 신년사에서 드러나는 김정은 위원장의 지평을 바라볼 수 있어야 한다.

신년사의 전체 구도는 지난해 성과와 금년의 목표를 1960년대 중반 이래 강조해 온 국내, 통일, 국제의 3대 혁명 역량 강화라는 시야에서 여전히 바라보고 있어서 새로운 모습을 보여주고 있지는 않다. 우선 신년사는 "전체 인민과 인민군 장병, 남녘 겨레와 해외동포, 세계 진보 인민과 벗"이라는 세 청중 집단에게 새해 인사를 한 다음, 2017년을 "미국과 추종 세력들의 반공화국 압살정책"이라는 최악의 난관 속에서도 "사회주의 강국 건설의 눈부신 성과"를 이룩했다고 요약하고 있다. 그 대표적 성과로는 무엇보다도 "국가 핵무력 완성의 역사적 대업 성취"를 강조하고, 다음으로 국가경제발전 5개년 전략 수행의 전진과 과학문화전선의 성과를 꼽고 있다. 결론적으로 "공화국의 자주권과 생존권, 발전권을 말살하려는 미국과 그 추종 세력의 제재봉쇄책동" 속에서 이룩한 모든 성과는 "조선로동당의 혁명로선의 승리"라는 것이다.

그러나 핵개발로 자초한 생존적 어려움을 보다 본격적인 핵개발로 극복해 보려는 북한의 자기모순적인 노력은 오히려 체제 안보 불안을 더욱 심화시키고 있다. 이러한 상황에서 김정은 위원장은 위기 해결을 위한 주력 역량으로 국내 역량을 강화하기 위해서 핵무력 건설의 승리를 도약대로 삼아 "혁명적인 총공세로 사회주의 강국 건설의 모든 전선에서 새로운 승리를 쟁취하자!"라는 구호를 제시하고 있다. 첫 번째 전선으로는 사회주의 경제 건설을 위해 인민경제의 자립성과 주체성 강화, 그리고 인민생활의 개선·향상을 강조하고 있다. 그리고 자립경제 발전의 지름길로서 과학기술과 인민경제 계획의 작전과 지휘 혁신을 들고 있다. 두 번째 전선으로 사회주의 문화의 전면적 발전을 꼽고 있다. 세 번째 전선으로 자위적 국방력을 더욱 튼튼히 다지겠다고 밝히고 있다. 특히 핵무기와 로켓 부문에서는 "위력과 신뢰성이 담보된 핵

탄두들과 탄도로켓들을 대량 생산하여 실전 배치하는 사업"에 박차를 가하겠다고 강조하고 있다. 네 번째 전선으로는 정치사상의 위력을 들고 있다. 당의 사상과 어긋나는 잡雜사상과 이중 규율을 허용하지 않고 당의 일심단결을 강화하며, 당의 세도와 관료주의를 비롯한 낡은 사업 방법과 작풍을 뿌리 뽑고 혁명적 당풍을 확립하기 위한 투쟁을 강도 높게 벌이겠다고 말하고 있다.

다음으로 북한은 당면한 생존적 어려움을 헤쳐나가기 위한 보조 역량으로서 통일 역량 강화를 비중 있게 다루고 있다. 북한은 국내 역량의 강화를 기반으로 해서 통일 역량을 강화하기 위해, 첫째로 군사적 긴장 상태를 완화하고 한반도의 평화적 환경을 마련하며, 둘째로 민족 화해와 통일의 분위기를 적극 조성하기 위해 한국의 집권 여당은 물론 야당, 단체, 개별 인사를 포함한 누구와도 대화와 접촉, 내왕의 길을 열어놓으며, 셋째로 남북 당국이 민족자주의 기치를 높이 들고 모든 문제를 우리 민족끼리 해결해야 하며, 넷째로 북한은 평창동계올림픽대회에 대표단을 파견할 용의가 있고, 이를 위해 남북 당국이 만날 수 있다고 밝히고 있다.

마지막으로 북한 핵미사일 능력의 지속적 발전과 함께 국제 제재와 억지체제가 강화됨에 따라 북한의 국제 역량의 강화를 위한 노력은 현실적 한계에 직면하고 있다. 그럼에도 불구하고 김정은 위원

장은 제국주의 침략 세력들에 대해서 핵보유국으로서 핵정전론의 원칙에 따라 맞설 것이라면서, 이러한 북한에 대해 우호적인 나라들과는 선린우호 관계를 발전시켜 나가겠다고 주장하고 있다.

김정은 위원장이 신년사에서 보여준 세 얼굴의 모습이 2018년의 생존전략으로 구체화되는 상황에서 한국이 북핵 위기와 한반도 평화 문제를 성공적으로 풀어나가기 위해서는 긴밀한 국제 공조 속에서 다음과 같은 대북정책을 일사불란하게 추진해야 한다.

우선, 북한의 평창올림픽 참가가 남북 관계 개선을 위한 작은 징검다리 역할을 하게 만들려면 남북한의 평창올림픽에 대한 명백한 시각 차이를 어떻게 풀어나가느냐가 관건이다. 북한의 올림픽 참가는 기본 노선의 새로운 변화 때문이 아니라 3대 혁명 역량 강화를 위한 것이다. 반면에 한국은 북한의 올림픽 참가가 북한의 새로운 생존전략에 따른 남북 관계 개선의 기회가 되기를 희망하고 있다. 이러한 시각 차이는 올림픽이 끝나고 한미 합동군사훈련과 북한의 핵미사일 실험이 재개되는 과정에서 드러나게 될 것이다. 따라서 명실상부한 남북 관계 개선은 북한이 3대 혁명 역량 강화의 지평을 넘어 새롭게 21세기 공생의 길을 찾기 시작하면서 본격화될 것이다.

다음으로 2018년에도 계속해서 핵미사일의 대량 생산과 실전 배치를 생존전략의 기반으로 삼겠다는 북한의 노력이 오히려 체제 붕괴의 위험을 가져올 수 있으므로, 스스로 이를 인식하고 새로운 대안을 찾도록 해야 한다. 이를 바깥에서 돕기 위해서는 한국이 미국과 중국을 비롯한 관련 당사국들과 공조해 북한의 지속적 핵능력 강화에 대한 제재를 유지하는 것이 불가피하다. 동시에 북한의 핵미사일 능력에 대한 한반도와 아태 지역의 억지체제를 신속하게 완성해 북핵의 정치적·군사적 영향력을 없애야 한다. 북한의 핵개발이 경제적으로 더욱 큰 어려움을 불러오고 북핵의 정치적·경제적 영향력이 급격히 상실되는 상황 속에서 한국과 주변 당사국들은 보다 적극적으로 비핵화된 북한의 생존과 번영을 확실하게 보장할 수 있는 복합 평화번영 체제를 새롭게 구상하고 제시해야 한다.

마지막으로, 북한이 3대 역량의 변화 속에서 살아남기에 가장 적합한 21세기의 새로운 생존전략을 스스로 마련하기 위해서는 외부의 도움과 함께 내부의 자구적 노력이 무엇보다 중요하다. 북한은 경제적으로 이미 시장화의 변화를 겪고 있으며, 사회문화적으로도 첨단기술의 발전에 따른 정보화의 길을 걷기 시작했다. 이러한 문명사적 변화 추세 속에서 정치사상전선에서도 21세기에 걸맞게 진화된 비핵·경제 병진노선을 추진할 수 있도록 한국의 대북정책은 장기적인 노력을 기울여야 한다. ◉

북한의 '신전략노선'과 두 정상회담: 비핵화와 체제 보장

자료: 하영선, EAI 하영선 칼럼(2018.4.23).

김정은의 2018년 신년사를 분기점으로 북한 비핵화의 숙제 풀기는 전쟁과 평화의 청룡열차를 탄 것처럼 숨 가쁘게 달리고 있다. 지난해 전쟁 일보 직전을 방불케 한 북미 간의 막말 공격은 지나가고, 새해 들어 예상보다 훨씬 빠른 속도로 북한의 평창올림픽 참석, 남북의 특사 교환이 이루어졌다. 이어서 북중 정상회담 및 미국 특사와 김정은 위원장의 면담이 있었고, 4월 20일에는 북한이 '신전략노선'을 발표했다. 그리고 4월 말 남북 정상회담과 뒤이은 북미 정상회담을 앞두고 있다. 1994년의 제네바 기본합의 이래 2017년까지 여덟 번에 걸쳐 실패했던 북핵 숙제 풀기가 성공해 청룡열차의 어지러움에서 벗어나 북한의 완전 비핵화와 함께 한반도 평화체제라는 종착역에 도착하려면, 정상회담에 임하는 북한의 전략 변화를 제대로 파악하고 한국과 미국, 중국을 비롯한 모든 당사국들이 숙제를 함께 풀어야 한다.

이러한 세기사적 숙제를 과거와 달리 성공적으로 풀려면 현재의 소박한 낙관론과 비관론을 넘어 복합적 시각에서 북한 '신전략노선'의 변화와 지속, 북한이 추진하는 정상회담의 목적을 당사국들의 기본 문건을 기초로 해서 밝힌 다음, 임박한 정상회담에서의 핵심 숙제인 북한의 완전 비핵화와 체제 보장 문제에 대해 남북한과 미중을 포함한 관련 당사국들이 모두 합의할 수 있는 해답을 찾으려는 노력을 해야 한다.

북한의 '신전략노선': 변화와 지속

남북과 북미 정상회담을 앞두고 북한이 어떤 전략적 변화를 꾀하고 있는지를 제대로 판단하기 위해서는 현재까지의 두 공식 발표문과 북한의 '신전략노선'을 조심스럽게 해석하는 것이 중요하다. 정의용 국가안보실장은 3월 5일 평양에서 김정은 위원장을 만난 후 방북 결과를 언론에 발표했다. 여섯 개 항으로 되어 있는 발표문의 핵심은 세 번째 항으로, "북측은 한반도 비핵화 의지를 분명히 하였으며 북한에 대한 군사적 위협이 해소되고 북한의 체제 안전이 보장된다면 핵을 보유할 이유가 없다는 점을 명백히 하였습니다"라고 되어 있다.

다음으로 김정은 위원장은 시진핑 국가주석과의 3월 26일 정상회담에서 "김일성 주석과 김정일 총서기의 유훈에 따라 한반도 비핵화를 이루는 것이 우리의 시종 변하지 않는 입장"이라고 했다. 이어서 "우리는 장차 남북 관계를 화해협력 관계로 변화시킬 것이며 남북 정상회담을 거행하고, 미국과 대화를 원한다"

고 말했다. 그리고 "한국과 미국이 우리의 노력에 선의로 응하고 평화와 안정 분위기를 만들고 평화 실현을 위한 단계적이고 동시적 조치를 취하면 반도 비핵화 문제는 해결될 수 있다"고 말했다.

두 발표문을 종합해 보면 한국과 미국이 북한의 체제 보장을 위해 단계적이고 동시적 조치를 취하면 한반도 비핵화 문제는 해결할 수 있다는 것이다. 여기에서 새롭게 볼 수 있는 것은 '단계적이고 동시적 조치'라는 표현이다.

북한은 2015년 10월 17일 외교부 대변인 성명에서 북핵 문제를 해결하는 원칙으로 한국과 미국이 요구하는 '선비핵화 후평화협정'이나 중국의 비핵화와 평화협정을 동시 추진하는 쌍궤병진을 비현실적이라고 비판하고 '선평화협정 후비핵화'를 강조했다. 하지만 이번 김정은 위원장의 '단계적이고 동시적 조치' 발언은 이러한 북한의 종래 입장과는 다르다. 오히려 중국의 쌍궤병진 제안과 유사하게 비핵화와 평화협정의 병행을 시사한 것이다.

그러나 중요한 것은 북한이 북핵 협상의 '과정'에 대해 유연성을 보인 것처럼 북핵 협상의 '내용', 즉 비핵화와 체제 보장이라는 핵심 개념에 대해서도 전략적 변화를 시도하고 있느냐다. 우선 3월 5일의 방북 결과 발표문에는 "북측은 한반도 비핵화 의지를 분명히 했으며"라고 되어 있다. 그러나 3월 26일 북중 정상

회담에서 김정은 위원장은 "김일성 주석과 김정일 총서기의 유훈에 따라 한반도 비핵화 실현에 진력하는 게 우리의 시종 변하지 않는 입장"이라고 비핵화를 언급했다. 관건은 '변하지 않는 입장'의 내용이다. 김일성과 김정일의 '유훈'은 북한의 비핵화가 아니라 조선반도의 비핵화였으며, 이는 북한의 비핵화뿐만 아니라 남한 내의 핵자산 유무, 나아가서는 한반도 주변의 전략핵무기 유무를 포괄하는 개념이다. 따라서 북한의 한반도 비핵화 의지가 조선반도 비핵화라면 북한의 비핵화가 아니라 남북한의 동시 비핵화를 가리키는 것이 된다.

트럼프 대통령은 4월 18일 아베 총리와 정상회담을 가진 후 공동기자회견에서 "북한이 '완전하고 검증 가능하며 불가역적인 비핵화Complete Verifiable Irreversible Dismantling: CVID'를 달성하면 북한에 밝은 길이 있다"라고 밝혔고, 문재인 대통령은 4월 19일 언론사 사장 간담회에서 "북한은 완전한 비핵화 의지를 천명하고 있다"고 다시 강조했다.

김정은 위원장은 4월 20일 당중앙위원회 제7기 제3차 전원회의에서 "공화국 핵무력 건설에서 이룩한 역사적 승리를 새로운 발전의 도약대로 삼고 사회주의 강국 건설의 모든 전선에서 새로운 승리를 쟁취하기 위한 혁명적인 총공세를 벌려나가야 합니다"라고 말하고, '신전략노선'으로서 첫째, 병진노선으로 핵무기 병

기화를 믿음직하게 실현했으며, 둘째, 핵실험과 대륙간탄도유도탄 실험 발사를 중지하며, 셋째, 핵실험의 전면 중지를 위한 국제 노력에 합세하며, 넷째, 핵위협이나 핵도발이 없는 한 핵무기를 절대로 사용하지 않고 어떤 경우에도 핵무기와 핵기술을 이전하지 않으며, 다섯째, 사회주의 경제 건설에 총력을 집중하며, 여섯째, 주변국들 및 국제사회와 긴밀한 연대와 대화를 적극화할 것이라고 밝혔다. '신전략노선'의 비핵화는 완전 비핵화 선언을 한 것이 아니라 최소 억지화를 위한 기존 핵무기는 보유한 채, 더 이상의 핵무기 실험과 대륙간탄도유토탄 실험 발사를 하지 않겠다는 불완전 비핵화를 제시한 것이다.

두 번째 핵심 개념인 체제 보장의 의미는 보다 포괄적이어서 의미의 변화를 판단하기가 더욱 까다롭고 논란의 여지가 크다. 3월 5일의 방북 결과 발표문의 "북한에 대한 군사적 위협이 해소되고 북한의 체제 안전이 보장된다면"이라는 문구의 핵심은 북한이 어떤 조건에서 자신에 대한 군사적 위협이 해소되고 체제 안전이 보장받았다고 인정할 것이냐 하는 문제다. 북한이 지난 20여 년간의 북핵 협상에서 제시한 체제 보장 방안들은 작은 차이는 있지만 큰 틀에서는 동일했다. 북한은 조선반도 비핵화를 위해서 첫째, 외교적으로 북미 수교, 둘째, 경제적으로 제재 철회 및 경제 지원, 셋째, 군사적으로 평화협정 체결을 요구했다. 북한은 2016년 7월 6일에 공화국 정부 성명으로 내세운 '체제 보장 5개 원칙'으로 "첫째, 남한 내 미국 핵무기 공개, 둘째, 남한 내 모든 핵무기·기지 철폐와 검증, 셋째, 미국 핵타격 수단의 전개 중단, 넷째, 대북 핵위협 및 핵불사용 확약, 다섯째, 주한 미군 철수 선포"를 제안했다. 최근 북미 정상회담 준비를 위한 북미 간 실무 접촉에서도 북한은 북미 수교, 평화협정과 함께 주한 미군 철수라는 표현 대신, 미국의 핵전략자산을 한국에서 철수하며 한미 연합훈련에서 핵전략자산의 전개를 중지하고 재래식 및 핵무기로 공격하지 않는다는 5개 체제 안전 보장 방안을 제안한 것으로 알려진다. 그러나 내용상 핵전략자산 관련 조항은 주한 미군 철수와 한미 동맹 해체의 또 다른 표현이다.

정상회담을 앞두고 나온 북한의 전략 변화에 대한 평가에는 현재 낙관론과 비관론이 병존한다. 북한의 비핵화 협상 과정에 대한 입장 변화와 함께 두 정상회담이 가능했다. 그러나 협상 내용상의 변화는 보다 조심스럽게 평가해야 한다. 따라서 비핵화와 체제 보장의 내용에 대한 북한의 전략적 변화를 한국과 미국의 최종 목표인 '완전 비핵화'의 시각에서 남북과 북미 정상회담에서 명확하게 평가해야 한다. 이 과정에서 특별히 주목해야 할 것은 북핵 문제 해결의 실패 사례를 강조하고 있는 트럼프 행정부의 자세다. 미국은 북한의 완전한 비핵화에 대한 진정성이 충분히 확인되지 않는 한 '단계적, 동시적' 비핵화를 받아들이지 않고 '선비핵화 후평화협정'의 입장을 강하게 주장할 것이다.

북한의 '신전략노선'과 정상회담

북한의 전략적 변화에 대한 조심스러운 검토와 함께 북한의 정상회담에 대한 기본 자세를 제대로 이해할 필요가 있다. 북한의 김정은 위원장은 2018년 신년사에서 "혁명적 공세 속에 사회주의 강국 건설을 위한 모든 전선에서 승리를 쟁취하자"를 올해의 구호로 제시했다. 여기에서 북한이 말하는 전선이란 국내전선, 남북전선, 국제전선의 세 전선을 가리킨다. 좀 더 세부적으로, 국내전선은 군사, 경제, 문화, 정치사상의 네 전선에서 펼쳐지고 있다.

신년사는 핵·경제 병진노선의 포기를 선언한 것이 아니라, 2017년을 핵무력 완성의 해로 평가하고 이를 바탕으로 2018년에는 병진노선의 또 다른 핵심 목표인 경제력 향상을 달성하는 데 집중하겠다고 밝힌 것이다. 다만, 작년 한 해 동안 한층 강력해진 국제 경제 제재와 미국의 군사적 압박으로 북한은 큰 어려움에 직면해 있으므로, 2018년에는 경제 제재나 군사적 압박과 같이 '사회주의 강국'으로 나아가는 길에 장애가 되는 요소들을 완화하려는 노력을 세 전선에서 진

행하겠다는 것이다.

하지만 국내 전선의 혁명적 공세는 외부 전선의 경제 제재 압박과 군사적 위협으로 현실적으로 어려움을 겪고 있어, 이를 극복하기 위한 보조 역량으로서 남북 전선을 활용하겠다는 것이 북한의 의도로 보인다. 북한은 2017년 정권 교체 이후에도 한국 정부의 구태의연한 자세 때문에 남북 관계에서 별다른 변화를 드러내지 않았지만, 한반도가 당면한 긴박한 정세 때문에 남북이 "군사적 긴장을 완화하고 평화적 환경을 마련하기 위하여 공동으로 노력"하자고 하면서, 한국 정부가 "미국의 무모한 북침 핵전쟁 책동에 가담하여 정세 격화를 부추길 것이 아니라 긴장 완화를 위한 우리의 성의 있는 노력에 화답"해야 한다고 주장했다.

한편, 국제전선에서는 간략하게 '책임 있는 핵강국'으로서 핵무기를 최소한의 억지를 위해 사용할 것이며, "조선반도의 평화와 안전을 파괴하는 행위에 대해서는 단호하게 대응"하겠다고 밝혔다. 그러나 신년사 이후 사회주의 강국 건설의 걸림돌이 되는 정세를 개선하기 위해 북한은 국제전선에서 북중 정상회담을 개최하고, 이어서 북미 정상회담을 준비하고 있다.

그러나 북한이 핵·경제 병진노선을 기반으로 한 사회주의 강국 건설의 가장 커다란 장애를 극복하기 위해서는 완전 비핵화를 해야 한다는 자기모순에 직면하

고 있다. 이 모순을 풀기 위해, 북한은 정상회담을 앞두고 북중 정상회담과 '신전략노선'에서 '선평화협정 후조선반도 비핵화'라는 기존의 강경한 입장을 완화하여 불완전 비핵화와 실질적 평화협정을 병행해서 추진할 수 있다는 협상 의지를 밝히고, 단계적이고 동시적인 협상 과정에서 일정한 대가와 보상을 얻어내려 하고 있다. 따라서 북한의 완전 비핵화와 평화협정을 위해 협상은 일단 시작될 수 있다. 그러나 트럼프 행정부는 협상 초기에 북한이 완전한 비핵화에 대한 진정성을 충분히 보이지 않는 한, 비핵화의 대가를 지불하려 하지 않을 것이다. 따라서 한국 정부는 협상 시작 단계부터 미국과 북한의 상충되는 입장을 조율해야 하는 무거운 과제를 안게 될 것이다.

북한의 완전 비핵화와 체제 보장

남북과 북미 정상회담의 핵심 의제는 비핵화와 체제 보장이다. 정상회담이 성과를 거두려면 우선 한국과 미국, 북한이 사용하는 비핵화와 체제 보장 조건의 내용이 얼마나 같고 다른지를 명확히 한 다음에, 이러한 의제에 서로 합의할 수 있어야 한다. 이러한 과정에서 한국의 역할은 핵심적이다. 한국은 비핵화와 체제 보장의 의미를 북한과 미국이 그동안 얼마나 서로 다르게 해석해 왔는가를 통역해야 하고, 이와 더불어 서로 다른 해석을 넘어서서 새로운 합의에 도달할 수 있는

길잡이 역할을 할 수 있어야 한다.

정상회담에서 완전 비핵화 논의의 출발은 핵동결이 될 것이다. 이어서 점진적으로 보고와 사찰 등 검증 조치가 따르겠지만, 중요한 것은 최종 목표가 북한의 완전 비핵화라는 데 모두가 합의할 수 있어야 한다는 점이다. 두 정상회담의 첫 번째 의제인 비핵화의 논의 성과는 결국 미국과 북한이 같은 의미의 비핵화에 합의하느냐에 달려 있다. 특히 북한의 핵능력이 1994년 제네바 기본합의나 2005년 베이징 공동성명을 위한 협상 당시보다 훨씬 더 고도화된 현 상황에서 동결, 보고, 사찰, 폐기 등에 대한 기술적이고 구체적인 논의는 훨씬 다양하고 복잡하다. 북한이 진정성 있게 완전 비핵화의 전략적 결단을 하지 않는 한, 미국이 요구하게 될 다양한 시설의 특별 사찰을 받아들이기는 어려울 것이다. 미국이 북한에 그만큼 더 엄격한 잣대와 세밀한 기준을 적용하고, 북한도 그에 상응하는 조치를 한국과 미국에 요구하게 될 경우에 협상은 어려움에 직면하게 될 것이다.

북한을 비롯한 관련 당사국들이 북한의 완전 비핵화에 원칙적으로 합의했다 하더라도 비핵화의 이행을 위해서는 완전 비핵화된 북한의 체제 보장이라는 훨씬 더 어려운 숙제를 풀어야 한다. 그리고 이 단계에서 당연히 북한은 군사적 위협 감소와 체제 보장을 조건으로 제시할 것이고, 이에 대한 합의도 필요하다.

1994년 제네바 기본합의 이래 북한의 비핵화와 이에 따른 경제적·외교적·군사적 체제 보장이라는 '마魔의 사각 관계'는 지난 사반세기 동안 쉽사리 풀리지 않는 수수께끼였다. 외교적 체제 보장인 북미 수교는 현실적으로 실현 가능하더라도, 경제 제재의 해제나 경제 지원은 완전 비핵화의 어느 단계에서 어떤 형태로 현실화할지에 대한 국제적 조율이 필요하다. 그중에서도 가장 중요한 것은 군사적 체제 보장이다. 북한이 과거처럼 주한 미군 철수, 한미 군사동맹 해체, 한반도 주변 핵전략물자 통제와 같은 체제 보장 조건을 크게 벗어나지 못하면, 남북과 미중을 비롯한 관련 당사국이 모두 합의할 수 있는 체제 보장 방안을 마련하기 어렵다.

또한 북한 입장에서는 비핵화와 체제 보장의 교환은 매우 불평등하다고 생각될 수 있다. 완전 비핵화의 대가로 남북한이 종전선언을 하고 남북을 비롯한 관련 당사국들이 평화협정을 체결한다고 하더라도 국내 질서와 달리 초국가적 사법 질서가 명실상부하게 작동하지 않는 국제정치 현실에서 종전선언이나 평화협정이 아무런 효력 없는 종잇조각이 될지 모른다는 두려움에서 쉽게 벗어나기는 어렵다.

이러한 역사적 현실을 누구보다도 절실하게 인식하고 있는 북한에 핵무기 이상으로 진정성 있는 체제 보장을 해주려면 북한의 비핵 자주 국방력을 보장하고 절대적 신뢰성을 내재한 복합 체제 보장 방안을 마련해야 한다. 이를 위해서는 남북한의 종전선언과 군비 통제 방안이 마련되어야 하며, 이때 남북과 미중을 포함한 관련 당사국들의 평화협정과 6자회담 같은 다자 또는 아태 차원의 평화체제가 연동되어야 한다.

북핵 문제의 복합적 해결

남북과 북미 정상회담에서 당사국들이 최종적으로 반드시 명심해야 할 것은 북한 비핵화와 체제 보장 문제를 성공적으로 풀기 위해서는 제재, 억지, 관여, 자구의 복합적 해결 방안의 동시적 모색이 필요하다는 점이다. 북핵 문제는 단순히 경제적 제재와 군사적 대응, 또는 경제 지원이나 관계 개선만으로 풀리지 않는다는 것은 지난 사반세기의 핵 협상이 역사적으로 실증하고 있다. 그러나 북한이 궁극적으로 완전 비핵화의 마지막 관문을 통과하기까지는 제재, 억지, 관여, 북한의 자구 중 어느 하나도 없어서는 안 되며, 마지막 순간까지 네 기둥이 함께 북한의 완전 비핵화라는 지붕을 떠받쳐야 한다.

제재와 억지가 북한을 비핵화 협상 테이블로 이끌어내는 데는 중요한 기여를 했다. 다만 비핵화가 다음 단계로 나아가기 위해서는 완전 비핵화된 북한의 체제 보장이라는 적극적 관여가 반드시 필요하며, '마의 사각 관계'에 대한 복합적 고민이 필요하다. 관여를 통한 신뢰 구축과 교류가 일정 단계를 넘어서지 않으면 비핵화는 언제든지 협상 이전 상태로 퇴행할 수 있기 때문이다. 그런데 이것만으로도 부족하다.

북핵 문제를 군사적 또는 혁명적으로 해결하지 않고 평화적으로 풀기 위해 제재, 억지, 관여와 함께 최종적으로 필요한 것은 북한의 21세기적 진화. 북한의 계획경제가 불가피하게 시장화의 도움을 받고 있으며, 폐쇄적 사회문화가 정보화와 효율성을 받아들이고 있는 것처럼, '비핵·경제 병진'을 성공적으로 수행할 수 있는 정치의 진화가 불가피하다는 뜻이다. 그러한 변화는 외부에서 강제할 수 있는 것이 아니라 북한의 21세기적 자구 노력에 의해서만 비로소 가능하며, 이를 위해서는 관련 당사국 또한 모두 함께 공동 진화해야 한다. ◉

더 읽을거리 4

북미 정상회담이 남긴 숙제 제대로 풀기

자료: 하영선·전재성, EAI 논평(2018.6.21).

분단과 한국전쟁 이후 지난 70년 동안 적대 관계를 유지해 왔던 북한과 미국이 처음으로 역사적 정상회담을 개최했다. 북한의 평창올림픽 참가 이후 3월 초 한국 특사단의 북한 방문, 북미 특사 교환

을 거쳐 열린 6월 12일의 싱가포르 북미 정상회담은 우여곡절을 거치면서 합의한 짧고 추상적인 공동성명으로 마무리되었다. 이 공동성명에서 북미는 새로운 북미 관계를 수립하기 위해 한반도에서 항구적이며 공고한 평화체제를 구축하는 데 공동으로 노력하고, 북한은 판문점 회담을 재확인하면서 한반도의 비핵화를 향해 노력할 것을 핵심 내용으로 하고 있다. 그러나 북핵 문제가 완전히 해결되고 한반도 평화체제가 자리 잡을 것이라는 낙관론과 함께, 북핵 문제의 해결을 위한 구체적 단계와 시간표에 대한 합의 내용이 빠져 있고 평화체제의 구축을 위한 초보적인 원칙 확인에 머물렀다는 비관론이 팽팽하게 맞서면서 향후 두 숙제 풀기의 성패에 대해 전혀 상반된 해석을 낳고 있다. 그러나 무엇보다 절실한 것은 섣부른 낙관론과 비관론을 넘어 북미 정상회담이 남긴 숙제를 꼼꼼하게 따져서 제대로 풀어보려는 신중함이다.

완전한 북한 비핵화의 숨겨진 숙제

북미 정상회담의 최대 관심은 미국이 제시한 북한의 완전하고 검증 가능하며 불가역적인 핵 폐기CVID에 대한 구체적인 로드맵과 시간표에 대한 북한의 동의 여부였다. 정상회담 이전 김정은 위원장과 폼페이오Mike Pompeo 국무장관 간의 두 차례 회담, 폼페이오 국무장관과 김영철 부위원장 간의 협상, 그리고 회담 직전까

지성 김 대사와 최선희 외무부상 간의 실무 협상이 진행되었다. 폼페이오 장관은 회담 전날 기자회견에서 검증verifiable이 정상회담의 핵심이라고 누누이 강조하며 북한을 간접적으로 압박하기도 했다. 6월 12일 9시 회담 개시 직전까지 미국 측은 폼페이오 장관을 통해 검증과 불가역적 폐기의 용어를 공동성명에 포함시키려고 총력을 기울였다. 그러나 결국 북한의 동의를 구하지 못했고, 그 과정에서 트럼프 대통령은 정상회담을 진행하기로 결단한 것으로 알려졌다. 따라서 공동성명의 추상성과 불확실성은 온전히 트럼프 대통령 개인의 몫으로 돌아가게 되었기에 기자회견에서 트럼프 대통령은 회담의 성공을 설득하고자 많은 노력을 기울여야 했다.

북미 정상회담의 공동성명은 '완전하고 검증 가능하며 불가역적인' 북한의 핵 폐기라는 미국의 당초 목표는 물론, 핵 폐기의 완결 시점에 대한 구체적인 로드맵에 대해 북한의 동의를 받아내지 못했다. 북한의 핵 폐기 대가로 미국이 종전을 선언하고 북한의 체제 보장을 위한 구체적인 방안을 제시할 것이라는 기대도 있었지만, 북미 정상은 4월 27일 남북 정상 간 판문점 선언을 재확인하면서 한반도의 완전한 비핵화를 제시하는 데 그쳤다. 또한 북한의 비핵화를 위한 검증과 불가역성에 대한 언급이 빠져 있으며, 북한의 비핵화가 아닌 '조선반도 비핵화'로

표현되었다. 북미 간 비핵화에 대한 새로운 합의라기보다 판문점 선언에 근거한 비핵화 확인이라는 점에서 비핵화에 대한 별다른 진전이 없었다는 평가도 가능하다. 게다가 대북 체제 보장에 대한 구체적인 논의도 성명에 포함되지 않았다.

폼페이오 장관은 북미 정상회담 직후 한국을 방문해 미국의 비핵화 목표가 바뀌지 않았으며, 한국에 대한 동맹 공약이 확고함을 밝혔다. 즉, 완전한 비핵화는 검증과 불가역적 조치를 포함하는 개념이며, 생산적이고 신뢰에 기반을 둔 협상이 진행되는 동안에만 연합 군사훈련이 중단되고, 북한과 수차례 만남을 통해 북한도 검증과 불가역 조치의 불가결함을 이해하고 있고, 경제 제재는 완전한 비핵화 이전에 완화되지 않을 것이라는 점 등을 재차 강조했다. CVID는 공동성명에 글자 그대로 표현되지는 않았지만, 양국 간 사실상의 이해 사항이며 향후 협상의 기본이 된다는 점에서 변화가 없다는 것이다. 결국 과거 핵 및 핵물질, 핵시설 등 모든 것을 포함한 비핵화가 목적이며, 검증과 비가역 조치를 협상을 통해 추구해 나간다는 설명이다.

그러나 북한은 현재 미국과 CVID를 위한 협상을 진행할 수는 있어도 CVID를 협상의 종착역으로 받아들일 준비는 되어 있지 않다. 북한은 지난 4월 20일 당 전원회의에서 핵·경제 병진노선의 완성을 기반으로 경제 건설에 총력을 기울

인다는 신전략노선을 선언했다. 신전략노선은 과거처럼 핵 건설과 경제 건설의 병진노선이 아닌 동시에, 핵무기 없는 경제 건설 노선도 아니다. 대신 핵군축의 틀에 따라 최소한의 억지력 수준까지 핵능력을 감축하면서 최대한 경제 건설을 추진하겠다는 것이다. 이러한 적대 관계의 완화 단계에서 현실적으로 북한은 미국이 요구하는 검증이나 비가역적 조치를 실질적으로 받아들이기 어렵다. 미국이 제시하는 CVID를 북한이 종착역으로 받아들이는 논의가 이루어지려면 북한이 현재의 신전략노선을 한 단계 더 진화시켜 명실상부한 개혁개방노선으로 추진하고 북미 관계를 한미 관계 수준으로 발전시켜야 할 것이다. 따라서 북한은 남북 정상회담이나 북미 정상회담에서는 핵군축차원에서 한반도 비핵화를 다루면서 미래 핵과 미사일 개발 포기 약속의 대가로 한미합동군사훈련 중단을 받은 것이다. 이후 미국의 평화체제 수립 노력, 관계 정상화, 경제 제재 완화 등의 노력을 보아가면서 북한형 완전 비핵화를 추구한다는 것이다. 북한은 북미 정상회담에 대한 총평에서 "조선반도의 평화와 안정, 조선반도의 비핵화를 이룩해 나가는 과정에서 단계별, 동시 행동원칙을 준수하는 것이 중요하다는 데 대하여 인식을 같이했다"고 평가하며 이러한 인식을 확인하고 있다.

따라서 북한이 현 단계에서 현실적으로 택할 수 있는 길은 핵군축의 첫 단계로 미국이 요구하는 외부의 검증과 불가역 조치를 피하기 위해 우선 초보적 수준에서 자기 검증과 불가역 조치를 신뢰 구축 방안의 일환으로 신속하게 추진하는 것이다. 즉, 다국 또는 미국이 주도하는 특별사찰이 아니라 북한 스스로 신고하고 자기 검증하는 방식을 추구하며, 최소한의 불가역 조치를 자진해서 취하는 것이다. 이러한 1단계 신뢰 구축 과정에서 북한은 완전한 체제 보장의 첫 단계로 한미합동군사훈련이나 국제적 경제 제재의 완화 조치를 동시적으로 요구했다. 이 과정에서 미국이 경제 제재와 외교적 고립정책, 군사적 대안의 선택 가능성을 시사하면서 북한을 아무리 강하게 압박하더라도 북한이 핵무기를 생존과 체제 안전의 마지막 담보로 삼는 한, 완전 비핵화는 생사를 건 결정이다.

폼페이오 장관의 말처럼 북한 스스로가 검증과 불가역 조치의 불가피성을 이해하고 있어도 북한의 안전 담보를 확보하는 마지막 순간까지 미국이 희망하는 외부의 검증과 불가역 조치를 대단히 조심스럽게 수용할 수밖에 없다. 따라서 북미 간에 핵군축의 첫 단계인 신뢰 구축 조치가 단계적으로 또한 동시적으로 진행된다면 북한은 다음 단계로 최소한의 억지를 위해 핵능력을 제외한 핵시설과 핵물질 등에 대한 국제 신고, 검증, 비가역 조치를 논의하기 시작하면서 완전한 비핵화를 위한 북한의 진정성을 보이는 한편, 미국이 약속한 새로운 북미 관계 수립, 평화체제 정착, 대북 경제 제재 조치 해제 등을 본격적으로 요구할 것이다.

핵군축의 1단계로 진행될 북한의 신뢰 구축 조치는 일방적으로 빠르게 추진될 가능성이 높다. 그러나 2단계로 최소한의 핵억지 능력을 제외한 비핵화 과정은 완전한 체제 보장의 새로운 북미 관계 수립, 평화체제 구축, 국제사회의 대북 경제 제재 해제 및 경제 지원의 문제와 복잡하게 얽혀서 눈에 띄게 완화된 속도로 추진될 것이다. 더구나 마지막 3단계로서 북한이 국제사회가 만족할 수 있는 완전한 비핵화를 외부의 검증 및 비가역 조치와 함께 완성하려면 상당한 수준의 신뢰 구축 위에 새로운 전략적 결단을 필요로 한다. 지난 4월 20일에 채택된 북한의 신전략노선이 국제사회, 특히 미국의 대응을 염두에 두고 단계적 그리고 동시적으로 접근해서 핵을 감축하는 조건부 결정이었다면, CVID를 위해서는 북한이 완전한 개혁개방노선 채택과 비핵·경제 병진노선 채택이라는 또 한 번의 대결단이 있어야 할 것이다.

완전한 체제 보장의 어려움

북미 정상회담의 다음 관심사는 북한이 요구하는 완전한 체제 보장을 미국이 얼마나 구체적으로 받아들이느냐였다. 북한의 《노동신문》은 정상회담에서 한반도의 항구적이며 공고한 평화체제 구축에 관한 문제들에 대한 포괄적이며 심도 있는 논의가 진행되었다고 하면서 그 내용을 자세하게 보도하고 있다. 김정은 위원장은 두 나라 사이에 뿌리 깊은 불신과 적대감에서 많은 문제가 생겼으므로 한반도의 평화와 안정을 이룩하고 비핵화를 실현하기 위해서는 양국이 서로 이해심을 가지고 적대시하지 않는다는 것을 약속하며 이를 담보하는 법적·제도적 조치를 취해야 한다고 주장했다. 또한 한반도의 항구적이고 공고한 평화체제 수립이 안전 보장에 중대한 의의를 지니며, 현재 상대방을 자극하고 적대시하는 군사적 행동 등을 중지하는 용단부터 내려야 한다고 말했다. 한편, 트럼프 대통령은 북미 사이에 선의의 대화가 진행되는 동안 북한 측이 도발로 간주하는 한미합동군사훈련을 중지하며, 북한에 대한 안전 담보를 제공하고, 대화와 협상을 통한 관계 개선이 진척되는 데 따라 대북 제재를 해제할 수 있다는 의향을 표명했다고 보도하고 있다.

트럼프 대통령은 정상회담 직후 기자회견에서 김정은 위원장이 완전한 비핵화를 약속했으며, 미래 핵과 대륙간탄도유도탄 개발에 대한 모라토리엄의 이행 과정으로 이미 실천한 풍계리 핵실험장에 이어 주요 미사일 엔진 시험장을 폐기할 것을 약속했다고 밝혔다. 동시에 트럼프 대통령은 이를 '전쟁연습war game'이라고 명명하며 괌으로부터 전폭기 전개의 문제점, 그리고 훈련 비용 분담에 대한 불만 등을 언급했다. 또한 북한과 포괄적이고 완전한 협상을 하는 동안 전쟁 연습을 하는 것은 적절치 않다고 하면서 훈련 중단을 명시했다. 대북 안전 담보에 대해서는 평화협정에 대한 사후 협상 가능성과 조속한 북미 수교에 대한 희망 등을 언급했지만, 핵심은 주한 미군에 대한 논란이었다. 트럼프 대통령은 궁극적으로는 주한 미군의 철수를 원칙적으로 희망하지만 현 단계에서 대북 협상의 일부로 논의되는 것은 아니고 미래의 어느 시점에 논의되기를 희망한다고 추가적으로 설명했다. 이는 주한 미군 주둔에 대한 그간의 일관된 비용 문제를 함께 제기한 것이어서 북미 정상회담에서 안전 담보의 일부로 주한 미군 문제가 토의된 것인지는 명확히 알기 어렵다. 미국은 다른 경로들을 통해 주한 미군이 대북 안전 담보 관련 논의의 대상이 아니라는 입장을 현재까지 견지하고 있다.

트럼프 대통령은 한미합동군사훈련이나 주한 미군의 주둔 비용을 특별히 강조하고 있다. 그러나 이러한 한반도 공간에서 단기적 그리고 비용적 시각의 계산은 아태 공간에서의 장기적이고 총체적인 시각에서 보면 미국의 국가 이익에 커다란 손실을 초래하게 될 것이다. 21세기의 미국이 고립주의로 후퇴하지 않고 새로운 아태 질서를 건축하려면 지역질서

의 군사적 기반을 불가피하게 핵심적으로 마련해야 한다. 21세기의 첨단 군사과학의 기술혁신이 아무리 빠르게 진행된다 하더라도 종래의 해외기지 그물망을 활용하는 것이 비용 면에서 가장 경제적이라는 것은 자명하다. 더구나 오바마 행정부가 중국을 잠재적 동반자로 평가했던 것에 비해 트럼프 행정부가 중국을 전략적 경쟁자로 보고 있는 현실에서, 미국이 일방적으로 동맹 군사기지의 활용을 축소하면 빠르게 부상하고 있는 중국의 아시아태평양 공간에서의 영향력은 자동적으로 증가하게 될 것이다.

북한의 완전한 체제 보장을 위한 종전선언이나 평화협정 제의는 과거 오랫동안 주한 미군 철수에 따른 통일 전략으로서 추진되고 받아들여졌다. 따라서 오랫동안 상호 적대시 관계를 유지해 왔던 당사국들은 이러한 불신을 해소하기 위한 신뢰 구축의 상호 노력이 대단히 중요하다. 이에 대해 북한은 "미국 측이 조미관계 개선을 위한 진정한 신뢰 구축 조치를 취해나간다면 우리도 그에 상응하게 계속 다음 단계의 추가적인 선의의 조치들을 취해나갈 수 있다는 입장"을 밝히고 있다.

숙제 제대로 풀기
첫째, 북한이 완전 비핵화의 종착역인 CVID에 도착하는 과정은 외부 검증과 불가역적 조치를 피하기 위해 자진해서

빠르게 추진될 첫 단계의 신뢰 구축 조치, 최소 억지를 위한 핵무기를 제외한 완전 비핵화의 두 번째 단계, 북한형 개혁개방인 비핵·경제 병진노선의 전략적 결단을 내리는 세 번째 단계로 이루어진다. 따라서 한국과 주변 당사국들은 북한의 이러한 자구적 노력과 함께 단계별로 적합한 공동 진화적 대북정책을 추진해야 한다. 제1단계에서는 비핵화 이후 북한의 안보와 번영을 위해 구체적이고 체계적인 지원과 북한 스스로 일어서는 자구의 청사진을 제공하되, 신뢰 구축이 부족하여 난관에 부딪힐 때를 대비해 과거로 돌아가지 않도록 하는 압박 수단도 유지해야 한다. 한미 양국은 물론 중국과 일본 등 관련 당사국들이 비핵화를 위한 최대한의 관여와 비핵화 완성까지 합리적인 압박에 대한 강한 합의 기반을 마련해야 한다. 2단계에 들어설 때 트럼프 대통령은 북한의 불가역적 비핵화가 진행되는 시점부터 대북 경제 제재 완화가 가능하다고 시사했고, 폼페이오 국무장관은 보다 완전한 비핵화가 이루어져야 제재 완화가 가능하다는 신중한 입장을 밝혀, 정확하고 일치된 대응이 필요하다.

둘째, 북한의 완전한 비핵화를 위한 완전한 체제 보장 요구가 제대로 받아들여지려면 오랜 기간 적대 관계를 유지했던 북미 간에 상당한 수준의 신뢰 구축이 선행되어야 한다. 평화체제는 정치적 신뢰 구축, 법적·제도적 신뢰 구축, 군사적 신뢰 구축을 필요로 한다. 북미 정상회담은 상호 이해의 충돌을 군사적 수단으로 해결하는 대신에 대화와 협상으로 해결해보려는 정치적 신뢰 구축의 첫걸음이고, 이러한 노력은 궁극적으로 북미 수교로 이어질 수 있다. 법적·제도적 신뢰 구축의 핵심은 종전선언과 평화협정이다. 특히 북한의 과거 종전선언이나 평화협정 제의가 주한 미군 철수에 따른 통일 전략으로서 추진되었던 역사적 전례가 있으므로, 이러한 불신을 해소하려는 쌍방의 노력이 대단히 중요하다. 그리고 북한의 국제적 지위를 보장하는 다양한 지원이 필요하다. 그러나 이러한 노력은 군사력이 여전히 중요한 정책 수단인 현실 국제 정치에서는 '종이 뭉치'에 불과한 약속일 수도 있으므로 군사적 신뢰 구축이 대단히 중요하다. 북한의 비핵화가 진행되면서 미국의 핵위협 제거의 약속, 그리고 남북 간 군사적 신뢰 구축과 군비 통제가 동시에 진행되어야 완전한 비핵화를 추동할 수 있다. 군사정보의 투명성 제고, 남북한의 군사훈련 사전 통보 및 참관과 같은 군사적 신뢰 구축을 우선적으로 추진하고, 다음 단계로 남북한 공격무기체계의 후방 배치 및 축소와 같은 군비 통제 방안을 모색해야 한다. 미국의 전략자산이나 주한 미군은 북한의 핵, 통상 공격에 대한 다각적 억지전력이므로 한미 간 긴밀한 협의하에 남북 군사회담의 성과를 고려하면서 주한 미군의 미래 역할과 규모를 논의해 나가야 한다. 마지막으로 완전한 비핵화를 위한 완전한 체제 보장에서는 비핵 북한을 위해 기존의 경제 제재를 해제하고 세계적인 규모의 복합 경제 지원을 추진해야 한다.

셋째, 북한이 완전한 비핵화를 종착역으로 삼으려면 4월 20일의 신전략노선의 한계를 극복하기 위한 북한형 개혁개방노선을 추진하는 새로운 노력이 필요하다. 김정은 위원장의 현재 노선보다 완전한 비핵화에 더욱 적합한 북한형 개혁개방노선이 체제 보장의 자구책으로 추진되게 하려면 북한 자체의 자기 조직화 노력과 함께 주변 국가들의 공동 진화적 대북정책이 추진되어야 한다.

넷째, 북한의 완전한 비핵화와 완전한 체제 보장 문제는 한반도뿐 아니라 아태 지역의 평화체제와 관련된 문제이기도 하다. 핵무기 보유 국가 북한은 아태 질서에서 핵확산의 위험을 크게 증가시킬 것이며, 북한 체제의 불안정은 아태 질서를 주도하려는 미국과 중국에 중요한 영향을 미치게 된다. 따라서 북한의 완전한 비핵화를 성공적으로 달성하려면 한반도 평화체제와 아태 평화체제를 동시에 모색하는 복합적 노력이 중요하다. 북한의 완전한 비핵화에는 국제적 경제 지원이 필수적이며, 북한의 완전한 체제 보장도 미국, 중국, 한국과 같은 양자, 6자회담과 같은 다자, 유엔과 같은 지구 차원에서 복합적으로 이루어져야 한다. ◉

더 읽을거리 5

김정은 2019년 신년사와 완전 비핵화의 과제

자료: 하영선, EAI 하영선 칼럼(2019.1.3).

김정은 북한 국무위원장은 과거와는 달리 조선노동당 청사 접견실에서 할아버지 김일성 주석과 아버지 김정일 위원장의 커다란 초상화가 내려다보는 소파에 편안하게 앉아 2019년 신년사를 발표했다. 신년사에서는 2018년을 "우리 당의 자주 노선과 전략적 결단에 의하여 대내외 종사에서 커다란 변화가 일어나고 사회주의 건설이 새로운 단계에 들어선 역사적 해"로 규정하고 있다. 북한은 2018년 4월 20일에 그동안 추진한 경제 건설과 핵무력 건설의 병진노선의 승리를 선언하고, 사회주의 경제 건설에 총력을 집중하는 새로운 전략노선을 제시했다. 그러나 신년사는 새로운 전략노선이 비핵화와 경제 건설을 추진하는 것이 아니라 병진노선의 승리를 토대로 하여 사회주의 혁명을 계속 상승시키고 사회주의 전진 속도를 높여가는 중요한 계기가 되고 있다고 분명히 밝혔다.

북한은 2019년 국내 역량 강화를 위해서는 "나라의 자립적 발전을 확대 강화하여 사회주의 건설의 진일보를 위한 확고한 전망을 열어놓아야 할 투쟁 과업"을 달성해야 하므로, "자력갱생의 사회주의 건설의 새로운 진격로를 열어나가자"를 새로운 구호로 내걸었다. 이에 따라 사회주의 자립경제를 최우선적으로 강화하고, 사회주의 정치 역량을 백방으로 다지며, 사회주의 문명 건설을 다그치고, 국방력을 튼튼히 다져야 하며, 마지막으로 혁명의 일꾼들이 분발하여 투쟁할 것을 강조하고 있다. 그러나 이러한 역량 강화를 위해서는 북미 관계의 개선이라는 국제 역량과 남북 관계의 개선이라는 남북 역량의 강화가 필수적이다.

남북 역량의 강화에 대해 북한은 "지난해는 70여 년의 민족 분열 사상 일찍이 있어본 적 없는 극적인 변화가 일어난 격동적인 해"였다고 대단히 긍정적으로 평가했다. 세 차례 남북 정상회담은 남북 관계가 새로운 단계에 들어섰다는 것을 뚜렷이 보여주는 것이며, 판문점 선언, 9월 평양 공동선언, 남북 군사 분야 합의서는 사실상의 불가침선언으로 중대한 의의를 가진다고 밝혔다. 그리고 남북 체육인과 예술인의 활발한 인적 교류와 철도, 도로를 비롯한 다양한 분야의 협력사업 등의 첫걸음에 만족을 표시했다.

그러나 주목해야 할 것은 북한이 체제 보장과 제재 완화와 연관해 두 가지 중요한 요구를 하고 있다는 점이다. 우선 "북과 남이 평화 번영의 길로 나가기로 확약한 이상 조선반도 정세 긴장의 근원이 되고 있는 외세와의 합동 군사연습을 더 이상 허용하지 말아야 하며 외부로부터의 전략자산을 비롯한 전쟁 장비도 완전히 중지되어야 한다"고 밝혔다. 그리고 "정전협정 당사자들과의 긴밀한 연계 밑에 조선반도의 현 정전체제를 평화체제로 전환하기 위한 다자 협상도 적극 추진하여 항구적인 평화 보장 토대를 실질적으로 마련해야" 한다고 말했다.

다음으로 "개성공업지구와 금강산 관광을 재개할 용의가 있다"고 말하면서 "겨레의 단합된 힘만 보여줄 수 있다면 외부의 온갖 제재와 압박도 민족 번영의 활로를 열어나가려는 우리의 앞길을 가로막을 수 없다"고 주장했다.

그러나 북한의 이러한 주장이 현실적으로 본격적인 협상 의제가 되려면 우선 북한이 국제사회가 요구하는 완전한 비핵화를 받아들여 실천에 옮기려는 진정성을 보여야 하고, 다음으로 남북 관계의 군사적 긴장 완화가 현재의 신뢰 구축을 위한 초기 단계를 넘어서서 보다 본격적인 운용과 구조적 군비 통제 단계를 거쳐야 하며, 동시에 동북아 체제가 공동 진화해야만 가능하다.

금년 신년사는 국제 역량 강화를 위한 북미 관계를 과거 어느 때보다도 비중 있게 다루고 있다. 북미 관계 개선은 국내 역량과 남북 역량 강화의 핵심 전제이기 때문이다. 우선 북미 회담을 "가장 적대적이던 조미 관계를 극적으로 전환시키고 조선반도의 지역의 평화와 안전을 보장하는 데 크게 기여"했다고 평가하고, "6·12 조미 공동선언에서 천명한 대로 새 세기 요구에 맞는 두 나라의 요구를 수립하고 조선반도의 항구적이고 공고한 평화체제를 구축하고 완전한 비핵화로 나가려는 것은 우리 당과 공화국 정부의 불변한 입장이며 나의 확고한 의지입니다"라고 밝혔다.

그러나 북한의 완전한 비핵화를 위한 노력을 설명하면서 "우리는 더 이상 핵무기를 만들지도 시험하지도 않으며 사용하지도 전파하지도 않을 것이라는 데 대하여 내외에 선포하고 여러 가지 실천적 조치를 취해왔습니다"라고 설명했다. 여기에는 미래의 비핵화만 언급된 채 과거의 비핵화는 포함되어 있지 않다.

북한의 완전한 비핵화를 잘 설명해 주는 것은 작년 12월 20일 《조선중앙통신》에 발표된 "낡은 길에서 장벽에 부딪치기보다 새 길을 찾을 것이 나을 것이다"라는 논평이다. 이 글은 '조선반도 비핵화'와 '북 비핵화'에 대한 미국의 '그릇된 인식'을 고쳐주기 위하여 대단히 친절하고 자세하게 개념의 차이를 설명하고 있다. 즉, "조선반도 비핵화는 북과 남의 영역 안에서뿐만 아니라 조선반도를 겨냥하고 있는 주변으로부터의 모든 핵위협 요인을 제거한다는 것을 의미한다는 것을 똑바로 알아야 한다"는 것이다. 그리고 조선반도 비핵화를 위해서는 북한의 핵 억제력을 없애기 전에 '조선에 대한 핵위협을 완전히 제거하는 것'이 필요하다고 주장하고 있다. 이와 동시에 북한

이 싱가포르 북미 정상회담에서 합의한 것은 '북 비핵화'가 아니라 '조선반도 비핵화'라는 점을 강조하고 있다. 신년사 열흘 전의 이 논평의 내용은 사실상 신년사에서 말한 북한형 완전 비핵화를 자세하게 해설하고 있다.

북한형 완전 비핵화를 위해서 북한은 미국과의 정상회담에서 현재 3단계의 협상 방안을 추진하고 있다. 첫 단계에서는 풍계리 핵실험장과 미사일엔진실험장의 자진 폐기를 통한 신뢰 구축 조치로 한미 연합군사훈련의 중단을 유도하고, 두 번째 단계에서는 과거 핵의 일부인 영변 핵시설의 신고와 사찰을 받아들이는 대신, '행동 대 행동'의 원칙에 따라 체제 보장을 위한 대북 적대시 정책의 종식과 경제 제재 완화를 요구하며, 세 번째 단계에서는 완전한 비핵화를 위해 '조선반도 비핵화'라는 시각에서 한반도와 주변 지역을 포함한 핵군축 회담을 제안하는 것이다.

그러나 북한의 완전 비핵화를 위한 3단계 협상 전략의 꿈은 실현 불가능하다. 미국과 북한은 현재 2차 정상회담을 위해서 마지막 줄다리기를 하고 있다. 완전한 북한 비핵화의 진정성을 보여주는 출발로 과거, 현재, 미래의 모든 핵시설을 신고하고 국제 검증을 받으라는 미국의 요구에 대해 북한은 영변이라는 과거 핵시설만 부분적으로 신고하고 IAEA의 사찰을 받아들이려 하고 있다.

한편, 미국은 북한이 과거 핵을 포함한

완전 비핵화를 수용하지 않는 한, 북한이 요구하는 체제 보장과 경제 제재 완화를 대단히 제한적으로 받아들일 것이다. 따라서 2차 정상회담이 이루어지더라도 북미의 진정성은 여전히 상대방을 충분히 만족시킬 수 없을 것이기 때문에 명실상부한 완전 비핵화를 위한 3차 회담의 발판을 마련하기 어려울 것으로 보인다.

김정은 국무위원장은 "나는 앞으로 또다시 미국 대통령과 마주 앉을 준비가 되어 있으며 반드시 국제사회가 환영하는 결과를 위해 노력할 것이다"라고 말하면서, 미국이 북한을 오판하고 제재와 압박을 계속한다면 새로운 길을 모색할 수밖에 없다고 주장하고 있다. 그러나 완전 비핵화를 위한 북한의 '조선반도 비핵화'와 미국의 '북한 비핵화' 간 인식의 격차가 해소되지 않는 한, 미국은 북한의 주장을 받아들이지 않을 것이다.

따라서 우리의 기대와는 달리, 북한의 완전 비핵화를 위한 현재의 노력은 어려움에 부딪히게 될 것이다. 이러한 난관을 극복하기 위해서는 무엇보다 문제의 심각성을 주관적 낙관론 대신에 객관적 신중론의 시각에서 제대로 인식해야 한다. 다음으로는 북한이 '조선반도 비핵화'를 추진하는 한, 현재의 제재와 억지가 완화될 수 없다는 것을 미국을 비롯한 국제사회와의 공조하에 명백히 해야 하며, 북한이 '북한 비핵화'라는 새로운 전략노선을 추진하면 북한이 희망하는 체제 보장과

제재 완화를 보장하는 적극적 관여의 동시적 현실화가 이루어질 것임을 예고해야 한다. 마지막으로 가장 중요한 것은 북한 스스로가 '조선반도 비핵화'가 아닌 '북한 비핵화'를 21세기 북한의 새로운 자구책으로 인식하고 실천에 옮기도록 해야 한다는 점이다. ◉

더 읽을거리 6

성공적인 3차 북미 정상 회담이 되려면: 북한식 계산법과 미국식 계산법의 수렴

자료: 하영선, EAI 하영선 칼럼(2019.3.4).

최종 합의문을 마련하지 못한 2차 북미 정상회담이 끝난 후, 북한은 심야 기자회견에서 비핵화를 위한 북한식 계산법을 분명하게 밝혔다. 첫째, 미국이 유엔 제재 일부, 즉 민수경제와 특히 인민생활에 지장을 주는 제재를 해제하면 북한은 영변의 플루토늄과 우라늄을 포함한 모든 핵물질 생산시설을 미국 전문가의 입회하에 양국 기술자의 공동 작업으로 영구적으로 완전 폐기한다. 둘째, 핵실험과 장거리 로켓 실험 발사를 영구적으로 중지한다는 확약을 문서 형태로 표명한다. 셋째, 비핵화에서 보다 중요한 문제는 안전 담보 문제이지만 미국이 아직 더 부담스러워하므로 부분적 제재 해제를 상응

조치로 제기한다. 넷째, 완전한 비핵화를 위해서는 이러한 첫 단계 공정이 불가피하며 우리가 제시한 최선의 방안이 실현되는 과정을 반드시 거쳐야 한다. 다섯째, 그러나 미국은 영변 핵시설 폐기 조치 외에 한 가지를 더 해야 한다고 끝까지 주장했으며 따라서 미국이 우리의 제안을 수용할 준비가 되어 있지 않다.

한편, 미국은 정상회담 직후 기자회견에서 북한 비핵화의 미국식 계산법을 설명했다. 첫째, 북한의 완전 비핵화를 위해서는 북한이 제시하는 영변 핵시설의 영구 폐기만으로 불충분하고 미국이 요구하는 핵시설을 추가로 포함시켜야 한다. 둘째, 영변 핵시설의 폐기만으로는 북한이 원하는 핵심 제재의 해제를 받아들일 수 없다. 셋째, 북한은 현재 미국과 다른 비핵화 비전을 가지고 있다. 다만 지난 한 해 동안 비전의 차이는 상대적으로 줄어들었으며, 궁극적으로는 같은 비전을 공유할 수 있으리라 기대한다. 넷째, 북한이 비핵화를 선택하면 경제 강국이 되도록 국제 지원을 도모한다.

2차 북미 정상회담의 최대 성과는 북한 비핵화를 위한 현재의 북한식 계산법과 미국식 계산법이 수렴 불가능하다는 것을 분명하게 보여준 것이다. 싱가포르 북미 정상회담 이후 국내외 정책당국자와 전문가 사이에는 두 계산법의 차이가 충분히 조정 가능하다는 낙관론과 전혀 조정 불가능하다는 비관론이 첨예하게 맞서왔다. 동아시아연구원EAI은 이 문제에 대한 소박한 낙관론과 비관론의 이분법을 비판하고, 북한이 한미형 완전 비핵화와 다른 북한형 완전 비핵화를 위해 3단계 협상 방안을 추진하고 있다는 점을 지적해 왔다. 첫 단계에서는 풍계리 핵실험장, 동창리 엔진실험실과 미사일 발사대의 자진 폐기를 통한 신뢰 구축 조치로 한미연합군사훈련의 중단을 유도하고, 두 번째 단계에서는 영변 핵시설을 영구 폐기하는 대신, '행동 대 행동'의 원칙에 따라 체제 보장을 위한 대북 적대시 정책의 종식과 경제 제재 완화를 요구하며, 세 번째 단계에서는 완전한 비핵화를 위해 '조선반도 비핵화'라는 시각에서 한반도와 주변 지역을 포함한 핵군축 회담을 제안하는 것이다.

2차 북미 정상회담은 북한이 완전 비핵화에 합의했다는 낙관론이나 전혀 합의하지 않았다는 비관론 대신에, 현재와 미래의 비핵화는 신뢰 조성과 상응 조치에 따라서 합의할 수 있으나 북한의 안전을 확실하게 담보하는 최소 억지체제를 유지하는 과거의 핵무기를 포기할 수는 없다는 신중론이 결과적으로 올바른 분석이었음을 증명해 줬다. 따라서 영변 핵시설은 상응 조치에 따라 폐기할 수 있으나 미국이 요구하는 추가 핵시설의 신고를 할 수 없었던 것이다.

북한은 현재 어려운 난관에 직면해 있다. 리용호 외무상은 기자회견에서 "우리의 이러한 입장에는 추호도 변함이 없을 것이고 앞으로 미국 측이 협상을 다시 제기하는 경우에도 우리의 방안에는 변함이 없을 것입니다"라고 마무리했다. 그러나 북한이 현재의 북한식 계산법을 계속 추진하는 한, 북한이 원하는 제재 해제와 안전 담보라는 상응 조치를 얻어낼 것으로 기대하기는 어렵다. 더구나 김정은 위원장이 신년사에서 말한 것처럼 "자주권과 국가의 최고 이익을 수호하고 조선반도의 평화와 안정을 이룩하기 위한 새로운 길"을 모색한다면 체제는 여전히 보장되지 않으면서 제재는 심화되어 북한은 제2의 고난의 행군을 겪을 위험에 직면할 것이다. 따라서 북한은 "핵무기 없이 체제 보장과 번영을 이룩하기 위한 새로운 길"을 찾는 북한식 계산법을 하루빨리 새로 마련해야 할 국면을 맞았다.

미국 역시 3차 북미 정상회담에서 북한의 완전 비핵화를 위한 실질적인 성과를 거두려면 현재의 미국식 계산법을 보완할 필요가 있다. 첫째, 북한이 명실상부한 완전 비핵화를 위한 새로운 계산법을 신속하게 마련하도록 돕기 위해서는 북한이 핵무기보다 신뢰할 수 있는 외교적·군사적 체제 보장 논의를 미국이 한국과 중국의 긴밀한 협력을 받아 본격적으로 추진해야 한다. 북미, 북중, 남북 같은 양자, 6자회담과 같은 다자, 유엔 같은 국제 차원의 다중 체제 보장 구축 논의가 시급하다. 둘째, 북한이 완전 비핵

화의 진정성을 구체적으로 보여주는 영변을 포함한 전체 핵시설, 핵물질, 핵무기의 신고, 사찰, 폐기와 상응한 제재 해제와 경제 지원을 진행하는 방안을 국제적으로 논의해야 한다.

한국도 낙관론과 비관론을 넘어선 신중론의 시각에서 3차 북미 정상회담의 성공을 위해 북한식 계산법과 미국식 계산법을 수렴할 수 있는 한국식 계산법을 새롭게 마련해야 한다. 무엇보다 중요한 것은 1차와 3차의 북미 정상회담의 성격이 전혀 다르다는 것을 제대로 인식해야 한다는 점이다. 1차 회담은 북한의 3단계 협상 방안에 따라 신뢰 구축 수준에서 진행된 것이다. 2차 회담은 기존의 북한식 계산법과 미국식 계산법의 수렴이 불가능하다는 것을 잘 보여주었다. 3차 회담은 북한과 미국이 새롭게 계산법들을 마련해 합의에 이르러야 한다. 따라서 1차나 2차 회담과는 전혀 다른 한국의 역할이 중요하다. 북한이 새롭게 완전 비핵화 계산법을 만들도록 최대한 유도해야 하며, 동시에 미국과 함께 북한의 체제 보장과 번영을 보다 적극적으로 포함하는 북한 비핵화 방안을 보완해 3차 회담에서 두 계산법이 수렴되도록 해야 한다.

북한의 완전 비핵화는 빠르게 진실의 순간에 접어들고 있다. 1차와 2차 회담이 탐색전이었다면, 3차 회담은 링 위의 모든 주인공들이 승리하는 역사적 만남이 되어야 한다. ◉

3강

한반도의 전쟁과 평화

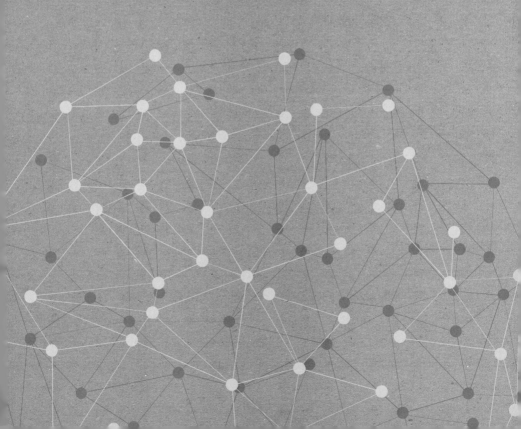

오늘은 세 번째 강의로 '한반도의 전쟁과 평화' 이야기를 하겠어요. 첫 주에 '사랑의 국제정치학', 둘째 주에 '세계질서와 한반도의 핵무기'라는 주제로 강의하면서는 시대적 맥락에서 볼 때 1960~1970년대의 이야기를 했어요. 이번 주 '한반도의 전쟁과 평화', 그리고 다음 주 '한국 현대 외교정책론' 강의에서는 1980년대를 중심으로 다루게 될 거예요. 그리고 5주차부터 8주차에 걸쳐 1990년대 이야기를 하고, 9주차와 10주차에는 2000년대 이후의 이야기를 하려고 해요.

1980년에 미국에서 박사학위를 끝내고 관악으로 돌아와 강의를 시작했어요. 먼저 1980년대의 삶을 세계, 동아시아, 한반도 차원에서 간략하게 돌아본 다음에 이 시기에 내가 했던 공부, 강의와 글쓰기 이야기를 이어갈게요. 1980년대는 격동의 10년이었어요. 세계질서 차원에서는 좀처럼 끝날 것 같지 않은 미소 중심의 냉전질서가 무너지기 시작했고, 중국은 본격적인 개혁개방의 길을 걷기 시작했죠. 그리고 남북한 관계는 좀처럼 개선되지 않는 상황에서 한국은 민주화라는 새로운 변화를 맞이했어요.

1. 신냉전, 페레스트로이카, 중국의 개혁개방, 아웅산 테러

그림 1은 1970년 말에 소련의 아프가니스탄 침공에 대해 사람들이 시위하고 있는 모습이에요. 1980년대 초의 지구적 삶을 가장 잘 드러내는 사진이죠. "아프가니스탄은 소련의 베트남Afghanistan is Vietnam of USSR"이라는 내용의 현수막이 잘 보여주듯이 소련의 아프가니스탄 침

그림 1

소련의 침공에 항의하는 시위가 벌어진 아프가니스탄

자료: Bettmann via Getty Images / 게티이미지코리아.

공은 미국의 베트남 전쟁을 연상케 했어요. 그리고 소련은 1980년대에 아프가니스탄 전쟁을 치르면서 1960년대의 미국과 같은 어려움을 겪기 시작하죠. 이 사건은 1970년대 초 시작됐던 미소의 데탕트가 탈냉전으로 발전하리라는 커다란 기대를 깨고, 다시 신냉전 시대를 불러왔죠. 당시에는 신냉전이 장기화될지, 아니면 다시 신데탕트로 바뀔 것인지를 판단하기가 대단히 어려웠어요. 그러나 1985년 소련의 미하일 고르바초프가 등장하면서 신냉전은 대단히 빠른 속도로 탈냉전으로 전개돼요.

두 번째 사진은 미소의 신냉전 분위기 속에서 1985년 봄 소련의 새로운 정치 지도자로 등장한 고르바초프가 주장한 조국과 세계를 위한 신사고의 내용을 담고 있는 『페레스트로이카Perestroika』[1](1985)라는 책의 표지예요(그림 2). 국내적으로는 어려움을 겪고 있는 경제를 재건하고, 국내정치의 민주화를 모색하면서, 국제적으로도 기존의 사회주

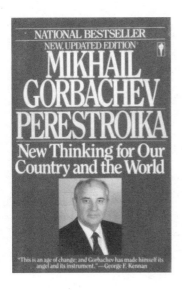

고르바초프가 쓴 『페레스트로이카』의 영문
개정판(1988) 표지
자료: Harper & Row.

그림 2

의 국제주의를 포기하는 동시에 미국과의 군비경쟁을 중지하고, 아프
가니스탄에서 철수하며, 정치체제가 다른 국가들과의 관계를 확대하
기 시작했어요. 그러나 '페레스트로이카'의 기치 아래 과감하게 추진
했던 고르바초프의 개혁 노력은 중국의 성공적인 개혁개방 노력과는
달리 결국 사회주의 초강대국 소련의 해체라는 비극을 초래했죠.

한편 동아시아에서는 1976년에 중국의 정치 지도자 마오쩌둥이
파란만장한 한평생을 마치고 세상을 떠나요. 그의 사후 일시적으로
정치적 혼란기를 겪었지만, 새로 집권한 덩샤오핑鄧小平이 1978년에 개
혁개방의 새로운 구호를 내걸고 거대한 변환을 성공적으로 추진해서
지속적인 두 자릿수의 고도 경제성장을 거듭함에 따라, 중국뿐만 아
니라 동아시아와 한반도의 삶에 커다란 영향을 미치게 됐어요(그림 3).

이런 거대한 변화의 물결 속에서도 남북한의 냉전 상황은 좀처럼
변화의 가능성을 보여주지 않았어요. 이런 암울한 현실을 가장 잘 보
여준 사건은 1983년 10월 미얀마의 아웅산 묘소에서 일어났던 북한

그림 3

1979년 1월 미국을 방문해 카터 대통령을 만난 덩샤오핑

자료: National Archives and Records Administration.

그림 4

1983년 10월 9일 미얀마 아웅산 묘소에서 발생한 북한의 테러로 파괴된 현장

자료: 한국사데이터베이스.

의 테러예요(그림 4). 전두환 대통령을 암살하기 위한 폭파 사건은 도착이 늦어진 대통령 대신 함병춘 비서실장과 주요 장관들을 포함해서 17명을 사망케 했죠. 세계, 동아시아, 그리고 한반도의 온도 차이를 확실하게 보여준 사건이었어요. 이런 남북한 관계 속에서 북한은 수령체제를 지속적으로 강화하면서 경제적 어려움을 겪고 있었고, 박정희 대통령의 사망 이후 등장한 한국의 권위주의 정부는 민주화의 시대적 대세를 맞이해서 커다란 변모를 해야 했어요.

2. 다산 연구와 한국 지성사 입문

1980년대의 10년 동안 내가 주로 시간을 보낸 것의 3분의 1은 전쟁과 평화, 3분의 1은 한국 현대사를 포함한 한국 외교정책론, 나머지 3분의 1은 다산 정약용(1752~1838)에 대한 공부였어요.

'한반도의 전쟁과 평화' 이야기를 시작하기 전에 먼저 다산 정약용에 대한 공부 이야기를 잠깐 할게요. 1980년대 중반에 다산 공부를 시작하게 되리라고는 꿈도 꾸지 못했어요. 더구나 당시 다산 공부에 들인 시간에 비해서 쓴 글은 전혀 없기 때문에 연구한 객관적인 흔적은 남아 있지 않아요. 다만 뒤늦게 『역사 속의 젊은 그들』(2011)에서 다산을 첫 장에서 다루면서 다산 공부를 하게 된 사연을 간단히 소개했죠. 1936년에 다산 서거 100주년을 맞아 위당爲堂 정인보와 민세民世 안재홍은 공동 책임편집으로 다산 문집인 『여유당전서』(1936/2013)[2]를 처음으로 세상에 선보여요. 위당과 민세가 다산 서거 100주년 행사를 공들여서 했던 이 시기는 우리 식민지사에서 가장 암울한 때였어요. 1931년 만주 사변이 발생하고, 1937년 제2차 중일전쟁을 앞둔 상황에서 식민지 지식인 대부분은 한국이 나라를 회복할 길이 거의 보이지 않았고, 100년, 200년 굉장히 오랫동안 일본의 식민지로 남아 있을 수도 있겠다고 생각했어요. 위당과 민세는 이런 현실의 마지막 돌파구로서 독립할 때까지 비록 몸은 죽었더라도 혼이라도 지켜야겠다는 염원으로 한국 지성사를 대표하는 거목인 다산의 『여유당전서』를 펴낸 거죠.

1986년이 다산 서거 150주년이었어요. 당시 이용희 교수가 대우학술재단 이사장으로 계시면서 기념행사를 크게 준비했어요. 동주가 그 행사를 강조했던 것은 한국 지성사의 부흥이라는 맥락에서 이해해야겠죠. 여하간, 어느 날 하루 불려 가서 다산 공부를 해보라는 강한 권유를 받았어요. 나는 당시 여러분만큼 다산을 잘 몰랐어요. 그래서 다산 공부를 꼭 해야 하는 이유를 질문했더니, 동주는 한국 지성사의 거봉인 다산을 제대로 알려면 무엇보다 정치적 접근이 중요한데 기존의 다산 연구가 이런 핵심을 놓치고 있다는 거예요. 당시 다산 연구의 대표적인 계보에는 경학적 시각에서 다산의 사서오경 주해를 연구하는 모임이 있었고, 다른 한편에는 사회경제사적 시각에서 다산의 개혁안을 연구하는 모임이 있었어요. 다산이 두 주제에 관해 많은 글을 남긴 것은 사실이에요. 그러나 그를 제대로 이해하려면 정조의 정치 참모로서의 다산 연구에서 출발해야 하는데, 경학이나 사회경제사 연구자들에게 다산의 정치학부터 새롭게 접근해 볼 것을 설득하기가 어려웠던 것 같아요. 그래서 다산을 전혀 모르더라도 중견 사회과학자 중심으로 다산 공부 모임을 만들어서 정치학적 접근을 시도해 볼 것을 권유했던 거죠. 그때부터 한문을 배우기 시작했고, 『여유당전서』를 공부하면서 본격적으로 18세기 한국사와 한국 지성사에 관심을 기울이게 됐어요. 첫걸음마를 시작했으니까 당연히 글을 쓸 형편은 아니었어죠. 내가 결국 짧게나마 1980년대 다산 공부의 흔적을 남기게 된 것은 『역사 속의 젊은 그들』의 첫 장에서 정약용의 꿈, 삶, 앎, 함을 정치학적 시각에서 정리하면서였어요. 25년 만의 지적 귀향이었죠.

3. 한반도 전쟁 연구와 클라우제비츠

1980년 3월부터 첫 강의를 시작했는데, 과의 내부 사정으로 다섯 과목을 가르쳐야 했어요. 일부 과목은 밤샘 준비를 해서 강의해야 하는 형편이었죠. 또한 5월의 정치적 격변을 겪으면서 결국 학기 중간에 휴교 조치가 내려졌어요. 1980년대 초반 관악의 분위기는 루소적인 사랑의 국제정치학이나 핵무기의 국제정치학 같은 주제와는 상당히 거리가 있었죠. 내 학위 논문이 지난주에 설명한 것처럼 핵확산과 세계질서 문제를 다루고 있기 때문에, 당시 외교학과에서는 전쟁과 군사 관련의 국제정치학 과목을 주로 가르치기를 바랐어요. 그런데 핵무기 확산에 대한 나의 관심은 단순히 좁은 의미의 군사 차원에서 비롯된 것이 아니었어요. 현대 세계질서에서 전쟁을 거쳐 등장하는 세계국가가 상대적으로 쇠퇴해서 또 하나의 전쟁을 일으키게 되는 주기 과정에서 나타나는 폭력의 집중과 확산이라는 세계질서적 시각에서 비롯된 것이었죠.

따라서 조금 더 포괄적으로 전쟁과 평화라는 큰 주제를 한국 또는 동아시아의 시각에서 학생들과 같이 공부하고 연구하기 시작했어요. 1980년대 초중반에 전쟁과 평화에 대한 국내외의 기존 연구를 폭

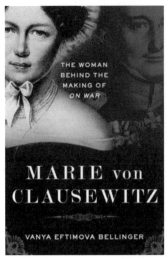

그림 5

『마리 폰 클라우제비츠』 표지
자료: Oxford University Press.

넓게 다시 훑어보면서 나의 지적 지평을 넓히고, 동시에 1980년대 한반도 현실에서 한국의 전쟁과 평화 문제는 어떻게 풀어야 할 것인가를 본격적으로 고민하게 됐죠.

전쟁과 평화 문제를 제대로 다루기 위해 근대 전쟁에 관한 고전부터 최근 국제정치학계의 논문까지를 다루면서 가장 많은 시간을 썼던 것은 카를 폰 클라우제비츠Carl von Clausewitz(1780~1831)의 『전쟁론Vom Kriege』(1832/1991)[3] 바로 읽기였어요. 그림 5는 최근 배니아 벨린저 Vanya Eftimova Bellinger가 쓴 『마리 폰 클라우제비츠: 전쟁론 저술 뒤의 여인 Marie von Clausewitz: The Woman behind the making of On War』(2016)[4]의 표지예요. 클라우제비츠 부인을 본격적으로 다룬 책으로, 표지에는 아내의 얼굴과 남편의 얼굴이 함께 그려져 있죠. 책이 나오자마자 상도 받고 꽤 잘 팔리는 듯해요. 그동안 알려지지 않았던 클라우제비츠 부부 편지가 거의 300편이나 새로 발견돼서 부부 관계를 새롭게 보여주고 있어요. 클라우제비츠는 51세에 세상을 떠나서 그리 오래 살지는 못했어요.

결국 클라우제비츠를 본격적으로 알린 것은 부인이었어요. 남편의 사망 직후인 1832년에 출판된『전쟁론』의 영어 번역본은 일고여덟 개가 되는데, 그중 가장 대표적인 것이라 할 만한 마이클 하워드Michael Eliot Howard와 피터 파렛Peter Paret의 공동 번역본(1984년 출간)[5]에 부인이 쓴 애절한 사랑의 서문이 실려 있어요. 자신의 남편이 한평생을 바쳐 전쟁에 관해 관심이 있는 사람이라면 누구나 읽어야 할 필독서를 쓰려고 준비했던 작업들을 정리해 전집을 대신 출판한다고 썼어요. 최근에 발견된 편지를 보면, 클라우제비츠 부인은 단순히 내조만 한 것이 아니라 남편의 전쟁 연구에서 연구조교와 조언자의 역할을 동시에 했고, 집필에도 영향을 미쳤다는 사실을 알 수 있어요.

1) 전쟁의 삼면성: 폭력성, 정치성, 도박성

그동안 읽었던 많은 국제정치학자들의 전쟁 관련 연구서들은 대부분 기억에서 사라졌지만, 클라우제비츠의『전쟁론』은 내 전쟁관 형성과 전개에 커다란 영향을 미쳤어요. 20대의 루소 사랑 읽기와 대비되는 30대의 클라우제비츠 전쟁 읽기였죠. 책을 꼼꼼하게 읽으면서 사랑의 논리와 대비되는 전쟁의 논리를 깊이 따져볼 기회를 얻었어요. 완벽주의자인 그는 전체 8권의『전쟁론』중에 죽기 직전에 1권 1장만 만족할 만큼 고쳤다고 이야기했어요. 분량이 그리 많지 않은 1권 1장은 본인의 희망대로 전쟁 연구에서는 성경처럼 읽히고 있죠. 그러나 내가 서울대에서 강의를 시작했던 1980년대 초반에『전쟁론』에 대한 국내의 이해도는 대단히 낮았어요.

1권 1장에서는 전쟁의 폭력성, 정치성, 도박성이라는 삼면성을 특히 강조해요. 그런데 전쟁론을 해석하는 방식은 출판 이후 세월의 흐름에 따라 대단히 달랐어요. 19세기 독자들은 당시의 전통적 전쟁론과 달리 클라우제비츠가 첫 번째로 강조하고 있는 전쟁의 폭력성에 많은 관심을 보였죠. 다음으로 20세기 전반의 독자들은 전쟁의 폭력성과 함께 정치성을 강조하면서 '전쟁은 다른 방식의 정치의 연속'이라는 명제에 크게 주목했고, 20세기 후반의 독자들은 클라우제비츠가 특별히 강조한 전쟁의 삼면성을 입체적으로 보려는 노력을 하기 시작했죠.

열두 살에 프러시아 육군의 소년병으로 입대해서 장군에 이르기까지 한평생 군 생활을 한 클라우제비츠는 나폴레옹 전쟁이 끝난 이후 1816년부터 전쟁에 대한 필독서를 쓰는 데 많은 시간과 정성을 쏟아요. 당시로서는 미처 제대로 깨닫지 못하고 있던 근대 전쟁의 진면목을 제대로 보여주기 위해 당시 유행하던 방법론에 따라서 절대absoluter전쟁과 현실wirklicher전쟁으로 나눈 다음에, 절대전쟁의 폭력적 성격에서 출발해서 현실전쟁의 정치적 그리고 도박적 성격까지를 포괄적으로 다뤘어요.

① 폭력성

『전쟁론』은 비교적 좋은 영어 번역이 있는데도 독일인들은 여전히 영어 번역에 대해 불만이 많아요. 클라우제비츠는 결국 전쟁의 고유한 속성을 알기 위해서는 두 사람의 싸움Zweikampf에서 출발하는 것이 바람직하다고 생각했어요. 영어로 번역하면 듀얼dual이지만, 독일인들은 이런 번역을 별로 좋아하지 않아요. 루소가 사랑의 논리를 끝까지 따졌던 것과 마찬가지로, 클라우제비츠도 전쟁의 논리를 끝까지 파헤쳐 보려고 했어요. 그렇게 해서 찾은 전쟁의 핵심은 '폭력Gewalt'이에요.

전쟁은 폭력이라는 수단을 사용해서 상대방이 완전히 내 뜻을 따르게 하는 것이라는 거죠. 이 과정에서 '폭력의 3법칙'이 작동해요.

그 첫 번째 법칙은 '교호성'이에요. 내가 상대방에게 폭력을 사용하면 상대방이 반드시 내게 폭력을 되갚는다는 거죠. 두 번째 법칙은 '확대성'이에요. 폭력이 상호 교환되는 과정에서 폭력의 크기가 점차 커진다는 거죠. 세 번째 법칙은 '극단성'이에요. 폭력은 지속적으로 교호되면서 확대돼 최종적으로는 상대방 존재의 부정, 즉 죽음을 통해 내 뜻을 이루게 된다는 거예요.

그런데 사랑의 3법칙은 이것과 완전히 반대예요. 첫 번째 법칙은 '일방성'이죠. 사랑의 원래 모습은 맞사랑이 아니라 짝사랑이에요. 상대방이 내게 어떻게 하든지 관계없이 일방적으로 내가 좋아하는 것이기 때문에 교호적이지 않죠. 두 번째 법칙은 '포용성'이죠. 폭력은 교호되면서 경쟁적으로 커져가는데, 사랑은 일방적으로 상대방을 품는 거죠. 세 번째 법칙은 '감동성'이에요. 폭력처럼 상대방을 죽여서라도 내 뜻을 이루는 극단성이 아니라, 상대방을 위한 나의 일방적 죽음에 상대방이 감동해서 스스로 남을 위해 행동하도록 하는 거예요. 이처럼 클라우제비츠의 폭력론과 루소의 사랑론 모두 각각의 논리를 끝까지 밝혀보려는 모습이 잘 드러나죠.

클라우제비츠가 밝히고 있는 절대전쟁의 폭력성 법칙은 19세기 중반에는 대단히 흥미롭게 받아들여졌어요. 왜냐하면 당시 전쟁론이나 전략론은 폭력의 진면목을 정면으로 드러내는 이야기를 본격적으로 다루지 않았기 때문이에요. 중세에서 근대로 넘어오는 시기에는 아직 나폴레옹 전쟁 같은 국민전이 본격적으로 시작되지 않고 중세 이래로 용병전이 주류를 이뤘기 때문에 끝까지 싸우는 전쟁을 한 것이 아니었어요. 대부분 며칠을 싸워도 죽은 사람이 나타나지 않는 싸움을 하고 있었어요. 따라서 클라우제비츠의 『전쟁론』에서 보여주는 절대전쟁의 법칙은 당시로는 굉장히 새로운 것이었죠.

② 정치성

클라우제비츠는 전쟁의 절대전적 성격에 이어 정치전적 성격을 제시하면서 20세기 초반에 주목을 받게 돼요. 그는 『전쟁론』 1장 6절에서 절대전쟁의 기본 법칙이 우리가 겪는 현실전쟁에서 반드시 지켜지는 것은 아니라고 밝히면서 '전쟁은 다른 수단에 의한mit anderen Mitteln/with other means 정치Politik의 연속'이라는 유명한 표현을 썼어요. 이 표현에 대해서는 많은 논쟁이 있어요. 독일어 원전의 대표적인 영어 번역에는 'by other means'로 돼 있어요. 그러나 독일어 원문을 'by'로 번역하느냐, 'with'로 번역하느냐에 따라 뜻이 굉장히 달라져요. 'by'로 쓰면 대체한다는 것이고, 'with'는 폭력의 논리가 작동하는 전쟁을 정치의 논리가 작동해서 제한한다는 의미가 되죠.

현실전쟁의 정치성은 굉장히 중요한 문제예요. 한국전쟁을 예로 들어볼게요. 유엔군이 일방적으로 밀렸다가 1950년 9월 맥아더Douglas MacArthur의 인천상륙작전으로 판세가 뒤집히기 시작했어요. 38도선을 돌파하고 39도선을 넘어서 국경선까지 북진할 것인가를 결정해야 했죠. 북진을 결정할 당시에는 폭력의 고유 논리가 작동하는 군사전의 안목이 주도했어요. 김일성이 마오쩌둥에게 만주 망명을 부탁할 정도로 북한은 위협을 느꼈죠. 만약에 당시 북진을 정치전의 안목으로 판단해서 유엔군이 39도선에서 멈췄다면 오늘의 휴전선은 38도가 아니라 39도가 됐을 거예요. 즉, 군사와 정치 논리 중에 어느 논리에 따르느냐에 따라 굉장히 다른 결과를 가져올 수 있죠.

클라우제비츠는 순수하게 폭력의 논리에 충실한 절대전쟁이 현실적으로는 정치적 제약을 받을 수밖에 없다는 것을 강조한 거예요. 현실전쟁은 한 번에 끝나는 것이 아니라 계속되기 때문에 폭력 논리로만 끝낼 수는 없어요. 실제 타자를 내 뜻대로 따르게 하기 위한 목적으로 폭력의 논리만 따라서 타자를 완전히 죽이면 목적을 달성할수 없죠. 군사적으로는 상대방의 존재를 부정해야 하지만, 정치적으로는 상대방이 내 뜻대로 하도록 만들기 위해 상대방을 살려야 하죠. 시간적·공간적으로 여러 전투를 동시에 하기 때문에 절대전쟁으로 갈수 없다는 것이 19세기 말, 20세기 초에는 많은 영향을 줬어요. 사회주의 전쟁론과 부르주아 전쟁론 모두 클라우제비츠의 발상을 중요하게 받아들이죠. 군사전쟁이 결국 적정한 선에서 정치에 의해 통제되며, 동시에 정치는 전쟁적인 요소를 가지고 있다는 거죠. 전쟁에서 패전하는 사람들은 전쟁의 정치적 성격을 모르기 때문이고, 정치에서 실패하는 사람들은 정치의 전쟁적인 성격을 모르기 때문이죠. 전쟁의 정치성에 관한 클라우제비츠의 두 번째 발견은 20세기 초중반에 그를 본격적으로 유명하게 만들었어요. 클라우제비츠가 세상을 떠난 후 부인은 남편이 평생을 바친 전쟁 연구를 소중하게 생각해서 전집을 발간했지만, 대중적으로 널리 읽히지는 않았어요. 당시에는 프랑스의 조미니Antoine-Henri Jomini가 전쟁 연구에서 훨씬 더 대표적이었죠. 하지만 20세기 초에 전쟁과 정치의 관계가 주목되면서 클라우제비츠가 사회주의와 자유민주주의 양쪽의 전쟁전략론 연구에서 굉장히 중요한 스타가 됐어요.

③ 도박성

그런데 20세기 후반에는 『전쟁론』의 핵심으로서 불과 20쪽밖에 안 되는 1권 1장을 당대의 군사전략가, 정치사상가들이 충분히 제대로 읽어내지 못했다는 주장이 등장해요. 특히 대표적으로 레몽 아롱 Raymond Aron은 『클라우제비츠, 전쟁을 생각하다Penser la Guerre, Clausewitz』 (1976)[6]에서 전쟁의 삼면성을 강조하면서, 그중에 특히 마지막 절을 강조했어요. 클라우제비츠가 폭력전과 정치전뿐만 아니라, 마지막 절에서 언급한 도박전을 동시에 강조했다는 거죠. 아롱의 새 해석을 읽고 나서 클라우제비츠의 『전쟁론』을 다시 읽어보니까 전쟁의 삼면성이 강조된 모습을 볼 수 있었어요. 19세기에는 『전쟁론』의 독자들이 폭력의 고유 논리만 제대로 읽고 뒤는 대강 읽은 것이고, 19세기 말, 20세기 초에는 군사전략가들이 전쟁의 정치성만을 주로 주목했으며, 20세기 후반에 아롱이 "전쟁은 진짜 끊임없이 변하는 카멜레온 이상이다War is more than a true chameleon"라고 말한 이후에야 전쟁의 역설적 삼면성paradoxical trinity이 강조된 거죠. 그리고 그 삼면성은 폭력성, 정치성, 도박성으로 구성돼 있다는 거예요. 전쟁은 폭력, 정치, 도박의 세 얼굴이 카멜레온처럼 수시로 바뀌면서 전개된다는 것인데, 그 얼굴들과 직접 연관된 것은 국민, 정부, 그리고 군대죠. 전쟁의 폭력성 때문에 전쟁의 무제한적 폭력 논리를 제대로 이해해야 하고, 또 전쟁의 정치성 때문에 전쟁을 억제하는 정치적 결단의 문제가 있고, 전쟁의 도박성 때문에 전쟁의 불확실성의 문제가 중요하다는 이야기죠. 클라우제비츠의 전쟁론을 아롱처럼 삼면성의 논리에 따라 해석하려는 노력은 국내에는 덜 알려져 있지만 국제적으로는 대세를 이루고 있어요.

1980년대 당시에는 육군사관학교나 국방대학원에서 가르치는 전쟁과 평화, 전쟁론, 군사론, 전략론 같은 과목을 왜 서울대학교에서 가르치느냐는 질문을 자주 받았어요. 그때마다 나는 늘 클라우제비츠가 강조하는 전쟁의 삼면성을 들어 대답했어요. 서울대학교에서 가르치는 전쟁론은 단순히 전쟁의 승리를 위한 전략 연구적 시각에서 다루는 것이 아니라, 전쟁의 폭력성, 정치성, 도박성이라는 삼면성을 입체적으로 다룬다는 면에서 차별화된다는 거죠.

4. 한반도 평화 연구와
요한 갈퉁

한반도는 한국전쟁 이래로 세계에서 가장 전쟁적인 삶을 살고 있어서 누구보다도 평화를 바라기 때문에 한반도의 전쟁과 평화 연구는 한국 국제정치학에서 핵심적이에요. 하지만 평화라는 소중한 개념이 한반도에서는 냉전 기간에 정치적으로 지나치게 오염돼서 평화라는 단어를 사용하는 것 자체에 논쟁이 존재해요. 따라서 한반도 평화협정이나 평화체제 대신에 차라리 새 용어를 쓰는 것이 어떻겠느냐는 의견도 있죠. 그러나 보다 중요한 것은 구미의 전략 연구나 평화 연구와는 다른 한국형 전쟁과 평화 연구가 필요하다는 점이에요. 따라서 한국형 전략 연구와 함께 한국형 평화 연구를 공부했어요.

전쟁 연구를 위해서 클라우제비츠를 읽는 동시에 평화 연구라는 용어를 대표적으로 사용하고 있는 요한 갈퉁Johan Galtung의 저작들을 읽기 시작했어요. 그가 쓴 책은 100권이 넘고 논문은 1000편이 넘어요. 그의 생각을 잘 보여주는 기본 개념들을 간단히 소개할게요.

노르웨이 사람인 갈퉁은 내부자보다는 외부자로 살면서 젊은 시절에 간디를 좋아하고 비폭력운동에 관심이 많았어요. 그리고 1959년에 노르웨이에 처음으로 오슬로국제평화연구소Oslo International Peace Research Institute를 창설하죠. 1964년에는 현재까지 평화 연구의 대표적 전문 학술지로 평가받고 있는 《평화연구Journal of Peace Research》라는 학술지를 창간해요. 갈퉁은 창간호의 권두언에서 평화 연구를 소극적 negative 평화 연구와 적극적positive 평화 연구로 나눴어요.[7] 소극적 평화 는 단순한 폭력의 부재를 말하죠. 그런데 소극적 평화가 다가 아니라 는 거예요. 폭력만 존재하지 않는다고 평화가 찾아오지는 않고 보다 적극적으로 인간사회의 통합integration of human society이 이뤄져서 나와 너가 둘이 아니고 하나가 될 때 비로소 전쟁이 없어진다는 적극적 평화 이 야기를 하고 있어요. 당시 갈퉁의 평화 연구는 연구비를 받기 위해서 는 분쟁이라는 단어를 앞에 붙여서 '분쟁과 평화 연구conflict and peace research'라고 불러야 할 정도로 시대를 앞서가는 면이 있었죠. 요즘 일 본 아베 신조安倍晋三 총리도 일본적인 표현으로 적극적 평화라는 말을 써요. 그러나 조심해야 할 것은 일본의 집단적 자위권 강화를 염두에 둔 아베의 적극적 평화주의 방침에는 갈퉁의 적극적 평화는 정반대의 뜻이 담겨 있다는 거예요.

그런데 격동의 1960년대에 스웨덴의 신마르크스주의자로 유명 했던 헤르만 슈미트Hermann Schmid는 《평화연구》에 쓴 「평화 연구와 정치 Peace Research and Politics」(1968)[8]에서 갈퉁의 적극적 평화론이 순진하다고 신랄하게 비판했어요. 그는 적극적 평화가 인간사회의 통합이라면, 통 합 이전에 왜 인간들이 갈등하는지를 드러내는 작업이 있어야 하므로 혁명 연구가 평화 연구에서 대단히 중요하다고 주장했어요. 갈퉁은 그 대답으로 「폭력, 평화 그리고 평화 연구Violence, Peace and Peace Research」 (1969)[9]에서 적극적 평화 연구를 위해서는 폭력에 대한 연구가 필요하 다는 점을 인정했어요. 그리고 「구조적 제국주의 이론A Structural Theory of Imperialism」(1971)[10]에서 구조적 폭력structural violence의 대표적 사례로 구조 적 제국주의 이론을 전개했죠. 제국주의에 대한 대표적 선행 연구라 고 할 수 있는 존 홉슨John A. Hobson의 『제국주의Imperialism: A Study』(1902)[11]

나 블라디미르 레닌Vladimir Il'lch Lenin의 『제국주의Imperialism The High Stage of Capitalism』(1916)[12]가 경제적 시각에서 자본주의 국가가 어떻게 제국주의 국가로 변화해 식민지국가들을 지배하는지를 설명한 것과 달리, 갈퉁은 경제, 정치, 군사, 커뮤니케이션, 문화라는 5중 구조의 제국주의를 제시했어요. 단일한 자본주의 경제 무대가 아니라 다섯 무대가 상호 복잡하게 연계되면서 구조적으로 식민지국가들을 지배하는 것이라고 주장했죠. 갈퉁의 평화 연구는 1980년대에는 한 걸음 더 나아가, 「사회 우주론과 평화 개념Social Cosmology and the Concept of Peace」(1981)[13]에서 평화 개념이 동서고금에서 따라 다르다는 것을 강조하고 기독교, 이슬람, 로마, 그리스, 인도, 중국, 일본의 평화 개념을 비교연구했어요.

5. 한반도 전쟁과 평화의 새로운 접근

클라우제비츠의 전쟁론이나 갈퉁의 평화론 공부를 통해 전쟁과 평화 개념에 대한 기초 연구를 하면서, 다른 한편으로는 한반도의 전쟁과 평화 문제를 본격적으로 다루기 위해 해방부터 한국전쟁에 이르는 현대사를 본격적으로 공부하기 시작했어요. 1980년대 초반 당시 국내에서는 주로 소련과 북한에서 한국전쟁의 원인을 찾는 정통론과 미국과 한국에서 한국전쟁의 원인을 중시하는 수정론의 논쟁이 시작됐어요. 나는 양분화돼 있던 보수와 진보의 한국전쟁에 관한 논쟁을 넘어서는 제3의 새로운 시각으로 한국전쟁 연구를 대학원생들과 함께 진행했어요. 1980년대 초반부터 중반에 이르기까지 작업을 진행했고, 5년 후 한국전쟁 40주년에 『한국전쟁의 새로운 접근: 전통주의와 수정주의를 넘어서』(1990)[14]를 발표했어요. 제3의 시각이 특별히 강조했던 것은 우선 분석 수준에서 국제체제, 분단체제, 국내체제라는 삼중체제의 총체적인 상호 작동 관계였어요. 다음으로 분석 영역에서 정치, 군사, 경제, 이데올로기의 상호의존성에 대한 검토였어요. 개별적인 체제나 영역의 상대적 비중에 대해서는 의견이 달랐지만, 제3의 시각의 문제 제기에 대해서는 보수와 진보 모두 초보적 공감대를 형성하고 받아들였죠.

한국전쟁 연구는 자연스럽게 한편으로는 해방 이후 한반도 냉전의 기원 연구로 확대됐고, 다른 한편으로는 한국전쟁 이후 1980년대까지 한반도의 전쟁과 평화 연구로 전개됐어요. 그중에 1980년대의 한반도 전쟁과 평화의 문제를 삼중체제적 시각에서 분석해서 썼던 논문들을 묶어서 『한반도의 전쟁과 평화: 군사적 긴장의 구조』(1989)[15]라는 제목의 책으로 출판했어요. 이 책이 기존의 한반도 안보 연구서들과 달리 사용하고 있는 삼중체제적 접근을 간단히 설명한 다음에 전체 14개 장 중에 지금도 여전히 중요하다고 생각되는 한반도의 군사 균형, 미국 주도 국제체제와 한반도, 그리고 한반도의 군비 축소 방안을 소개할게요.

1) 삼중체제적 접근

첫째는 국제체제적 접근이에요. 한반도의 전쟁과 평화 문제는 얼핏 주로 남북한의 갈등에서 생기는 것으로 생각하기 쉽지만, 한국전쟁에서 보듯이 국제군사체제의 커다란 틀 속에서 발생했어요. 그리고 한국전쟁 이후 한반도의 전쟁과 평화도 미국과 소련이 주도하는 국제

군사체제의 지속적인 영향 속에서 진행됐어요. 제2차 세계대전 이후 미국과 소련은 세계질서의 주도권을 장악하기 위해서 지구적 차원에서 군사적 기반을 마련하려는 노력을 하게 되죠. 이에 따라서 미국과 소련은 전 지구적으로 냉전 군사동맹을 맺고, 병력과 무기체계를 배치하고, 군사비를 사용하며, 군사전략을 개발하고, 전쟁을 수행했어요. 따라서 『한반도의 전쟁과 평화』에서는 국제 군사체제가 병력, 무기, 군사비, 전략, 전쟁 영역에서 어떻게 작동하고 있는지를 남북한과 주변의 미국, 소련, 중국, 일본을 포함한 동북아 중심으로 분석했죠.

다음으로 분단체제는 한반도의 전쟁과 평화에 지속적으로 영향을 미쳐왔어요. 1990년 이래로 국제체제는 탈냉전의 새로운 변환을 겪었지만, 남북한 분단체제는 커다란 변동이 없어요. 분단체제하에서 북한은 선군노선과 병진노선을 이어가면서 핵개발을 가속화했어요. 한국과 미국을 비롯한 국제사회는 북한의 핵무기와 미사일 위기를 해결하기 위해 국제 제재를 계속하고 있어요. 하지만 북한의 비핵화 문제는 쉽사리 풀리지 않은 채, 한반도와 동북아의 평화에 부정적인 영향을 미치고 있어요. 냉전, 데탕트, 신냉전, 탈냉전 같은 국제체제적 변화가 한반도 분단체제에 같은 변화를 가져오지 못하는 것을 주목할 필요가 있어요.

마지막으로 국내체제가 한반도의 전쟁과 평화에 얼마나 영향을 미쳤는가에 대해서는 『한반도의 전쟁과 평화』에서 본격적으로 다루지는 못했어요. 탈냉전 이후의 국제정치학에서는 민주주의 국가들의 관계가 상대적으로 평화롭다는 민주평화론이 국내체제와 전쟁 및 평화 문제를 집중적으로 검토했어요. 민주평화론의 주장 자체에 상당한 찬반 논란이 있는데, 한반도와 관련해서 명확한 것은 북한은 군사화를 쉽게 못 벗어나고 있다는 거예요. 북한은 1950년대에 한국전쟁을 주도하고, 1970년대에 수령체제가 들어서면서 확립한 선군사상을 아들 대에 와서는 실제로 활용했으니까요. 한국은 처음 명분상으로는 사회주의에 대응하는 자유민주주의를 시작했지만, 개발독재가 진행되면서 수령체제 대 유신체제의 기간을 보냈죠. 그러다 1980년대에 들어서서 민주화라는 국내체제의 격변을 겪고, 1990년대부터 본격적으로 북한의 선군체제와는 다른 민주체제를 건설해 왔어요. 남북 분단체제에서 여전히 작동하고 있는 폭력의 논리가 남북한 국내체제의 변화에 따라서 얼마나 바뀔 것인가를 따져볼 필요가 있죠.

2) 한반도의 군사 균형

한반도의 전쟁과 평화 문제의 핵심은 역시 한반도의 군사 균형이에요. 『한반도의 전쟁과 평화』에서도 이를 '한반도의 군사 균형: 신화와 현실'이라는 제목의 장에서 제일 먼저 다뤘어요. 남북한 군사 균형 문제를 보다 균형 있게 풀기 위해서 정태·동태·심리 분석을 복합적으로 시도하는 노력을 했어요.

① 남북한 군사 균형 분석

남북한의 끊임없는 군사력 증강은 분단체제의 영향을 가장 잘 보여주는 내용이죠. 이런 남북한 군사력 중에 어느 쪽이 우세하냐는 질문에는 요즘도 대답하기가 대단히 어려워요. 1980년대에 들어서서 국내의 보수와 진보 세력은 한반도의 군사 균형 문제를 본격적으로 토론하기 시작했어요. 한국전쟁 이후 오랫동안 한국 정부와 대부분의 군사 전문가들은 북한 우세론을 주장했죠. 하지만 1980년대 들어 진보 세력이 한국 우세론을 제기하기 시작했어요. 군사력의 측정은 생각보다 쉽지 않은데, 특히 정보가 불충분한 상황에서 남북한의 군사력을 제대로 평가하기는 힘들어요. 가장 확실한 것은 당사자들이 직접 싸워보는 거죠. 잘 알다시피 1950년에 남북한이 전쟁을 치렀을 때 초반에 우세를 점한 쪽은 확실히 북한이에요. 그런데 북한이 계속해서 일방적으로 우세했다면 오늘날의 한국은 존재하지 않았겠죠. 북한의 우세 속에서 한국전쟁이 시작됐지만, 결과적으로 어느 정도의 균형을 이루면서 휴전을 하게 된 거예요. 물론 한국과 북한의 군사력만 직접적으로 부딪친 것이 아니라, 미국을 비롯한 유엔군과 중국, 소련의 군사력이 개입했다는 사실도 고려해야 하죠. 한국전쟁 이후에는 남북한이 직접 전면전이나 국지전을 벌이지 않았기 때문에 군사력을 비교하기 어려워요.

대체로 국력을 비교해 본다면, 1960년대까지도 전체 국력은 북한이 우세했어요. 1970년대 초반에 들어서면서 남북한의 국력이 대등해져요. 그리고 1980년대에 국력이 서서히 역전되면서, 남북한의 군사력은 세 가지 방향에서 비교가 돼요. 첫째로 북한 우세론은 병력과 무기의 양적 비교를 강조했고, 둘째로 한국 우세론은 무기체계의 질적 면과 전쟁의 장기 지원 능력을 강조했어요. 세 번째는 남북한 균형론이에요. 현재 전쟁이 없는 것을 보면 당연히 답은 군사 균형이죠. 확실히 군사 불균형이라면 우세한 나라가 폭력이라는 정책 수단을 사용하는 것에 대한 유혹을 받을 거예요. 군사 균형이란 대립하고 있는 양측이 서로 상대의 대응 반격에 따른 피해를 감내하기 어려울 것으로 예상해 선제공격에 나서지 못하는 상태를 의미해요. 남북한이 상호 공격을 하지 않고 있는 이유는 군사 균형에서 찾을 수 있어요. 1960년대 당시 국내의 북한 우세론과 남한 우세론이 쉽사리 합의를 이루지 못하는 가운데, 나는 전쟁이 발생하지 않는 현실을 고려해 남북한 군사 균형론의 입장을 택했어요.

② 군사 균형 분석의 방법론: 정태 분석

북한우세론, 한국우세론, 남북한 균형론을 평가하기 위한 군사 균형 분석에는 크게 세 방식이 존재해요. 첫 번째는 정태적인 분석으로, 양국의 기본 무기체계를 양적으로 측정해서 군사력을 평가하는 거예요. 전쟁의 핵심적인 3대 구성 요소는 병력, 무기, 전략이에요. 병력은 첨단 군사기술의 혁명적 발전으로 그 중요성이 상대적으로 빠르게 줄어들고 있지만, 전쟁의 마지막 순간에는 여전히 보병이 중요해요. 기술의 발전으로 무기체계의 중요성이 빠르게 증가하고 있지만, 측정이 생각보다 쉽지 않죠. 양쪽이 동일한 무기체계를 사용해서 싸운다면 상대적으로 간단하지만, 실제로 맨손에서 시작해서 육해공군의 무기체계를 거쳐 핵무기와 첨단 기술무기에 이른 상황에서 무기체계의 보유 정도를 양적으로 측정하기란 어려워요. 또한 전략도 중요해요. 무기가 전쟁의 승패를 전적으로 결정하는 것은 아니죠.

그러므로 남북한 군사력의 양적 측정은 어려워요. 육군, 해군, 공군의 가장 핵심적인 무기체계로 각각 탱크, 구축함, 전투기를 선정해서 군사력을 측정한다 해도 여전히 쉽지 않아요. 1980년대에 남북한의 탱크 수를 보면 북한이 3500대이고 한국이 1500대였어요. 그렇다고 실제 지상군의 군사력이 7 대 3이라고 간단히 평가하기는 어려워요. 해군의 경우에도 북한은 소형 전투함을 포함하면 거의 600대이고 한국은 300대지만, 한국과 북한의 전함은 서로 성격이 달라요. 전투기의 경우에 북한은 1500대, 한국은 1000대로 북한이 수적으로는 우세하지만 한국과 비교해 질적으로는 열세이기 때문에 측정이 쉽지 않죠. 그러나 정태 분석을 하면 수량적으로는 북한이 우세라는 주장을 할 수 있어요.

그런데 남북한의 탱크, 전함, 전투기의 양과 질을 동시에 고려하면 어느 한쪽이 압도적인 우세에 있다고 측정하기 어렵기 때문에 제2의 한국전쟁을 섣부르게 일으키기는 어려워요. 흔히 실제 전쟁에서는 군사력의 우위가 3 대 1 이상이어야 공격에 성공할 수 있다고 이야기해요. 양국의 군사력이 거의 비등한 것으로 예측되는 상황에서 폭력을 실질적인 정책 수단으로 선택하기는 어렵겠죠. 그런 면에서 최종 정책 결정 과정에서 객관적 군사 균형 분석은 대단히 중요하되 결정적이라고 할 수는 없어요. 1950년의 한국전쟁 당시 북한은 군사력이 한국과 비교해서 상대적으로 우세하다고 판단했어요. 물론 북한은 군사전으로만 한국전쟁의 전략을 짠 것은 아니었어요. 군사전으로 서울을 전격적으로 점령하고, 남한의 남로당이 혁명전을 전개하면서, 동시에 남한의 게릴라들이 게릴라전을 벌이는 삼중전을 구사하면 충분히 승산이 있다고 판단했죠. 그리고 한국전쟁은 미소의 냉전체제와 연동해서 벌어졌기 때문에, 국제전의 내전화 또는 내전의 국제전화라는 복잡한 성격을 띠면서, 전쟁의 승패를 가르는 데 핵심적인 역할을 한 소련, 중국, 미국의 군사력도 동시에 계산해야 했어요.

국제정치학을 제대로 공부하려면 무기체계에 대한 기본 지식은 필수예요. 국제정치경제학에서 무역, 금융, 투자, 다국적 기업을 다루는 경우에 실무에 대한 이해가 상당히 있어야 하는 것과 마찬가지로, 국제정치의 전쟁과 평화와 관련해 정태 분석을 할 때 무기체계에 대한 기본적 이해는 불가피하죠. 정태 분석 결과는 수적으로는 북한이 우세이나, 질적으로는 한국이 우세이고, 동시에 관련 강대국들의 동원 가능 군사력까지 포함하면, 제2의 한국전쟁을 정책 수단으로 선택하기에는 어렵다는 것이 1980년대의 남북한 군사 균형 분석이죠.

③ 군사 균형 분석의 방법론: 동태 분석

군사력은 단순히 정태적인 상태만 중요한 것이 아니라, 동태적으로 어떻게 동원될 수 있느냐도 중요해요. 동태 분석은 이런 관점에서 군사력을 측정하는 거예요. 이순신 장군이 울돌목에서 벌인 명량대첩(1597)에서 12척의 배로 왜선 133척과 맞서 싸워 물리친 것은 동태 분석을 통해 비로소 설명이 가능하죠. 같은 군사력이라도 어떤 전략으로 사용하느냐에 따라서 10배의 힘을 발휘할 수도 있고, 10분의 1의 힘밖에 낼 수 없을 수도 있어요. 따라서 상대방의 전략을 제대로 읽지 못하고 전쟁을 수행한다면, 비록 정태 분석에서 압도적으로 우세하다고 판단됐더라도 전쟁에서 이기기 어려울 거예요. 즉, 정태적 군사 균형 분석이 객관적인 양적 무기체계의 우열을 따지는 것이라면, 동태적 군사 균형 분석은 최종 정치적 목표를 위해서 군사적 수단을 얼마나 효과적으로 사용하는가를 따지는 거죠.

따라서 남북한이 한반도에서 전쟁과 평화를 겪으면서 역사적으로 어떻게 군사력을 동원해서 정치적 목표를 달성하려고 했는가를 볼 필요가 있어요. 1945년 이후 남북한의 이승만이나 김일성은 모두 남북한이 협상을 통해 하나로 통일되기는 어렵다는 것을 알고 있었죠. 오히려 남북 간 협상으로 통일을 시도했던 정치 세력은 역사에서 사라져 갔어요. 결국 무력 통일의 의지를 가졌던 김일성은 소련과 중국의 도움으로 역량까지 마련하자 전쟁에 의한 통일을 시도하죠. 1980년대에 국내에서 뒤늦게 남침론과 북침론의 시끄러운 논쟁이 있었어요. 이 논쟁은 탈냉전 이후 소련의 관련 문서 공개로 자연스럽게 결론이 났죠. 남침과 관련해 평양 문서가 직접 공개되지는 않았지만, 탈냉전 이후 공개된 소련 문서에서 김일성이 소련의 도움으로 한국전쟁을 준비했던 과정이 상세하게 밝혀졌어요.

김일성의 한국전쟁 전략은 전면전, 게릴라전, 혁명전을 삼중으로 결합해서 치르되 전면전을 핵심으로 하는 것이었어요. 1950년 6월 25일에 전쟁이 시작된 후 굉장히 짧은 시간에 북한 군사력이 서울을 점령했죠. 그런데 서울을 장악하고 나서 계속해서 남진한 것이 아니라 며칠 머물러요. 이 문제를 놓고 1980년대에 국내의 보수와 진보 양측의 학자들은 서로 상당한 논쟁을 벌였어요. 북한의 지체가 당시 전면전을 할 생각이 없었다는 것을 보여주는 것이 아니냐는 거죠. 그러나 김일성의 전쟁 통일 전략을 고려하면, 북한은 한국전쟁을 단순히 군사전으로만 치르려 했던 것이 아니라, 남침해서 서울을 점령하면 남한에서는 남로당 조직들이 각 시군을 장악하고 게릴라들이 본격적으로 활동하리라 예상한 거예요. 그러나 기다려도 예상과는 달리 남로당이나 게릴라가 제대로 움직이지 않았던 거죠.

　　북한의 한국전쟁 수행 전략에 대한 구상은 1949년과 1950년 김일성과 스탈린Iosif Vissarionovich Stalin의 두 차례 만남에서 행해진 대화에서 자세히 드러나요. 스탈린은 1949년 3월 김일성과의 첫 번째 만남에서 미국 개입의 위험이 있는 전쟁을 하지 말라고 강하게 권유하고 있어요. 그때 김일성의 대답은 두 가지였어요. 첫째는 전쟁을 단기전으로 빨리 끝낼 수 있다는 거였죠. 당시 소련의 가장 큰 고민은 섣부르게 전쟁을 시작했다가 미국의 개입으로 동아시아에서 미국의 영향력이 오히려 더 커질 위험이 있다는 것이었어요. 이에 대해서 김일성은 미국이 개입하기 이전에 전쟁을 끝낼 수 있다고 주장했죠. 두 번째는 복합전을 수행하겠다는 것이었어요. 북한이 기습 남침을 하면 휴전선 부근부터 군사적 전면전을 해서 점령해 나가는 것이 아니라 게릴라전, 혁명전이 동시에 일어나 남한 전역에서 전선이 형성돼서 전쟁이 오래가지 않을 것이라는 거였죠. 김일성이 모스크바를 방문할 때 동행했던 남로당 총책인 박헌영은 효율적으로 남쪽에서 해방전을 할 수 있다고 답변해요. 북한의 전쟁 통일 전략은 1950년 4월 김일성과 스탈린의 구체적 논의를 거치고 최종적으로 중국의 협조 약속을 받아서 6월 25일 현실화되죠.

한편 한국도 비슷한 시기에 전쟁 통일 이야기를 했어요. 그러나 이 통일 방안이 단순히 선전인지, 실제 노선이었는지에 대해서는 조심스러운 평가가 필요해요. 이승만 대통령도 전쟁이 나면 점심은 평양에서 먹고 저녁은 신의주에서 먹을 수 있다고 했죠. 그런데 당시 문건들을 보면 한국군은 실제 평양까지 북진할 능력이 없었어요. 이승만 대통령은 한국 정부의 대미 로비스트 역할을 했던 로버트 올리버Robert Oliver에게 보내는 비밀 편지에서 현재 보유한 수준의 무기와 탄약으로는 며칠도 견디기 어렵다고 솔직하게 밝혔어요. 결국 당시 한국으로서는 북진 통일이라는 협박외교라도 함으로써 북한이 남한에 진짜로 그럴 힘이 있다고 여기고, 한국 국민들은 정부를 믿고, 미국도 한국을 달래려 하는 삼중 효과를 노릴 수밖에 없었죠. 북한은 일단 한국전쟁에서 낙동강까지 밀고 내려갔으니 군사 역량은 증명한 셈이었어요. 하지만 1950년 12월 연설에서 김일성은 북한이 저지른 두 가지 과오를 특별히 강조해요. 첫째, 낙동강 전선까지 밀고 내려갔으면, 적어도 부산에서는 봉기가 일어나서 해방이 돼야 하는데, 결국 박헌영이 이끄는 남로당이 거짓말을 한 것이었다고 강하게 비판했죠. 둘째, 미 공군이 이렇게 대규모로 신속하게 개입할 줄 몰랐다는 거예요.

그런데 1960년 초 북한의 군사전략은 전쟁 논리에서 혁명 논리로 선회해요. 김일성은 두 가지 이유 때문에 전쟁 통일이 어렵다고 생각했죠. 첫째, 미소가 1950년대 한국전쟁에는 모두 개입했지만 1960년대에는 큰 전쟁을 원하지 않는다는 거였어요. 한국전쟁은 남북한의 전쟁이었지만, 동시에 한반도에서 벌어진 동서 양 진영의 국제전이었죠. 당시 한국군은 정부 예산으로 전투를 할 수 없었기 때문에 미국 국방부 예산으로 전쟁을 했어요. 그런 면에서도 전형적인 국제전이었다고 할 수 있죠. 그러나 1950년대 한국전쟁 이후 1960년대에 들어와서 미소가 한반도에서 대규모 전쟁을 할 생각이 없다는 것을 북한은 알게 돼요. 그리고 1965년 4월, 김일성은 인도네시아 사회과학원 강연에서 전쟁 대신 혁명을 선택한 '3대 혁명 역량 통일 방안'을 제시했죠.

3대 혁명 역량은 북한, 남한, 국제의 민주 혁명 역량의 결합을 통해 혁명 논리로 통일을 이룩하겠다는 전략이에요. 북한이 사회주의 혁명 기지로서 자국의 역량을 강화하고, 남한의 지역 혁명 역량을 고취하며, 국제의 혁명 역량과의 단결과 연대를 통해 승리를 이끌겠다는 거죠. 북한의 전쟁 수행 전략의 기본 노선이 변화했음을 알 수 있는 1965년 4월 김일성의 3대 혁명 역량 강화 연설은 오늘날까지도 대단히 중요한 의미가 있어요. 북한에는 현재 혁명 통일을 실천할 객관적인 역량은 상대적으로 부족하지만, 한반도의 전쟁과 평화, 또는 통일을 위해서는 3대 혁명 역량 강화가 필요하다는 생각의 지평은 여전히 살아 있기 때문이에요. 대부분의 국가에서 외교문서는 30년이 지나면 원칙적으로 공개되지만, 북한의 외교문서는 1948년 이후에 한 번도 제대로 공개된 적이 없어요. 다만 북한과 가까웠던 루마니아와 같은 우방국 대표단에게 비공개로 밝혔던 기본 입장들이 탈냉전 이후 미국 우드로 윌슨 센터Woodrow Wilson Center의 '냉전국제사 프로젝트 Cold War International History Project' 자료로 공개되고 있어요. 그 자료들을 보면 당시 김일성이 남반부 혁명 역량에 대해서 예상보다 훨씬 강한 믿음을 가지고 세 역량의 결합을 통해서 전쟁이 아닌 혁명으로 한반도 문제를 풀어나갈 수 있다고 생각했음을 알 수 있어요.

1970~1980년대 북한의 전반적인 군사전략은 1950년대의 한국 전쟁 같은 전쟁은 불가능하다고 인식하면서도 세 가지 예외적 상황을 가정하고 있어요. 북한 공식 문서에 따르면, 첫 번째로 국제 역량에 중요한 변화가 생겼을 때예요. 북한은 미국이 다른 국제 분쟁에 전면 개입해서 한반도에 개입할 수 없을 때를 국제 혁명 역량의 호조건으로 생각해요. 따라서 1960~1970년대가 남북한 관계에서 굉장히 중요했죠. 1964년부터 베트남전이 본격화되고 미국의 대규모 참전이 진행됐으니까, 북한이 고려했던 예외적 상황이 국제적으로 조성됐던 거예요. 이런 상황 속에서 1968년에 북한 무장공비가 청와대까지 내려온 1·21 사태가 발생했죠. 1972년에 7·4 남북공동성명을 준비하면서 일시적으로 남북한 소데탕트의 시기가 왔을 때, 김일성은 1·21 사태가 자신이 지시한 것이 아니라 일부 '맹동분자'들이 저지른 일이라면서 유감을 표시하죠. 당시 미국의 베트남전 개입은 주한 미군의 역량을 약화시킬 수 있었기 때문에, 북한의 국제 역량 강화의 시각에서 볼 때 남한에 불리하고 북한에 유리한 것이었어요. 따라서 1968년 1·21 사태나 울진·삼척 무장공비 침투 사건이 우리 시각에서는 무모해 보일지 모르지만, 북한 시각에서는 국제 역량 강화의 유리한 상황 속에서 남북한 관계 역량 강화의 기회로 보였을 수 있죠.

1960년대 북한의 3대 혁명 역량 강화 전략은 1970년대 이후 전체 역량 강화에는 크게 기여하지 못했고, 오히려 부정적인 영향을 미쳤어요. 그러나 최근의 《로동신문》을 보더라도 북한이 21세기 세계를 바라다보고 생존전략을 마련하는 데 3대 혁명 역량의 지평이 여전히 중요하게 작용하고 있다는 것을 알 수 있어요. 반면 한국은 북한의 3대 혁명 역량의 입체성과 비교할 때 국제, 분단, 국내의 삼중 지평으로 세계를 복합적으로 보고 있지 못해요. 한국 외교정책은 남북한 문제를 풀기 위해서 분단체제의 시야에 주로 몰두하고 있고, 중국과 미국이 주도하는 국제체제와 남북한의 국내체제가 남북한 관계에 미치는 영향을 동시에 복합적으로 보려는 노력이 부족해요.

북한의 3대 혁명 역량 강화의 한계는 사회주의에 국한해서 국제관계를 인식하다 보니 비사회주의권을 충분히 활용하지 못하는 데 있어요. 1960년대와 1970년대에 북한은 중소분쟁의 환경 속에서 자주적으로 안보 문제를 해결해야 하는 어려움에 직면해요. 특히 한국이 미국과의 군사동맹으로 1960년대와 1970년대의 안보 문제를 해결하면서 빠른 경제성장을 달성해 나가던 상황에서, 북한은 3대 혁명 역량 강화의 지평에서 생존전략을 모색했죠. 하지만 국제, 분단, 국내로 나눠서 입체적으로 접근한 것은 좋은데, 이 전략의 최대 실수는 그것을 사회주의 혁명 역량 강화라는 좁은 관계에서 봤다는 거예요. 생존전략이 성공하기 위해서는 사회주의와 부르주아의 국제 역량을 다 활용할 줄 알아야 하죠. 북한이 도움을 받아왔던 사회주의 국제 역량이 결정적으로 약화됐는데, 냉전이 끝난 후에도 새로운 질서에 충분히 적응하지 못한 채, 현대 세계질서를 주도하는 세력인 비사회주의 국제 역량을 여전히 적으로 설정하고 활용하지 못한 것에 문제가 있어요. 즉, 북한은 자신의 삶터를 입체적으로 보는 데는 성공했지만, 결과적으로 비사회주의 역량을 너무 제한되게 활용하려는 한계를 못 벗어난 거죠.

그럼 한국이 북한의 3대 혁명 역량 강화 전략에 어떻게 대응했는가를 살펴볼 필요가 있어요. 한국은 1950년대 북한의 전쟁 통일 전략에 성공적으로 대응하지 못했어요. 1940년대 말의 남북한은 풀기 이려운 적대 관계를 정치가 아니라 폭력으로 해결할 수밖에 없다고 생각했고, 북한은 사회주의 국제 역량의 도움을 얻어 한국전쟁을 시작했죠. 한국은 그에 상응하는 역량을 마련하고 있지 못했기 때문에 생사의 벼랑 끝인 낙동강 전선까지 밀렸고요. 아슬아슬하게 미국을 비롯한 국제 역량의 도움을 받아 반격을 시작해서 한중 국경선까지 올라갔다가 중국의 참전으로 다시 밀려 내려와서 휴전을 하게 됐죠. 한국전쟁 이후 1960년대에 들어서서 북한은 3대 혁명 역량 강화로 통일과 평화 문제를 풀어나가겠다고 할 때, 한국의 박정희 대통령은 선군 대신 선경의 길을 택했어요. 안보 문제는 한미 군사동맹에 의존하면서 우선 빈곤 문제를 풀겠다는 거였죠.

1970년대 초 주한 미군의 규모가 축소되면서 안보 불안을 완화하기 위해서 한국은 '단계적 후퇴phased withdrawal 전략' 대신 공지전 교리에서 볼 수 있는 '전진 방어forward defense 전략'을 추진해요. 전진 방어는 북한이 공격하면 일시적으로 후퇴한 후 반격을 꾀하는 것이 아니라 서울에서 바로 방어하면서 북한의 후방을 공략하는 거예요. 즉, 전투 공간이 좁으므로 일단 수원까지 후퇴한 후 반격하는 것이 아니라, 바로 최전선인 서울 북방에서 막으면서 동시에 북한의 후방인 평양을 공격하겠다는 거죠. 이에 상응하는 북한의 전쟁 계획은 가장 후방의 제3제대를 적극 활용해 군사적 기습을 하면서 사회주의 혁명전을 동시에 진행하는 거였죠. 북한의 부대 배치를 보면 제1제대가 휴전선 근방에 전진 배치돼 있고, 제2제대가 휴전선과 평양 사이에, 그리고 마지막으로 제3제대가 평양 부분에 배치돼 있어요. 한국의 전략 변화에 따라서 북한은 후방의 제3제대를 전방으로 배치해서 기습전을 하겠다는 거예요. 동시에 남쪽 후방 지역에서 게릴라전이나 혁명전을 추진함으로써 전선에서는 군사전을 하되 동태적 군사전략을 펴겠다는 거죠. 군사전과 동태적 전략의 결합을 통해 한반도 전체를 전선화하겠다는 거예요.

이렇게 남북한이 정태적·동태적 전략을 모두 활용해 전후방 공간을 모두 활용하는 전략을 택하면 한반도 전체가 전장화되죠. 한국전쟁 초기에 북한은 전선을 넓게 펴고, 남한은 전선을 좁게 써서 어려움을 겪었다면, 현재는 남북한 쌍방이 전 국토를 전장화해서 8000만이 모두 피해를 보게 되는 위험에 직면할 수 있기 때문에 현실적으로 싸우기 어려워지는 거예요.

④ 군사 균형 분석의 방법론: 심리분석

마지막으로, 심리적 균형에 대해서 설명하겠어요. 현재 한반도에서 전쟁이 발생하지 않는 것은 사실상 남북한이 군사 균형을 이루고 있는 거라고 할 수 있죠. 그러나 이것은 단순히 정태나 동태의 군사 균형이 아니에요. 전쟁을 최종 결정하는 것은 최전선에 있는 군 지휘관이 아니라, 서울과 평양의 최고 정책결정권자이기 때문에, 그들의 머릿속에 있는 세력 균형관이 가장 중요하죠. 통치권자는 단순히 무기체계의 양과 질을 곱한 세력 균형을 계산하는 것이 아니라, 전쟁의 최종 결과가 일방적 승리냐, 아니면 팽팽하게 맞선 전쟁이냐, 또는 일방적 패배냐라는 어려운 판단을 내려야 해요. 결국 형세와 기세를 합한 총체적 판단이 필요한 거죠. 형세는 양국의 객관적 군사력의 모습이지만, 이런 형세를 보고 최종적으로 전쟁을 결정하는 것은 통치권자의 기세예요. 형세는 어느 정도 객관적으로 측정 가능하지만, 기세를 읽는 것은 상대방의 머리와 가슴을 들여다봐야 하는 것이기 때문에 측정하기가 훨씬 어렵죠.

『한반도의 전쟁과 평화』를 쓸 때였던 1986년에 북한 인민무력부장 오진우와 한국의 전두환 대통령은 전쟁이 나면 결국 한라산에서

백두산까지 다 전장화될 수밖에 없고 이루 말할 수 없는 대참화가 벌어질 것이라는 같은 표현을 썼어요. 남북한 수뇌부가 비슷한 전망을 한 셈이죠. 남북한은 방대한 군사력을 동원해 한반도 공간을 전후방 없이 전체적으로 활용하려는 전략을 채택하고 있었어요. 따라서 북한이 한미연합군사훈련이 진행되면 청와대를 폭격하겠다고 하면서도 실제로 그러지 못했던 이유는 객관적 군사 형세를 기반으로 북한이 공격을 하더라도 결과를 예측하기 굉장히 어려웠기 때문이에요. 한반도 군사 균형의 신화와 현실에 관한 국내 논쟁은 당시 첨예화됐는데, 내 분석은 그것을 중재하려고 했던 노력이었어요. 지금 다시 쓴다면 심리 분석을 좀 더 심도 있게 할 거예요. 남북한 최고 정책결정권자가 당면한 외부 형세에 대한 정태와 동태 분석은 지난 30년 동안 꾸준히 진행돼 왔어요. 그러나 남북한의 상대방에 대한 위협적인 발언은 외부 형세 분석을 기반으로 형성되는 남북한 정책결정권자의 주관적 세력 균형관에서 비롯된 것이었죠.

3) 미국 주도의 국제체제와
한반도

이어서 『한반도의 전쟁과 평화』 중 2부 '동북아시아 군사체제와 한국', 3부 '국제군사체제'에서는 한반도의 전쟁과 평화에 미친 미국 주도의 국제체제적 영향을 집중적으로 다뤘어요. 거기서는 동주 국제정치학의 기본 시각인 세계 속의 한반도를 모델스키의 세계질서 연구로 좀 더 심화시키려는 노력을 했죠. 이런 분석 시각이 특히 중요한 것은 상대적으로 힘이 약한 국가일수록 세계체제적인 영향을 크게 받기 때문이에요. 만약 미국의 중소 도시에서 평범한 직장인으로 살아가는 사람이라면 한평생 국제정치를 모르고도 행복하게 살 수 있을지 몰라요. 그런데 역설적으로 약소국 국민의 삶은 자기 의지와 관계없이 세계질서를 주도하는 세력의 압도적인 영향을 받을 수밖에 없어요. 따라서 일차적으로는 세계질서를 잘 읽어야 하고, 이차적으로는 이를 조종할 수 있는 묘수를 찾아야겠죠. 간단한 예로, 만약 여러분이 한국전쟁 때 대학생이었다면 상당수는 아까운 젊음을 잃었을 거예요. 다행히 살아남았더라도 3년 넘게 전쟁이 이어지는 동안 상당한 우여곡절을 겪었겠죠. 한국전쟁 시기에 서울대학교도 부산으로 피난을 갔지만, 제대로 강의가 진행되기는 어려웠어요. 그런 어려움 속에서도 이용희 교수가 국제정치원론[16]을 가르쳤고, 그 속에서 여러분 선배들이 국제정치학을 배웠죠. 당시 개인의 삶에는 본인이 쉽게 조종할 수 없는 엄청난 힘들이 작동했어요.

1945년부터 1953년까지의 국제체제에서 미국은 핵무기를 실질적으로 독점했고, 군사비와 GDP는 전 세계의 거의 50%를 차지하고 있었어요. 국제체제의 형세를 압도하고 있던 미국은 소련이 본격적으로 미국에 도전하는 것을 막기 위해 우선 유럽에서 경제적인 봉쇄를 시작했어요. 그리고 미국은 소련의 영향력 확대를 유럽만이 아니라 아시아를 포함한 전 세계에서 막되, 경제적 차원뿐만 아니라 군사적으로도 막아야겠다고 판단해서 한국전쟁에 대단히 신속하게 참전해요. 따라서 미국의 조기 참전은 일차적으로는 대소 봉쇄정책의 적극적 신호였고 이차적으로 북한의 남침에서 한국을 구하겠다는 의도가 있었던 거죠.

1954년부터 1960년까지의 국제체제를 전쟁과 평화의 시각에서 보면, 미국은 압도적인 핵력을 기반으로 대량보복 전략을 선택하죠. 이 전략은 군사적 갈등이 생기는 경우에 핵을 기반으로 하는 압도적인 군사력으로 적을 공격하겠다는 것인데, 대국 간의 전면전이 아니라 비대국 간의 지역전쟁에도 적용할 수 있을 것인가 하는 문제가 있어요. 한국전쟁은 1953년 7월에 일단 휴전에 들어가고 한미 군사동맹이 1954년에 체결되죠. 당시 이승만 대통령의 적극적인 노력으로 한국과의 동맹 체결을 조심스러워했던 미국과 군사동맹을 체결하게 돼요. 즉, 한국은 미국과 동맹 관계에 있기 때문에 미국의 핵을 중심으로 하는 대량보복 전략의 지역적 적용 문제는 더 중요하죠.

1961년부터 1968년까지 미국은 대량보복 전략의 한계를 극복하기 위해서 새롭게 유연반응 전략을 추진해요. 대규모 전면전쟁에서는 핵무기를 사용하는 대량보복 전략으로 대응하고 소규모 지역전쟁에서는 재래식 무기로 유연하게 대응한다는 내용이죠. 이런 미국의 군사전략의 변화 속에서 북한의 김일성은 군사와 경제의 병진노선을 택했지만, 한국의 박정희는 커다란 위험을 감수하고 선경노선을 택했어요. 한국전쟁이 끝나고 천리마운동에 성공해서 사회주의 계획경제를 어느 정도 궤도에 올려놓은 북한의 김일성이 1960년대 초 경제적으로 어려움을 겪고 있는 한국에 대해 경제개발계획을 대신 짜줄 수 있다는 연설까지 할 정도로 당시 한국의 경제적 능력은 북한에 뒤쳐져 있었죠. 그러나 북한 경제는 1970년대 초 석유파동과 함께 찾아온 세계 경제질서의 어려움에 제대로 대응하지 못해 쇠퇴의 길로 들어섰고, 반면에 한국 경제는 중동 특수 등에 힘입어 빠른 속도의 경제성장을 이어나갔어요. 결국 남북한의 경제는 1980년대에 들어와서는 더 이상 비교하기 어려울 정도의 변화를 겪게 되죠. 1960년대 초 1인당 국민소득이 80달러였던 한국 경제는 반세기 만에 3만 달러 수준에 이르렀는데, 1960년대 초반에 한국보다 훨씬 앞섰던 북한경제는 현재 1000달러 수준에 머물러 있어요. 1960년대와 1970년대 남북한의 각기 다른 생존전략이 오늘날의 남북한 형세를 결정한 거죠.

1960년대 국제체제가 한반도에 미친 영향을 검토할 때 주목해야 할 것은 1960년대 국제체제의 변화에요. 전후 세계질서의 압도적 주도국이었던 미국은 1960년대에 들어서서 유럽과 일본의 전후 경제 회복과 함께 서서히 상대적 쇠퇴를 겪기 시작했고, 특히 베트남전 참전으로 국내외적 어려움을 겪게 돼요. 이 과정에서 주한 미군의 감축을 우려했던 한국은 신속하게 한국군의 대규모 베트남전 참전을 결정하죠. 따라서 베트남 파병은 일차적으로는 군사안보적인 판단이었죠. 그러나 파병이 본격화되면서 안보만이 아니라 상당한 경제 효과도 거두게 됐어요.

1960년대 말 겪게 되는 또 한 번의 체제 변화 속에서 한국 역시 새로운 전략을 모색하죠. 베트남전을 치르면서 국내외적 어려움이 가중되자 미국의 닉슨 대통령은 1969년에 아시아 문제는 아시아에 맡긴다는 괌 독트린을 발표하고 베트남전 종식과 미중 관계 개선을 포함하는 데탕트를 아시아에서도 추진해요. 동시에 주한 미군도 감축하기로 결정하죠. 주한 미군의 역사를 잠깐 보면, 1945년에 한국에 진주했던 주한 미군은 1949년에 군사 고문단 600명만 남기고 모두 철수했다가, 한국전쟁 동안 30만 명이 참전하고, 1957년까지 두 개 사단만 남기고 철수해요. 이후 데탕트의 1970년대를 맞이해서 7사단이 빠져나가면서 병력이 4~5만 명 정도로 축소돼요. 박정희 대통령은 주한 미군 감축에 따른 안보 위기를 극복하기 위해 새로운 삼중 생존전략을 추진하게 되죠. 첫째로 소련, 중국과의 관계 개선을 시도하는 북방정책을 모색하고, 둘째로 남북 관계의 개선을 적극적으로 추진하고, 셋째로 국내 차원에서 북한의 수령체제에 상응하는 유신체제를 시도해요.

미소 관계는 1979년에 소련의 아프가니스탄 침공과 함께 다시 한번 신냉전을 맞지만, 이것이 예상보다 오래가지는 않았어요. 그리고 1985년 소련에서 고르바초프가 등장해서 페레스트로이카를 추진하면서 국제적으로 탈냉전의 서곡이 들려오기 시작했어요. 1989년에는 베를린 장벽이 무너지고, 1991년 크리스마스에는 소련이 해체됐죠. 냉전질서의 탈냉전질서로의 국제체제적 변환은 한반도에 여전히 중요한 영향을 미치고 있어요.

국제체제가 한반도의 전쟁과 평화에 미치는 영향은 시기적으로 비교해 보면 해방 직후 미소 군정 시기에 압도적으로 높았어요. 1948년에는 남북한 단독정부가 수립됐지만, 곧 세계대전 규모의 한국전쟁을 치르게 되면서 한국전쟁은 국제체제의 커다란 영향 속에서 진행될 수밖에 없었어요. 또한 1953년에 휴전협정 체결 이후 전후 복구 작업은 미소의 지원 속에서 추진됐기 때문에 여전히 국제체제의 영향을 크게 받았죠. 그러나 1960년대 이후 한국은 국내 역량을 성공적으로 빠르게 강화하는 데 성공해 세계 최약소국 중의 하나에서 세계 10위권의 중견국으로 성장함에 따라 국제체제의 영향은 상대적으로 줄어들었어요.

4) 한반도의 군비 축소 방안

세 번째로 『한반도의 전쟁과 평화』에서 '한반도의 군비축소 방안'은 약 40년 전에 미래 지향적인 시각에서 한반도가 전쟁에서 평화로 가는 길을 따져본 글이에요. 군비 축소 문제에 본격적으로 관심을 가지게 된 것은 1986년 9월부터 1년 동안 스웨덴의 스톡홀름국제평화연구소에서 과학기술처의 요청으로 '한국의 핵확산금지정책 연구'를 할 때였어요. 당시 미국의 로널드 레이건Ronald Wilson Reagan 대통령과 소련의 고르바초프 공산당 제1서기는 아이슬란드의 레이캬비크에서 정상회담을 진행했고, 유럽 국가들은 헬싱키 최종합의(1975)와 스톡홀름회의 문서(1986)를 기반으로 본격적인 군비 통제를 연구가 아닌 정책으로 다루고 있었어요. 따라서 소련의 개혁개방과 유럽의 냉전 완화에 따른 군비 경쟁 완화의 경험을 현지에서 직접 보고 들음으로써 이런 변화가 한반도와 동북아에는 어떤 도움이 되고 또 어떤 한계가 있을지를 자세히 검토해 볼 수 있었어요.

그런데 국제체제적 변화와 유럽 내부적 변화가 같이 진행됐던 유럽과는 달리, 한반도에서는 국제체제적 탈냉전의 변화와 분단된 남북한 국내체제의 변화가 서로 맞물리기 어렵기 때문에, 군비 통제 문제가 쉽사리 현실 문제로 다가오기 어려울 것이라고 생각했죠. 하지만 일단 세계적 차원에서 탈냉전이 빠른 속도로 진전되면서 한반도에서도 새로운 변화들이 나타나기 시작했어요. 한국의 노태우 정부는 1988년에 남북의 적대 관계를 화해와 협력 관계로 발전시켜 나가자는 '7·7 특별선언'을 이끌어냈죠. 그 이후 남북한의 화해와 불가침 그리고 교류협력을 위한 남북 고위급회담을 열기 위한 예비회담이 시작돼요. 하지만 북한이 오랫동안 군축 제안을 해온 것과 달리, 한국에서는 본격적인 군축 연구나 논의가 없었어요. 따라서 유럽의 군축 논의에서 중요하게 사용하던 신뢰 구축 방안confidence-building measures 등을 비롯한 기본 개념을 소개하면서 한반도형 군축 방안에 관한 글들을 발표하게 됐어요.

북한은 1954년 6월 제네바회담에서 남일 외상이 여섯 개 항의 평화협정을 제의한 후 오랫동안 비슷한 내용을 반복해서 발표해 왔어요. 1988년 11월에 북한은 과거 군축 제의들을 총정리해 "북남 사이에 불가침선언을 채택하고 조미 사이에 평화협정을 체결하며 북과 남의 무력을 대폭 줄이고 남조선에서 미군과 핵무기를 단계적으로 철수시킬 것을 예견한 포괄적인 평화 방안"을 제의했어요. 그리고 1990년 5월에 북한은 "조선반도의 평화를 위한 10개 항 군축 제안"을 채택하고 9월에는 남북 고위급회담을 시작했죠. 북한 군축 제안의 핵심 내용은 첫째로 남북 신뢰 조성을 위해서 군사훈련을 제한하고, 군사분계선 비무장지대를 평화지대로 만들며, 우발적 충돌과 확대를 막기 위한 안전조치를 취한다는 거예요. 둘째로는 남북의 무력 감축을 위해서 첫 단계에서 30만 명, 두 번째 단계에서 20만 명, 세 번째 단계에서 10만 명 이하로 병력을 유지하고, 병력 감축에 상응하게 군사장비들도 축소·폐기하며, 군사장비의 질적 갱신을 중지하고, 군축 정형을 상호 통보하며 검증을 실시한다는 거죠. 셋째로 한반도의 비핵지대화와 외국 군대 철수를 위해 공동 노력하며, 넷째로 군축과 이후 평화 보장 조치를 위해서 비무장지대에 중립국 감시군을 배치할 수 있고, 군사위원회를 구성·운영하며, 남북 불가침선언을 채택하고 대폭적 군축에 합의한다는 거예요.

북한의 이런 제안에 대해서 한국은 남북한의 군사적 대결에 대한 해소 방안으로 첫째, 상호 체제의 인정과 다방면의 교류·협력을 골자로 하는 정치적 신뢰 구축, 둘째, 군 인사의 상호 방문 및 교류, 군사정보의 상호 공개와 교환, 특정 규모 이상의 부대 이동 및 교류, 특정 규모 이상의 부대 이동 및 기동훈련의 사전 통보, 우발적 충돌과 확대를 막기 위한 조치, 비무장지대의 비무장화를 내용으로 하는 군사적 신뢰 구축, 셋째, 남북한 군비 감축 추진이라는 3단계 군비 통제 방안을 제시했어요. 한국은 이에 덧붙여 제3차 남북한 총리회담에서 북한이 남북한 군사적 대결 해소의 첫 단계로서 강조하고 있는 남북 불가침

선언에 대해 다음과 같은 입장을 밝혔어요. 첫째, 남북의 정치적·군사적 대결 상태 해소와 다각적인 교류협력 문제를 토의하기 위해서는 먼저 기반이 되는 '남북 관계 개선을 위한 기본합의서'가 채택돼야 하고, 둘째, '기본합의서' 제6조에 명시된 불가침 문제를 현실화하기 위해서는 무력 불사용, 불가침, 분쟁의 평화적 해결 등의 내용 이외에 불가침에 대한 실천 의지 필요, 북한의 대남 혁명 노선 수정, 실질적인 군사적 신뢰 구축을 내용으로 하는 확고한 보장 장치가 마련돼야 한다는 점을 강조했어요.

남북한의 군사적 대결 해소 방안을 비교해 보면, 우선 한국 정부 안은 군비 통제의 필수조건으로서 정치적 신뢰 구축을 강조하고 있지만, 북한 정부는 이를 포함하지 않고 있고, 반대로 북한 정부는 핵무기와 외국 무력의 철수를 강조하고 있지만, 한국 정부는 이를 포함하지 않고 있어요. 군사적 신뢰 구축 방안의 경우에는 비무장지대의 비무장화나 고위 군사 당국자 간의 직통전화 설치와 같이 남북한이 함께 제안한 것도 있지만, 전체적으로 한국은 쌍방의 군사력과 군사적 의도의 투명도를 높이는 방안을 중심으로 제안하고 있는 반면에, 북한은 군사훈련과 연습의 제한을 강조하고 있죠.

다음으로 남북한 군비 감축과 관련해서 한국은 공격형 전력 구조의 방어형 전력 구조로의 전환과 무기 중심의 불균형 감축을 제안하고 있고, 북한은 병력 중심의 균형 감축과 군사장비의 질적 개선 중지를 강조하고 있어요. 남북한 모두가 현장 검증에는 원칙적으로 동의하고 있죠. 마지막으로 남북 불가침선언과 관련해 북한은 주한 미군 철수를 위한 첫 단계로서 남북 불가침선언을 강조한 반면에, 한국은 실질적으로 북한의 기습공격 방지를 보장할 수 있는 불가침선언을 모색한다는 점에서 중요한 차이를 보이고 있어요.

남북한의 군축 방안은 부분적으로 공통되는 항목이 있지만, 구조적으로 상충되고 있어요. 이처럼 상충되는 것은 남북한이 한반도의 평화를 전혀 다른 시각에서 접근하고 있기 때문이죠. 먼저 한국은 북한이 1960년대 이래의 민족해방 인민민주주의 혁명 노선에 기반을 두어 첫째로 주한 미군 철수를 모색하고, 둘째로 한국 정부의 정통성을 인정하지 않고 남한의 혁명 역량을 도와 변혁을 모색하며, 셋째로 유사시에 군사 역량의 기습공격의 가능성을 보여주고 있는 한 한반도의 실질적인 군사적 긴장 완화는 불가능하다고 지적해 왔어요. 한편 북한은 한반도 군사적 긴장 완화의 핵심적인 걸림돌이 되는 것은 팀스피리트 같은 대규모 군사훈련, 한국에 배치된 미국의 전술핵무기, 주한 미군이며, 따라서 한반도의 평화 통일을 위해서 그런 걸림돌을 하루 빨리 제거할 것을 강조하고 있죠.

지구적 탈냉전기를 맞으면서 남북한은 좀 더 본격적으로 한반도 평화 문제를 논의할 기회를 얻었지만, 사회주의권의 붕괴로 3대 혁명 역량적 지평에서 최대의 위기를 맞이한 북한은 대미 관계 개선, 남북 관계 개선, 수령 유일체제 강화라는 북한형 삼중 생존전략을 추진해요. 따라서 북한은 일차적으로는 남북 고위급회담을 통해 1991년에 남북 기본합의서와 한반도 비핵화 선언에 합의했지만, 결국 영변 핵시설 신고를 둘러싸고 1993년에 1차 핵위기를 초래하게 되죠. 한편 1970년대에 주한 미군 감축에 따라 한국형 삼중 생존전략을 추진했던 한국은 보다 적극적으로 북방정책, 남북한 관계 개선, 국민 민주화라는 3대 평화 역량 강화를 추진하게 돼요.

당시 적대 관계에 있던 남북한이 진정한 평화 관계를 구축하려면 최소한 3대 여건의 조성이 반드시 필요했어요. 첫째로, 한반도에 영향을 크게 미치는 국제체제의 군사화 추세가 낮아져야 하므로 국제체제의 탈냉전화가 중요하죠. 둘째로, 한반도의 평화를 위해서는 남북한 군사력의 상대적 균형이 필요해요. 군사 균형의 비대칭성이 심화되면, 군사적으로 우세한 측이 폭력 사용을 통한 문제 해결의 유혹을 받을 위험이 커지죠. 마지막으로, 남북한 국내체제의 민주화 문제예요. 1980년대는 한국의 민주화가 막 시작됐던 반면에 북한은 수령 유일체제가 더 강화되던 시기였죠. 이처럼 한반도 평화를 위한 3대 선행조건이 충분히 마련되지 않은 상태였기 때문에 나도 글에서 군비 통제를 위한 신뢰 구축 방안을 훨씬 길게 다루고 실질적인 군비 축소 방안에 대한 논의는 상대적으로 짧게 다룰 수밖에 없는 상황이었어요.

그 이후 국제체제의 군사적 영향은 탈냉전과 함께 상대적으로 개선됐지만, 남북 간 갈등은 지속되는 상황에서 국내체제적 영향은 쉽사리 개선되지 않았죠. 선군에 이어 병진노선을 추진하는 북한과 대치하는 상황에서 한반도가 전쟁에서 평화로 가는 길을 걷기 위해 한국은 특별히 더 신뢰 구축 방안을 강조할 수밖에 없었어요. 한편 북한은 평화협정을 위한 전제로서 국가 간에 평화를 약속하려면, 북한을 적대시해서 주둔하고 있는 주한 미군을 철수하고 북한을 주적으로 설정하고 있는 한미 군사동맹을 해체해야 한다는 주장을 계속했어요. 북한의 이런 주장은 북핵 포기를 위해서는 우선 미국과 평화협정을 맺자는 현재의 북한 비핵화 논의에서도 계속되고 있어요.

남북한 관계가 적에서 친구로 바뀌기 위해서는 우선 양국이 평화협정을 지키는 상호 신뢰가 전제돼야 하지만, 남북한은 이런 신뢰를 구축하기 위한 기존 방안을 신뢰하고 있지 않아요. 따라서 유럽과 달리 한반도에서는 첫 단계로 '신뢰 구축 방안을 위한 신뢰 구축 방안'이 우선 필요해요. 상대방의 신뢰 구축 방안에 대한 상호 불신을 해소하기 위한 가장 초보적인 단계는 남북한 당사자가 상설적으로 만나 정보를 완전하게 나눠서 상대방을 속일 수 없게 하는 거죠. 다음 단계로 는 남북한이 서로 상대방의 존재를 부정하지 않는 정치적 신뢰 구축 이 대단히 중요해요. 이를 위해서는 무엇보다 상대방의 정치·사회 체 제에 대한 존중과 내정불간섭의 원칙이 제대로 지켜져야 하죠. 이런 정치적 신뢰 구축 위에 다음 단계로 군사적 신뢰 구축이 제대로 이뤄 질 수 있어요. 군사적 신뢰 구축을 위한 초보 단계로는 한국이 강조하 는 군사 정보의 상호 교환, 군사훈련의 통보, 참관, 참석 등을 들 수 있 어요. 그다음 단계가 운용적 그리고 구조적 군비 통제이고, 한 걸음 더 나아가면 북한이 주장하는 본격적 군비 축소가 되겠죠. 그리고 최 종적으로 한반도와 동북아의 평화체제가 본격화되면 주한 미군 문제 와 핵무기 문제도 한미 간에 논의할 기회가 찾아올 거예요.

『한반도의 전쟁과 평화』의 '한반도의 군비 축소 방안'에서 다룬 내용은 두 가지 면에서 의미가 있어요. 첫째는 이것이 유럽의 사례를 염두에 두면서 한반도의 군비 축소 방안을 본격적으로 다룬 국내 첫 작품이라는 점이에요. 둘째는 이 문제에 대한 접근 방향이에요. 20세 기 남북한의 한반도 군비 통제 방안은 역사적으로 하나도 현실화되지 않은 채 여전히 방안으로만 남아 있어요. 따라서 21세기 한반도와 동 북아의 평화체제 방안을 제대로 마련하기 위해서는 기존 방안들이 현 실화되지 못한 이유를 조심스럽게 검토하고 현실화할 수 있는 군비 통제 방안을 구상하는 것이 대단히 중요한데, 이 글은 그런 방향의 초 기적 노력이었다는 점에서 의미가 있죠.

다음 주에는 한국 외교정책 이야기를 하겠어요. 「한국 외교정책 분석틀의 모색」[17]과 네이버 열린 연단: 문화의 안과 밖 강연 시리즈 '제40강 평화와 전쟁: 한반도의 전쟁과 평화'[18]를 예습하고 오세요.

하영선. 1988. 「한국외교정책 분석틀의 모색」. ≪국제정치논총≫, 제28집 2호.

하영선. 1989. 『한반도의 전쟁과 평화: 군사적 긴장의 구조』. 서울: 청계연구소.

하영선 엮음. 1990. 『한국전쟁의 새로운 접근: 전통주의와 수정주의를 넘어서』. 서울: 나남.

하영선. 1997. 「신동북아 질서와 평화체제의 구축」. 김태현 엮음. 『신동아시아 안보질서』. 성남: 세종연구소.

하영선. 2016. 「전쟁과 평화: 한반도의 전쟁과 평화」. 송호근 외. 『(문화의 안과 밖 7) 시민사회의 기획과 도전: 근대성의 검토』. 서울: 민음사. (네이버 열린 연단: 문화의 안과 밖 강연 시리즈, '제40강 평화와 전쟁: 한반도의 전쟁과 평화'.)

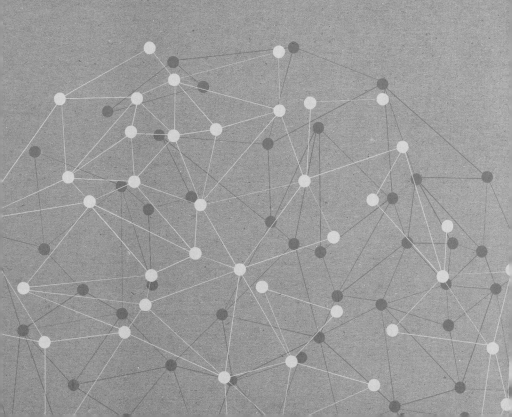

4강

한국 현대 외교정책론

오늘은 1980년대 후반에 가르치고 공부했던 한국 현대 외교정책
론 이야기를 할게요. 지난주에 1980년대 상반기에 겪었던 삶을 간략
히 살펴보고 그 속에서 내가 어떤 앎의 고민을 했고, 또 그것이 어떻
게 글로 형상화됐는지를 소개했어요. 어느 시대든 다 중요하지만 특
히 1980년대는 세계, 동아시아, 한반도, 국내, 그리고 개인 차원에서
격동의 10년이었죠.

1. 탈냉전의 역사적 변환과 한국 현대사

1) 냉전 해체와 격동의 동아시아

1980년대 후반 삶의 변환을 지구 차원에서 상징적으로 가장 잘
보여준 사건은 1989년 가을 베를린 장벽의 붕괴였어요(그림 1). 지난
주에 소개한 1985년 고르바초프의 등장에 따른 페레스트로이카가 오
늘의 사진을 불러왔고, 결국 다음 주에 보게 될 사진인 1991년 크리
스마스의 소련 해체로 전개되죠. 세월을 지나고 보면 변화의 인과관
계를 쉽게 볼 수 있지만 숨 가쁘게 전개되는 냉전 해체 과정을 당시
삶 속에서 예측하기는 굉장히 어려웠어요.

국제정치학을 공부해 온 지난 반세기 중에 가장 기억에 남는 한
해를 꼽으라면 1985년이에요. 그해 5월 1일 소련의 타슈켄트에서 열
린 노동절 기념 축제에 참석했죠. 북한 대표들을 포함한 아시아의 평
화 연구자 20여 명과 함께 내빈석에 앉아서 보고 있었어요. 도쿄 유엔
대학의 초청을 받아 한반도를 포함한 아시아의 평화에 관한 국제회의

그림 1

1989년 11월 9일 브란덴부르크문 근처 베를린 장벽에 올라선 사람들
자료: Sue Ream / Wikipedia.org.

에 참석했는데, 당시 한국과 외교 관계가 없던 소련의 비자를 받느라 도쿄에서 1주일을 대기해서 간신히 타슈켄트 회의에 참석할 수 있었죠. 탈냉전의 서곡이 울리기 시작한 소련에서 열린 '아시아와 태평양의 지역 평화와 안보' 회의에 참여하면서도 세계사적 변화가 오고 있다는 상황 판단을 하지 못했어요. 1970년대 데탕트가 예상과 달리 신냉전으로 악화됐기 때문에 1985년에 미소 관계가 더 이상 적대 관계가 아니라는 고르바초프의 평화 공존 선언도 또 하나의 수사에 그치지 않을까 걱정했어요. 하지만 대부분 국제정치학자들의 전망과 달리, 불과 4년 만에 베를린 장벽이 무너지고 다시 2년 후에는 소련이 해체됐죠. 타슈켄트 국제회의에 참석한 것은 국제정치 공부를 정말 새롭게 해야겠다는 깨달음을 준 사건이었어요. 1985년은 나의 국제정치학 공부를 위해서도 굉장히 중요한 해였던 거죠.

지구적 차원의 탈냉전 추세가 동아시아에서는 훨씬 복잡하게 영향을 미쳤어요. 1978년에 10년의 문화혁명 노선을 벗어나 개혁개방

그림 2

1989년 천안문 사태 당시 천안문광장에 모여든 인파

자료: CORBIS Historical.

의 길을 걷게 된 중국에서는 민주화가 가속화되면서 1989년에 천안문 사태가 발생했죠(그림 2). 중국 정부는 천안문 사태를 물리적으로 통제했어요. 이 시기 또 하나의 중요한 변화는 일본 경제의 급부상이에요. 1985년 플라자 합의로 일본의 엔화가 미국 1달러당 250엔에서 하루아침에 125엔으로 절상됐는데도 일본 경제가 흔들리지 않았어요. 일본이 미국 본토 전체를 살 수 있을 거라는 농담이 나돌 정도로 일본 경제는 저력을 보여줬죠.

2) 차가운 남북, 뜨거운 민주화

1970년대 미중의 대데탕트 시기에 한반도의 남북한도 1972년 7·4 남북공동성명에 합의하면서 소데탕트를 맞는 듯하다가 바로 신냉전 관계로 돌아갔죠. 한반도는 세계질서가 차가워질 때는 가장 먼저

그림 3

1987년 11월 29일 대한항공 858편 폭파범인 북한 공작원 김현희가 국내로 압송된 후 안기부에서 기자회견을 하는 모습

자료: 국가기록원.

차가워지고 따뜻해질 때는 가장 늦게 따뜻해졌어요. 그래서 1980년대 후반 탈냉전의 조짐이 빠르게 나타나기 시작한 세계질서 속에서도 남북 관계는 여전히 차가웠죠. 1988년 서울올림픽을 앞두고 'KAL기 폭파사건'이 발생해요. 북한의 공작원 김현희는 행사를 방해하기 위해 1987년 11월 29일 미얀마 근처 상공에서 대한항공 858편을 공중 폭파시켜 115명의 인명 피해를 가져왔죠(그림 3).

국내에서는 1987년 6월 9일 연세대학교 학생 이한열 군이 시위 중에 최루탄을 맞아서 사망한 것이 직접 도화선이 돼서 6월 10일 이후 전국적인 시위가 발생했어요(그림 4). 결국 여당이 6·29 선언을 하고, 유신체제 이래 계속돼 오던 간접선거가 폐지돼서 직접선거로 대통령을 뽑게 됐죠. 하지만 예상과 달리, 김대중과 김영삼의 후보 단일화가 실패하면서 노태우가 대통령에 당선됐어요. 국내체제 차원에서는 민주화 열기가 굉장히 뜨거워지는 1980년대 후반이었죠.

그림 4

1987년 7월 9일 연세대학교에서 열린 고 이한열 열사 영결식

자료: 연합뉴스.

3) 1980년대의 한국 외교정책 연구

　　1980년대의 격변기에 20대의 열정을 쏟았던 '사랑의 국제정치학'을 계속할 기회는 없었어요. 또 미국 박사과정에서 새로 공부했던 세계질서와 핵확산 문제도 당시 국내에서는 큰 관심이 없었기 때문에 본격적으로 선보일 기회가 없었죠. 세계적 차원의 갑작스러운 탈냉전, 중국의 국내정치 변화와 일본의 부상이라는 동아시아 환경의 변화, 그리고 한반도의 해결되지 않는 냉전이 뒤섞인 1980년대 삶 속에서 전쟁과 평화라는 국제정치학의 고전적 주제와 함께 한국 현대 외교정책이라는 새 주제를 공부하면서 가르쳐야 했어요. 쉽지 않았지만, 한편으로는 재미있었어요.

　　대학에서는 보통 학생이 선생한테 배우는 것으로 생각하지만, 좋은 의미에서 학생과 선생의 관계는 반드시 그런 건 아니에요. 1980년대 학생들은 학교 공부 이외에 동아리 공부에도 열심이었기 때문에 강의에서 학생들의 색다른 지적 요구가 많았어요. 예를 들자면, 미국 외교정책론을 수강하는 학생들은 제국주의론의 시각에서 미국 외교정책을 배우고 싶어 했죠. 하지만 나는 미국이 제국인 것은 맞지만, 미국 외교정책을 레닌식 제국주의론 시각에서 분석하는 것은 비현실적이라고 생각했기 때문에 미 제국주의가 아닌 미 제국의 외교정책론 강의를 했어요. 그리고 '전쟁론', '군사론', '전쟁과 평화' 같은 군사 관련 강의에서 핵전략을 다룰 때면, 학생들이 초강대국의 핵전략도 중요하지만 비강대국의 게릴라전도 가르쳐달라고 하기도 했어요. 그런 요구는 의미 있는 지적이었기 때문에 개인적으로 게릴라전 공부를 해가면서 핵전략과 게릴라전을 동시에 가르쳤었죠.

세계체제는 빠른 변환의 시대를 겪고 있었지만, 남북한 분단체제는 쉽사리 냉전 관계를 벗어나지 못하고, 또 국내체제는 민주화라는 격변기를 맞이하고 있는 속에서, 나는 전쟁과 평화 문제를 풀기 위해 한반도에 필요한 전략 연구와 평화 연구를 어떻게 해야 할 것인지를 고민했어요. 이 숙제를 풀기 위해서는 국내외 체제의 변화와 함께, 한국 현대사를 새롭게 공부해야 할 필요성이 있었죠. 더구나 당시 한국 현대사에 대해 정통론과 수정론의 담론 투쟁이 학생들뿐만 아니라 학계에서도 진행되고 있었기 때문에, 제대로 된 평가를 하기 위해 본격적으로 한국 현대사 공부를 시작했죠. 우선 일차적으로 냉전 시기의 기본 외교문서들을 읽어나갔어요. 그리고 동시에 분석틀로서 커다란 논쟁이 벌어지고 있던 정통론, 수정론, 탈수정론의 대표적 연구서들을 검토했어요. 특히 그중에도 한국 현대사의 새로운 분석틀로서 본격적으로 등장한 브루스 커밍스Bruce Cumings의 수정론을 관련 외교문서들과 함께 꼼꼼하게 검토했어요.

2. 냉전 연구의 갈등:
정통론, 수정론, 탈수정론

1) 정통론

제2차 세계대전이 끝난 후 국제정치의 가장 커다란 숙제는 전후 세계질서에서 전승국인 미국과 소련이 미래의 세계질서를 어떻게 만들어가느냐는 것이었어요. 1960년대까지의 정통론은 기본적으로 소련의 스탈린 때문에 전후 세계질서가 미소 간의 협력보다는 갈등의 관계 속에서 짜였다고 설명해요. 정통론 시각을 대표할 만한 것으로는 당시 모스크바 주재 미국 외교관이었던 조지 케넌George Frost Kennan (1901~2005)의 분석이 있어요. 제2차 세계대전이 끝날 당시 소련 주재 미국 대리대사였던 케넌은 프린스턴대학을 나와 소련과 동구권의 언어와 역사의 훈련을 받은 경력이 있어요. 전후 세계 경제질서를 새로 짜야 했던 미국 재무성은 1946년 2월에 소련이 미국을 비롯한 자본주의 국가들과 협력할지 국무부에 문의했어요. 케넌은 현지에서 역사적·이념적 지평에서 소련의 미래를 전망하면서 8000자에 달하는 역사적 「긴 전문Long Telegram」의 답변을 보내요. 그 내용은 소련이 장기적으로 평화 공존이 불가능한 적대적인 자본주의 국가들로 포위돼 있다고 생각하기 때문에 상대적 국력을 키우기 위해 전력을 다할 것이므로 미국도 섣부르게 미소 관계가 잘 풀릴 것으로 낙관하지 말고 국익을 최대한 확보하기 위한 노력을 해야 한다는 것이었죠.

케넌은 미국에 돌아와서 1947년에 X라는 익명으로 ≪포린 어페어스Foreign Affairs≫에 「소련 행동의 원천The Sources of Soviet Conduct」이라는 논문을 발표했어요.[1] 논문의 결론에서 케넌은 미국 대소정책의 중심은 소련의 확대 경향을 장기적으로 신중하지만 단호하게 경계하는 봉쇄여야 한다고 밝혔어요. 미국은 1947년에 트루먼 독트린으로 유럽에서 대소 경제 봉쇄를 추진하고, 1950년에는 아시아에서 한국전쟁의 조기 참전을 통해 대소 군사 봉쇄의 의지를 보였어요. 한국전쟁을 거치면서 세계질서는 본격적으로 미소 중심의 양극 냉전체제로 전개됐죠. 104세까지 살았던 케넌은 말년에 자기가 원래 제안했던 봉쇄정책은 현실에서 미국이 택했던 군사 대응을 포함한 봉쇄정책에 비해 훨씬 유연한 것이었다고 회고하기도 했어요.

2) 수정론

1960년대 들어 유럽과 일본의 전후 복구와 중소분쟁 속에서 베트남전에 참여한 미국은 국내정치와 경제에서 어려움을 겪기 시작해요. 이런 상황 속에서 미국의 소장학자들이 전후 세계질서 또는 국제정치를 새롭게 봐야 한다는 문제를 제기해요. 전후 냉전의 모든 책임을 과연 소련에만 물을 수 있는가라는 의문을 제시하고, 오히려 상당히 많은 책임이 소련보다는 미국에 있었다는 반론이 등장한 거죠. 그중에도 브루스 커밍스는 수정론 시각에서 한반도 문제를 집중적으로 분석한 『한국전쟁의 기원The Origins of the Korean War 1, 2』(1981, 1990)[2]을 출판해서 주목을 받았어요. 중국이나 일본이 아니라 한국 연구로 미국 학계에서 스타가 되기는 대단히 어려운데, 커밍스는 이례적으로 성공한 셈이었죠. 그는 『한국전쟁과 한미관계: 1943~1953Child of Conflict: The

Korean American Relationship, 1943~1953』(1983)[3]에서 제2차 세계대전 이후 한반도에서의 분쟁은 미국에 상당한 책임이 있다고 주장했어요. 1945년 8월 종전이 되자마자 오히려 미국이 '사실상의 봉쇄정책'을 펴기 시작하면서 전후 미소가 국제주의 외교정책을 펼칠 가능성이 사라졌다는 거예요. 미국이 빠른 시기에 실제 봉쇄정책을 시작했고 또 1948~1949년이 되면 반격정책이라는 공격적인 세계질서 운영 내지 대소정책을 선택함에 따라, 한반도 전쟁 또는 동아시아 냉전의 중요한 책임을 소련에 묻기보다 오히려 미국에 물어야 한다는 수정론을 전개했죠.

1980년에 귀국해서 보니 한국에서 수정론 시각의 책들은 완전히 빨간책은 아니지만 분홍책 정도로 분류돼 공개적으로는 금서였어요. 그러니까 당시 학생들은 오히려 수정론 관련 책들만 찾아 읽는 분위기였죠. 정통론과 수정론의 대립적 분석을 넘어서서 냉전사를 제대로 정리할 필요가 있겠다는 생각이 들었어요. 냉전의 최대 격전장이었던 한국전쟁의 주인공인 우리는 엄청난 피해를 겪었고, 또 오늘까지도 냉전을 벗어나지 못하고 있으므로, 지구상의 누구보다도 냉전이 어떻게 한반도에서 기원해서 전개돼 왔는가를 기존의 이분법적 시각이 아닌 입체적인 시각에서 재조명해 보려는 공부를 시작했죠.

3) 탈수정론

탈냉전이 되면서 한국전쟁과 냉전 연구는 새로운 국면에 접어들었어요. 첫 번째로는 소련이 해체되고 동유럽 국가들이 개방되고 개혁되면서, 북한과 중국을 제외한 사회주의 국가들의 냉전 시기 외교문서들이 본격적으로 공개되기 시작했어요. 미국의 주요 대학이나 싱크탱크들이 소련과 동유럽 문서들을 확보하게 되죠. 그중에 한반도와 관련한 일차자료는 우드로 윌슨 센터에 가장 잘 정리돼 있어요. 우드로 윌슨 센터의 디지털 아카이브Woodrow Wilson Center Digital Archive[4]는 '한국전쟁의 기원The Korean War Origin, 1945~1950', '한국전쟁The Korean War, 1950~1953', '한국전쟁 휴전The Korean War Armistice', '중국과 한국전쟁China and the Korean War' 등의 주제 모음집에서 새로운 자료를 많이 공개해 뒀어요. 특히 김일성과 스탈린의 만남에 관한 새로운 일차자료들이 발견되자 이를 기반으로 캐서린 웨더스비Catherin Weathersby는 브루스 커밍스가 한국전쟁 연구에서 김일성과 스탈린의 만남을 소극적으로 다룬 것을 비판하면서 큰 논쟁을 불러일으키기도 했죠.

탈냉전 이후 공개된 소련 문서들을 통해 우선 소련이 한국전쟁에 적극적으로 개입했다는 사실이 새롭게 밝혀졌어요. 한반도 냉전에서 미국의 적극적 역할과 달리 소련의 소극적 역할을 강조했던 수정론 연구와는 다른 내용이었죠. 또 하나는 김일성의 역할이 훨씬 중요했던 것으로 드러났어요. 소련 문서가 공개되기 전까지는 한국전쟁이 발발하기까지 김일성과 스탈린이 몇 번 만나 무슨 이야기를 했는가에 대해서 정통론과 수정론의 주장이 달랐어요. 소련과 북한보다 미국과 한국의 역할을 중시하는 수정론 입장에서 커밍스는 스탈린과 김일성의 만남에 상대적으로 비중을 적게 두고 있어요. 식민지 시기 대표적인 조선 사회경제사학자로서 북한의 교육상을 지냈던 백남운이 1949년 3월 스탈린과의 만남에 동행해서 남긴 『쏘련 인상』(1950)[5]에는 스탈린과 김일성의 만남과 관련해 아무런 기록이 없었고, 커밍스는 비군사적 논의만 한 것으로 추정했어요. 그러나 공개된 소련 문서를 보면 스탈린과 김일성은 1949년 3월의 첫 번째 만남에서 한국전쟁의 가능성 유무에 대한 군사적 논의를 구체적으로 나눈 것을 알 수 있어요. 1950년 4월에 두 번째 만남을 가졌는데, 커밍스는 이에 대한 기록을 찾기 어렵다고 말했지만, 웨더스비가 소련의 외교문서에서 김일성이 3월 30일부터 4월 25일까지 모스크바를 방문했다는 기록을 찾아냈죠.

내가 귀국했던 1980년대 초반의 현대사 연구의 분위기를 보면, 국제적으로는 60학번 세대들이 수정론의 목소리를 높이고 있었고, 국내에서는 10여 년 늦게 80학번 세대들이 수정론 저서들을 줄을 쳐가며 공부하기 시작하고 있었어요. 나는 커밍스의 책을 비롯한 냉전사 관련 저서들과 외교문서들을 이분법이 아닌 새로운 시각에서 읽고 학생들과 토론을 했죠. 그런데 영미권에서는 1970년대 데탕트의 시기를 맞으면서 톤이 바뀌기 시작했어요. 존 루이스 개디스John Lewis Gaddis를 대표 주자로 하는 탈수정론post-revisionism이 등장한 거죠. 개디스는 『봉쇄전략Strategy of Containment』(1982)[6]에서 네 가지 이유로 수정론에 동의하기가 어렵다고 말했어요. 첫째, 종전 이후 미국이 당면한 가장 긴박한 문제가 자본주의의 위기라는 주장에 대해 객관적인 증거를 찾기 어렵다는 거예요. 오히려 당시 미국 정책결정권자의 핵심 문제는 국가안보였기 때문에 자본주의의 위기는 그 일부라는 거였죠. 둘째, 자본주의적 필요에 따른 미국의 세계제국 추구와 소련의 정당한 안보 이익은 공존할 수 없어서 냉전이 불가피했다는 주장이 연구보다는 신념에 기반하고 있다는 거예요. 셋째, 최근 냉전 연구를 보면 미국이라는 제국은 원하지 않는 국가들에 일방적으로 강요됐다기보다는 원하는 국가들로부터 초대받은 면이 있다는 거죠. 넷째, 미국의 봉쇄정책이 정치권력의 일방적인 선택이었고 미국의 일반 국민들은 동의하지 않았다는 주장을 객관적으로 재검토할 필요가 있다는 거예요.

개디스의 이런 주장은 수정론과 치열한 논쟁을 불러일으킬 수밖에 없었어요. 하지만 냉전의 종식과 함께 이념적 경직성에서 좀 더 자유로워지고, 소련을 비롯한 사회주의 국가들의 중요한 외교문서가 공개되기 시작하면서 그의 해석이 훨씬 더 설득력이 있는 것으로 받아들여졌어요. 개디스는 1990년대 후반에 『새로 쓰는 냉전의 역사We Now Know: Rethinking Cold War』(1997)[7]를 발표했어요. 이 책의 영문 원제목에 있는 '지금now'의 뜻은 이중으로 해석할 수 있어요. 첫 번째로 '우리가 현재 아는 것'이라는 의미로 해석할 수 있어요. 다르게 보면 '이제 우리는 알게 되었다'는 뜻이죠. 소련 측의 냉전 시기 외교문서들이 대거 공개됐고, 탈냉전으로 이념적인 시각의 영향력이 약화돼서 지금은 새 문서를 새롭게 읽으면서 냉전 시기를 다시 생각하게 됐다는 거죠. 이 책에 이어 개디스는 예일대학 학부생들에게 부모들의 삶을 이야기해 주는 강의 내용을 담아 『냉전의 역사The Cold War: A New History』(2005)[8]를 출간해요.

4) 지구냉전사

21세기 들어 최근 10년 동안 냉전 연구에서는 개디스가 지나치게 자족하거나 소련 책임으로 냉전을 해석하려는 것이 아닌가라는 지적이 조심스럽게 제기됐어요. 냉전 연구의 제4기를 선도하는 연구자는 노르웨이 태생의 오드 아른 웨스타드Odd Arne Westad예요. 『지구적 냉전: 제3세계 개입과 우리 시대의 창출The Global Cold War: Third World Interventions and the Making of Our Times』(2005)[9]에서 그는 냉전의 형성과 전개를 이전 시기의 접근법이 취하는 미소나 유럽에 국한된 시각으로 제한하지 않고 미소 정치지도자들의 이념 갈등이 제3세계의 정치, 경제, 사회, 문화 전반에 어떻게 개입됐는지를 다뤘어요. 냉전 연구에서 주인공과 무대를 확대해야 한다고 본 거죠. 최근에 출판한 『냉전: 지구사The Cold War: A

Global History』(2017)[10]에서는 냉전사를 지난 한 세기보다 긴 시간의 흐름에서, 또 지구 전체라는 넓은 공간에서 다뤘어요. 21세기에 걸맞은 신냉전 연구를 강조하는 웨스타드는 영국 런던정치경제대학London School of Economics and Political Science에서 하버드대학으로 최근에 자리를 옮겼죠.

세계적으로 냉전 시기 외교문서가 대규모로 공개되고 해석 시각도 전보다는 정치적으로 훨씬 자유로워지면서 냉전에 대한 새로운 연구도 활발해지고 있어요. 우드로 윌슨 센터의 국제냉전센터, 하버드대학의 냉전프로젝트, 영국 런던정치경제대학의 냉전프로젝트, 그리고 중국 화둥사범대학華東師範大學 션즈화沈志華 교수의 국제냉전사연구센터가 세계 4대 냉전 연구소로 손꼽히죠. 그런데 세계적 규모의 한국전쟁을 치르면서 전후 냉전사에서 전 세계에 어느 나라보다 큰 피해를 입었고, 아직도 북한과의 군사적 대치 상황 속에서 전 세계에서 유일하게 냉전을 졸업하지 못한 한국에는 세계적 수준의 냉전 연구소가 없어요. 한국에서 냉전 연구는 단순한 학술적 문제가 아닌 실존적 문제인데도 말이죠. 따라서 서울대학교 국제문제연구소가 분발해서 세계적인 냉전 연구소로 하루빨리 성장할 필요가 있어요.

한반도 관련 냉전 연구의 학문 후속 세대도 빈약한 실정이에요. 최근 세계 냉전 연구의 현황을 조명하기 위해 멜빈 레플러Melvyn P. Leffler와 오드 아른 웨스타드가 공동 편집한 『케임브리지 냉전사Cambridge History of Cold War Vol. I~III』(2010)[11]에는 전 세계 72명의 냉전 연구 전문가들의 글이 담겨 있어요. 하지만 정작 냉전의 중심지였던 한국 출신의 전문가는 거기에 한 사람도 없어요. 물론 한국의 냉전사 전문가가 꼭 영미권에서 내는 냉전사 연구에 글을 실어야 하느냐고 생각할 수도 있어요. 하지만 이들의 한국전쟁을 비롯한 동아시아의 냉전사 연구가 냉전에 관한 세계적인 담론 형성에 커다란 영향을 미치고 있다는 점에서 그건 매우 중요한 일이에요. 더구나 기존 영미권의 연구는 우리가 국제, 남북, 국내의 삼중적 관계 속에서 현실적으로 겪고 있는 냉전을 충분히 담지 못해요. 냉전 연구에서 한반도 문제는 핵심적인 데도 불구하고 제대로 반영되지 않는 것이 안타까워요.

세계 냉전 연구에서 새롭게 주목받고 있는 션즈화의 중국 냉전 연구도 한국의 냉전 연구와는 달라요. 그의 연구에서 동아시아의 냉전은 미중 화해가 이뤄지는 1972년에 끝난 것으로 돼 있죠. 그러나 우리는 미중 데탕트 이후 지난 40여 년 동안 계속 냉전을 겪고 있어요. 중국 중심적인 입장은 한국전쟁에 대한 연구에서도 보여요. 서로 적대국으로서 많은 피를 흘렸던 한국과 중국이 한국전쟁에 대해 같은 해석을 내놓을 수는 없겠죠. 물론 션즈화의 『마오쩌둥, 스탈린과 조선전쟁毛泽东, 斯大林与朝鲜战争』(2003)[12]은 중국의 전통적 해석보다는 새롭지만, 여전히 중국 중심적이에요. 그는 원래 젊은 시절에 베이징대학을 졸업한 후 사회과학원에 재직하다가 문화대혁명 기간 동안 약 10년을 놀았다고 해요. 그 이후 사업을 해서 번 돈으로 방대한 양의 소련 냉전 사료들을 모아서 『조선전쟁: 러시아자료관 비밀 해제 문건朝鲜战争: 俄國檔案館的解密文件』(2003)[13]을 출판하면서 국내외에 알려졌죠. 그리고 화둥사범대학의 국제냉전사연구센터를 적극적으로 키워서 최근에는 아시아 냉전 연구에 관해 상당한 발언권을 행사하고 있어요.

3. 제4기 신냉전 연구와 한국 냉전 연구

21세기 들어 제4기의 신냉전사 연구가 활발하게 진행되고 있지만, 냉전을 가장 힘들게 겪고 있는 한반도의 시각에서는 한 가지 지적해야 할 사항이 있어요. 세계 수준의 미소 냉전이 개별 지역과 상호작용하는 과정에서 냉전은 상이하게 모습을 드러낸다는 거예요. 제2차 세계대전 이후 미국과 소련 주도의 냉전질서가 유럽에서는 비군사적 차원의 봉쇄정책으로 자리 잡았죠. 반면에 아시아에서는 한국전쟁이라는 열전을 치르면서 군사적 봉쇄정책이 추진됐어요. 또한 제3세계에서는 전후 냉전질서의 형성 시기에 탈식민화가 진행되면서 동시에 초강대국들의 냉전적 개입을 받았다는 사실도 크게 다른 점이에요. 따라서 21세기의 새로운 냉전 연구는 한반도가 겪은 열전의 냉전과 제4기의 신냉전 연구가 주목하는 제3세계의 문화전쟁을 동시에 복합적으로 조명해야 해요. 지난 반세기의 냉전 시기를 국가를 비롯해서 지구, 지역 또는 하위 국가의 주인공들이 정치, 군사, 경제, 과학기술, 문화, 아이디어의 무대에서 어떻게 복합적으로 얽혔는가를 제대로 파악해야 하죠. 따라서 제4기의 냉전 연구는 21세기 냉전 연구의 일부인 것은 분명하지만 전체가 될 수는 없어요.

국내외 냉전 연구들을 동시에 검토해 보면 국제적으로는 정통주의, 수정주의, 탈수정주의를 거쳐 제4기인 신냉전 연구가 활발하게 진행되고 있어요. 이에 반해 국내적으로는 10여 년 이상 뒤늦게 정통주의와 수정주의를 거쳤지만, 이후 탈수정주의나 신냉전사의 본격적인 검토도 충분히 이뤄지지 못한 채 2.5기에 머무르고 있는 인상을 주고 있어요. 세계 냉전 학계의 진행 양상을 고려해 국내 냉전 연구사를 되돌아보면, 정통론, 수정론, 탈수정론, 그리고 최근의 신냉전 연구에 대한 비판적 검토와 사려 깊은 수용을 제대로 하지 않은 상황에서 냉전 체험의 종주국으로서 한국 냉전사 연구가 제대로 뿌리를 내리지 못했다는 것을 깨닫게 돼요. 냉전 연구가 세계적인 차원에서 제4기 연구에 들어갔다면, 냉전의 종주국에서 태어난 여러분이 더욱더 분발해서 선배들이 제대로 하지 못한 제5기의 복합적 신냉전 연구를 이끌어가야 해요.

한국에서의 냉전 연구와 교육을 잠깐 정리해 볼게요. 한국전쟁 이후 1950년대 남북한의 한국전쟁 연구는 양극으로 나눠져 있었어요. 한국은 북괴의 야욕이 소련 공산주의의 스탈린과 북한 김일성의 책략 그리고 중국 마오쩌둥의 간계와 결합돼 한국전쟁이 발발했다고 설명했죠. 반면에 북한에서는 미 제국주의와 이승만 괴뢰정부의 야합으로 한국전쟁이 발생했다고 주장했어요. 미국에서는 1960년대를 거치면서 베트남전 세대들이 수정론을 제기하기 시작했지만, 한국에서는 1980년대에 진입해서야 수정론이 뒤늦게 들어왔고, 정통론과 대립적 관점에서 복잡한 담론 투쟁이 벌어졌어요. 국제적으로는 제3의 대안으로서 개디스가 대표하는 탈수정론이 미국과 소련에 공동 책임을 묻고 한반도에 대해서도 남북한의 공동 책임론을 조심스럽게 따지지만, 한국에서는 탈냉전이 시작돼도 탈수정론의 담론이 본격적으로 자리를 못 잡았죠. 탈냉전 이후 4기의 신냉전 연구가 활발하게 진행되고 있는데, 이에 이어서 냉전사의 중심국인 한국이 5기의 복합 냉전 연구를 선도해야 한다고 이야기했지만, 아직도 2기의 수정론과 3기의 탈수정론의 과도기에 머물러 있는 이유는 가혹하게 이야기하면 공부 부족 때문이죠. 정통론자들은 새로운 시각에서 새 문서들을 검토할 생각을 하지 않았고, 수정론자들은 자신의 시각에 맞는 사료를 해석하는 데 익숙해서 탈냉전 이후의 새로운 분석 시각이나 새로운 공간의 문서들을 제대로 공부하지 않은 거예요. 그러니까 연구의 진도가 안 나가는 거죠. 따라서 21세기 냉전 연구를 선도하는 세계적 전문가들은 한국의 냉전사 연구가 냉전 시대에서 크게 벗어나지 못하고 있다고 보겠죠. 한국의 냉전사 연구는 국제적으로 활발하게 진행되고 있는 냉전 연구 제4기가 제시하는 사료와 분석 시각을 참고하면서 한국의 실존적 냉전 체험을 제대로 이론화하려는 노력을 본격적으로 해 나가야 해요.

4. 한국 현대사의 복합적 접근: 국제체제, 분단체제, 국내체제

한반도는 냉전 국제체제, 남북한 분단체제, 국내체제라는 삼중 구조가 전 세계에서 가장 압축적으로 집약돼 있는 곳이기 때문에, 한국 현대사 연구는 세계 냉전사 연구의 보고예요. 21세기의 세계 냉전사 연구는 정통론, 수정론, 탈수정론을 넘어서서 미소의 강대국 중심에서 제3세계를 포함한 지구 전체를 조명하고, 정치·군사·경제 무대뿐만 아니라 문화 무대를 강조하는 방향으로 진행되고 있어요. 하지만 전 세계에서 냉전의 피해를 가장 많이 보았고 아직도 냉전을 졸업하지 못한 우리의 현실은 이보다 훨씬 더 복잡해요. 본격적 국제 냉전의 기원인 한국전쟁의 원인은 무엇이었으며, 미중의 성공적인 데탕트 속에서 한반도의 소데탕트는 왜 실패했고, 또 세계적 탈냉전 속에서 한반도는 왜 여전히 고도로 남아 있는가 같은 실존적 문제에 접근하기 위해서는, 지구 다원적 접근을 넘어서서 국제·분단·국내 체제의 복합 무대들이 어떻게 상호작용했는지를 살펴볼 필요가 있죠.

한반도의 냉전 연구를 위해서는 복합적 분석틀과 함께 관련 일차 자료를 제대로 해석할 수 있는 능력이 중요해요. 한반도의 남북한 문서를 외국 전문가들이 읽는 데는 한계가 있어요. 브루스 커밍스는 『한국전쟁의 기원』에서 북한의 노획 문서를 비롯한 많은 남북한의 일차 자료를 동원했기 때문에 국내외적으로 많은 주목을 받았지만, 외국인으로서 이런 사료를 심층적으로 해석하는 데 극복하기 어려운 한계도 보여주고 있어요. 물론 서양의 중국이나 일본 연구자 중에는 중국 또는 일본 출신 학자보다 언어, 역사, 문화의 이해가 더 깊은 경우가 있어요. 그러나 서양의 한국 전문가는 아직까지 그런 수준에 이르지 못하고 있죠. 따라서 한국 출신 전문가의 역할이 특히 중요해요.

북한 연구에서는 특히 외국 전문가들의 일차사료 해석을 조심해서 참고해야 해요. 북한은 외국인들이 쉽사리 해독하기 어려운 독특한 언어와 행동의 기본 논리를 가지고 있기 때문에 어찌 보면 지구상에서 이해하기 가장 어려운 나라죠. 단순히 북한학을 꼼꼼하게 공부한다고 해서 북한이 보이지는 않아요. 북한 현대사도 국제체제, 남북분단체제, 국내체제의 복합적 얽힘 속에서 전개됐기 때문에 북한 지역 전문가인 동시에 국제정치학 전문가로서 삼중 복합체제를 분석할 수 있어야 제대로 파악할 수 있죠. 그래야 한국의 북한 연구가 국제적으로 주목받고, 한국이 북한 연구의 세계 중심이 될 수 있어요.

그러면 전통 시각, 수정 시각, 탈냉전 시각, 지구 시각을 넘어서서 복합 시각에서 한반도의 냉전과 데탕트 문제를 본격적으로 해석해 보죠. 첫 번째로 한반도의 냉전이 언제 시작돼서 한국전쟁으로 불붙게 됐는지를 다루고, 두 번째로 1970년대 초 한반도 긴장 완화의 신화와 현실에 관해 이야기해 보려고 해요. 그 전에 우선 삼중체제의 복합 시각에 관해서 잠깐 이야기할게요.

내가 강의를 시작한 1980년대에는 미국이 주도하는 국제체제가 한국 현대사에 미친 영향에 관해서 친미와 반미 간의 논쟁이 활발했어요. 당시에 나는 친미나 반미 대신에 용미用美를 처음으로 강조했어요. 용미는 친외세나 반외세, 또는 친미나 반미를 넘어서는 또 하나의 길을 찾으려는 노력이었어요. 그러나 당시 용미론에 대한 반응은 별로 좋지 않았어요. 친미론과 반미론 모두 용미론을 우군이 아니라고 생각했기 때문이죠. 그런데 세월의 흐름 속에서 '용외세론'의 평가는 상대적으로 훨씬 높아졌어요. 우리 삶터를 확대하기 위해서 이분법적 사고를 벗어나서 미국과 중국을 어떻게 함께 품을 것인가 하는 논의들이 이제야 초보적으로 시작되고 있기 때문이죠.

한반도의 삶을 제대로 조명하려면 이렇게 국제체제의 영향이 압도적으로 컸기 때문에 한국 근현대사 연구에서 국제정치학은 필수예요. 그럼에도 불구하고 한국사 연구에 왜 외세사를 꼭 포함해야 하느냐는 자격지심이 있어서인지 국제체제의 영향을 분석하는 국제정치학에 쉽사리 손을 안 대려고 해요. 그 결과로 우리는 우리 삶의 현실을 부분적으로만 들여다보게 되죠. 둘째는 우리 삶의 분단체제적 성격이에요. 한반도 문제를 다루는 경우에 남북한 분단체제는 지난 70년 동안 한반도의 정치·경제·사회·문화 무대에 커다란 영향을 미쳐왔기 때문에 남북한체제를 함께 연구하지 않으면 제대로 된 한국 현대사를 이해하기 어려워요. 셋째는 국내체제죠. 한반도의 남북한에 자유민주주의와 사회주의라는 전혀 다른 국내체제가 뿌리를 내리게 되면서 남과 북은 각각 전혀 다른 삶을 형성하게 됐어요.

이런 세 체제가 서로 어떤 비중으로 얽혀서 한반도의 삶을 형성했는가를 복합적으로 볼 수 있는 시각이 길러져야 해요. 삼중체제의 영향을 따질 때 특별히 조심해야 할 것은 현재주의presentism의 함정이에요. 오늘의 현실에서 해방정국의 현실을 되돌아보면 안 된다는 거죠. 삼중체제의 얽힌 모습은 해방정국 당시와 오늘의 현실에서 전혀 다르기 때문이에요. 따라서 한국 현대사를 제대로 보려면 한반도의 삶이 지나온 역사의 흐름 속에서 국제체제, 남북한체제, 국내체제의 중요성이 상대적으로 어떻게 작동해 왔는지를 매우 조심스럽게 분석해야 해요.

한국전쟁의 발발로 한반도의 냉전이 열전으로 진행된 과정을 분석하기 전에, 먼저 1945년 이전의 식민지 시기를 한번 되돌아보죠. 당시 조선 지식인들은 국제체제가 조선의 국망과 해방의 과정에 엄청난 영향을 미쳤음에도 불구하고 국제체제의 변화를 내다보지 못한 채 대부분 나라를 다시 되찾지 못할 거라고 믿고 있었어요. 한국의 대표적 시인인 미당 서정주는 장편 서사시인 「종천순일파從天順日派」에서 "그들의 이 무렵의 그 욱일승천지세 밑에서/ 나는 그 가까운 1945년 8월의 그들의 패망은/ 상상도 못했고/ 다만 그들의 100년 200년의 장기 지배만이/ 우리가 오래 두고 당할 운명이라고만 생각했던 것이니"라고 썼어요. 국제체제에 대한 식민지 조선의 이런 인식의 빈곤을 검토해 보고 싶어서 1910년부터 1945년까지 국내의 신문과 잡지에 실린 국제정치 관련 글을 모두 정리해 봤어요. 특히 일본이 중일전쟁과 함께 태평양전쟁을 병행해서 맞게 된 패전의 결과를 제대로 전망하는 지식인은 없나 하는 궁금함이 있었어요. 그러나 격변하는 역사의 소용돌이 속에서 1945년 8월 15일 일본의 항복을 예견하는 안목이 담긴 글을 찾아보기 어려웠어요. 그중에서 김양수와 안재홍의 글이 국제체제에 대한 인식이 빈곤했던 식민지 조선의 상황에서 나름대로 의미 있는 노력으로 생각돼 『역사 속의 젊은 그들』에서 자세히 소개한 바 있죠.

5. 한국전쟁의 발발

1945년 8월 15일에 제2차 세계대전이 끝난 직후에도 한반도는 여전히 혼란스러웠어요. 일본에 원자폭탄이 떨어진 것도 제대로 모른 채, 어느 날 갑자기 일본이 패전하는 사태를 맞게 돼요. 경성방송국이 한국어 방송을 제대로 시작한 것은 8월 15일이 아니고 9월 초예요. 해방은 됐지만, 일본인들이 다시 돌아올지도 모른다는 혼란스러운 분위기였죠. 미국도 정책 결정을 놓고 혼란스럽기는 마찬가지였어요. 앞에서 이야기한 대로 미소가 앞으로 협력할지, 아니면 갈등할지를 미국 행정부도 제대로 판단을 하지 못하고 국무부에 의견을 묻고 있었어요. 당시 국무부도 의견이 갈려서 조지 케넌의 비관론도 있었지만, 다수는 전승국인 미국과 소련이 냉전을 벌이게 될 것이라고는 충분히 예상하지 못했어요. 이런 상황에서 한반도의 일반 민중과 지식인들은 일본을 패망시킨 미국과 소련을 모두 전승국으로 받아들였죠. 전승국이 된 미국과 소련이 일본을 한반도에서 철수시키고 남북한에 각각 진주했죠. 1945년 해방 직후 한반도의 좌우익 세력은 모두 친미·친소적인 분위기였어요.

브루스 커밍스는 1945년 8월부터 미국이 소련에 대해서 사실상 봉쇄정책을 시작했다고 보고 있어요. 그러나 해방 직후 정세를 보면, 미군정은 좌익의 정국 주도를 문제로 봤지만 일방적으로 남한의 좌익 세력을 제거하려고 하지는 않았어요. 그리고 지식인들은 식민지 시기에 대부분 독립운동을 용감하게 하지는 못했더라도 차마 친일을 할 수 없었던 것처럼, 신탁통치를 지지한 좌익세력에게는 비판적인 분위기였지만 그렇다고 소련에 적대적인 것은 아니었어요. 따라서 1945년에 사실상의 냉전이 남북한에서 본격적으로 싹트기 시작했다는 브루스 커밍스의 평가는 그대로 받아들이기 어려워요.

1) 국제체제

그렇다면 1946년 이후 냉전이 어떻게 한반도에 뿌리를 내리고, 1950년에 열전으로 이르렀는가를 살펴볼 필요가 있어요. 당시에는 남북한 분단체제의 갈등이나 국내체제의 갈등보다 국제체제가 한반도에 미친 영향이 훨씬 더 컸기 때문에, 먼저 국제체제의 영향을 따져 보죠. 식민지 시대 일본의 조선총독부는 무엇보다도 한국의 국내 정치 역량을 억압했어요. 당시 경성제국대학에 정치학과를 만들지 않았을 정도였죠. 그중에도 국제정치학은 가장 위험한 과목이었어요. 해방되면서 그 기쁨과 함께 한국은 처음으로 국제정치학을 떳떳하게 가르치기 시작할 수 있었죠. 반대로 일본은 패망과 함께 첫 번째로 군사력을 포기해야 했고, 두 번째로 재벌을 해체해야 했고, 세 번째로 국제정치학과 안보 연구를 제대로 할 수 없었어요. 따라서 전후 일본의 국제정치학이나 안보 연구의 수준은 경제 규모에 비해서 상대적으로 낮을 수밖에 없었죠.

브루스 커밍스는 1946년에 한반도에서 본격적 냉전이 전개되기 시작했다고 주장하고 그 중요한 책임을 미국의 봉쇄정책에서 찾아요. 그러나 이 평가는 절반의 진실만을 말하고 있어요. 앞서 소련이 국가이익을 최대한 확보하고자 전후 세계질서를 재편하는 데 주도권을 쥐려고 할 것이라는 조지 케넌의 평가에 관해 소개했죠. 그런데 재미있는 것은 탈냉전 이후 공개된 소련 문서를 보면 워싱턴 주재 소련 대사였던 니콜라이 노비코프Nicolai Novikov도 같은 시기에 비슷한 내용의 문서를 남겼다는 거예요. 케넌의 「긴 전문」의 내용을 알고 있던 소련 당국이 노비코프 대사에게 제출하게 한 미국의 대소정책에 관한 보고서는 미국도 소련하고 손잡을 생각이 거의 없다고 밝히고 있어요.

미소의 갈등이나 긴장이 구체적으로 한반도에서는 어떻게 진행됐는지를 살펴보죠. 이와 관련해서는 한반도 문제를 협의하기 위해 1946년 5월에 열렸던 미소 공동위원회를 자세히 관찰할 필요가 있어요. 당시 국무부가 미군정에 보낸 문서를 보면, 미국은 미소 공동위원회를 열어서 남북협상을 진행하는 것과 관련해 한국이 아직 정치적 훈련이 제대로 되지 않았기 때문에 좌익인 박헌영이나 우익인 이승만 대신 중도 우파의 김규식이나 중도 좌파의 여운형 같은 정치인들이 임시정부 주도권을 장악하도록 시도할 것을 미군정에 지시했다는 내용이 있어요. 이런 문서를 볼 때 당시 미국은 아직 소련을 본격적으로 적으로 보지는 않은 거죠. 또한 한반도 내부적으로는 1946년 5월에 남로당이 정판사 위조지폐 사건으로 불법화돼요. 이후 남로당은 공개적으로 활동할 수가 없게 되자 개성으로 철수하고, 남쪽에서는 지하당으로 활동할 수밖에 없게 되죠. 이런 상황에서 1946년에 한반도가 본격적으로 냉전을 맞이했다고 보기는 조심스러워요.

1947년에는 해리 트루먼Harry Shippe Truman 대통령이 트루먼 독트린을 발표해요. 1946년 조지 케넌의 시각과 마찬가지로 소련의 확장을 놔두지 말고 적절히 봉쇄해야 한다고 생각한 거죠. 우선 유럽 지역에서 소련 영향력의 확대를 견제하되 군사적 대응을 하면 충돌의 위험이 있으므로 비군사적 정책을 추진하자는 것이 봉쇄정책의 핵심이었어요. 유럽에서는 미소의 갈등적 관계가 서서히 막을 올리기 시작한 거예요.

그러나 트루먼 독트린과 함께 한반도에도 냉전이 1947년부터 본격적으로 시작됐는가를 당시의 외교문서로 검토해 보면, 반드시 그렇지는 않아요. 1947년 유럽에서 비군사적 봉쇄가 시도될 때 트루먼 행정부는 한반도정책을 세우기 위해 국무부를 비롯한 부처 간 한국 특별위원회 의견서, 앨버트 웨드마이어_{Albert C. Wedemeyer} 장군의 중국과 한반도 방문 대통령 보고서, 국방부 합참 의견서를 마련해요. 얼핏 상식적으로 생각하기에는 국방부 합참 의견이 한반도를 전략적으로 높게 평가하고 주한 미군을 계속 주둔시키는 것이 좋겠다고 건의했을 것 같은데, 사실은 정반대였어요. 미 국방부의 합참은 한반도에 주한 미군을 유지하는 전략적 중요성을 낮게 평가하고, 4만 5000명의 주한 미군 두 개 사단을 다른 지역에 배치하는 것이 바람직하다는 의견을 밝혔어요. 그리고 한국 주둔이 미국의 안보에 도움이 되게 하려면 대규모 추가 투자 없이는 불가능하다고 대단히 부정정인 평가를 내려요. 나머지 두 의견은 주한 미군의 철수가 가져올 부정적인 영향을 고려해 보다 신중한 입장을 보여주고 있죠.

당시 국무부 정책기획국장이었던 조지 케넌은 세 의견을 수렴해서 주한 미군 철수를 결정해요. 그 대신에 한국에 대한 지원을 전면적으로 취소하면 미국의 국제적 신뢰도가 떨어질 것을 우려해 최종적으로 최소한의 정치적·경제적 지원은 하기로 해요. 그리고 중국에서 마오쩌둥과 장제스의 제2차 국공내전이 계속되고 있는 가운데 미국은 일본 중심으로 동아시아 방어선을 구축하게 되죠. 국제체제적 결정이 이렇게 진행되던 과정에서 해방된 한국은 분단과 전쟁을 다시 겪어야 했고, 패전국 일본은 오히려 분단을 겪지 않았죠. 패전국이 아닌 한국이 분단과 전쟁을 겪게 된 이유는 국제체제적 이해 갈등이 아시아 지역에서 국내체제가 가장 취약했던 한반도에서 표출됐기 때문이에요.

한반도는 35년 동안의 일제 식민통치 아래 정치 역량을 제대로 키울 수 없었기 때문에 해방 직후 정치적 어려움을 겪었어요. 한반도가 남북으로 나뉘고, 남과 북의 국내정치는 다시 좌우로 나뉘었죠. 여기에다가 미국이 일본을 중심으로 아시아 방어선을 치기 시작하면서 주한 미군은 NSC 8(1948/4)과 NSC 8-2(1949/2)에 따라 1949년 6월까지 철수하죠. 미국의 정책 변화를 설명하기는 쉽지 않아요. 미 제국이 한국에 영향력을 계속 행사하려면 주한 미군이 원칙적으로 나가면 안 되잖아요. 그런데 1949년에 고문단 600명만 남고 다 빠져나간 거죠. 수정론 일부에서는 북한의 남침을 유도하기 위해서 주한 미군을 위장 철수한 것이라고 주장하기도 하지만, 당시 문서를 보면 이 주장은 설득력이 없어요.

2) 분단체제

한반도의 냉전이 1945년부터 서서히 열전으로 변하는 과정을 제대로 조명하려면 북한에서는 어떤 일이 벌어지고 있었는지를 알 필요가 있어요. 1948년에 남북에서 각각 단독정부가 수립되고, 1949년 3월에는 북한의 김일성이 스탈린과의 첫 만남에서 경제 원조와 통일전쟁을 논의하죠. 그러나 정통론과 수정론은 논의된 구체적 내용에 대해서 상당히 다른 주장을 해왔어요. 수정론에서는 당시 북한과 소련이 통일전쟁에 대한 구체적 논의를 한 것이 아니라, 북한이 새로운 사회주의 국가를 건설하기 위한 소련의 전폭적인 경제적 지원만 논의됐다고 봤죠. 그러나 탈냉전 이후 소련 문서가 공개되면서 1949년 3월의 대화 내용이 자세히 밝혀졌어요. 옐친Boris Nikolayevich Yeltsin 대통령이 1994년 6월에 김영삼 대통령에게 수교 선물로 냉전 시기 외교문서 200여 건을 전달했는데, 외교부가 문서의 중요성을 검토해 달라고 해서 나도 전체를 볼 기회가 있었어요. 무엇보다도 김일성과 스탈린의

1949년 3월과 1950년 4월의 만남에 관한 기록이 궁금했어요. 하지만 1949년 면담 관련 문서는 있었고, 1950년 면담 관련 문서는 없었어요. 첫 만남에서 스탈린이 김일성에게 남북한 사정을 자세히 물어보고, 군사 문제에 관한 논의도 진행됐다는 것을 확인했죠.

러시아의 대표적인 냉전사 연구자인 아나톨리 토르크노프Anatoli Torkunov는 『한국전쟁The War in Korea』(2000)[14]에 스탈린과 김일성이 1949년 3월 5일에 이어 7일에 만나서 나눈 대화 내용을 자세하게 수록했어요. 김일성이 스탈린에게 남북한은 평화적으로 통일되기가 어렵고 전쟁을 통해서 해결할 수밖에 없다고 하니까, 이에 대해 스탈린은 세 가지 이유를 들어 아주 강하게 반대해요. 첫 번째는 북한이 남한보다 군사력이 그렇게 강하지 않다는 점이었어요. 당시 박헌영과 동행했던 김일성은 북한의 군사력이 압도적으로 우세하고, 남한에서 여전히 게릴라들이 활발히 활동하고 있으며, 남로당이 유사시에 충분히 봉기할 수 있기 때문에, 일단 전투가 시작되면 전쟁, 게릴라, 혁명이 동시에 일어나 이길 수 있다고 설명했어요. 그러나 스탈린은 김일성이 주장한 북한의 세 방향의 준비가 그렇게 압도적이지 않다고 본 거죠. 두 번째 이유는 동아시아에서 아직 중국이 내전 중이라는 것이었어요. 그리고 세 번째 이유는 소련이 미국의 참전을 감당할 수 없다는 것이었죠. 즉, 당시 미소의 냉전 구도는 현실적으로는 엄청나게 비대칭적으로 미국이 우위에 있었기 때문에, 만약 미국이 군사 개입을 하면 소련이 군사적으로 정면 대응하기는 불가능하다는 것이었어요. 따라서 스탈린은 김일성에게 북한에 돌아가서 전쟁할 생각은 하지 말고 게릴라전을 지원하고 인민 봉기를 강화할 것을 추천했어요. 1949년 9월에 소련공산당에서 김일성에게 동일한 경고를 하죠. 이 대화는 대단히 중요해요. 왜냐하면 이 시각은 1950년대의 한국전쟁 이후 1960년대의 혁명전략과 1970년대의 7·4 남북공동성명을 거쳐 오늘날 북한의 선군노선과 병진노선의 밑바닥에도 여전히 남아 있기 때문이죠.

김일성이 소련에서 귀국한 후 세 개의 중요한 사건이 발생해요. 첫 번째로, 1949년 8월에 소련이 예상보다는 굉장히 빨리 핵실험에 성공했어요. 1945년에 미국이 원자폭탄을 히로시마와 나가사키에 떨어뜨린 다음에 핵무기 보유량을 천천히 늘려가면서, 소련은 1950년대쯤 핵실험을 할 것으로 예측됐죠. 하지만 소련이 1949년 8월 말에 핵실험을 한 거예요. 두 번째로, 마오쩌둥이 1949년 10월에 중국을 통일하죠. 이건 굉장히 복잡한 문제를 가지고 있어요. 한편으로 국제 사회주의 역량이 강화됐지만, 다른 한편으로는 국제 사회주의 역량의 도전자가 생긴 거예요. 소련이 물론 사회주의 진영을 주도하고 있었지만 중국도 사회주의 통일을 성취했기 때문이에요. 셋째로 1950년 1월 10일에 미국이 애치슨 선언을 하면서 아태 공간의 방어선을 치는데, 거기서 한반도는 빠졌어요.

소련의 핵실험, 중국의 사회주의 통일, 미국의 애치슨 선언을 겪으면서 김일성은 스탈린이 1949년 3월에 준 숙제를 더 자신 있게 풀 수 있다고 생각했어요. 첫째로 북한 군사력을 증강하고, 둘째로 게릴라전, 민중봉기 역량을 강화하고, 셋째로 한반도 방어에 미국이 한발 물러선 상황에서 북한이 속전속결로 통일전쟁을 수행하면 소련이 가장 두려워하는 미국의 개입을 피할 수 있다는 거죠. 김일성은 1950년 1월 북한 주재 소련 대사 스티코프Terenti Fomitch Stykov에게 통일전쟁 준비가 끝났으니 도와줄 것을 다시 한번 스탈린에게 부탁해 달라고 간곡하게 이야기해요. 결국 스탈린은 1월 말에 국제정세의 변화에 따라서 북한의 통일전쟁을 도와줄 수 있다고 통보하고 김일성의 모스크바 방문을 허락했어요. 김일성 일행은 3월 30일부터 4월 20일까지 모스크바를 방문해 스탈린과 한국전쟁을 놓고 구체적으로 상의하죠. 전쟁의 세부 사항까지 협의했어요. 미국이 개입할 수 없도록 속전속결로 하되, 반드시 중국의 허가를 받아서 단기전으로 치러야 한다는 큰 지침 하에, 구체적으로는 옹진반도에 병력을 모으고 평화 공세를 먼저 한 다음에 속전속결로 한다는 3단계 전투계획에 합의를 보고 돌아와요.

5월 13일에는 김일성이 스탈린의 지시에 따라서 중국에 가서 밤 늦게 마오쩌둥을 만나죠. 당시 마오쩌둥은 기분이 언짢았어요. 왜냐 하면 스탈린과 김일성의 합의 내용을 잘 몰랐기 때문이에요. 중국의 입장에서 김일성과 스탈린의 합의에는 두 가지 문제가 있었어요. 첫 째로, 대만이 통일이 안 된 상황인데 한반도에서 전쟁이 먼저 일어날 경우에는 미국과 소련, 중국과 미국이 전면 대립하기 때문에 대만 통일은 어려워지죠. 둘째로, 소련이 사회주의 모국이긴 하지만 아시아 사회주의 세계질서에서 김일성이 소련의 직접 영향권으로 들어가면 중국이 북한에 미칠 수 있는 영향은 상대적으로 줄어들죠. 따라서 마오쩌둥은 못마땅했지만 13일 밤 김일성을 만날 수밖에 없었어요.

김일성은 마오쩌둥에게 스탈린 동지와 한국전쟁에 합의가 됐다 고 먼저 말해요. 마오쩌둥은 그러면 무엇을 도와주기를 원하냐고 물 어보죠. 이 대화를 문서로 읽으면서 실제 육성을 듣고 싶다는 생각이 들었어요. 왜냐하면 뭘 도와주기를 원하냐는 말도 어조에 따라서 속 으로 불만스러워도 무엇을 도와줄까 하는 것일 수 있고, 진심으로 무 엇을 도와줄까 하는 것일 수도 있잖아요. 문서만 보면 마오쩌둥이 기 분이 썩 내키지 않는 상태로 일단 도와주기로 김일성과 합의한 듯해 요. 당시 중국은 오랜 기간 장제스와의 내전 끝에 막판뒤집기로 1949 년 10월에 드디어 통일을 했기 때문에 국가 건설에 전력투구를 해야 할 때였는데, 또다시 전쟁을 벌이는 것에 대해서 국내정치적으로 상당한 반대가 있었어요. 그러나 마오쩌둥은 소련의 일방적인 지원 아래 김일성이 한반도의 해방전쟁을 수행하면 중국의 아시아 사회주의 세력 내 위상에 부정적인 영향을 미칠 수 있다는 것을 우려해 무리해서 참전을 결정하고, 1950년 10월에 중공군이 개입하죠.

분단체제의 군사적 대결은 국제체제와의 상호작용에서 악화됐어요. 한반도에서 냉전이 본격적으로 열전으로 치달은 것은 단순히 남북한 국내전의 확전이 아니라 미국을 비롯한 유엔 참전국과 소련과 중국이라는 사회주의 국가들이 군사 개입한 국제전의 성격이 있었기 때문이에요. 따라서 당시의 국제정세를 제대로 모르면 한반도에서 왜 열전이 발생했는지를 읽어낼 수 없죠. 요즘은 상대적으로 국제체제의 냉전적 영향력이 줄어들고, 남북한 분단체제의 부정적 영향은 여전히 지속되고 있고, 남북한 국내체제의 영향은 커졌어요. 그러나 국제체제의 영향은 무시할 수 없기 때문에 남북한 관계도 우리가 잘 모르는 사이에 미중 간 합의로 진행될 위험성에 대한 불안을 쉽게 벗어나지 못하고 있죠. 정상회담이라고 다 똑같은 정상들의 만남은 아니에요. 대국들은 그들의 정상회담에서 논의한 내용을 관련 당사국 정상들에게 모두 알려주지는 않아요. 우리가 조금 전에 보았듯 한국전쟁을 결정하는 과정에서 소련의 스탈린은 중국의 마오쩌둥에게 김일성과의 합의 내용을 실제로 다 알려주지 않았어요. 심지어 마오쩌둥은 스탈린이 1950년 1월에 한국전쟁 지원을 최종 결정할 때 모스크바에 머물고 있던 상황이었는데도 자세한 내용을 전혀 알 수 없었죠. 마오쩌둥은 1949년 10월 오랜 내전에서 승리해 통일을 이룬 다음 크리스마스 직전에 국가 건설을 위한 소련의 경제 지원을 얻으려고 모스크바를 방문했어요. 하지만 스탈린의 냉대 때문에 적지 않게 기분이 상했죠. 스탈린은 두 달 동안 모스크바에 체류했던 마오쩌둥을 잘 만나주

지도 않았고, 중국의 요구에 대해서도 충분히 호의적이지 않았어요.
이런 중소 관계의 한계 속에서 한반도 분단체제는 작동했어요.

3) 국내체제

그러면 1945년에서 1950년대 중반까지 한반도의 삶은 미소 관
계나 중소 관계를 보면 다 알 수 있으니 남북한 분단체제나 국내체제
는 몰라도 되느냐 하면, 그렇지 않죠. 이승만이나 김일성이 꼭두각시
로 서로 상대방을 비방하는 정도의 단역만은 아니었어요. 객관적인
형세만 보면 단역을 극복하기 어려움에도 불구하고 실제 역사 속의
주인공들이 기세를 올릴 수도 있기 때문에 반드시 형세와 기세를 함
께 읽어야 해요. 한국의 경우를 보면, 이승만은 독립운동 시기에는 친
미 반소를 기본적인 입장으로 했죠. 그러나 1945년 10월에 귀국한
직후 반년 정도의 인터뷰나 방송 내용들을 보면 절대 소련을 비난하
는 발언을 하지 않아요. 1946년 3월의 정읍 발언에서 친미 반소의 입
장을 드러내기 시작하죠. 이미 그때는 이승만이 자신의 정치적 감각
에 따라 정치적 협상으로 남북의 문제가 풀리지 않을 거라고 판단하
고 더 이상 소련에 대해 호의를 보일 필요가 없다고 생각한 거죠.

그럼에도 불구하고 미군정 사령관이었던 존 하지John R. Hodge 장군
은 좌우협상이 혹시 가능할지도 모른다고 생각했어요. 미 국무부도
좌우협상의 가능성을 염두에 두고 이승만이나 박헌영처럼 강경 좌우
노선 주의자를 배제하라는 지시를 미군정에 내리기도 했죠. 따라서
하지 장군과 이승만은 사이가 별로 안 좋았어요. 그런데 이승만이
1946년 12월 미국을 방문해서 4개월 동안 체류하던 중에 트루먼 독
트린이 선언됐어요. 당시에는 국내 선거도 중요했지만 강대국들로부

터 국제적 인정을 받는 것이 더 중요했기 때문에, 국제정치적 감각이 있던 이승만은 정권 장악의 기회가 온 것을 확신했죠. 그래서 이승만은 1947년 4월 금의환향해요.

한국전쟁의 발발 과정에서, 미소 관계와 함께 중요한 것은 이승만과 김일성의 관계였어요. 1980년대의 한국 현대사 논쟁 중에 가장 대표적인 것은 누가 먼저 한국전쟁을 시작했느냐는 거죠. 당시 문헌을 찾아보면 이승만과 김일성은 둘 다 남북협상으로 통일 문제가 해결되지 않을 것이라 판단하고 있었어요. 김일성은 전쟁 통일을 실제 정책으로 추진하고 있었고, 이승만은 위협용으로 북진론 이야기를 해요. 북진해서 점심은 평양에서 저녁은 신의주에서 먹자는 거죠. 김구는 남북협상을 끝까지 시도했던 인물로, 협상으로 통일을 이루지 못하더라도 협상을 시도할 수밖에 없다는 입장이었죠. 하지만 결과적으로 한반도의 운명이 국내보다도 국제 영향력에 따라 좌우되는 현실을 간파하고 미소 관계가 협력보다는 갈등으로 전개될 것이라는 점을 비교적 빨리 판단한 세력들이 국내 정치권력을 장악해요.

그렇다면 국제체제적 요인이 결정적으로 중요했다는 이야기이지만, 그와 함께 이승만과 김일성의 역할도 동시에 주목해야죠. 앞서 스탈린이 일방적으로 김일성에게 전쟁 수행을 지시한 것이 아니라, 김일성이 스탈린에게 한반도 해방전쟁의 지원을 약속받고 다음으로 마오쩌둥을 만나서 한국전쟁을 협의했다는 점을 이야기했어요. 이승만도 취약한 국력에 비해 미국의 한반도정책 결정에서 중요한 영향을 미치죠. 미국 의회 로비를 맡고 있던 로버트 올리버Robert T. Oliver에게 이승만이 속마음을 털어놓은 편지들을 보면 그의 북진론에는 세 가지 의도가 있었어요. 첫째로, 군사력이 없는데도 북진론을 제기한 것은 미국에 대한 일종의 위협 외교로서 한반도 문제를 관심 있게 다뤄주기를 바랐다는 거예요. 둘째로, 북한에 비해서 어차피 군사력이 약세라면, 차라리 북한에 위협을 하는 것이 낫다고 생각한 거죠. 셋째는 국내정치적으로 군사력이 상대적으로 약한 현실적 상황에서 국민을 안심시켜야겠다는 생각이었죠. 그러나 허세의 북진론은 장기적으로 한계가 있을 수밖에 없었어요.

한반도의 내부 상황과 국제체제의 변화, 분단체제의 동학은 복합적으로 볼 필요가 있어요. 현재까지 북한 문서가 공개되지 않았지만, 탈냉전 이후 본격적으로 공개된 소련 문서와 제한적으로 공개된 중국 문서들을 보면, 김일성이 스탈린의 허락과 지원을 받은 후에 중국의 도움을 받아 무력 통일을 시도했던 사실은 명확하게 밝혀졌어요. 한편 이승만도 평화 통일의 한계를 인식했지만, 현실적으로 공갈외교 수준을 넘어선 북진 통일을 추진하지는 못했어요. 그런데 분단된 한반도에서 남북한이 시작한 내전이 세계적 규모의 국제전으로 확대된 것은 강대국들의 참전 이후였죠. 미국은 한국전쟁이 발발하자 전쟁을 시작한 김일성의 배후에 있는 소련에 명확한 경고를 해야겠다고 결정해요. 따라서 1947년의 트루먼 독트린의 기조를 공간과 수단의 측면에서 확대해 한반도에서 군사를 포함한 수단을 동원해서 신속하게 소련의 확대를 봉쇄하려는 과정에서 결국 세계대전 규모의 지역전쟁이 벌어진 거예요. 미국의 입장에서는 한국전쟁의 신속한 참전으로 소련에 명확한 신호를 보냈으므로, 사실상 전쟁을 시작하자마자 끝낸 셈이었죠. 한편 중국은 대륙을 통일한 지 1년도 안 된 어려운 상황 속에서 핵심이익을 지키기 위해 참전했어요. 1950년 11월 중순 중공군이 본격적으로 한국전쟁에 참전했고, 이후 치열한 공방과 지루한 협상 끝에 1953년 7월 27일 휴전협정이 체결됐죠.

6. 미중 대데탕트의 성공과 남북 소데탕트의 실패

두 번째로 한반도의 소데탕트 실패 사례에 대해 살펴보려고 해요. 냉전이 지구화되는 과정에서 미국과 소련이라는 주도 국가들의 역할과 한반도의 남북한이 맡았던 역할이 결합해서 한국전쟁이라는 비극을 겪었어요. 미국, 소련, 중국은 1969년부터 데탕트를 통해 냉전의 긴장을 완화하며 호흡 고르기에 들어가죠. 지난주에 요약했듯이 미국과 소련은 닉슨-브레즈네프 정상회담을 개최하고, 전략핵무기제한협정SALT을 체결해요. 동아시아 차원에서는 키신저와 저우언라이 간에 42시간에 걸친 폴로 작전 1과 2의 역사적 협상이 벌어지죠.

1) 국제체제

두 사람은 다섯 가지 의제를 놓고 협상을 진행했어요. 첫째로 미국은 베트남전 종결이 가장 큰 문제였고, 둘째로 중국은 대만 문제와 관련해서 하나의 중국에 대한 미국의 동의를 얻는 것이 중요한 문제였어요. 셋째로 동아시아 문제로서 일본이 핵심 의제로 다뤄졌어요. 19세기 말 청일전쟁 이래 일본으로부터 아픈 역사를 경험한 중국으로서는 일본에 대해 항상 부담을 느끼고 있어요. 한편 일본도 중국에 대해서는 어느 정도 과잉 반응을 하고 있죠. 그다음으로 한반도 문제가 논의됐어요. 그리고 넷째는 인도·파키스탄 문제, 그리고 마지막 다섯째가 소련 문제였어요. 키신저와 저우언라이의 두 차례에 걸친 협상은 예민한 의제들을 포함하고 있어서 42시간이나 걸렸어요.

이런 국제정치 현실을 제대로 이해하는 데 교과서나 연구서 같은 이차자료 검토만으로는 한계가 있어요. 현장에서 직접 체험한 기록인 일차자료의 충실한 검토가 대단히 중요하죠. 한반도를 둘러싼 냉전 국제정치를 공부하기 위해서는 다음의 세 문서를 꼭 읽으라고 권하고 싶어요. 첫 번째는 키신저와 저우언라이의 미중 국교 정상화를 위한 42시간에 걸친 협상 기록이에요. 조지워싱턴대학 국가안보아카이브 The National Security Archive-The George Washington University[15]에서 전체 협상 내용을 찾아볼 수 있어요. 두 번째는 1970년 8월 박정희 대통령과 애그뉴 부통령의 면담 기록이에요. 대국과 비대국의 관계를 잘 보여주는 문서죠. 세 번의 면담 중에 백미는 점심도 제대로 못 먹으면서 6시간에 걸쳐 주한 미군 감축과 한국군 현대화 계획 지원을 놓고 벌였던 논쟁이에요. 세 번째는 7·4 남북공동성명에 앞서 북한에서 있었던 김일성과 이후락의 면담 기록이에요. 당시 남북 관계의 분위기를 잘 보여주는 기록이라 할 수 있어요. 이런 문서들을 제대로 해석할 수 있으려면 무엇보다 문서의 행간을 읽어내는 안목을 키우는 훈련이 중요해요. 여러분이 국제정치의 이론이나 역사를 배우는 것은 현실을 제대로 해석하기 위한 수단을 습득하려는 노력이죠. 그런데 수단 자체를 배우다가 공부의 목적인 현실의 문제의식을 잃어버려서는 절대 안 돼요.

미중 데탕트가 한반도에 미친 영향을 보기 위해서는 미중이 42시간 협상 중에 한반도 문제를 얼마나 비중 있게 논의했나를 볼 필요가 있어요. 1970년 7월의 첫 협상(폴로Polo I)에서는 한반도 문제를 간단하게 다뤄요. 저우언라이가 미중 관계가 좋아지면 주한 미군은 어떻게 되느냐고 묻자 키신저는 미중 관계가 좋아지면 주한 미군 문제도 연동돼서 서서히 해결되지 않겠느냐고 대답해요. 우리는 주한 미군 문제를 포함한 한반도 문제를 너무 한반도라는 좁은 시각에서 보는 한계가 있어요. 그에 반해 미국이나 소련 또는 중국은 한반도 문제를 강대국 시각에서 다루고 있죠. 그런데 김일성에 대한 키신저의 이해는 소박했어요. 미중의 대데탕트가 이뤄지면 남북한의 소데탕트도 이어서 가능할 것이라고 생각한 거예요. 이에 따라서 주한 미군 문제도 해결되지 않겠느냐고 한 거였죠.

10월의 두 번째 협상(폴로Polo II)에서, 저우언라이가 키신저에게 북한의 '조선반도 평화 통일 8개 방안'을 전달했어요. 그랬더니 키신저는 양국의 협의 과정에서 제3국의 북한 문서를 왜 전달하느냐고 강한 불쾌감을 드러내면서 흥미로운 토론이 진행되죠. 미중은 두 차례의 협상을 거쳐 1971년 2월 27에 역사적인 '상하이 코뮈니케Shanghai Communiqué'를 발표해요. 그러면서 키신저는 미중의 대데탕트 이후 한반도의 소데탕트까지 달성해서 동아시아의 데탕트를 완성할 수 있을 것이라는 소박한 생각을 했지만, 현실은 전혀 달랐죠.

2) 분단체제

김일성 주석은 1971년 6월 10일과 8월 6일의 연설에서 대남정책에 관해 상이한 발언을 해요. 6월 10일에는 1960년대 중반 이래 강조해 온 3대 혁명 역량 강화 전략에 따라서, 불가능한 전쟁 통일 대신 남반부 혁명 역량을 강화해서 통일을 이루겠다고 밝혀요. 그런데 빠르게 변화하는 국내외 정세 속에서 김일성 주석은 8월 6일 연설에서 한국의 집권당인 공화당을 포함한 모든 정당 단체들과 협의하겠다며 평화 공세를 펴기 시작했어요. 이어서 열린 남북한 적십자회담에서 만난 양측 정보기관의 대표였던 정홍진과 김덕현이 11월부터 이듬해 3월까지 약 4개월에 걸쳐서 비밀 협상을 해서 한국의 중앙정보부장인 이후락이 1972년 5월에 평양을 방문하죠. 지금은 평양 방문이 그렇게 대수로운 것은 아니지만, 당시 중앙정보부장의 평양 방문은 한국전쟁 이후 가장 충격적인 사건이었어요. 한국 정보기관의 수장이 평양을 방문해서 김일성과 두 차례의 심야회담을 한다는 것은 상상하기도 어려웠죠. 나는 당시 대학을 졸업하고 군 복무 중이었는데, 미중과 남북이 화해 분위기로 관계를 전환해 가는 상황에서 현실의 남북한 관계나 국제정치의 변화를 제대로 읽어내지 못하는 국제정치학 공부의 한계를 절감했어요.

남북한은 관계 개선과 관련해서 전혀 다른 생각을 하면서도 7·4 남북공동성명에 합의했죠. 김일성 주석은 5월 4일 심야에 이후락 부장을 만나서 박정희 대통령이 반외세 자주, 평화, 민족대단결이라는 북한의 조국 통일 3대 원칙에 동의한 것을 굉장히 높이 평가했어요. 1970년대에는 조국 통일 3대 원칙을 이야기하면 국가보안법 위반으로 구속되는 것이 현실이었는데, 남북한 정상이 북한의 통일 원칙에 합의했다는 것은 놀라운 일이었죠. 김일성 주석은 박정희 대통령이 자주를 약속하고 자신이 평화를 약속했으니 남북한 문제는 잘 풀릴 것이라고 자신감을 보였어요.

탈냉전 이후 공개된 동유럽의 외교문서들을 보면, 김일성 주석은 7·4 남북공동성명이 북한의 3대 혁명 역량 강화에 기여할 것이라고 실제로 생각했어요. 국내외적으로 더 유리한 고지에 있었던 북한은 주한 미군이 감축되고 있었기 때문에 박정희 대통령과 만나겠다는 평화 공세를 하면 두 가지 효과가 있을 것으로 기대했죠. 첫째로 주한 미군의 철수를 가속화해서 국제 혁명 역량 강화에 분명히 도움이 될 거라고 생각했어요. 둘째로 남반부 혁명 역량 강화에도 도움이 된다고 생각했어요. 당시 남한의 통일혁명당 활동은 남한의 혁명 역량 강화에 제한적인 기여밖에 하지 못하고 있었기 때문에, 일반 시민 역량이 혁명 역량을 돕게 하려면 북한이 평화 공세를 더욱더 적극적으로 할 필요가 있다고 생각했죠. 한편 한국에서는 1970년대 초반에 닉슨 대통령의 괌 독트린 선언 이후 미중 관계가 정상화되고 주한 미군이 감축되는 어려운 상황에서 박정희 대통령은 새로운 삼중 생존전략을 추진하게 돼요. 첫째로는 국제적으로 사회주의 국가들과의 북방정책을 모색했고, 둘째로 남북한의 긴장 완화를 시도했고, 셋째로 국내적으로 북한의 수령체제와 대결하기 위해 유신체제를 추진했죠.

3) 국내체제

남북한은 동상이몽을 하면서도 7·4 남북공동성명에 일단 합의했어요. 그러나 합의는 그리 오래가지 못했죠. 공동성명 직후인 7월 17일에 북한 외무성 부상 이만석은 동유럽 외교관들에게 7·4 남북공동성명을 설명하면서, 핵심인 통일 3대 원칙은 김일성 주석이 이후락 부장을 만났을 때 처음 제안하고 박정희 대통령이 완전히 동의했기 때문에 사실상 한국 정부의 패배를 보여주는 것이라고 밝혔어요. 그리고 김일성 주석은 9월 초 일본의 《마이니치신문每日新聞》과의 대담에서는 한국의 유신체제가 민중들을 더 통제하고, 주한 미군도 철군이 아니라 감축에 머무르면 박정희 정부와 손잡을 이유가 없다며 불만을 표시했죠. 이후 12월부터 6월까지 남북한 회담이 여러 번 열리지만, 회담을 위한 회담에 그쳤어요. 북한은 적극적으로 나오고 남쪽은 신중한 자세를 취하다가, 1973년 6월 23일에 남북한이 서로 다른 통일 정책을 발표하고, 결국 김대중 납치 사건 발생 직후인 8월 29일에 남북 대화 중단을 선언하죠. 한국은 7·4 남북공동성명 이후 북한에 비해서 대단히 신중한 입장을 취해요. 박정희 대통령은 1974년 1월 1일에 열린 기자회견에서 북한의 위장 평화 공세를 알고 있었다고 말했어요. 한편 북한은 7·4 남북공동성명을 통해서 자신이 기대했던 방향으로 한국과 미국이 움직이지 않자 평화 공세를 더는 전개할 수가 없었던 거죠.

한국전쟁과 7·4 남북공동성명의 드라마는 미국과 소련, 그리고 중국이라는 강대국과 남북한이라는 비강대국이 얽혀서 보여준 비극이었어요. 그 이후 1990년대 초에 남북 고위급회담이 열리고, 2000년대 들어와서는 김대중, 노무현 대통령의 남북 정상회담이 열리게 되죠. 그러나 남북한 문제는 여전히 해결의 실마리를 찾지 못하고 어려움을 겪고 있어요. 다음 두 주에 걸쳐서는 1990년대에 내가 가르쳤던 국제정치이론에 관해 다룰 거예요. 이용희 교수의 『일반 국제정치학(상)』을 꼭 읽고 오세요. 동시에 새로 나온 한글판(2013)[16]에 내가 쓴 해제도 같이 읽어보세요.

더 읽을거리

하영선. 1988. 「한국외교정책 분석틀의 모색」. 한국국제정치학회. 《국제정치논총》, 제 28집 2호.

하영선. 2008. 「한국 외교 60년: 평가와 과제」. 외교통상부 주최 건국 60주년 기념 외교 세미나 '한국 외교 60년 평가와 향후 과제'(2008.8.13).

하영선. 2016. 「전쟁과 평화: 한반도의 전쟁과 평화」. 송호근 외. 『(문화의 안과 밖 7) 시민사회의 기획과 도전: 근대성의 검토』. 서울: 민음사. (네이버 열린 연단: 문화의 안과 밖 강연 시리즈, '제40강 평화와 전쟁: 한반도의 전쟁과 평화'.)

5강

현대 국제정치이론

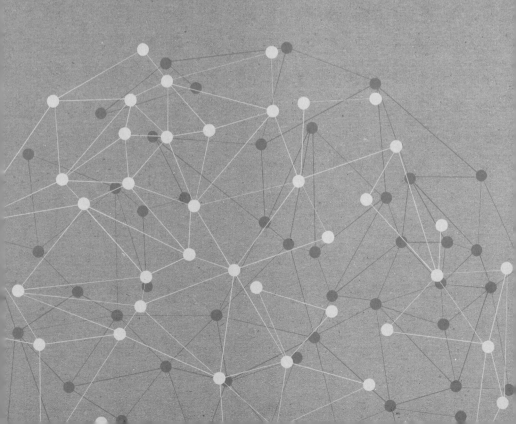

이번 주에는 현대 국제정치이론을 강의하겠어요. 다음 6주차에는 탈근대 국제정치학을 강의하고, 이어서 7주차에는 한국 외교사, 8주차에는 한국 사회과학 개념사 강의를 진행할게요. 이제까지 강의했던 것처럼 먼저 국제정치이론과 탈근대 국제정치이론 강의를 했던 1990년대 상반기의 세계질서 변화부터 이야기할게요.

1. 탈냉전과 국제정치이론

첫 번째 사진은 레닌 동상의 머리 부분이 파괴된 모습이에요(그림 1). 1991년 크리스마스에 소련이 공식적으로 해체되면서 막을 내린 국제 냉전체제의 폐막을 상징적으로 보여주는 장면이죠. 탈냉전체제는 기적처럼 느닷없이 찾아왔기 때문에 외교정책담당자나 국제정치학자 모두가 충분한 준비 없이 맞을 수밖에 없었어요. 우선 세계 차원에서 주인공을 중심으로 보면, 소련이 무대에서 내려가면서 자연스럽게 미국이 단독 주연으로 올라설 것이라는 예상이 많아졌죠. 그리고 무대를 중심으로 보면, 냉전체제에서 가장 중요했던 군사 무대의 중요성이 빠르게 줄어들고, 경제를 비롯한 신흥 무대의 중요성이 상대적으로 커질 것으로 예상됐죠. 나는 국제정치학자로서 탈냉전체제의 부상을 제대로 예견하지 못한 잘못을 반복하지 않기 위해서 1990년대의 변화를 단순히 탈냉전적 시각이 아니라 문명사적 시각에서 보려고 노력하기 시작했어요.

다음으로 지역에서 일어났던 중요한 변화를 보면, 우선 유럽에서는 소련이 해체됨에 따라 동유럽 사회주의 국가들이 자연스럽게 체제변환을 겪게 됐고, 서유럽 국가들은 21세기의 선행지표적 실험으로 유럽연합을 건설하게 돼요. 동아시아에서도 탈냉전이 진행되면서 한국은 1991년에 소련과 수교를 하고, 1992년에는 한국전쟁 이후 적대관계를 계속해 온 중국과 드디어 수교를 맺게 되죠(그림 2).

세 번째 사진은 1990년 9월에 처음 열린 이후 여덟 차례 진행됐던 남북 고위급회담의 모습이에요(그림 3). 남북한이 1950년의 한국전쟁, 1972년의 7·4 남북공동성명에 이어 세 번째로 겪은 중요한 변화였죠. 남북 고위급회담을 통해 1991년 12월 남북 기본합의서를 채택하고 한반도 비핵화 선언에 합의하면서 남북 관계에 대해 큰 기대를 불러일으켰죠. 그러나 남북 관계는 과거의 악순환을 벗어나지 못하고 오래 지나지 않아 다시 악화됐어요. 북한은 고위급회담의 합의 내용을 이행하지 못한 채, 1993년 2월에 국제원자력기구IAEA 핵 특별사찰을 거부하고, 곧이어 3월에는 핵확산금지조약을 탈퇴하게 되죠.

네 번째 사진은 한국의 국내정치 상황을 보여주고 있어요(그림 4). 1991년 4월에 명지대학교 학생 강경대 군이 시위 진압대의 구타로 사망한 후 사태가 점차 악화돼서 5월에는 대학가에 분신자살 사건이 연이어 발생해요. 당시 청와대 비서실장을 거쳐서 국무총리를 맡고 있던 노재봉 교수가 책임을 지고 취임 6개월 만에 사임하죠. 이후 대선에서 김영삼이 3당 통합을 거쳐서 대통령에 당선돼요. 여러분이 1990년대 이후에 태어난 세대이기 때문에 직접적으로 체험하지 못한 1990년대를 축약적으로 보여주는 대표적 사진들을 세계, 동아시아, 남북한, 국내 차원에서 한 장씩 소개한 거예요.

그림 1

1991년 베를린 동쪽에 있던 레닌 동상의 머리가 잘려 옮겨지는 모습

자료: Ur Cameras / Flickr.com.

그림 2

1992년 한중수교 조인식을 마친 뒤 이상옥 외무장관과 첸지천 외무부장이 악수를 나누는 모습

자료: 국가기록원.

그림 3

제1차 남북고위급회담(1990년 9월 4~7일)

자료: 국가기록원.

그림 4

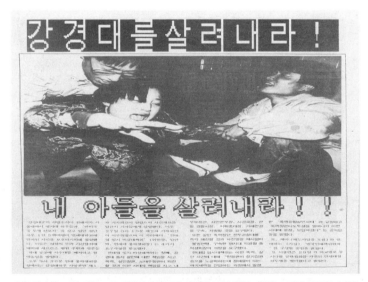

1991년 4월 26일 시위 도중 경찰의 폭력으로 사망한 명지대학교 학생 고 강경대 군의 소식을
전하는 전단

자료: 대한민국역사박물관.

2. 국제정치이론 강의사

이런 시대적 상황 속에서 가르치기 시작한 국제정치이론은 외교학과가 1956년에 정치학과에서 분리된 이후에 국제정치론 또는 국제정치이론이라는 강의명으로 외교학과를 대표하는 과목이었어요. 외교학과 학생들은 전공필수과목으로 1학년 때 국제정치학 개론을 듣고 3학년이 되면 국제정치이론을 들어야 했죠. 이용희 교수가 1956년에 외교학과를 창설한 이후 1975년에 학교를 떠날 때까지 국제정치론을 20년 동안 가르쳤어요. 이용희 교수가 서울대학교를 떠난 것은 국내외적 상황과 밀접하게 연관돼 있었어요. 앞에서 1975년의 국제정치적 상황을 잠시 설명했지만, 세계 차원에서는 베트남전이 공식적으로 막을 내리고, 한국은 새로운 생존전략을 짜야 할 긴박한 상황에 직면해 있었어요. 1960년대 후반 이후 박정희 대통령과 관계가 소원했던 이용희 교수는 월남 패망 직후 박 대통령의 요청으로 서울대를 떠나서 대통령 정치 담당 특별보좌관을 맡게 되죠. 이용희 교수를 이어서 노재봉 교수가 1975년부터 노태우 대통령 외교담당 특별보좌관을 맡게 되는 1988년까지 국제정치이론을 가르쳤어요. 세 번째로 내가 1989년부터 2012년 정년퇴직할 때까지 국제정치이론을 가르쳤죠. 언젠가는 이 과목을 가르쳐야 할 것으로 예상하고 있었지만, 노재봉 교수가 갑자기 학교를 떠났기 때문에 예상보다는 빨리 가르치게 됐어요. 그러나 국제정치이론 공부는 동주 국제정치학의 지적 전통을 21세기에 걸맞게 이어나가려는 틀 속에서 이어져 왔기 때문에 큰 어려움 없이 강의를 계속할 수 있었어요.

나는 1967년에 외교학과에 입학해서 처음으로 국제정치학을 배우기 시작했어요. 당시 공부 환경은 요즘과는 비교할 수 없을 정도로

열악했어요. 인터넷이나 노트북은 물론이고 아직 복사기도 없던 시절
이었기 때문에 서적과 자료의 절대적 빈곤을 겪어야 했죠. 당시 노재
봉 교수는 영문 교재 중 일부를 직접 타자를 치고 복사해 나눠주면서
강의를 진행하기도 했어요. 국내에 해외 서적이 제대로 수입되지 않
았기 때문에 대단히 제한된 책을 통해서 구미 국제정치학과 만났어
요. 따라서 중요한 것은 강의였어요. 동주 선생이 두 학기에 걸쳐 가
르쳤던 국제정치론과 매년 수강했던 국제정치 고전 강독이 나의 국제
정치학 형성에 기초가 됐죠. 국제정치가 내 삶을 제대로 이해하는 데
핵심적으로 중요하다는 가르침을 얻으면서, 외교학과 학생으로서, 직
업으로서 외교에 대한 초보적 관심을 넘어 학문으로서 외교에 대한
관심을 본격적으로 가지기 시작했어요. 외교학과에 입학해서 실천적
학문으로서 국제정치학을 처음으로 배우면서, 동주 선생에게 제왕의
학문을 배우러 온 사람들이 취직 걱정을 한다고 야단을 맞기도 했죠.

이용희 교수는 한국전쟁 중 부산 피난 시절의 강의 내용을 『국제
정치원론』(1955)[1]으로 출판하고, 1960년대 초에 본격적인 국제정치
연구서인 『일반 국제정치학(상)』(1962)[2]을 세상에 내놓았어요. 1969
년에 1년 동안 국제정치론 강의를 직접 들으면서 이 책을 여러 번 읽
었어요. 책 제목은 교과서 같지만 다른 교과서와는 전혀 달랐어요.
『국제정치원론』에서 동주는 세계 속에서 "우리 겨레가 왜 이렇게 취
약한가"라는 문제를 풀기 위한 추적 작업을 논설이 아닌 강연 형식으
로 기록하고 있어요. 첫 번째 문제인 "왜 우리가 이렇게 못사는가"를
따져보려고 하니 우리와 대비되게 잘사는 구미의 정치와 국제정치를
다루는 학문을 들여다보게 됐다는 거죠. 그런데 그들의 문제를 풀기
위한 구미의 정치학이나 국제정치학이 우리 문제에 대한 해답을 주지
않는다는 두 번째 깨달음에 부딪히게 됐다는 거예요. 조금 어려운 표

현이지만 미국이나 유럽이 아니라 한국 또는 아시아에서 국제정치학 공부를 하면서 장소의 논리를 염두에 두지 않으면 구미의 정치학이나 국제정치학의 선전적 지식에 휘말릴 위험이 크다고 이야기하고 있죠. 그것이 어린 시절에는 굉장히 충격적으로 받아들여졌어요.

3. 『일반 국제정치학(상)』

『일반 국제정치학(상)』은 반세기의 세월이 흘렀지만, 여전히 강한 생명력을 보여주고 있어요. 국제정치학 공부를 하기 위한 국내외 필독서 중에 가장 중요한 책이라고 생각해요. 1974년 말 뒤늦게 미국 유학을 가면서 품고 간 유일한 책이었어요. 노재봉 교수도 미국 유학을 가면서 유일하게 동주 책을 가져갔다고 하셔서 재미있다는 생각이 들었어요. 내가 이렇게 강하게 추천해도 학생들은 대부분 잘 안 읽어요. 단순히 지도교수의 책이기 때문에 반세기 전의 교재가 여전히 중요하다고 말하는 것은 아니에요. 최근 제자들이 한자가 많아서 책을 읽기 어렵다고 한글판으로 책을 새로 내겠다고 해서 거기에 내가 해제를 쓰게 됐어요. 해제에서 이 책의 네 가지 의의를 강조했죠.

첫째는 이 책이 던지고 있는 문제의식, 즉 목적론teleology의 중요성이에요. 국제정치학은 장소의 국제정치를 벗어날 수 없기 때문에 미국 혹은 한국의 국제정치학은 자기 나름의 문제의식을 가질 수밖에 없어요. 첨단 정보기술이 혁명적으로 발전하면서 인터넷을 통해서 전세계의 유명 교수들이 하는 명강의를 쉽게 볼 수 있게 됐죠. 물리학, 화학, 수학 같은 자연과학 과목들에서는 세계적으로 유명한 교수가 표준 강의를 할 수 있겠죠. 그런데 국제정치학은 장소에 따라서 다를 수밖에 없어요. 한국 국제정치학의 문제의식이 "우리 겨레가 왜 이렇게도 취약한가"였다면, 미국 국제정치학의 과제는 "미국이 어떻게 하면 계속 잘살 수 있는가"가 되겠죠. 미국 국제정치학의 이런 목적론을 비난하는 것은 옳지 않아요. 다만 미국 국제정치학의 최대 과제는 미국이 21세기 세계질서의 중심국가로서 역할을 계속 성공적으로 수행하기 위해서 19세기의 제국주의적 국제질서가 아닌 21세기의 공치주의적 세계질서를 함께 건축하는 거죠.

한편 한국 국제정치학의 우선 과제는 대국 주도의 세계질서에서 비대국으로서 생존, 번영하는 전략을 마련하는 것이에요. 따라서 같은 세계질서를 고민하더라도 삶터의 시간과 공간에 따라 다른 고민을 하게 되죠. 한국이나 아시아가 고민하는 국제정치와 미국이나 유럽이 고민하는 국제정치는 같고도 다를 수밖에 없어요. 그렇기 때문에 내가 겪고 있는 국제정치학적 딜레마는 남이 아니라 내가 더 절실하게 파고들 수밖에 없는 거죠. 미국의 유명한 국제정치학 교수들이 한국에 와서 한국이나 아시아 국제정치학의 핵심 질문은 무엇이며, 그 문제를 어떻게 풀려고 노력하느냐는 질문들을 자주 해요. 그런데 한국 학자들 대부분이 한평생 공부한 것은 미국이 당면한 국제정치적 문제를 미국의 국제정치학에서 어떻게 풀려고 하는가예요. 그러니 답변이 궁색해질 수밖에 없죠. 그러나 미국 학자들이 정말 궁금해하는 것은 자신들이 더 잘 아는 미국 국제정치학이 아니라 한국, 북한, 중국, 일본의 국제정치학이에요.

한국 국제정치학의 목적성 문제는 대단히 중요함에도 불구하고 동주 국제정치학 이후 반세기가 지났지만 더 강렬해졌다고 말하기 어려워요. 치열한 내 문제의식 속에서 매일의 국제정치 현실을 바라보고 있는가를 생각하면 섬뜩할 때가 많죠. 단지 이런 차이는 있어요.

1950년대의 동주 국제정치학은 우리는 왜 이렇게 취약하느냐라는 최후진국의 현실에서 출발했지만, 2010년대의 한국 국제정치학은 한국이 더 이상 최후진국에 머물러 있지 않기 때문에 중진국의 현실에서 주저앉지 않고 선진국으로 가는 숙제를 제대로 풀어야 하는 과제가 있는 거죠. 당대 시공간에서 부딪히고 있는 문제를 풀어보려고 치열하게 노력하는 것이야말로 국제정치학자가 가져야 할 첫 번째 덕목이에요.

둘째는 '장소의 논리'에 기반을 둔 동주 국제정치학이 가진 독창성이에요. 구미의 국제정치학을 공부하면서 우리는 흔히 구미 국제정치학을 일반 국제정치학으로 착각하기 쉬워요. 한국 국제정치학에서도 현재 미국 국제정치이론의 주류를 이루고 있는 현실주의, 자유주의, 구성주의 등을 주로 가르치고 있어요. 그러나 그런 국제정치이론들을 교과서적으로 배우면 우리의 국제 문제를 풀 수 있는 지평의 확대와 심화가 자연스럽게 이뤄지지는 않아요. 오히려 경우에 따라서는 차라리 배우지 않은 것만 못한 결과를 가져올 수도 있죠. 동주가 강조한 '장소'의 국제정치에서 장소라는 말은 생각보다는 어려운 말이에요. '공간'이 물리적인 의미라면, '장소'는 내가 실존적으로 살고 있는 구체적 시공간을 의미해요. 서양의 근대 국제정치적 삶은 19세기 중반 이래 동양의 한반도에 커다란 영향을 미쳤죠. 따라서 시간과 장소에 따라서 내 실존적 삶과 얽히는 국제정치 문제를 다르게 풀어나가야 해요.

현대 미국 국제정치학에서 가장 대표적인 지평인 현실주의는 핵심 주인공인 국가가 부국강병이라는 핵심 무대에서 국가 이익을 극대화하기 위해 보여주는 힘의 각축이 바로 국제정치라고 말해요. 그러나 1960년대 당시 한국의 국력은 세계에서 최하위 수준으로, 국제정치 무대에 오를 수도 없었던 식민지에서는 벗어났지만 아직까지 본격적으로 독립된 주인공으로서 무대에서 연기를 펼치지 못하고 있었는데, 구미 국제정치학의 현실주의를 그대로 받아들이면 세계가 굉장히 비관적으로 보이죠. 현실주의에서 우리는 무대의 주인공이 아니라 주변 행인 같은 보조 출연자이고, 국제정치 무대는 주연급 배우들을 중심으로 진행돼요. 국제정치학을 통해 우리나라가 국제정치 무대 위로 올라가려면 어떻게 해야 하는지를 생각해 봐야 하는데, 주인공의 국제정치학에서는 행인까지 고민해 주는 국제정치를 할 수 없어요. 그렇다고 "왜 내 것까지 안 해주냐" 그럴 수는 없잖아요. 따라서 국제정치이론을 연구할 때는, 지평을 넓히기 위해서 구미, 전 세계에서 진행되고 있는 국제정치를 이론화하려는 노력과 더불어, 내 공부의 목적에 필요한 연구들에도 관심을 기울여야 해요. 미국의 현실주의에 대한 관심과 한국의 현실주의에 대한 관심은 다를 수밖에 없다는 것을 명심해야 하죠.

셋째는 동주 국제정치학이 현대 국제정치의 기본 성격을 분석하기 위해 근대 유럽 국제정치권의 기본 단위체로 관념되어 온 근대국가의 역사적 성격을 군사국가, 경제국가, 식민지국가로 규정하고, 당시 국내의 열악한 연구 여건 속에서 놀랄 만한 국제적 수준의 실증 작업을 통해 이를 설득력 있게 증명하고 있다는 점이에요. 중세 1000년 동안 유럽은 명백히 후진국가였어요. 당시 선진이었던 이슬람 문화권이나 유교 문화권은 스스로 문명권을 자처했죠. 후진이었던 유럽문화권이 전세를 역전시켜서 무대의 중심에 서게 된 핵심적 이유는 새로운 문명표준인 부강국가 형태의 근대국가 건설에 성공했기 때문이에요. 서양은 세계의 문명표준으로서 근대국가체제를 건축해서 전 세계로 전파하게 됐고, 그 반면에 동양은 전통 천하질서와 근대 국제질서의 결합을 고민하게 됐죠.

서양 근대국가의 특성은 군사국가, 경제국가, 식민지국가였는데, 동양의 전통 무대에서는 부국강병 무대가 서양만큼 중요하지는 않았어요. 물론 동양 전통질서 속에서도 전쟁이 끊임없이 있었지만, 가장 중요하게 평가를 받는 것은 명분으로서 예의 무대였죠. 따라서 부강국가가 아니라 예의국가가 선진국이라고 강조됐어요. 반면에 서양은 근대로 들어서면서 예의국가가 아니라 부강국가를 국가 목표로 설정했고, 19세기 중반에 서세동점하면서 동양의 예의국가를 패배시키죠. 서양은 군사 무대를 최우선으로 삼은 체제였고, 동양은 군사 무대를 상대적으로 경시하는 체제였기 때문에 싸움의 결과는 자명했죠. 경제적인 면을 보더라도, 서양에 압도당하기 이전 시기인 17세기와 18세기에 청나라는 강희제, 옹정제, 건륭제의 150년 동안 세계 GDP의 3분의 1을 차지했지만, 한 세기 만인 19세기에 산업혁명이 발생한 이후에는 GDP 비중이 1퍼센트 수준으로 떨어졌어요. 반대로 유럽과 미국이 급부상해서 주도적 위치를 차지하게 됐죠.

넷째는 동주 국제정치학이 단순히 구미의 근대 국제정치를 분석하고 있는 것이 아니라 취약한 한국 민족이 근대 국제정치적 변화 속에서 부흥하려면 어떻게 해야 하는가를 고민하는 실천적 함의를 제시하고 있다는 점이에요.

『일반 국제정치학(상)』은 하권이 안 나와서 미완의 국제정치학으로 남아 있어요. 저자는 상권을 끝내는 마지막 문장에서, 예정된 하권의 내용을 분명하게 밝히면서 이렇게 말하고 있죠. "근대국가의 국제정치적 면과 초국가적 국가군 대 국가군의 양상은, 마치 겹쳐서 박혀 있는 사진과 같이 세계정치에 이중으로 투영되고 있다." 20세기에는 여전히 근대국가의 국제정치가 중요하지만, 동시에 근대 국제정치의 자기모순을 극복하기 위한 초국가적 국가군의 국제정치가 동시에 작동하기 때문에 이중노출의 국제정치 사진이 찍히게 된다는 거죠. 1960년대 초에 근대 국제정치와 탈근대 국제정치가 이미 복합적으로 얽혀서 머릿속에 이중적으로 그려질 수 있었다는 것은 세계 최하위 수준의 GDP에 머물렀던 한반도의 현실을 고려한다면 엄청난 지적 상상력의 결과라고 할 수 있어요. 1960년대 강대국들의 국제정치학 저서와 비교해 봐도 훨씬 앞서가는 상상력을 보여주고 있죠. 『일반 국제정치학(상)』은 서양의 근대 국제체제를 보면서 왜 구미 국가는 잘살게 됐고 반대로 동양의 전통 천하질서는 못살게 됐는가를 따지고, 전통 동양질서가 다시 잘살려면 서양의 근대질서를 단순히 베껴서는 안 되고 우리 나름의 근대질서를 만들어나가야 한다고 이야기한 뒤, 마지막으로 이미 세계정치는 이중구조화되어 단순한 근대 국제정치를 넘어서서 복합화된 세계정치가 벌어지고 있으므로 이중구조의 비밀을 먼저 푸는 자가 무대의 중심에 설 것이라는 암시를 하면서 끝내죠. 이 화두는 그 이후 노재봉 교수를 거쳐 나를 비롯한 후학들에게 지적 전통으로 이어져 오고 있어요.

이용희 교수는 전공인 국제정치학 저서가 적은 것에 비해서 동주라는 필명으로 쓴 한국 미술사 저술은 네 권이나 돼요. 그러나 한국 미술사 저서들은 원래 출판을 의도했던 것은 아니었어요. 동주는 연희전문학교 시절부터 한국 미술에 본격적으로 관심을 쏟기 시작했죠. 당시 위당 정인보 선생 같은 분들의 국학 연구에서 영향을 받으면서 조선 미술에 대한 애정이 싹터서 한평생 사랑하게 된 거였죠. 1967년에 이용희 교수가 박정희 대통령의 고문 역할을 그만두고 학교로 돌아와서 학부 초년생이었던 우리에게 박사과정 수준의 호된 지적 훈련을 시켰어요. 당시에는 힘들었지만, 덕분에 지적으로 폭풍 성장을 할 수 있었죠. 이 시기에 동주는 후학을 양성하는 동시에 평생 애정을 쏟아왔던 한국 미술사를 정리할 기회를 가졌어요. 고려대학교 민족문제연구소가 민족문화시리즈를 내면서 한국 미술사를 집필할 마땅한 필자를 찾지 못하다가 신일철 교수의 소개로 동주에게 부탁한 게 시작이었어요. 그 이후 『한국회화소사』를 비롯한 네 권의 중요한 한국 미술사 관련 서적이 나왔어요. 그 과정에서 유홍준 교수가 중요한 산파 역할을 했고 본인도 자연스럽게 한국 미술 전문가로 성장했어요.

국제정치학 분야에서는 부지런한 제자들이 없어서 동주의 강의나 강연이 제대로 정리되지 못했어요. 그렇지만 1977년의 회갑 기념 학술심포지엄 강연은 특별히 다시 살펴볼 필요가 있어요. 당시 동주는 21세기 세계정치 무대의 주인공을 설명하면서, 현대 민족주의가 향후 50년 내에 다민족주의로 깨질 수밖에 없다고 전망했어요. 그 후 소련이 10여 년 만에 해체돼서 15~16개 종족민족국가로 나눠지는 사태가 발생했죠. 동주는 이어서 민족주의를 넘어서려는 새로운 노력과 함께 21세기 국제정치의 이중구조가 더 가시화될 것으로 전망했어요. 따라서 1962년대 초 『일반 국제정치학(상)』을 끝내면서 제기했던 20세기 국제정치의 이중 초점에 이어서 1970년대 후반의 강연에서는 민족주의가 안으로는 종족민족주의로 나눠지고 바깥으로는 광역 민족주의로 커지는 모습을 전망하고 있죠. 마지막으로 동주가 세상을 떠나기 5년 전의 대학원 세미나 강의였던 '미래의 세계정치'에서는 21세기 100년을 전망했어요. 미래의 세계정치에 관해서는 다음 주에 자세히 다룰게요. 이런 전망은 내가 국제정치를 바라다보는 지평의 확대에 굉장히 중요한 영향을 미쳤어요.

4. 한국 국제정치학의
새 방향 모색

　내가 한국 국제정치학에 관해서 쓴 첫 번째 글은 「한국 국제정치
학의 새로운 방향 모색」(1986)³이었어요. 당시 서울대학교 사회과학
대의 사회과학연구소에서 사회대 각 학과들이 어떤 학문적 모색을 하
고 있는가에 관한 회의를 열었어요. 나는 동주 국제정치학을 기반으
로 하고 미국 유학에서 만난 모델스키의 세계정치학을 접목해서 글을
썼죠. 논문의 머리말을 한국 실학의 대표 주자였던 다산 정약용의 「오
학론五學論」을 소개하면서 시작했어요. 이 짧은 글은 다산이 18세기 후
반 당시의 대표적 공부 풍조였던 성리학, 훈고학, 문장학, 과거학, 술
수학을 허학이라고 격렬히 비난하는 내용이에요. 다산은 18세기 후반
조선이 직면한 최대의 문제에 대해 신아자구방新我之舊邦, 즉 우리의 오래
된 나라를 새롭게 하지 않으면 나라는 망한다國亡고 강조하면서, 지나
치게 추상적인 이기론쟁에 빠져 있는 성리학, 고문서의 진위 여부에
몰두하고 있는 훈고학, 내용보다 형식 위주의 글 잘 쓰기를 따지는 문
장학, 입신양명을 위한 과거학, 점괘로 미래를 점치는 술수학 대신에
망해가는 조선을 새롭게 하는 실학의 필요성을 특별히 강조했어요.

　다산의 이런 문제의식이 지난 200년 동안 제대로 뿌리를 내리지
못했던 것처럼, 한국 국제정치학도 쉽사리 허학의 빈곤을 충분히 벗
어나지 못하고 실학의 풍요를 수확하지 못했어요. 이 글에서 1945년
이후 세 시기로 나누어 현대 한국 국제정치학의 현황을 분석했어요.
첫 시기는 완제품 수입기예요. 해방 이후 처음으로 서울대학교를 비
롯한 주요 대학에서 국제정치학을 가르치고 배우기 시작했죠. 서울대
학교는 1956년에 국제정치 전문 인력을 양성해야 한다는 필요성 때

문에 외교학과를 정치학과에서 분리했어요. 이 시기에 나온 국제정치학 교과서는 이용희 교수의 『국제정치원론』을 제외하고는 거의 다 완제품 수입에 가까워요. 서울대 정치학과의 조효원 교수가 처음으로 『국제정치학』(1954)[4] 교과서를 출간했는데, 제자들이 미국의 국제정치학 교과서들을 번역한 것을 편집한 것이라고 밝히고 있어서 사실상 완제품을 수입한 것이라 할 수 있죠.

두 번째 시기는 수입 대체기였어요. 1960년대 중반부터 미국에서 정치학, 비교정치학, 또는 국제정치학을 공부한 유학생들이 본격적으로 돌아오기 시작했어요. 내가 대학을 들어갔던 1967년에 노재봉 교수가 외교학과에서, 구영록 교수가 정치학과에서 강의를 시작했죠. 노재봉 교수는 동주 학통의 직계 수제자였기 때문에 예외였지만, 미국에서 유학하고 돌아온 국제정치학자들은 대부분 미국 국제정치학의 분석틀이나 방법론으로 한반도나 동북아 또는 국내정치 문제를 분석하는 글을 본격적으로 생산하기 시작했어요.

세 번째 시기는 제2의 수입 대체기였어요. 상대적으로 젊은 연구자들이 1980년대 민주화 열풍 속에서, 구미의 분석틀이나 문헌을 지나치게 일방적으로 표준으로 삼고 그것의 영향하에 있던 한국 국제정치학을 비판하고, 사회주의 또는 제3세계에서 나온 분석틀과 문헌을 뒤늦게 받아들이기 시작하면서, 제국주의론이나 종속이론을 본격적으로 소개했죠. 그러나 이 시기도 두 번째 시기와 마찬가지로 수입 대체기적 성격을 크게 벗어나지 못했다는 면에서는 비슷해요.

내가 국제정치이론 강의를 시작했던 1990년대의 한국 국제정치학은 여전히 모방의 국제정치학에서 창조의 국제정치학으로의 본격적인 성장기를 맞이하지 못하고 있었어요. 핵심적 이유는 목적론, 존재론, 인식론, 실천론의 4대 빈곤으로 요약할 수 있어요. 첫 번째는 목적론의 빈곤이에요. 국제정치학을 하는 꿈이 충분히 강렬하지 못한 거죠. '꿈'은 순수한 우리말로 '꾸민다'는 뜻이에요. 우리에게 주어진 현실을 미래를 위해 아름답게 꾸며보려는 거죠. 중국의 시진핑習近平이 2012년에 국가주석에 취임하자마자 중화민족의 위대한 부흥이라는 중국몽中國夢을 강조한 이래 '꿈'이라는 단어가 아태 국가들 사이에서 유행하고 있어요. 그러나 21세기 아태 무대의 주인공들은 현재 서로 같고도 다른 꿈을 꾸고 있어요. 한국의 꿈을 남이 대신 꿔줄 수는 없겠죠. 한국 국제정치학은 당연히 21세기 복합세계질서 속에서 중진국 한국의 꿈을 제대로 꾸는 것에서 출발해야 하는데, 현실은 그렇지 못하죠.

두 번째는 존재론의 빈곤이에요. 한국 국제정치학은 한국인들의 삶에 영향을 미치는 바깥 삶에 대한 성찰에서 출발하는 것이 당연하죠. 한국은 역사적으로 오랫동안 천하질서 속에서 살았고, 19세기 중반 이후 서양의 근대 국제질서를 갈등 속에서 받아들였으며, 20세기 상반기에는 일본의 지역 제국주의 질서의 비극을 겪었고, 20세기 후반 미소 중심의 냉전질서를 거쳐, 이제 21세기 복합세계질서를 맞이하고 있어요. 그 질서 속에서 우리의 위치가 무대의 중심, 주변 또는 바깥 중에 어디에 있느냐에 따라 우리가 겪는 삶의 모습은 다를 수밖에 없어요. 이렇게 시간과 공간이 달라지면서 삶터의 존재 양식도 변화하는데도 불구하고 한국 국제정치학은 상대적으로 내가 설정하는 문제보다 남이 설정하는 문제를 푸는 데 더 많은 시간을 써왔어요.

세 번째는 인식론의 빈곤이에요. 한국 국제정치학은 지난 한 세기 동안 구체적으로 우리 역사 속에 겪어온 국제정치라는 존재에 대한 깊은 성찰 없이 구미에서 등장한 국민국가 또는 국민제국의 삶터에서 성장한 국제정치학을 뒤늦게 수입해, 우리 삶에 결정적인 영향을 미쳐온 국제정치를 구미의 국제정치학을 통해 분석하려고 했어요. 이런 존재와 인식의 괴리 속에서 한국 국제정치학은 몸에 맞는 맞춤복으로 몸매를 드러내는 것이 아니라, 빌린 기성복에 대강 몸을 맞춰보려는 무리한 노력을 해온 거죠.

네 번째는 실천론의 빈곤이에요. 내 삶터를 더 낫게 하려는 '함'에는 제대로 된 '앎'을 기반으로 한 실천전략이 필요해요. 마찬가지로 '앎'도 현장에서의 '함'과 긴장감을 공유하지 못하면 복합적 삶의 현실과는 유리돼서 자폐증적 앎의 세계를 외롭게 구축하게 되죠. 그렇게 되면 결국 국제 지식을 주도하는 학계의 하청 성격의 논문은 쓸 수 있어도 자기가 뿌리를 내리고 있는 삶터를 보다 잘 꾸밀 수 있는 앎을 실천할 수는 없어요.

1989년부터 2012년까지 국제정치이론을 가르치면서 나는 한국 국제정치학의 빈곤을 극복하고 허학이 아닌 실학, 모방이 아닌 창조의 국제정치학을 해보고 싶었어요. 현재 우리에게 가장 중요한 것은 21세기 한국 국제정치학의 꿈을 제대로 꾸는 거죠. 세계와 한국이 빠르게 변화하는 오늘날 상황에서, 19세기 부강의 꿈이나 20세기 상반기 해방의 꿈이나 20세기 후반 통일 선진의 꿈을 넘어, 21세기의 중견국 한국은 신문명표준의 복합 그물망 국가로서 근대적 단순 무대가 아닌 근대와 탈근대의 복합 무대에서 갈등, 협력, 공생의 복합 연기를 펼쳐나가야 해요.

5. 현대 국제정치이론과 중견국

국제정치이론 강의를 하면서 중견국의 복합세계정치론을 제대로 마련해 보려고 서양의 국제정치이론을 체계적으로 정리할 기회를 가졌어요. 현대적 의미의 국제정치학은 1919년에 영국 웨일스의 에버리스트위스대학Aberystwyth University에 데이비드 데이비스David Davies의 재정 지원으로 세계 최초의 국제정치학 교수직이 생기면서 시작됐어요. 에버리스트위스대학 국제정치학과는 국제정치학 탄생 100주년을 기념하기 위해 대대적인 준비를 하고 있어요. 국제정치학은 제1차 세계대전에서 1000만 명 이상의 전사자가 생기면서 더 이상 그런 비극을 반복하지 않기 위해 전쟁과 평화의 문제를 본격적으로 풀어야겠다는 절박함에서 시작됐어요. 그 이후 지난 100년 동안 다양한 국제정치이론의 모색이 이뤄져 왔지만, 나는 한국의 중견국 복합세계정치론을 전개하는 데 도움이 되는 현실주의, 자유주의, 세계체제론, 구성주의, 국제역사사회학, 복합세계정치론을 집중적으로 검토했죠.

1) 현실주의

첫째, 현대 국제정치이론의 대표 주자인 현실주의 국제정치론의 핵심을 제대로 이해하기 위해서는 현대 고전으로 불리는 네 권의 책을 제대로 해석할 필요가 있어요. 우선 현실주의 국제정치론의 원조로 널리 알려진 에드워드 핼릿 카Edward Hallett Carr의 『20년의 위기Twenty Years' Crisis』(1939)[5]부터 시작하죠. 이 책은 1960년대 서울대 외교학과 교수들이 추천한 첫 번째 국제정치학 필독서였던 터라 내가 읽은 첫 영문 국제정치학 교재이기도 했어요. 카는 20년의 외교관 생활 후 현대 국제정치학의 출생지인 영국 에버리스트위스대학의 제4대 우드로 윌슨 국제정치학 교수(1935~1947)로 취임했어요. 그는 당시 대부분의 국제 문제 전문가들의 지지를 얻고 있던 국제협조주의를 부정적으로 평가하면서, 또 한 번의 세계대전을 막으려면 새로운 국제정치학이 필요하다고 강조했죠. 카는 책의 서문에서 특히 지적 영향을 받은 사람으로 카를 만하임Karl Mannheim, 라인홀트 니부어Reinhold Niebuhr, 피터 드러커Peter Drucker를 들고 있어요. 카는 책의 전반부에는 만하임의 방법론을 빌려서 국제정치학의 현실주의적 접근을 강조하고, 후반부에는 신학자 니부어의 권력론을 빌려 국제정치에서 권력과 도덕의 문제를 다루고 있어요.

만하임은 『이데올로기와 유토피아Ideologie und Utopie』(1929/영문판 1936)[6]에서 유럽이 빠르게 사회주의와 파시즘의 어려움을 겪기 시작하는 가운데 당면한 삶을 과학적으로 알지 못하는 것은 인간이 과거의 이데올로기라는 믿음체계와 미래의 유토피아라는 믿음체계에 사로잡혀서 현실을 잘 보지 못하기 때문이라고 이야기해요. 카는 책의 시작에서 국제정치의 과학을 강조하면서, 전간기 국제정치학자들이 만하임이 말한 유토피아적인 시각에 사로잡혀 제1차 세계대전 이후 20년간을 과학적으로 분석하지 못해 전쟁의 위험성을 보지 못하고 있다고 강조해요. 1920년대에 워싱턴 조약이나 로카르노 조약이 체결된 것을 국제 협력의 가능성으로 잘못 보는 동시에, 독일의 히틀러와 이탈리아의 무솔리니가 등장하고 일본이 지역 제국주의를 본격적으로 추진하는 부정적 변화를 제대로 못 읽어내고 있다는 거죠. 그러니까 국제정치학을 제대로 하려면 유토피아의 미망에서 벗어나 현실을 제대로 봐야 한다는 거예요. 환자의 환부를 제대로 수술하지 않고 성급하게 봉합하면 겉으로는 치료된 줄로 오해하지만, 결국 안에서 곪아 터진다는 거죠. 유토피아니즘의 위험성을 지적하는 것은 그렇게 새로운 일이 아니지만, 당시 제2차 세계대전 직전에 유럽 국가들의 이해 갈등이 빠르게 악화되는 속에서, 카는 이해 조화의 가능성에 기대를 가지는 다수 의견을 강하게 비판해요.

카는 국제 협력이라는 유토피아의 껍데기를 벗기면 드러나는 권력이라는 국제정치의 진면목에 주목하라고 강조해요. 국제정치의 권력투쟁적 속성을 제대로 이해해야 한다는 뜻이죠. 현실 국제정치 무대에서는 앞에서는 협상 외교가 화기애애하게 벌어지지만, 뒤에서는 적나라한 권력 외교가 사실상 판을 좌우하고 있다는 거죠. 그리고 카는 국제정치에서의 권력을 군사력, 경제력, 여론력으로 요약하고 있어요. 그는 현실주의 국제정치학의 대부로 오늘날까지 잘 알려져 있지만, 그의 책은 권력의 국제정치학을 강조하는 동시에 국제도덕 문제를 비중 있게 다루고 있어요. 국제질서는 궁극적으로는 권력과 도덕의 기반 위에 설 수밖에 없다는 거죠. 권력의 현실을 과소평가한 채 국제협력이라는 기대 위에 국제질서를 건축하려는 유토피아니즘의 꿈이 현실화될 수 없듯이, 권력의 현실을 지나치게 과대평가하고 도덕적 기반이 없는 질서를 건축하려는 노력도 비현실적이라는 거죠. 따라서 일차적으로는 당시의 비현실적 유토피아니즘을 강하게 비판하지만, 이차적으로는 권력과 도덕을 동시에 신중하게 고려하는 신국제질서의 건축을 강조하고 있어요.

카의 국제정치학과 관련해서 한국 이야기를 잠깐 할게요. 카가 영국에서 제2차 세계대전을 눈앞에 두고 현실주의 국제정치학의 필요성을 강조하던 때보다 훨씬 전인 1920년대에 일본 언론계와 학계에서는 영국에서 유행하던 국제협조주의의 영향을 강하게 받고 있었어요. 그런데 『역사 속의 젊은 그들』에서 자세하게 소개했던 김양수라는 조선의 젊은 언론인은 "세력균형주의와 국제협조주의"(1924)[7]라는 글에서 국제협조주의의 가능성에 의문을 표시하고 결과적으로 세력균형주의의 갈등이 심화될 것으로 전간기의 국제정치 현실을 정확하게 분석했어요. 카보다 15년이나 먼저 현실주의 국제정치의 불가피성을 강조한 그의 맹아적 노력은 아쉽게도 본격적으로 성장할 기회를 얻지 못했죠.

카의 책 다음으로 한스 모겐소Hans J. Morgenthau의 『국제정치론: 권력과 평화를 위한 투쟁Politics among Nations: The Struggle for Power and Peace』(1948)[8]이 제2차 세계대전 이후 새로운 초강대국으로 등장한 미국의 국제정치학계를 강타하죠. 모겐소는 독일계 유대인으로 국제법학자의 길을 걷다가 1937년에 미국으로 이주한 후 1943년부터 시카고대학에서 국제정치학을 가르쳤어요. 『과학적 인간과 권력정치Scientific Man vs Power Politics』(1946)[9]에서 합리주의의 한계를 지적하는 현실주의 철학을 밝히고, 『국제정치론』에서 본격적으로 현실주의론을 전개했어요. 이 책에서 모겐소는 다음과 같이 현실주의 6원칙을 들고 있죠. 첫째, 정치 관계는 인간성에 깊게 뿌리내린 객관적 법칙에 지배되고, 둘째, 국제정치 행위는 권력으로 규정되는 이익의 추구이며, 셋째, 권력과 이익의 내용 자체는 가변적이고, 넷째, 보편적 도덕론을 실제 국가 행동에 적용할 때는 신중히 해야 하며, 다섯째, 특정 국가의 도덕적 주장과 보편적 도덕은 다르며, 여섯째, 정치적 영역의 독립성이 그것이에요. 그리고 이런 6원칙에 따른 국가의 대외정책은 역사적으로 현상 유지, 제국주의, 권력 시위의 유형을 보여왔고, 평화 유지를 위해서는 세력균형 정책, 외교 교섭, 국제기구의 제약이 중요하다는 점을 강조하고 있어요.

모겐소의 이 책은 미국 국제정치학의 고전으로 평가받고 지금도 여전히 읽히는 교재예요. 특히 모겐소는 역사와 사상에 대한 유럽 전통의 훈련을 단단하게 받은 국제법 전문가로서 현실주의 국제정치론을 전개했기 때문에 냉전 시기의 미국 국제정치학이 현대 국제정치를 국가 이익을 위한 치열한 힘의 각축이라는 지평에서 바라보게 하는 데 가장 커다란 영향력을 미쳤어요.

다음으로 현실주의 국제정치론 이론서 중에서 가장 주목할 만한 작품인데도 상대적으로 제대로 알려지지 않은 것으로 레몽 아롱의 『국가 간의 평화와 전쟁Paix et Guerre entre les Nations』(1962/영문판 1966)[10]을 주목할 필요가 있어요. 프랑스의 사회철학자 아롱은 책의 목차를 이론, 사회학, 역사, 실천학으로 나눴는데, 먼저 이론에서는 절대적 국제정치론을 쓰고, 현실 국제정치는 구체적 시공간에서 제약될 수밖에 없다고 밝힌 뒤, 마지막으로 국제정치의 실천론을 다루고 있죠. 이 목차는 3강에서 이야기했던 것처럼 클라우제비츠가 『전쟁론』에서 전쟁을 절대전쟁과 현실전쟁으로 나눈 다음에 현실전쟁의 폭력, 정치, 도박의 삼면성을 다룬 내용에서 중요한 영향을 받고 있어요.

마지막으로 케네스 월츠Kenneth Waltz의 『국제정치이론Theory of International Politics』(1979)[11]을 소개하죠. 월츠의 이 책은 앞서 소개한 세 권의 책에 비해 지적 깊이나 폭이 상대적으로 떨어져요. 그러나 이 책은 현재 미국 국제정치학계에 가장 큰 영향을 미치고 있죠. 월츠는 국제정치학이 이름 그대로 국제정치의 구조가 국가의 행동에 어떤 영향을 미쳤는가를 실증과학적으로 연구하는 것이 핵심이 돼야 하는데, 그동안의 국제정치학은 국내적 원인으로 환원해서 국제정치의 행동을 설명하고 있기 때문에 환원주의라고 비판해요. 그러면서 월츠는 첫째로 국제정치 구조의 조직 원리가 무정부적이라는 것을 강조하고, 둘째로 무정부하에서는 주인공들의 기능 분화가 제대로 이뤄지지 않기 때문에 개별 각자의 삶을 확보하기 위한 최소한의 노력을 하며, 셋째로 양극이나 다극처럼 힘의 배분으로 형성되는 국제구조는 주인공의 행동에 영향을 미친다고 주장하죠.

이런 현실주의 국제정치론은 비강대국, 또는 약소국의 국제정치학도들에게는 강대국 중심의 부국강병을 통한 치열한 국가 이익의 경쟁이라는 현실을 제대로 파악하는 데 절실하게 필요하지만, 동시에 강대국 국제정치론의 함정에 빠질 위험성이 있어요. 비강대국을 강대국과 대등한 무대의 주인공으로 착각하고 현실주의 국제정치론을 적용하면 대혼란이 일어나죠. 현실주의 국제정치의 핵심은 주인공인 국민국가가 부국강병의 중심 무대에서 힘의 각축을 통해 국가 이익을 극대화하는 거예요. 그러나 대국이 아닌 국가들은 무대의 주변에 서 있거나 무대에 올라갈 수도 없는 어려움을 겪죠. 따라서 강대국 국제정치질서는 무정부적이라 할지라도 비강대국 국제정치질서는 강대국 주도의 위계질서예요.

2) 자유주의

전후 주도권을 장악한 현실주의 국제정치론은 1970년대 초 30대의 젊은 국제정치학자들의 도전에 직면해요. 1960년대에 하버드대학을 함께 다닌 로버트 코헤인Robert Keohane과 조지프 나이Joseph Nye는 미국 국제정치학계를 대표하는 전문 학술지 중의 하나인《국제조직Inter-national Organization》의 젊은 편집인들로, 1971년에 "초국가관계와 세계정치Transnational Relations and World Politics"[12]라는 제목의 특집호를 공동 편집해요. 여기서 두 사람은 1970년대의 변화하는 세계정치 현실을 맞아 국제정치학이 현실주의에서 집중적으로 다루는 국가 관계뿐만 아니라 다국적기업이나 로마 교황청 같은 초국가 주인공, 하위국가 조직도 무대의 주인공으로 포함시켜야 한다고 주장해요. 그리고 그 무대도 현실주의에서 주로 다루는 군사뿐만 아니라 경제, 그리고 사회, 문화, 환경 등을 포함해야 한다고 말하죠.

1960년대의 베트남전 세대들은 현실주의 국제정치의 가장 중요한 주인공이 국가이고 권력 갈등이 국제정치의 진면목이라는 지적에 대해서, 국제정치를 더 넓은 시야로 접근해 경제 같은 비군사 무대에서 벌어지는 협력의 국제정치를 본격적으로 다뤄야 한다고 주장하게 돼요. 1970년대에는 현실 국제정치에서 미국과 소련의 핵능력이 서로 선제공격을 받더라도 상대방을 확실하게 파괴할 수 있는 제2공격력을 갖추면서 공포의 균형을 이뤘고, 이로써 본격적인 상호 핵억지의 시대가 시작됐죠. 동시에 1970년대 초반에 유례없는 유가 파동과 함께 산유국들의 신경제질서 요구와 미국의 상대적 쇠퇴 논의가 본격화되면서, 미국의 닉슨 대통령이 제2차 세계대전 이후 건축한 국제경제질서를 전면적으로 개축하는 신경제정책을 추진하죠. 국제경제 무대가 빠르게 그 중요성을 더해가면서, 미국 국제정치학에서는 전통적인 국제정치군사학에 이어서 새롭게 국제정치경제학을 본격적으로 다루게 돼요. 이런 변화 속에서 코헤인과 나이는 자유주의 국제정치론을 잘 정리한 『권력과 상호의존Power and Interdependence』(1977)[13]을 출판해서 구심점을 마련했죠.

1970년대의 데탕트 이후 1979년에 소련의 아프가니스탄 침공으로 신냉전기를 맞았지만 이것이 오래가지는 않았어요. 1985년에 고르바초프의 신사고가 등장하고 이에 따라 1991년 소련이 해체되면서 본격적인 탈냉전기가 시작되죠. 자유주의 국제정치론에서는 1971년

에 국제정치의 주인공, 무대, 연기를 보다 폭넓게 다뤄야 한다는 문제
제기가 나온 이후 1977년에 대표적인 교과서가 출판되고 활발하게
논의가 펼쳐졌지만, 1979년에 소련의 아프가니스탄 침공으로 데탕트
가 끝나고 신냉전이라는 복병을 맞닥뜨리면서 이론적 어려움에 부딪
혀요. 이에 따라 신자유제도주의는 무대의 주인공으로서 초국가단위
체나 하위국가단위체와 비교해서 현실주의가 강조하는 국가가 역시
가장 중요하다는 정도로 타협을 하죠. 자유주의의 협력의 국제정치에
대해서도 패권국가들이 안정을 위해 협력하지 않는다면 국제정치 협
력이 현실적으로 불가능하다는 강한 비판이 제기돼요. 이와 관련해
1980년대에 들어서서 신현실주의와 신자유주의의 소위 '신신논쟁'이
치열하게 벌어지죠. 신자유제도주의를 대표하는 코헤인은 『헤게모니
이후After Hegemony』(1984)[14]에서 거래비용과 정보비용을 최대한 낮출 수
있는 제도를 창출하면 패권 이후에도 갈등이 아닌 협력이 가능하다고
반론을 폈죠.

그런데 미국의 신신논쟁은 한국의 국제정치학계에도 뒤늦게 영
향을 많이 미쳤지만, 이를 한반도나 아시아의 현실과 관련지을 때는
조심스럽게 접근해야 해요. 세계적 탈냉전 과정에서 상대적으로 뒤늦
은 아시아나 여전히 냉전 상태를 벗어나지 못하고 있는 한반도에서는
현실주의에 비해 자유주의의 적실성은 상대적으로 떨어질 수밖에 없
기 때문이죠.

3) 세계체제론

1975년에 유학을 갔을 때 현실주의에 대한 자유주의의 도전이
활발하게 진행되고 있었지만, 지도교수였던 모델스키의 세계체제론

연구에 보다 많은 관심을 가지게 됐어요. 모델스키는 당시 『국제정치의 원칙Principles of World Politics』(1972)[15]이라는 독특한 국제정치학 교과서를 출판했지만, 이 책은 그리 널리 알려지지는 않았어요. 못 쓴 책이라서가 아니라 오히려 시대를 앞서간 책이었기 때문이죠. 책을 펴보면 은하수 이야기부터 시작해서 현실주의와 자유주의를 넘어선 세계질서 이야기를 새롭게 펼치고 있었어요. 모델스키가 2016년 초 세상을 떠났을 때 제자인 윌리엄 톰슨William Thompson 등이 함께 쓴 조사에서는 모델스키를 독창성에 비해 덜 알려진 국제정치학자라고 소개해요. 황토색 바탕에 주황색으로 동그랗게 지구 하나만 그려져 있던 책 표지가 지금도 기억이 나요. 우주선 조종사는 우주에서 지구를 하나로 볼 수 있는 체험을 할 수 있지만, 지상에서 지구를 하나로 체험하기는 쉽지 않죠. 마르크스주의자의 지구는 계급에 따라 찢어져 보일 거예요. 한편 현실주의자들의 지구는 200개 이상의 크고 작은 국가들로 나눠져서 명분상으로는 평등하게 주권을 가지고 있지만 실질적으로는 치열한 힘의 각축을 벌이는 모습이죠. 이런 계급 국제정치학이나 현실주의 국제정치학과 달리 지구 국제정치학은 지구 전체를 하나로 보겠다는 거예요. 현실적으로 지구 차원의 세계정부 같은 통치기구가 없는데도 세계체제론자들은 세계라는 단위체를 독립된 분석 수준으로 다루고 있어요.

한국의 국제정치를 제대로 보려면 한반도, 동아시아, 세계체제의 지평이 필요해요. 한반도는 세계체제의 압도적 영향을 받고 있는 나라이기 때문에 양국 관계의 단순한 지평에서 보면 전체가 보이지 않고 부문만 보일 뿐이죠. 동주 국제정치학에서 이미 한반도 문제를 세계적 시각에서 바라다보는 안목을 훈련받기는 했지만, 모델스키의 세계체제론은 세계질서의 장주기적 변동을 꼼꼼하게 따져볼 기회를 주었어요. 모델스키의 세계체제론은 동주 국제정치학에 깊이 뿌리내리고 있던 나의 국제정치학을 보다 복합적으로 성장시키는 데 큰 도움을 준 거죠. 국제정치학을 공부하면서 국제와 지구적 사고의 차이를 터득하는 것은 국제정치적 사고 지평의 중요한 확대라고 생각해요.

4) 구성주의

1989년에 국제정치이론 강의를 시작하기 직전에 관심을 가졌던 것은 구성주의를 포함한 탈근대 국제정치학이었어요. 대표적 구성주의자인 알렉산더 웬트Alexander Wendt는 박사학위를 받기 전에 쓴 논문 「국제관계이론의 행위자-구조 문제The Agent-Structure Problem in International Relations Theory」(1987)[16]를 《국제조직》에 실어서 국제정치학계의 주목을 받기 시작해요. 당시에 이 논문이 흥미로워서 이 자리에 함께 있는 김상배 교수도 수강했던 대학원 세미나에서 같이 읽고 토론했던 기억이 나네요. 웬트는 당시 박사 후보생으로 기성 학계의 국제정치 연구에 크게 두 가지 문제가 있었다고 말해요. 현실주의는 세계를 너무 국가 중심으로 바라다보고, 세계체제론은 현실을 너무 세계체제 중심으로 바라보는데, 현실 세계정치에서는 국가와 세계체제가 그렇게 양분돼 있는 것이 아니라 세계체제가 국가의 속성을 구성하고 또 국가는 세계체제를 구성한다는 거죠.

그는 이 논문을 본격적으로 발전시켜서 10여 년 후에 『국제정치의 사회이론Social Theory of International Politics』(1999)[17]이라는 책으로 출판했어요. 이 책에 있는 다음 그림은 웬트의 생각을 잘 요약하고 있어요(그림 5). 구미 국제정치학의 인식론을 x축의 물질주의materialism와 이념주의 idealism로 나누고 y축을 전체주의holism와 개인주의individualism로 나눠서 만

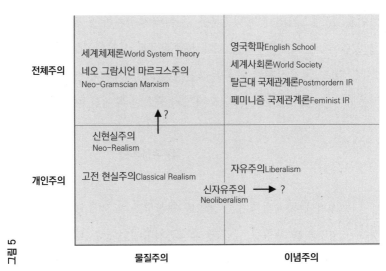

그림 5

웬트의 국제정치이론 분류도

자료: Alexander Wendt, *Social Theory of International Politics* (Cambridge: Cambridge University Press, 1999), p.32.

든 네 분면에 기성 국제정치이론을 적절하게 배치하고 있어요. 가령 세계체제론은 전체주의와 물질주의 분면의 맨 위에 위치하죠. 왜냐하면 모델스키 세계정치학은 세계정치체제 분석에서 출발하면서 일차적으로 군사력을 중요시했기 때문이에요. 이매뉴얼 월러스틴Immanuel M. Wallerstein의 세계체제론도 세계자본주의체제 분석부터 시작하면서 경제 영역을 중시해요. 두 사람 다 군사 또는 경제라는 물적 기반을 상대적으로 중시했던 거죠. 박사 논문을 끝내 직후에 모델스키 교수가 장주기론을 더 연구해 볼 생각이 없느냐고 물었어요. 그때 내가 대답하기가 조심스러웠던 것은 두 가지 이유 때문이었어요. 당시 세계체제론은 군사, 경제 중심의 물질주의를 인식론적 기반으로 하고 있는데, 나는 물질주의와 이념주의를 복합한 세계체제론이 필요하다고 생각하고 있었죠. 그리고 개인주의와 전체주의의 축에서도, 현실주의의 국가 중시와 세계체제론의 세계 중시의 관점을 본격적으로 엮어나가면서 중견국의 세계정치학을 하고 싶었어요.

웬트는 국제정치 무대의 형세에 따라서 주인공의 연기가 좌우되느냐, 아니면 주인공의 기세로 무대의 형세가 바뀌느냐는 질문에 대해서, 무대의 구조가 주인공을 구성하는 동시에 주인공의 기세가 무대의 구조를 구성한다는 답변을 내놓고, 그동안 국제정치의 무대와 주인공의 상호 영향 관계를 어느 한쪽 중심으로 분석했기 때문에 국제정치가 제대로 안 보였다고 주장하죠. 따라서 웬트는 상호구성적 시각에서 월츠의 현실주의나 월러스틴의 세계체제론을 포함한 기성 국제정치이론을 모두 환원주의라고 비판해요. 그러나 주인공과 무대의 상호구성을 동시에 읽는 것은 말처럼 쉽지 않아요. 웬트 본인도 사실 뒷감당을 못 하고 있죠. 우선 구조 속 주인공의 의식이 어떻게 구성되는지를 알려면 주인공의 내면세계로 들어가는 방법을 터득해야 해요. 객관적인 형세 속에서 구성되는 주인공의 내면세계로 들어가지 못한 채 일단 구성주의 국제정치학의 필요성을 말하게 된 거죠. 웬트가 최근에 쓴 『양자심리학과 사회과학: 물리와 사회 존재론의 통일 Quantum Mind and Social Science: Unifying Physical and Social Ontology』(2015)[18]에서 내세운, 주인공의 내면으로 들어가기 위해 신자연과학의 논리에 기반을 둔 양자심리학적 방법론도 한계를 드러내고 있어요.

가령 미국 국제정치학은 북한 핵 문제를 현실주의적 시각에서 제재 및 억제의 논리나 자유주의적 시각에서 6자회담 같은 협상의 논리로 풀어보려고 하지만 계속 실패하고 있어요. 북한은 객관적 국제정치 형세를 주관적으로 재구성하는 국제정치 심상이 달라요. 주인공이 외면세계를 어떻게 내면화하고 기세를 드러내는지를 제대로 해석하려면 주인공이 외면으로 드러내는 언행을 통해 내면으로 들어가는 방법을 알아야 해요. 구체적인 예를 들면, 북한 김정은 연기의 기본 원칙을 찾으려면 북한의 대표적 일차자료인 《로동신문》을 제대로 해석할 수 있어야 해요. 그런데 《로동신문》은 사실 전 세계 신문 중에서 가장 읽기 어려운 신문이에요. 한국어를 아는 것만으로는 《로동신문》을 제대로 읽을 수 없어요. 국내외 북한 전문가들이 매일 《로동신문》을 읽고 있지만, 김정은의 내면세계를 제대로 읽는 해석학적 독해를 찾아보기는 어려워요. 따라서 북한 지도부의 언행에 대한 전문가들의 해석이 맞기보다 틀리는 경우가 훨씬 더 많죠. 미국 유학을 했던 시애틀의 워싱턴대학에서는 한국어와 함께 북한어를 따로 가르치고 있었어요. CIA 같은 정보기관 취업을 희망하는 미국 학생들이 한국어를 상급까지 배워도 《로동신문》을 읽기 어려워서 북한어를 따로 배운다는 거예요. 흥미롭게도 한국 학생들은 북한어를 제대로 모르면서도 《로동신문》을 대강 읽을 수 있을 것으로 착각하죠. 하지만 한국어를 모르는 사람보다도 더 못 읽을 수 있어요.

구미의 문명표준을 본격적으로 받아들여 온 한국과 일본에 비해서 상대적으로 뒤늦게 개혁 개방의 길을 걷고 있는 중국의 언행도 쉽사리 해석하기 어려워요. 그런데 중국 지도자들의 내면세계를 제대로 파악하지 못하면 미국에도 본격적으로 영향을 미치고 있는 중국 외교정책을 분석하는 데 한계가 있겠죠. 그런데 미국은 중국도 장기적으로 구미 중심의 문명표준인 시장민주주의의 지구화 과정을 걸을 수밖에 없다고 생각하기 때문에 미국 국제정치학을 중국에도 적용할 수 있으리라는 자신감을 가지고 있어요. 미국이 21세기 세계질서의 신흥 주연으로 등장한 중국이나 이단아인 북한의 내면세계를 제대로 읽고 있는지 의문이에요.

냉전질서의 중심 무대인 군사 무대에서는 삶과 죽음 앞에서 주인공들의 연기 원칙은 상대적으로 차이가 적었어요. 그러나 탈냉전이 시작되면서 주인공들의 내면세계의 차이가 보다 많이 작동하는 문화 무대의 중요성이 빠르게 커지고 있죠. 특히 한국 국제정치학에서는 우리 삶의 핵심 문제인 북한과 중국의 내면세계와 외면세계가 서로를 어떻게 구성해 나가는가를 특별히 주목해야 해요.

5) 국제역사사회학

다섯 번째는 국제역사사회학이에요. 월츠의 국제정치이론 이래 과학으로서의 국제정치학이 미국 국제정치학의 대세를 이루는 가운데, 영국 국제정치학계는 꾸준히 국제정치학의 역사적 그리고 사회적 성격을 지적하고 있어요. 국제정치 현실에서 자연과학적 법칙성을 섣부르게 일반화하기보다는 좀 더 조심스럽게 긴 역사적 맥락에서 국가가 국제체제와 사회와의 영향 속에서 어떻게 형성되고 변환돼 왔는가를 추적하고 있어요. 이와 관련해서 마르크스Karl Marx나 베버Max Weber 같은 선구적 노력이 있었지만, 1980년대 전후로 테다 스카치폴Theda Skocpol, 마이클 만Michael Mann, 찰스 틸리Charles Tilly, 앤서니 기든스Anthony Giddens 등이 구미 사회학계에서 본격적으로 역사사회학의 중요성을 강조하고 중요한 관련 저작을 발표했어요. 대표적으로 마이클 만은 『사회권력의 원천The Sources of Social Power』(전 4권, 1986~2013)[19]에서 인간사회의 4대 권력인 이념력, 경제력, 군사력, 정치력이 구체적인 역사 속에서 자본주의, 국민국가, 제국을 어떻게 만들어냈는지를 추적해요.

국제정치학의 역사사화학적 관심은 흔히들 세 시기로 나누고 있어요. 첫 번째 시기로, 탈냉전이 시작되던 1980년대 말과 1990년대 초반에는 프레드 할리데이Fred Halliday를 비롯한 영국 국제정치학자들이 베버의 역사사회학의 도움을 받아 미국의 현실주의나 자유주의 국제정치학의 대안을 제시해 보려는 노력을 하죠. 두 번째 시기인 1990년대에는 국가, 사회, 국제체제가 얽힌 역사적 맥락의 차별성을 좀 더 구체적으로 조명했어요. 세 번째 시기인 2000년대에는 국제역사사회학 또는 세계역사사회학이라는 새로운 명칭의 등장에서 볼 수 있는 것처럼, 상대적으로 국제체제 또는 세계체제의 영향을 더 강조하고 있어요. 동주 국제정치학도 서양의 근대국가질서가 19세기 중반 이래 한국을 비롯한 동양에서 어떻게 전파·변용됐는지를 조명한다는 점에서는, 기본적으로 역사사회학적 접근 방법을 원용하고 있죠.

6) 복합세계정치론

여섯 번째는 복합세계정치론이에요. 21세기 국제정치의 주인공, 무대, 연기의 복합화가 빠르게 진행되면서 기존의 단순국제정치론을 넘어서는 복합세계정치론을 모색하려는 노력이 활발히 진행되고 있어서 국제정치학의 21세기 대토론의 가능성을 보여주고 있어요. 그중에 대표적으로 눈에 띄는 것은 자연과학, 그중에도 생물학에서 많은 논의가 진행되는 복잡계이론을 복합세계정치이론 개발에 원용해 보려는 노력이에요. 구체적으로, 복잡계에서 사용하는 창발emergence, 비선형 동학, 그리고 적응과 공진을 통한 자기조직화self-organization 같은 기본 개념을 활용하고 있어요.

에밀리안 카발스키Emilian Kavalski는 복합세계정치학의 부상을 21세기 국제정치학의 새로운 대토론의 시작으로 평가하고 있어요. 1920~1930년대의 이상주의와 현실주의 간의 첫 번째 대토론, 1950~1960년대의 과학주의와 전통주의 간의 두 번째 대토론, 1980년대의 탈실증주의와 실증주의 간의 세 번째 대토론, 1990년대의 구성주의와 합리주의 간의 네 번째 대토론에 이어, 2000년대에 들어서는 단순국제정치학과 복합세계정치학 간의 다섯 번째 대토론에 접어들고 있다고 주장하는 거죠. 21세기 국제정치 현실은 복합화되고 있기 때문에 단순국제정치학처럼 섣불리 독립변수, 종속변수로 나눠서 선형적 인과관계를 밝히려고 하는 대신에 국제정치 현실의 복합적 작동 속에서 드러나는 비선형 유형을 조심스럽게 읽으려는 노력을 하는 것이 복합세계정치학이에요.

내가 1990년대 초반부터 강조해 온 복합세계정치론에 구미의 복합세계정치학의 직접적 영향은 없어요. 탈냉전 이후 빠르게 부상하고 있는 세계정치의 복합성을 조심스럽게 다루려는 복잡계론조차도 여전히 충분히 복합적이라고 생각하지 않았어요. 현대 세계정치는 내면과 외면의 복합성이 얽혀서 현실을 만들어내기 때문에 외면의 복합성을 주로 다루는 복잡계론의 단순성으로는 한계에 부딪힐 수밖에 없어요. 따라서 이론적인 간결성을 충분히 만족시키지 못하더라도 현실의 복합성을 적실하게 드러내는 노력을 할 필요가 있어요.

6. 복합세계정치론
방법론

복합세계질서 속에서 중진국이론을 모색하는 데 도움이 되는 현대 국제정치이론의 큰 흐름을 훑어봤으니, 끝으로 국제정치학 방법론 이야기를 할 차례가 됐네요. 유학을 가기 전까지 나는 국제정치학의 목적론이나 존재론에 비해 방법론에 많은 시간을 들여서 공부한 기억

은 없어요. 다만 대학을 다니던 시절인 1960년대 중후반에 구미 국제
정치학계에서 벌어지고 있던 헤들리 불Hedley Bull의 역사와 사상을 기반
으로 한 전통적 접근과 모든 캐플런Morton Kaplan의 자연과학 방법론을 기
반으로 하는 과학적 접근 간 방법론 대토론에 관심을 가진 정도였죠.

　미국에서 박사과정을 시작하면서 뒤늦게 실증주의 방법론을 본
격적으로 배워야 했어요. 방법론 수업들을 고생하면서 마치고 박사
자격시험을 보려는데 방법론 담당 교수가 정년 보장을 못 받고 다른
학교로 가버렸어요. 해결책을 찾기 위해서 방법론 담당 원로 교수를
찾아갔더니 내가 수강했던 실증주의 방법론으로 한국의 정치나 외교
가 잘 분석될 것 같으냐고 묻더군요. 나는 안 될 것 같다고 대답했어
요. 그렇다면 왜 실증주의 방법론을 선택했는지 묻더라고요. 특별히
좋아해서가 아니라 미국 국제정치학의 주류 방법론을 알 필요가 있기
때문이라고 대답했고, 한국에서는 루소의 정치사상을 전공했다고 밝
혔어요. 그 원로 교수는 내가 외국 유학생으로서 상대적으로 언어장
벽이 낮은 수량 분석을 전략적으로 선택한 줄로 알았던 모양이에요.
오해가 풀리자 교수는 우선 토머스 쿤Thomas Kuhn의 『과학혁명의 구조The
Structure of Scientific Revolutions』(1962)[20]의 서평을 두 주 내에 써서 오라고 했
어요. 이 책은 20세기 후반 과학철학의 최고 인기 저서로 사회과학계
에도 커다란 영향을 미치고 있었죠. 급하게 책을 읽으면서 나는 엉뚱
하게도 고려 불교의 선종과 교종의 두 흐름을 하나로 수렴하려 했던
지눌(1158~1210)의 돈오점수頓悟漸修론을 떠올렸어요. 불교 신자가 아
닌 내가 지눌을 만난 것은 우연한 인연이었어요. 1960년대에는 읽고
싶은 책을 쉽게 구하기 어려웠기 때문에 대안의 하나가 명강의를 도
강하는 것이었어요. 그래서 당시 문리대의 소문난 명강의들은 거의
다 들었는데, 그중에 박종홍 교수의 '한국철학사', 조가경 교수의 '실

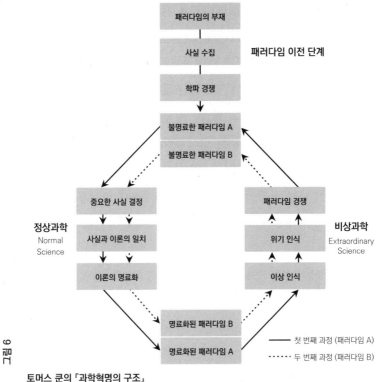

토머스 쿤의 『과학혁명의 구조』

패러다임의 부재

사실 수집

패러다임 이전 단계

학파 경쟁

불명료한 패러다임 A

불명료한 패러다임 B

중요한 사실 결정

패러다임 경쟁

정상과학
Normal
Science

사실과 이론의 일치

위기 인식

비상과학
Extraordinary
Science

이론의 명료화

이상 인식

명료화된 패러다임 B

명료화된 패러다임 A

—— 첫 번째 과정 (패러다임 A)
······ 두 번째 과정 (패러다임 B)

존주의 철학' 등이 있었죠. '한국철학사'에서 지눌의 불교사상을 배웠
어요. 복사기가 없던 시절이라서 박종홍 교수는 칠판에 30분 정도 원
문을 쓰고 나서 60분 강의를 했죠.

지눌 사상의 핵심은 갑자기 깨닫는 돈오頓悟와 끊임없이 조금씩 닦
아서 진리에 다가가는 점수漸修를 통해 진리를 깨친다는 것인데, 이는
이중택일적인 것이 아니라 상호 보완적이라고 설명되죠. 쿤의 책을
보는 순간 지눌과 놀랄 만큼 비슷한 이야기를 하고 있다고 생각했어
요. 그래서 지눌의 틀에 따라서 쿤을 도표화해 봤죠. 정상과학normal
science 과정에서 기성 연구자 집단은 자연 현상을 기존 패러다임으로

풀어나가는 노력을 계속해요. 그런데 자연 현상을 설명하는 과정에서 변칙 사례anomaly가 나타나더라도 쉽사리 기존 패러다임을 포기하지 않죠. 그러나 점점 변칙 사례가 늘어나면서 위기 국면이 오고 결국 우여곡절을 거쳐서 패러다임이 바뀌게 돼요. 그리고 패러다임이 바뀌면 다시 정상과학이 시작되죠. 따라서 지눌이 말하는 돈오와 점수의 순환을 머릿속에 그리면서 쿤의 정상과학과 혁명과학의 순환도를 그리고 부연해 설명하는 서평을 제출했어요. 방법론 교수는 요약도를 한참 들여다보더니 방법론 자격시험을 볼 필요가 없다고 했어요. 결국 지눌 덕분에 시험을 면제받은 거죠.

국제정치학에서 칼 포퍼Karl Popper의 반증주의나 임레 러커토시Imre Lakatos의 과학적 연구 프로그램 방법론을 사회과학 방법론 교과서로만 공부하면 이들 논의의 진정한 의미를 제대로 알 수가 없어요. 예컨대 가설의 반증 가능성을 과학과 사이비 과학의 핵심적 구분 기준 demarcation으로 강조한 이유를 그들의 생애를 모르고서는 이해하기 어려워요. 포퍼나 러커토시에게 반증 가능성은 절실한 삶과 죽음의 문제였어요. 20세기 초반 마르크시즘과 나치즘으로 커다란 어려움을 겪던 유럽 지식인들은 이데올로기와 과학의 구분으로 명제의 반증 가능성을 특별히 강조했어요. 그런데 쿤이 1962년에 새로운 과학혁명론을 발표하면서 세계적인 주목을 받게 되죠. 포퍼의 도움으로 런던정치경제대학 교수로 있던 러커토시가 1965년 7월 13일에 영국 국제과학철학 콜로키엄에 쿤을 초청해서 포퍼를 비롯한 대표적 과학철학자들과 함께 토론을 벌인 적이 있어요. 당시 포퍼는 65세였고, 쿤은 43세였어요. 이 토론 과정에서 쿤은 고군분투하면서 포퍼의 반증주의에 대한 자기 입장을 밝혀요.

첫째로, 자연과학이 정상과학과 혁명과학의 경로를 반복하면서 발전했기 때문에 반증만이 과학과 사이비 과학을 구분하는 기준이라는 포퍼의 주장은 충분하지 않다고 말해요. 둘째로, 과학혁명의 과정에서 새로운 패러다임의 등장은 포퍼의 반증주의 설명보다는 훨씬 힘들게 등장하게 된다고 주장하죠. 왜냐하면 기성 패러다임으로는 잘 설명되지 않는 변칙 사례가 등장해도 바로 새 패러다임이 등장하지 않고, 인적·물적으로 우세한 내부자들의 기성 패러다임이 새 패러다임 가능성이 있는 떡잎들을 꺾어버린다는 거죠. 포퍼나 러커토시는 쿤의 이런 설명을 과학이 아니라고 비판했어요. 그러나 쿤은 과학과 비과학의 구분 기준은 미학이라고 답해요. 새 패러다임은 운 좋게 부상하는 것이 아니라 거목으로 자라날 수 있는 미학적 아름다움을 가지고 있다는 거죠. 따라서 자신이 상대주의자나 가짜 과학을 하는 것은 아니라고 주장해요. 쉽게 말하면 미적 판단이 가능한 사람들은 떡잎이 거목으로 성장할 수 있을지 여부를 충분히 알 수 있다는 거예요. 결국 쿤의 승리였다고 생각해요. 오늘날 국제정치학 또는 정치학이 주로 의존하고 있는 러커토시 방법론은 포퍼와 쿤의 방법론을 절충한 모습이에요. 러커토시는 포퍼의 반증론과 함께 쿤의 패러다임론을 고려해서 과학적 연구 프로그램scientific research program의 검증 필요성을 강조하죠.

1989년 국제정치이론을 가르칠 때까지 나는 현실을 제대로 해석하기 위한 지평을 넓히기 위해 서양 해석학의 3원칙이나 동양의 이의역지以意逆志 원칙에 따른 지적 연애가 필요했어요. 첫째로, 상대방과 제대로 만나기 위해서는 나를 떠나서 상대방의 내면세계로 들어갈 수 있어야 해요. 둘째로, 상대방의 언행 속에서 상대방을 제대로 찾을 수 있어야 해요. 그러려면 상대방의 꿈, 삶, 앎, 함을 복합적으로 읽어야 하죠. 셋째로, 상대방 지평과의 제대로 된 만남을 통해 내 지평을 넓혀나가야 해요.

이론에서 이理의 한자는 구슬 옥玉 변에 이里로 구성되죠. 서양에서는 다이아몬드가 가장 귀한 보석이지만, 동양에서는 옥이 대표적인 보석이었어요. 옥을 아름답게 깎는 과정에서 가장 중요한 원칙은 옥을 결에 따라서 깎아야 한다는 거예요. 그 결에 맞지 않게 깎으면 옥이 깨지게 되죠. 따라서 이론은 현실이라는 옥을 잘 갈아서 결이 드러나게 하는 것이라 할 수 있어요. 겪고 있는 밖의 현실을 보면서 원형을 깨뜨리지 않고 결대로 잘 깎아보면 첫 번째 드러나는 결은 안보라는 결이고, 두 번째 드러나는 결은 경제라는 결이에요. 그런데 1990년대 이후의 현실을 보면 안보와 번영이라는 결과 함께 생태. 문화, 기술과 같은 새로운 결들이 빠르게 드러나고 있음을 알 수 있어요.

러커토시 방법은 칼로 과감하게 변수들을 잘라내서 인과관계를 검증해 보고, 틀리면 다시 반증 가능한 새 가설을 설정하면 된다는 거예요. 그러나 복잡하게 얽힌 현실을 독립변수와 종속변수로 단순화하고 그 인과관계를 밝히는 것은 신이 아닌 인간이 함부로 할 작업이 아니고, 관심 대상을 제대로 사랑하는 방법이 아니에요. 옥의 결은 조심스럽게 다뤄야 해요. 결은 쉽게 드러나지 않고 얽혀 있기 때문에 쉽게 자를 수 없다 해도 자세히 보면 아주 희미한 결을 볼 수 있어요. 포퍼와 러커토시는 이런 노력을 가짜 과학이라고 주장해요. 반대로 쿤은 미학이라고 말하죠. 누구도 부정할 수 없는 미학적 패턴을 읽은 것이지 본인의 주관에 따라 결이 있다고 주장하는 것이 아니라는 거예요. 옥을 결대로 조심스럽게 다듬으면 굉장히 아름다운 보석의 진면목을 드러낸다는 거죠. 반대로 실증주의에서는 일단 옥을 대강 깎아봐서 결이 안 맞고 깨지면 새로 깎아요. 21세기의 국제정치가 실증주의적 방법으로 잘 보이지 않는다면 칼을 일단 내려놓고 옥을 연인처럼 품어서 그 결을 밝혀보려는 노력이 필요하죠.

한국 사회과학의 새로운 방향 모색: 국제정치학

자료: 하영선, 2007.

1. 한국 국제정치학의 빈곤

한국 근대 국제정치학의 첫출발은 유길준의 『서유견문西遊見聞』(1887~1889년 집필, 1895년 출판)이다. 그 이후 지난 120년 동안 한국은 전 세계 어느 나라도 겪기 어려운 국제정치적 삶을 살아왔다. 그러나 문제의 풍요로움에 비해 그 해답을 찾아 나선 한국 국제정치학은 끊임없이 빈곤을 노래해 왔다. 번역의 국제정치학에서 창작의 국제정치학으로 가자는 '한국적 국제정치학'의 초보적 논의는 식상하리만큼 원점을 맴돌면서 해결의 돌파구를 마련하고 있지 못하다. 역설적으로 한국 국제정치학의 국제정치적 식민성은 오히려 심화의 길을 걷고 있다. 그 뿌리는 깊다. 존재론, 인식론, 실천론에 대한 철저한 자기 고민의 빈곤에서 비롯하기 때문이다. 빈곤의 악순환에서 탈출하려면 복합변환complex transformation의 21세기를 맞아 새로운 복합세계정치학을 구축해야 한다.

2. 존재론의 빈곤

한국 국제정치학의 출발은 한국인들의 국제정치적 삶에 대한 자기 성찰에서 출발해야 한다. 한반도의 삶은 대단히 국제

정치적이다. 역사적으로 오랫동안 우리는 중국 중심의 천하질서 속에서 살아왔다. 19세기 서세동점 이후 한반도를 둘러싼 열강들의 치열한 각축 속에서 조선왕조는 국망의 비극을 맞이했으며, 일본 제국이 구미 열강과의 전쟁에서 패함으로써 해방은 기적같이 찾아왔다. 미국과 소련을 양극으로 하는 전후 냉전질서의 형성과 함께 한반도의 남북한은 세계대전 규모의 한국전쟁을 치른 후 분단 고착화의 길을 걸었다. 20세기 후반의 냉전기간 동안 한반도는 냉전적 삶의 세계 전시장이었다. 세계 사회주의 질서의 종주국이었던 소련이 1991년에 해체됨에 따라 세계는 다시 한번 변화의 소용돌이를 겪고 있다. 단순한 탈냉전의 변화를 넘어 지난 100여 년 동안 힘들여서 받아들였던 근대 국제질서와 우리에게 서서히 닥쳐오는 탈근대 세계질서가 뒤범벅된 오늘날의 과도기적 현실을 우리는 복합변환의 세기라고 부르기 시작했다. 21세기 한반도의 삶도 예외 없이 복합변환 세계정치의 커다란 영향 속에서 새롭게 전개되고 있다. 따라서 복합변환 세계정치에 대한 올바른 이해는 21세기 한국 정치 분석, 그리고 나아가서는 한국 사회과학의 첫걸음이다.

21세기 세계질서의 복합변환을 제대로 이해하려면 주인공, 무대, 연기의 변화에 주목해야 한다. 19세기 동아시아에서 천하국가를 물리치고 화려하게 무대

의 중심에 등장했던 국민국가 또는 국민제국은 21세기를 맞이하면서 다시 한번 네트워크 국가로의 변환을 모색하고 있다. 국가가 여전히 기본이지만 안과 밖으로 촘촘한 다중심 또는 무중심의 그물망을 치고 있다. 무대도 복합화되고 있다. 19세기 동아시아에서 예禮라는 명분 중심의 무대를 무너뜨리고 등장한 부국과 강병이라는 실리의 단순 무대는 21세기에는 3층 복합 무대로 바뀌고 있다. 중심층을 이루고 있는 부국과 강병의 무대는 안보, 번영, 문화, 생태균형의 무대로 바뀌고 있다. 더욱더 중요한 것은 정보기술의 혁명에 힘입은 지식의 무대가 새로운 기층 무대로 등장한 것이다. 그리고 마지막으로 복합조종의 정치 무대가 상층을 이루고 있다. 주인공과 무대의 복합변환에 따라 연기도 과거와 같은 늑대들의 치열하고도 단순한 약육강식의 생존경쟁 대신에 늑대거미의 3층 다보탑 쌓기라는 복잡한 모습을 보이기 시작했다.

한국 국제정치학은 우리가 역사 속에서 겪어온 국제정치라는 존재에 대한 깊은 성찰 없이 근대 국민국가 또는 국민제국의 삶터 속에서 성장한 국제정치학을 지난 한 세기 동안 뒤늦게 수입해, 우리 삶에 결정적인 영향을 미쳐온 국제정치를 분석해 보려는 노력을 계속해 왔다. 21세기 국제정치가 다시 한번 복합변환이라는 준혁명적 변화를 겪고 있는 오늘날, 한국 국제정치학은 새로운 어려움에

직면해 있다.

3. 인식론의 빈곤

복합변환적 삶의 등장은 이를 제대로 인식하기 위한 새로운 언어의 등장을 불가피하게 하고 있다. 구체적으로, 21세기 역사의 주인공이 되기 위한 전초전인 개념 논쟁이 본격화하고 있는 것이다. 그속에서 한국은 삼중의 어려움을 겪고 있다. 우선 무엇보다 미래의 변화를 과거의 개념으로 읽어내려는 것에 따른 어려움이다. 오랫동안 중국 천하질서의 명분에 익숙해 있던 한반도는 19세기 중반 문명사적 변환을 맞이해 끈질긴 저항에도 불구하고 새로운 주인공으로 등장한 유럽의 근대 사회과학 개념들의 전파에서 벗어날 수 없었다. 근대 국민국가의 부국강병 경쟁이라는 기본 개념으로 세계의 지속과 변화를 읽어내는 데 간신히 익숙해진 한국 국제정치학은 21세기의 문명사적 변화의 가능성을 맞이해 다시 한번 새로운 개념들의 전파 싸움을 치르기 시작했다. 이러한 과정에서 주목해야 할 것은 전통 개념으로 근대의 변화를 담아야 했던 어려움처럼, 근대의 개념으로 미래의 변화를 품어야 하는 것에 따른 갈등이다.

한국이 겪고 있는 개념 전파 전쟁은 시대적 변환에 따른 새로운 개념의 각축에서만 전선이 형성되고 있는 것이 아니다. 또 하나의 전선은 정치·사회 구조의 변화에서 형성되고 있다. 정치·사회 공간

에서 벌어지는 논쟁은 일차적으로는 국가 간에, 이차적으로는 국내에서 벌어지고 있다. 개념 논쟁은 근대 이래 국제정치의 중심국과 주변국 간의 전파와 변용이라는 틀 속에서 진행되어 왔다. 부국과 강병의 기반 위에 근대 국제정치의 주인공 자리를 놓고 다퉜던 유럽의 중심국가들은 의미권의 지구적 확대를 통해 더욱더 효율적인 국제질서 운영을 추진했다. 21세기 세계정치의 중심국가 위치를 지속적으로 유지하려는 미국을 비롯한 구미 국가들은 세계질서의 복합변환을 품기 위한 새로운 개념들의 전파를 다시 한번 주도하려는 노력을 하고 있다. 전파의 중심국들에는 이러한 개념들이 자신들의 생각과 느낌에 잘 맞는 맞춤복이라면, 한국과 같은 전파의 주변국들에는 이러한 개념들이 기성복일 수밖에 없다. 맞춤복이냐, 기성복이냐의 문제는 단순히 어떤 것이 몸매를 더 멋있게 드러내느냐는 차원이 아니라, 그 옷이 미래의 몸과 머리와 마음이 자라는 방향을 결정한다는 점에서 중요하다.

한국의 개념 논쟁은 국내의 정치·사회 세력 간에도 치열하게 전개되어 왔다. 전파 중심국들의 개념들을 받아들여 사용하는 과정에서 국내의 정치·사회 세력들은 전통의 무게, 현재의 정치적·경제적 이해, 미래의 전망 등의 영향 속에서 각자 다른 형태로 개념들을 변용하려는 노력을 해왔다. 19세기 한국의 위정척사파

들은 가능한 한 전통 개념으로 폭풍처럼 불어닥치는 근대의 변화를 품어보려는 노력을 기울였다. 다른 한편으로 개화파들은 일본과 중국을 징검다리로 삼아 좀 더 과감하게 유럽의 근대 정치·사회 개념들을 받아들여 문명사적 변화를 이해하고 새로운 미래를 꿈꿨다. 현실의 국내 정치는 양 극단의 갈등을 전통과 근대의 복합화를 통해 풀어보려는 어려운 노력을 시도했으나 결국 실패하고 말았다. 21세기 문명사적 변화의 가능성을 맞이하면서 국내의 정치·사회 세력들은 다시 한번 세계화론과 반세계화론의 경직된 갈등에서 쉽사리 벗어나지 못하고, 한국적 세계화라는 변환론의 해답을 놓치고 있다.

4. 실천론의 빈곤

21세기 복합변환의 삶을 제대로 아는 문제는 불가피하게 바람직한 '함'의 문제를 제기한다. 삶, 앎, 함의 관계는 대단히 복합적으로 얽혀 있다. 불필요한 시행착오를 겪지 않으려면, 함은 제대로 된 앎이 기초가 된 실천전략을 바탕으로 해야 한다. 반면에 복합성을 단순하게 파악해서 실천전략을 마련하면 앎은 함에 실질적인 도움을 주기 어렵다. 앎도 함의 현장감과 긴장감을 공유하지 못하는 한, 복합적 삶의 현실과는 유리된 자폐증의 앎의 세계를 외롭게 구축하게 된다. 삶의 복합성이 커져갈수록 단순 사회과학의 몰실

천성은 심화될 수밖에 없다.

존재론의 고민 없이 인식론의 도구들을 수입해서 쓰는 지식수입국의 사회과학은 앎과 함의 괴리를 더 심각하게 겪을 수밖에 없다. 한국의 사회과학도 예외는 아니다. 19세기 한국 국제정치학은 만국 공법, 균세론, 민족주의론, 아시아 연대론 등을 수입해 우리 나름의 실천전략을 모색했으나 결국 실패하고 망국의 설움을 겪어야 했다. 21세기의 한국 국제정치학이 크게 개선되었다고 자신하기 어렵다. 21세기 미국과 유럽이 주도하는 세계 지식시장의 모든 명품과 모방품이 거의 다 수입되고 있으며, 이를 거부하는 비판이론들도 어렵지 않게 찾아볼 수 있다. 그럼에도 불구하고 한국형 복합적 삶의 구축을 위한 제대로 된 인식과 실천의 과제는 여전히 커다란 숙제로 남아 있다.

5. 한국 국제정치학의 핵심 연구 과제

한국 국제정치학의 존재론적 빈곤을 극복하기 위한 첫걸음은 21세기 한국 국제정치가 당면한 복합변환의 세계정치를 본격적으로 분석하는 것이다. 그중에서도 가장 시급한 것은 21세기 새로운 문명표준으로 부상하고 있는 네트워크 지식기반 복합국가 연구다. 새로운 역사의 주인공으로서 등장한 네트워크 국가와 새로운 무대로 구축되고 있는 지식기반 복합 무대, 그리고 늑대거미 같은 복합 연기를 변환사의 시각에서 분석해야 한

다. 이 작업은 분석 대상의 복합성 때문에 여러 사회과학 분야의 공동 작업을 절실하게 필요로 한다.

21세기 한국이 빠르게 변화하고 있는 세계를 바로 읽고 미래를 제대로 준비해서 역사의 주인공으로 화려한 연기를 선보이려면 전초전인 개념 전쟁부터 제대로 치를 수 있어야 한다. 그 첫걸음은 개념사 연구에서 시작되어야 한다. 21세기를 제대로 준비할 수 있는 우리 나름의 개념을 갖추려면 우리의 전통 개념이 19세기 중반 이래 삼중 개념전쟁을 통해 어떻게 오늘의 근대 개념으로 바뀌어왔는지를 조심스럽게 추적해야 한다. 이러한 노력은 21세기 한국에서 사용하고 있는 핵심 정치·사회 개념들의 의미를 제대로 이해하게 해줄 것이다. 우리는 비로소 변화하는 세계를 품기 위해 허겁지겁 전파의 중심국들이 재빠르게 생산하고 있는 새로운 개념들을 무비판적으로 수입하는 대신에 21세기 한반도에 맞는 개념들을 3면전의 어려움을 충분히 고려해 조심스럽게 궁리하게 될 것이다.

복합변환적 삶의 앎을 우리 자신의 삶의 복합변환을 위해서 어떻게 구체적으로 실천에 옮겨야 하는가에 대한 실천 국제정치학의 천착이 절실하게 필요하다. 이를 위해서 가장 시급한 것은 21세기 한국의 복합변환의 기본 성격을 밝혀주는 역사와 사상·이론인 기초 사회과학과 복합변환이 구제적으로 진행되는 삶터에

대한 지역·정책 연구인 응용 사회과학 간의 복합화. 그리고 한국의 네트워크 국가화를 위해서는 한반도, 동아시아, 지구, 사이버 공간, 국내 공간에 촘촘한 거미줄을 치는 실천전략 연구가 필요하다. 네트워크 국가로서 한국이 지식기반 복합 무대를 장악하기 위해서는 다보탑 못지않게 아름다운 3층 복합 무대를 꾸미는 연구가 필요하다. 마지막으로 19세기 유길준이 생존전략으로서 이중체제인 양절체제兩截體制를 고민했듯이 우리도 21세기 한국형 복합 연기를 궁리해야 한다.

6강

복합세계정치학

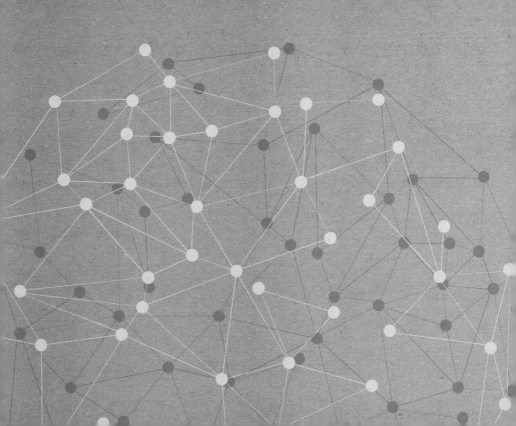

오늘은 지난주에 다룬 현대 국제정치이론에 이어서 복합세계정치학 이야기를 하겠어요. 1990년대 초 탈냉전이라는 세계사적 변화를 겪으면서, 나는 냉전의 종식이 앞으로 다가올 더 큰 변화의 서곡이 아닐까 하는 생각을 하게 됐어요. 그래서 21세기 세계정치질서를 제대로 파악하기 위해 단순한 탈냉전 논리를 넘어 근대 국제정치의 기본 조직 원리와 연기 규칙이 '단순'에서 '복합'으로 서서히 바뀌는 새로운 세계정치의 가능성에 주목하게 됐죠.

1. 탈냉전과 복합세계정치학

냉전의 양극 질서가 무너지면서 새롭게 등장하던 신질서의 복합성에 주목하면서 후학들과 함께 복합세계정치를 공부하기 시작했어요. 이런 노력을 『탈근대지구정치학』(1993),[1] 『사이버 공간의 세계정치: 베스트 사이트 1000 해제』(2001),[2] 『21세기 한반도 백년대계: 부강국가를 넘어서 지식국가로』(2004),[3] 『네트워크 지식국가: 21세기 세계정치의 변환』(2006),[4] 『네트워크 세계정치: 은유에서 분석으로』(2010),[5] 『복합세계정치론: 전략과 원리 그리고 새로운 질서』(2012)[6] 라는 다섯 권의 책으로 엮어서 세상에 선보였죠.

1980년대 후반부터 시작했던 복합세계정치학 공부의 주요 내용은 국제정치이론의 탈근대적 접근과 연결돼요. 1992년에 당시까지 공부했던 결과들을 토대로 '탈근대 국제정치이론'이라는 제목으로 국제정치학회에서 엮은 『현대 국제정치학』(1992)[7]에 글을 싣고, 세종연구소 콜로키엄에서 심층 토론을 했어요. 탈냉전 이후 진행되고 있는 세계질서의 행위 주체와 활동 영역의 복합화를 강조하고, 이런 변화를 다루는 해체주의, 역사적 구조 분석, 복합 구성주의를 소개한 다음에, 한국적 수용의 문제를 다뤘죠. 또한 대학원 세미나에서 학생들과 공동 연구한 내용을 『탈근대지구정치학』(1993)[8]이라는 제목으로 출판도 했어요. 이 책은 '혁명적 변화의 가능성을 근대 국제질서의 단일 근대국가가 부국강병의 단일한 국가 이익을 추구했던 것과는 달리 탈근대 복합국가가 복합적 국가 이익을 추구하고 있다는 시각에서' 새롭게 볼 것을 강조하고, 당면한 21세기의 중심 과제들인 신세계군사질서, 지구적 민주주의, 지구적 번영과 빈곤, 첨단 과학기술의 추구, 탈근대 지구문화, 지구 환경 문제, 성의 불평등 문제 등을 집중 조명했어요.

탈냉전과 함께 나타나기 시작한 주인공, 무대, 연기의 복합성을 보다 본질적인 문명사적 변화의 시각에서 따져보려는 시도도 했죠. '문명의 국제정치학 I: 문명개화'(1997), '문명의 국제정치학 II: 제국주의와 식민지'(1998), '문명의 국제정치학 III: 냉전'(1999), '문명의 국제정치학 IV: 사이버 공간의 세계정치'(2000)라는 주제로 대학원 세미나를 진행했어요. 4년 동안 이어진 세미나는 근대 국제질서의 단순 주인공, 무대, 연기가 탈근대 국제질서를 맞이하면서 어떻게 시공간적으로 복합화되고 있는지를 정리해 볼 수 있었던 좋은 기회였어요.

2. 기술혁명과 사이버 공간의 등장

복합세계정치 중에서도 1990년대 중후반에 내가 특히 주목했던

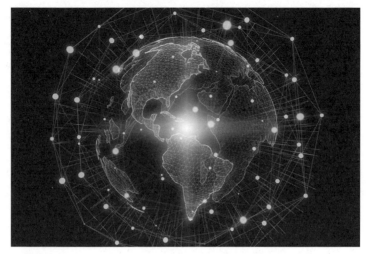

그림 1

사이버 공간
자료: Sebastien Decoret / 123rf

것은 새로운 공간의 등장이었어요. 기성 국제정치에서는 국가 공간과 지구 공간이 있죠. 사실 국가라는 공간을 넘어선 지구 공간을 상상하는 것만도 쉽지 않아요. 자기가 직접 체험하지 않은 공간에 대한 지적 상상력을 가지는 것은 대단히 어려운 일이기 때문이죠. 제국이 지구를 통치하는 가장 효율적인 방법도 비제국들로 하여금 제국적 공간 개념을 못 갖게 하는 거예요. 그래서 비대국의 국제정치학자가 대국의 공간 개념을 공유하기는 쉽지 않죠.

20세기 후반에 들어서서 두 단계의 과정을 통해 새로운 공간이 탄생했어요. 1946년에 처음 컴퓨터가 개발됐고, 1969년에는 개발된 컴퓨터들을 연결하는 데 성공했죠. 그리고 이런 기술 혁신을 기반으로 우리 머릿속에서 공유되는 새로운 공간이 만들어졌어요. 1972년에 이메일이 처음으로 등장했고, 1982년에는 '인터넷'이라는 말이 사용되기 시작했고요. 1984년에는 네트워크에서 컴퓨터를 식별하기 위한 도메인 이름 체계domain name system가 등장했어요. 그리고 같은 해에 윌리엄 깁슨william Gibson이 『뉴로맨서Neuromancer』라는 과학소설에서 이 새로운 공간의 이름으로 사이버 공간cyber space이라는 용어를 처음으로 썼어요. 처음에는 제목을 잘못 보고 이 책이 로맨스 소설인 줄 알았어요. 그런데 아무리 읽어도 사랑 이야기는 안 나왔죠. 소설은 뇌가 망가져서 지구두뇌와 연결이 되지 않는 해커의 우울한 이야기였어요. '뉴로'는 뇌 신경, 그리고 '맨서'는 마술사라는 의미니까, 『뉴로맨서』라는 제목은 21세기 신형 주술사라는 뜻이라 할 수 있겠죠. 깁슨은 사이버 공간의 부정적 미래를 그리는 이 소설로 그해 거의 모든 과학소설상을 휩쓸었어요. 그는 소설에서 사이버 공간을 '합의 환각consensual hallucination'이라고 정의해요. 현실 공간이 아니라 함께 마음으로 느껴서 형성하는 가상 공간이라는 거죠. 사이버 공간 개념이 탄생한 1984년은 흥미로운 해예요. '냉전'이라는 단어를 처음 쓰기도 한 조지 오웰George Orwell은 1948년에 48을 84로 뒤집어 『1984』라는 제목의 미래 소설을 썼죠.

사이버 공간이라는 표현은 그 이후 전 세계적으로 사용되기 시작해서 지금은 일상용어가 됐어요. 1989년이 되면 인터넷에 연결된 컴퓨터들을 통해 사람들이 정보를 공유할 수 있는 전 세계적인 정보 공간을 말하는 월드 와이드 웹World Wide Web: WWW이 등장해요. 그리고 1994년이 되면 초기 형태의 내비게이터들이 등장해서 상업적으로 사이버 공간을 사용할 수 있게 되죠. 그 이후 이 새로운 공간의 사용자가 폭발적으로 늘어나서 1999년에 1억 5000명이었던 세계의 인터넷 사용자가 2010년대 후반에는 전 세계 인구의 반이 넘는 40억 명 수준에 이르렀어요. 그중 절반은 중국과 인도를 포함한 아시아인이죠.

2000년 1학기 대학원 강의인 '문명의 국제정치학 IV: 사이버 공간의 세계정치"에서 대학원생들과 함께 사이버 공간의 대표적 세계정치 관련 사이트를 정리하기 시작해서 3년 가까운 작업을 거쳐 『사이버 공간의 세계정치: 베스트 사이트 1000 해제』(2003)[9]를 출판했어요. 베스트 인터넷 사이트 1000개를 뽑기 위해 최소 3만 개 이상의 관련 사이트를 직접 헤매야 했어요. 그런 과정에서 눈이 나빠져서 돋보기도 쓰게 됐지만, 오프라인에서 알고 있던 국제정치와는 다른 온라인의 국제정치를 새롭게 만날 수 있었어요. 오프라인의 누구보다도 훨씬 넓고 깊은 국제정치적 지평을 다루고 있다고 생각해요. 왜냐하면 오프라인으로 보이는 세계정치보다 온라인으로 만나는 세계정치의 공간이 훨씬 넓기 때문이죠. 상대방이 10미터 범위의 레이더로 국제정치를 보고 있는데, 내가 100킬로미터 범위의 레이더로 보고 있다면 전쟁의 승패는 이미 결정이 난 것이나 다름없죠.

2006년에는 국제정치 사이트 1000개의 해제본을 수정·보완해서 사이트 1200개를 포함한 '국제정치포털'(www.worldpolitics.ne.kr)[10]을 마련해서 무료로 개방했지만, 충분히 활용되고 있지는 않아요. 현재까지 전 세계의 국제정치 관련 포털 사이트 중에 가장 충실하게 내용을 담고 있는 보고 중의 보고인데도 불구하고 접속 수가 그리 높지 않은 것이 안타까워요. 외교학과의 국제정치이론 수강생들에게는 매주 100개씩 들어가 보도록 독려하고 숙제검사를 꼼꼼하게 했죠. 외교학과를 4년 다니는 동안에 즐겨찾기에 게임 등의 사이트가 아니라 국제정치 필수 100개 사이트를 장만하도록 했어요. 수강생의 10~20%가 성공했죠. 대학을 졸업하고 현실 사회의 다양한 직장 세계로 진출한 후에 엄청난 도움이 됐다는 인사를 가끔 받아요. 문자의 등장이 지식 무대의 혁명적 변화를 가져왔다면, 인터넷 사이트의 등장은 또 한번 지식 무대의 혁명을 일으키고 있어요. 따라서 인터넷 지식 활용 여부에 따라서 인터넷 이전과 이후 세대로 나눠질 수밖에 없을 거예요.

3. 복합세계정치학: 주인공, 무대, 연기의 복합화

처음에는 소박하게 근대 국제정치학의 단순성을 변화하는 현실에 맞게 조금 더 복잡하게 만들려는 노력을 시작했어요. 이 실험을 계속하는 과정에서, 복합은 구체적 내용이 없는 개념이니 따라서 내용을 잘 보여주는 용어로 바꾸라는 지적도 받았지만, 단순국제정치와 복합세계정치의 차별화에 집중했죠. 따라서 주인공, 무대, 연기의 복합화가 구체적으로 어떻게 진행되기 시작했는가를 주목했어요. 이런 문제의식은 최근 구미 세계정치학에서도 본격적으로 논의되기 시작했어요. 이상주의 대 현실주의의 첫 번째 대토론, 전통과 역사 방법론의 두 번째 대토론, 패러다임 경쟁의 세 번째 대토론, 실증주의와 탈실증주의의 네 번째 대토론, 국제체제의 구조와 주인공의 상호 구성을 둘러싼 다섯 번째 대토론을 거친 후 21세기에 들어서서 단순과 복합의 여섯 번째 대토론이 진행되고 있죠.

국제정치 현실은 구조와 주인공의 상호 결정을 강조하는 구성주의를 넘어서서 굉장히 복잡해져 가고 있어요. 그러나 과학으로서의 국제정치학이 주류를 이루고 있는 미국 국제정치학은 과학을 좁은 의미의 자연과학으로 이해하고 있어요. 그러니까 분석 대상을 독립변수와 종속변수로 나눈 다음에 두 변수의 인과관계를 따져서 대상의 작동원리를 추론하려고 하죠. 그래서 19세기 동양은 서양의 'science'를 '과학'으로 번역하죠. 여기에서 과(科)는 나눈다는 뜻이에요.

하지만 2000년대 국제정치는 여러 부분이 점점 복잡하게 얽히면서 단순한 선형 관계가 아니라 복잡한 비선형의 인과관계를 나타내고 있어요. 그래서 전체에서 두 변수를 뜯어내서 그 인과관계를 분석하려는 방법으로는 국제정치의 전체 모습을 드러내기가 불가능해요. 마치 양의학은 원칙적으로 아픈 부위를 수술해서 고치려 하는 반면에, 한의학은 외과적 수술 대신 몸 전체의 복합적 관계를 활성화시키려는 것과 유사하죠. 동양에서는 진리에 이르는 방법을 전통적으로는 과학이 아니라 격물치지格物致知라고 했어요. 물物에 끊임없이 다가가서 지知에 이른다는 말이에요. 격格은 단순히 다가가는 것이 아니라 제사 지낼 때 신에게 다가가는 것처럼 겸손하게 다가간다는 것이고, 치致는 이른다는 거죠.

앞서 말했듯이 새롭게 시작되는 여섯 번째 대토론은 기존 단순국제정치학과 새로운 복합세계정치학 간의 토론이에요. 단순국제정치학이 복잡한 현실을 독립변수와 종속변수로 단순하게 나눠 가설을 설정한 다음에 그 인과관계를 검증해서 국제정치의 작동 원리를 찾으려는 노력을 하고 있는 반면에, 복합세계정치학은 복잡한 현실을 섣불리 독립변수와 종속변수로 나누지 않고 복합적 전체 속에서 드러나는 주인공들의 초보적인 작동 유형을 조심스럽게 읽어내려는 노력을 하고 있죠. 원래 복합이란 나뉘어 있는 밑 그릇과 위 뚜껑을 합쳐서 하나로 합쳐진 모습을 일컫는 말이에요. 1980년대 말부터 고민하기 시작한 복합세계정치학은 냉전에서 탈냉전으로 바뀌는 역사의 변환기에 나타나기 시작한 질서의 복합성을 섣부르게 단순화하기보다는 제대로 품어보려는 문제의식에서 출발한 거예요.

1) 주인공: 복합 네트워크 국가

지난 30년 동안 이야기해 온 복합세계정치론을 간략하게 정리하

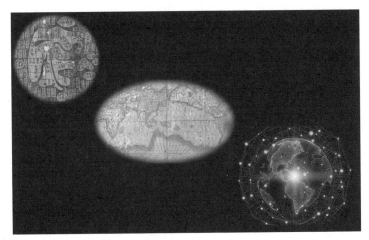

그림 2

필자의 홈페이지 첫 화면에 있는 그림들

기 위해서 우선 주인공 문제부터 시작하죠. 이야기를 쉽게 풀어가기 위해서 오랫동안 내 홈페이지의 표지로 사용해 온 그림부터 설명할게요(그림 2). 이 그림에서 맨 왼쪽에 있는 것은 우리 조상들이 17~19세기에 그렸던 것으로 추정되는 천하도예요. 이 천하도는 세계지도의 역사를 연구하는 전문가들에게도 여전히 숙제로 남아 있어요. 왜냐하면 이런 천하도는 흥미롭게도 조선 이외의 다른 지역에서는 찾아보기 어렵기 때문이에요. 이 지도를 자세히 보면 당시의 전통적 세계지도가 현실도로서 중심에 그려져 있고 주변에는 중국의 산해경에 나오는 신화 국가들을 그려놓은 신화도가 합쳐진 복합도의 모습을 하고 있음을 알 수 있어요.

이 그림에서 가운데에 있는 지도는 마테오 리치Matteo Ricci가 1602년에 베이징에서 간행한 '곤여만국전도坤與萬國全圖'예요. 지난주 국제회의에 참석하려고 샌프란시스코에 갔다가 마침 열린 세계지리학회에 들러 미네소타대학에 소장된 '곤여만국전도' 특별 전시를 볼 수 있었어요. 이 지도는 전 세계에 현재 남아 있는 여섯 개 중에 가장 상태가 좋은 거예요. 마테오 리치는 16세기 가톨릭 개혁을 추진하던 예수회 선교사로서 중국에 파견됐어요. 하지만 당시 중국 사람들은 기독교에는 큰 관심이 없었죠. 반면 선교사들이 가져온 지도, 시계, 천체 관측기 등에 상당한 관심을 보였어요. 따라서 마테오 리치는 리즈짜오李之藻의 도움을 받아 동양과 서양이 제대로 그려진 세계지도를 완성하죠.

이 지도는 원과 명의 세계지도를 참고해서 1402년에 '혼일강리역대국도지도混一疆理歷代國都之圖'라는 세계지도를 제작했던 조선에도 커다란 영향을 미쳤어요. 1603년에 연행사를 통해 마테오 리치의 세계지도가 조선에 전래돼서 모사본들이 만들어졌어요. 하백원은 '만국전도'(1821)를 제작했는데, 마테오 리치의 세계지도 외에도 줄리오 알레니Giulio Aleni의 '만국전도', 페르디난트 페르비스트Ferdinand Verbiest의 '곤여전도' 등 서양 세계지도들을 모사하면서 적극적인 관심을 보였죠. 그리고 조선이 직접 세계지도를 새롭게 그리려는 노력도 진행됐어요. 19세기에는 최한기의 '지구전후도'(1834)나 김정호의 '여지전도'를 볼 수 있어요. 마지막으로 조선의 전통 사대부들은 새로운 세계지도에 대한 지적 대응으로 조선 특유의 '천하도'를 그렸죠.

홈페이지 화면의 맨 오른쪽 그림은 21세기의 새로운 복합 공간을 나타낸 거예요. 전통, 근대, 미래 공간이 복합된 거죠. 근대 국제정치 무대의 주인공은 국민국가 혹은 민족국가였죠. 서양에서는 국민국가 또는 민족국가를 홉스 이래로 늑대에 비유해 왔어요. 그런데 21세기 국제정치가 빠르게 복합화되는 가운데 네트워크 국가가 새롭게 부상하고 있죠. 21세기 현실에서 네트워크 국가는 단순히 늑대처럼만 살수는 없고 동시에 거미처럼 거미줄을 칠 수 있는 능력을 갖춰야 해요. 그런데 우연히 인터넷 검색창에 늑대와 거미를 함께 쳐봤더니 늑대거

그림 3

늑대거미

자료: Vongiawe / wikipedia.org.

그림 4

여러 가지 모양(단순, 이중, 복합)의 거미줄

자료: Lukas Portner(왼쪽), cloud2013(오른쪽 위), Anna Nagy(오른쪽 아래) / flickr.com.

사랑의 세계정치

252

미라는 것이 실제로 검색됐어요(그림 3). 늑대거미는 구멍 속에 숨어 있다가 먹이가 나타나면 사냥물을 늑대처럼 잡아먹지만, 동시에 거미처럼 거미줄을 칠 수 있는 능력도 갖고 있어요. 대단히 흥미로운 것은 거미줄의 모습이 생각보다 굉장히 다양하다는 거예요. 마치 미국 주도의 세계질서처럼 단순한 거미줄이 있고, 미중 주도의 아태 질서처럼 이중의 거미줄도 있고, 지구·사이버 공간까지 모두 네트워크화된 다중 형태의 복합 거미줄도 있어요(그림 4). 그래서 나는 복합질서의 주인공을 늑대거미에 비유하기 시작했죠.

2) 무대: 3층 복합 무대

복합세계정치론의 주인공에 이어 무대의 복합화를 따져볼 필요가 있어요. 늑대거미와 같은 그물망 국가가 새롭게 연기하는 무대는 더 이상 단순 무대가 아니라 3층 복합 무대의 모습을 띠고 있어요. 이런 3층 복합 무대를 보다 가시적으로 드러내 보기 위해 여러 가지 궁리를 하는 과정에서 3층 복합탑의 모습을 가진 다보탑을 만나게 됐어요(그림 5). 다보탑이 3층 다보탑으로 지어지기까지는 나름의 복잡한 사연이 있어요. 잘 알다시피 경주 불국사에 가보면 석가탑과 다보탑이 나란히 함께 서 있죠. 석가여래의 설법을 돕기 위해서 다보여래가 옆에 자리 잡고 있는 형태예요. 법화경에서 다보여래의 모습은 인간이 상상할 수 있는 아름다움의 극치로 묘사되고 있어요. 따라서 당시 탑을 쌓는 신라의 석공은 삼각, 사각, 육각, 팔각, 그리고 원형의 모든 형태를 동원해서 인간이 상상할 수 있는 가장 아름다운 공간을 다보탑에서 재현하려 했죠. 21세기 세계정치의 복합 설계도도 인간이 건축할 수 있는 가장 입체적 질서를 그리는 과정에서 다보탑과 비슷한

정치

안보 · 경제 · 문화 · 환경

정보·지식

그림 5

다보탑과 21세기 세계정치의 복합 무대

자료: Asadal / Wikipedia.org의 사진을 바탕으로 재구성함.

모습을 갖추게 된 거죠.

그러면 다보탑의 3층 복합 무대가 서로 어떻게 복잡하게 얽혀 있는가를 머릿속에 그리면서 현실의 3층 복합 무대를 정리해 볼 필요가 있어요. 우선 근대적 강병 무대의 21세기적 표현인 안보 무대죠. 강병 무대 대신 안보 무대라고 부르는 것은 21세기 주인공의 언행 원칙이 근대 또는 냉전질서의 주인공과는 편차가 있다고 생각했기 때문이에요. 국제정치의 첫 번째 행동 원칙은 안보에서 출발할 수밖에 없어요. 요즘 학생들에게 국제정치의 어느 분야에 관심이 있느냐고 물으면 흔히 아프리카 발전 지원이나 북한 인권을 이야기해요. 물론 중요하죠. 그런데 그런 주제들을 다루더라도 국제정치의 큰 틀 속에서 다뤄야 하기 때문에, 국제정치의 근대적 중심 무대인 안보의 기본 원리에 대한 숙지가 전제돼야 해요.

특히 국제정치이론 강의를 처음 시작한 1989년에 찾아온 탈냉전과 더불어 세계정치 무대의 주인공이 어떤 기본 원리에 따라서 연기하느냐를 놓고 많은 논의가 벌어졌어요. 그중에 눈에 띄었던 것은 배리 부잔Barry Buzan의 주장이었어요. 부잔은 코펜하겐평화연구소Copenhagen Peace Research Institute에서 일했기 때문에 코펜하겐 학파로 불렸죠. 그는 『인민, 국가, 공포People, State, and Fear』(1983)[11]의 개정판을 1990년에 내면서 탈냉전의 군사 또는 안보 연구는 다르게 해야 된다고 강하게 주장하기 시작했어요. 우선 전쟁이나 안보의 주인공들이 훨씬 많아졌죠. 전통적으로 전쟁의 기본 구성 요건은 국가라는 정치 단위체였어요. 국가가 자기 이익의 극대화라는 목적을 위해서 조직적인 폭력 수단을 사용해 타국의 존재를 부정하는 것을 전쟁이라고 불렀죠. 이에 부잔은 탈냉전에서는 국가만이 아니라 지역 단위체나 지구 단위의 조직, 또는 하위국가 단위로서 종족, 종교집단, 그리고 더 작은 단위체의 다양한 주인공들을 다뤄야 한다고 주장했어요. 그러니까 수직적으로 주인공 차원에서 보면 국가 이외에도 초국가기구, 지역기구, 하위국가기구, 개인 등을 들 수 있죠. 수평적으로 주인공들이 공연하는 무대를 봐도 부잔은 과거의 단순한 부국강병 무대가 아닌, 정치·군사·사회·경제·환경 분야sector의 복합 무대를 다루고 있어요. 따라서 다섯 주인공이 다섯 무대에서 공연을 하게 됐죠.

이렇게 주인공과 무대가 급격히 늘어난 데는 이유가 있어요. 탈냉전에서 제일 실존적 위협을 받은 사람들은 당연히 군인들이에요. 부잔 같은 민간 군사전략가들도 마찬가지죠. 따라서 부잔은 안보 연구가 다루는 범위를 대폭 넓힌 거예요. 복수의 주인공들이 다양한 무대에서 겪는 이해의 충돌을 해결하기 위해서 군사 수단을 동원하는 안보화securitization를 모두 안보 연구에서 다룰 수 있다는 거죠. 이렇게 안보 연구의 범위를 폭넓게 설정하려니까 당연히 인접 분야 연구자들이 크게 반발했어요. 예를 들어서 의사가 장의사 일까지 맡겠다고 하면 당연히 장의사가 지나친 업무 확대라고 반발할 수밖에 없겠죠. 이에 대한 대안으로 부잔의 코펜하겐 학파는 여러 궁리를 통해 안보화 중에 확실히 죽음에 이르는 것만 다루겠다면서 범위를 좁혔어요. 그 판단 기준은 구성주의 방법론에 따라서 안보화에 대한 발화speech act였죠. 실존적인 죽음에 해당한다고 상호 합의되는 것들만 안보화로 다루겠다는 거였어요. 주목해야 할 것은 근대 국제정치의 안보 무대도 이미 주인공과 무대가 복합화되고 있다는 점이에요. 근대 국제전쟁만으로 더는 설명되지 않는 싸움의 형태들이 등장했어요. 9·11 테러만 보더라도 국가 간의 전통적 분쟁이 아닌, 사이버 공간의 싸움도 커지고 있다는 것을 알 수 있죠. 부잔의 새로운 안보 무대에 대한 초기 주장은 20여 년이 지나면서 틀리지 않았다는 평가를 받게 되죠.

미국국제정치학회International Studies Association는 《계간국제연구International Studies Quarterly》라는 학술지를 발행하는데, 학회의 안보분과위원회가 2016년에 독자적으로 《지구안보연구Journal of Global Security Studies》를 새로 창간했어요. 이 학술지는 창간호에서 세계 주요 국제안보학자 100명의 국제안보 강의 내용을 수집해서 그중 대표적인 여섯 편을 소개했어요. 요약해 보면, 안보의 기본 작동 원리는 한 국가가 국제 관계에서 조직적인 폭력을 수단으로 삼아 상대 국가의 존재를 부정해서 자국의 생존을 확보하는 것인데, 21세기 안보 문제에서는 국가 이외에도 초국가적 테러집단이나 사이버 주인공, 그리고 도시가 공격 목표가 되고, 지구 차원에서 폭력이 진행·제어된다는 내용을 다루고 있어요. 그러니까 국가가 기본이기는 하지만, 국가만을 보면 안 된다는 이야기죠.

또한 이 논문들은 세상에 폭력이 난무하는 가운데 "미래를 어떻게 연구하고 제대로 읽어낼 것인가"에 관심을 가져야 한다고 주장하고 있어요. 전통적 사회과학은 미래를 연구 대상으로 삼지 않고 과거나 현재만 다뤄왔죠. 그러나 오늘날에는 과거, 현재뿐 아니라 미래까지 연구 대상이 되는 새로운 면들이 관찰되고 있어요. 근대적 군사국가와 현대 냉전국가뿐만 아니라 미래의 그물망 국가들이 미래의 안보 무대에서 어떻게 복합적으로 활동하는가라는 질문이 제시되고 있죠.

안보 무대 다음으로 중요한 것은 번영 무대예요. 부국 무대 대신에 번영 무대로 불리는 것은 특히 탈냉전이 시작된 1990년대부터 21세기 상반기의 무대에서 주인공이 살기 위해서 움직이는 기본 원칙이 있고, 그것에 더해서 먹기 위한 원칙이 두 번째 복합 원칙이 될 수밖에 없다는 거예요. 국제정치학은 2019년에 탄생 100주년을 앞두고 있는데, 국제정치학의 두 번째 분야인 국제정치경제학은 1970년대에 시작됐어요. 군사적으로는 미국과 소련이 공포의 균형을 기반으로 긴장 완화를 추진하고 경제적으로는 유가가 짧은 시간에 네 배 이상 오르는 오일 쇼크가 진행되는 속에서 베트남전을 치르던 미국 경제는 상대적 쇠퇴를 겪게 됐죠. 이런 상황에서 미국은 전후 세계질서를 재

조정하는 신경제정책을 추진했어요. 이에 따라 국제정치학이 전통적 연구 과제인 전쟁과 평화 문제를 넘어서 번영과 빈곤 문제를 본격적으로 다루기 시작했죠. 영국의 언론인 출신으로 국제정치경제학 탄생에 핵심적 역할을 한 수전 스트레인지Susan Strange는 『시장과 국가Markets and States』(1988)[12]에서 분석 대상의 폭을 더욱더 넓혀 안보, 생산, 금융, 지식 4개의 구조 권력을 동시에 분석할 것을 강조하고 있어요. 국제정치를 제대로 이해하려면 더 이상 안보만 분석해서는 안 되고 생산과 금융 같은 국제정치경제에 주목해야 한다는 거죠. 그중에도 금융이 지배하는 시대가 올 것이며, 최종적으로 금융을 지배하는 것은 결국 지식일 것이라고 전망했어요. 따라서 국제정치경제학을 통해 국가뿐만 아니라 비국가조직들이 4대 구조 권력을 추구하는 것을 제대로 분석해야 한다는 거죠.

세 번째는 문화 무대예요. 탈냉전에서 전쟁의 위험성이 감소하면서 무대 주인공들의 모습이 다양하게 드러나기 시작했죠. 그중에 어느 특정 문화가 다른 문화에서 표준으로 받아들여지는 경우에 '밝은 문화', 즉 '문명'으로 불리게 돼요. 내 화장법이 모든 사람이 따르는 표준 화장법으로 받아들여지는 것이 문명인 거죠. 그런데 평소 비교정치와 미국 외교정책을 주로 다뤄왔던 하버드대학 정치학과 교수 새뮤얼 헌팅턴Samuel Huntington이 갑자기 '문명충돌론The Clash of Civilizations'[13]을 들고 나오자 그 이름의 매력에 힘입어 하루아침에 대단한 각광을 받게 됐죠. 요컨대 냉전은 끝났지만 문명의 충돌 위험성이 있으니 미국을 비롯한 서양 문명은 비서양 문명과의 충돌 위험에 대비해야 된다는 거예요. 한평생을 연구해도 어려운 문명이라는 주제를 초학자가 어설프게 이해하고 무리하게 문제 제기를 했는데도 세계적으로 화제를 불러일으켰어요.

그러자 문학비평 및 비교문화의 세계적 전문가인 에드워드 사이드Edward Said는 이에 대해 "무식의 충돌The Clash of Ignorance"(2001)[14]이라는 짧은 글을 통해서 두 가지를 통렬하게 비판해요. 첫째는 헌팅턴이 서양, 유교, 일본, 이슬람, 힌두, 슬라브, 라틴아메리카, 아프리카로 8대 문명권을 구분한 것이 무식의 소치라는 거예요. 즉, 지구상의 다양한 문화를 여덟 개의 문명으로 유형화하려면, 선택한 개별 문명이 다른 문명과 명확히 구분되는 삶의 화장법을 지녀야 하는데, 헌팅턴의 문명 유형 구분은 대단히 초보적이라는 거죠. 실제로 다양하게 나뉘어 있는 이슬람을 하나의 문명으로 볼 수 있느냐 하는 문제도 있고, 일본을 독립된 문화가 아니라 문명으로 부를 수 있느냐 하는 문제도 제기될 수 있죠. 둘째로 8대 문명의 무리한 구분보다도 더 큰 문제는 문명이 충돌한다는 것이 오해라는 거예요. 문명은 밝은 문화인데, 어두운 문화는 밝은 문화, 즉 문명을 만나면 충돌하는 대신 전파와 변용의 과정을 겪기 때문이라는 거죠. 이 과정에서 문화 간에 서로 갈등할 수 있지만, 문명의 충돌이라는 표현은 적절하지 않다는 거예요. 사이드의 이 두 가지 지적은 사실상 치명타였죠.

헌팅턴과 사이드의 논쟁 자체가 중요한 것은 아니에요. 우리는 이 논쟁을 통해 1990년대 이후에 나타나는 안보와 번영 무대에서 안보와 번영의 연기 양식에 유럽, 미국, 동아시아, 중동 등 세계의 지역에서 각자 다른 문화적 전통이 투영돼서 서로 다른 연기의 기본 공식이 만들어지고 있다는 점에 주목해야 해요.

네 번째는 생태 무대예요. 이 무대는 상대적으로 최근에 등장한 신흥 무대죠. 지구는 45억 년 전에 태어나 우여곡절을 겪으면서 변화해 왔어요. 인간을 포함한 생태 무대는 19세기 산업혁명 이후 빠른 속도로 오염되기 시작해서 1960년대 이후에 나온 『침묵의 봄Silent Spring』

(1962),[15] 『성장의 한계The Limits to Growth』(1972)[16]와 같은 책에서 지적했듯이 환경 파괴의 위험 신호가 본격적으로 나타나기 시작했어요. 그러자 환경 문제를 본격적으로 논의하기 위한 첫 번째 국제회의가 1972년에 스웨덴 스톡홀름에서 열려요. 브룬트란트위원회Brundland Commission는 1987년에 이런 생태 문제의 해결을 위한 『우리의 공동 미래Our Common Future』(1987)[17]라는 보고서를 발간하면서 '지속가능한 발전sustainable development'이라는 새로운 개념을 제시하죠. 인간의 무분별한 과잉 경제 발전으로 파괴된 자연은 다시 인간을 파괴하기 때문에 인간이 경제 발전을 스스로 제한할 수밖에 없다는 거예요. 생태 무대의 기본 원칙이 국제경제 무대의 기본 원칙으로 포함된 거죠. 1989년에는 오존층의 파괴 예방과 보호를 위해 제정한 국제협약인 '오존층 파괴 물질에 관한 몬트리올 의정서Montreal Protocol on Substances that Deplete the Ozone Layer'가 발효됐어요. 1992년 리우 국제환경회의 이후 최근 25년 동안 생태 무대의 중심인 기후변화 문제는 교토의정서(1995)부터 시작해서 코펜하겐회의(2009)와 파리회의(2015)를 거쳐 최종적으로 2016년 11월에 파리 기후변화협정이 발효됨으로써 국제정치 주인공들의 언행을 새롭게 제약하게 됐죠.

다섯 번째 무대는 폭발적인 기술혁명에 따른 지식 무대예요. 21세기 신흥 무대의 꽃이라 할 수 있어요. 최근 알파고라는 인공지능AI과 이세돌의 바둑 대결을 보면서 우리는 뒤늦게 지식 무대의 급부상을 실감했지만, 인공지능에 대한 연구는 그동안 기복을 겪으면서 꾸준히 진행돼 왔어요. 대표적 인물로는 기계혁명 시대의 '특이점singularity' 개념을 중심으로 인공지능을 연구하는 구글의 레이 커즈와일Ray Kurzweil, 지구뇌연구소Global Brain Institute를 주도하는 프랑시스 엘리언Francis Heylighen, 그리고 최근에 『슈퍼인텔리전스: 경로, 위험, 전략Superintelligence: Path, Risk,

Strategies』(2014)[18]을 출판하고 '인류미래연구소Future of Humanity Institute'를 이 끌고 있는 닉 보스트롬Nick Bostrom을 들 수 있어요.

인공지능의 폭발적 발전 과정에서 특별히 조심해야 할 것은 지식 불평등이에요. 루소는 『인간 불평등 기원론』에서 자연적 불평등은 유한하지만, 사회적 불평등은 무한하다는 것을 특별히 강조했죠. 그리고 이런 사회적 불평등의 첫출발을 경제적 불평등에서 찾고 있어요. 그런데 21세기 들어 지식의 불평등이 폭발적으로 증가할 가능성이 나타나고 있어요. 1960년대에 인터넷이 처음으로 탄생했을 때 컴퓨터 4대를 연결했었는데, 이세돌과의 바둑 대결을 했던 알파고 인공지능에는 1000대가 넘는 CPU가 연결됐어요. 최근의 인공지능 연구는 1년 사이에도 엄청난 변화가 일어나고 있는데, 이런 기술의 발달로 지식 무대에서 사회적 불평등이 심화될 수 있다는 점에 유의해야 하죠.

21세기 첨단 정보통신기술IT과 생명공학기술BT의 발달은 4차 산업혁명이라는 신조어를 만들어낼 만큼 폭발적이에요. 더구나 최근 이런 두 기술이 결합되기 시작하면서 지구뇌global brain나 인공지능과 관련해서도 더 이상 인공지능만 이야기하지 않고 인간과 기술을 결합한 형태의 인공일반지능artificial general intelligence 논의가 활발하게 진행되고 있어요. 뇌와 마음을 동시에 가지는 인공일반지능의 등장으로 18세기 루소의 고민은 21세기에 본격적으로 재현될 거예요. 루소는 『에밀』에서 이성의 잘못된 사용을 막으려면 사랑의 감성을 먼저 키워야 하기 때문에 음악이나 예술을 먼저 가르치고 나중에 이성을 키우는 수학을 가르쳐야 한다고 강조해요. 인공일반지능에서 만약 머리와 가슴을 결합시키면 루소적 고민은 재현되겠죠. 더구나 초지능superintelligence이 점점 발달한다면 윤리 문제가 본격적으로 등장할 수밖에 없어요.

인류 역사를 되돌아보면 인간 삶의 기반이 되는 무대에 결정적인 변화를 이끌었던 선례들이 있어요. 첫 번째가 종교혁명이에요. 삶과 죽음의 근본 문제에 대해 주요한 가르침의 무대를 제공한 유교, 불교, 기독교는 2000~2500여 년 전에 처음 등장해서 사람들의 생활에 커다란 변화를 가져왔죠. 두 번째가 정치혁명이에요. 유럽에서 개별 국가를 중심으로 하는 부국강병의 치열한 각축이 전개되는 근대국가체제가 새로운 문명표준으로 등장해서 19세기에는 전 세계로 전파되기 시작했죠. 한국을 비롯한 동양 삼국도 우여곡절을 겪으면서 새로운 문명표준을 받아들이게 되죠. 세 번째가 경제혁명이에요. 유럽은 19세기에 들어와 산업혁명을 겪으면서 경제 무대가 기층 무대로서 자리를 잡고 삶의 전체 무대가 새롭게 변화하는 경험을 하게 되죠. 그리고 21세기를 맞이해서 세계에는 기술·지식 무대가 기층 무대로 등장하면서 새로운 삶의 무대가 펼쳐지기 시작했어요.

여섯 번째는 공치governance 무대예요. 근대의 부국과 강병이라는 단순 무대에 비해 탈근대의 다섯 가지 복합 무대는 훨씬 복잡하게 연결돼 있기 때문에, 특정 주도국가가 독점적으로 단순 무대를 통치할 수 있는 것이 아니라 여러 주인공들이 복합 무대에서 공연을 벌이게 됐어요. 따라서 제도적 장치를 함께 마련하고 서로 지켜야 할 규칙을 마련하려는 새로운 노력들이 시작되고 있죠. 이런 노력은 여전히 작동하고 있는 근대적 부국강병 무대, 근대의 모순을 개선하려는 환경과 문화 무대, 그리고 탈근대의 기술·지식 무대 모두에서 찾아볼 수 있어요. 미국 국제정치학에서는 탈냉전 이후 세계정부 없는 국제정치 영역에서 벌어지는 정치를 개념화하기 위해 '거버넌스governance'라는 어려운 표현을 도입했어요. 한국에서도 영어 발음 그대로 쓰거나 '협치'로 번역하고 있지만, 복합성을 고려한다면 '공치'라는 개념이 더 적절하다고 생각해요.

3) 연기: 경쟁, 협력, 공생의 공동 진화

21세기 복합세계정치에서는 주인공과 무대에 이어 연기의 복합화도 동시에 진행되고 있어요. 늑대거미로 비유되는 네트워크 국가가 다보탑 같은 3층 복합 무대 공연에서 보여주는 연기는 세 가지 원칙을 따르고 있어요. 첫째로, 근대국가의 기본 연기 원칙인 개별 경쟁은 여전히 계속 작동하면서도, 안보 딜레마와 경제위기의 자기모순을 완화하기 위해 최소한의 상호 협력이 동시에 추진되고 있어요. 둘째로, 생태 무대에서 볼 수 있는 것처럼 근대 국제질서의 논리로 풀 수 없는 한계를 극복하기 위한 전체 공생이 복합질서에서 초보적으로 추진되고 있어요. 셋째로, 개체와 전체가 동시에 생존하는 복합질서에서는 자신과 타자의 보존을 동시에 확보하기 위한 공동 진화의 노력이 필요해요.

다음 주에는 19세기 한국 외교사라는 과거 공간으로 돌아가 볼 거예요. 21세기 사이버 공간에서 어떻게 19세기의 공간으로 가게 됐고, 또 그 속에서 어떻게 한국 사회과학 개념사를 공부하게 됐는지 이야기하려고 해요. 혹시 시험 보고 머리가 아프면 앞에서 소개한 '국제정치포털' 사이트에 꼭 들어가 보세요. 정말로 놀랄 만한 사이트들이 안내하는 사이버 세계가 여러분을 매혹할 거예요.

더 읽을거리

하영선. 2012. 「복합세계정치론: 역사적 회고와 전망」. 하영선·김상배 엮음. 『복합세계정치론: 전략과 원리, 그리고 새로운 질서』. 파주: 한울.

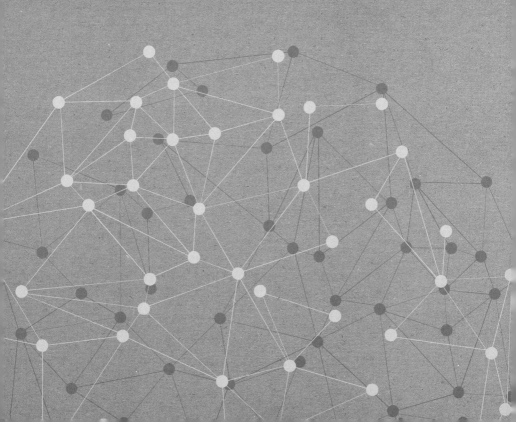

7강

한국 외교사

오늘은 일곱 번째 강의로 한국 외교사 이야기를 하려고 해요. 국제정치이론을 제외한 다른 과목은 강의 준비에 오랜 시간을 들이지 못한 것도 많았는데, 특히 한국 외교사는 충분한 준비 없이 갑자기 가르쳐야 했어요. 한국 외교사를 맡고 계셨던 동덕모 교수가 1991년에 정년퇴임을 하신 후에 과 교수회의에서 한국 외교사와 상대적으로 거리가 제일 먼 교수가 가르쳐보는 것이 좋겠다는 결정을 한 거예요. 담당 교수도 새로운 공부를 할 기회가 생기고, 학생들도 새로운 이야기를 들을 수 있을 거라는 게 이유였어요. 나는 1980년대 말부터 새롭게 다가오는 국제질서의 변환을 단순히 탈냉전 국제정치학 시야에서 공부하는 것은 부족하다고 판단하고, 탈근대 지구정치학 또는 복합세계정치학의 시야에서 새롭게 공부하고 가르치기 시작했어요. 그런 와중에 한국 외교사라는 과거사를 미래사 연구자가 가르쳐보라는 학과 선생님들의 강한 권유를 받아들여서 1991년에 첫 강의를 시작했죠. 한국 외교사 강의를 충분히 준비할 겨를이 없이 바로 시작했기 때문에 처음 4~5년은 정말 힘들었어요. 초반에는 강의 시간의 반은 과거사를, 그리고 나머지 반은 미래사를 가르쳤어요. 하지만 강의가 계속되면서 공부의 축적이 생겨서인지 점차 과거사에 대한 강의가 늘어났어요. 오늘 한국 외교사 강의도 미래사적인 의미를 함축하고는 있지만, 과거사 이야기로 진행하게 될 거예요.

1. 한국 근대 국제정치:
제너럴셔먼호 사건에서
한일병합까지

외교학과에서 가르쳤던 많은 과목 중에 가장 재미있고 보람 있었던 과목으로는 외교학과의 핵심 과목인 국제정치이론과 함께 한국 외교사를 들고 싶어요. 요즘도 그때 한국 외교사 공부를 본격적으로 시작하지 않았으면 어떻게 됐을까 하는 생각을 많이 해요. 한국 국제정치학 공부를 할 때 그 밑바탕에 한국 외교사나 한국 외교정책사에 대한 공부가 없이 추상적인 국제정치론 또는 국제정치이론을 다루면 교과서적인 공부가 되기 때문이에요. 따라서 한국 외교사는 국제정치학에 관심이 있으면 필수적으로 함께 공부해야 할 과목이죠.

강의를 앞두고 했던 첫 번째 고민은 어떤 시기와 내용을 다룰 것인가였어요. 평소에 한국 외교사가 단순히 과거를 위한 과거사로만 의미가 있다고 생각하지는 않았기 때문에 오늘이나 내일의 한국 외교를 제대로 알고 또는 실천적으로 정책 대안을 모색하기 위해서는 우선 현재에 가장 큰 영향을 준 시기부터 시작해야겠다고 생각했죠. 그렇게 보면 적어도 우리가 살고 있는, 또 앞으로 살아야 할 시기의 세계정치가 서양의 근대 국제정치의 전파, 변용 속에서 진행되고 있기 때문에, 동양의 전통 천하질서와 서양의 근대 국제정치질서가 본격적으로 만났던 19세기 중반부터, 국제정치적으로 대한제국이 국가의 사망이라는 불상사를 맞이해서 외교를 정상적으로 수행하기가 불가능했던 1910년까지를 우선 다뤄보기로 했죠.

근대 이전까지 동서양의 만남은 서에서 동으로 오기보다 동에서 서로 가서 이뤄진 것이 더 많았어요. 고대의 실크로드부터 시작해서

그림 1

제너럴셔먼호 사건을 묘사한 그림이 담긴 북한 우표(1964년 발행)

원나라의 세계제국을 거쳐서 명나라 정화 함대의 아프리카 진출이 이
뤄졌죠. 근대 들어 유럽이 서서히 세계질서의 주도권을 장악하면서
국제 교류의 흐름이 바뀌기 시작해요. 16세기부터 예수회 교단이 아
시아 쪽에 선교사들을 보내게 되고 무역상들이 진출하게 되죠.

그런데 본격적인 만남과 충돌이 이뤄진 것은 19세기 산업혁명 이
후예요. 서양 세력이 군사국가, 경제국가, 식민지국가의 모습으로 아
시아에 본격적으로 진출했어요. 지구 전체의 맥락에서, 동아시아 차
원에서는 중국, 일본과 한국을 비교해 관찰할 수밖에 없죠. 19세기 동
서양의 본격적인 만남은 중국에서는 아편전쟁이 발발한 1840년, 일
본에서는 미국 흑선이 해안에 도착한 1853~1854년에 일어나요. 조
선의 경우에는 이양선이 출몰한 1866년의 병인양요나 제너럴셔먼호
사건을 기점으로 볼 수 있죠.

첫 번째 그림은 신미양요(1871)를 일으킨 제너럴셔먼General Sherman

그림 2

조일수호조규(1876)를 체결하는 모습을 묘사한 그림

호 사건을 그린 것이에요(그림 1). 평양 역사박물관에 있는 그림이죠. 박규수가 평양 감사로 있을 때인 1886년에 제너럴셔먼호가 대동강을 따라서 평양까지 무단 침입했다가 결국 불타서 침몰하는 사태가 벌어 졌죠. 얼핏 생각하면 박규수가 공격적이고 제너럴셔먼호가 방어적이 었다고 생각할지 모르지만, 사실은 정반대였어요. 다국적 선원들의 공격적인 행동이 사태를 악화시키는 가운데, 박규수는 해방론海防論의 원칙에 따라 조심스럽게 수세적 대응을 하다가 마지막으로 화전을 해 서 미국 국적인 배가 불타고 선원들이 전원 사망하는 사건이 발생한 거예요.

두 번째 그림은 조일수호조규(1876)가 강화도에서 체결되는 모습 을 보여줘요(그림 2). 제너럴셔먼호 사건에서 박규수의 대응 양식은 바 다에서 막는다는 해방론이었죠. 10년 뒤 맺은 조일수호조규는 당시 일본의 시각에서는 근대 조약을 체결한 것이지만, 조선으로서는 옛날 조일 관계를 다시 복원한다는 명분에서 맺은 것이었어요.

그림 3

조선의 견미사절단 보빙사. 뒤줄 왼쪽부터 무관 현흥택, 통역관 미야오카 쓰네지로, 수행원 유길준, 무관 최경석, 수행원 고영철, 변수, 앞줄 왼쪽부터 퍼시벌 로웰, 홍영식, 민영익, 서광 범, 중국인 통역 우리탕

세 번째 그림은 조미수호조약(1882) 이후 처음으로 미국을 방문한 조선의 견미사절단(1883)의 사진이에요(그림 3). 1882년 5월 조미수호조약을 체결한 이후 미국은 바로 공사를 서울에 보내죠. 그런데 우리는 미국에 상주 외교관을 파견하지 않고 있다가, 미국의 강청으로 최초의 사절단을 보내게 되죠. 견미사절단이 미국 가는 길에 일본에서 찍은 사진을 자세히 보면 굉장히 복잡해요. 사절단의 모습을 보면 조선, 중국, 서양의 다양한 복장과 두발 형식을 볼 수 있어요. 사진의 중앙에는 민씨 집안의 스타였던 민영익이 앉아 있고, 좌우에 홍영식과 서광범이 자리 잡고 있어요. 나머지는 통역이 다섯 명이고 경호원이 두 명이에요. 통역이 많았던 것은 영어 통역을 제대로 할 사람이 없었기 때문이에요. 당시 초대 주한 미국 공사도 1883년에 부임하면서 통역할 사람이 없어서 수소문하다가 일본 유학 중이던 윤치호가

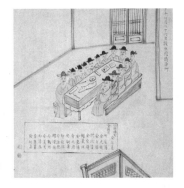

그림 4

국군기무처의 회의 모습을 묘사한 그림

그나마 알파벳은 안다고 해서 통역으로 데리고 왔을 정도였죠. 그래서 윤치호는 영어를 배워가면서 통역을 시작했어요. 1883년의 견미사절단인 보빙사報聘使 일행은 해결책으로 일본어와 중국어를 매개로 해서 이중 또는 삼중 통역을 시도했어요. 사진 속의 서양인은 일본에 체류 중이던 미국인 퍼시벌 로웰Percival Lawrence Lowell이고, 양복 입은 동양인은 영일 통역관 미야오카 쓰네지로宮岡恒次郎 일본 도쿄대학 2학년 학생이에요. 그리고 중국옷을 입은 인천해관원 우리탕吾禮堂도 중영 통역사로 데려갔죠. 국적, 의상, 두발 모두 굉장히 다양한 모습이 담겨 있는 견미사절단 사진은 1880년대 초반 조선의 현실을 잘 보여주고 있어요.

갑신정변 이후 10년이 지난 1894년에 청일전쟁이 진행되는 중에 제1차 김홍집 내각은 17명의 위원으로 구성된 군국기무처를 설립해서 7월부터 12월까지 정치, 행정, 사법, 경제, 사회, 교육 전반에 걸쳐 4~5개월 동안 200건의 개혁안을 통과시켰어요. 그림 4는 당시 17인의 군국기무처 위원들이 회의를 하는 모습이에요. 이후 제2차 갑오개혁은 김홍집과 박영효의 연립내각이 12월부터 이듬해 7월까지 추진

1904년 러일전쟁 당시 명동성당이 보이는 곳에 주둔해 있는 일본군

자료: Willard D. Straight / Cornell University Library Digital Collections.

했고, 이어서 제3차 김홍집 내각이 10월부터 1896년 2월까지 제3차 갑오개혁(을미개혁)을 시도했지만, 명성황후 시해와 아관파천을 겪으면서 한계에 부딪혀요. 뒤이어 고종이 1897년에 대한제국을 선포하고 광무개혁을 추진했지만, 결국 국내외적 어려움을 극복하지 못했죠.

일본은 러일전쟁과 동시에 1904년 2월 한반도에 군대를 파견해요(그림 5). 그 이후 일본은 국제적으로는 러일전쟁(1904년 2월~1905년 5월)에서 승리하고, 미국과의 태프트-가쓰라 밀약(1905년 7월)과 제2차 영일동맹(1905년 8월)을 체결하고, 한국과는 한일의정서(1904년 2월), 제1차 한일협약(1905년 8월), 을사조약(1905년 11월)을 강제적으로 맺어 한국을 사실상 식민지화했죠.

다섯 개의 그림이 보여주는 삶을 중심으로 오늘 이야기를 하게 될 거예요. 한반도가 포함돼 있는 동아시아 질서 건축사는 최근의 고고학 발굴 결과에 따르면 기원전 2000년부터 현재까지 약 4000년 동안 전개돼 왔어요. 이렇게 긴 동아시아사 중에 우선 1866년부터 1910년의 근대 한국 외교사를 집중적으로 조명하는 것은 이 시기가 오늘과 내일의 한국 외교나 국제정치에 직접적으로 영향을 미치고 있기 때문이에요. 좀 더 넓은 의미의 한국 외교사는 다음 주에 강의하게 될 동아시아 질서 건축사에서 다루기로 할게요.

2. 한국 근대 외교사 연구의 출발

한국 근대 외교사를 제대로 공부하려면 한국 정부와 주변 관련 당사국들의 외교문서 읽기부터 시작해야 해요. 그러나 한국 외교사를 단순히 조일수호조규(1876), 한미수호통상조약(1882), 거문도 사건(1885), 청일전쟁(1894~1895), 러일전쟁(1904~1905) 등과 관련된 일차사료를 요약하는 방식으로 접근하면 죽은 외교사가 될 것 같았어요. 외교사를 살리려면 드라마 주인공의 머리와 가슴속으로 들어가는 작업이 반드시 필요하죠. 1866년부터 1910년까지의 한국 근대 외교사를 공부하기 시작하면서 당시 현장 무대에 섰던 사람을 내가 체화할 수 있다는 느낌이 오기까지는 짧지 않은 세월과 우여곡절이 있을 수밖에 없었어요. 그러면 어떤 경로로 무대의 주인공들을 만나게 됐는지에 대해 먼저 이야기하고 다음으로 무대를 그려나갈게요.

기존 한국 사학계는 이 시대의 주인공들을 크게 위정척사파, 문명개화파, 동도서기파로 나눴어요. 나는 그중에도 동양과 서양의 갈등 속에서 방황해야 했던 19세기의 복합론자들이 과연 왜 그런 시각을 가지게 됐고 결국 좌절할 수밖에 없었는지 궁금했어요. 19세기 후반에 전통에서 근대로 넘어오는 과도기의 사람들을 직접 만날 수 없으니 글로 만날 수밖에 없잖아요. 글로 만난다는 것이 항상 완벽한 만남은 아니죠. 연애편지로만 연애가 완성되는 건 아니잖아요. 그런데 글을 통해 만났던 19세기 무대의 주인공 중 가장 먼저 눈에 띄었던 것은 유길준이었어요.

1) 유길준: 『서유견문』

유길준에 대한 평가는 오늘날에도 다양해요. 나는 유길준의 『서유견문西遊見聞』을 처음 읽기 시작하면서 흥미를 갖게 됐어요. 『서유견문』과 제대로 만나기 위해서는 자연스럽게 『유길준 전서』 다섯 권을 함께 볼 수밖에 없죠. 얼핏 생각하면 『서유견문』이 그렇게 대단한 책도 아닌데 한국 외교사 입문서가 될 수 있을까라는 의문이 들 수 있어요. 『서유견문』을 오늘의 눈으로 읽으면 관광 안내서 같고, 유길준에게 큰 영향을 준 일본의 후쿠자와 유키치福澤諭吉의 『문명론의 개략文明論之概略』(1875)과 비교하면 상당히 엉성해 보여요. 그렇지만 내가 정말 궁금했던 것은 유길준이 당시의 전통적 천하질서 속에서 왜, 그리고 어떻게 국외자의 길을 선택해 새로운 근대질서의 내부자로 들어가려고 했는가였어요.

『역사 속의 젊은 그들』에서 청년 유길준을 긍정적으로 평가했던 것은 우선 그가 젊은 시절 전통적 과거 공부에서 근대적 시무時務 공부로 전환한 과정이 흥미로웠기 때문이었어요. 그래서 그 과정을 드라마처럼 그려보려고 했죠. 1873년 가을 박규수가 평양 감사로 제너럴셔먼호 사건을 성공적으로 마무리한 다음에 서울로 올라와서 우의정

관직을 마칠 무렵이었죠. 박규수가 현재 헌법재판소가 있는 계동 집으로 퇴청하던 길거리에서 우연히 어린 유길준을 두 번째로 만나요. 박규수는 유길준에게 공부를 열심히 하고 있느냐고 묻고, 유길준은 과거 준비를 열심히 하고 있다고 대답했어요. 그러자 박규수가 따라 들어오라고 하죠. 박규수는 유길준에게 앞으로 살 세월은 과거도 중요하지만 시무를 제대로 알아야 한다면서 『해국도지海國圖志』 초간본 (1842)[1] 50권을 줬어요. 이 책은 19세기 중국의 대표적 지식인 웨이위안魏源, 위원이 1840년 아편전쟁 이후 해방론海防論적 시각에서 쓴 중국의 위기 극복책으로 서양 세력에 대한 기본 지식과 대응 방안을 담고 있어요. 유길준은 이 책을 밤을 새워 읽고 나서 과거 공부를 그만두기로 결심해요. 그러자 박규수의 집안과 5대째 사이가 안 좋았던 유길준 집안에서는 박규수가 장래가 촉망되는 유길준의 앞날을 망쳐놨다고 난리가 났죠. 그러나 유길준은 단호하게 박규수 사랑방을 드나들면서 시무, 즉 국제정치 공부를 시작했어요.

나는 당연히 급제할 수 있는 과거를 포기하고 아무런 보장이 없는 시무 공부를 하겠다는 유길준의 결심을 중요하게 평가했어요. 따라서 『서유견문』도 기존의 한국사나 한국 문학 전공 학자들과 달리 국제정치적인 시각에서 새롭게 읽었어요. 우선 1편과 2편을 보면 요즘 초등학교 지리에서 배우는 전 세계의 산과 강 이름들로 시작해요. 오늘의 시각에서 보면 다 아는 내용이므로 지루하죠. 그러나 당시 전통 천하질서의 시공간 개념에 익숙했던 사람들에게는 새로운 근대적 시공간의 소개였어요. 3편 '방국의 권리'에서는 전통 천하질서와 근대 국제질서를 동시에 품는 '양절체제', 4편 '인민의 권리'에서는 자유와 통의通義를 논하고, 5편 '정부의 시초'에서는 '군민공치'를 조심스럽게 다룬 다음에 정치, 법률, 군사, 경제, 교육, 학술 등의 개화를 소개하고, 14편 '개화의 등급'에서 자신의 문명개화관을 밝히고 있어요.

유길준은 『서유견문』을 가택연금 상태로 정부의 대외업무를 돕고 있던 1887~1989년에 썼지만, 갑오개혁의 중요 참모 역할을 하던 1895년에 일본 도쿄의 교순사交詢社에서 1000부를 모두 기증본으로 출판했어요. 후쿠자와 유키치가 초기 3부작인 『서양사정』, 『학문의 권장』, 『문명론의 개략』 등을 100만 부 이상 인쇄했던 것과 비교한다면 눈에 띄게 대조적이죠.

2) 윤치호: 『윤치호 일기』

유길준의 글을 읽고 나자 왜 당시 양반 계층이었던 개화론자들이 금수로 취급받던 서양의 문물에 본격적으로 관심을 가지게 됐는지가 더욱더 궁금해졌어요. 이런 궁금증을 풀어줄 만한 자료를 찾다가 『윤치호 일기』를 읽기 시작했어요. 윤치호는 일기를 1883년부터 1943년까지 60년 동안 거의 매일 썼어요. 처음 4년은 한문으로, 다음 2년은 한글로, 나머지 54년은 영어로 썼어요. 분량이 13권이나 돼서 전파연구모임에서 다 읽는 데 2년에 걸친 시간이 필요했죠. 윤치호는 식민지 시기인 1911년에 105인 사건으로 체포돼서 3년 반 동안 감옥생활을 하고 석방된 이후에는 친일 활동을 했지만, 윤치호의 일기는 19세기 말과 20세기 상반기의 현장을 직접 기록한 것이기 때문에 중요한 사료예요.

특히 영어 일기는 여러 면에서 흥미로웠어요. 첫째로, 당시의 중요한 사건과 사람에 대해서 솔직한 평가를 하고 있기 때문이에요. 일기를 읽으면서 당시 개화론자들과 그들의 삶에 대한 피상적인 사건사가 아니라, 그 사람들의 머리와 가슴속에 들어가 볼 수 있었어요. 다

읽느라 꽤 시간이 걸렸지만 의미 있는 시간 투자였죠. 일기 중에는 윤치호가 유길준에 대해 평가한 내용도 있어요. 윤치호는 갑신정변 이후 중국 상하이의 중서학원 유학(1885~1888), 미국 밴더빌트대학과 에모리대학 유학(1888~1893), 중서학원에서의 교원 생활(1893~1895)을 한 후 갑오개혁 시기에 서울로 돌아오죠. 서재필과 마찬가지로 미국에서 제대로 대학을 나와 한국 사람 중에는 미국이나 서양을 가장 잘 안다고 자부하던 윤치호는 당시 갑오개혁의 실세였던 유길준을 그렇게 높이 평가하지 않았어요. 유길준은 윤치호와 비교하면 훨씬 짧은 해외 체험을 했죠. 그는 1881년에 조사시찰단의 일원으로 일본의 문명개화를 시찰하러 갔다가 윤치호와 함께 후쿠자와 유키치의 도움으로 일본 유학 생활을 한 지 1년 반 만인 1883년 초에 귀국했어요. 그리고 나서는 견미사절단의 일본어 통역으로 미국을 방문했다가 현지에 남아 2년의 미국 유학 생활을 하고 돌아왔죠.

둘째로, 윤치호의 영어 일기가 흥미로웠던 것은 한국 최초의 영어 통역이었던 윤치호의 영어가 대단히 인상적이어서였어요. 사진을 봐도 전혀 19세기 중반 사람 같지 않게 멋쟁이였던 윤치호는 이성을 좋아했고, 또 여성들도 그를 굉장히 따랐어요. 일기에도 나오지만 그는 늘 향수를 뿌리고 의상에도 관심이 많았어요. 결혼도 여러 번 했는데, 그중에 가장 사랑했던 중국 부인과 사별한 후 영화의 한 장면처럼 죽은 부인에게 영어로 쓴 연애편지가 있어요. 영어가 모국어인 사람들이 쓴 영어 연애편지보다 훨씬 더 세련돼서 기억에 남아요.

3) 《독립신문》

세 번째로 전파연구모임은 《독립신문》을 함께 읽었어요. 《독립신문》은 한글판과 영문판이 동시에 발행됐는데, 한글판 사설을 중심으로 읽었어요. 1896년 4월부터 1899년 12월까지 발행된《독립신문》에 나타난 근대 국제정치론을 미시적인 개별 국가관으로 나눠보는 대신에 전체적으로 재구성해 본다면 역시 독립, 문명개화, 인민교육의 3대 과제로 요약할 수 있어요. 당시 신문을 읽으면서 아쉬웠던 것은 청일전쟁 이후에 일본의 영향력이 빠르게 커져가는 가운데 조선이 풍전등화의 위기를 맞이했지만, 세력 균형에 막연한 기대를 품으면서도 구체적인 방안을 제시하지 못했다는 점이에요.《독립신문》과 더불어 당시 4대 신문에 포함되는《황성신문》,《제국신문》,《대한매일신보》의 주요 논설들도 『한국신문사설선집』 1권과 2권에서 찾아 읽었어요.

4) 척사파

개화파의 기본 문헌들을 꼼꼼히 읽으면서 그들의 생각이 훨씬 외로웠다는 것을 알게 됐죠. 당대의 주류는 개화파가 아니라 척사파였으니까요. 따라서 19세기의 전체적인 그림을 제대로 그리려면 당대 중심인물들의 머리와 가슴속으로 들어가기 위한 글 읽기가 불가피했죠. 그래서 『흥선대원군 사료휘편』(전 4권, 2005),[2] 이홍장李鴻章과 이유원李裕元의 편지, 『면암 최익현 문집』(전 3권, 2007)[3] 등을 함께 읽기 시작했어요.

5) 『역사 속의 젊은 그들』

19세기 한국 외교를 제대로 공부하는 데 이런 일차사료들의 글 읽기는 필수적예요. 당시 열심히 읽었던 대표적 연구서나 논문은 30

년이 지난 지금에는 머리에서 대체로 휘발돼서 별로 기억에 남지 않은 반면에, 당대를 살았던 인물의 기록을 읽은 기억은 여전히 생생하게 살아남아서 한국 외교사를 재현하는 데 결정적 역할을 해요. 『역사 속의 젊은 그들』(2011)[4]도 그런 과정에서 써낸 부산물이에요. 국제정치학을 반세기 동안 공부하고 국제정치이론을 20년 이상 가르치면서 국제정치론 관련 책은 아직까지도 출판하지 않았는데 드라마 제목 같은 책을 먼저 쓴 것은 우연한 기회에서였어요. 원래 이런 제목의 책을 쓸 생각은 없었어요. 유길준에 관한 강연을 부탁받고 '역사 속의 젊은 그들'이라는 제목으로 강연을 진행했어요. 그리고 그 앞과 뒤 시대의 젊은이들 이야기를 궁금해서 이야기를 덧붙이다 보니까 한 권의 책이 됐죠.

한국 외교사를 공부하려면 대표적인 연구서를 찾아 읽기 이전에 당대 주인공들의 살아 있는 모습을 직접 증언하는 글들을 읽는 것이 무엇보다 중요해요. 한문이라는 언어 장벽에 부담을 느끼면 우선 번역문으로라도 읽기 시작하세요. 한국 외교사를 가르칠 때 필독서로 읽혔던 유길준의 『서유견문』도 국한문 혼용체로 돼 있어요. 많은 학생들이 국한문 혼용체를 거의 한문 서적만큼 읽기 어렵다고 하는데 나름대로 읽는 요령이 있어요. 『서유견문』을 읽기 전에 유길준이 과거 공부를 그만두고 시무 공부를 시작하게 된 고민의 핵심은 무엇이었고, 또 그 고민을 풀기 위해서 어떤 앎을 찾아 헤맸으며, 또 어떤 꿈을 실천해 보려 했는지를 대강이나마 이해하고 나서 책을 읽기 시작하면, 언어적 어려움을 보다 쉽게 해소할 수 있어요.

지금껏 한국 외교사를 알기 위해서 도움이 됐던 몇 개의 기본 사료들을 소개했어요. 이 사료들은 물론 한국 외교사에 입문하는 데 도움이 되겠지만, 여러분에게는 각자 나름의 징검다리가 필요해요. 나

같은 21세기 복합론자는 19세기의 복합론자였던 유길준의 도움을 받아 19세기 한국 외교사의 전통과 근대의 복합성 문제부터 공부를 시작했어요. 그러나 여러분이 만약 현실주의 시각에 좀 더 익숙하다면, 한국 외교사의 현실주의적 시각에 대한 수용에서부터 공부를 시작해야겠죠.

3. 근대 한국 외교사의 이해: 3분법에서 5분법으로

그러면 한 학기 한국 외교사 강의를 오늘 하루에 요약하기 위해서 앞서 소개한 사진들을 한국 근대 국제정치의 시각에서 이야기해볼게요. 한국 외교사 강의가 어느 정도 궤도에 오르면서 근대 한국 외교사를 제대로 이해하는 새로운 틀로서 국내 사학계에서 주로 사용하는 위정척사, 동도서기, 문명개화의 3분법 대신에 척사론의 한계를 극복하려는 조선의 근대적 노력을 중심으로 해방론, 원용부회론, 양절체제론, 자강균세론, 국권회복론의 5분법이 필요하다는 생각이 들었어요. 5분법이라 하면 얼핏 생소하고 복잡하게 느껴질 거예요. 사실한국 근대 외교사의 핵심인 19세기 후반을 5분법으로 새로 나누기까지는 상당한 시간이 걸렸어요. 국내 사학계의 3분법은 19세기 당시에 그런 분류가 이뤄진 것이 아니라 후대 학자들의 분류법이에요. 그런데 가장 중요한 것은 당대의 주인공들이 스스로를 어떻게 생각했느냐겠죠. 따라서 3분법이라는 선입관 없이 주인공들의 목소리에 조심스럽게 귀를 기울였고, 이를 통해서 나는 최소한 5분법으로 새로 나눌 필요가 있다는 결론을 얻었어요.

1) 해방론: 제1차 아편전쟁과
초기 대응

첫째로 해방론海防論부터 이야기를 시작할게요. 앞에서 첫 번째 그림으로 소개한 것이 제너럴셔먼호 사건이었죠. 1866년 8월에 토마스 목사를 비롯해서 20여 명의 다국적 선원들이 제너럴셔먼호를 타고 대동강변에 나타난 목적을 두고 논란이 있어요. 토마스 목사가 동승했다는 것을 근거로 선교적 목적이 있었다는 주장과 함께 해적선이었다는 성격을 강조하는 주장도 있죠. 해적선으로 추정한 이유는 비슷한 시기에 오페르트 일행이 대원군 아버지인 남원군 묘를 도굴하러 왔던 사건이 있었기 때문이에요. 제너럴셔먼호에도 도굴을 포함한 해적 행위를 의심받을 만큼 많은 무기가 실려 있었어요. 그리고 당시 평양 시민들과 충돌하는 과정에서도 다국적 선원들은 대단히 공격적이었죠.

제너럴셔먼호 사건에 대한 평양 감사 박규수의 대응을 제대로 이해하기 위해서는 척사론이 아닌 해방론적인 시각이 필요해요. 따라서 해방론의 시각이 어디서 왔는지를 간략히 소개한 다음에 이 사건이 어떻게 처리됐는지 살펴보겠어요. 해방론은 1840년대 초 아편전쟁(1840~1842)을 겪은 중국에서 처음 등장했어요. 아편전쟁을 통해 일본이나 조선보다 먼저 서양과 군사적 충돌을 겪었던 청나라는 처음에는 사태의 심각성을 제대로 파악하지 못하고, 린쩌쉬林則徐, 임칙서를 사태 현장으로 보냈어요. 린쩌쉬가 현지에 가서 본 현실은 베이징에서 듣던 이야기와 굉장히 달랐죠. 현실의 서양은 더 이상 과거의 서양이 아니었던 거예요. 그래서 린쩌쉬는 서양을 단순히 오랑캐로 취급하면

큰일이 날 것으로 판단하고, 아시아, 유럽, 아프리카, 미주 대륙에 있는 30여 국가들의 지리, 역사, 정치에 대해 중국의 주관적인 기록이 아니라 서양의 객관적 기록을 수집하고 번역해서 『사주지四洲志』(1841) 편찬을 주도하죠. 하지만 린쩌쉬는 아편전쟁을 제대로 수습하지 못했다고 해서 결국 책임을 지고 위구르로 유배를 가게 돼요. 중국의 장래를 걱정하던 린쩌쉬는 유배를 떠나기 직전에 청조 말의 대표적인 학자이자 친구였던 웨이위안을 만나서 그동안 수집하고 정리했던 자료를 맡기면서 청조가 서양에 대한 객관적 지식을 빨리 갖추지 못하면 앞으로 어떤 일이 벌어질지 모르니까 하루라도 빨리 자기 대신 발간해 달라고 부탁하죠.

웨이위안은 1843년에 『해국도지海國圖志』라는 이름으로 50권으로 된 초판본을 내고 1847년에 70권으로 된 재판본을 냈고, 마지막으로 쉬지위徐繼畬, 서계여의 『영환지략瀛環志略』(1849)[5] 같은 책자들을 참고해서 1852~1853년에 100권으로 된 판본을 완성해요. 이 책을 한마디로 요약하면 "오랑캐로 오랑캐를 공격하고, 오랑캐로 오랑캐를 친화적으로 대하고, 오랑캐의 장기를 배워서 오랑캐를 제압하기 위한 것爲以夷攻夷而作 爲以夷款夷而作 爲師夷長技以制夷而作"이에요. 오늘날의 시각에서는 다 아는 이야기라고 할 수 있지만, 당시 서양을 대하던 시각에서는 굉장히 새로운 방식으로 이夷, 즉 오랑캐를 대해야 한다는 거였죠.

『해국도지』의 일차적 중요성은 중국 입장에서 보자면 책의 제목에서도 나타나듯이 청조 이래 오랫동안 잠재적 위협의 대상으로 신경 쓰고 관리해 왔던 북방의 육국들 대신에 남방의 해국들의 중요성을 부각했다는 데 있어요. 한 걸음 더 나아가서, 영미권의 웨이위안에 관한 대표적 연구자인 제인 레오나드Jane Kate Leonard의 흥미로운 지적대로, 이 책은 흔히 생각하듯이 19세기 서양의 충격에 대한 중국의 대응이라는 차원의 서양 지리서가 아니라 서양 세력들의 진출에 따른 전통 해양 아시아의 변화를 분석하고 그 대안을 모색하고 있어요.[6] 그리고 마지막으로 중요한 것은 방대한 양의 책 도입부에 자리 잡고 있는 아주 짧고 축약된 모습의 해방론이에요. 웨이위안 해방론의 핵심으로 의수議守, 의전議戰, 의관議款을 들고 있어요. 의수는 외양이나 바다보다 내수를 지켜서 오랑캐를 막는 방법과 객병客兵을 토착병으로, 수사水師를 수용水勇으로 대체하는 법을 다루고 있어요. 오랑캐가 공격해 오면 우선 방어적으로 내수를 지키라는 거죠. 의전은 오랑캐를 공격하는 방법으로 오랑캐의 적으로 오랑캐를 공격하는 법과 전함, 화기, 양병·연병법 같은 오랑캐의 장기를 배워 오랑캐를 제압하는 법을 설명하고 있어요. 다음으로 의관은 각국에 호시互市를 허용하고 아편에 높은 세를 적용한 무역을 하는 친화적 수단으로 오랑캐를 대하는 법을 설명하고 있어요.[7] 오랑캐가 공격을 하지 않고 조약 맺기를 원하면 조약을 맺으라는 거죠. 오랑캐가 공격해 오면 그에 맞서서 싸워 패배시키는 전략보다는 상대적으로 군사력의 약세라는 현실을 감안한 대응 전략이었죠. 웨이위안이 『해국도지』에서 보여준 이런 해방론은 19세기 중반 한국을 포함한 동아시아 해방론의 전형적인 표준이 됐어요.

『해국도지』가 국내에 언제 들어왔는지를 연구한 내용을 보면, 이 책에 가장 예민했던 사람이 박규수였다는 것을 알 수 있어요. 그는 유길준에게 서세동점의 19세기 후반에는 과거 공부와 시무 공부를 동시에 해야 한다는 조언을 했죠. 그리고 유길준은 10대 때 과거를 포기하는 결정을 해요. 그리고 박규수가 죽기 전 마지막 서너 해 동안 사랑방에서 젊은이들을 가르쳤는데, 유길준도 박규수의 사랑방을 드나들며 공부를 했죠. 오늘날로 치면 국무총리까지 한 사람이 왜 어린애들을 가르치면서 마지막 몇 년을 보내다 세상을 떠났는지 많은 사람들이 의아하게 생각했어요. 유길준의 젊은 세월을 보고 흥미롭다고 생각했던 것처럼, 박규수가 세상을 떠나기 전 3년이 굉장히 흥미로웠죠.

『역사 속의 젊은 그들』에서 이야기했듯이, 당시 박규수의 사랑방에서 공부한 젊은 그들은 나이 차이가 약간 있었는데, 40대의 김윤식(1835~1922)과 30대의 어윤중(1848~1896)도 있었고, 갑신정변의 4인방인 김옥균(1851~1894), 홍영식(1856~1884), 서광범(1859~1897), 박영효(1861~1939)를 비롯해, 민씨 문중의 총아 민영익(1860~1914), 서재필(1864~1951), 유길준 등을 포함해서 10여 명이 있었죠. 특히 대표적 인물이었던 김옥균은 나이 33세에 갑신정변(1884)을 주도했어요. 이후 10년간의 일본 망명 생활 끝에 1894년 3월 상하이에서 홍종우의 총탄을 맞고 43세에 세상을 떠났죠. 도쿄의 아오야마 외국인 묘지에 있는 김옥균의 묘지를 가면 유길준이 쓴 것으로 알려진 묘비명이 있어요. "아, 슬프다. 비상한 재주를 가지고 비상한 시국을 만나 비상한 공 없이 비상한 죽음만 있었으니嗚呼 抱非常之才 遇非常之時 無非常之功 有非常之死"로 시작하는 내용이에요. 박규수의 사랑방이 널리 알려지게 된 것은 당시 열여섯의 어린 나이에 참석했던 박영효가 《동광》이라는 잡지에서 "갑신정변 회고담, 박영효 씨를 만난 이야기"(1931)[8]라는 제목으로 춘원 이광수와 대담을 하면서예요. 당시 개화파의 신사상이 어디에서 온 것이냐는 질문에 박영효는 "그 신사상은 내 일가 박규수 집 사랑에서 나왔소. 김옥균, 홍영식, 서광범, 그리고 내 백형[박영교]하고 재동 박규수 집 사랑에 모였지요"라고 답변했어요.

박규수는 알다시피 연암 박지원의 손자니까 유전적 영향이 있었던 거죠. 『역사 속의 젊은 그들』에서 보다시피, 연암은 경화사족의 명문대가 출신으로 오늘날로 치면 강남좌파예요. 박지원이 과거를 굳이 보지 않으니까 정조가 시험관들에게 붙여주라고 했어요. 연암은 과거

시험을 보기만 하면 붙여주겠다는 것이 마음에 안 들었어요. 그래서 시험을 보러 들어가서 답안을 쓰는 대신 그림을 그리고 나오고, 또 어느 때는 백지를 내고 나오기도 했죠. 그러니까 내부자 중에도 내부자 집안에 있는 친구가 스스로 외부자 역할을 한 거예요.

박규수도 그럴 가능성은 있었지만, 할아버지만큼 용감하지는 않았어요. 할아버지 박지원, 아버지 박종채, 박규수까지 셋을 놓고 보면, 학문적 자질은 할아버지가 단연 뛰어나고, 그다음이 박규수라고 할 수 있어요. 아버지 박종채는 연암의 일생을 담은 『과정록過庭錄』이라는 책을 썼어요. 연암은 자신에 대해 남긴 기록이 별로 없어 아들의 글을 통해서야 자세한 삶이 드러나죠. 효명 세자가 부왕 순조의 명으로 3년 동안 대리청정을 하다 1830년 22세라는 젊은 나이에 요절했는데, 그와 각별한 관계였던 박규수는 20년 가까운 세월을 칩거하다가 1848년에야 뒤늦게 과거를 보고 관직에 나가죠. 그러니까 통속적인 권력지향형은 아닌 면이 있어요.

박규수의 사랑방에 모였던 사람들은 19세기 한국사에 대단히 중요한 사건인 1884년 갑신정변이나 1895년 갑오개혁에서 핵심적인 역할을 했죠. 실패한 혁명인 갑신정변의 4인방과 갑오개혁의 핵심 참모인 유길준은 박규수의 사랑방에서 성장했어요. 흥미로운 것은 박규수의 사랑방 같은 모임은 일본과 중국에서도 찾아볼 수 있다는 거예요. 일본에서는 요시다 쇼인吉田松陰의 모임이 있었죠. 29세에 처형을 당해서 불과 2년 반밖에 쇼카손주쿠松下村塾의 사숙을 맡지 않았지만, 그 밑에서 공부했던 젊은이들의 수는 92명이나 됐어요. 그들은 후에 메이지유신의 명실상부한 주인공이 됐고, 요시다 쇼인은 오늘날 아베 신조 총리의 정신세계를 여전히 지배하고 있죠. 그러니까 박규수의 사랑방 3년이나 요시다 쇼인의 2년 반은 그렇게 간단히 이야기할 게 아니에요.

중국에는 량치차오梁啓超, 양계초(1873~1929)와 캉유웨이康有爲, 강유위 (1858~1927)가 있어요. 량치차오는 1890년에 베이징의 진사 시험에 낙방하고 고향으로 돌아오는 길에 친구의 소개로 캉유웨이를 처음 만나서 열네 시간에 걸친 긴 토론을 해요. 량치차오는 동서고금을 넘나드는 캉유웨이의 지식에 커다란 충격을 받고 단순한 과거 공부를 넘어선 새로운 공부로 지적 전환을 하게 되죠. 그리고 캉유웨이는 1891년부터 본격적으로 만목초당萬木草堂을 열어 중국의 미래를 위해 유신변법을 선전하고 변법인제를 배양해야 한다고 생각해서 의리학義理學, 경세학, 고거학考据學과 사장학詞章學을 가르치기 시작했어요. 서로 직접 연락이 이뤄진 것은 아니었지만, 19세기 후반이라는 비슷한 시기에 비슷한 동아시아적 사랑방이 한국, 중국, 일본 모두에 생긴 셈이죠.

한국의 사랑방을 운영한 박규수는 당시 중국과 서양의 변화를 굉장히 예민하게 바라다보고 있었어요. 박규수는 가까운 친구인 윤종의 (1805~1886)가 쓴 『벽위신편闢衛新編』(1848/1854/1860)[9]을 읽고 평을 하면서 『해국도지』를 읽고 책을 수정할 것을 권유하는 것으로 보아도 당시 조선에서 누구보다 먼저 『해국도지』를 읽고 내용을 충분히 공감하고 있었다는 것을 알 수 있어요. 박규수가 1866년 평양 감사 시절에 제너럴셔먼호 사건에 대응하는 모습에서도 해방론의 영향을 찾아볼 수 있어요. 다국적 선원들이 평양 군관과 시민을 공격하자 화전으로 강경 대응해서 물리쳤죠. 그러나 동시에 외국의 이양선이 난파돼서 조선의 도움을 요청할 때는 해방론의 원칙에 따라 적극적으로 도와서 돌려보냈어요.

당시에는 변화하는 국제 형세를 제대로 아는 사람이 조선에 없었기 때문에, 1866년 병인양요부터 1871년 신미양요까지 국제적 사건과 관련한 항의 외교문서에 대한 답변서를 주로 박규수가 썼어요. 당시 그가 작성했던 일곱 편의 외교문서는 『해국도지』에 나오는 해방론의 원칙을 그대로 따르고 있어요. 적이 강경하게 쳐들어오면 강경하게 대응하지만, 상대방이 화평하게 조약 맺기를 원하면 우리도 조약을 맺는다는 거죠. 따라서 평양에서와 같이 서양의 이양선이 해적선처럼 공격하면 맞서 싸우고, 난파된 이양선처럼 도움을 요청하면 기꺼이 도와주는 식의 대응을 보이게 되죠. 이런 해방론적인 시각이 조선에 도입되기 시작한 것은 1860~1870년대 초반이었어요.

2) 원용부회론: 제2차 아편전쟁과 『만국공법』 번역

해방론의 시각에서는 상대방이 공격하면 공격으로 받아치고, 조약을 맺으려 하면 조약을 맺고, 상대방의 장기를 재빨리 터득해서 상대방을 치면 이길 수 있다고 생각했는데, 결과적으로 청조는 1856년부터 1860년까지 제2차 아편전쟁에서 다시 한번 서양 세력에 패배했죠. 제1차 아편전쟁 때는 변방에서 싸웠기 때문에 베이징까지 직접적인 피해가 없었지만, 제2차 아편전쟁에서는 베이징까지 쳐들어와서 황제의 별궁인 원명원을 불태우고 황제는 열하로 피신을 하게 돼요. 청조의 정치권력들은 이제는 부정할 수 없는 서양 세력의 우위를 직접 느끼게 되죠. 지금도 베이징대학의 바로 북쪽에 있는 원명원에 가보면 영불 연합군에 의해 처참하게 파괴된 서양루들의 모습을 볼 수 있어요. 결국 중국은 해방론만으로 서양 세력을 막는다는 것은 현실적으로 불가능하다는 현실에 직면하게 됐어요. 금수라고 경멸하던 서양과 군사적으로 충돌해서 이길 수 없다는 현실과 마주하자, 과연 서양 국가들이 어떻게 해서 이렇게 강한 군사력을 보유하게 됐으며 그들 언행의 기본 원칙은 무엇인가를 생각하게 됐죠. 여전히 천하질서의 중심이라고 생각하던 중국이 19세기 서양을 새로운 문명의 표준으로 받아들일 수는 없었지만, 상대방 서양 세력을 더 이상 단순한 오랑캐로 분류하기에는 훨씬 심각한 위기 국면에 접어들게 된 거예요.

따라서 제1차 아편전쟁 시기의 중국의 해방론은 1850년대 후반 제2차 아편전쟁을 본격적으로 겪으면서 원용부회론으로 전환하게 돼요. 서양 세력의 국제정치 기본 원리를 보여주는 국제법의 내용을 알기 위해 1864년에 윌리엄 마틴William Alexander Parsons Martin(1827~1916, 중국 이름 정웨이량丁韙良)이 청조 학자들의 도움을 받아 헨리 휘튼Henry Wheaton의 『국제법 원리Elements of International Law』(1836)[10]를 『만국공법萬國公法』이라는 제목으로 처음 번역해요. 흥미로운 것은 번역 당시 서양 외교관 중에 서양의 비밀을 왜 적에게 다 알려주느냐면서 마틴 같은 이는 죽여야 한다고 비난한 이도 있었다는 사실이에요. 하지만 청에『만국공법』번역은 간단한 일이 아니었어요. 국제법 교과서를 그 당시에는 전혀 다른 성격으로 이해하고 있었기 때문이에요. 청은 서양의 근대 국제정치 질서의 기본 원리를 전면적으로 수용하지는 못하는 대신에, 중국보다 부강한 서양을 다루기 위해 서양 질서의 기본 원리에 해당하는 국제법을 번역해서 원용해야 할 형편이 됐던 거죠. 그럼에도 중국은 서양 국제법의 기본 원리가 완전히 새로운 것이 아니라 이미 중국 고대 천하질서에서 그 원형을 찾을 수 있다는 자존심으로 '만국공법'이라는 이름으로 번역했던 거예요.

'국제'와 '만국'은 서로 의미가 상당히 달라요. '제'는 원래 두 산등성이 사이를 말하는 것이기 때문에 '국제'는 나라와 나라 사이를 가리키는 표현이죠. 그렇다면 중국은 왜 '국제'가 아니고 '만국'으로 번역했을까요? 중국적 천하질서의 공간 개념에서 중국은 자신과 주변국 간의 관계를 대등하게 보지 않았죠. 중국은 원래 나라 이름이 없었어요. 중국의 원래 뜻을 경전에서 보면 대륙의 중앙이라는 의미예요. 중국 국명을 보면 하에서 송까지의 지역과 관계된 것이었지, 고구려나 백제, 신라 같은 이름이 아니었어요. '만국공법' 대신 '국제법'이라는 용어가 처음 쓰인 것은 일본의 대표적 법학자인 미즈쿠리 린쇼箕作麟祥 (1846~1897)가 1873년에 시오도어 울지Theodore Dwight Woolsey의 『국제법 연구 입문Introduction to the study of International Law』(1869)[11]을 『국제법: 일명 만국공법國際法: 一名 万國公法』으로 번역하면서부터였어요.

서양 국제법을 번역하기란 당연히 쉽지 않았어요. 특히 주권 sovereignty 같은 개념을 적절히 번역하기는 어려웠죠. 전통 천하질서에서 주권은 하늘에 제사 지내는 황제에게 있는데, 서양 근대 국제법에서는 주권이 개별 국가에 있죠. 따라서 국가 주권의 번역은 대단히 어려웠어요. 이런 상황에서 『만국공법』도 『해국도지』처럼 대단한 관심을 불러일으켰어요. 조선과 일본에서도 상당한 주목을 하고 있었죠. 왜냐하면 『만국공법』은 본격적으로 등장한 서양 세력의 언행의 기본 원칙에 관한 책이므로 이 책을 통해 서양인들을 제대로 이해해서 서양 세력에 적절하게 대응할 수 있을 것으로 생각했기 때문이에요. 특히 1868년 메이지유신을 앞둔 일본은 한국이나 중국에 비해 좀 더 적극적으로 서양의 문명표준을 받아들였죠.

일본의 주요 역사학자들과 경제대국 일본의 학술 지원을 받은 해외 학자들은 일본의 국내 역량이 상당히 축적돼 있어서 조선이나 중국과 달리 서양의 문명표준을 빨리 받아들일 수 있었다고 이야기해요. 그러나 핵심적인 이유는 전통적 동아시아 천하질서에서 중국이 중심에 있었고, 청대의 조선은 스스로 소중화라고 생각하고 있었기 때문에 기득권 세력이 문명의 표준을 자진해서 포기하고 새로운 문명 표준을 받아들인다는 것이 쉬운 일이 아니었다는 데 있어요. 일본은 스스로를 문명의 중심이라고 생각했지만 아무도 일본을 문명의 중심으로 생각하지 않았고, 실제로 일본은 천하질서의 주변국으로 상대적인 기득권이 중심국가보다 적었기 때문에 천하질서의 주변에서 국제질서의 주변으로 옮기는 일이 상대적으로 수월했죠. 물론 동아시아 삼국 간에 국내적인 여건의 편차가 있었던 것도 사실이지만, 국제 역량과 위치에 따른 영향이 훨씬 중요하게 작용했어요.

구체적인 예로 유길준의 『서유견문』과 후쿠자와 유키치의 『문명론의 개략』을 비교해 보면 그런 사실을 좀 더 쉽게 알 수 있어요. 유길준은 후쿠자와 유키치와는 비교할 수 없을 만큼 조심스러운 삶을 살아야 했어요. 1881년에 일본에 조사사절단 일행으로 갔다가 남아서 후쿠자와 유키치의 도움을 받아 1년 반 체류하다가 돌아온 후, 다시 1883년에는 견미사절단의 일원으로 미국에 가서 하버드대학에 입학하려고 1년 반 동안 예비학교에 다니다가 1885년에 귀국해요. 돌아와 보니 개화파들은 갑신정변의 실패로 이미 처형됐거나 일본으로 망명해서 뿔뿔이 흩어졌고, 본인은 간신히 가택연금 상태로 6년의 세월을 보내게 돼요. 전통과 근대가 충돌하는 속에서 힘든 세월을 보내게 된 거죠. 후쿠자와 유키치가 메이지유신의 새로운 물결 속에서 당당하게 『문명론의 개략』을 썼다면, 유길준은 가택연금 상태에서 잘못하면 바로 처형당할 수도 있는 위험 속에서 몰래 『서유견문』을 썼던 거예요.

유길준이 미국에서 돌아와서 그나마 가택연금으로 살아남은 것은 영어를 할 수 있기 때문이었어요. 1884년 이후 10년 동안 조선에서는 청조의 감국정치가 시행됐죠. 아직 20대의 어린 청년이던 위안스카이袁世凱, 원세개(1859~1916)는 정국을 좌지우지했어요. 고종에게 예를 갖추지 않았을 뿐만 아니라, 한러 밀약 사건을 둘러싸고 고종 폐위를 건의할 정도였죠. 이때 유길준은 위치 설정을 해야 하는 조심스러운 상황에 놓여 있었어요. 그 속에서 개화파와 가까웠던 유길준이 살아남은 것은 영어 때문이었어요. 당시 새로운 국제 관계 속에서 주변국들의 외교문서를 읽고 제대로 답변을 할 사람이 없었어요. 따라서 유길준을 살려서 가택연금 상태에 둔 채 외교문서를 처리하도록 한 거였죠. 유길준은 청일전쟁 3년 전에 가택연금에서 풀려나서 재야 지식인으로 지내다가 청일전쟁 이후 갑오개혁의 핵심 참모로 전면에 나서게 돼요.

그런데 만국공법이 이렇게 동양 삼국에 알려지는 동안에, 한국은 1866년의 제너럴셔먼호 사건을 해방론 시각에서 다룬 지 10년 후인 1876년에 원용부회론 시각에서 일본과 조일수호조규를 맺었어요. 일본은 1868년의 메이지유신 이후 본격적으로 서양의 근대 국제질서를 받아들이면서, 먼저 1871년 청과 수호조규를 맺고, 이어서 조선과의 관계를 새롭게 설정했죠. 특히 일본은 조선과 청의 전통적 관계를 근대적 관계로 바꿔서 조선을 중국의 영향권에서 벗어나게 하면 자연스럽게 조선에 대한 일본의 영향력을 늘릴 수 있다고 판단했죠. 그래서 1876년의 조일수호조규 1조는 조선의 자주지방自主之邦을 강조하고 있어요. 얼핏 일본이 조선의 자주를 지원하려는 것으로 오해할 수 있지만, 일본은 조선을 청조로부터 독립시켜서 일본에 종속시키려 한 것이었죠.

중국은 서양 세력을 해방론적인 시각에서 다루려는 노력이 실패하자 서양 근대 국제질서의 기본 원리에 관심을 갖기 시작했어요. 그런데 자존심 때문에 서양 제국을 중국보다 나은 문명표준으로 인정하고 싶지는 않았죠. 이 시기를 원용부회라고 부르는 데는, 서양이 중국과 다른 원칙에 따라서 국제 관계를 운영하는 것은 인정하겠지만 사실 그 원칙은 새로운 것이 아니라 예치 중심의 전통 천하질서에서 이미 찾아볼 수 있다는 의미가 깔려 있어요. 동아시아 질서 3000년사를 돌아보면, 통일과 분열이 반복되면서 예치 못지않게 정벌의 시기가 있었다는 것을 알 수 있죠. 우선 전국 시대(B.C. 403~B.C. 221)가 있었고, 다음으로 진한의 천하통일 시대 이후 위진남북조(220~589)의 혼란기가 있었어요. 그리고 수당의 통일 시대 이후 송(960~1279), 요(916~1125), 금(1115~1234), 원(1271~1368)의 다국 시대에는 400년 동안의 치열한 싸움이 벌어졌죠. 따라서 서양 근대질서를 전국 시대에 끌어 붙여서 이해하려는 노력을 하죠.

일본은 중국어 번역의 『만국공법』을 바로 수입해서 구두 훈점을 붙여 발간하고 1868년에는 일본어로 번역했지만, 조선은 공식적으로 수입한 기록을 찾기 어려워요. 그러나 박규수가 1866년부터 1871년까지 작성했던 외교문서들에서는 서양 국가들이 지키는 국제법을 반복해서 언급하고 있어요. 고종은 1882년의 개화교서에서 서양 국제법의 존재를 언급하고, 당면한 새 질서가 고대 중국의 춘추열국 시대와 비슷하다고 표현하고 있어요. 그러나 근대 국제질서가 춘추열국 시대의 질서와 같지는 않죠. 중국의 고대 춘추전국 시대는 천하국가인 서주의 힘이 상대적으로 쇠퇴하면서 춘추 5패나 전국 7웅이 치열하게 다투는 전쟁의 시대이기도 했지만, 동시에 예치를 강조하는 유가를 포함한 다양한 논의가 공존하는 백가쟁명百家爭鳴의 시대였어요. 즉, 춘추열국 시대에는 전쟁과 예치가 함께한 반면에, 서양 근대 국제질서에서는 주권국가들이 최우선적으로 개별적 국가 이익을 위해 치열한 힘의 각축을 벌였죠.

따라서 서양 국가들과 군사적 충돌이나 이해 갈등이 생겼을 때 동양 국가들이 서양 국제법의 기본 원리를 원용해서 갈등을 해소해 보려는 노력은 한계에 부딪히게 돼요. 서양 근대 국제질서에서 최종 적으로 판세를 결정한 것은 국제법이 아니라 부강력이었기 때문이죠. 따라서 국가들은 자주적 국내 역량을 키우고 국제 역량을 강화하기 위한 세력 균형을 강조하는 자강균세를 핵심적인 생존전략으로 삼게 되죠.

3) 양절체제론: 조선의 복합 생존전략

세 번째로, 한국은 원용부회에서 자강균세로 가는 중간 징검다리로 한반도적 특수성 때문에 양절체제론이 필요했어요. 유길준이 『서유견문』에서 양절체제론이라는 표현을 처음 사용했죠. 일본의 역사학자 하다다 다마키原田環가 처음 지적한 대로 이 개념은 대단히 중요해요. 1882년의 임오군란과 1884년의 갑신정변 이후 유럽의 근대 국제질서가 전 세계적으로 굉장히 빠른 속도로 전파되고 있었는데 한국은 청조가 득세하는 감국정치의 10년을 겪게 돼요. 그러니까 두 상전을 두게 된 거예요. 일본이 메이지유신 이후 서양 근대 국제질서를 신속하게 받아들여 부국강병의 길을 걷게 된 것과 다른 상황이죠. 이런 상황 속에서 조선의 생존전략을 고민하던 유길준은 새롭게 부상하는 서양 근대 국제질서에서 살아남을 수 있는 생존전략을 마련하면서, 동시에 전통 대국인 청조와의 관계를 속국과 종주국의 관계가 아니라 대등하게 조공을 주고받는 관계로 유지하면, 적어도 명분상으로는 신흥과 전통 세력을 모두 품을 수 있을 것이라고 생각한 거죠. 절截이라는 한자의 원래 뜻대로 청국과 서양으로 끊어져 모여 있는 하나의 양절체제를 만든다는 것이었어요.

근대 일본이나 중국과 달리 유길준이 양절체제를 대안으로 모색했던 이유는 전통 사대질서와 서양 근대 국제질서의 갈림길에서 청조가 아직 근대 국제질서를 새 문명표준으로 받아들이지 않고 있는데, 한국이 전통 천하질서를 벗어나서 새로운 근대 국제 관계를 추진하게 되면 청의 위협을 현실적으로 감당하기 어려울 것이라고 여겼기 때문이에요. 21세기 아태 질서에서도 만약 기성 대국인 미일이 주도하는 질서와 신흥 대국 중국이 지향하는 질서가 다르다고 한다면, 그 사이에 끼어 있는 한국의 생존전략은 불가피하게 복합적일 수밖에 없죠. 미국은 비교적 간단히 생각해서 21세기는 여전히 미국의 세기이며, 중국의 꿈은 세월이 가면 점차 시장민주주의화되면서 미국이 주도하는 세계질서의 꿈에 가까워질 수밖에 없다고 기대해요. 일본도 그와 유사한 꿈을 꾸고 있죠. 그런데 우리는 미일보다는 중국의 꿈에 훨씬 많은 신경을 써야 하는 위치에 놓여 있어요.

유길준은 1885년에 조선의 생존전략으로 「중립론」을 썼어요. 갑신정변 이후 당장 눈앞에는 청의 위안스카이가 기세등등하게 영향력을 행사하고 있었지만, 유길준은 일본과 미국을 견문하면서 국제 무대에서 살아남으려면 하루 빨리 부강국가를 건설해야 한다는 것을 알았어요. 이 두 난관을 동시에 풀기 위한 고민을 하면서 이렇게 밝히고 있죠. "아마도 우리나라가 아시아의 중립국이 되는 것이 좋을 듯하다. 대저 한 나라가 자강하지 못하고 여러 나라와의 조약에 의지해 간신히 자국을 보존하고자 하는 계책도 매우 구차한 것이니 어찌 즐겨할 바 있겠는가. 그러나 자국의 형세를 아는 것이 가장 중요하니 억지로 큰소리를 치면 끝내 이로운 일이 없는 것이다."

쓴 글로만 평가하지 말고 글을 쓴 고민의 심도로 보면, 유길준의 이런 고민이 후쿠자와의 고민보다는 훨씬 더 깊었다고 할 수 있어요. 구체적 문장으로 표현된 작품의 양이 아니라, 표현되지 않은 고민의 깊이로 19세기 중반 동아시아 지식인들을 평가한다면 유길준이 당연히 금메달을 받을 거예요. 일본의 문명개화파를 대표하는 후쿠자와 유키치는 1860년대에 미국과 유럽으로 세 차례 여행을 다녀와요. 처음 미국으로 향할 때 그는 다른 일행과는 달리 거기서 무엇을 배워 와야 할지를 고민했어요. 그는 『문명론의 개략』에서 서양의 문화가 밝은 문화, 즉 문명이 될 수밖에 없는 핵심적인 이유 두 가지를 들어요. 첫 번째는 국내적으로 볼 때 각 지역으로 힘이 나뉘어 있는 봉건체제였던 일본과 달리, 유럽의 프랑스나 영국 같은 근대 국민국가들에서는 민民이 단순한 민이 아니라 국민으로 결집돼 있어서 감당하기가 굉장히 어렵다는 거예요. 그리고 두 번째는 국제적으로 볼 때 서양 각국이 다른 국가로부터 독립해서 수평적 대등 관계를 유지하고 있다는 점이에요. 서양 근대 국제질서의 핵심을 정확히 꿰뚫어 본 거죠. 다만 국민과 독립에 관한 이야기 중에 어느 쪽을 더 중요하다고 평가하느냐에 따라서 그의 문명론 해석에 커다란 차이가 생기게 돼요.

중국은 또 다른 고민을 가지고 있었죠. 중국은 서양을 원용부회하는 데까지는 참을 수 있었지만, 문명표준으로 인정하기는 어려웠어요. 몇천 년 동안 중국 자신이 문명표준이고 서양이 변방이었는데, 이제는 반대로 중국이 변방이고 서양이 문명표준이 되는 것을 감당할 수 없었던 거죠. 결국 청일전쟁에서 서양 근대 국제질서의 중심도 아니고 변방인 일본에 패배하고서는 어쩔 수 없이 일단 서양을 문명표준으로 받아들여야 했어요.

한국의 경우는 유길준이 1885년의 「중립론」에서 고민했듯이 청과 서양에 대해 동시에 중립하고 싶었지만, 갑신정변의 실패로 청의 영향이 일방적으로 강해지니까 고종은 국내 역량만으로는 감당을 못하고, 국제 역량을 어떻게든 끌어들여서 균세를 해보려고 러시아나 미국 같은 주변 열강에 도움을 요청하죠. 그런데 생각했던 것보다 상대의 반응이 소극적이었어요. 그 이유는 국제정치적 세력 균형에서 조선의 상대적 중요성이 그렇게 크지 않았기 때문이죠. 그런 가운데 1886년에는 한러 밀약설 등이 터지면서 위안스카이가 고종을 폐위하겠다고 협박하는 사태까지 발생해요. 이런 현실에서 미국인 고문 오언 데니Owen N. Denny는 『청한론China and Korea』(1888)[12]에서 한청 관계가 속국과 종주국의 관계가 아니라 증공국과 수공국의 관계라고 주장하죠. 사대교린질서의 조공제도하에서는 증공국의 주권이 수공국에 예속되는 것이 아니므로 서양 국제법에서 말하는 단순한 증공국과 수공국 관계로 해석해야 한다는 것이었어요. 반면에 전임 외교 자문관이었던 파울 묄렌도르프Paul Georg von Möllendorff는 역사를 되돌아보면 한청 관계가 확실하게 종주국과 속국 관계라고 주장하죠.

『서유견문』 20편은 대부분 오늘의 눈으로 보면 크게 새롭지 않은 내용이지만, 당시의 눈으로 보면 두 가지 핵심 문제에 새롭게 접근한 것으로 볼 수 있어요. 첫째, 국제적으로 청국이 위안스카이의 감국정치에서 보듯이 여전히 막강한 영향력을 행사하고 있는 현실 속에서, 조선이 당면한 문제를 푸는 데 반드시 필요한 서양의 신문명표준 도입 문제를 깊이 고민하고 있고, 둘째, 국내적으로 기득권 세력인 위정척사가 문명개화라는 새로운 문명표준을 받아들이게 하는 방안을 검토하고 있어요.

유길준은 새로운 생존전략으로서 양절체제론, 군민공치론, 전통과 근대의 복합화 이야기를 당시 주도 세력들의 전통 담론과 신흥 세력의 근대 담론의 치열한 싸움 속에서 엮어나가야 했어요. 청국의 영향이 압도적으로 컸던 시기인 1887년부터 1889년 사이에 집필한 『서유견문』의 '방국의 권리'에서 양절체제라는 절충안을 제시하면서도 데니와 묄렌도르프의 논쟁을 조심스럽게 활용하고 있어요. 유길준은 국내정치와 국제정치적 어려움을 동시에 품어서 합의 기반을 창출해 보려는 시각에서 문제를 풀고 있는 거죠. 이렇게 갑신정변 이후 10년 동안 조선은 무대의 주도국이면 고민하지 않아도 될 삼중적 어려움을 겪었어요. 청이나 일본보다 훨씬 어려운 현실에 놓여 있었죠.

4) 자강균세론:『조선책략』과 청일전쟁

네 번째로 다룰 것은 자강균세론이에요. 서양 근대 국제질서의 핵심은 개별 국민국가들의 부국강병을 위한 자강과 균세였죠. 19세기 현실 국제정치에서는 동양의 예치국가가 유럽의 부강국가에 완패해요. 한국은 1884년의 갑신정변으로 자강균세를 시도해 보려다 실패하고, 유길준은 잃어버린 10년을 보내는 동안에 복합적 대안으로서 국제정치적으로는 양절체제론, 그리고 국내정치적으로는 군민공치론을 궁리했죠. 결국 청일전쟁을 통해서 청제국 중심의 천하질서가 무너진 후에야 한국도 뒤늦게 본격적으로 자강균세 모델을 시도하게 돼요.

한국은 청나라의 주일 외교관이었던 황쭌셴黃遵憲, 황준헌이 1880년에 써준 『조선책략朝鮮策略』[13]에서 자강균세론을 본격적으로 만나요. 1776년 조일수호조규를 맺은 후 1차 수신사 김기수에 이어 2차 수신사 김홍집이 1880년에 일본을 갔을 때 청국의 주일 외교관인 하여장何如璋 공사, 황쭌셴 참찬관과 여섯 번의 필담을 나누는데, 그 후 황쭌셴이 못 다 한 말을 써준 것이 『조선책략』이에요. 러시아를 막기防俄 위해서 친청親淸 결일結日 연미聯美하라는 책략은 조선이 스스로 마련한 것이 아니라 청나라 외교관이 청조의 국가 이익과 배치되지 않는 한도 내에서 대신 짜준 것이었죠.

특별히 주목할 것은 책략의 본문 뒤에 붙어 있는 필담이에요. 황쭌셴은 김홍집과 첫 필담을 나누면서 수신사 일행에게 하여장 공사에게 인사를 오라는 말을 전하며, "지금 세계 대세는 실로 4000년 동안 처음 있는 일方今宇內大勢 實爲四千年來之所未有"이라는 의미심장한 표현을 쓰고 있어요. 현재 대세가 과거 4000년의 천하질서와는 다르다는 말은 당시 중국이나 조선의 주류 담론이었던 원용부회론을 뛰어넘는 발언이에요. 원용부회론자들은 서양의 근대질서는 2000년 전 중국의 전국 시대와 유사하다고 생각하고 있었고, 고종도 귀국해서 복명하는 일행들에게 천하질서가 전국 시대와 비슷하더냐고 묻죠.

이어서 황쭌셴은 "옛사람의 처방을 가지고 오늘의 질병을 치료하는 것은 불가능하다執古人之方 以醫今日之疾 未見其可"고 말하면서 새 처방으로 내놓은 것이 자강과 균세였어요. 이 처방은 지난 4000년 동안 사용하던 한약에는 없던 약재인데, 이걸 쓰지 않고는 지병이 나을 수 없다는 이야기죠. 김홍집은 난처해서 "균세 두 자는 근래 비로소 공법에서 보았습니다均勢二字 近始從公法中見之. 그러나 저희 나라는 옛 법도를 늠름하게 지키고 외국을 홍수나 맹수같이 봅니다然本國 凜守舊規 視外國如洪水猛獸"라고 답하면서 귀국해서 조정에 고하겠다고 말해요. 김홍집이 귀국해서 복명하는 자리에서 고종도 주변 형세와 부강지술에 관심을 보여요. 그리고 1881년에는 개화와 척사 간의 치열한 상소 싸움이 벌어지고, 1882년 8월에는 고종의 개화교서가 나오죠. 그러나 1884년 12월에 갑신정변이 실패하고 나서 청조의 위안스카이가 전권을 휘두르는 감국정치가 10년간 이어지는 가운데 개화 세력은 어려움을 겪을 수밖에 없었어요.

갑신정변에 실패한 뒤 일본으로 망명한 김옥균은 고종이 보낸 자객인 지운영의 암살 미수 사건 이후 일본 정부에 의해 오가사와라제도로 추방되기 직전인 1886년 7월 9일 자 《도쿄니치니치신문東京日日新聞》에 "지운영 사건에 대한 공개장"이라는 제목으로 자강균세론이 담긴 글을 실어요. 그는 거문도 사건을 겪은 한국의 현실을 날카롭게 비판하면서 다음과 같이 썼어요. "조정의 제신은 과연 어떤 계책이 있습니까? 오늘의 한국에서 영국의 이름을 아는 자가 과연 몇 사람이나 됩니까? 설령 조정의 제신이라도 영국이 어디에 있느냐 물으면 망연하여 대답할 수 없는 자가 얼마든지 있사오니 오직 밖으로는 널리 구미 각국과 신의信義로써 친교하고 안으로는 정략을 개혁하여 우매한 백성을 가르치되 문명의 도로써 하고 상업을 일으켜 재정을 정리하고 또 병을 양성하는 것도 어려운 일이 아니오니 과연 능히 이같이 하면 영국은 거문도를 돌려줄 것이요, 그 밖의 외국도 또한 침략할 생각을 끊기에 이를 것입니다."

박영효도 일본 망명 중인 1888년에 상소문의 형식을 빌려서 조선의 개혁 방안을 상세하게 제안했어요. 우선 중국의 전국 시대 같은 세계 형세를 묘사하면서, 만국공법이나 균세가 있더라도 국가가 자립자존의 힘이 없다면 나라를 유지할 수 없으므로 만국공법을 믿을 것이 못 된다고 단정하죠. 그리고 이어서 그는 법률과 기율, 경제, 건강, 군비, 교육, 정치, 자유의 조항으로 묶어서 100개가 넘는 개혁 항목을 고종에게 상소문으로 올렸어요.

청일전쟁에서 청이 패배하고 일본이 승리한 가운데, 고종은 뒤늦게 갑오개혁(1894.7~1896.2)을 추진한 데 이어 광무개혁(1897~1904)

을 시도하죠. 학계에는 광무개혁의 중요성과 한계를 놓고 많은 논란이 있지만, 역설적으로 조선은 국운이 쇠해가는 이 시기에 처음으로 대한제국이라는 국호를 쓰게 돼요.

5) 국권회복론: 동양주의와 국가주의의 논쟁

다섯 번째로 살펴볼 것은 을사조약(1905) 이후 본격적으로 등장한 국권회복론이에요. 청일전쟁의 결과로 청이 물러나고 그 빈 공간을 메꿨던 러시아가 러일전쟁에서 다시 패배하자 동아시아의 세력 균형은 사실상 일본으로 기울어졌죠. 국제 역량에서 보면 영일동맹이 맺어져 있는 상황에서 더 이상 일본을 균세할 수가 없게 되고, 국내 역량은 단기적으로 빨리 강화되지 않는 상황에서 일본은 한국에 을사조약을 강요하게 되죠.

당시 국권회복론의 핵심에는 동양주의와 국가주의 논쟁이 자리하고 있어요. 단재 신채호는 1909년 8월 《대한매일신보》에 쓴 "동양주의에 대한 비평"에서, 당시 일본이 주도하던 동양주의에 대해 강한 비판을 해요. 러일전쟁에서 일본이 아시아의 맹주로서 서양 세력을 물리쳤으므로 일본의 주도하에 아시아를 끌고 간다는 명분에서 한국의 보호국화를 정당화하려는 것이 동양주의의 핵심이에요. 단재는 동서양 갈등의 구도에서 일본의 주도적인 역할을 강조하는 동양주의에 대해 속아서는 안 된다며 강하게 비판하죠. 일본의 동양주의하에서 한국과 일본의 개별 국가가 독립적인 관계를 형성하지 못하는 한, 동양이 득세한다고 조선이 살아남는 것은 아니므로 말도 안 되는 소리라는 거죠.

동양주의와 국가주의의 치열한 논쟁이 벌어졌지만, 동양주의에 대한 비판이 바람직한 결실을 거두지 못하고, 한국은 1910년에 결국 국권 상실이라는 비극을 겪게 되죠. 이런 역사적 과정에서 한국이 겪고 있던 딜레마를 극적으로 보여주는 것이 안중근의 글이에요. 안중근은 이토 히로부미를 저격하고 사형당하기 전에 『동양평화론』[14]을 마무리하고 세상을 떠날 수 있게 해달라고 재판부에 요청했지만, 이는 받아들여지지 않았어요. 그래서 서문만이 남아 있죠. 『동양평화론』을 완성하지 못했지만, 마지막으로 남긴 짧은 유묵들을 보면 안중근이 본문에서 쓰려 했던 내용을 대강 짐작할 수 있어요. 그중에도 죽기 직전의 생각을 가장 축약적으로 남긴 칠언절구의 자작시가 있죠. "동양대세를 생각하니 아득하고 어두운데, 뜻이 있는 남아로서 어찌 편안히 눈을 감겠는가. 평화로운 국면이 아직도 이뤄지지 않아서 처량한데, 일본의 정략이 바뀌지 않으니 정말 가련하구나東洋大勢思杳玄 有志男兒豈安眠 和局未成猶慷慨 政略不改眞可憐"라는 글이죠.

국제정치학 공부를 제대로 해본 적도 없는 젊은이가 이렇게 감동적인 글을 쓸 수 있었던 것은 공동체의 삶과 죽음을 개인의 삶과 죽음으로 일체화했기 때문이에요. 특히 주목할 것은 정말 가련하다는 마지막 구절이에요. 안중근도 일본이 러시아를 이긴 것에 대해 동양 평화 차원에서 그 의의를 일정하게 평가해요. 그러나 러시아에 대한 견제와 조선의 독립을 동시에 달성해야만 동양 평화가 이뤄질 수 있는데, 일본이 그렇지 못한 자신의 정략을 바꾸지 못하는 것이 정말 가련하다는 거죠. 이런 '가련의 국제정치학'이 바로 사랑의 국제정치학이에요. 일본이 죽음을 눈앞에 둔 열혈 청년을 일본이 바위에 계란 치기라고 가련하게 생각해야 하는데, 오히려 안중근이 일본 제국주의에 대해서 그저 적개심을 불태우는 것이 아니라 오히려 정말 가련하다고 연민의 정을 보이는 구절은 간단히 읽어 넘길 부분이 아니에요. 얼마 전에 일본의 유명 잡지에서 인터뷰를 하러 와서 내가 마지막에 안중근의 마지막 구절을 소개했어요. 나는 아베 총리를 비난하고 싶은 생각이 전혀 없지만, 21세기 일본의 장래를 위해서 안중근의 마지막 구절이 생각난다는 이야기를 했더니 인터뷰를 안 실었어요. 그 말을 굉장히 난감하게 생각했던 것 같아요.

오늘 7주째 강의로 반세기의 한국 외교사를 주마간산하듯 달렸어요. 다음 8주째 강의에는 내가 1990년대 초부터 한국 사회과학 개념사에 왜 관심을 가지게 됐는지 이야기하려고 해요. 9주째 강의에서는 한국 외교사를 제대로 공부하려면 반드시 필요한 동아시아 3000년 질서 건축사를 살펴볼 거예요. 그리고 마지막 주에는 다가오는 미래 한국 국제정치의 꿈을 이야기할게요. 다음 주 예습을 하려면 내 홈페이지의 '전파연구' 항목을 찾아보세요. 지난 20여 년 동안 한국 개념사 연구를 위해서 함께 읽은 문헌과 토론을 볼 수 있어요.

더 읽을거리
하영선. 2012. 「복합세계정치론: 역사적 회고와 전망」. 하영선·김상배 엮음. 『복합세계정치론: 전략과 원리, 그리고 새로운 질서』. 파주: 한울.
하영선 홈페이지, '전파연구', http://www.hayoungsun.net/meet2.asp

8강

한국 근대 사회과학 개념사

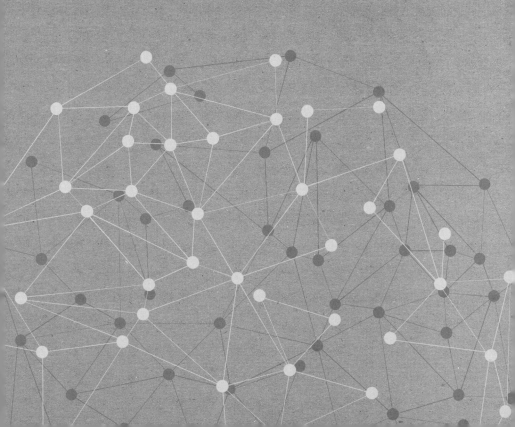

오늘 강의 주제는 한국 근대 사회과학 개념사예요. 그동안 강의했던 일곱 개의 주제 중에는 좁은 의미의 국제정치를 넘어서는 것들도 있었어요. 얼핏 오늘 강의 주제도 국제정치학과 어떤 관련이 있는가 하는 의문이 생길 수 있어요. 지난주 강의에서는 한국 외교사를 가르치게 될 것을 전혀 예상하지 못했지만 결과적으로는 오늘까지 공부하고 가르치고 있고 또 앞으로 더 깊이 있게 다루고 싶다고 했어요. 더 예상치 못했던 것은 한국 외교사 공부를 시작하면서 한국 개념사에 본격적으로 관심을 가지게 된 거예요. 1990년 초부터 독학을 하다가 1995년의 전파연구모임에서 공동 연구를 시작해서 『근대한국의 사회과학 개념 형성사』(전 2권, 2009/2012)를 출판했고, 앞으로도 몇 권을 더 낼 예정이에요.

1. 개념과 국제정치학: 동서양 문명의 전환과 개념사 연구

1) 19세기 말 국제정치 지식 무대의 전환

한국 개념사 이야기를 하기 위해서 우선 개념의 의미부터 따져보죠. '개념'이라는 말이 나라에 따라서 조금씩 다른 의미를 가지고 있는데, 우선 독일어 '베그리프Begriff'의 동사형인 '베그라이펜begreifen'은 원래 손으로 움켜잡는다는 뜻이에요. 영어 '콘셉트concept'의 동사형인 '콘시브conceive'는 임신해서 아이를 낳는다는 뜻이죠. 그리고 '개념槪念'의 한자 뜻은 두루 통하는 생각이에요. 그러니까 여러분이 대학교에서 공부를 시작하면 개론부터 듣게 되죠. 너나 할 것 없이 두루 다 통하는 논의라는 거예요. 개념의 의미를 조금 더 깊이 알기 위해서 '염念'의 한자를 보면 마음 심心 자가 밑에 있어요. 따라서 나의 삶을 앎으로 드러내기 위해 새 생각으로 움켜쥐었을 때 나뿐만 아니라 남들도 두루 같은 삶을 생각하게 되면, 내 생각은 개념이 되는 거예요.

다음으로 한국 외교사 공부를 하면서 어떻게 개념사 연구에 관심을 갖게 됐는지를 설명할게요. 지난 시간에는 근대 한국 외교사를 19세기 중반 이래 다섯 시기로 나눠서 설명했죠. 새로운 문명표준으로서 서양 세력이 동양에 진출하면서 군사와 경제 무대 외에 지식 무대에서 본격적으로 연기를 하기 시작했어요. 따라서 군사력이나 경제력 연구와 함께 지식력 문제를 집중적으로 다뤄봐야겠다는 생각을 하게 됐죠.

지난 시간에, 내가 한국 외교사 연구를 사건사로 시작하지 않고 유길준의 『서유견문』(1887~1889년 집필, 1895년 출간)[1]을 읽는 것으로 시작했다는 이야기를 했었죠. 19세기에 서양의 부강국가가 동양으로 다가오면서 발생한 새로운 외면세계의 변화도 중요했지만, 우리 내면세계에서 일어났던 변환 과정을 동시에 조명하고 싶기 때문이었어요. 전통적 동아시아 국제정치의 언행과 전혀 맞지 않은 부강국가의 화려한 등장을 당대의 조선 지식인이 전통 언어가 아닌 어떤 새로운 개념으로 인식하려 했는가를 살펴보면서 유길준을 만났던 거죠. 얼핏 보면 이것은 외교사적 접근이 아니라 정치사상사적 접근이 아니냐는 오해를 받을 만도 했어요.

『서유견문』을 읽으면서 내가 특별히 주목했던 것은 14편의 '개화의 등급'이었어요. 유길준은 개화론자니까 서양 문물에 대해 대단히 긍정적이었을 것으로 얼핏 생각할 수 있어요. 하지만 저자는 '개화의 등급'에서 직설적 표현으로 자신의 문명관을 밝히고 있어요. 전통 없는 근대를 추구하는 '개화의 죄인'과 근대 없는 전통을 추구하는 '개화의 원수', 전통의 긍정적 측면을 버리고 근대의 부정적 측면만 받아들인 '개화의 병신'이 동시에 존재하던 19세기 조선의 현실 속에서 유길준은 당면한 최대의 과제를 단순한 서양 문명의 소개가 아니라 전통과 근대의 갈등이 아닌 조화, 더 나아가 복합화라고 강조했어요. 따라서 허명개화가 아니라 실상개화가 절실하게 필요하다는 거였죠. 루소 식으로 말하자면, 경쟁애적인 개화가 아니라 자기애적인 개화를 강조한 것이라 할 수 있어요.

'개화의 등급'을 읽으면서 유길준의 문명론을 단순히 한국 외교사 차원이 아니라 개념사 차원에서 본격적으로 검토해야겠다는 생각이 들었어요. 미국에서 1년 반의 유학 생활을 하고 돌아온 유길준은 가회동 취운정 아래 작은 기와집에서 가택연금 상태로 외교문서 작성을 비공식적으로 돕던 시절에 한국의 새로운 생존전략을 꿈꾸면서 『서유견문』을 썼어요. 갑신정변(1884) 이후 청일전쟁(1894~1895)까지 한국이 겪은 '잃어버린 10년'에 이뤄진 유길준 문명론의 형성과 전개 그리고 좌절을 단순히 어원사가 아니라 개념사의 시각에서 입체적으로 조명해 보고 싶었어요.

유길준 문명론의 꽃인 '개화의 죄인', '개화의 원수', '개화의 병신' 속에서 실상개화 찾기를 살펴보면서 무릎을 쳤던 것은 그로부터 100년이 훨씬 지난 오늘날에도 우리가 여전히 그때와 비슷하게 '세계화의 죄인', '세계화의 원수', '세계화의 병신'들에 둘러싸여 21세기의 실상 세계화 찾기를 고민하고 있기 때문이었어요. 그래서 100년 전 유길준이 했던 고민에 충분히 공감할 수 있었죠. 그가 국내정치 측면에서는 왕君과 신臣과 민民의 관계를 놓고 군주정치나 민주정치 대신에 군민공치를 조심스럽게 제시하고, 국제정치 측면에서는 전통 천하질서와 근대 국제질서 사이에서 양절체제를 제시했던 것처럼, 21세기에도 근대 국제질서와 탈근대 지구질서 사이에서 새로운 복합질서가 등장하고 있어요. 따라서 그런 의미에서 '21세기의 서유견문'(1997)이라는 제목으로 유길준에 관한 공개 강연을 하면서, 19세기에 유길준이 필요했던 것처럼 21세기에도 또 다른 유길준이 필요하다고 이야기했죠.

2) 서양 문명 개념의 전파와 동양

유길준이 문명 개념을 처음 사용한 것은 1881년 조사시찰단朝士視察團으로 일본에 갔던 때였어요. 일본의 이와쿠라사절단岩倉使節團은 1871년 12월부터 1873년 9월까지 1년 10개월 동안 서양 사정을 돌아보고 와서 일본의 문명개화를 더욱더 본격적으로 추진하죠. 한국의 조사시찰단은 이보다 늦은 1881년 4월에 일본의 문명개화 현장을 4개월에 걸쳐 돌아보고 와요. 시찰단의 일원이었던 유길준은 바로 귀국하지 않고 후쿠자와 유키치의 도움으로 약 1년간 일본 유학 생활을 하죠. 유길준은 일본에 체류한 지 몇 달 지나지 않아 후쿠자와 유키치가 발행하던《시사신보時事新報》에 쓴 칼럼에서 문명이라는 단어를 처음으로 사용해요.

문명은 원래 동아시아 천하질서에서 자주 사용되던 말은 아닌데, 일본이 서양의 시빌라이제이션civilization을 19세기 중반에 문명으로 번역한 거예요. 중국은 중화 문명에 대한 자신감 때문에 서양이 스스로 시빌라이제이션이라고 부르는 것을 문명으로 번역할 수는 없었죠. 그래서 청일전쟁까지 중국 문헌들을 보면 유럽의 프랑스나 영국의 지식인들이 자기네 삶을 시빌라이제이션이라고 부른다고 영어 발음대로 써놓기도 했어요. 일본은 그것을 밝은 문화, 즉 문명이라고 번역한 거죠. 인간이 좀 더 편한 삶을 위해서 주어진 자연에 손댄 것을 문화라고 부르므로 모든 인간은 개별 문화를 가지게 되는데, 특정인이나 특정 국가의 문화가 타자나 타국에 전파되는 것, 즉 발신문화는 문명으로 부를 수 있죠. 예를 들어서 한류나 한국 화장품이 중국에서 적극적으로 받아들여진다면 문명 요소를 획득하는 거예요.

일본의 후쿠자와 유키치는 메이지유신 이후 네 차례 세계 일주를 해요. 일본은 이와쿠라사절단 이래 세계의 견문을 넓히기 위해서 해외 사절단을 여러 번 파견하는데, 그 단원들은 대부분 유럽의 새로운 문명표준을 열심히 배워 오려고 하기보다는 오늘날 정치인이나 관료들이 위로여행 가듯이 해외를 다녀왔어요. 그들과 달리 후쿠자와 유키치는 유럽을 돌아보는 기회에 프랑스와 영국의 문명 개념을 주목했죠. 『문명론의 개략』에서 그는 프랑스의 프랑수아 기조François Pierre Guillaume Guizot(1787~1874)와 영국의 헨리 버클Henry Thomas Buckle(1821~1862)의 문명사관을 자세히 소개하고 있어요. 기조는 소르본대학에서 젊은이들에게 『유럽 문명사Histoire de la civilisation en Europe』(1828)[2]와 『프랑스 문명사Histoire de la civilisation en France』(전 5권, 1829~1832)[3]를 강의하면서 프랑스의 역사는 단순히 일국의 역사가 아니며 유럽의 표준이 될 만한 역사이고, 나아가 인류의 표준이 될 만한 역사라는 자부심을 불러일으켰어요. 문명사로서 프랑스의 역사를 이야기한 거죠. 그러면서 영국의 역사가 개인 중심으로, 그리고 독일의 역사가 전체 중심으로 발전했다면, 프랑스는 개인과 전체가 가장 균형 있게 발전해서 새로운 문명의 표준이 될 수밖에 없었다는 주장을 해요. 한편 영국의 헨리 버클도 필생의 역작으로 쓰고 싶어 했던 문명사의 서론에 해당하는 『영국 문명사The History of Civilization in England』(1857)⁴에서 영국사를 단순한 일국
사가 아닌 문명사의 발달이라는 시각에서 접근하려고 하죠. 많은 유
산을 상속받아 부유했던 그는 여행할 때도 개인용 이동도서관을 곁에
두고 세계 문명사를 쓰려고 엄청난 양의 독서와 글쓰기를 했지만, 40
대에 일찍 세상을 떠나 결국 책을 완성하지는 못했어요.

후쿠자와 유키치는 유럽 시찰에서 돌아와 자신이 창설한 게이오
기주쿠慶應義塾에서 프랑수아 기조와 헨리 버클의 책들을 본격적으로 독
회하기 시작했어요. 그런데 영어가 모국어도 아닌 후쿠자와 유키치가
어떻게 이 작품들을 제대로 소화해서 『문명론의 개략』 집필에 활용할
수 있었는지 궁금했어요. 그는 자서전에서 이 책들의 내용이 하도 궁
금해서 밥이 입으로 들어가는지도 모를 정도로 정신없이 빠져들어 갔
다고 밝히는데, 이를 통해 영어보다 내용에 대한 궁금함이 핵심이었
다는 것을 알게 됐죠.

유길준이 사용한 문명 개념이 서양의 시빌라이제이션 개념에서
출발해 일본을 거쳐서 온 것이었다는 사실을 알고 나자, 나는 서양에
서 시빌라이제이션이라는 말을 어떻게 해서 쓰게 됐는지가 궁금해졌
어요. 그 징검다리를 찾다가 전후 독일의 대표적 역사학자인 라인하
르트 코젤렉Reinhart Koselleck이 오토 부르너Otto Brunner, 베르너 콘제Werner
Conze와 함께 엮은 『기본개념사: 독일 정치사회어 역사사전Geschichtliche
Grundbegriffe: Historisches Lexikon zur politisch-sozialen Sprache in Deutschland』(1972~1997/
2004)⁵을 만나게 됐죠. 독일을 대표하는 역사학자를 비롯한 인문사회
과학자들이 코젤렉의 개념사 방법론을 사용해 정치사회 기본 개념
119개가 1750년부터 1850년까지의 말안장 시대Sattelzeit, 계몽 시대,
프랑스혁명, 산업혁명을 거치면서 어떻게 자리를 잡게 됐는가를 여덟
권으로 정리했어요. 이 사전은 서양의 기본 정치사회 개념사를 축약

적으로 이해하는 데 커다란 도움을 주는 방대한 내용을 담고 있죠.

서양의 시빌라이제이션 개념은 원래 라틴어의 시민civis에서 왔어
요. 성안의 시민들은 성의 바깥에 사는 사람들의 말이 동물처럼 '바바'
하는 것처럼 들려서 그들을 의성어로 바바리안babarian이라고 불렀어요.
따라서 야만인이 문명인이 되기 위해서는 시민이 돼야 했죠. 그러나
문명 개념은 중세에는 넓게 사용되지 않다가 근대에 들어서서 18세기
중반부터 프랑스와 영국에서 사용되기 시작했고, 19세기 영국에서는
문명 개념의 사용 빈도가 빠르게 증가했어요. 그러나 근대국가 건설
에 상대적으로 앞섰던 영국이나 프랑스를 뒤늦게 따라잡아야 했던 독
일 통일 이전의 프러시아(프로이센)는 문명보다 문화Kultur 개념의 중요
성을 강조해서, 19세기 유럽에서는 문명 대 문화의 언어전쟁이 벌어
졌어요.

3) 동아시아 전통 개념사

서양 세력이 자신의 문화를 문명표준이라고 부르면서 동양으로
본격적으로 진출하는 과정에서 동양이 야만인처럼 전통 언어도 없는
상태에서 서양의 주요 개념을 전해 받은 것은 아니었어요. 한자는 서
양의 그리스어나 라틴어보다 더 오랜 역사를 가지고 있고, 또 갑골문
에서 보다시피 고도의 추상력도 담겨 있죠. 갑골문 공부를 해보면 무
릎을 치게 되는 경우가 굉장히 많아요. 예를 들어서, 헤어지는 연인이
아쉬워서 되돌아보는 모습을 상형한 것으로 추정되는 사랑 애愛 자는
절묘하다는 생각이 들어요. 그래서 고대 한자에 대한 관심이 커졌죠.
동양인들이 고대 한자를 통해 개념화의 길로 갔던 역사적 체험을 역
추적해 보면, 예서, 해서, 행서, 초서, 전서 앞에 갑골문이 자리 잡고

있어요. 그래서 갑골문을 자세히 들여다보기 시작했던 거죠.

갑골문은 거북의 등이나 배, 그리고 소 어깨뼈에 새겨진 고대 한자로, 고대 동아시아인의 생각을 개념화하는 과정에서 중요한 역할을 했죠. 그런데 갑골문은 굉장히 우연한 기회에 발견됐어요. 1899년에 국자감 제주였던 왕의영王懿榮이 학질이 걸려서 한약을 지었는데 우연히 약재에 들어 있던 용골, 즉 소뼈에 새겨진 이상한 글자들을 발견하죠. 그래서 약재를 지은 한약방에 수소문해 은허殷墟(현재 허난성 안양시 샤오둔촌)에 글씨가 새겨진 갑골이 많다는 것을 알게 됐어요. 이렇게 발견된 갑골문이 은나라(B.C. 1560~B.C. 1040) 초기의 한자라는 것을 거의 3000년이 지난 뒤에야 알게 됐죠. 1928년부터 1937년까지는 둥쭤빈董作賓의 지휘하에 국가 차원의 대규모 갑골문 발굴 작업을 했고 현재까지 글자가 기록돼 있는 갑골을 16만 편을 찾아냈어요. 그 속에서 5000자 정도의 갑골문을 찾아냈고, 그중 1000자 정도는 해독에 성공했어요. 갑골문의 발굴과 해독은 한자의 기원 연구에 결정적인 공헌을 한 것은 물론이고, 중국 고대사 연구도 새롭게 하게 만들었죠. 더 나아가서 동아시아 한자 문화권의 삶과 앎의 역사 연구에도 중요한 기여를 하고 있어요.

한자는 중국 춘추 시대에 처음으로 고조선에 유입된 것으로 추정되고, 본격적으로 전파된 것은 기원전 108년 고조선이 한나라에 의해 멸망되고 한사군이 설치된 때부터로 봐요. 진한 시대에는 우리가 한자적 개념화에 들어갔죠. 1443년에 만들어진 훈민정음은 잘 알다시피 한문본과 동시에 우리말 언해본이 있어요. 한글이 15세기에 등장은 했지만 오랫동안 언문이라는 형태로 쓰였고, 한국인들이 한글로 현실을 개념화하지는 않았죠. 우리가 현재 사용하는 단어의 60~70%는 한자어인 것으로 추정돼요. 더구나 추상도가 높을수록 한문이나 한자를 매개로 해서 우리 삶을 앎으로 붙잡는 과정을 거치죠. 이런 역사적 과정을 보면 갑골문 같은 고대 한자는 우리의 현대 개념을 깊이 있게 해석하는 데도 대단히 중요하다고 할 수 있어요. 그래서 21세기 미래질서를 보다 독창적이고 창조적으로 개념화하려면 한자, 특히 갑골문에 관한 관심이 굉장히 중요하다고 생각해요.

발굴된 3000년 전의 갑골문 5000자는 은나라 시기에 여러 번 변형됐기 때문에 실질적으로는 1000자 정도가 중요한 것으로 알려져 있어요. 전 세계에 갑골문 연구자가 100명도 안 되지만, 갑골문 연구는 대단히 흥미로운 분야예요. 그러나 현실적으로 국제정치학 대신 갑골문 연구에만 매진할 수는 없었기 때문에 상대적으로 간편한 방법을 찾았어요. 갑골문 연구는 당연히 갑골사당甲骨四堂으로 불리는 설당雪堂 뤄전위羅振玉, 관당观堂 왕궈웨이王國維, 정당鼎堂 궈모뤄郭沫若, 언당彦堂 둥쭤빈董作賓의 전통을 잇는 중국 전문가들에 의해서 진행됐죠. 그런데 내가 갑골문을 초보적으로 공부하기 시작한 것은 일본의 한문학자인 시라카와 시즈카白川静(1910~2006)의 사전을 통해서였어요. 시라카와 시즈카는 눈에 띄는 학력 없이도 한평생 독자적인 노력을 통해 일본의 대표적인 고대 한자 연구자로 이름을 남겼고, 일흔이 넘어 자서字書 3부작 『자통字統』(1984),[6] 『자훈字訓』(1987),[7] 『자통字通』(1996)[8]을 냈죠. 그리고 일본의 상용한자 1900자의 기본 자전인 『상용자해常用字解』(2003)[9]를 냈어요. 한자가 갑골문자에서 시작해서 오늘날까지 어떻게 사용되고 있는지 간략하게 소개하고 있어서 옆에 두고 늘 찾아보게 됐죠. 그의 갑골문 해석이 지나치게 종교적 내지는 주술적이라는 학계의 비판이 있기는 하지만, 그의 책들 덕분에 중국 고대 한자들의 형상화에 대한 공부를 시작할 수 있었어요. 결국 서양 개념사 연구의 도움을 받아 현재 우리가 사용하는 기본 개념들의 서양 어원을 공부하고, 갑골문 연구의 도움을 받아 기본 개념들의 동양 어원을 공부하기 시작했던 거죠.

2. 한국 근대 개념사의 삼중고: 문명 각축, 국제 정치 갈등, 국내정치 대결

한국 근대 외교사 공부를 하다가 어떻게 한국 근대 개념사 공부를 시작하게 됐는지 간략하게 이야기했어요. 혼자서 하던 개념사 연구를 1995년 3월부터 다른 사람들과 함께 하기 시작해서 지금까지 20년 넘게 이어오고 있어요. 모임을 시작하면 보통 이름을 먼저 정하고 회장과 간사를 뽑는 것이 관례지만, 모임의 이름이나 좌장 없이 모였어요. 다만 세월이 가면서 주위에서 '전파연구모임'이라는 이름으로 불러줘서 오늘에 이르고 있어요. 한국 외교사의 관심에서 문명의 개념사 연구를 시작했지만, 점차 한국 사회과학 특히 정치와 국제정치 같은 핵심 개념들의 역사를 제대로 정리해야겠다는 생각이 들었어요. 특히 근대의 기본 개념들은 대부분 서양 개념들의 번역이기 때문에, 일단 서양 개념들이 어떻게 동양으로 전파되고 변용돼서 우리 개념으로 자리 잡게 됐는가를 제대로 밝히고, 그다음 단계로 우리가 부딪히는 현실을 제대로 담아낼 수 있는 새로운 개념을 모색해야겠다는 생각이 들었어요.

공부 모임은 참가자들이 유학 시절에 썼던 박사학위 논문에 대한 자아비판부터 시작했어요. 특히 미국에서 박사학위 논문을 쓰면서 하지 못했던 이야기부터 시작하자고 해서 1년 가까이 발표와 토론을 했어요. 논의에서는 자연스럽게 한국 사회과학의 기본 개념들을 개념사 연구 시각에서 우선 정리하는 것이 모방의 국제정치학에서 창조의 국제정치학으로 나아가는 첫걸음이라는 데 합의가 이뤄졌어요. 그래서 지난주 한국 외교사 강의에서 이야기했듯이 전파연구모임은 문명개화론, 위정척사론, 복합론에 관한 일차자료들을 읽기 시작했죠.

전파연구모임을 계속하면서 첫 『근대한국의 사회과학개념 형성사』(2009)를 출판하기까지는 15년의 세월이 흘렀어요. 책머리에 그동안의 생각들을 정리해서 '삼중 어려움의 극복과 좌절'이라는 짧은 글을 썼어요. 한국 사회과학이 제대로 뿌리를 내리기 위해서는 개념사 연구는 힘들지만 가장 기초적인 연구일 수밖에 없어요. 그런데 유럽의 개념사나 동아시아의 중국이나 일본의 개념사와 비교해서 한국의 개념사는 훨씬 복합적인 삼중 어려움을 겪어왔어요.

첫 번째 어려움은 전통 개념과 근대 개념의 문명사적 각축에서 비롯돼요. 19세기 서세동점의 시기에 조선의 유길준, 중국의 량치차오, 일본의 후쿠자와 유키치가 모두 비슷한 괴로움을 겪고 있었죠. 그동안의 전통 천하질서에서는 한자 개념으로 새롭게 다가오는 현실을 담을 수 있었는데, 근대 국제질서에서는 새로운 개념들을 만들지 않고서는 현실을 담을 수 없는 난관에 봉착했던 거예요. 따라서 만국공법부터 시작해서 문명, 국가, 주권, 민주, 세력 균형, 부국강병 같은 새로운 개념들을 만들어야 했어요.

전통과 근대 개념의 문명사적 표준 경쟁에서 중국은 당연히 강하게 저항했어요. 자신이 겪는 새로운 현실을 전통 한자어로 담지 못하고 새로운 언어가 필요하다는 것을 자존심상 받아들이기 어려웠죠. 마찬가지로 조선은 청국이 한족의 문명을 이어받은 것이 아니라는 이유로 명이 망한 후에도 오랫동안 명을 숭상하고 청을 멸시했어요. 조선의 사대부들에게는 청은 대국이지만 상국은 아니고 조선이 오히려 소중화이므로, 청에서 배워야 한다는 북학 대신 호로胡虜인 청에서 배울 것이 없다고 보는 시각이 대세였죠. 따라서 주자의 나라를 자처하고 소중화로서 문명의 중심에 있다는 자존감을 강하게 가지고 있었던 조선이 쉽사리 전통 질서를 포기하기는 어려웠어요. 한편 천하질서의 변방이었던 일본은 메이지유신을 통해 상대적으로 빠르게 새로운 질서를 받아들였어요. 일본의 문명개화 연구들 중에는 일본의 내재적 발전을 문명개화정책의 선도적 추진의 핵심 원인으로 강조하는 경우도 있지만, 앞서 지적했다시피 일본이 중화 문명의 중심이 아니라 변방에 있었기 때문에 상대적으로 쉽게 천하질서에서 벗어나 서양의 국제질서를 받아들일 수 있었던 거죠.

두 번째 어려움은 서양 근대 사회과학 개념 도입의 국제정치적 싸움에서 찾을 수 있어요. 일본의 후쿠자와 유키치가 근대문명의 표준으로서 영국, 프랑스, 독일 중에 어느 모델을 따라갈 것인지를 고민했던 것처럼, 당시 문명표준을 주도하기 위한 서양 국가들의 각축이 벌어지고 있었고, 동시에 동아시아에서도 한중일 삼국 간 갈등이 있었죠. 그 속에서 중국이나 일본에 비해 소국이었던 한국은 동양과 서양 간 문명사적 각축과 동서양 국가들 간 힘의 각축을 동시에 겪으면서 중국이나 일본보다 훨씬 복잡한 복합 생존전략을 짜야 했어요. 그래서 유길준은 「세계대세론」(1883)에서 처음으로 문명표준을 이야기하고, 그다음으로 「중립론」(1885)을 내세웠죠. 19세기 문명표준의 변환기에 전통 중국 모델로는 더 이상 살아남을 수 없지만, 그렇다고 역사적으로 특수 관계에 있던 청제국에서 바로 벗어날 수도 없었기 때문에, 전통 천하질서와 근대 국제질서를 동시에 품는 양절체제론을 모색한 거죠. 한국은 일본이나 중국과 비교해 두 번째 고민을 훨씬 깊이 할 수밖에 없었어요.

세 번째 어려움으로, 우리는 근대 사회과학 개념 형성의 국내 정치사회적 대결을 겪어야 했어요. 물론 어느 시공간에서나 사회 구성원들이 완전히 똑같은 생각을 한다는 것은 불가능하죠. 그러나 19세기 한국의 국내정치 대결은 국가가 분열될 정도로 심각했죠. 19세기 중반부터 보수인 위정척사 세력의 마지막 몸부림이었던 임오군란이나 진보인 개화 세력의 성급한 시도였던 갑신정변은 내전의 국제전화를 본격적으로 보여줬어요.

따라서 이런 삼중의 어려움을 동시에 극복하는 새로운 개념이 성공적으로 마련되지 않는 한 국내의 정치사회 세력들이 공유하는 언어를 생산하기는 굉장히 어려웠어요. 요즘 예를 하나 들어보자면, 1980년대에 치열하게 친미와 반미 논쟁이 벌어지고 있을 때 나는 친미나 반미 대신에 '용미'라는 용어가 한반도, 아시아, 그리고 전 세계에 도움이 되는 길이라고 주장했어요. 그리고 10년 후 당시 가장 진보적인 성향의 잡지였던 《말》에서 이 개념에 대한 인터뷰를 요청했어요. 우리 사회에서 뿌리를 내리고 성장하고 있는 '용미'라는 개념이 어떻게 태어나 성장했고, 21세기에는 어떻게 진화·발전해야 미래의 삶을 제대로 품어서 새로운 앎을 주도할 수 있을지에 관해 이야기했었죠.

1990년대 초반부터 시작한 한국의 개념사 연구 초기에 나는 서양의 개념이 19세기에 들어오면서 어떻게 동아시아의 언어로 재구성돼서 우리가 사용하게 됐는지를 검토하는 데 초점을 맞췄는데, 10년쯤 방황을 하면서 해석학적으로 나를 버리고 당시 사람들 속으로 들어가 보니까 당시 훨씬 복잡한 절차가 벌어졌었다는 것을 뒤늦게 알게 됐어요. 그 속에서 당시 한국이 했던 첫 번째 고민은 서양 개념을 어떻게 도입하느냐 이전에 먼저 전통 개념과의 갈등을 어떻게 해소하느냐였고, 두 번째 고민은 전통과 근대 언어를 어떻게 접합할 것인가였어요. 나는 이런 고민이야말로 한국 개념사에서 핵심이라는 것을 뒤늦게 깨달았어요.

3. 개념사 연구 방법론: 내면세계의 해석학적 접근

한국 외교사를 공부하기 위해서 정치사, 군사사, 경제사와 함께 개념사 공부를 함께 시작하면서 1990년대 초에 독일의 코젤렉 개념사 연구를 처음으로 만났어요. 그런데 개념사에 대한 국내의 반응은 모두 부정적이었어요. 당시 대학원생 중에 개념사에 관심을 가지고 한국 국제정치학의 기본 개념 형성사를 개념사 방법론의 도움으로 석사학위 논문을 써보고 싶다는 학생들이 꽤 있었어요. 그런데 개념사 방법론을 쓰겠다고 하면 과 선생님들이 모두 반대했어요. 가장 핵심적인 이유는 19세기의 한국 또는 동아시아 외교사 연구의 핵심은 서세동점의 상황 속에서 정치군사사나 정치경제사 중심으로 다뤄져야 하는데 왜 개념사냐라는 거였죠. 그런데 당시에 소개했던 코젤렉의 개념사에 대한 오해의 원죄는 다름 아닌 개념사라는 이름에 있었어요. 그의 사전이나 글을 읽어보면, 1750년부터 1850년의 독일어 개념은 개념 자체만을 들여다봐서는 의미를 제대로 파악할 수 없다고 말해요. 당시 독일이 겪고 있던 사회사 속에서 개념이 어떻게 창출됐고, 개념이 어떻게 사회를 재구성했는지를 이해해야 한다는 이야기죠. 그렇다면 개념사와 정치사회사가 동시에 반영되도록 이름을 붙였어야 해요. 당시의 과 교수들이나 국내정치학계는 코젤렉의 개념사 연구에 익숙하지 않았기 때문에 개념사를 단순한 어원사로 오해해서 한국 외교사 연구에 직접적인 도움이 되지 않는다고 생각한 거였죠.

내가 코젤렉의 개념사에 관심을 가지게 됐던 것은 19세기 유길준의 문명 개념의 삼중 구조 중에 서양 문명 개념을 축약적으로 보기 위해서였어요. 단순히 그의 틀로써 한국 사례를 연구하려는 생각은 전혀 없었죠. 한국 개념사에서 우리가 사용하는 국제정치라는 개념이 처음 어떻게 시작됐는지, 또 일본과 중국 그리고 유럽에서 어떤 경로를 거쳐서 수입됐는지를 물론 밝혀야 하죠. 그러나 더욱더 핵심적인 것은 도입 과정에서 겪었던, 생사를 건 삼중적 투쟁의 역사예요. 단어 하나를 어떻게 쓰냐에 따라서 실제로 목숨이 오갔죠. 개념사는 혈흔이 낭자한 기록일 수밖에 없어요.

유길준을 통해서 처음 알게 된 코젤렉의 개념사를 좀 더 본격적으로 만나게 된 것은 우연한 기회에서였어요. 그의 개념사 사전이 20년 만에 완성된 직후인 1998년에는 개념사가 폭력사나 물질사 못지않게 중요하므로 국제적 연구 필요가 있다는 데 의견이 모아졌어요. 그리고 14개국의 개념사 전문가들이 런던에 모여 정치사회개념사그룹History of Political and Social Concepts Group을 결성하고 제1회 세계개념사대회를 개최했죠. 나는 스웨덴에서 열린 제9회 세계대회(2006)에 처음 참석했다가 유럽 학자들의 문명 개념사 연구 발표를 들을 기회가 있었어요. 질의응답 시간에 나는 유럽의 문명 개념이 19세기 이래 전 세계적으로 전파돼서 오늘의 문명 개념으로 어떻게 자리 잡게 됐는가를 발신자로서 제대로 연구할 필요가 있다고 지적했어요. 그랬더니 사회자가 발표석으로 와서 동양에서 서양의 문명 개념을 어떻게 받아들였는지를 설명해 달라고 해서 문화와 문명의 한자적 의미의 차이를 소개하면서 즉석 발표를 했죠. 문명 개념의 전파 과정에서 문명이 서양 발신자가 전혀 모르는 사이에 동양 수신자의 운명을 좌우하는 핵심 개념이 된 이야기를 발신자가 아닌 수신자의 입장에서 했어요. 그 이후 터키 이스탄불에서 열린 제10회 세계대회(2007)에서 한국의 개념사 패널을 진행한 다음에 제11차 세계대회(2008)를 서울에서 열었어요. 우리가 사용하는 기본 개념이 19세기 중반 이후에 서양 기본 사회과학 개념들을 번역해서 사용하고 있는 현실을 우리가 좀 더 체계적으로 따져보게 된 계기가 됐죠.

앞서 말했듯이 유길준은 1881년 후쿠자와 유키치가 발행하는 신문에 실은 언론에 관한 짧은 칼럼에서 처음으로 문명이라는 용어를 썼어요. 그는 1883년에 서울에 돌아와서 《한성순보》라는 한국 최초의 근대 신문 발행에 참여하면서 준비한 창간사에서 문화와 문명이라는 단어를 여러 번 사용해요. 그런데 현재 남아 있는 원고를 보면 문화라는 표현을 문명으로 교정한 흔적을 볼 수 있어요. 박영효의 교정으로 추정되는데, 문화와 문명을 조심스럽게 구별해서 사용한 느낌이에요. 국내에서 척사론 시각이 여전히 강한 상황에서 야만을 넘어 금수라고 불렀던 서양을 문명으로 부르는 것은 당시로서 굉장히 조심스러웠겠죠.

당시에 비하면 오늘날 글쓰기의 예민함은 굉장히 뒤떨어져요. 내 강의에서는 원래 매주 예습일기를 받았어요. 그러나 이번 강의에서도 주간 예습일기를 쓰라고 하면 수강생이 없어서 폐강하게 될 거라는 주위의 걱정 때문에 여러분에게 한국 외교사의 전통이었던 '지적 연애기'와 국제정치이론을 위한 '꿈의 세계정치학'만 간단히 써보라고 한 거예요. 예상대로 포복절도하게 하거나 감동의 눈물을 흘리도록 한 글은 없었어요. 그러나 그런 글을 쓰기 위한 훈련이 절대적으로 필요해요. 사회과학 논문이 독자를 꼭 웃기거나 울려야 하냐고 반문할지 모르지만, 저자와 독자가 하나가 되기 위해서는 그런 글쓰기 훈련이 굉장히 중요해요.

저자와 독자가 텍스트를 매개로 폭소나 감동으로 만나려면 사랑의 해석학적 방법론이 필요해요. 첫 단계는 나로부터 거리 두기예요. 굉장히 중요한 부분이죠. 나만 사랑하는 한, 나를 넘어선 너를 만나기가 어렵죠. 나만 사랑하면서 한평생 행복하게 살 수 있는데 굳이 나를 넘어서서 남을 사랑할 필요가 있느냐는 의문을 가질 수도 있지만, 결국 내 사랑은 작은 내 사랑에 그치지 않고 큰 내 사랑으로 넓어져야 완성돼요. 따라서 나를 넘어서서 텍스트와 만나는 것이 첫 번째로 해야 할 노력이죠.

두 번째 단계는 텍스트와 저자 사이의 거리 두기예요. 이미 방법론에서 간단히 이야기한 것처럼 저자 내면세계의 지평을 읽어야 해요. 현재 사회과학의 가장 대표적인 방법론으로는 포퍼의 반증가능 과학론과 쿤의 자연과학 혁명론의 논쟁을 혼합한 러커토시의 반증가능한 과학 프로그램의 현실검증 방법론을 들 수 있어요. 반증가능한 가설을 설정하고 가설을 계속해서 검증하는 방법으로 진리를 추구하겠다는 포퍼나 러커토시의 방법론도 20세기 초 그들이 직면했던 나치즘이나 공산주의에 대한 실존적 고민에서 나온 것이라고 생각해요. 그럼에도 불구하고 반증 가능한 연구 프로그램의 지속적 검증으로 알 수 있는 것은 대상의 외면세계뿐이죠. 외면세계 못지않게 저자에게 영향을 미치는 내면세계로 들어가기 위해서는 또 다른 열쇠가 필요해요. 물론 이런 사랑의 해석학적 방법론이 특정 시공간에 따라서 그 적실성에 차이는 있을 거예요. 21세기 국제정치학이 현재의 실증적 방법론을 포기해야 할 단계에 이른 것은 아니지만, 사랑의 해석학적 방법론을 받아들이거나 보완해야 할 시기를 맞이한 것은 확실해요.

구체적 사례로 북한의 글을 해석해 보죠. 북한에서 6차 당대회 이후 36년 만인 2016년 5월에 7차 당대회가 4일 동안 열렸어요. 첫날 개회사가 있었고, 둘째 날 총화보고서에 이어서, 셋째 날 인사이동을 발표하고, 마지막 날 폐회사가 있었어요. 특히 둘째 날 육중한 체격의 김정은이 세 시간에 걸쳐서 200자 원고지 360매 7만 2000자를 읽었어요. 이 보고서를 제대로 읽어내기 위해 국내외의 수많은 북한 전문가들이 단순한 내용 분석부터 복잡한 빅데이터 분석까지 했죠. 그러나 대부분 외면세계 분석에 그쳤어요. 김정은 위원장의 연설문을 제대로 읽으려면 가장 많이 등장하는 단어를 중심으로 하는 단순한 내용 분석이나 빅데이터 분석을 넘어서서 연설문 속에 감춰진 김정은의 내면세계로 들어가야 해요. 물론 국제정치는 단순히 느낌이나 생각이 아니라 체제의 구조 속에서 선택한 행동의 결과에 따라서 평가받을 수밖에 없어요. 김정은 위원장의 내면세계를 객관적으로 알 수 없고, 또 내면세계가 바로 북한의 무대 연기로 얼마나 직접 연결될 것인지도 알 수 없죠. 그렇지만 특히 북한 연구에서는 외면세계 못지않게 내면세계의 분석이 중요해요.

그러나 텍스트를 상대방 지평이 아니라 내 지평에서 마음대로 읽으면, 내가 원하는 대로 텍스트가 보일 뿐, 텍스트 속에 숨어 있는 저자의 언행 전략을 읽기는 어려워요. 따라서 7차 당대회의 모든 문건들을 무작정 읽으려 들면 시간만 걸리고 해석은 제대로 안 돼요. 공부 시간을 엄청나게 투자해도 성적이 잘 안 나오면 다른 이유가 있겠죠. 출제자의 의도는 무시한 채 내 마음대로 공부했을 때가 그럴 거예요. 방대한 문서를 무작정 읽을 것이 아니라, 김정은 위원장이 당대회 나흘째에 한 폐회사와 총화보고서 결과 보고에서 분명하게 밝힌 당대회의 목적에 따라서 읽어야 해요. 그렇지 않으면 내 목소리 때문에 상대방의 목소리가 안 들리죠. 저자의 지평에서 당대회 문서를 다시 읽어보면 세 가지가 읽혀요. 첫 번째는 명실상부한 김정은 유일수령체제의 등장이에요. 두 번째는 새 주인공인 김정은 위원장이 금년도 신년사에서 예고한 21세기 사회주의 강국 건설을 위한 '휘황한 설계도'를 본격적으로 펼치고 있다는 점이에요. 그리고 세 번째는 그 설계도에 따라 사회주의 강국을 건설하기 위해서 경제 건설과 핵무장 건설의 병진론을 강조하고 있다는 점이죠.

텍스트 분석에서 마지막으로 중요한 것은 거리 두기를 통해서 해석한 저자 지평의 자기화appropriation예요. 거리 두기 없는 자기화로는 저자의 지평을 제대로 해석할 수 없는 것처럼, 자기화 없는 거리 두기는 저자의 지평을 내재적으로 이해할 수는 있지만 비판적으로 해석할 수 없는 한계에 부딪히죠. 따라서 거리 두기와 자기화의 선순환을 통해서 독자와 저자는 제대로 만나게 돼요.

4. 한국 개념사 연구의 세 과제: 문명, 냉전, 미래

되돌아보면 개념사 시각에서 지난 25년 동안 일차자료들을 읽은 공부가 나를 키웠고 또 전파연구모임의 후학들을 키웠다고 생각해요. 대표적인 자료들을 읽느라고 바빴지만, 공부의 내용을 관심 있는 사람들과 나누기 위해서 중간 보고서를 내자는 의견들이 나와서 『근대 한국의 사회과학 개념 형성사』(2009)[10]라는 제목으로 19세기 개화기에 도입된 기본 개념들을 정리하게 됐죠. 나는 서양의 문명 개념이 동아시아 국가들을 거쳐서 어떻게 한국에 자리 잡게 됐는가를 맡았어요. 처음 시작할 때는 서양 개념들의 번역사를 어원사적 시각에서 정리하면 되리라고 쉽게 생각했지만, 그건 커다란 오판이었어요. 19세기 중반에 처음으로 서양의 문명 개념을 도입하기 시작했던 개화 지식인들의 고민에 대한 충분한 애정이 부족했기 때문이었죠.

1) 문명개념사: 동양 전통 문명론과 서양 근대 문명론

한국의 문명 개념 도입사를 쓰면서 처음에는 문명 개념이 서양에서 동양으로 전파됐으니까 서양의 문명 개념사부터 간단히 쓰려고 했어요. 서양의 그리스·로마 시대에 문명과 야만 개념이 처음 자리 잡은 이후 근대에 들어와서 18세기부터 문명 개념이 점차 활발하게 사용되고 19세기에는 문명civilization과 문화Kultur의 언어전쟁이 본격적으로 벌어져요. 그런데 19세기 조선의 개화 지식인들은 전통적 위정척사의 분위기 속에서 조선의 새로운 생존전략을 고민하면서 동양에 도입된 서양의 문명 개념에 주목하게 됐죠. 유길준이 문명 개념을 쓰면서 가장 먼저 고민했던 것은 후쿠자와 유키치의 문명론, 서양의 기조나 버클의 문명론 이전에 조선의 뿌리 깊은 전통 문명론 속에서 어떻게 새로운 서양 근대 문명론을 받아들이냐는 것이었어요.

유길준의 이런 고민을 가장 잘 보여주는 것은 『서유견문』 14편의 '개화의 등급'에서 전개하는 문명개화론예요. 그는 개화를 "인간의 천사만물이 지선지미至善至美한 영역에 이르는 것"이라고 말하고, 그 단계를 개화, 반개화, 미개화 등 세 단계로 나눴어요. 그리고 개화의 영역으로 행실, 학문, 정치, 법률, 기계, 상업 등 여섯 분야를 들었죠. 우선

행실의 개화에서는 서양의 윤리를 소개하지 않고 조심스럽게 전통적 삼강오륜을 강조하고 있어요. 그러나 국제정치 영역에서는 위안스카이의 감국정치가 벌어지는 속에서 청국과의 전통 천하질서를 종주국과 속국 관계가 아니라 자주적으로 조공을 주고받는 관계로 인정하는 동시에 일본을 포함하는 서양 제국들과 근대 국제질서도 받아들이는 양절체제를 새롭게 제시하고 있어요. 국내정치 영역에서는 군주천단君主擅斷정체, 군주명령정체, 귀족정체, 군민공치정체, 국민공화정체 등 다섯 정체를 소개하면서, 군민공치정체가 바람직하지만 유럽에서도 군주정체가 군민공치정체로 이르기까지 수백 년이 걸렸듯이 군주와 인민의 충분한 준비가 이뤄진 다음에 현실화해야 한다는 것을 강조해요. 조선왕조의 현실 속에서 공화정체가 아니라 군민정체도 대단히 조심스러운 제안일 수밖에 없었죠.

앞선 강의에서 이야기했듯이, 위정척사의 전통 문명론이 뿌리 깊게 자리 잡고 있는 소중화의 조선에서 유길준은 어린 시절에는 과거 공부를 하다가 1873년부터 박규수의 사랑방을 드나들면서 『해국도지』 같은 글들을 읽으면서 시무의 중요성에 본격적으로 눈을 뜨게 됐어요. 1881년에 메이지유신의 조사사절단의 일행으로 일본을 방문한 후 1년여 동안 후쿠자와 유키치의 게이오기주쿠에서 유학 생활을 하면서 일본의 문명개화를 위해 서양의 문명표준을 본격적으로 다루고 있는 후쿠자와 유키치의 3부작인 『서양사정』(1866),[11] 『학문의 권장』(1872~1876),[12] 『문명론의 개략』(1875)[13]을 만나게 돼요.

후쿠자와 유키치는 『문명론의 개략』의 1장에서 3장까지 반개화 국가인 일본이 문명국이 되기 위해서는 현재의 시간과 장소를 고려한다면 일차로 서양의 문명을 목표로 삼아야 한다고 밝힌 다음에 4장에서 7장까지 버클이 유럽 문명의 발달 이유를 물리physical 법칙보다 지혜intellect와 덕의moral로 구성된 정신mental 법칙에서 찾는 것을 소개하면서 일본 국민의 지덕 발달에 관해 논하고 있어요. 그리고 8장에서 프랑수아 기조의 프랑스 문명론에 기반해서 '유럽 문명의 유래'를 소개하고, 9장에서 '일본 문명의 유래'를 유럽과 비교해 국내정치 권력의 편중이라는 시각에서 다룬 다음에, 마지막으로 10장 '자국의 독립을 논함'에서 일본 문명을 위해 일본 독립을 강조하고 있어요.

유길준의 『서유견문』은 이미 여러 연구에서 지적한 바 있듯이 형식과 내용 측면에서 후쿠자와 유키치의 『문명론의 개략』의 도움을 많이 받았어요. 그러나 주목해야 할 것은 두 문명론의 차이예요. 유길준의 문명론은 후쿠자와 유키치의 문명론과 비교해서 분량은 훨씬 짧지만 내용이 보여주는 고민의 심도는 훨씬 깊어요. 후쿠자와 유키치도 『문명론의 개략』에서 전통과 근대의 갈등과 긴장 속에서 전통 세력을 설득하기 위한 노력을 보여주고 있지만, 메이지유신의 문명개화라는 대세 속에서 무대의 중심에 서 있었어요. 반면에 유길준은 『서유견문』에서 일본과는 비교할 수 없는 문명, 국제, 국내의 삼중적 싸움 속에서 무대의 주변에서 새로운 문명론을 조심스럽게 펼쳐야 했죠.

7년간의 가택연금에서 풀려나 재야의 외부자로 살던 유길준은 1894년의 청일전쟁과 함께 시작된 갑오개혁에서 핵심 참모 역할을 맡았지만, 1896년 고종의 아관파천 이후 일본으로 도피해 10년 가까운 망명 세월을 하죠. 1904년에 서울로 돌아온 유길준은 교육과 계몽 활동을 하다가 1914년에 세상을 떠나요.

한국 개념사 공부의 첫출발은 19세기 서세동점의 역사적 변환 속에서 한국이나 동아시아의 전통 개념이 근대 서양의 개념을 어떻게 받아들였는지 알아보는 것이라 했는데, 그런 개념의 전파·변용 과정은 아직도 끝나지 않아서 여전히 많은 이들이 해외로 유학을 가서 새로운 서양 개념을 공부하고 있죠. 그런데 세월의 흐름에 따라서 21세기 한국 개념사 연구는 한 걸음 더 나아가 전통 개념의 형성과 전개, 근대 서양 개념의 도입, 냉전 한반도의 개념 분단사, 그리고 복합화 시대의 미래 개념사를 동시에 다뤄야 할 때가 됐어요. 독일의 대표적 사학자 코젤렉이 『미래의 과거Futures Past』에서 지적했듯이, 역사 속의 현재는 과거의 경험공간the space of experience/Erfahrungsraum의 영향 속에 미래의 기대의 지평the horizon of expectations/Erwartungshorizont을 내다보면서 전개되죠. 내가 현실화가 가능한 미래라는 표현으로 쓰는 현래現末도 비슷한 뜻이에요. 그렇게 보면 오늘날 한국 사회과학이 사용하는 기초 개념을 제대로 해석하기 위해 일차적으로 19세기 서양 개념 도입사를 다뤘지만, 결국 21세기 한국 개념사를 완성하려면 한국이 19세기 중반까지 사용하던 전통 개념에 대해 깊이 천착하고, 1945년 이후 냉전에 따른 개념의 분단사를 제대로 다루고, 역사가 과거 의존적인 동시에 미래 의존적이기도 하다는 점에서 미래 개념사의 숙제를 추가로 풀어야 해요. 이런 맥락에서 내가 정년퇴직하던 해에 출판했던 『근대한국 사회과학 개념 형성사 2』(2012)[14]에서 21세기 한국 개념사 연구의 새로운 방향 모색을 위한 시론으로서 동아시아 질서 개념의 역사적 변환을 천하질서, 국제질서, 냉전질서, 복합질서의 전개로 요약했어요.

2) 냉전 개념사: 남북한 개념의 분단화

한국 개념사의 첫 연구 과제가 전통 개념과 근대 개념의 만남이었다면, 두 번째 연구 과제로 현재 지구상 유일한 분단국가인 한국의 비극적인 현실에서 나온 냉전 개념사는 한국이 반드시 정리해야 할 숙제죠. 코젤렉이 독일 정치사회 개념사 사전을 수십 년 동안 주도해서 완성했던 것처럼 우리도 그런 노력이 필요해요. 구체적인 예로 한반도 평화 개념의 역사를 보면 19세기 말에 도입된 서양의 평화 개념이 남북 분단 이후 한국과 북한에서는 거의 정반대의 뜻으로 자리 잡게 돼요. 이런 내용을 '한반도의 평화 구상'이라는 제목으로 남북한이 공동 주최했던 제2차 남북해외동포학자 학술회의(1996)에서 발표했죠. 이때 남북한이 분단 이후 평화 개념을 전혀 다른 뜻으로 사용하고 있으니 회의에 동시통역사가 필요하다고 했더니 북한 측도 부정하지 않았어요. 이런 비극을 해소하기 위해서 남북한 관계가 소강상태였던 2005년에 『겨레말 큰사전』을 편찬하기 위한 공동위원회를 구성해서 작업을 시작했지만, 현실적으로는 이념적으로 전혀 다른 내용으로 사용되고 있는 사회과학의 핵심 개념들 때문에 의미 있는 성과를 거두기는 어려웠죠.

이런 상황을 제대로 이해하지 못한다면, 국제정치에서 일반적으로 쓰는 평화 개념에 따라 남북한이 평화협정을 체결하면 한반도에 평화가 올 텐데 한국과 미국은 왜 북한의 평화협정 제안을 받아들이지 못할까 하고 궁금해할 수 있어요. 그러나 한국과 북한의 평화 개념은 한국전쟁 이래 70년 가까운 세월 동안 분단화의 길을 걸어왔어요. 1950년대 초 한국전쟁에서 남북한의 평화 개념이 정면충돌을 한 후, 1960년대 중반에 북한은 전쟁 대신 혁명을 강조하는 3대 혁명 역량 강화를 강조했고, 한국은 근대화를 최우선으로 하는 선경주의를 추진했죠. 데탕트 시기인 1972년에 남북한은 자주, 평화, 민족대단결이라는 3원칙을 강조하는 7·4 남북공동성명에 일시적으로 합의했지만, 오래 가지 못했어요.

1990년대 초 탈냉전과 함께 열린 남북 고위급회담에서 한반도 평화 문제에 관한 초보적 논의를 했죠. 개인적으로는 1990년 7월에 미국 스탠퍼드대학 국제안보군축연구소와 서울대 국제문제연구소, 북한 평화군축연구소 공동 주최로 열린 한반도 군비 통제에 관한 학술회의에 참석할 기회가 있었어요. 회의의 가장 큰 성과는 남북한이 얼마나 다른 평화 개념을 사용하고, 분단된 평화 개념의 통일이 얼마나 어려운가를 깨달은 거예요. 당시 북한의 평화협정 내용은 현재까지도 크게 바뀐 것이 없어요. 북한은 한반도 평화를 위해 최우선적으로 미국의 대북 적대시 정책의 포기를 구체적으로 보여주는 주한 미군 철수와 한미 군사동맹 해체가 이뤄져야 한다고 보죠. 한반도와 동아시아에서는 최소한의 신뢰 구축도 아직 이뤄지지 않았기 때문에 '신뢰 구축을 위한 신뢰 구축'을 시작해야 하는 단계에서 한국과 미국은 당연히 북한의 평화협정 이전에 진정성 있는 초보적 신뢰 구축 방안부터 논의하자는 제안을 할 수밖에 없었죠.

3) 미래 개념사

한국 개념사 연구의 세 번째 연구 과제는 미래 개념사예요. 탈냉전 이후 21세기 우리 삶터를 보다 폭넓게 활용하기 위해서는 동아시아보다는 아시아태평양이라는 공간 개념을 더 적극적으로 사용할 필요가 있어요. 왜냐하면 동아시아라는 표현은 미국과 상대적으로 멀고 단순히 중국의 동쪽이라는 의미로 받아들여질 수 있기 때문이에요. 우리가 21세기에 삶의 공간을 넓혀나가려면 동쪽의 미국과 일본, 서쪽의 중국과 유럽, 남쪽의 아세안, 대양주와 남아시아, 북쪽의 러시아를 모두 품어야 하는데, 동아시아라는 표현은 아시아의 동쪽으로 공간적 상상력을 제한할 위험이 있죠.

최근 국제정치학회 60주년 기념 국제학술회의에 중국, 일본 학자와 함께 기조연설을 하러 갔더니 한중일의 동아시아 젊은 학생 50명이 함께 청중으로 참석해 있었어요. 그중에는 서울대 학생들을 포함한 한국 테이블도 있었죠. 군사력이나 경제력 기준으로는 중국이나 일본보다 상대적으로 작은 나라인 한국의 젊은이들이 21세기의 시공적 상상력에서는 아태의 젊은 세대들을 주도할 수 있어야 해요. 그러기 위해서는 시공적 차원에서 동양의 과거에만 머물러서도 안 되고 맹목적으로 서양의 미래를 향해서 달려도 안 돼요. 서양의 탈근대로만 질주한다면 유길준이 '개화의 병신'이라고 비판하던 잘못을 범하게 될 거예요. 그렇다고 동양의 과거에만 머무르면 '개화의 죄인'이 되겠죠. 따라서 한국의 젊은이들은 동서고금의 삶을 복합적으로 품을 수 있는 언어를 구사할 수 있어야 해요. 관악의 젊은이들은 법학전문대학원이나 고액연봉의 직장을 가기 위한 준비를 하기에도 시간이 부족한데 그런 비생산적인 일을 하기는 어렵다고 생각할지 몰라요. 그러나 이 일을 하려면 굉장히 고도화된 시공간 개념의 추상화 작업을 위한 유전인자와 집중적인 훈련을 필요로 하기 때문에, 여러분은 나쁘게 말하면 십자가를 진 것이고 좋게 말하면 축복을 받은 거죠.

21세기의 미래 삶터에서 어떤 언어나 개념으로 우리가 살게 될 것인지를 제대로 전망할 수 있다면 개인이나 국가가 좀 더 쉽게 미래의 주인공이 될 수 있을 거예요. 예를 들어, 만약 21세기 중에 영어의 완벽한 동시통역과 번역이 가능해져서 '영어제국주의'가 본격적으로 극복될 수 있다면 한평생 영어 공부에 엄청난 시간과 돈을 투자해야 하는 비영어권 사람들은 새로운 시대를 맞게 되겠죠. 미래를 품어낼 개념을 둘러싸고도 이미 치열한 각축이 벌어지고 있어요. 21세기 새로운 주인공으로서 최근 인공지능이나 초지능, 지구뇌 관련 논의가 더욱 활발해지고 있고, 새로운 무대에서는 윌리엄 깁슨이 1984년에 본격적으로 사용하기 시작했던 사이버 공간이라는 표현이 정보소통 기술혁명에 힘입어 새롭게 등장한 가상 공간의 공식적인 명칭으로 자리 잡고 있어요. 그리고 새로운 연기로서 인간과 기계의 복합윤리를 본격적으로 논의하기 시작하는 특이점 논쟁이 진행되고 있죠.

이런 개념의 미래사를 주도하는 주인공이 첨단기술과 함께 미래를 좌우하게 될 거예요. 따라서 지구 전체에서 상상력과 분석력이 가장 뛰어난 인적 자원들이 21세기를 좌우할 ABC라고 할 수 있는 인공지능AI, 생명공학BT, 사이버 공간CS의 추상적 그리고 물리적 연구를 치열하게 전개하고 있어요. 우리가 이런 미래 개념의 각축에 제대로 뛰어들지 못하고 하청에 머무른다면 어떻게 될 것인가를 생각해 보세요. 뇌가 없이 근육만 키우고 성형수술을 한다고 해서 21세기의 새로운 미학적 아름다움을 선도하기는 불가능하므로 단순한 근대 무대에만 안주해서는 안 되죠. 21세기의 기층 무대가 될 지식 무대의 핵심이 될 미래 개념사 연구를 남에게 위탁한다면 새로운 무대의 주인공이 되기는 불가능해요.

따라서 미래 개념사의 숙제는 힘들더라도 적극 참여해서 풀 수밖에 없어요. 따라서 『근대한국 사회과학 개념 형성사 2』에서 내가 강조했던 것은 21세기 한국의 개념사 연구가 19세기에 서양 개념이 어떻게 도입됐는지뿐만 아니라 동양의 전통 천하 개념이 서양의 근대 국제개념과의 만남에서 어떻게 변화했고, 냉전을 통해서 어떻게 분단됐으며, 21세기 복합질서 세계의 주인공, 무대, 연기 차원에서 어떻게 변환하고 있는지를 주목하자는 것이었어요. 이런 노력이 나와 여러분의 새로운 공부일 수밖에 없다는 생각을 요즘 많이 해요. 마지막 주에 아태 공간의 꿈에 관해 이야기할게요.

더 읽을거리

하영선 외. 2009. 「책머리에: 삼중 어려움의 좌절과 극복」. 『근대한국의 사회과학 개념
　　형성사』. 서울: 창비.
하영선·손열 엮음. 2015. 「서문: 한국 개념사 연구의 새로운 지평을 찾아서」. 『한국 사
　　회과학 개념사: 조공에서 정보화까지』. 파주: 한울.
하영선·손열 엮음. 2018. 「서문」. 『냉전기 한국 사회과학 개념사』. 서울: 대한민국역사
　　박물관.

9강

동아시아 질서 건축사

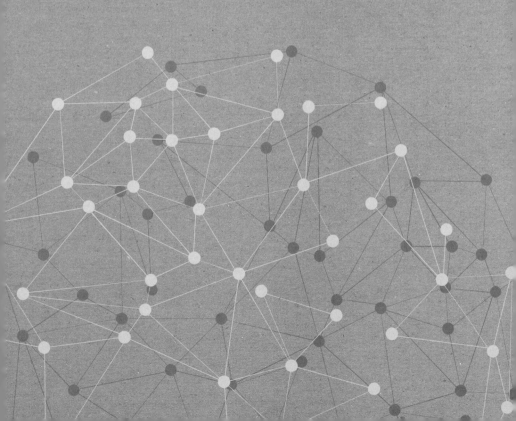

이번 주에는 2000년대 들어 내가 관심을 더 많이 기울이고 있는 동아시아 질서 건축의 과거사를 다루고, 다음 주에는 그 미래사를 이야기해 보려고 해요. 1990년대는 세계 문명사 차원에서 보면 본격적으로 탈냉전이 시작되고 더 나아가서는 전통, 근대, 탈근대가 복합적으로 얽히기 시작하는 시기였는데, 개인적으로는 한국 외교사, 한국 사회과학 개념사, 탈근대 지구정치학의 세 가지 주제를 공부하고 가르쳤어요.

1. 21세기 중국의 부상과 전통 천하질서

동아시아 질서 건축사를 본격적으로 공부하기 위해서 다른 주제와 마찬가지로 개인 연구와 공동 연구를 함께 했어요. 외교학과에서 나와 함께 한국 외교사를 전공한 국내 박사들과 해외에서 국제정치학 박사학위를 받은 제자 교수들과 모여 2003년에 한국 외교사 공부 모임을 본격적으로 시작했죠. 1990년대 초부터 한국 외교사를 가르치기 시작하면서 한국 외교사와 한국 외교정책 분야에서는 해외보다 국내에서 박사학위를 배출해야겠다고 생각해서 한국 외교사를 전공한 국내 박사를 네 명 지도했어요. 그런데 한국의 척박한 지적 풍토에서 한국 외교사 전공의 국내 박사들이 마음껏 가르치고 연구할 수 있는 자리를 잡는 것이 현실적으로 어려웠어요. 한국의 외교와 안보 분야에서 한국 외교사에 관한 본격적인 공부 없이 전략적 발상을 내놓기란 현실적으로 불가능해요. 그런데도 한국 외교를 국내에서 전공한 박사들이 취직하기 어려운 것은 국내 사회과학 또는 국제정치학계가

지적 식민지 수준을 크게 벗어나지 못하고 있기 때문이죠. 미국 국제
정치학이나 외교정책을 해외에서 전공하면 상대적으로 쉽게 직장을
구할 수 있지만, 한국 외교사나 한국 외교정책을 국내에서 공부하면
직장을 구하기 어렵다는 것은 비극이에요. 그럼에도 불구하고 전공과
직접 관련이 없는 연구소에서 일하던 한국 외교사 전공의 제자들은
한국 외교사 공부를 계속하자고 모였어요.

1) 조선 천하외교: 『동문휘고』, 『연행록』, 『열하일기』

그동안 한국 외교사를 주로 전통 천하외교에서 근대 국제외교로
변환하는 19세기에 초점을 맞춰서 공부했지만, 시야를 좀 더 넓혀서
19세기 이전의 전통 천하외교사를 본격적으로 공부하자고 합의해서
우선 『동문휘고同文彙考』를 읽기 시작했어요. 같을 동同 자에 글월 문文 자
로 이뤄진 동문이라는 말은 같은 글을 다 모았다는 뜻으로, 『동문휘
고』는 조선조 후기의 외교문서 모음집이에요. 오늘날 미국이 외교문
서를 30년이 지나면 『미국의 대외관계Foreign Relations of the United States』라는
이름으로 출판하는 것처럼, 조선조도 가장 중요한 중국과 다음으로
중요한 일본의 관련 외교문서들을 모아서 정리했어요. 그런데 이 글
을 읽기 시작하면서 두 가지 어려움에 부딪혔죠. 우선 『동문휘고』를
원문으로 읽는 것이 쉽지 않았어요. 그리고 더 중요한 문제는 전통 천
하질서의 외교문서를 살아 있는 모습으로 읽기가 어려웠다는 점이죠.
그래서 『동문휘고』를 공부하기 위한 중간 징검다리를 찾게 됐어요.

공문서를 생동감 있게 해석하려면 당대의 관료나 지식인들의 사
문서를 동시에 읽을 필요가 있어요. 오늘날의 회고록이나 시론에 해

당하죠. 국제정치 분석에서 주관적으로 해석될 수 있는 내면세계를 보여주는 문헌자료를 배제하고 객관적으로 측정할 수 있는 외면세계의 자료로만 현실을 재구성하면 역사의 무대에서 주인공들이 만들어낸 현실의 일부밖에 재구성하지 못하는 어려움이 있어요. 따라서 내면세계를 제대로 보여주는 문서를 찾다가 중국을 다녀온 연행사들의 『연행록』과 일본을 다녀온 통신사들의 『해행총재』를 만나게 됐죠. 그중에도 질과 양에서 압도적으로 중요한 『연행록』을 우선 함께 읽기 시작했어요.

베이징은 1420년 명나라 영락제 때 명실상부한 수도가 됐으니까 수도로서 700년의 역사를 가지고 있어요. 물론 금, 원 때도 수도 역할을 했기 때문에 사실상 1000년 역사를 가진 고도죠. 조선 연행사들이 남긴 사행 기록을 명나라 시절에는 '조천록'으로, 청나라 시절에는 '연행록'으로 불렀어요. 동국대학교 임기중 교수가 편집한 『연행록총간 증보판』(2013)[1]을 보면 556편의 연행록이 수집돼 있어요. 최근에는 한국뿐만 아니라 중국이나 일본에서도 점차 연행록에 관심을 보이고 있어요. 특히 700년 동안 주변 국가가 중국을 방문하면서 계속 기록을 남긴 것은 대단히 예외적이기 때문에 중국에서도 연행록 연구가 늘어나고 있고 관련 박사학위 논문도 여러 편 나오기 시작했죠. 연행록들은 거의 다 한문으로 기록돼 있고, 예외적으로 홍대용의 『을병연행록』(1765~1766)[2] 같은 한글본이 몇 편 있어요.

연행사는 공식 수행원인 정사, 부사, 서장관, 그리고 역관과 군관 등이 35명, 마부와 하인 등 수행원이 그 열 배쯤으로 구성돼요. 이들은 연경에 한 달 반 체류했는데, 연경을 왕복하는 데만 네 달이 걸렸어요. 연행의 공식 기록은 서장관이 남겼지만, 이런 기록은 오늘날 아무도 안 읽어요. 요즘 공무원이나 국회의원들이 아까운 세금으로 해외연수 갔다 와서 남긴 기록들이 대부분 쓸모없는 것과 비슷하죠. 오히려 정사, 부사, 서장관이 공식 직함 없이 자제군관으로 데리고 갔던 지식인들이 남긴 연행록들이 당시에도 관심을 끌었고 오늘날까지 연구 대상이 되고 있어요. 3대 연행록으로 평가받고 있는 박지원의 『열하일기』, 홍대용의 『을병연행록』, 김창업의 『노가재연행일기』(1713)[3]가 모두 자제군관으로 따라가서 남긴 작품이에요.

한국 외교사 공부 모임에서 한국고전번역원이 한글로 번역한 스무 편의 연행록 중에 시대의 변화를 비교 검토할 수 있는 대표적 연행록 열 편을 골라서 함께 읽기 시작했어요. 내가 맡았던 것은 연암 박지원의 『열하일기』[4]였어요. 한국 역사에서 가장 탁월한 국제정치적 안목을 보여주는 글이라고 생각해요. 그렇지만 1000편이 넘는 연암 연구의 대부분이 국문학, 한문학, 한국사 전공자들에 의해 이뤄졌기 때문에 이 글을 국제정치적 안목에서 본격적으로 분석한 연구는 드물어요. 18세기 청조의 복합적 천하질서 속에서 벌어졌던 청조, 티베트 그리고 조선의 국제 관계를 예리하게 파헤치고 있는 글을 읽으면서, 나는 청조 천하질서의 복합성에 대해서 본격적인 관심을 갖게 됐죠.

2) 중국의 부상과 전통 천하질서

18세기 청조의 복합세계질서에 대한 관심을 시작으로 점차적으로 복합천하질서의 역사적 기원을 찾아서 시대를 거슬러 올라가고 있었는데, 이런 관심이 본격적으로 동아시아 질서 건축사로 불이 붙게 된 것은 21세기 중국의 부상과 밀접한 관계가 있어요. 중국의 부상이 동아시아에서 피부로 와닿은 것은 2010년에 중국의 GDP가 일본의 GDP를 처음으로 넘어섰을 때였어요. 이런 변화와 함께 미국이 주도해 왔던 동아시아 질서 건축에서 중국의 역할이 빠른 속도로 증가했죠. 중국은 역사 이래 오랫동안 천하질서를 주도적으로 운영해 오다가 19세기 중반에 서양의 근대 국제질서를 뒤늦게 문명표준으로 받아들여야 하는 어려움을 경험해야 했고, 20세기에 들어서서 사회주의 혁명과 개혁개방을 겪은 이후, 이제 부활의 21세기를 맞이하고 있어요. 부상하는 중국을 제대로 이해하려면 중국이 역사적으로 천하질서를 어떻게 형성·전개해 왔고, 21세기 신시대를 맞이해서 아태 질서를 어떻게 개축하려 하는지를 주목할 필요가 있어요.

21세기 아태 질서라는 외부 세계의 새로운 변환을 맞이해서 새로운 질서를 꿈꾸는 중국몽의 내면세계를 제대로 알기 위해서는 국제정치학의 방법론에서 소개한 해석학적 접근이 필요해요. 첫 번째로, 나의 지평에서 벗어나서 상대방의 지평으로 들어가야 하니까, 현재의 서양 근대 국제질서의 지평을 떠나서 중국 천하질서에 관한 당대의 기록과 유물로 들어가야 하죠. 두 번째로, 문서나 유물을 남긴 당대 동아시아인들의 지평을 만나서 그들이 전하려는 뜻이 무엇이었는지를 조심스럽게 해석해야 해요. 마지막으로는 이런 질서 건축이 당대를 살았던 사람들에게 어떤 영향을 미쳤고 또한 오늘의 우리에게는 어떤 영향을 미칠 것인지를 따져봐야 해요. 그래야 죽어 있는 동아시아 질서 건축사가 제대로 살아나서 21세기의 새로운 아시아태평양 질서 건축에 긍정적인 기여를 하게 되겠죠.

동아시아 질서 건축사 공부를 시작한 지 10년을 넘어서 맞이한 정년 기념 강연에서 내가 과거의 공부를 회고하는 대신에 미래의 공부 주제로 밝혔던 제목이 '동아시아 질서의 역사적 변환: 천하에서 복합으로'였어요. 동아시아 질서를 역사적으로 전통 천하질서, 근대 국제질서, 냉전 국제질서, 미래 복합질서의 네 시기로 먼저 나눴죠. 그러고 나서 각 시기를 다시 둘로 나눴는데, 전통 천하질서는 원형의 선진 先秦 시대와 본격적 변화의 청조 시대로, 근대 국제질서는 19세기 서양 근대 국제질서 도입 시기와 20세기 상반기 일본의 지역제국주의의 등장 시기로 나눴죠. 다음으로 냉전질서는 형성기와 완화기로 나누고, 복합질서는 시작과 전개로 나눠서 강연을 했어요. 연세대학교에서 진행했던 한 학기 공개 강연을 마치면서 제목을 '동아시아 질서 건축사: 천하에서 복합으로'로 약간 바꿨어요. 궁금한 학생들은 내 홈페이지에 가면 전체 강연의 동영상을 볼 수 있어요. 다만 당시 공부가 부족해서 전통 천하질서를 선진 시대의 천하질서 원형과 청대의 천하질서 변환의 두 사례로 축약해서 설명한 것은 아쉬웠어요. 그래서 『역사 속의 젊은 그들』은 강연 후 바로 책으로 출판했는데, 『동아시아 질서 건축사』는 아직도 전통과 미래질서를 중심으로 수정 중이에요.

2. 전통 천하질서의
형성과 전개

한국 외교사 공부 모임에서는 19세기 근대 국제질서와 만나기 전의 전통 천하질서가 어떻게 형성되고 전개돼 왔는가를 본격적으로 정리하기 위해서 『연행록』에 이어 읽을 일차자료로 '중국 25사'에 수록돼 있는 조선에 관한 기록을 골랐어요. 알다시피 중국은 왕조가 바뀐 후에 전 왕조의 역사를 기록하는 역대수사歷代修史의 원칙에 따라서 사마천 사기 이래 최종 완성본이 나올 예정인 청사까지 포함해서 25사를 기록하고 있어요. 중국정사 조선전은 한글 번역을 인터넷에서도 찾을 수 있으니 여러분도 쉽게 접할 수 있어요.

1) 천하질서의 시대 구분

25사 조선전을 읽기 시작하면서 우선 동아시아 질서 건축사의 시기 구분이 중요한데, 선진 시대(B.C. 2100~B.C. 221)부터 청조 말까지를 크게 보면 네 시기로 나눌 수 있다고 생각해요. 중국은 진나라 이전의 선진 역사에 전설상의 삼황오제 시대도 포함시키려고 노력하고 있지만, 현재로서는 20세기 고고학의 대대적 유적 발굴에 힘입어 역사 시대로 확인된 하나라(B.C. 2100~B.C. 1600)와 갑골문의 발견으로 역사적 실체가 밝혀진 은나라(B.C. 1600~B.C. 1046)에 이어 서주(B.C. 1046~B.C. 771), 춘추(B.C. 771~B.C. 403), 전국(B.C. 403~B.C. 221)이 포함된 상태죠. 천하의 개념이 처음으로 정치적으로 사용되기 시작한 서주 시대는 고대 유물을 첨단 과학으로 분석해서 현재 기원전 1046년에 시작된 것으로 보고 있어요. 따라서 기원전 1046년부터 진(B.C. 221~B.C. 206)이 처음 천하통일을 이룰 때까지를 한 시기로 묶을 수 있어요. 그러나 진나라는 불과 20년 만에 망하고 이어서 한(B.C. 206~A.D 220)이 400년 동안 이어지다가 멸망한 다음에 위진남북조(220~581)의 360년 분열 시대를 거쳐, 수(581~618)와 당(618~906)의 통일 시기가 오죠. 따라서 한당 시기를 두 번째로 나눌 수 있어요. 그다음 송(960~1279)에서 원(1271~1368)까지의 송원 시기 400년을 천하다국질서로 구분하고, 마지막으로 명(1368~1644)과 청(1636~1912)의 명청 시기를 천하질서의 본격적 변환기로 묶을 수 있어요.

동아시아 질서 건축사의 기원을 언제로 잡아야 할 것인가는 답하기 쉽지 않은 주제예요. 중국사의 기원에 관해서 1899년 갑골문의 발견은 은나라를 확실히 신화가 아닌 역사로 만들었어요. 또 최근 중국은 중국의 부상과 함께 중국 고대사를 새로 정리하려고 중화문명탐원공정中華文明探源工程(1996~2015)과 하상주단대공정夏商周斷代工程(2003~2005) 등을 진행했어요. 하상주단대공정을 통해 중국은 그동안 논란이 많았던 하상주의 연표를 천문학, 고고학, 문헌학을 종합적으로 동원해 하나라는 기원전 2070년에 건국해서 기원전 1600년에 멸망했고, 뒤를 이어 상나라가 기원전 1600년에 건국해서 기원전 1046년에 멸망한 것으로 새롭게 정리했죠. 그리고 중화문명탐원공정은 하나라 이전의 삼황오제 시대의 역사를 찾아 나서는 작업을 진행하고 있어요.

2) 천하질서의 4대 작동 원리:
예치, 회유, 기미, 정벌

두 번째로 중국의 선진, 한당, 송원, 명청이라는 네 시기의 천하질서는 역사적으로 어떤 원칙에 따라서 작동했는가를 검토해야겠죠. 이 문제에 대해서는 상당한 논쟁이 있어요. 하버드대학 교수로 중국 연구의 대부 역할을 했던 존 페어뱅크John King Fairbank는 『중국 세계질서The Chinese World Order: Traditional China's Foreign Relations』(1968)[5]로 중국적 세계질서 연구에 굉장히 큰 영향을 미쳤어요. 중국 조공제도사의 대표적 연구자인 리윤콴李云泉도 『만방래조: 조공제도사론萬邦來朝: 朝貢制度史論, The Tributary System in Ancient China』(2014)[6]에서 페어뱅크의 연구부터 소개해요. 페어뱅크는 서양의 근대 국제질서와 비교해 중국의 천하질서에서는 주인공이 근대국가 단위로 나뉘어 있지 않고 천하라는 단원적 모습을 하고 있었고, 작동의 기본 원칙이 권력이 아니라 예였다고 밝히죠. 그리고 이런 천하질서가 명청 시기에 좀 더 본격적인 모습으로 작동했다고 말해요. 이용희 교수가 사대주의에 관해 신일철 교수와 긴 대담[7]을 나누면서, 사대를 근대 국제질서의 권력 추구가 아니라 천하질서의 예라는 지평에서 해석해야 한다고 날카롭게 지적한 것도 같은 맥락의 이야기죠. 당시 대학생이었던 나에게는 대단히 충격적인 이야기였던 터라 언젠가 근대 국제질서와 함께 전통 천하질서를 공부해야겠다는 파일이 머릿속에 심어졌어요.

그런데 페어뱅크의 천하질서론에 대해 중요한 반론들이 있어요. 중국 선진 시대 이래 지난 3000년의 역사 동안 중국의 통일과 분열 기간은 거의 비슷해요. 현재는 35개의 성과 특별구역이 하나의 중국으로 통합돼 있지만, 오랜 역사 동안 중국은 분열과 통일을 반복했죠. 그중에 한족 중심으로 이루었던 천하통일은 진, 한, 수, 당, 명 정도였어요. 이런 과정에서 통일과 분열 시기의 질서 작동 원칙이 반드시 같지는 않았다는 것이 한 가지 반론이에요. 모리스 로사비Morris Rossabi는 『다국질서 속의 중국: 10~14세기China among Equals: The Middle Kingdom and Its Neighbors, 10th-14th Centuries』(1983)[8]에서 특히 분열상이 가장 심했던 송(960~1279)에서 원(1234~1368)까지의 4세기 동안 천하질서가 아니라 다국체제가 지속됐다는 반론을 제기하죠. 당나라가 10세기 초 멸망한 후 5대 10국(906~960)의 혼란기를 거쳐 송, 요(916~1125), 서하(1038~1227), 금(1115~1234), 고려(918~1392), 원이 등장했다가 명(1368~1644)으로 통일될 때까지를 서양의 근대와 상당히 유사한 국제질서로 보는 거죠.

이 시기를 공부하기 위해서 '중국 25사' 중 조선전과 함께 조선시대 초기에 편찬한 『고려사』나 『고려사절요』를 함께 읽으면서 강하게 느꼈던 것은, 페어뱅크나 로사비의 연구가 모두 전통 천하질서의 복합적 성격을 충분히 검토하지 않고 지나치게 한쪽 면만을 강조하고 있는 것이 아닌가 하는 의문이었어요. 따라서 서양 국제정치학의 현대적 개념으로 이 시기를 함부로 난도질하지 말고, 당대의 지식인이나 정책 담당자들이 사용하던 전통 개념으로 천하질서의 복합적 성격을 재구성해 보자는 생각이 들었죠.

미국이나 유럽의 국제정치학자들은 대부분 구미 중심적 주제를 다루지만, 최근에는 전통 동아시아 질서에 대한 관심이 조금씩 늘어나고 있어요. 그러나 이 주제를 제대로 다루려면 일차적으로 한문의 장벽을 넘어야 하고, 이차적으로 동아시아의 역사와 사상에 대한 인문학적 기초가 필요하죠. 최근에 전통 동아시아 질서를 다루기 시작한 영어권 정치학자들도 대부분 이 두 가지 난관을 충분히 극복하지 못하고 있어요. 이런 현실 속에서 데이비드 강David C. Kang의 『서양 이전의 동아시아East Asia before the West: Five Centuries of Trade and Tribute』(2010)[9] 같은 저술이 급한 대로 한국을 포함한 전통 동아시아 질서를 알기 위한 교재로 사용되고 있죠. 저자는 서론에서 한국어나 한문을 모른다고 솔직하게 밝히고 있어요. 그런데 한국이나 중국의 일차사료를 꼼꼼하게 검토하지 않고 영어 번역이나 연구서 중심으로 동아시아 질서 건축사를 다루는 작업에는 명백한 한계가 있어요. 그러니까 이런 교재들은 한문과 영어를 동시에 자유롭게 구사하는 전문가들의 본격적인 연구서가 나올 때까지 과도기적 역할을 담당할 수는 있겠지만 제대로 된 전문서라고 평가할 수는 없겠죠.

동아시아 천하질서의 복합성을 검토하기 위해서 먼저 핵심적으로 중요한 네 가지 원칙을 먼저 설명하고, 그다음으로 천하질서의 역사적 전개 속에서 네 가지 원칙이 어떻게 복합적으로 작동했는지를 살펴볼게요.

첫째는 예치禮治, propriety예요. 예禮의 고대 갑골문이나 청동기 금문을 보면 조상에게 지내는 제사를 형상화하고 있어요. 제사는 원래 하늘에 지내는 것이기 때문에 예는 마땅히 해야 할 바를 말해요. 하늘에 거짓말을 하거나 함부로 하면 천벌을 받는다는 믿음이 있죠. 중국의 자전인 『설문해자說文解字』에서도 예의 뜻을 밟을 이履 자로 풀고 "신에게 제사를 지내 복을 구하는 것所以事神致福"이라고 설명하고 있어요. 마땅히 밟아야 할 것이라는 이야기죠. 따라서 예치는 폭력이나 금력이 동원되지 않아도 상대방이 따르도록 하는 다스림이에요. 선진 시대에 등장한 통치 원칙인 예치는 진한의 통일 시대 이후 중심의 화和와 주변 이夷의 관계에도 원용됐어요. 서양 근대 국제질서의 작동 원칙이 권력이었다면, 중국 천하질서의 작동 원칙은 예禮라고 할 수 있죠. 동아시아 질서는 책봉조공의 제도 속에서 소국은 대국을 섬기고 대국은 소국을 어여삐 여긴다는 사대자소事大字小의 예를 지키는 거예요.

둘째는 회유懷柔, cherishing예요. 이 용어는 『중용』에 나오는 "먼 곳 사람들에게 부드럽게 하면 사방이 그에게로 귀의하고柔遠人則四方歸之 제후들을 품어주면 곧 천하가 그를 두려워하게 된다懷諸侯則天下畏之"에서 비롯하는 것으로 알려져 있어요. 이 문장에서 원인遠人은 주변 이夷를 말해요. 이렇게 품고 달래서 사방천하가 따르고 또 두려워하게 하는 것은 오랫동안 중국의 천하질서 운영 원칙의 하나로서 작동해 왔어요. 회유는 첫째 원칙인 예치에 비해서 명분적 요소가 약하고 셋째 원칙인 기미에 비해서 비강제적 요소가 강해서 오늘날의 표현으로 하면 유연외교soft-diplomacy에 해당하죠.

셋째는 기미羈縻, loose rein예요. 한자의 어원으로 보면 기羈는 말의 고삐를 당긴다는 뜻이고, 미縻는 소에 굴레를 씌워 끈다는 뜻이에요. 한나라 시대에 천하질서를 운영하면서 군사적으로 강력했던 흉노를 성공적으로 다루기 위해 군사적으로 정벌하지는 않지만 외교적으로 화친하지도 않으면서 간접적으로 통치하던 방식이죠. 당나라 시대에는 많은 기미부주를 설치해서 주변 세력들을 다스렸어요.

넷째는 정벌征伐, conquest이에요. 정벌은 군사력을 수단으로 사용한다는 면에서는 근대 국제정치질서와 유사한 면을 보여주고 있어요. 그러나 『맹자』에서 "정征이란 천자가 제후를 치는 것이다. 대등한 국가는 서로 정征하는 것이 아니다征, 上伐下也, 敵國不相征也"라고 말하고 있는 것처럼 근대 국제정치질서에서의 주권국가 간 전쟁과는 전혀 다른 의미로 사용되고 있어요.

중국 천하질서의 네 시기에 예치, 회유, 기미, 정벌의 네 원칙은 지역에 따라서 다르게 복합화해서 작동했어요. 통일된 천하질서에서는 예치나 회유가 우선했고, 분열된 다국질서에서는 기미와 정벌이 상대적으로 중요했죠. 천하질서 건축사에서 한국이 포함된 동아시아에서는 정벌도 했지만 상대적으로 예치를 한 기간이 길어요. 대표적인 예로 고구려와 수당, 신라와 당의 싸움, 원의 고려 침공, 그리고 조선과 청의 두 차례 전쟁이 있었죠. 그러나 특히 명청 시기의 조선과 중국은 예치의 원칙을 비교적 잘 지켰어요. 그런데 같은 시기에 중앙아시아에서 중국은 기미나 정벌의 원칙을 적용했어요. 그 대표적인 예로 18세기 청조의 건륭제는 몽골의 후예인 중가리아족을 정벌해서 몰살하죠.

3. 복합천하질서 연구방법론: 맹자의 이의역지 해석학

최근 국제적인 청대사 연구에서는 만주의 사료와 시각을 중시하는 신청사 연구가 활발하게 진행되고 있어요. 청대의 전성기였던 강희제, 옹건제, 건륭제는 모두 청조의 한화漢化를 솔선수범해서 진행했지만 동시에 만주족의 전통을 버리지 않았어요. 청조의 한화를 넘어서서 복합성을 강조했던 거죠. 그런데 흥미롭게도 작년 초부터 중국의 학계뿐만 아니라 일반 신문들까지 서양의 신청사 연구에 대해 비판하고 있어요.

시진핑은 2012년 국가주석에 오른 뒤 첫 공식 행사로 신임 상무위원들과 함께 중국국가박물관을 방문해 중화민족의 위대한 부흥이라는 중국의 꿈을 국가 목표로 밝혔어요. 그에 따라서 중국 5000년의 역사를 좁은 의미의 한족 국가가 아니라 넓은 의미의 다민족 통일 국가의 시각에서 새롭게 정리하려는 시도를 해왔어요. 예를 들어서 송과 요, 금이 싸운 것도 외전이 아니라 내전이었고, 수·당과 싸웠던 고구려도 사실상 중국에 속해 있었다는 식으로 역사를 재구성하려는 노력을 하죠.

서양과 중국의 이런 경향 속에서 동아시아 질서 건축사를 제대로 재구성하려면 우선 주인공을 선진, 한당, 송원, 명청의 넷으로 나누고 다음에 무대를 정벌, 기미, 회유, 예치의 넷으로 나눠서 16개 칸을 마련하고, 그 속에서 무대의 주인공들이 어떻게 연기를 펼쳤는가를 정리해야겠다는 생각이 들었어요.

따라서 전통 천하질서를 공부하던 한국외교사연구모임은 2012년부터 '중국 25사' 중 조선전과 우리 측 기본 사료인 『삼국사기』, 『삼국유사』, 『고려사절요』, 『고려사』, 『조선왕조실록』 등을 병행해서 읽고 국내외의 관련 전문 연구들도 체계적으로 읽게 됐어요. 그런데 동아시아 질서 건축사를 공부하기 위해서 어떤 자료와 책을 어떻게 읽어야 하느냐는 대단히 중요해요. 여기에는 당시 역사가 역대수사易代修史의 원칙에 따라서 왕조가 바뀐 다음 시기에 기록됐기 때문에 어려움

대분류	소분류
1. 천하질서	1.1. 원형기: 선진
	1.2. 형성기: 진/한-수/당
	1.3. 변환기: 북송/남송 : 요/금/원
	1.4. 전개기: 명/청
2. 국제질서	2.1. 형성기: 천하질서와 국제질서의 만남
	2.2. 전개기: '동아신질서'의 신화와 현실
3. 냉전질서	3.1. 형성기: 냉전질서의 형성과 한국전쟁
	3.2. 완화기: 미중 데탕트와 7·4 남북공동성명의 좌절
4. 복합질서	4.1. 형성기: 미국의 아시아 재균형정책과 중국의 신형 국제 관계
	4.2. 전개기: 아태 신질서 건축의 미학

표 1

동아시아 질서 건축사

이 있어요. 예를 들어서 송나라 당시의 요와 금의 역사는 원나라 때 썼어요. 그러니까 요나 금의 입장에서는 자기네 역사하고는 다른 역사가 기록된 셈이죠. 이런 한계를 피하기 위해서는 고고학적 발굴이나 당대의 문헌을 활용해야 해요.

그런데 나는 역사적 현실을 제대로 복원하려면 사료를 어떻게 읽어야 할지를 고민하면서 서양의 철학적 해석학을 대표하는 하이데거 Martin Heidegger, 가다머Hans Georg Gadamer, 리쾨르Paul Ricoeur 등의 어려운 글들을 훑어보다가 독서의 오랜 전통을 가지고 있는 동양의 해석학에 대한 궁금함이 생겼어요. 동양에서는 맹자가 말한 이의역지以意逆志의 해석을 두고 2000년 가까운 세월 동안 논쟁이 이어져 왔어요. 가다머가 말한 지평의 융합과 맹자의 이의역지는 일맥상통해요. 그런데 더 흥미로운 것은 홍대용이 독서법에 관해 중국 친구인 조욱종趙煜宗에게 보낸 「여매헌서與梅軒書」라는 편지에서 맹자의 이의역지를 설명하는 내용이에요. 거기서 홍대용은 이렇게 썼죠. "나는 일찍이 맹자의 '내 뜻으로 남의 뜻을 거슬러 구한다'는 네 글자를 가지고 독서의 비결로 삼았다. 고인이 지은 글에는 의리義理와 사공事功뿐만 아니라 시문을 짓는 방법이나 기승전결 등 문장의 말기末技라도 각각 그 뜻이 담겨져 있지 않은 것이 없다. 이제 나의 마음意으로써 고인의 뜻志을 맞아들여서, 융합하여 사이가 없고 서로 화열하여 풀리면, 이는 고인의 정신과 식견이 내 마음心속으로 뚫고 들어온다. 비유컨대, 동자귀신虹神이 내려 혼령이 몸에 붙으면 갑자기 훤히 깨달아져 그것이 어디로부터 어디에 왔는지 알지 못하는 것과 같다. 이와 같이 문장구절과 주석에 의지하거나 묵은 자취를 답습하지 않고 모든 변화를 자유자재로 처리하면 나도 또한 옛사람처럼 되는 것이다. 이와 같이 독서한 뒤에야 천교를 체득할 수 있다."

맹자가 말한 이의역지의 의意와 지志에는 모두 마음 심心 자가 들어가 있어요. 의는 글자 모양대로 마음의 소리를 듣는 것이고, 지의 윗변은 원래 갈 지之 자에서 왔으니까 마음이 가는 곳이에요. 여기서 역逆은 거스른다는 것이 아니라 맞는다는 뜻이에요. 즉, 마음의 소리를 통해서 상대방 마음의 가는 곳을 듣겠다는 이야기죠.

4. 복합천하질서의 역사적 전개

동아시아 질서사를 크게 네 시기로 나누고, 각 시기를 살았던 주인공들의 마음의 소리를 들어서 그들이 가는 곳을 따라가는 동양의 해석학 방법을 통해서 나는 그들이 건축한 질서의 작동 원리를 찾으려고 했어요.

1) 명청 시대: 예치, 회유, 기미, 정벌의 복합

천하질서의 네 시기 중에 내가 처음 공부를 시작한 것은 연암의 『열하일기』를 읽으면서 만난 명청 시기였어요. 앞서 소개한 것처럼 천하질서에 대해 페어뱅크는 예치가 상대적으로 중요한 천하질서를 강조하고, 로사비는 동아시아 질서도 서양의 근대 국제질서처럼 이익을 중시하는 다국질서의 시기도 있었다고 주장했어요. 그리고 나는 두 주장을 복합화해서 천하다국질서를 강조하고 있죠. 연암은 『열하일기』에서 청대의 건륭제가 운영하는 천하다국질서를 날카롭게 파악했어요. 동쪽의 한중 관계가 예치에 가장 가까운 표준형이었다면, 동시에 염두에 두어야 할 것은 서쪽의 몽골과 티베트예요. 청조는 몽골족의 후예인 중가리아족을 정벌해서 몰살했고, 티베트에 대해서는 조심스러운 회유책을 썼어요. 대표적인 예로 1780년 판첸 라마가 건륭제의 칠순잔치를 축하하기 위해서 열하를 방문했을 때 건륭제는 열심히 배운 티베트어로 대화를 나누는 친절을 보여줘요.

페어뱅크의 『중국 세계질서』는 사대질서가 명청기에 본격적으로 꽃을 피운 것으로 설명하고 있어요. 그런데 에벌린 로스키Evelyn Rawski, 패멀라 크로슬리Pamela Kyle Crossley, 마크 엘리엇Mark C. Elliott, 제임스 밀워드James A. Millward 등 신청사 연구 4인방이 1990년대 중반 이래 새로운 주장을 하고 있어요. 최근 『초기 근대 중국과 동북아시아Early modern China and Northeast Asia: Cross-Border Perspectives』(2015)[10]를 출판한 로스키는 1996년에 발표한 논문 「청사 다시보기: 중국사에서 청대의 중요성Reenvisioning the Qing: The Significance of the Qing Period in Chinese History」[11]에서 청제국이 300년 동안 일방적으로 한화sinization만 된 것이 아니라 동시에 만주스러움manchuness을 유지해 왔다는 주장을 하죠. 실제로 베이징의 자금성이 한족 형식이라면, 열하의 피서산장은 만주 형식이에요. 흥미로운 것은 이미 18세기 후반에 연암 박지원이 『열하일기』에서 당시 건륭제가 펼치던 이런 이중적인 모습을 날카롭게 묘사했다는 점이에요. 그런데 최근 중국 사학계는 다민족 통일 국가라는 시각에서 중국사를 새롭게 정리하면서 영미권의 신청사 연구를 전형적인 제국주의 사학이라며 강하게 비판하고 있어요.

이런 논쟁 속에서 우리는 중국사를 어떤 시각에서 바라봐야 할 것인가 하는 중요한 문제가 남아요. 예를 들어서 국내의 젊은 사학자들 중에 송나라 시대를 천하질서가 아니라 다국질서의 틀로 보려는 미국의 최근 연구의 영향을 받아서 국제정치학적 역사 논문을 쓰는 사람들이 있어요. 그러나 당시 주인공들이 물상과 심상의 복합 속에서 역사적 연기를 한 것을 고려해 훨씬 더 조심스럽게 접근할 필요가 있죠.

신청사 연구가 만주어 사료를 보완해서 한화와 만주스러움의 복합성을 지적하는 것은 좋은데, 만주적 요소를 너무 강조하면 서양적 지평에서는 이해하기 쉬울지 모르지만 현실과는 거리가 멀어질 수 있어요. 서양의 지평에서 보면 청조가 서쪽의 몽골이나 중앙아시아로 진출한 것을 제국주의적 진출로 이해할 수 있어요. 하지만 그렇게 보면 청조가 동쪽의 조선과는 예치를 논하고 조선이 소중화를 주장하는 것을 이해하기가 훨씬 어려워지죠. 서양의 근대 국제질서와 차별화되는 예치 원칙의 천하질서를 서양적 시각에서 충분히 이해하기는 대단히 어렵다고 생각해요. 예를 들어 서양 연구자들은 청조가 채택했던 회유정책의 영어 번역에 어려움을 겪고 있어요. 회유라는 표현이 가지는 강제성의 정도에 대해 치열한 논쟁을 하면서 일단 'cherishing'으로 번역했죠. 그러나 영어 번역에 비해서 회유라는 한자는 우리말로 하면 달래서 꾄다는 표현에 가까워서 비강제적인 의미가 상당히 강하죠. 더구나 국가사업으로 다민족 통일 국가라는 시각에서 청사편수공정을 진행하고 있는 중국으로서는 천하통일의 국내적인 정체성을 위해 소수민족의 특수성보다 통일성을 강조하고 하고 있기 때문에, 만주족이 한화됐어도 만주족의 뿌리를 여전히 갖고 있었다는 영미권의 신청사를 그대로 받아들이기는 어려워요.

2) 송원 시대: 물상과 심상의 복합

명청대 이후 내 관심이 옮겨간 시기는 북송(960~1127)과 남송(1127~1279)의 송대예요. 이 시기는 천하질서가 복잡하게 분열됐던 때죠. 북송은 금의 공격으로 남경으로 도망가서 남송으로 살아남았고, 여진족의 금과 거란족의 요, 몽골족의 원, 그리고 서하와 고려까지 무대에 등장해서 다국질서를 형성하게 되죠. 다국질서의 형세였다면 전형적인 서양 근대 국제질서의 원칙이 작동했을 것으로 생각할 수 있지만, 당시 글들을 읽어보면 서양 사학계와 요즘 국제정치학계에서 벌이고 있는 논쟁보다 훨씬 복잡해요.

특히 300여 년간 계속된 송나라를 이해하기가 쉽지가 않아요. 이와 관련한 에피소드가 하나 있는데, 내가 박사학위를 준비하던 당시 지도교수였던 모델스키가 평소 연락이 없다가 한번은 송과 고려 관계 관련 자료 수집을 도와줄 수 있겠느냐고 연락이 왔어요. 하지만 당시 나는 여송 관계를 잘 몰랐기 때문에 도움을 줄 수가 없었어요. 얼핏 보면 송은 요, 금, 서하, 원과 다국질서를 이루고 있었기 때문에 상대적으로 약해 보이죠. 그런데 천하질서의 원형이 선진인 것처럼 모델스키는 서양 근대 국제질서의 원형으로서 송을 중심으로 한 다국질서에 초점을 맞췄어요. 아마도 모델스키가 한문을 모르지만 영미권 역사학자들의 글을 보면서 그런 발상을 얻은 것 같아요.

최근에 토니오 앤드레이드Tonio Andrade의 『총포 시대The Gunpowder Age』 (2016)[12]라는 책을 재미있게 읽었어요. 저자는 송이 흔히들 생각하듯이 군사적으로 약하기만 한 나라는 아니었고, 실제로는 지구상에서 처음으로 화약을 사용한 나라이기도 했다는 점을 지적해요. 다만 이 시대의 군사적 형세에서 요와 서하, 그리고 금이나 원이 워낙 강했기 때문에 송이 열세를 겪었다는 거죠. 결과적으로 송은 거란족의 요와 '전연의 맹澶淵之盟'(1005)이라는 형제 동맹을, 금과는 신하의 동맹을 맺어요. 그러나 송은 군사적으로는 약했지만, 경제적으로는 부국이었고, 문화적으로는 대국이었죠. 특히 송대에 공자와 맹자 이래 유학을 주자학으로 집대성해서 새로운 유학 천년의 문을 열었어요.

그런데 송원 시기의 천하질서에 대한 대표적인 논쟁은 앞에서 소개한 로사비의 논의예요. 로사비는 1970년대 후반에 페어뱅크의 중국 세계질서 분석의 한계를 논의하면서 송부터 원까지 400년은 페어뱅크가 강조하는 예를 기반으로 하는 단원적 천하질서가 아니라 힘을 기반으로 한 송, 요, 서하, 금, 원의 다국질서였다고 봐요. 그런데 이 시기의 천하질서에서 페어뱅크가 지적한 것처럼 예치만 작동한 것은 아니지만, 동시에 로사비가 강조한 것처럼 다국 간에 힘의 원리만 작동했던 것도 아니에요. 따라서 앞에서 설명한 예치, 회유, 기미, 정벌이라는 천하질서의 복합적 작동 원리가 이 시기에 어떻게 작동했는지를 주목할 필요가 있어요.

먼저 송과 요는 중원의 중국이 주변국가와 조약을 맺는 대표적 사례로 많이 언급되는 전연의 맹을 맺어서 100여 년 동안 큰 싸움을 하지 않게 되죠. 그 핵심적인 내용은 첫째로 송과 요는 형제 관계를 맺고, 둘째로 송은 요에 매년 은 10만 냥과 비단 20만 필을 보내 군비 지원을 하며, 셋째로 양국의 국경은 현재 상태로 하고 양국의 포로 및 월경자는 서로 송환한다는 거였어요. 송과 요의 관계에서는 힘의 작동 원리가 강하게 작동했죠.

그러나 고려와 송, 요의 관계는 훨씬 더 복잡해요. 이 시기에 고려는 요와 993년에서 1018년 사이에 세 차례 전쟁을 해요. 1차 전쟁에서는 국립외교원 입구에 동상이 서 있는 서희가 외교적 성과를 올렸고, 3차 전쟁에서는 강감찬이 귀주대첩에서 대승을 거뒀죠. 그러나 요의 군사적 압력 속에 고려는 1036년에 송과 일시적으로 단교해요. 하지만 고려 문종은 연려제요聯麗制遼책을 추진하는 송과 1071년에 관계를 재개하죠. 당시 중국 측 기록을 보면 희령熙寧 2년(1069년, 고려 문종 23년)에 고려의 예빈성禮賓省에서 복건운전사福建轉運使 나승羅拯에게 공첩公牒을 보내서 다음과 같이 말해요. "본조本朝의 상인 황진黃眞, 홍만洪萬 등이 와서, '운전사가 [폐하의] 밀지를 받았는데 [고려와] 접촉하여 우호 관계를 맺도록 하라'는 내용이라고 하였습니다. [이제 우리] 국왕의 뜻을 받들어 말씀드리겠습니다. 우리 고려가 궁벽하게 양곡暘谷에 위치하면서도 멀리 천조天朝를 연모하여 조상 적부터 항상 산을 넘고 바다를 건너 [사신이] 왕래하기를 바랐습니다. 그런데 평양이 대요大遼에 가까워 그를 친근히 하면 화목한 이웃이 되고 소원하게 하면 강한 적이 되곤 합니다. 그래서 변방의 난리가 그치지 않을까 염려스러워 국력

을 키우느라 한가하지 못하였으며, 구곤기미久困羈縻하면서도 그를 불친
절하게 대하기 어려웠습니다. 그런 까닭에 술직述職을 어긴 지 여러 해
가 되었습니다. … 지금 〔황〕진, 〔홍〕만 등이 서쪽으로 귀국하는 판에
공장公狀을 부치니, 답장을 받아 보고서 즉시 예를 갖추어 조공하겠습
니다."

그런데 중국을 대표하는 문인이자 신법파였던 사마광司馬光과 국내
개혁을 둘러싸고 치열하게 싸우면서 대외정책도 다른 입장을 취하고
있던 구법파의 소동파蘇東坡는 여송 관계를 조심해야 한다는 상소를 일
곱 차례나 올려요〔「논고려진봉장論高麗進奉狀」(1089), 「논고려진봉제이장論高麗
進奉第二狀」(1089), 「걸령고려승종천주귀국장乞令高麗僧從泉州歸國狀」(1089), 「걸금상
려과외국장乞禁商旅過外國狀」(1090), 「논고려매서이해차자 삼수論高麗買書利害箚子 三首」
(1093)〕. 그중에도 특히 유명한 상소가 고려와 통하면 다섯 가지의 해
가 있다는 '통려오해론通麗五害論'이죠(『소동파집蘇東坡集』, 「주의奏議」). 그 내용
을 보면 첫째로, 고려 사신을 맞이하는 데 경비가 10만 냥 이상 드는
데 고려 사신이 가지고 오는 공품들은 아무 쓸모가 없는 물건이라 송
이 적자라고 해요. 둘째로, 고려 사신이 와서 있는 동안에 들어가는
경비도 너무 많이 든다고 해요. 셋째로, 고려가 송에서 가져간 사역품
使易品을 적국인 요에 유출해서 거란을 도우므로 관계를 긴밀히 하면 안
된다고 해요. 넷째로, 고려가 명분상으로는 중화를 사모해 내조한다
고 하지만 실은 이익을 탐하는 것이며 그들이 송에 와서 산천형세를
그리고 송의 허실을 조사하고 있으니 선의로 볼 수 없다는 거예요. 지
금 송이 거란과 전연의 맹으로 평화를 유지하고 있는데 정보가 다 새
지 않겠느냐는 거죠. 다섯째로, 거란과 동맹 관계인 고려 사신이 자주
입공하면 거란과의 관계에 도움이 안 된다고 이야기하죠.

통려오해론은 요즘 논의 가운데 페어뱅크의 중국 세계질서론보

다는 로사비의 다국체제론에 가까워요. 로사비의 다국체제론은 송원 시대의 국가들이 생존을 위해 군사적으로 각축을 벌이면서 사실상 서양 근대 국제질서의 작동 원리와 비슷한 원리에 따라 움직였다는 거예요. 고려가 송에 대해 명분상 예를 지킨다고 하지만 사실상 이해를 따지고 있다는 거죠. 그러나 고려의 대송 또는 대요 외교가 철저히 이해타산에 따라서만 움직였는가를 조심스럽게 따져볼 필요가 있어요. 당시 고려의 글을 보면 소동파나 로사비의 논리를 전면적으로 받아들이기 어려워요. 물론 고려는 요와 송 사이에서 굉장히 힘들어했어요. 객관적인 힘의 형세만 따졌다면 당연히 요와의 관계를 긴밀하게 하고 송과의 관계를 단절해야 했어요. 그러나 고려는 객관적으로 군사력이 약한 송에 대해 상대적으로 후하게 예를 갖추려는 노력을 하고, 반대로 군사력이 강한 요에 대해서는 예를 덜 갖추는 외교를 하죠.

고려는 예의지방禮儀之邦이므로 어떤 어려움이 있더라도 예를 지킬 것이라는 것과 고려도 생존을 위해서 자기 이익을 우선적으로 챙길 것이라는 상반된 주장이 있지만, 현실에서는 두 주장이 복합화된 국제정치가 벌어진 거죠. 하지만 고려는 다국적 형세 속에서 단순하게 요의 군사력만 고려해서 송과 단교하거나 복교한 것은 아니에요. 그 과정에서는 예가 여전히 중요한 역할을 했어요. 다만 요사나 금사가 당대가 아니라 이해가 상반되는 원대에 쓰였다는 점에서 조심스러운 역사적 복원이 필요해요.

송의 사신 서긍徐兢이 12세기 초에 고려 예종의 사망에 조의를 표하고 돌아가서 쓴 『고려도경宣化奉使高麗圖經』(1123)[13]이라는 글이 있어요. 일종의 현지답사 보고서로 중국과 고려의 같은 것과 다른 것을 자세히 기록했는데, 마지막 장의 제목이 '동문同文'이에요. 같은 글을 쓴다는 것은 어느 정도 정체성을 공유한다는 거죠. 소동파의 상소문과 대조했을 때 서긍의 『고려도경』은 비슷한 시기의 글인데도 미묘한 차이를 보이고 있어요.

종합적으로 보면 물질력의 배분을 보여주는 물상物象과 통치 권력자의 심상心象을 함께 보여줄 수 있는 복합적 그림이 송원 400년을 보다 잘 보여줄 수 있어요. 물론 송원 시대는 물상이 만들어내는 형세가 과거 어느 때보다 중요했고, 그 절정은 원의 군사적 천하통일이었죠. 그러나 송이나 고려의 심상은 여전히 당시의 천하질서 건축에 중요한 영향을 미쳤어요.

3) 한당 시대: 복합천하질서의 형성

세 번째로 진한에서 수당까지의 세계질서 건축은 약 1000년 동안 진행돼요. 천하통일을 이뤘지만 단명에 그친 진나라의 뒤를 이은 한나라(B.C. 202~A.D. 200)의 천하질서가 400년 가까이 건축됐죠. 다음으로 위진남북조(220~589)의 분열 시대가 370년 동안 계속된 뒤에 수(589~618)와 당(618~907)의 통일 시대가 300여 년 동안 펼쳐졌죠. 진나라는 분열된 전국 시대를 처음으로 명실상부하게 통일한 후 효율적인 국내 행정을 위해 선진 시대의 봉건제 대신 중앙 통제력이 강화된 군현제도를 도입했어요. 이어서 한나라는 군현제도의 통치 비용을 줄이기 위해서 부분적으로 봉건적인 요소를 포함한 형태의 군국제도를 채택했죠. 그리고 한나라는 주변 사이四夷, 특히 흉노를 다스리는 방안으로 친화론과 정벌론의 갈등 속에서 사이를 화이분별론에 따라 철저하게 금수로 차별화하되 소에 멍에를 씌우고 말에 재갈을 물리듯이 감시와 견제를 게을리하지 않는 기미정책을 폈죠. 이런 기미제도는 당대에 들어 좀 더 본격적으로 제도화됐어요.

한나라 이후 등장한 위진남북조의 분열 시대에는 힘의 각축이 벌어졌죠. 그중에 고구려는 역대 한반도 국가 중에 군사력이 상대적으로 가장 강했어요. 한편 북조에서는 북위가 중요한 위치를 차지하고 있었고, 남조에서는 송에 이어 제나라가 중요했죠. 분열의 시대에는 상대적으로 힘이 질서의 핵심적인 작동 원리로 움직이지만, 당시 북위가 고구려와 남제 사신을 같은 서열로 예우한 것에 대해 남제가 강하게 반발했던 사례를 보면 힘과 예가 복합적으로 작동했던 현실이 잘 드러나요.

한당 시대 천하질서의 복합성을 이해하기 위해서는 일본 연구들을 참고할 필요가 있어요. 1960년대에 일본의 중국사 연구에서 교토대학학파와 함께 쌍벽을 이룬 도쿄대문헌학파의 3세대를 대표하는 니시지마 사다오西嶋定生는 「6~8세기의 동아시아 세계六-八世紀の東アジア」 (1962)[14]에서 일국을 넘어서는 동아시아 세계라는 공간 개념을 제안해요. 동아시아는 개별 국가로 구성돼 있지만 심상이나 물상 측면에서 지역 세계질서가 있었다는 거죠. 그는 한자, 율령, 유교, 불교가 동아시아에 전파되면서 일본, 중국, 한국 삼국의 개별 국가들이 책봉체제라고 부를 수 있는 동아시아 세계질서를 형성하기 시작했다고 주장해요. 이런 동아시아 책봉체제에 대해 호리 도시카즈堀敏一는 『동아시아 세계의 형성: 중국과 주변국가東アジア世界の形成－ 中国と周辺国家』(2006)[15]에서 두 가지 중요한 문제를 제기해요. 첫째로, 동아시아에서는 페어뱅크의 예치적 천하질서가 형성되고 있었다면, 서아시아의 튀르크와는 계속 전쟁을 했기 때문에 더 복잡하게 봐야 한다고 주장해요. 아시아의 동서남북 질서 운영 원칙이 동일하게 작동하지 않는다는 거죠. 둘째로, 니시지마 사다오가 강조한 책봉이라는 용어가 해당 시기 문헌에

서 별로 보이지 않기 때문에 사용 빈도가 좀 더 많은 기미라는 용어를 강조해요. 진한 통일 시기에 비로소 선진 시대의 원형 천하질서를 동아시아 전체로 확대해서 원용하기 시작했고 위진남북조의 혼란기 360년을 거쳐 수당의 통일기를 맞이해 정벌, 기미, 예치의 천하질서가 함께 진행됐기 때문에 당제국의 동아시아 세계질서를 책봉제도로 부르는 것은 한계가 있다는 반론이죠.

고구려, 백제, 신라의 삼국과 한당 시대 중국 간 관계를 재구성하려면, 한국의 당시 기록이 제대로 남아 있지 않아서 고려 시대에 편찬된 김부식의 『삼국사기』(1145)[16]나 일연의 『삼국유사』(1281)를 조심스럽게 읽을 필요가 있어요. 『삼국사기』는 대단히 사대적 시각에서 편찬된 것이라고 교과서에서 배우고 있지만, 김부식은 고려 인종에게 올리는 글에서 편찬 이유를 이렇게 설명하고 있어요. "성상폐하가 … 말씀하기를 지금의 학사대부가 오경제자의 글과 진한 역대의 역사에 대하여는 혹 널리 통하여 자세히 말하는 사람이 있으나, 우리나라의 일吾邦之事에 이르러서는 도리어 망연하여 그 시말을 알지 못하니 매우 유감된 일이다. 더구나 신라 고구려 백제의 삼국이 정립하여 능히 예로써 중국과 교통한 때문에 범엽의 한서나 송기의 당서에 열전이 있지만, 그 사서들은 중국 국내에 관해서는 상세하나 국외에 대해서는 간략하여 자세히 실리지 않았고, 또 삼국에 관한 기록은 글이 거칠고 졸렬하고 사적史跡의 유루遺漏가 많아, 임금의 선악, 신하의 충사忠邪, 나라의 안위, 인민의 치란을 다 드러내어 후세에 권계勸戒를 보이지 못하였으니, 마땅히 삼장三長의 재才를 얻어 일가一家의 역사를 완성하여 이를 만세에 끼치어 일성과 같이 환하게 하고 싶다고 하셨습니다." 김부식을 흔히 모화론자로 생각하지만, 위의 글에서는 그가 주체적인 입장에서 역사를 기록하려는 모습이 드러나요.

4) 선진 시대: 천하질서의 원형

전통 천하질서를 제대로 이해하려면 그 원형이 탄생한 선진 시대로 돌아가야 해요. 최근 중국에서 선진 시대 연구는 중국 고대 연대학 사업인 하상주단대공정에서 보듯이 천문학, 고고학, 문헌학을 중심으로 대단히 활발하게 진행되고 있어요. 그중에 문헌학과 관련해서는 갑골문과 금문, 그리고 공자, 맹자 시대의 죽편을 거쳐 진시황의 분서갱유 이후의 서책들을 분석하고 있어요.

선진의 서주(B.C. 1046~B.C. 771) 시대에 천天 개념을 처음으로 정치적으로 쓰기 시작해요. '서주대우정명문西周大禹鼎銘文'(B.C. 1003)은 문왕이 하늘의 대명을 받았다고 쓰면서 왕의 통치 정당성을 처음으로 하늘에서 찾고 있어요. 다음으로 서주 시대의 100에서 150개 되는 국가들이 춘추 시대의 5패로 줄어드는 과정에서 중심과 주변을 구분하는 화이華夷 개념을 도입해 중심의 화하華夏와 주변의 사이四夷를 문명과 야만으로 명분화하죠. 마지막으로 전국 시대는 이름처럼 근대 국제질서에 가까웠다고 생각할 수 있지만, 두 가지 면에서 달랐어요.

첫째로, 전국 시대는 구류십가九流十家로 대표되는 백가쟁명의 시대로, 현실적인 법의 중요성을 강조하는 법가와 이상적인 인을 강조하는 유가가 함께 활동하던 시기예요. 물론 서양의 근대질서도 세력 균형을 위한 치열한 각축이 벌어지는 속에 국제법이 있었지만, 전국 시대는 훨씬 더 복잡한 모습이었어요. 둘째로, 춘추 5패와 전국 7웅은 서양의 근대 전쟁에 비하면 상대적으로 작은 규모의 싸움들을 벌였어요. 진시황의 천하통일로 처음으로 천하가 선진 시대의 소제국에서 명실상부하게 중국 대륙 전체 공간으로 확장됐죠. 따라서 전국 시대 천하질서의 원형을 규모나 내용에서 서양의 근대 국제정치질서와 바로 비교하는 데는 한계가 있어요.

5. 동아시아 질서 건축사: 천하·근대·냉전·미래 세계질서의 복합

지금까지 간단히 설명한 것처럼 전통 천하질서를 크게 네 시기로 나누고 가능한 한 당대의 목소리를 직접 들으려는 노력을 계속해 왔어요. 다만 이 노력을 역사적 시간순으로 하기보다는 목소리가 들리는 시대부터 시작했죠. 천하질서사를 제대로 공부하기 위해서 25사의 처음인 사마천 『사기』부터 시작해서 청사까지 차례로 읽겠다는 전략은 성공하기 어려워요. 재미있고 관심이 가는 시대부터 시작하세요. 나는 냉전 국제질서, 복합세계질서, 근대 국제질서, 전통 천하질서의 순서로 관심이 옮겨 왔어요. 오늘 강의는 보다 최근에 공부하고 있는 전통 천하질서를 네 시기로 나눠서 간단히 소개한 거죠. 그리고 이런 전통 천하질서가 근대 국제질서와 냉전질서로 어떻게 변환돼 왔는가는 앞의 강의에서 간단하게 설명했어요. 복합세계질서의 미래사는 다음 강의에서 이야기할게요.

세계질서 건축사에 관한 관심은 최근에 더 커지고 있어요. 미국은 특히 최근 10여 년 동안 건축이라는 말을 자주 사용하고 있어요. 우리 삶터인 아태 질서를 건축하는 데 미국 또는 중국이 단독 설계를 할 것인지, 두 나라가 주도해 양국 설계를 할 것인지, 아니면 건축물에 입주할 모든 거주자들이 공동 설계를 할 것인지는 대단히 중요한 문제죠. 이 과정에서 입주자들이 원하는 설계도를 제대로 이해하기 위해서는 질서 건축사의 공부가 필요해요. 중국의 아태 질서 미래 설계도에는 중국의 전통 천하질서 건축사가 숨어 있어요. '선진 시대의 천하질서 건축을 모른다고 21세기 중국이 건축하려는 신형 국제 관계의 의미를 모를 수가 있을까'라는 의문을 가질 수 있어요. 거기에는 아마도 미국의 첨단 국제정치이론을 완벽하게 공부하면 중국의 전통 천하질서를 모르더라도 중국의 외교정책을 꿰뚫어 볼 수 있으리라는 기대가 담겨 있을 거예요. 물론 국제정치 외면세계, 즉 물상의 변화에 따라서 중국도 미국이나 마찬가지로 근대 국제정치적 작동 원리에 따라서 움직이는 요소가 있죠. 그러나 급부상하는 중국의 외교를 보면 근대 국제정치와의 동질성 못지않게 내면세계의 이질성에 주목할 필요가 있어요. 이런 심상의 차이를 제대로 읽어내려면 전통 천하질서가 어떻게 역사적으로 전개돼서 오늘에 이르렀는가를 제대로 이해해야 하죠. 그런 다음에 이런 동질성과 이질성을 복합적으로 품는 일반 작동 원리를 찾아야 해요.

시진핑 국가주석이나 왕이 외교부장도 중국 외교를 설명하면서 역사의 영향을 받고 있다는 이야기를 해요. 요즘 실리외교로서 강조하고 있는 일대일로의 실크로드도 당나라 이래의 역사적 전통을 강조하죠. 또 명분외교로서 이야기하고 있는 운명공동체의 설명에서도 전통 천하질서를 언급하고 있어요. 최근 중국의 신형 국제 관계는 신형 대국 관계와 신형 주변 외교로 구성돼 있어요. 중국이 신형 대국 관계에서는 미국과 군사적으로 정면충돌하지 않고, 주변국 외교에서는 보다 적극적으로 핵심이익을 추구하려는 원칙도 역사적 맥락에서 이해할 필요가 있어요. 중국은 역사적으로 천하질서의 동서남북을 다양한 원칙에 따라 통치했던 것처럼 중심과 주변을 다른 통치 방식으로 다룰 수 있죠. 현대질서 건축을 이해하기 위해서 과거질서 건축사를 공부해야 하는 이유가 여기에 있어요.

일본의 경우를 이해하려면 일본의 시공간 상상력이 가장 활발했던 1930년대 시대로 되돌아가 볼 필요가 있어요. 당시의 대동아공영권이 제대로 동아의 공영에 기여하지 못한 채 일본 위주의 공영권에 그치고 특히 한국은 식민지로 남았다는 문제가 있죠. 그렇지만 당시 대동아공영권을 구상한 소화연구회는 공간적으로 아시아연방이나 세계 통일을 이야기해요. 하지만 1930년대에 대동아공영권이라는 잘못된 설계도를 마련해서 중국을 쳐들어가고 조선을 착취하고 미국과 태평양전쟁을 벌였죠.

미국은 제2차 세계대전 이후 일본이 다시는 지역질서를 마음대로 설계해서 미국에 도전하지 못하도록 일본의 군대를 폐지하고 재벌을 해체하는 동시에 자위를 넘어서는 국제정치와 군사 문제를 독자적으로 다루지 못하도록 지적 통제를 가했어요. 그래서 일본의 국력에 상응하는 국제정치와 안보 전문가가 제대로 성장하기 어려웠죠. 인문사회 분야를 전공한 최우수 인력들이 학계보다는 기업, 관료, 언론계에 우선적으로 진출했어요. 따라서 일본은 미국과 비교해 상대적으로 국제정치 및 안보 분야에서 학계나 싱크탱크를 충분히 활용하고 있지 않아요. 그런데 새로운 질서를 건축해야 하는 세월이 오면 자체 설계력이 없는 소뇌나 무뇌 국가는 어쩔 수 없이 건축 설계를 주도하는 대뇌 국가에 기생해야 하는 사태가 발생하죠. 21세기 청사진을 제대로 그리지 못하는 일본이 현재 겪고 있는 커다란 한계예요.

'사랑의 국제정치학'으로 시작한 강의를 다음 주 '꿈의 국제정치학'으로 마무리하려고 해요. 우리의 삶터에서 사랑의 국제정치를 꿈꾸기 위해 우선 주변 열강들의 꿈을 돌아본 다음에 마지막으로 나와 여러분 그리고 우리 모두가 함께 꾸는 꿈에 대해 이야기하고 싶어요.

10강

꿈의 세계정치학

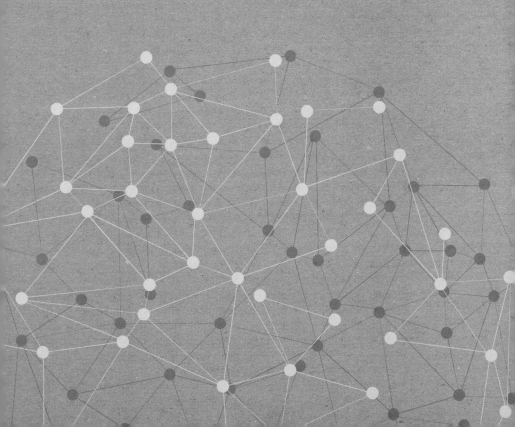

오늘로써 어느덧 열 번째 강의네요. 사랑의 국제정치학에서 시작해서 꿈의 세계정치학으로 마무리를 짓게 됐어요. 그동안 여러분이 경청하고 두 동료 교수가 도와줘서 다행히 별 차질 없이 강의할 수 있었어요.

개인적으로는 이번 강의에서 어려움도 있었어요. 첫 번째 공개 강연으로 2009년에 '역사 속의 젊은 그들'을 8주 동안 진행했었고, 두 번째 공개 강연으로는 출판을 준비 중인 '동아시아 질서 건축사: 천하에서 복합으로'(이하 '동아시아 질서 건축사')를 2012년에 8주 동안 진행했어요. 첫 번째 강의 주제는 지난 300년간 한반도라는 삶터에서 살아간 젊은이이었다면, 두 번째 강의 주제는 지난 3000년간 동아시아 질서의 건축과 재건축이었어요. 이번 '사랑의 국제정치학' 강의에서는 주로 지난 50년을 다뤘기 때문에 앞선 강의들에 비해 짧은 기간을 이야기한 거죠. 그런데 국제정치학에 관한 이번 10주 강의에서는 매주 강의마다 해당 시기에 삶 속에서 당면했던 문제를 풀어보려는 지적 연애를 통해 실천 방안을 모색한 과정을 풀어냈어요. 그래서 매주 강의 내용은 사실상 1년짜리 강의 내용을 축약한 셈이었죠. 10주 동안 10년 치 강의 내용을 전달한 거라고도 할 수 있어요.

그 속에는 지난 50년 동안 내가 헤맸던 국제정치학의 길이 있고, 그러면서 돌아다닌 시공은 3000년 전 과거부터 다가올 미래 속에 펼쳐진 한반도와 동아시아, 아시아태평양, 지구 그리고 사이버 공간까지였어요. 오늘 강의에서 이야기할 것은 이제까지 다룬 고금동서를 넘어선 꿈의 세계정치학으로서 복합세계정치학이에요.

21세기 세계정치학에서도 가장 중요한 것은 꿈, 삶, 앎, 함이라는 네 가지 핵심 개념이에요. 흥미로운 것은 네 개념이 모두 한자어가 아니라 순우리말이라는 거예요. 꿈은 '꾸미다'라는 말에서 왔어요. 따라서 꿈의 세계정치는 21세기를 맞이한 우리가 세계질서를 어떻게 꾸미려고 하느냐는 거죠. 꿈에 관한 연구는 동서양에서 많이 진행됐지만 서양의 꿈 연구에서 커다란 분기점을 이뤘던 것은 지그문트 프로이트 Sigmund Freud의 『꿈의 해석Die Traumdeutung』(1900)[1]이었어요. 그의 이야기를 요약하자면, 꿈은 현실에서 겪는 불만족을 잠재의식적으로 해소하려는 노력이라는 거예요. 더 이상 꾸밀 필요가 없는 완벽한 미인이라면 화장하지 않은 맨 얼굴로 자신 있게 다닐 수 있겠죠. 자신의 현실에 충분히 만족하면 꿈이 필요 없어요. 21세기를 맞이해 흥미롭게도 세계의 정치지도자들이 꿈이라는 단어를 많이 쓰면서 새로운 꿈의 필요성에 대해 원칙적인 합의를 하고 있어요. 따라서 누구의 꿈이 21세기에 더 맞는지가 굉장히 중요한 문제죠.

오늘은 먼저 무대의 주인공들이 어떤 꿈을 꾸고 있는지부터 알아보겠어요. 그리고 나서 한국이 21세기에 맞는 꿈을 꾸기 위한 방법론으로서 지난 반세기 동안 나의 국제정치학을 꿈꾸게 했던 예술작품들을 소개하려고 해요. 1990년대 초부터 20년 동안 쓴 거의 400편 가까운 신문 칼럼과 사설 중에 가장 정이 가는 글들은 당면한 현실 문제를 고민하다가 우연히 만났던 예술작품들과의 대화에서 태어난 것들이에요. 그리고 마지막으로 한국이 꾸어야 할 꿈의 세계정치학에 관해 이야기할게요.

1. 21세기 세계정치
주인공의 꿈

1) 미국의 꿈

아시아태평양의 꿈을 이야기하기 위해 현실적으로 가장 힘을 행사하고 있는 미국을 대표하는 오바마 대통령의 꿈에서 시작하죠. 그의 꿈을 읽기 위해서는 신문의 기사와 논평, 또는 국제정치학자들의 논문이나 책과 같은 해설 자료보다는 본인의 대사를 직접 보는 것이 무엇보다 중요해요.

오바마 대통령이 재임 8년 중에 미국의 꿈을 가장 잘 보여준 것은 2014년 5월 웨스트포인트 육군사관학교에서 했던 졸업 축하 연설에서였어요. 여기서 오바마 대통령은 미국의 쇠퇴라는 일부 주장에 대해 미국은 군사, 경제를 포함한 어떤 지표로도 세계 어느 나라보다 강력한 나라라는 것을 강조하고 있어요. 그리고 유럽에서 아시아까지 역사 이래 비교할 수 없을 만큼 강력한 동맹을 유지하고 있다고 밝히죠. 그리고 마지막 결론으로 웨스트포인트 육군사관학교를 졸업하는 젊은 생도들에게 "미국이 21세기를 주도할 것인가를 걱정하지 마라. 그것은 질문이 잘못된 것이다. 미국이 21세기를 주도할 것인가가 아니라 '어떻게' 주도할 것인가가 바른 질문이다"라고 말해요. 그리고 그 '어떻게'의 방식에 대해서는, 미국을 위해서만 평화 번영을 주도하는 것이 아니라 다른 국가들과 함께 가는 길을 주도하는 것이 중요하다고 강조해요. 자신 있으면서도 신중한 꿈이죠.

2) 중국의 꿈

두 번째는 중국 시진핑 국가주석의 중국몽이에요. 미국은 꿈보다는 건축이라는 말을 많이 쓰고 있지만, 시진핑은 중국의 꿈이라는 단어를 특히 좋아해요. 2012년 11월 29일 국가주석으로 선출된 후에 첫 번째 대외 행사로 중국을 이끌어가는 7인의 상무위원과 함께 새로 개장한 중국국가박물관에서 열리고 있는 '부흥의 길復興之路'을 관람했어요. 그 자리에서 시진핑 국가주석은 "모든 사람이 이상을 추구하고 꿈을 꾸지만, 지금 중국이 꾸는 꿈은 중화 민족의 위대한 부흥이다"라고 말하면서, 그 꿈의 구체적인 내용으로 공산당 창당 100주년인 2021년과 마오쩌둥이 중국을 통일하고 신중국을 건설한 지 100주년인 2049년이라는 두 100년의 꿈을 강조해요.

첫 100년째인 2021년까지는 전면적 소강小康사회 건설을 목표로 하고 있어요. 소강은 원래 공자가 한 말이에요. 천하가 대란에서 천하 태평에 이르려면 소강이라는 시기를 거쳐요. 간단하게 경제적으로 설명하자면, 중국은 1인당 국민소득 1만 달러의 경제를 소강사회라고 생각하고 있어요. 1만 달러 경제라고 하면, 중국 인구가 2021년에는 15억 명 정도 될 테니까, 최소한 GDP 규모가 15조 달러를 넘는다는 이야기죠. 중국 경제가 '신정상new normal' 시기에 들어서서 경제성장률이 6% 내지 7%로 하향 조정되더라도 전면적 소강사회 건설은 충분히 가능하다는 거죠. 그런데 2049년의 꿈에 대해서는 좀 더 긴 설명을 하고 있어요. 신중국 성립 100주년에는 '부강 민주 문명 화해적 사회주의 현대화 국가'를 건설하겠다고 해요. 중국 학자들에게 2049년의 꿈으로서 좋은 단어를 모두 나열하기만 한다는 것은 결국 아직 꿈이 확실하지 않다는 이야기니 더 구체적으로 설명해 보라고 하면 난처해

해요. 따라서 '2049년 이후Post 2049'의 중국몽 연구는 이제부터 본격적으로 진행되겠죠.

중국몽을 실현하기 위한 외교정책으로서 중국은 신형 대국 관계와 신형 주변 관계로 구성된 신형 국제 관계를 강조하고 있어요. 우선 신흥 대국인 중국은 기성 대국인 미국과 최소한 2049년까지 군사적으로 직접 충돌하거나 대항하지 않고不衝突 不對抗, 상호존중相互尊重하며, 합작공영合作共贏하는 신형 대국 관계를 유지하겠다는 거죠. 이에 따르면 중국의 대미정책은 당분간 경제를 위해 평화를 우선하는 화평발전을 추진하는 방향으로 진행될 거예요.

그러나 1인당 국민소득이 1만 달러에 가깝고 군사비도 2000억 달러를 넘어서는 신흥 대국 중국의 신형 주변 외교에서는 신형 대국 관계와는 달리 어느 정도의 군사적 긴장이 발생하더라도 핵심이익을 쉽사리 양보할 수는 없다는 의지가 드러나요. 구체적인 핵심이익으로는 첫 번째로 천안문 사건이나 티베트 문제 같은 국내 안보, 두 번째로 남중국해와 동중국해, 한반도 같은 지역에서의 국제안보, 세 번째로는 경제·사회 발전을 들고 있어요. 이런 힘力의 국제정치와 함께 시진핑 정부는 일대일로라는 이利의 국제정치, 친성혜용親誠惠容이나 운명공동체와 같은 의義의 국제정치를 강조하고 있어요.

따라서 중국 외교정책의 제1원칙인 신형 대국 관계와 제2원칙인 신형 주변 외교를 더해보면, 미국과는 직접적인 군사적 충돌을 피하고 상호존중하면서 공동 번영을 모색하지만, 일본이나 동남아 국가, 한반도 국가들과 충돌이 있을 때는 상당히 적극적인 자세를 취하겠죠. 동시에 주변 외교는 양 날개로 이른바 친성혜용의 전통적인 중국의 천하질서를 운영하는 방식들과 관련된 방식으로 꾸려나가겠다는 것이 시진핑의 중국몽이에요.

3) 일본과 러시아의 꿈

세 번째는 일본의 꿈인데, 사실 그것이 무엇인지 찾기가 쉽지 않아요. 일본의 대표 포털인 야후 재팬에서 일본의 꿈을 쳐보면 중국의 대표 포털인 바이두에서 중국몽을 쳐봤을 때와는 완전히 다르게 별로 내용이 없어요. 상대적으로 현재에 만족해서 일본 사람들이 미래를 꾸미는 데 시간을 덜 쓴다고 할 수도 있죠. 그나마 작년 4월 29일 미국 상하 양원에서 했던 아베 총리의 연설이 21세기 일본의 꿈을 보여준다고 할 수 있어요. 즉, 국내적으로는 적극적인 평화를 모색하고, 국제적으로는 미일 관계를 '희망의 동맹'으로 만들겠다는 거예요. 조심할 것은 일본이 사용하는 적극적 평화라는 개념은 기존의 평화 연구에서 사용하는 적극적 평화와는 전혀 다른 의미라는 거죠.

네 번째는 러시아의 꿈인데, 러시아의 푸틴 대통령은 2000년 이래 세 번에 걸쳐 발표했던 '러시아 신외교개념'(2000, 2008, 2013)을 다시 한번 개정해서 새로운 외교 개념을 준비하고 있어요. 여기에는 빠르게 변화하고 있는 국제 환경을 러시아 시각에서 반영하고, 과거보다 아시아태평양의 안보와 협력 건축에 더 적극적으로 참여하겠다는 내용이 담길 것으로 알려져 있죠. 하지만 탈냉전 이후의 상대적 국력 약화와 국제 환경의 어려움 속에서 21세기 러시아의 꿈은 당분간 현실화되는 데 명백한 한계를 보이고 있어요.

4) 한반도의 꿈

마지막으로 한반도의 꿈을 간단히 보죠. 우선 북한의 김정은은 2016년 5월 36년 만에 열린 제7차 당대회에서 그 나름의 꿈을 펼쳐

보였죠. 해몽을 제대로 해보려고 일요일 아침에 《로동신문》 24면 특집호에 실린 7만 자가 넘는 김정은의 보고서를 꼼꼼하게 읽었어요. 보고서를 어떻게 읽어야 하는가는 동아시아연구원EAI 칼럼에 자세히 썼으니까 찾아보세요.[2] 북한의 꿈은 세 가지로 요약할 수 있어요. 첫 번째로 가장 중요한 것은 새로운 무대의 주인공으로서 김정은 유일영도체제가 완전히 자리 잡았다는 것을 국내외에 천명한 것이고, 두 번째로는 신년사에서 이미 예고한 휘황한 설계도의 내용을 좀 더 자세히 보여준 거죠. 셋째로 휘황한 설계도를 오늘의 시공간에서 현실화하기 위한 구체적인 전략노선으로 핵·경제 병진노선이 필요하다는 거예요.

북한의 꿈을 평가하기 위해서는 휘황한 설계도의 구체적인 내용과 실현 가능성을 조심스럽게 검토할 필요가 있어요. 이 설계도는 크게 보면 세 가지로 구성돼 있어요. 첫 번째는 사회주의 4대 강국 건설이에요. 북한은 1960년대 이래로 3대 혁명 역량 강화의 지평으로 빠르게 변화하는 세계를 바라보고 삼중 생존번영전략을 마련하면서 첫째로 국내 역량의 강화가 중요하다고 생각하죠. 이를 위해서 과학기술강국, 경제강국, 문명강국, 정치군사강국이라는 사회주의 4대 강국 건설을 강조하고, 그중에도 과학기술강국을 제일 먼저 강조하고 있어요. 북한도 21세기에 과학기술이 중요하다는 것은 충분히 알고 있기 때문이죠. 구체적으로는 인공지능이나 나노에 대한 관심 등을 표하고 있어요. 경제강국 건설을 위한 내용에는 2016년부터 2020년까지의 인민경제 5개년 계획을 포함하고 있고, 문명강국의 주요 내용으로는 교육, 의료, 문화, 예술을 포함하고 있죠. 그리고 마지막으로 정치군사강국 건설을 위해 유일영도체제를 특별히 강조해요. 두 번째로 이런 사회주의 4대 강국을 기반으로 통일 역량을 강화해서 통일강국을 건설하고, 마지막으로 국제 역량을 강화해서 제국주의 미국의 대북 적대시 정책을 성공적으로 극복하는 국제강국이 되겠다는 거예요.

그러나 김정은의 휘황한 설계도는 기대와 달리 굉장히 초라한 소국을 건축하게 데 그칠 것으로 보여요. 첫째로, 국제 역량을 강화해서 국제강국을 건설하겠다는 꿈은 이중적인 어려움에 당면할 거예요. 우선 김정은은 21세기 미 제국을 19세기 제국주의 국가로 잘못 읽고 21세기 미국의 '대북 적대시 정책'에 대한 자주적 생존전략으로 핵·경제 병진노선을 유지하면서 다른 국가에 대한 국제 역량 강화를 모색하고 있는데, 이런 생존전략에는 현실적으로 감당할 수 없는 비용이 필요하고 결국 유일영도체제 유지에 결정적 어려움을 가져다주겠죠. 둘째로, 통일 역량 강화로 통일강국을 건설하겠다는 꿈도 반세기 전의 남북한 현실에 기반하고 있어서 현실적으로 어려워요. 북한 혁명 역량과 남한 혁명 역량을 결합해 통일을 달성한다는 것 자체가 비현실적이기 때문이죠. 남한의 민주 역량은 더 이상 북한이 생각하는 혁명 역량이 아니에요. 셋째로, 국내 역량 강화에는 두 가지 문제가 있어요. 우선 북한의 4대 사회주의 강국론을 보면 과학기술처럼 휘황한 요소를 포함하고 있지만, 20세기 후반의 한국의 근대화나 중국의 개혁개방 같은 근대국가 건설을 위한 노력을 뒤늦게라도 해야죠. 그런데 그것만으로 21세기에 살아남기는 어려워요. 부강을 넘어선 설계가 필요해요. 동시에 북한의 핵·경제 병진노선은 현실적으로 불가능해요. 왜냐하면 핵무력 건설에 대한 국제 제재 때문에 핵무력 건설과 경제 건설을 병진할 수 없어요. 비핵화와 경제 건설을 추진하거나 핵화와 경제 쇠퇴를 선택할 수밖에 없죠. 따라서 휘황한 설계도는 현실적으로는 허황된 설계도에 그치게 될 거예요.

북한처럼 21세기에 19세기의 강성대국을 꿈꾸는 것은 아니지만 한국의 꿈도 충분히 21세기적이지는 못해요. 한국의 꿈을 잘 보여주는 정치지도자들의 연설을 찾기는 쉽지 않아요. 최근 박근혜 대통령의 8·15 70주년 경축사(2015)[3]를 읽어봐도 그리 새롭지 않은 꿈을 밝히고 있어요. 국내적으로 경제와 문화를 강조하고, 유연한 대응으로 통일 시대의 문을 열고, 궁극적으로는 지구촌의 번영을 선도하겠다는 내용으로, 크게 새롭거나 감동적이지 않아요. 한국의 정치지도자로서 8000만의 가슴을 떨리게 하고 주변 4강들의 주목을 제대로 받으려면 스스로 매력적인 꿈을 꿀 수 있어야 해요. 그렇기 위해서는 개인적으로나 집단적으로나 20대들이 젊음을 어떻게 보내느냐가 굉장히 중요하죠. 취직이나 고시 같은 현실 걱정도 중요하지만, 동시에 미래를 위한 꿈꾸기를 잊으면 안 돼요.

2. 21세기 국제정치학을 위한 상상력

복합세계질서라는 문명사적 변환의 세기를 맞이해 아시아태평양의 국가들이 다양한 꿈의 세계정치를 설계하고 현실화하려는 노력을 하고 있는 가운데, 여러분이 주인공이 될 21세기 한국도 최대한의 상상력을 동원해 21세기에 최적화된 꿈의 세계정치를 펴야 할 때예요. 그 꿈의 내용을 이야기하기 전에, 꿈을 제대로 꾸기 위한 상상력을 어떻게 키울 수 있을까에 관해서 먼저 이야기해 볼게요. 지난 50년 동안 국제정치학을 공부하면서 내 꿈을 키우는 데 크게 도움이 됐던 것은 글로 기록된 책보다도 다양한 시각 자료들이었어요. 그중에도 가장 기억이 남는 열두 작품을 간단히 소개할게요.

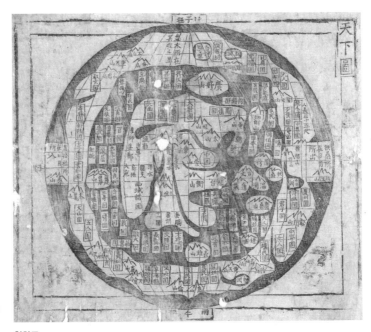

그림 1

천하도

자료: Library of Congress.

1) '천하도'와 시공의 확대

첫 번째로 천하도 이야기부터 시작하죠. '동아시아 질서 건축사' 공개 강연의 첫 시간에 천하도의 비밀을 이야기했었죠. 천하도는 현재까지 조선에서만 발견되는 독특한 지도예요. 대체로 17세기에서 19세기 사이에 제작된 이 지도는 누가 만들었는지는 명확하지 않지만 당시의 역사지리첩 속에 끼어서 우리에게 전해지고 있어요.

조선은 15세기 초에 혼일강리역대국도지도混-疆理歷代國都之圖(1402)라는 세계지도를 원나라의 세계지도를 참조해서 제작했는데, 이는 세계지도사에서도 중요하게 평가하고 있을 정도죠. 로마 가톨릭교회의 예수회 선교사인 마테오 리치Matteo Ricci가 1602년에 제작한 '곤여만국전도坤輿萬國全圖'가 당시 조선에도 커다란 영향을 미쳐서 서양 세계지도를 수입하고, 한국 세계지도를 제작하면서, 동시에 천하도라는 이색적인 지도를 제작하게 돼요. 천하도는 내륙, 내해, 외륙, 외해로 구성돼 있는데, 내륙에는 중국, 조선, 일본, 류큐, 안남, 이슬람 제국과 같은 실제 국가가 그려져 있고, 외륙에는 중국의 산해경에 나오는 군자국, 대인국, 소인국, 여인국 같은 신화국들이 그려져 있어요. 따라서 현실도와 신화도를 결합해서 그린 천하도는 근대 서양의 현실도를 뛰어넘어 보려는 노력이었죠.

현실도가 현실의 공간 개념이 투영된 지도라면, 신화도는 이뤄지지 않은 미래의 꿈을 투영한 지도예요. 17세기에서 19세기에 걸쳐 서양의 근대 세계지도에 자극받은 무명의 제작자들이 과거도와 미래도를 합쳐서 그린 천하도를 보면서 21세기의 우리도 과거와 미래를 동시에 투영하는 천하도를 그려야 한다는 생각이 들었어요.

2) 도자기와 매력의 국제정치학

두 번째는 한국의 도자기예요. 도자기에 처음 관심을 갖게 된 것은 1990년대 초 하버드대학의 조지프 나이가 21세기의 새로운 힘으로 강성권력hard power 못지않게 연성권력soft power이 중요하다고 강조했을 때예요. 당시 나는 연성권력이라는 번역어가 세제 이름 같으니 그것 대신 '매력'으로 번역하자고 주장했고, 그 이후 '매력국가'라는 표현을 본격적으로 쓰기 시작했어요. 21세기의 세계질서는 근대적 권력인 군사력과 경제력 중 어떤 권력을 가진 자가 주도하는 것일까요. 매력은 폭력이나 금력 같은 수단의 도움 없이 상대방으로 하여금 홀려서 나의 생각과 느낌을 자진해서 따르도록 하는 힘이죠. 매력의 '매魅'는

그림 2

백자철화끈무늬병

자료: 문화재청 국가문화유산포털.

원래 '귀신'을 뜻해요. 따라서 매력은 귀신에 홀리는 것 같은 힘이죠.

    역사적으로 한국이 전 세계를 매혹시켰던 것 중에 대표적인 것으로는 도자기, 다보탑, 한글을 들 수 있어요. 1990년대 초부터 나는 한국의 대표적인 매력으로 평가받는 도자기를 보러 다니기 시작했어요. 처음에는 한국 도자기가 역사적으로 9세기나 10세기부터 청자, 분청사기, 백자, 청화백자로 변화한 길을 걸어온 것도 몰랐어요. 그러다가 처음으로 국립박물관에 있는 '백자철화끈무늬병白瓷鐵畵垂紐紋瓶'의 매력에 홀리게 됐죠. 16세기에 만들어진 이 도자기는 술병 모양의 백자에 검은 색의 끈 하나가 아주 멋들어지게 매여 있는 모습으로 그려져 있어서 '넥타이 도자기'라는 별명을 가지고 있어요. 500년 전에 현대 추상화를 보는 것 같은 매력을 느꼈어요. 그때부터 '도자기의 국제정치학'에 대한 본격적인 관심이 생기기 시작했죠. 청화백자의 화려미, 백자의 순수미, 분청사기의 단순미, 청자의 우아미를 점차 알게 되면서 그 매력에 점점 빠져들게 됐죠.

'도자기의 국제정치학'에서 핵심적인 것은 '도자기의 길'이에요. 나는 지난 20년 동안 중국 천년의 도자기 수도인 징더전_{慶徳鎮}에서 출발해 한반도의 강진과 경기도 광주를 거쳐 일본 규슈의 아리타, 이마리를 들러서, 네덜란드의 델프트로 이어지는 길을 찾아다녔어요. 세계적 표준의 동아시아 도자기가 세계로 전파되던 길이죠. 그리고 18세기 초, 드디어 유럽 내 독자적인 도자기 개발에 성공했던 독일의 마이센과 프랑스의 세브르를 둘러봤어요. 마침내 19세기에는 유럽의 도자기가 아시아로 역수출되기 시작했고, 20세기 영국의 버나드 리치 Bernard Leach는 세인트 아이브스St. Ives에서 20세기 현대 도자기의 새로운 표준으로서 동서양 도자기의 만남을 시도했죠.

이런 '도자기의 길' 중에도 일본 규슈의 가라쓰, 아리타, 가고시마, 히라도 등의 도자기는 한일의 국제정치와 깊은 관련이 있어요. 임진왜란을 '도자기 전쟁'이라고도 부르듯이 일본은 조선의 도공들을 데려가서 도자기를 굽게 했죠. 그런데 얼마 후 중국이 명청 교체기를 맞아 징더전의 도자기 수출을 막자 네덜란드의 동인도회사는 일본 규슈에서 도자기를 수입하게 돼요. 요즘도 네덜란드의 델프트에 가면 400년 전 조선 청자의 영향을 받은 델프트 청자를 쉽게 만날 수 있어요. 이런 '도자기의 길'은 중국의 명청 교체, 한일 전쟁, 국제교역, 첨단기술 이전, 그리고 도자기의 미학이 복합적으로 어우러져 형성된 거죠. 따라서 도자기 답사 여행은 전파의 국제정치학을 보다 실감나게 이해할 수 있게 만들었어요.

그림 3

다보탑

자료: 문화재청 국가문화유산포털.

3) 다보탑과 탈근대국가의 복합
모델

　세 번째는 신라 시대의 다보탑(751)이에요. 경주 불국사에 가면 누구나 대웅전 앞의 석가탑과 다보탑을 찾게 되는데, 그중에도 유독 다보탑이 눈에 띄죠. 법화경을 보면 다보탑은 석가여래의 설법이 진리임을 증명하기 위해 다보여래가 탑으로 현신한 거예요. 법화경 11장 견보탑품見寶塔品에서 묘사하고 있는 다보여래는 글자 뜻 그대로 인간이 상상할 수 있는 아름다움의 극치죠. 불교 국가인 신라의 석공들은 그런 모습을 재현하기 위해서 모든 정성을 다해서 삼각형, 사각형, 육각형, 팔각형, 원형을 복합적으로 엮어서 기층, 사각형의 중심층, 그리고 상층의 삼층탑을 쌓았어요.

　내가 다보탑을 만난 것은 1990년대 초반 복합세계정치론을 본격적으로 공부하기 시작하던 무렵이었어요. 문명사적 변환의 서곡으로 연주되기 시작한 신세계질서의 복합성을 아무리 설명해도 좀처럼 받아들여지지 않는 답답함을 풀기 위해서 좀 더 쉬운 설명 방법을 찾아다니다가 늑대거미에서 주인공의 복합성을, 다보탑에서 무대의 복합성을 만난 거죠. 내가 '늑대거미 다보탑 쌓기' 이야기를 자주 하다 보니까 그게 당시 외교학과 학생들의 암호로까지 통용됐었죠. 다보탑을 통해 탈근대국가의 무대를 바라보면, 사각형의 중심층에 부국강병에 해당하는 군사·경제 무대와 함께 근대적 부작용을 완화해 보려는 문화·생태균형 무대가 자리 잡고, 기층에는 기술·정보·지식 무대가 버티고 있고, 마지막으로 상층에는 공치 무대가 올려져 있어요. 이런 노력에도 불구하고 복합세계정치론에 대한 이해는 여전히 어려움을 겪고 있지만, 근대국가의 단순 모델과 대비해서 탈근대국가의 복합 모델을 상상하는 데에는 다보탑이 커다란 도움을 줬어요.

4) 세한도와 버림과 나눔의 미학

네 번째는 그림의 문외한도 잘 아는 추사의 세한도예요. 내가 쓴 300여 편의 칼럼 중에서 특별히 정이 가고 독자들도 가장 좋아했던 칼럼은 노무현 대통령의 마지막 해에 썼던 "세한도와 정권의 겨울"('더 읽을거리 5' 참조)이에요. 추사의 세한도는 1844년에 그린 작품으로, 그해는 추사가 당쟁 속에서 윤상도 흉서 사건에 얽혀서 1840년에 제주도로 유배 간 지 5년째 되던 해였죠. 세한도는 원래 제자 이상적에게 준 그림이에요. 중국을 열두 번이나 다녀온 대표적인 역관이었던 이상적은 연경을 다녀오면서 당시로서는 구하기 힘든 청조의 『황조경세문편皇朝經世文編』 120권을 가져와 이를 힘이나 돈 있는 사람들에게 선물하지 않고 유배 중인 스승 김정희에게 드렸어요. 추사는 고마워서

그림 4

추사 김정희의 '세한도'
자료: 문화재청 국가문화유산포털.

세한도를 그려서 준 거죠. 당시 김정희는 제주도 유배 동안에도 그치
지 않는 지식욕을 보여줬어요. 그의 스승뻘이었던 다산이 전라도 강
진에서 18년간 유배 생활을 하면서 보여줬던 지식욕을 생각나게 해
요. 추사는 제주도 10년의 고독 속에서 정진해 추사체를 완성했죠. 추
사가 유배 생활을 하지 않았더라면 조선 서예의 최고봉을 보여주는
추사체는 아마도 미완성으로 남았을 거예요.

추사는 이상적에게 세한도를 주면서 "추운 겨울이 찾아와야 비로
소 송백나무가 뒤늦게 시드는 것을 안다歲寒然後知松栢之後凋也"라는 유명한
글귀를 남겼어요. 이상적은 스승이 주는 귀한 그림을 받으면서, 눈물
이 앞을 가려서 세한도를 보지 못하겠더라는 감동적인 소회를 적고
있어요. 이 장면은 유배라는 버림과 사제 간 나눔의 아름다움을 초라
한 초가 한 채와 늦게까지 푸른 네 그루의 송백으로 간결하게 처리한
세한도만큼이나 감동스러워요.

세한도에는 사연이 많아요. 『청조 문화 동전의 연구: 가경·도광
학단과 조선의 김완당淸朝文化東傳の硏究: 嘉慶·道光學壇と李朝の金阮堂』(1975)[4]이라는

유명한 유저를 남긴 경성제국대학의 후지쓰카 지카시藤塚鄰 교수가 이 그림을 태평양전쟁 중에 도쿄로 가져갔어요. 한국의 서예가 손재형이 그를 찾아가서 세한도를 팔라고 요청했지만 여의치 않자 두 달에 걸쳐 간곡히 빌었죠. 후지쓰카 지카시는 결국 그 정성에 감복했는지, 아니면 추사의 혼이 움직였는지 세한도를 손재형에게 아무 대가 없이 넘겼어요. 그리고 얼마 지나지 않아 후지쓰카 지카시의 집이 미군의 폭격을 맞아요. 손재형이 세한도를 찾아오지 않았으면 세한도는 전설로만 남을 뻔했죠.

5) '서귀포의 환상'과 한국 현대사의 비극

다섯 번째는 이중섭의 그림 '서귀포의 환상'이에요. 그림에 큰 관심이 없어도 그가 그린 소나 가족 그림을 볼 기회가 있었을 거예요. 그의 그림 중에 특별히 흥미로운 것은 '서귀포의 환상'이에요. 2008년 제주도 서귀포에서 한일 신시대 공동연구 모임을 끝내고 이중섭미술관을 들를 기회가 있었어요. 이중섭은 한국전쟁 때 가족과 함께 월남해서 1951년에 서귀포에서 11개월 동안 피난 생활을 하죠. 고흐의 무덤이 있는 오베르쉬르우아즈 마을처럼 이중섭의 피난처를 제대로 가꿀 수 없을까라는 신문 칼럼('더 읽을거리 4' 참조)을 썼더니 전 서귀포 시장이 긴 편지를 보내왔어요. 칼럼 내용에 전적으로 동감하지만 현실적으로 연간 10억 원 예산으로는 이중섭의 작품을 한두 편밖에는 살 수 없다는 거예요. '서귀포의 환상'도 삼성미술관 리움에 소장돼 있는데, 얼핏 보면 대단히 비현실적이죠. 세 마리의 흰 새가 평화롭게 하늘을 날고 있는데 그중 한 마리에는 어린이가 타고 있어요. 지상에

그림 5

이중섭의 '서귀포의 환상'(1951년 작)

자료: 공유마당.

는 여섯 아이들이 열대지방 열매들을 풍요롭게 따다 나르고 있고 또 행복하게 누워 있어요. 그러나 1951년 당시 서귀포는 제주 4·3 사건의 비극적 역사의 현장이었어요.

　이중섭은 그림을 그리는 것 말고는 완전히 무능했어요. 반 고흐가 동생 테오가 없었으면 현실을 살아나갈 수 없었던 것처럼 이중섭도 거의 천연기념물 같은 사람이었어요. 서귀포 마을 앞이 바로 4·3 사건의 현장이에요. 이중섭은 전쟁의 비극적 현실을 바라다보면서 평화, 풍요, 행복의 세상을 그렸던 거죠. 이 그림을 볼 때마다 여러 생각을 하게 돼요. 내가 사랑의 국제정치학을 지난 반세기 동안 할 수 있었던 것은 현실에서 우리가 끊임없이 겪어야 하는 미움의 국제정치 때문이었죠.

그림 6

백남준의 '하나의 촛불, 촛불의 투영'
자료: 백남준아트센터(http://njp.ggcf.kr/).

6) 백남준의 촛불과 네 개의
한반도 그림자

　여섯 번째는 백남준의 말기 작품인 '하나의 촛불, 촛불의 투영One Candle, Candle Projections'이에요. 실제로 켜져 있는 하나의 촛불을 비디오카메라와 열두 대의 프로젝터로 어두운 전시실의 벽과 천장에 투영해서 붉고 푸르고 노란 촛불들이 방안을 가득 채우고 있어요. 살아 숨 쉬는 촛불 그림자의 아름다움 뒤에는 작은 촛불 하나가 켜져 있을 뿐이에요. 현대판 '플라톤 동굴'의 비유죠. 《중앙일보》와 《조선일보》에 7년 동안 써왔던 기명 칼럼을 2011년에 마무리하면서 쓴 마지막 칼럼의 제목이 "백남준의 촛불과 네 개의 한반도 그림자"('더 읽을거리 15' 참조)였어요. 글을 읽은 많은 분들이 무슨 말인지 잘 이해하기 어렵다는 평을 해주셨죠. 이 칼럼은 워싱턴 D.C.에서 열렸던 한반도 회의에 참석해서 미국, 중국, 러시아의 한반도 전문가들이 제각각 딴 이야기를 하는 와중에 머리를 식힐 겸 국립미술관을 들렀다가 마침 열리고 있던 백남준의 특별전을 보면서 쓴 글이에요. 커다란 방 전체에 촛불을 하나 켜놓고 조명 12개를 비춰서 방 전체가 촛불로 가득 차 있는 것을 보면서, 한반도의 남북한은 하나인데 주변 4대 강국이 비추고 있는 네 개의 다른 조명으로 네 개의 다른 한반도가 그려지고 있는 상황 속에서 나는 어떤 한반도를 그려야 하는가라는 생각을 했어요.

7) 빈센트 반 고흐의 교회와 국제정치이론

일곱 번째는 빈센트 반 고흐의 '오베르쉬르우아즈의 교회L'Église d'Auvers-sur-Oise'예요. 오베르쉬르우아즈는 고흐가 세상을 떠나기 전 마지막 석 달 동안에 77점의 그림을 그리며 창작혼을 불태우고 권총으로 자살한 후 동생과 나란히 흙무덤 속에 누워 있는 마을이죠. 그곳에 가면 파리의 오르세 미술관에 있는 그림의 교회를 실제로 볼 수 있어요. 실제 교회는 그림 같고, 미술관의 그림은 실제 교회 같아요. 이 그림을 보면 하늘 색깔도 실제보다는 지나치게 검푸르고 지붕도 지나치게 구부러져 있는데도 이상하게 현실보다 더 현실적으로 보여요. 관악에서 가르쳤던 국제정치이론의 첫 시간을 이 그림 이야기로 시작했어요. 현실을 이론화하는 작업에서 현실은 이론 같고 이론은 현실 같다는 관계를 말이나 글 대신 그림으로 가장 잘 보여줄 수 있다고 생각했기 때문이죠. 동시에 고흐의 교회 그림 같은 국제정치이론을 그리고 싶었죠.

그림 7

고흐의 '오베르쉬르우아즈의 교회'(왼쪽)와 실제 교회의 모습(오른쪽)
자료: Wikipedia.org.

8) 로버트 라우센버그의 '상태'와 구성주의

여덟 번째는 미국 팝아트의 선구자였던 로버트 라우센버그Robert Rauschenberg의 '상태Estate'(1963)라는 작품이에요. 1990년대 구성주의나 탈근대 지구정치론 등을 공부하려고 관련 서적들을 읽으면서 그의 작품을 처음 알게 됐고, 실물을 직접 본 것은 2010년 런던에서 열린 특별전에서였어요. 구성주의에 관한 수많은 책보다 한 편의 그림이 더 많은 이야기를 하고 있었죠. 흔히들 시대적 상황 변화를 가장 앞서가는 것은 음악이고 다음이 미술이며 그 뒤가 건축이라고 해요. 그런데 사회과학 중에서도 국제정치학 분야는 상대적으로 상상력이 빈곤한 이들이 질서 건축의 초보적인 노력을 하고 있어서인지 예술 분야보다 적어도 반세기는 늦게 변화를 시도하고 있어요. 예를 들어 구성주의

그림 8

로버트 라우센버그의 '상태'
자료: Robert Rauschenberg Foundation.

라는 표현도 예술에서는 이미 20세기 초부터 활발하게 사용했지만, 국제정치학에서는 20세기 말이 돼서야 본격적으로 등장하기 시작했죠. 즉, 라우센버그의 '상태'는 국제정치학에서 본격적으로 구성주의 논쟁이 시작되기 훨씬 전에 구성주의 시각에서 뉴욕을 그린 거예요. 근대인의 눈으로 보면 혼란스럽고 무질서한 화면밖에 안 보여요. 그런데 구성주의자의 눈으로 보면 뉴욕을 대표하는 건물, 상징을 화면에 복합적으로 칠하고 붙여서 뉴욕을 재구성하고 있음을 알 수 있죠.

9) 데이비드 호크니의 디지털 복합사진과 한반도

아홉 번째는 현대 팝아트의 거장인 데이비드 호크니David Hockney의 비디오 아트 'Nov. 7th, Nov. 26th 2010, Woldgate Woods, 11.30 am and 9.30 am'이에요. 이 작품은 영국 요크셔 집 앞의 올게이트 숲길을 아홉 개의 디지털 카메라로 연속 촬영해서 한 화면으

그림 6

데이비드 호크니의 'Nov. 7th, Nov. 26th 2010, Woldgate Woods, 11.30 am and 9.30 am'

자료: David Hockney / Guggenheim Bilbao.

로 재구성한 거예요. 호크니는 3차원의 입체를 2차원의 평면 화폭에 제대로 옮기는 방법을 궁리하다가 차 앞에 디지털 카메라 아홉 개를 붙여서 숲길을 계속 찍은 후에 눈이 온 날과 눈이 오지 않은 날의 숲길을 대비해서 아홉 개의 디지털 화면으로 두 화면을 구성한 거죠.

2012년에 스페인 마드리드에서 열렸던 세계정치학회에 참석했다가 돌아오는 길에 빌바오를 들렀어요. 포항 같은 철강의 도시인 빌바오가 문화의 도시로 성장하기 위해 유치한 전 세계에 네 개밖에 없는 구겐하임갤러리에서 마침 데이비드 호크니 특별전시를 하고 있었죠. 거기서 그의 많은 최근 작품들 중에 이 디지털 복합 사진을 본 거예요. 나도 모르게 옆에서 함께 작품을 보고 있던 전재성 교수에게 남북한을 이렇게 찍으면 어떻게 될까라는 이야기를 했어요. 미국, 러시아, 중국, 일본, 북한, 남한의 여섯 디지털 카메라로 싸울 때와 안 싸울 때를 찍어서 한반도의 모습을 입체화해 보자는 거였죠. 서울로 돌아와서 7·4 남북공동성명이 이뤄졌던 1972년과 남북이 갈등하는 2014년을 대비해서 찍기 위해 촬영기사들을 구했어요. 그중에 특히 1972년 북한을 찍을 촬영기사를 찾기가 어려웠어요. 결국 내가 감독 겸 1972년 북한의 촬영기사를 겸했죠. 동아시아연구원EAI에서 출판한

『1972 한반도와 주변4강 2014』[5]의 서문에 쓴 것처럼 그 책은 호크니의 작품에서 영감을 받아 시작된 거예요. 그래서 책 표지에 그의 작품을 사용하려고 했지만 너무 비싸서 포기했어요.

10) 토마스 사라세노의 '궤도 안에서'와 네트워크 국제정치

열 번째는 아르헨티나의 설치미술가 토마스 사라세노Tomas Saraceno의 '궤도 안에서In Orbit'(2014)라는 작품이에요. 독일의 빌레펠트에서 열렸던 2014년 세계개념사대회에 참석한 후 돌아오는 길에 뒤셀도르프에 있는 노르트라인 베스트팔렌 주립미술관 K21에 설치돼 있는 토마스 사라세노의 작품을 보러 갔어요. 20년 이상 거미줄에 깊은 관심을 가져온 사라세노는 거미 전문가, 건축가, 설치기술자들과 3년 동안 협력해서 미술관 5층 위의 높은 유리 천장 밑에 거대한 쇠줄 그물망을 쳤어요. 관람객들은 이 그물망을 단순히 쳐다보는 게 아니라 그 속으로 들어가야 해요. 개념사대회에 참석했던 10인이 한 조가 돼서 그물을 탔는데 네트워크에 관한 책을 수십 권 읽은 것보다 훨씬 실감났어요. 왜냐하면 네트워크를 제대로 이해하려면 거미가 돼야 하는데 실제 거미가 되긴 어렵잖아요. 그런데 우주복 같은 복장과 신발로 무장하고 40미터 상공의 거미줄을 걸어 다녀보니까 두 가지 느낌이 들었어요. 우선 열 명이 함께 거미줄을 타면서 흔드니까 혼자서는 균형을 잡기 어려워요. 네트워크 균형은 세력 균형보다 훨씬 복잡한 거예요. 그런데 내가 쉽게 통제할 수 없을 만큼 흔들려서 완전히 공포에 질릴 것 같은데 생각보다는 40미터 공중에 있다는 불안감이 없었어요. 그물이 촘촘하게 짜여 있어서 줄이 아니라 마치 천 같은 평면 위를 걷는

그림 10

토마스 사라세노의 '궤도 안에서'
자료: Hans Peter Schaefer/ Wikipedia.org.

느낌이었죠. 세력 균형이 흡사 외줄타기의 균형 잡기 같다면, 그물망 균형은 그네타기의 균형 잡기 같아서 떨어지지 않을 것 같은 생각이 들었어요. 이 체험은 네트워크를 생각하는 데 엄청난 도움이 됐어요.

11) 후지모토 소우의 '서펜타인 미술관 궁전 2013'과 복합세계정치학

열한 번째는 후지모토 소우Sou Fujimoto, 藤本壯介의 '서펜타인 미술관 궁전Serpentine Gallery Pavilion 2013'이라는 작품이에요. 2013년 여름 런던에서 하이드 파크에 산책하러 갔다가 우연히 바로 옆에 붙어 있는 켄싱턴 정원의 서펜타인 미술관에 들렀어요. 미술관 앞마당의 설치물을 보는 순간, 내가 고민하던 동아시아 복합 네트워크가 그대로 형상화된 듯한 느낌에 작은 충격을 받았어요. 서펜타인 미술관이 2000년부터 매년 전 세계에서 가장 주목할 만한 중견 건축가를 한 사람 선정해

그림 11

후지모토 소우의 '서펜타인 미술관 궁전 2013'

자료: Dominic Alves / Flickr.com.

서 미술관 앞마당에 6개월 동안 작품을 설치하게 해요. 후지모토 소
우가 당시 서펜타인 미술관이 선정한 가장 주목할 만한 중견 건축가
였던 거죠. 그는 세계적인 수준의 일본 건축학계를 대표하는 중견 건
축가의 한 사람인데, 도쿄대학 출신으로 이미 국제적으로 잘 알려져
있고 자기 나름의 건축철학에 관한 서적도 여러 권 출간했어요. 일본
은 건축의 노벨상이라는 프리츠커상을 2019년 현재 전 세계에서 가
장 많은 일곱 차례나 수상했을 정도로 건축 수준이 높아요.

　내가 이야기하는 복합세계정치론과 후지모토 소우의 복합건축물
은 비슷한 모습을 보여주고 있어요. 후지모토 소우는 과거에 아파트
를 설계하면서 안방이나 문간방의 거주자 모두가 편안하게 살도록 복
합아파트를 선보였어요. 그리고 자신의 건축철학으로서 숲의 철학을
강조하고 있어요. 숲에서는 크고 작은 나무들이 어울려서 사이좋게
자라고 심지어 숲길의 돌들도 살아서 숨 쉬는 것 같은 공생의 모습을

スペイン 바르셀로나에 있는 성가족 성당

자료: Bernard Gagnon / Wikipedia.org.

찾아볼 수 있다는 거죠.

12) 안토니 가우디의 '성가족
성당'과 동아시아 질서 건축의 미학

열두 번째는 안토니 가우디Antoni Gaudi(1852~1926)의 '성가족Sagrada
Familia 성당'이에요. '동아시아 질서 건축사' 공개 강연의 마지막 강의에
서 자세히 이야기했듯이 스페인의 세계적 건축가 가우디는 1882년부
터 1926년까지 40여 년 동안 대표작인 '성가족 성당'을 완성하는 데
모든 정성을 쏟았어요. 그가 전차에 치여 안타깝게 세상을 떠난 지
100주년인 2026년을 준공 목표로 하고 있는 성당의 건축사를 되돌
아보면서 들었던 생각은, 국제정치의 미래사 연구에서 중요한 것이

10강 꿈의 세계정치학   395

과학보다는 미학이라는 거예요. 1880년대에 가우디가 깔던 성당의 초석을 보고 2026년에 완성될 아름다운 성당을 미리 그릴 수 있게 해준 것은 과학적 분석이 아니라 미학적 판단이에요. 마찬가지로 동아시아 질서 건축이 얼마나 바람직하게 완성될 수 있는가를 미리 알기 위해서는 단순한 자연과학적 시나리오 전망이 아니라 흡사 떡잎을 보고 거목으로의 성장 가능성을 미리 판단할 수 있는 미학적 안목이 절대적으로 필요해요.

지금까지 소개한 12개의 작품들은 내가 읽었던 많은 글보다 훨씬 강하게 나의 국제정치학적 상상력을 자극했어요. 국제회의에 참석해서 수많은 발표와 토론을 해도 별다른 해답을 찾지 못해 답답한 마음으로 들렀던 미술관이나 박물관에서 의외의 작품과 만나 새로운 생각의 실마리를 찾았던 것은 축복이었죠.

3. 21세기 한국 국제정치학의 꿈

이런 방법들의 도움을 받아 한국 국제정치학은 본격적으로 꿈을 꾸어야 할 때예요. 근대 국제질서가 탈냉전과 함께 자기 한계를 극복하기 위한 문명사적 변환을 맞이해서 무대의 주인공들은 보다 본격적으로 새로운 꿈들을 꾸기 시작하고 있어요. 미국과 중국이 21세기 아시아태평양 신질서 건축을 주도하려는 가운데, 다른 주인공들도 질서 건축에 참여하고자 적극적으로 노력하고 있어요. 그중에도 우리가 특히 주목해야 할 것은 근대국가의 장점은 계속 살리되 단점을 보완하기 위한 복합국가 건설이라는 새로운 꿈의 설계와 실천이에요. 구체적으로 첫째는 근대국가를 새롭게 보완해서 새로운 문명표준으로 등장한 네트워크 국가의 건설이고, 둘째는 안보·번영·문화·생태균형의 4대 중심 무대, 기술·정보·지식의 기층 무대, 공치의 상층 무대로 구성된 3층 복합 무대의 건설이에요. 그리고 셋째로는 늑대로 상징되는 근대 연기와 거미로 상징되는 탈근대 연기를 복합화한 늑대거미의 새로운 연기가 필요해요.

1) 아태 공간의 5중 그물망 짜기

첫째, 네트워크 국가를 제대로 건설하기 위해서는 5중 그물망을 짜야 해요. 5중 그물망을 짠다는 것은, 기존 근대 국제질서의 주인공으로 근대국가의 시대는 가고 네트워크 시대가 왔다고 해서 근대 국제질서와 단절한다거나 전통 국가의 형태로 공간을 활용하는 것 둘 다 아니라는 거예요. 전통 천하국가와 근대 국민국가를 넘어서서 5중 그물망의 네트워크 국가는 먼저 공간을 얼마나 넓게 활용할 수 있느냐가 굉장히 중요하죠.

따라서 네트워크 국가의 5중 그물망 짜기에서 첫째로 상상력을 발휘해 우선적으로 확보해야 할 공간은 아시아태평양이에요. 흔히 공간 활용의 고민을 남북통일에서 시작하지만, 21세기 삶터를 제대로 마련하는 데 최우선순위로 두기에 남북은 너무 좁아요. 세계 4대 강국인 미국, 중국, 일본, 러시아에 포위돼 있는 통일 한국은 분단 한국보다는 분명히 낫지만, 여전히 답답한 운신을 해야 해요. 그동안 동아시아라고 불러왔던 우리 삶터를 아시아태평양으로 넓혀서 부를 필요가 있어요. 물론 이름이 자동적으로 현실을 만드는 것은 아니지만 현실을 꾸미는 데 중요한 영향을 미치죠. 동아시아의 원래 뜻은 아시아의 동쪽이잖아요. 중국에는 동, 서, 남, 북의 아시아가 있고, 그중에 한국이나 일본은 동아시아에 포함돼 있죠. 한국도 17세기 명청 교체기 이후 소중화라는 표현을 쓰면서 우리 중심으로 세계를 바라본 적이 있어요. 21세기 한국은 서쪽의 미국과 동쪽의 중국을 함께 품고 북쪽의 러시아와 유럽 그리고 남쪽의 동남아, 인도, 호주를 포함하는 아시아태평양 질서를 건축할 필요가 있어요.

① 미중 그물망

새로운 아시아태평양 질서의 논의를 위해, 1980년대에 등장한 친미론과 반미론에서 이야기를 시작해 보려고 해요. 냉전 시대의 절대적인 친미론에서 조심스럽게 반외세 자주론이 등장하기 시작했죠. 1990년대의 동아시아 담론이 등장하는 데는 이런 배경이 있었어요. 그런데 미국을 뺀 동아시아 담론은 우리 삶터를 스스로 지나치게 제약하는 측면이 있죠. 국제정치학자들의 상상력 빈곤을 하루빨리 극복해서 미중을 동시에 품는 것이 매우 중요해요.

개인적으로는 1980년대에 용미, 용외세론을 강조했고, 1990년대에는 미중 함께 품기를 강조했어요. 탈냉전 이후 중국의 부상과 함께 미중 관계는 대단히 빠르게 변화하고 있는데도 국내 담론은 여전히 연미연중의 원칙론에서 크게 벗어나지 못하고 있어요. 이제는 초보적 단계의 총론보다는 본격적인 복합외교의 각론이 하루빨리 필요해요. 미국은 21세기 기층 무대인 기술·정보·지식 무대에서 선두를 유지하면서 아태 신질서 건축의 주도권을 쉽사리 놓지 않을 것으로 예상되는 가운데 복합 설계도를 그리고 있어요. 한편 중국은 미국과는 신형 대국 관계의 원칙에 따라 화평발전을 유지하고, 주변국과는 신형 주변 외교의 원칙에 따라 국가 핵심이익을 최대한 확보하는 힘力의 국제정치, 일대일로의 이利의 국제정치, 그리고 친성혜용과 운명공동체라는 의義의 국제정치를 하려는 노력을 하고 있죠.

이런 상황에서 한국의 대미중 복합전략은 무대에 따라서 달라야 해요. 우선 군사 무대에서는 한국의 사드THAAD 배치 논쟁에서 보듯이 특별히 조심해야 해요. 미국은 이미 대중 군사 인공위성이나 레이더가 작동하고 있는데, 한국에 대북용 사드를 더 배치한다고 중국의 안보에 추가로 위협을 주는 것은 아니라는 입장이죠. 그러나 중국의 정부 당국자들은 사드 배치를 강하게 반대하고, 학자나 언론인들도 공식적으로는 정부 공식 견해를 대변해요. 미국과 중국이 한국의 사드 배치 문제를 둘러싸고 양국의 아태 질서 건축의 지평에서 예민하게 반응하는 가운데 한국은 사드 문제를 최대한 미중의 전략 대결 측면에서 벗어나 대북 방어적 시각에서 다루는 것이 중요해요.

모델스키는 세계체제 장주기 이론에서 기성 대국에 대해 신흥 대국이 부상하면 역사적으로 장주기의 첫 국면에서는 바로 군사력의 충돌이 일어나지 않았다고 설명하고 있어요. 세계대전 이후 등장한 기성 대국은 지구 차원의 중앙정부가 부재한 상황에서 공공재로서 세계질서를 생산하지만 사유재를 더 챙기게 되죠. 이에 따라 신흥 대국의 불만이 커지지만 여전한 군사력의 비대칭성 때문에 직접적인 군사적 충돌 대신에 치열한 정당성 전쟁이 벌어지게 된다는 거예요.

중국과 같은 신흥 대국은 기성 대국인 미국이 주도하는 세계질서 건축에서 미국과 지금 정면 승부를 벌이면 일방적으로 진다는 것을 누구보다 잘 알기 때문에 미국과 군사적으로 싸우지는 않아요. 그러나 비군사적 무대에서는 군사적으로 불붙지 않을 정도로 치열한 질서의 정당성 싸움이 벌어질 수밖에 없어요. 경제 무대에서 중국이 아시아인프라투자은행AIIB을 설립했을 때 미일은 가입하지 않았고 영국, 유럽연합, 한국은 가입했죠. 중국은 현재 아시아투자은행이 아시아개발은행ADB과 정면 승부를 할 수 있는 위치에 있지 않다고 인식해 협력을 강조하고 있어요.

따라서 군사 무대에서는 힘의 논리가 작동하고 있으므로 한국은 미중의 갈등을 심화시키지 않고 긴장을 완화시키도록 최대한 노력하고, 경제 무대에서는 경쟁과 협력의 논리가 작동하고 있으므로 조심스럽게 손익계산을 해서 공동 번영할 수 있는 방향으로 노력해 나가야 해요. 그리고 환경, 문화, 지식, 통치 같은 신흥 무대에서는 중견국으로서 적극적인 역할을 해야죠.

② 한반도 그물망

21세기 미중 문제 다음으로 우리 삶에 절실한 것은 냉전 이래 갈등 관계에서 벗어나지 못하고 있는 남북한 문제의 해결이에요. 19세기에 근대 국민국가 건설에 실패해 망국의 설움을 뼈저리게 겪었던 한반도가 21세기에 기성권력과 신흥권력의 신질서 건축을 선도할 수 있는 국가를 성공적으로 건설하기 위해서는 밀린 숙제인 한반도 통일 문제를 새롭게 풀어야 해요. 20세기가 닫힌 통일론의 세기였다면, 21세기는 열린 통일론의 세기예요. 열린 통일은 단순히 남과 북이 하나로 일통一統하는 것이 아니라 한반도의 외세, 내세 모두와 전통全統하는 것이어야 해요.

분단 한반도를 열린 형태로 통일하기 위해서 풀어야 할 당면 과제는 북핵 문제의 해결이에요. 북한의 비핵화 문제를 해결하기 위한 북미 제네바 기본합의(1994)와 6자회담을 통한 베이징 공동성명(2005) 등의 노력이 있었지만, 북한은 2006년 첫 핵실험에 성공한 이래 여러

차례 추가 핵실험을 거쳐 실질적인 핵무기 보유 국가가 됐죠. 이런 현실에서 북한 비핵화 문제는 커다란 난관에 직면해 있어요. 북한은 미국의 대북 적대시 정책 때문에 핵무기를 개발한 것이므로 미국이 먼저 체제 보장의 진정성을 보여주기 위해 북미 간 평화협정을 체결하고 핵군축협상을 통해 쌍방의 핵무기를 감축하자는 주장을 하고 있어요. 그러나 미국은 북한의 반복된 비핵화 약속 불이행 때문에 평화협정 체결에 앞서 비핵화의 진정성을 보여주는 신고와 검증 조치를 취해야 한다고 주장하고 있죠. 비핵화와 평화협정이 팽팽하게 맞선 가운데, 중국은 타협책으로 북한 비핵화와 평화협정을 병행 추진하자는 중재안을 내놓고 있어요.

그러나 비핵화와 평화협정을 병행 추진하려 해도 두 가지 진정성 문제에 직면해요. 우선 한국과 미국 및 관련 당사국 입장에서는 북한 비핵화의 진정성을 믿을 수 있으려면 과거와는 달리 현재 북한이 핵시설, 핵물질, 핵무기를 모두 신고하고 국제 사찰을 받고 최종적으로 완전 비핵화해야 한다고 봐요. 그러나 북한은 관련 당사국들의 북한 체제 보장에 대한 진정성을 믿을 수 없기 때문에 최소한의 핵억지력을 먼저 포기할 수 없다는 입장이죠. 따라서 북한은 단계별 비핵화 협상을 요구해요. 더 복잡한 것은 평화협정의 진정성 문제예요. 북한은 국제법이 제대로 준수되지 않는 국제정치 현실에서 평화협정의 진정성을 위해서는 미국 핵자산의 한반도 및 주변 지역 배치 금지와 같은 가시적 조치가 필요하다는 입장이죠. 한편 한국과 미국은 북한의 이런 요구의 진정성에 대해 조심스러워해요. 왜냐하면 최근 공개된 동유럽 외교문서에서 1972년 7·4 남북공동성명 당시 북한이 추진한 평화 공세가 한반도 통일을 위한 3대 혁명 역량 강화의 일환으로 남한 혁명 역량 강화와 주한 미군 철수를 목표로 했다는 것이 확인됐기 때문이에요. 따라서 현재의 평화협정 제안이 과거의 제안을 반복하고 있는 것이라면, 관련 당사국들은 현실적으로 이를 논의하기 어렵죠.

이런 어려움 속에서, 핵심 당사국인 한국으로서는 북핵 문제의 해결을 위해 어떤 새로운 구상을 마련하고 또 실천에 옮겨야 하느냐 하는 어려운 과제가 남아요. 북한의 비핵화를 위해서는 제재, 억지, 관여, 자기개혁의 4중의 복합적 노력이 필요해요. 우선 핵무기 생산 비용의 극대화를 위해 국제 제재를 통한 지속적인 압박은 불가피하죠. 다음으로는 핵무기의 효용성을 무효화하기 위한 억지 능력의 강화가 필요해요. 방어가 상대방의 공격을 사후에 막는 것이라면, 억지는 상대방이 감당할 수 없는 보복의 위협으로 공격을 사전에 막는 거예요. 그다음으로 요구되는 것은 비핵화의 이익을 극대화하기 위해 적극적인 관여로 진정성 있는 체제 보장과 지구적 경제 지원을 이끌어내는 것이죠. 마지막으로는 무엇보다도 비핵화를 결단하기 위한 북한의 정치적 자기개혁이 중요해요. 이런 4중적 노력이 관련 당사국들의 공조 속에 복합적으로 이뤄질 수 있을 때 비로소 북핵 문제를 평화적으로 해결할 수 있어요.

북한이 비핵화 경제 발전의 병진노선을 본격적으로 추진할 수 있게 되면 다음 단계로서 『북한 2032』(2010)[6]에서 강조했듯이 21세기 북한 선진화를 위한 노력을 본격화하면서 동시에 안과 밖으로 열린 통일 형태의 새로운 남북 관계를 마련해야 해요.

③ 지구 그물망

세 번째는 지구 공간이에요. 21세기 그물망 통일을 이룬 한국은 21세기 아태 질서의 복합화를 위해 중견국의 역할을 수행하면서 명실상부한 지구화를 통해 삶터를 더욱 확대해 나가야 하죠. 21세기의 세계화는 이미 찬반의 대상 아니라 필수예요. 다만 구미 일부에서 논의하는 것처럼 단순하게 지구적 이익을 위한 지구화, 근대의 뼈아픈 체험처럼 단일 국가 이익의 지구적 확대라는 국제화, 또는 세계 자본주의의 명분론으로서 지구화가 돼서는 안 되겠죠. 한반도, 아태, 그리고 지구 이익을 동시에 충족시킬 수 있는 한국적 세계화의 모습을 갖춰야 해요.

④ 사이버 그물망

네 번째는 사이버 공간이에요. 인터넷이 1990년대에 접어들어 본격적으로 대중화의 길에 들어서면서 사이버 공간은 폭발적으로 성장하고 있어요. 신흥의 사이버 공간이 기성의 현실 공간과 만나 새롭게 만들어내는 복합 공간을 적극적으로 확보해 나가야 하죠. 한반도가 아프리카 중앙에 위치해 있었다면 주변 국가들로부터 당연히 대국으로 인정받았을 거예요. 그런데 동북아의 한국은 주변 4대 강국에 둘러싸인 중견국이에요. 이런 물리적 공간의 한계성을 극복하기 위해서 특히 사이버 공간을 최대한 활용해야 해요. 다행히 사이버 공간을 만들어내는 첨단 정보기술의 하드웨어 분야에서는 한국이 스마트폰이나 컴퓨터에서 보듯이 선두 주자들과 어깨를 나란히 해서 열심히 달리고 있어요. 그러나 사이버 공간을 제대로 확보하기 위해서는 무엇보다 소프트웨어를 키우려는 노력이 중요하죠.

⑤ 국내 그물망

다섯 번째로 국내 공간의 그물망 짜기가 중요해요. 21세기는 근대국가 공간의 전성기에서 초국가 공간과 함께 국내 공간과의 복합적 공존기로 변모하고 있어요. 따라서 국내의 다양한 정치·사회 세력들을 더욱더 긴밀하게 그물망으로 연결해서 사실상 거래비용이나 정보 비용을 최소화하는 가운데 명실상부한 국내 차원의 복합국가를 완성해야 해요.

2) 3층 복합 무대 건설

둘째, 근대국가의 장점을 살리고 단점을 보완한 5중 네트워크 국가는 근대의 부국강병이라는 단순 무대의 안보와 번영에서 중심성을 확보할 수 있어야 할 뿐만 아니라 21세기의 3층 복합 무대를 건축해야 해요. 한반도의 군사적 긴장과 동아시아의 불안정 속에서 확고한 비핵 안보 체제를 구축하고 병행해서 한반도 평화 통일 체제를 모색하고, 지속가능한 경제 발전과 복지를 동시에 추진해야 해요. 이에 더해서 기성 중심 무대의 단점을 보완하기 위한 문화·생태균형 무대, 정보·지식 무대의 기층 무대, 그리고 공치 무대의 상층 무대를 신흥 무대로 건축해야 해요.

① 중심 무대

서양의 근대 국제질서는 유럽 중세가 겪고 있던 죽음과 빈곤 문제에 대해 국가를 중심으로 새로운 노력을 기울여서 상당한 성과를 거둬요. 그러나 국가가 부국과 강병의 두 무대만 잘 챙기면 충분히 근대적 숙제를 풀 수 있으리라고 기대했지만, 지구 차원의 중앙정부 없이 개별 국가가 각생 형태로 군사력 증강을 계속한 결과 두 차례의 세계대전을 치러야 했죠. 경제 무대의 치열한 각축은 1930년대의 세계경제공황을 불러왔어요. 그래서 다보탑 모델의 2층에 해당하는 중심 무대에서는 근대의 부강 무대를 새롭게 개축한 안보와 번영의 무대를 건축하고, 동시에 근대 무대의 자기 한계를 적극적으로 극복하기 위해 문화와 생태균형 무대를 새롭게 보완하고 있어요.

② 기층 무대

중심 무대의 밑에는 21세기의 기반층으로서 정보·지식 무대가 신흥 무대로서 빠르게 부상하고 있어요. 인간 삶의 양식에 가장 결정적인 영향을 미치는 기반층은 시대에 따라 변해왔어요. 기원전후 시기에는 종교가 기층 무대였죠. 서양의 기독교, 동양의 유교, 도교, 불교 등이 비슷한 시기에 역사에 등장한 것은 매우 흥미로워요. 유럽이 정치혁명을 겪었던 근대 초기에는 정치가 기층 무대였죠. 19세기 유럽의 산업혁명 시기에는 마르크스가 강조한 것처럼 경제가 기반이었어요. 그런데 21세기에는 첨단기술혁명과 함께 정보·지식 무대가 기층 무대의 역할을 하고 있죠. 이에 따라서 초지능, 지구뇌, 그리고 특이성 논의들이 본격화되고 있어요.

그런데 이런 논의들을 보면서 첫 강의에서 이야기했던 루소를 다시 생각하게 돼요. 루소는 『에밀』에서 하나님이 인간을 창조하실 때 인간이 개인인 동시에 인류로서 살아남아야 하므로 최소한의 자기 사랑amour de soi과 타자 사랑pitié의 능력을 주셨다고 강조하죠. 특히 타자 사랑은 타자의 어려움을 함께 느끼면서 생겨나는 것으로 묘사하고 있어요. 잘난 사람을 못난 사람이 사랑하는 것은 쉽지 않잖아요. 자기 사랑과 타자 사랑이라는 두 능력이 제대로 작동하는 데 결정적으로 중요한 것은 이성과 감성의 조화인데, 루소는 이성이 경쟁애를 위해서 오용되면 안 되고, 이성이 자기애와 타자애의 도구로 봉사해야 한다고 강조하죠. 이런 원칙을 개인에서 국가 영역으로 확대하면, 감성의 조국애와 이성의 사회계약에 의해서 이뤄지는 일반의지가 핵심을 이루게 돼요. 루소는 그중에도 시민종교로서 조국애를 강조해요. 그런데 국가에서 다시 국제 영역으로 확대하면, 이성적으로 사회계약을 생각할 수 있어도 오늘날 인터넷 시대처럼 서로 마주볼 수 없기 때문에 지구애가 싹트기는 어렵다고 생각했죠. 루소는 기본적으로 사랑은 눈을 통해서 이뤄지므로 눈 맞춤이 필요하다고 생각했어요.

최근 빠르게 진행되고 있는 지구뇌 프로젝트 중에 인공지능 분야에서는 기계지능이 인간지능과 대등한 수준이 되는 인공일반지능을 거쳐 인간지능을 능가하는 초지능으로 발전할 것으로 기대하고 있어요. 인간이 기계를 다루던 시대에서 이제는 점점 기계가 인간을 다루는 특이성 시대로 옮겨가기 시작한 거죠. 그러나 특이성 시대는 새로운 고민을 불러일으키고 있어요. 루소는 250년 전 『에밀』에서 자기애가 아니라 경쟁애를 기반으로 하는 도구적 이성의 남용이 가져올 비극을 예언했어요. 지구애 없는 인공지능의 발전이 계속되면 인류는 행복이 아닌 불행한 삶의 나락으로 굴러떨어질 것이기 때문에 지구애 있는 지구뇌를 강조한 거죠. 이런 루소의 고민을 이어서 20세기 상반기에 피에르 테일라르 드 샤르댕Pierre Teilhard de Chardin[7]은 물리, 생물에 이어 정신권역noosphere의 필요성을 강조했어요. 21세기에 들어서서, 프랜시스 헤일리겐Francis Heilighen[8] 등이 주도하는 지구뇌 논의는 더욱더 활발히 진행되고 있어요.

③ 상층 무대

중심층의 위에는 중심 무대와 기층 무대를 21세기의 새로운 질서에 가장 적합하게 복합적으로 다루는 공치 무대가 필요해요. 특히 21세기 아태 신질서 건축에서는 유럽에 비해 아직까지 근대 국제질서의 청춘기를 겪고 있으므로 근대 무대의 자기모순을 성공적으로 극복해야 하고, 동시에 21세기의 신흥 무대를 최대한 혁신적으로 받아들이기 위한 공치적 노력이 중요해요.

3) 복합 연기

셋째, 근대의 단순 연기를 넘어선 복합 연기가 필요해요. 대학까지는 삶을 준비하기 위한 앎을 배우는 시간이기 때문에 삶보다 익숙한 앎을 가장 중요하게 생각하지만, 사실 앎도 삶을 위해서 필요한 거죠. 그리고 삶을 위해서는 동시에 꿈과 함이 대단히 중요하죠. 함은 무대에 등장해서 펼치는 주인공의 연기를 통해서 드러나요. 근대적 연기의 핵심은 "인간은 인간에게 늑대다homo homini lupus"라는 홉스의 표현처럼 늑대로 요약할 수 있어요. 그리고 탈근대적 연기의 핵심은 그물망을 치는 거미에서 찾아볼 수 있죠. 따라서 근대와 탈근대가 복합화된 오늘의 현실에서는 근대의 늑대와 탈근대의 거미의 속성을 동시에 보여주는 늑대거미의 복합 연기를 해야 해요.

또한 복합화 시대에 적합한 연기는 자신의 삶을 위한 자기조직화를 끊임없이 하면서 타자와 공진하는 거예요. 이것을 내 언어로 표현하면 사랑이에요. 루소는 진정한 의미의 사랑이 결국 나도 살고 너도 살고 그래서 우리도 사는 가운데 싹트는 것이라고 믿었어요. 너를 위해 내가 사는 것이 사랑이라고 이야기할 수도 있지만, 루소적인 사랑은 나와 네가 한마음 한뜻으로 같이 살아서 우리 모두가 살아남는 거죠. 즉, 공생적인 관계가 이뤄지는 거예요. 현대 진화생물학을 살펴보면 공동 진화의 대표적인 예로 벌새와 꽃의 관계를 들어요. 5센티미터 정도 크기의 아주 작은 새인 벌새는 꽃의 꿀을 빨아 먹기 위해 시간의 흐름에 따라 부리가 점점 길어졌어요. 한편 어떤 꽃은 벌새를 통한 암수 자웅의 결합을 위해 꿀벌이 아니라 벌새가 좋아하는 꿀을 만드는 변화를 보이기도 했죠.

냉전을 아직 졸업하지 못한 남북한 관계는 단순히 제재나 억제 그리고 외교만으로 풀 수 없어요. 결국 최종적으로는 북한 스스로 새로운 자기 조직화의 노력과 동시에 한국을 비롯한 관련 국가들의 공동 진화가 필요하죠. 미국과 중국이 신질서 건축을 놓고 각축을 벌이고 있는 아시아태평양에서는 근대적 연기가 여전히 주도하고 있는 가운데 탈근대적 연기의 필요성이 빠르게 증가하고 있어요.

19세기 국제질서의 문명표준이었던 군사, 경제, 국민국가를 제대로 건설하지 못했던 한반도는 20세기 초반 역사의 무대에서 내려와야 했죠. 19세기의 불행했던 역사를 반복하지 않고 21세기 신질서에서 역사의 주인공이 되려면, 한반도의 정치·사회 중심 세력들이 주인공, 무대, 연기의 새로운 복합을 선도하는 적합국가 건설이라는 확고한 비전을 제시하고, 국내외 역량을 최대한 효율적으로 활용해서 비전을 실천에 옮길 수 있어야 해요.

4. 중견국 한국의 꿈

첫 강의를 사랑의 국제정치학에서 시작했지만, 이런 꿈이 현실화되는 것은 쉽지 않죠. 돌이켜보면 나는 지난 50년 동안 상대적으로 많은 시간을 미움과 폭력의 국제정치를 공부하는 데 썼어요. 왜냐하면 근대 국제정치 드라마의 개별 국가들은 국가 이익을 위해 치열한 힘의 각축을 벌이면서 나와 네가 우리가 되어 함께 사는 사랑의 국제정치보다는 생존의 딜레마에 직면하게 되는 미움과 폭력의 국제정치를 겪게 될 위험성이 더 크기 때문이었어요. 과거 의존적인 미움의 국제정치의 현실을 잊지 말아야겠지만, 미래 의존적인 사랑의 세계정치의 꿈을 버려서는 안 되죠. 현실은 나와 네가 배타적인 경쟁 속에서 살고 있지만, 미래에는 자기애와 연민을 결합해 나와 너를 포함하는 우리가 함께 사는 복합질서를 건축해야 해요. 그리고 이런 삶을 한반도, 아시아태평양, 그리고 지구 공간에서 펼쳐나가는 꿈을 한 학기 동안 여러분과 함께 꾸고 싶었던 거죠.

여러분의 새로운 발상력이 주변국의 젊은 세대들로 하여금 새로운 생각을 하게 만들고 새로운 삶을 실천할 수 있도록 만들 수 있어요. 19세기 후반 한국의 젊은이들은 일본의 동년배를 만나서 상당히 당황했어요. 일본의 젊은이들이 근대국가라는 새로운 틀에서 생각하고 행동했기 때문이죠. 반대로 지금 일본이나 중국의 친구들을 만나서 한국의 젊은이들이 그들의 생각과 행동을 손잡고 이끌 수 있다면, 그것은 국토가 넓거나 인구가 많아서가 아니라 21세기적 발상력 덕분일 거예요.

21세기의 대표적인 경쟁으로 지구적 두뇌와 마음의 결합이라는 새로운 상상력의 싸움이 전 지구적 차원에서 치열하게 벌어지고 있어요. 한국도 단순히 스마트폰 같은 첨단 정보기기 생산을 넘어서서, 지구적 두뇌와 마음을 결합해 보려는 새로운 지식 창조에 과감히 뛰어들어야 해요. 21세기를 주도할 세대인 여러분의 미래는 활짝 열려 있어요. 21세기 한국이 새로운 문명표준을 이끌어갈 수 있을지 여부는 여러분의 머리와 가슴에 달려 있어요.

지금까지 경청해 줘서 고마워요. 또 만나요.

21세기 아태 신질서 건축: 신흥 주인공과 무대

자료: 하영선·김상배 엮음, 『신흥무대의 미중 경쟁: 정보세계정치학의 시각』(파주: 한울, 2018).

21세기 한국의 삶은 새롭게 재건축되고 있는 아시아태평양(아태) 질서 속에서 문명사적 변환을 맞이하고 있다. 따라서 21세기 한국은 새로운 공간 개념을 필요로 하고 있다. 한국은 역사적으로 중국 선진 시대 이래 오랫동안 전통 천하질서를 겪었으며 19세기 중반 이후에는 서구 근대 국제 정치질서와의 만남 속에서 새로운 변환을 모색해야 했다. 20세기 중반 이후 반세기 동안에는 미국과 소련이 주도하는 냉전질서 속에서 생존과 번영을 추진했다. 한국이 21세기에 들어서서 새롭게 맞이하고 있는 아태 질서는 주인공, 무대, 연기의 측면에서 과거와는 다른 모습을 보여주고 있다. 그 속에서 동쪽의 미국과 일본, 서쪽의 중국, 그리고 북쪽의 유럽과 러시아, 남쪽의 인도, 동남아, 대양주를 동시에 초유동적으로 품어야 하기 때문에 이 글에서는 냉전 시기의 동북아, 중국 중심의 동아시아, 미국 중심의 인도태평양(인태)보다는 한반도를 중심으로 해서 동서남북을 모두 품는 아태 질서라는 공간 개념을 사용하겠다.

아태 신질서의 기성 주인공인 미국은 오바마 행정부 당시 아태 신질서 건축을 위해 아태 4.0의 새로운 운영체계를 마련하고 구체적으로 정치, 안보, 기술, 안보 앱app 개발을 시도했다. 뒤를 이은 트럼프 행정부는 '미국 우선주의America First'와 '힘을 통한 평화Peace through Strength' 중심으로 인태 질서의 설계를 수정하고 있다. 신흥 대국으로 부상한 중국의 시진핑 정부는 2017년의 제19차 당대회에서 그동안 강조해 왔던 '신형 국제관계'와 '운명공동체'를 향후 5년의 설계도로 제시하고 있다. 이에 따라서 아태 질서의 신형 국제 관계를 적극적으로 추진하게 될 것이다.

그러나 아태 신질서가 21세기 새로운 문명표준에 최적화되기 위해서는 단순히 미국과 중국뿐만 아니라 무대의 모든 출연자들이 21세기 안보, 번영, 문화, 생태, 지식, 공치共治의 신흥 무대에서 함께 경쟁하고 협력하는 동시에 공생하기 위한 공동 진화의 설계도를 마련하고 실천에 옮기려는 노력이 필요하다.

1. 아태 신질서 건축: 기성 대국 미국과 신흥 대국 중국

1990년대 초 소련의 해체에 따른 냉전질서의 종결로 자연스럽게 미국이 주도하는 자유주의 국제질서의 도래가 예상되었으나 예측은 빗나갔다. 대규모 전쟁을 방불케 하는 지구 테러의 발생, 1930년대 경제공황에 버금가는 경제위기의 반복, 생태 불균형의 심화, 문화 갈등의 격화, 혁명적인 기술혁신, 지구적 통치의 부재가 복합적으로 세계질서의 문제를 심화시킴에 따라 기성 대국 미국과 새롭게 부상하는 신흥 대국 중국은 아시아태평양 공간에서도 각자 새로운 질서를 설계하기 시작했다.

미국의 힐러리 클린턴 국무부 장관은 2011년 《포린 폴리시》에 기고한 「미국의 태평양 시대」에서 미국의 아시아태평양 지역 재균형 전략rebalance strategy을 처음으로 소개했다.1) 재균형 전략은 6대 행동 방침으로 양자 안보동맹 강화, 중국 등 신흥 세력과의 관계 강화, 지역 다자기구 참여, 무역과 투자 확대, 광범위한 해외 주둔군 유지, 민주주의와 인권의 증진을 들었다. 특히 클린턴 장관은 "우리는 중국과 미국 사이에 서로 두려움과 오해가 존재한다는 것을 잘 알고 있다. 미국 일부에서는 중국의 부상을 미국에 대한 위협으로 여기며, 중국 일부 역시 미국이 중국의 성장을 막으려고 한다고 생각한다. 우리는 그러한 견해를 받아들이지 않는다. 번영하는 미국이 중국에 유익하고 번영하는 중국이 미국에 유익하다는 것은 기정사실이다"라고 말했다.

미국의 버락 오바마 대통령은 2014년 웨스트포인트 육군사관학교 졸업식에서 다음과 같이 축사를 하면서 자신감을 밝혔다. "미국은 단연코 세계 최강의 국가입니다. 미국이 쇠퇴하고 있다는 주장은 역사를 잘못 이해하고 있거나 당파 정치에 휩쓸린 사람들의 억측일 뿐입니다. 세계 어느 국가도 미국의 국방력을 따라오지 못합니다. 따라서 미국이 외부의 어떤 국가의 위협에 노출될 가능성은 현저히 낮으며, 실제로 우리가 냉전 시기에 겪었던 위험 수준에 미치지도 못할 것입니다. 또한 우리 경제는 전 세계에서 가장 역동적이며 우리의 기업들은 전 세계에서 가장 혁신적입니다. 해를 거듭할수록 미국의 에너지 자립도 또한 높아지고 있습니다. 유럽에서 아시아에 이르기까지 미국은 세계 역사상 어떤 국가도 필적할 수 없는 초강대국으로서 동맹의 중심에 있습니다."2)

오바마 행정부의 말년인 2016년 10월에 국무부 아태차관보 대니얼 러셀Daniel R. Russel은 전략 및 국제문제연구소CSIS의 '아시아 건축 회의Asia Architecture Conference'에서 오바마 행정부를 잇는 다음 정권의 아태 지역 전략을 위해 '아시아태평양 4.0, 아태 지역 운영체제AP 4.0, an Operating System for the Asia- Pacific Region'라는 제목으로 강연을 했다.3) 러셀 차관보는 아시아태평양 1.0을 냉전의 출발 시기로 잡고, 아시아태평양 2.0을 1967년 동남아시아 국가연합ASEAN이 시작된 시기로, 아시아태평양 3.0을 아시아태평양 경제협력체APEC가 형성된 1989년부터 미국과 러시아가 동아시아정상회의EAS에 포함된 2011년을 전후한 시기로 분류하고 있다. 아시아태평양 4.0은 네트워크의 연결성을 담보하고 새로운 앱을 담아내는 플랫폼으로, 러셀은 이를 위한 다섯 가지 구성 요소를 설명했다.

첫 번째는 안보 앱으로서 포괄적 안보 네트워크 개념을 제시했다. 이 앱에서는 테러리즘과 초국경적 위협에 대응하고 국제행동의 규범을 형성하는 데 함께 기여하는 동맹과 파트너 국가들과의 연계를 강조하고 있다. 두 번째는 경제 앱으로서 APEC과 환태평양경제동반자협정TPP과 아시아인프라투자은행AIIB을 설명하고 있는데, 미국의 국가 이익을 고려할 때 TPP는 반드시 진행되어야 할 전략이므로 우여곡절을 거치더라도 진척될 것으로 예상했다. 또한 중국이 주도하는 AIIB에 대해서는 본격적인 투자가 이뤄지지 않고 있었기 때문에 조심스러운 입장을 견지하면서, 건축의 개방성과 공유 원칙이라는 두 조건이 어떻게 충족되는지에 따라 상호 보완적으로 공존할 가능성 여부가 결정될 것으로 전망했다. 세 번째는 기술 앱으로서 정보기술혁명에 따른 지식기반 디지털 경제와 인구 문제를 들고 있다. 네 번째는 환경 앱으로서 기후변화와 관련해 역사적인 합의가 최근 타결되었기 때문에 중요하다고 본다. 마지막은 건강 기반 앱으로서 사스SARS나 에볼라 등에 대한 대응을 꼽고 있다.

'미국 우선주의'와 '힘을 통한 평화'를 세계질서 운영의 2대 원칙으로 내걸은 트럼프 행정부는 2017년 연말에 발표한 국가안보전략 보고서National Security Strategy Report, 2018년 초에 발표한 국가방어전략 보고서National Defense Strategy Report of the United States, 핵태세 재검토Nuclear Posture Review 등을 통해 오바마 행정부의 아태 재균형 정책을 보완하는 인태 재균형 정책을 제시했다.[4]

첫째, 오바마 행정부는 중국을 미국과 동맹을 위한 잠재적 파트너 국가로 평가했으나, 트럼프 행정부는 "중국, 러시아와 장기 전략경쟁은 현재와 미래의 미국 안보와 번영에 미치는 위협의 크기 때문에 미국 국방부의 기본 우선 목표이며 보다 지속적인 투자 증가를 필요로 한다. 동시에 국방부는 북한이나 이란 같은 깡패국가rogue regime들을 억제하고 반격하려는 노력을 유지할 것이며, 테러의 위협을 물리치고, 이라크와 아프가니스탄에서 올린 성과를 견고화할 것"이라고 밝히고 있다.

둘째, 오바마 행정부는 아시아태평양의 동맹 강화를 강조했으나, 트럼프 행정부는 "자유롭고 개방된 인도태평양 지역이 모두에게 번영과 안보를 가져다주므로 미국은 인도태평양의 동맹과 파트너들을 강화시켜 안정을 유지하고 공유영역의 자유 접근을 확보할 것이다. 인태 지역의 핵심 국가들과 함께, 미국은 양자와 다자 안보 관계를 함께해서 자유롭고 열린 국제체제를 유지할 것"이라고 언급하고 있다.

셋째, 트럼프 행정부는 오바마 행정부보다 군사력의 중요성을 훨씬 더 강조하고 있다. 특히 기존 전투 국면에서 미국의 군사력 우위가 상대적으로 쇠퇴하는 가운데 미국은 첨단 군사기술 혁신의 도움으로 육지, 바다, 공중, 사이버, 우주 공간을 동시적으로 활용하는 '다국면 전투전략multi-domain battle'을 중시하고 있다. 과거처럼 광대한 해상이나 상공을 더 이상 통제할 수 없다는 것을 인식하고, 인태의 '다국면 전투전략' 아래 해군과 공군력을 강화시킬 수 있는 지상·우주·사이버 군을 동시에 동원해 우위를 지킨다는 것이다.

넷째, 미국은 에너지 안보, 경제 발전, 환경보호의 균형 있는 접근을 계속해서 추진할 것이다. 미국은 경제를 확대하면서 동시에 전통적인 환경오염과 기후변화를 감소시키는 데 지구적 선두주자로 남을 것이다.

다섯째, 트럼프 행정부는 미국의 안보와 번영에 결정적으로 중요한 국가안보 혁신기반National Security Innovation Base ― 학계, 국립 연구소, 사설기관의 지식·능력·인력의 미국적 그물망 ― 을 경쟁국으로부터 지켜낼 것을 강조하고 있다.

한편, 중국의 시진핑 주석은 2017년 10월 제19차 당대회에서 1단계로 2020년부터 2035년까지 2020년에 완성하게 될 전면적 소강사회를 기반으로 사회주의 현대화를 달성하고, 2단계로 2035년부터 2050년까지 사회주의 현대화 강국을 건설하겠다고 밝혔다. 그리고 향후 외교정책의 기본 방향으로 그동안 이미 강조해 온 '신형 대국 관계'와 '신형 주변국 관계'로 구성되는 '신형 국제 관계', '운명공동체' 건설을 다시 한번 강조했다.[5] 이러한 신형 국제 관계는 이미 시진핑 1기에 형성된 것으로, 중국 외교정책의 첫 번째 원칙인 중미 신형 대국 관계에는 첫째, '분쟁 혹은 전쟁 방지不冲突, 不对抗', 둘째, '상호존중相互尊重', 셋째, '공영을 위한 협력合作共赢' 등이 있다. 이는 중국이 적어도 2021년까지는 미국에 대해 도광양회韜光養晦 전략을 유지할 것임을 보여준다. 중국은 21세기 전반기에는 군사적 대결은 회피하고 경쟁과 협력의 경제 관계에 주력하면서 아시아태평양 지역에서 새로운 지역질서를 구축하고 정통성을 확보하는 데 역점을 두고 있다.

중국 외교정책의 두 번째 원칙인 신형 주변국 외교는 첫째, '의義'의 국제정치로서 친親, 성誠, 혜惠, 용容의 네 가지 핵심 가치를 기반으로 한다. 그리고 장기적인 목표로서 시진핑은 주변국과 '아시아 운명공동체' 건설이라는 용어를 사용하고 있다. 둘째는 '이利의 국제정치'로서 새로운 실크로드 경제벨트와 21세기 해상 실크로드를 골자로 하는 개발전략인 일대일로一帶一路 정책을 추진하고 있다. 셋째는 '힘力의 국제정치로서 주변국 외교를 수행하는 과정에서 3대 핵심이익을 군사력을 동원해서라도 적극적으로 확보할 것을 강하게 천명하고 있다. 그 구체적인 내용은 첫째로 중국의 기본 제도와 국가 안전을 유지·보호하며, 둘째로 국가주권과 영토를 완전히 갖추고, 셋째로 중국 경제와 사회의 지속적인 안정과 발전을 추진한다는 것이다.

특히 남중국해의 영토분쟁, 한반도의 북핵 위기, 일본과의 영토분쟁 같은 위험이 존재하는 동아시아 지역에서, 중국은 신형 대국 관계와 신형 주변국 외교를 하나로 결합한 신형 국제정치 원칙을 추진하려고 한다. 따라서 중국 정부는 최근 남중국해의 영토분쟁에서도 영토주권과 해양에서의 권리와 이익, 국가 통합 문제에 집중하면서 동시에 미국과 직접적인 대결을 피하고 있다.

'신형 국제 관계'에 대해 외교부장 왕이王毅는 2015년 3월의 강연6)과 2016년 6월의 글7)에서 좀 더 자세히 해설한 바 있다. 왕이는 국제체계 형성사를 중국적 시야에서 언급하며, 300여 년 전 베스트팔렌 조약을 전후로 중요한 변화가 있는 것으로 본다. 그다음에는 나폴레옹 전쟁부터 제1차 세계대전까지의 시기로 나누고, 양차 대전의 혼란기를 거쳐 1945년 국제연합UN체제에 따라 새로운 국제질서의 변화에 상응하는 국제체계가 자리 잡았다고 보고 있다. 그리고 70여 년이 흐른 최근, 다시 한번 무질서의 위험을 맞아 중국이 제시하는 새로운 이념

으로서 '신형 국제 관계'를 제시하고 좀 더 구체적으로 정치·경제·안전·문화 무대를 강조하고 있다.

첫째, 정치 무대에서는 지구적 동반 관계 네트워크를 강조하고 있다. 미국과는 신형 대국 관계를, 러시아와는 전면적인 전략적 협력 관계를, 한국 같은 주변국들과는 명분적으로 친성혜용親誠惠容을 거쳐 아주 운명공동체를 건설하고 이익적으로는 일대일로 같은 경제 협력을 강조한다. 아시아, 아프리카, 라틴아메리카 같은 발전도상국들과는 의리의 국제정치관에 따라 단결 협력을 강화하고자 한다.

둘째, 경제 무대에서는 포용적 발전包容性發展 개념을 제시하고 있다. 지구 차원에서는 아시아·아프리카·유럽·미국 4대륙과 함께 발전의 길을 모색하고, 지역 차원에서는 아시아투자개발은행, 실크로드기금, 신흥국가신개발은행 등을 발전시켜 지구 차원과 지역 차원의 노력이 함께 이뤄질 수 있게 하겠다는 것이다.

셋째, 안보 무대에서는 지구 차원에서 신안보개념을 제시하고 북핵이나 남중국해 문제 같은 뜨거운 사안들을 해결하는 세 가지 원칙 — 북핵 문제는 정치적으로 해결하고, 남중국해 문제는 영토주권 존중과 지역 평화를 병행 추진해서 해결한다는 것 — 을 분명히 하고 있다. 그리고 테러, 평화유지군, 사이버 안보, 기후변화 등과 같은 지구적 위협 문제를 해결하는 데도 중국이 대국으로서의 책임을 수

행해 왔음을 강조하고 있다.

넷째, 문화 무대에서 문명·문화의 다양성을 인정하고, 각국의 선택을 존중하며 침범하지 않는 자세를 강조하고 있다. 특히 중국은 역사적으로 유교, 불교, 이슬람교의 문화와 종교를 성공적으로 포용해 왔음을 강조하고 있다.

왕이 외교부장은 2016년의 글을 끝내면서 "큰 도를 잡으면, 천하가 따른다執大象, 天下往"는 노자 『도덕경』 35장을 인용하고 있다. 즉, 중국이 그리고 있는 전체적인 플랫폼은, 큰 도를 잡으면 천하가 중국을 따르게 된다는 것이다.

한편 중국 국무원은 2015년에 발표한 "중국제조中國制造 2025"에서 4대 무대의 기반을 이루는 기술 무대의 중요성을 특별히 강조했다. 중국은 1단계(2015~2025)에 10대 중점영역과 23개 발전방향을 바탕으로 제조강국 대열에 진입하고, 2단계(2025~2035)에 전체 제조업을 세계 제조강국의 중간 수준까지 끌어올리고, 3단계(2035~2045)에는 세계 제조강국의 선두에 서도록 노력하겠다고 밝히고 있다.[8]

그리고 중국 정부는 2017년 1월에 발표한 중국적아태합작정책中國的亞太安合作政策에서 아태 지역에서 건축하는 신형 국제 관계를 설명하면서 첫째, 미국과는 신형 대국 관계를 건설하고, 둘째, 러시아와 전면적인 전략적 협력 동반 관계를 심화시키며, 셋째, 인도와 보다 긴밀한 발전 동반 관계를 적극적으로 설립하고, 넷째, 일본과의 관계 개선을 지속해 나가며, 다섯째, 다른 아시아 아프리카 국가들과는 아주 운명공동체와 아태 운명공동체를 건설하겠다고 밝히고 있다. 그리고 지역의 위험 문제로는 조선반도 핵, 대미사일, 아프가니스탄, 대테러 협력, 해상 협력을 들고 있다.[9]

그러나 중국이 아태 신질서 건축의 중심 역할을 하려면 정치적 민주화, 발전과 사회복지의 조화, 세계화를 성공적으로 달성해야만 한다. 그래야 아태 지역의 새로운 문명표준을 제시할 수 있다. 이를 위해서는 중국과 아태 국가들의 공동 진화적 노력이 필요하다.

2. 아태 신질서의 미래: 신흥 주인공과 무대

미국과 중국의 치열한 각축 속에 건축되고 있는 아태 신질서의 미래상을 입체적으로 조명·전망하기 위해서는 신흥 주인공과 무대를 본격적으로 검토해야 한다. 우선 신질서의 주연이 누가 될 것인가에 대해서는 미국의 지속적 우위, 미중의 공동 주도, 중국의 대체 가능성에 대해 다양한 논의가 진행되고 있다. 이러한 논의에서 무엇보다도 중요한 것은 주연의 핵심적 자격 요건인 힘의 내용이 문명사적 변화를 겪고 있다는 사실이다. 전통 아태 질서의 주인공이 되는 데 예치력이 중요했다면, 근대 국제정치의 주인공에게는 무엇보다도 군사력과 경제력이 필요했다. 그러나 21세기 복합세계정치의 주인공에게는 여전히 근대적 군사력과 경제력이 중요한 동시에, 탈근대적 기술·지식력, 생태균형력, 문화력, 지구 통치력과 같은 복합력이 필요하다. 따라서 21세기적 힘의 표준에 따라 주인공의 자격 요건을 신중하게 검토해야 한다. 미국은 군사력과 경제력에서는 압도적인 우세를 유지하기 어렵지만 빠른 속도의 상대적 쇠퇴를 겪을 위험성은 낮다. 더구나 21세기 세계질서의 기층 무대인 기술·지식 무대에서 미국의 상대적 우위는 21세기 후반에도 여전히 유지될 것으로 예상되고 있다.

중국이 2007~2008년 세계 금융위기를 성공적으로 관리하면서, 차이메리카 Chimerica 세계 경제질서의 가능성이 논의되기 시작했다. 특히 중국의 국민총생산이 세계 경제 2위 국가였던 일본을 앞지른 2010년에 이 논의는 절정에 이르렀다. 그러나 중국의 경제성장이 '신상태 new normal'를 맞이해서 6%대로 떨어지고, 미국의 경기가 회복됨에 따라 이 논의는 상대적으로 줄어들었다. 더구나 새로운 문명표준인 21세기 복합력의 지평으로 본다면, 근대적 군사력과 경제력에서 상대적 쇠퇴를 겪고 있는 미국은 21세기 복합력의 상대적 우위로서 21세기 신아태 질서의 중추적 위치를 유지할 가능성이 높다. 반면 중국은 근대적 군사력과 경제력을 빠르게 증가시키고 있으나, 21세기 복합력의 한계 때문에 미국과 대등한 차원에서 세계질서를 공동으로 주도해 나가는 데는 상당한 시간이 필요할 것이다.

미국의 인도태평양 재균형 정책과 중국의 신형 아시아태평양 주변국 정책이 전개되는 가운데 아태 질서 속에서 경제대국으로 정상 군사국가를 지향하는 일본이나 한국·아세안·호주 같은 중견국, 그리고 미래의 신흥국인 인도 등은 근대적 갈등 문제를 풀기 위해 협력하는 동시에 초보적인 지역 협력을 통해 이 지역의 안보 딜레마, 경제위기, 감정적 분쟁, 탈근대적 갈등 문제를 풀기 위한 노력을 함께 하고 있다.

아태 신질서의 주인공들은 기술·지식 무대의 혁명적 변화에 따라서 '시간과 공간의 축약을 가능하게 하는 그물망 국가'의 새로운 모습을 갖추려는 노력을 계속해 왔다. 이러한 추세의 지속적 가속화는 주인공들의 정보비용과 거래비용을 빠르게 감소시켜 그물망 국가를 넘어서는 '초유동체superfluid 국가'로서의 새로운 가능성을 보여주고 있다. 초유동체는 점성粘性과 표면장력이 없어서 마찰을 일으키지 않고 얇은 박막처럼 흐르는 상태를 말한다. 이러한 상태는 초저온 상태의 헬륨 II에서 유동성이 기체처럼 높아지는 현상에서 처음 발견되었다.[10]

신흥 주인공과 더불어 주목해야 할 것

은 신흥 무대다. 아태 질서는 매우 복잡하게 얽힌 복합 3층 무대로 건축되고 있다. 즉, 안보·번영·환경·문화가 중심 무대를 이루고 있으며, 이 무대의 기반에는 기술·지식 무대가 있고, 맨 위에는 공치 무대가 있다. 21세기에 군사와 경제의 중심 무대는 국가 이익뿐만 아니라 지역으로서의 동아시아와 세계 전체의 이해에 기여하는 바가 있어야 하고, 국내 시민사회의 이익 또한 고려해서 번영과 안보의 무대로 변화하고 있다. 동시에 근대 국제 관계의 과도한 세력 경쟁과 부의 경쟁이 빚어내는 부정적 효과를 완화하기 위해 문화 무대를 강화하여 국가정체성 및 지역정체성의 복합성을 모색하고, 아태 지역이 당면하고 있는 생태 문제에 대응하기 위해 에너지·환경 무대의 중요성 또한 급속도로 증가하고 있다. 다음으로 정보기술과 디지털 지식의 급속한 발전이 복합 시대를 주도하면서, 지식 무대가 동아시아 '삼중 무대'의 기초 무대로 등장하고 있다. 그리하여 우리는 아태 지역의 공치를 책임지는 담당자가 없는 상황에서, 복합 무대들을 성공적으로 관리하기 위한 지역공치의 정교한 무대를 건축할 필요가 있다.

21세기 아태 질서의 안보 무대에서 우선 주목해야 할 것은 중국 군사력의 급증이다. 중국의 전국인민회의는 2018년 군사비를 1.1조 위안(1750억 미국 달러)이라고 발표했다. 미국 국방부는 중국의 실제 군사비가 중국이 발표하는 군사비보다 20% 이상 많다고 보기 때문에, 중국의 2018년 군사비는 2150억 달러로 추정된다. 6860억 달러인 미국 군사비의 3분의 1 규모이지만, 미국 군사력은 대서양과 태평양을 동시에 관리하는 반면, 중국의 군사력은 아태 지역에 집중되어 있으므로 실제로는 상당한 규모라 할 수 있다. 중국이 현재의 군사비 증강 추세를 계속해서 유지한다면 2030년에는 중국의 군사비가 8000억 달러 규모가 되고 미국의 군사비는 1조 달러가 될 것으로 예상된다.[11] 그러나 아시아태평양 공간의 갈등은 냉전 시기와 달리 미중이 직접 충돌하지 않는 한도 내에서 국가의 핵심이익을 극대화하는 형태로 형성되고 있다.

두 번째로 주목해야 할 것은 아태 질서의 분쟁 위험 지역에 대한 검토다. 미중 양국이 기존 강대국과 신흥 강대국의 깨지기 쉬운 안정성을 성공적으로 관리해왔더라도, 현재 양국의 전략적 불신을 감안할 때 양국 관계가 전략적으로 악화될 잠재적 위험성이 도사리고 있다. 중국이 서구 문명의 기준을 자발적으로 채택하는 '책임감 있는 국가'로 발전할 가능성은 낮다. 따라서 미국은 21세기 중국의 외교정책 수립에 대해 보다 공세적인 전략을 추구할 필요가 있다. 이러한 상황에서, 양국의 직접적 군사 대결 가능성은 낮지만 미중 관계의 전략적 악화는 충분히 가능하다. 그뿐만 아니라 아태 지역의 지역 안보 딜레마를 감안하면 중국은 '신형 주변국 외교'의 원칙에 따라 자국의 핵심이익을 보다 적극적으로 수호하고자 할 것이다. 이 과정에서 중국과 주변국 사이에 군사적 대립의 위험성이 증가할 수 있다.

세 번째로 주목해야 할 점은 첨단 군사 과학기술의 발전에 따라 미국이 아시아 태평양에서도 다면전투 개념을 조직과 과정, 기술, 병력 차원에서 실전화하는 노력을 본격적으로 하고 있다는 것이다. 다면전투 상대방의 병력, 무기체계, 전략을 첨단 정보기술로써 완벽하고 신속하게 분석한 다음 다면전투 공간에서 동시에 유인과 무인무기체계를 동원해 상대방을 압도한다는 것이다.[12] 이에 따라서 아태 군사 무대의 모든 주인공들은 불가피하게 새로운 국면에 접어들고 있다. 아태 질서의 경제 무대에서 우선 중요한 것은 중국 경제의 부상이 미칠 영향이다. 연 6.5% 성장의 중국 국민총생산은 12조 달러를 넘어서 연 2% 성장의 미국 국민총생산 19조 달러에 이어 세계 2위 규모를 차지하고 있으며, 현재의 양국 성장률이 그대로 지속되면 중국은 2020년에 14조 달러를 넘어서서 1인당 1만 달러 경제의 '소강' 상태를 달성하고, 미국 국민총생산은 20조 달러를 넘게 된다. 그리고 2030년에는 중국 국민총생산이 27조 달러에 이르러 미국을 처음으로 넘어서고 1인당 국민소득 2만 달러 시대에 진입하게 될 것이다. 2040년에는 중국 국민총생산이 50조 달러에 도달해 1인당 국민소득은 3만 달러를 넘게 되고, 미국은 30조 달러에 머무르게 될 것이다.[13] 중국 경제는 향후 30년 동안 1만 달러, 2만 달러, 3만 달러 시대에 차례로 진입함에 따라 아태 경제질서에 커다란 영향을 미치게 될 것이다.

다음으로 무역이나 투자, 금융 등의 분야에서 트럼프 행정부는 중국에 대해 공세적인 태도를 취하고 있지만, 양국의 경제적 상호의존성 때문에 결국 최악의 순간까지 이르지 않고 적합한 타협을 찾으려는 노력을 하게 될 것이다. 중국도 아태 경제질서에서 미국의 역할을 대체하기는 어렵다. 따라서 아태 경제 무대에서 AIIB와 아시아개발은행Asian Development Bank: ADB, 그리고 역내 포괄적경제동반자협정Regional Comprehensive Economic Partnership: RCEP과 TPP는 파국적인 갈등 관계로 치닫기보다는 경쟁과 협력의 가능성을 모색하게 될 것이다.

21세기의 인공지능, 사물인터넷, 빅데이터의 눈부신 발전은 정보비용을 빠른 속도로 낮추고 있으며 5G 같은 통신기술의 지속적 혁명은 거래비용 또한 동시에 낮춰서 전통적인 점성viscous 시장은 1995년부터 2015년의 인터넷 시장을 거쳐 초유동체 시장으로 접어들고 있다. 생산자와 소비자가 상호 완벽한 정보를 파악하고 중간 매개자 없이 직접 거래하는 단계로 접어들게 된 것이다. 이에 따라서 아태 번영질서는 대단히 새로운 변모를 겪게 될 것이다.[14]

19세기 이래 서양의 근대 국제질서와 본격적으로 만난 아태 질서도 불가피하게 군사와 경제 무대에서 치열한 각축을 벌여왔다. 그러나 이러한 부강 무대에서 일국 중심의 경쟁과 갈등은 생태 불균형의 위험이라는 근대적 자기모순에 직면하고 있다. 가장 대표적인 것이 에너지의 미래와 환경오염이다. 아태 질서의 지속적인 성장을 위해 석탄, 석유에 이어 원자력, 천연가스, 셰일가스, 또는 대체 에너지 중 가장 효율적인 에너지 자원을 확보하기 위한 개별적 또는 공동의 노력이 계속될 수밖에 없다. 동시에 지속 성장의 추구는 기후변화로 대표되는 지구적 수준의 생태 문제뿐만 아니라 해양오염, 산성비, 미세먼지 같은 지역 생태 문제를 본격화하고 있다. 또한 이러한 문제들과 더불어 개별 국가의 토양, 식수, 공기오염 문제를 해결하는 것이 시급하다.

네 번째 신흥 무대는 문화 무대이다. 아태 질서가 탈냉전을 맞이하고 뒤이어 등장한 미중 관계도 직접적인 군사 충돌을 피하고 경제 경쟁과 협력을 해나가면서 정통질서의 기반을 확대하려는 노력에 따라 외면세계의 구조적 중요성 못지않게 주인공의 내면세계가 주목을 받게 되었다. 이러한 내면세계를 제대로 이해하고자 주인공의 정체성이 역사적으로 어떻게 형성되었는지, 그리고 주인공의 동질성과 차별성을 보여주는 문화 무대로서 신흥 무대가 중요해졌다. 특히 감정의 국제정치가 상대적으로 중요한 아태 공간에서 국제 정치문화 무대는 국제 정치공생 무대 못지않게 주요한 위치를 차지하고 있다.

동아시아 국가들의 정체성 형성을 역사적으로 살펴보면 세 가지 주요한 특징을 찾을 수 있다. 첫째, 전통 동아시아 세계질서의 영향력은 여전히 중요하다. 중국은 이러한 문화적 전통에 기반을 두고 아시아 운명공동체를 명분적으로 강조하고 있다. 둘째, 전통 아시아 국가들의 정체성은 19세기 중반 이래 서구 근대 민족주의의 세계적인 전파에 큰 영향을 받았다. 그리하여 서구는 21세기를 맞아 근대 민족주의를 졸업하려고 노력하고 있는 반면, 아시아 국가들은 민족주의의 청춘기를 겪고 있다. 따라서 19세기와 20세기 초 식민과 전쟁의 경험으로부터 비롯된 역사적 적대감이 해소되지 않은 상황에서, 동아시아는 여전히 감정의 국제정치로부터 자유롭지 못하다. 셋째, 21세기 아태 국가들은 정보기술의 혁명적 발달에 따른 시공의 축약에 따라 본격적으로 지구문화와 민족문화의 복합화를 겪고 있다.

다섯 번째 신흥 무대로서 하드웨어적인 기술과 소프트웨어적인 정보와 지식의 무대는 21세기의 기층 무대이다. 변화 속도의 폭발성이 과거 문명사의 기층 무대였던 종교, 정치, 경제의 폭발성보다도 더 큰 파급력을 가지고 다가오고 있기 때문에 그에 따른 변화에 특별히 주목해야 한다. 인공지능AI과 생명공학BT, 사이버 공간CS, 데이터 기술DT의 혁명적 변화가 21세기 아태 질서의 주요 무대를 새롭게 바꿔놓을 것이다.

21세기 신아태 질서에서 특히 주목해야 할 것은 기층 무대로서 새롭게 부상하는 정보·기술 무대이다. 안보 무대에서는 핵전쟁 대신에 첨단 정보전쟁의 시대를 본격적으로 열게 만들고 있다. 근대적 병력이나 무기체계의 동원 없이도 전쟁에서 승리할 수 있게 된 것이다. 번영 무대에서도 전자상거래의 빠른 성장과 정보산업의 선도적 역할이 눈에 띈다. 문화 무대도 새로운 정보·지식 무대와의 복합 무대를 본격적으로 보여주기 시작하고 있다. 그리고 국내외적으로 협치가 강조되고 있는 정치 무대에서도 군사 못지않게 네트워크 지식정치 및 외교가 중요해지고 있다. 그러나 정보기술혁명이 가져온 가장 중요한 변화는 군사나 경제의 보조 무대로 머물러야 했던 지식 무대가 21세기의 기층 무대로 화려하게 등장해서 기성 무대에 커다란 영향을 미치기 시작한 것이다.

마지막으로, 21세기 아시아태평양에서 근대 무대의 21세기적 모습인 안보와 번영 무대, 근대 부강 무대의 일국 중심적 자기모순을 극복하려는 문화와 생태 무대, 그리고 21세기의 기층 무대인 정보·지식 무대를 어떻게 복합적으로 운영해 나갈 것인지의 문제다. 기존의 미국이나 중국의 대국 통치, 중견국들의 등장, ASEAN, APEC, TPP, 기존의 전통적인 대국 거버넌스와 어떻게 연결되는가 하는 식의 사고를 반영하는 것이다. 이러한 통치에 대한 사고, 즉 미국의 차기 정부가 생각하는 운영체제와 중국의 신흥 국제 관계라는 중국 특색의 대국 외교 가운데서 한국이 어떻게 제3의 운영체제를 새로운 대안으로서 제시할 수 있는지가 향후의 중요한 과제이다.

3. 아태 신질서 건축과 한국

기성 대국 미국과 신흥 대국 중국의 각축 속에서 21세기 아태 질서 건축의 본격적인 설계가 진행되고 있다. 오바마 행정부는 아시아 재균형 정책을 추진했고 트럼프 행정부는 인도태평양 재균형 정책을 새롭게 시도하고 있다. 한편 중국은 아태 신형 국제 관계를 건축하려는 노력을 하고 있다. 그러나 일국 중심의 부강국가라는 근대의 문명표준을 아직 졸업하지 못하고 있는 아태 질서가 복합 주인공과 무대의 새로운 문명표준을 선도하기란 현실적으로 대단히 어렵다. 따라서 미국이나 중국 중심의 설계와 건축을 넘어서는, 신질서의 복합 주인공들이 복합 무대에서 경쟁과 협력을 넘어 공생을 추진하는 새로운 문명표준이 요구되고 있다.

21세기 아태 신질서 건축에서 중진국으로서 한국의 노력은 대국에 못지않게 중요하다. 한국은 새로운 문명표준으로서 복합 주인공의 모습을 선도적으로 보여줘야 한다. '자강과 균세'를 추진하는 19세기의 근대적 주인공에 머무르지 않고 한 걸음 더 나아가 복합외교를 추진해야 한다. 무엇보다도 지난 70여 년간 심화되어 온 한미일 그물망과 최근 20년 동안 눈부시게 확장된 한중 그물망을 연결하여 이중 그물망을 짤 수 있도록 노력해야 한다. 그와 동시에 중진국으로서 아태 질서의 대국과 비대국을 연결하는 데 핵심적 역할을 해야 한다. 더불어 한국은 정보기술의 세계 선두주자의 일원으로서, 앞으로 그물망 국가를 넘어선 초유동체 국가로서 아태 질서의 동서남북 사방에 무소부재하는 새로운 문명표준을 보여줄 수 있도록 노력해야 한다.

한국은 아태 질서의 새로운 문명표준으로서 다보탑 같은 3층 복합 무대의 건축을 선도해야 한다. 한국은 아태 안보질서의 대표적 갈등문제의 하나인 북한 핵의 비핵화를 한반도 평화체제와 아태 평화체제의 결합으로 풀어내야 하며, 더 나아가서는 미중의 지역 갈등을 완화하고 비대국들의 생존을 확보하는 데 기여해야 한다. 또한 한국은 아태 경제질서 아래 미국과 중국이 무역, 금융, 생산, 신경제에서 벌이고 있는 경쟁이 개별 국가와 아태 경제의 갈등으로 치닫지 않도록 노력해야 한다.

그리고 근대 국제질서의 과도한 민족주의적 악영향을 개선하기 위해서 한국은 아태의 문화 무대에서 국가, 아태, 지구의 복합 정체성을 키워 당면한 한일, 한중 간 감정의 국제정치적 갈등을 완화하고, 더 나아가서는 미래 지향적 표준을 제시해야 한다. 또한 근대 국제질서의 전형적 자기모순인 생태 불균형 문제를 풀기 위해서 아태의 생태 선진국으로서의 역할을 수행해야 한다. 정보기술 선진국의 일원인 한국이 아태 질서의 21세기 기층 무대로 급부상하고 있는 정보·지식 무대의 건축에서 핵심적 역할을 담당해야 한다. 마지막으로 아태 통치질서에서 국가연합이나 연방의 가능성이 없는 상황에서, 한국은 대국과 중진국과 비대국이 공치할 수 있는 정교한 무대를 건축하는 데 기여해야 한다.

아태 질서의 주인공들이 공생하면서 복합 무대에서 자조, 협력, 공진의 연기를 펼치고 있다. 근대 국제질서의 주인공들은 전형적으로 자기의 생존과 번영만을 우선시하는 늑대의 연기를 펼쳤다. 그러나 정보기술혁명으로 지구가 급속도로 상호 연결되면서, 주인공들은 공간을 넓게 쓰기 위해 끊임없이 그물을 치는 거미의 연기 가능성을 확장하고 있다. 한국이 아태 질서에서 새로운 연기의 문명표준으로서 한류를 전파하려면 3층 다보탑 복합 무대에서 늑대거미처럼 그물망 국가의 연기를 펼쳐야 하며, 더 나아가 복합 유동체 국가의 연기를 보여줘야 한다. 그리하여 지나치게 좁은 근대 민족주의와 너무 넓은 지구주의의 한계를 보완할 수 있는 아태 복합질서를 건축할 수 있다면, 세계의 다른 주인공들도 아태 질서를 미래 문명의 새로운 표준으로 채택하게 될 것이다. ◉

1) Hilary Clinton, "America's Pacific Century," *Foreign Policy*. No.189(2011).

2) Barack Obama, "Commencement Address at the US Military Academy at West Point"(2014. 5.28), https://obamawhitehouse.archives.gov/the-press-office/2014/05/28/remarks-president-united-states-military-academy-commencement-ceremony.

3) Daniel R. Russel, "AP 4.0, an Operating System for the Asia-Pacific Region"(2016.10. 11), https://2009-2017.state.gov/p/eap/rls/rm/2016/10/262968.htm.

4) US White House, "National Security Strategy Report of the United States of America"(2017. 12); US Department of Defense, "Summary of the 2018 National Defense Strategy of the United States of America: Sharpening the American Military's Competitive Edge"(2018. 1); US Department of Defense, "Nuclear Posture Review 2018"(2018.2).

5) 习近平, 「决胜全面建成小康社会夺取新时代中国特色社会主义伟大胜利」, 在中国共产党第十九次全国代表大会上的报告, 2017.10.18, http://www.xinhuanet.com/politics/19cpcnc/2017-10/27/c_1121867529.htm.

6) 王毅, 「构建以合作共赢为核心的新型国际关系」, 中国发展高层论坛午餐会上的演讲(2015.3.23), http://www.mfa.gov.cn/mfa_chn//ziliao_611306/zyjh_611308/t1247689.shtml.

7) 王毅, 「构建以合作共赢为核心的新型国际关系: 对 "21世纪国际关系向何处去"的中国答案」, 《学习时报》, 2016.6.20, http://world.people.com.cn/
n1/2016/0630/c1002-28510555.htm.

8) 中华人民共和国国务院, 「中国制造2025」(2015.5), http://www.gov.cn/zhengce/content/201505/19/content_9784.htm.

9) 中华人民共和国国务院新闻办公室, 「中国的亚太安全合作政策」, 白皮书(2017.1), http://www.gov.cn/zhengce/2017-01/11/content_5158864.htm.

10) ex.com/EYQ, "What makes a company a company when markets are superfluid?" (2017), http://www.ey.com/Publication/vwLUAssets/Navigating_superfluid_markets/$File/ey-navigating-superfluid-markets.pdf.

11) Brian Wang, "Infographic-Top Ten Countries Military Spending in 2030," NextBigFuture (2018.2.2).

12) Robert Brown, "The Indo-Asia Pacific and the Multi-Domain Battle Concept," *Military Review*, 2017.3, http://www.armyupress.army.mil/Journals/Military-Review/Online-Exclusive/2017-Online-Exclusive-Articles/The-Indo-Asia-Pacific-and-the-Multi-Domain-Battle-Concept/.

13) Robert Brown, "Economies of China, USA, India from 2017 to 2030," NextBigFuture(2017. 11.30).

14) ex.com/EYQ, "What makes a company a company when markets are superfluid?"

더 읽을거리 2

역사 속의 젊은 그들: 19세기와 21세기

자료: 하영선, "역사 속의 젊은 그들: 19세기와 21세기", 동아일보 2004 청소년 역사강좌 12강(2004.12.18).

반갑습니다. 오늘 여러분하고 한 시간 반 정도 같이 이야기하고 대화를 나눌 제목은 강연 제목으로는 약간 어색한지 모르겠지만 '역사 속의 젊은 그들: 19세기와 21세기'입니다. 조금 전에 김영호 교수가 이야기한 것처럼 그동안 진행해 온 11회의 근현대사 바라보기 강좌의 마지막이 되겠습니다. 열한 분 선생님들이 때로는 재미있게, 때로는 심각하게 이야기를 끌어오셨던 것으로 알고 있습니다. 따라서 마무리는 19세기를 뒤돌아보면서 21세기 우리에게 그것이 어떤 의미가 있는지를 정리할 필요가 있다는 생각이 들었습니다.

애초에 이 모임은 청년 또는 청소년에게 우리 역사 바로보기의 기회를 마련해주려고 시작했습니다. 결과적으로 노, 장, 청년을 다 포함하는 오늘의 모임이 됐습니다. 그래도 마무리의 초점은 아무래도 21세기 새로운 세기를 지고 나갈 젊은 세대들에게 맞추는 것이 좋겠다고 생각했습니다. 그래서 오늘 강연 제목이 약간 소설 제목같이 됐습니다. 따라서 이 야기의 시작은 청소년 역사 강좌의 주인공인 청년이란 말의 역사부터 하겠습니다. 그다음으로 19세기의 청년들은 어땠으며 그리고 21세기의 청년들은 어때야 할 것인가라는 순서로 이야기를 풀어가보겠습니다.

얼른 생각하기에 청년이라 하면 우리에게 상당히 익숙한 단어여서 우리가 이 단어를 오랫동안 사용해 왔던 것으로 생각하기 쉽습니다. 그러나 우리가 언제부터 청년이라는 단어를 쓰기 시작했는지 찾아보면 그 역사가 그렇게 길지 않다는 것을 알게 됩니다. 우리가 현재 사용하고 있는 청년이라는 말을 본격적으로 유행시킨 사람은 일본의 유명한 논객이었던

도쿠토미 소호德富蘇峰입니다. 그가 1887년에 발표한 "신일본의 청년新日本之靑年"이라는 글과 함께 청년이라는 단어가 널리 쓰이기 시작했습니다. 도쿠토미 소호는 그 당시 떠오르는 논객의 한 명으로, 이 글을 발표할 당시에 아직 20대 청년이었습니다. 그가 이 글을 쓴 데에는 상당한 의미가 있었습니다. 신일본 청년이라는 말은 구일본 노인을 넘어서서 구일본 장사와 대비되는 표현이었습니다. 1887년의 일본은 1868년 메이지유신 이후 메이지 10년대 민권운동의 격동기를 치른 후 막 메이지 20년대로 접어들던 시기였습니다. 이 시기에 그는 비분강개와 난폭으로 요약되는 구일본의 장사 세대가 나라의 운명을 좌지우지하는 것을 대단히 불만스럽게 여기고 있었습니다. 이런 건들거리는 장사 스타일의 세대로서는 20세기의 신일본을 만드는 데 큰 문제가 있다는 것입니다. 따라서 바람직한 20세기의 일본을 위해서는 자기성찰적이고 구정치적이지 않은 새로운 청년 세대의 등장이 필요하다고 봤습니다. 청년이라는 용어는 이런 독특한 의미를 가지고 쓰이기 시작했습니다. 구일본이 아니라 신일본을 위해서 장사를 대체하는 새로운 주인공으로 쓰이기 시작한 청년이라는 단어가 한 세기를 흘러오는 사이에 우리에게 대단히 익숙해진 것입니다.

그런데 1880년대 전후의 일본의 청년과 비교해서 당시 조선의 청년들은 어떤

상황에 놓여 있었는가 하는 이야기를 잠 깐 하겠습니다. 구체적인 예로 박규수 사랑방의 젊은 그들 이야기를 하겠습니다. 잘 아시겠지만 박규수는 19세기 우리가 서양의 문화 또는 문명과 만나 문을 열어야 할 것인가 말아야 할 것인가, 개화의 길을 걸어야 할 것인가 아니면 위정척사의 길을 가야 할 것인가라는 갈림길에서 고민하고 있을 때, 우리가 19세기 무대에서 살아남으려면 개화의 길로 갈 수밖에 없다는 주장을 조심스럽게 선도했던 대표적인 인물이라 할 수 있습니다. 박규수의 사랑방 터는 이제 대통령 탄핵 재판으로 더 유명해진 헌법재판소 안에 팻말로만 남아 있습니다. 박규수는 1866년 제너럴셔먼호 사건이 일어났을 때 평양감사를 하고 있었고, 1869년에 서울로 돌아와 중요한 관직들을 거치게 됩니다. 1872년에는 청으로 두 번째 연행을 다녀오고, 1874년에 우의정에서 물러난 뒤에는 2년 반 동안 자신의 사랑방에서 훗날 개화파로 성장하는 젊은 세대들에게 신조선의 장래를 위해 우리가 어떻게 해야 할 것인가를 가르치게 됩니다. 당시 박규수 사랑방에는 이런저런 사람들이 모였는데, 조금 나이가 많던 김윤식, 어윤중 같은 사람들도 있었고, 그보다 나이가 어린 청년들로 훗날 갑신정변 4인방으로 불리는 김옥균, 홍영식, 서광범, 박영효들이 있었고, 그 밖에 유길준도 있었습니다. 갑신정변 4인방 청년은 1884년

12월 4일 우정국에서 사건이 일어나서 삼일천하로 끝나버린 정변에서 핵심적인 역할을 담당합니다. 1884년에 당시 정변의 총책이었던 김옥균은 33세였습니다. 홍영식의 나이는 네 살 차이이니까 29세였고, 그다음 서광범이 26세, 박영효가 23세였습니다. 당시 군사총책을 맡고 있던 서재필은 공식 나이로는 17~18세였는데 실제로는 21세로 알려져 있습니다. 그러니까 요즘의 대학생 나이에 혁명의 막중한 일들을 맡았던 것이죠. 일제강점기에 김동인의 『젊은 그들』이라는 장편 역사소설이 있습니다. 거기에 나오는 주인공들의 이야기도 바로 1880년대를 배경으로 하고 있죠.

오늘 여러분에게 1880년대에 20대 또는 30대 초반으로서 구조선을 신조선으로 바꾸기 위해 갑신정변을 일으켰던 젊은 그대들과 21세기에 오늘 이 자리에서 이야기를 듣는 10대 후반 또는 20대 초반을 세 가지 시각에서 비교해서 이야기하려고 합니다. 하나는 그들이 보고 있던 것은 무엇이었냐입니다, 왜 20대 또는 30대 초반의 젊은이들이 결국 적지 않은 수가 죽고 또는 오랜 기간 망명 세월을 할 수밖에 없었음에도 불구하고 어떤 비전을 당시에 실현하려고 했던 것인가를 첫 번째 비교하는 틀로 사용하려고 합니다. 다음으로 만약 그런 비전이 있었다고 하면 그것을 우리 땅에서 실천하기 위해서 구체적으로는 어떤 힘을 가지고

그 비전을 현실화하려고 했던 것인가를 따져보겠습니다. 우선 우리가 스스로의 힘만 가지고 비전을 현실화할 수 있다면 더 이상 좋을 것이 없겠습니다만, 당시 여건으로는 우리 힘만 가지고는 불가능했습니다. 그러면 바깥의 힘을 어떻게 쓰려고 했던가 하는 것이 외세 활용론입니다. 또 하나는 조금 전에 말씀드린 대로 국내 역량을 어떻게 끌어모아 그들의 비전을 이 땅에 실현하려고 했던 것인가를 검토하겠습니다. 다 아시겠지만 며칠 안 남은 내년인 2005년은 조선조가 실질적으로 막을 내린 을사조약 100주년이 되는 해입니다. 따라서 결과를 보면 이러한 비전을 현실화하려는 노력은 결과적으로 좌절했던 것입니다. 우선 안팎의 힘을 모아서 비전을 실현하려고 했음에도 불구하고 좌절할 수밖에 없었던 역사를 간결하게 요약하겠습니다. 그리고 21세기에 또 한 번 세계가 바뀌고 있다고 하면 그 속에서 우리가 세상을 제대로 바라다보고 21세기의 새로운 역사 무대에서 중심에 설 수 있으려면 어떻게 해야 하는가를 짚어보려고 합니다.

따라서 19세기 새로운 조선을 모색하는 젊은 그들이 당시 무엇을 하려고 했던 것인지, 또 그런대로 세상을 바로 보고 있었던 것인지에 관한 이야기부터 시작하겠습니다. 19세기 중반이라는 시기는 우리의 지난 500~600년 역사를 뒤돌아보면 대단히 독특한 시기라고 할 수 있습니다. 왜냐하면 서양의 유럽과 미국 세력들이 동아시아에 모습을 본격적으로 드러내는 19세기 중반에 우리는 그동안 살았던 삶과는 상당히 다른 모습의 삶에 부딪히게 됐습니다. 여러 가지로 표현을 할 수가 있겠습니다만 한마디로 요약하면 전통 천하질서의 예의국가에서 근대 국제질서의 부강국가로의 전환이 이뤄졌던 시기였다고 할 수 있습니다. 얼른 보면 상당히 어려운 표현입니다. 좀 쉽게 풀어서 이야기하면, 천하질서와 근대 국제질서가 짝이 됩니다. 천하는 하늘 아래라는 뜻이니까 사실은 전체가 하나 된 모습을 이야기하는 것이겠죠. 천하라는 개념은 중국에서 춘추 시대 주나라 시절부터 본격적으로 쓰기 시작했습니다. 원칙적으로 천하라는 하나의 공간 속에 여러 나라들이 포함되어 있습니다. 한편, 국제질서는 나라 국國 자하고 사이 제際 자에서 보다시피 나라가 따로따로 나눠져 있는 것으로 보는 거죠. 지금 우리는 근대 국제질서 속에서 150~160년 살아오는 가운데 세계라면 당연히 나라로 나눠져 있는 것으로 생각하게 됐습니다. 오히려 천하질서가 우리에게 익숙하지 않은 개념이 됐죠. 이것은 그 당시 사고로는 엄청난 변화를 말합니다. 또 천하질서의 시대에는 각국이 원칙적으로 예禮를 가장 중심이 되는 가치로 삼고 활동했습니다. 그러나 부국강병의 시대에는, 군사력이 강하고 경제력이 강한 국가가 선진국이고 영향력을 행사하는 국가로 대접을 받게 됐습니다.

따라서 19세기 서양 세력이 다가왔을 때 충격은 대단히 컸습니다. 따라서 당시 우리 국내에서는 서양 세력에 대해서 갑론을박이 벌어질 수밖에 없었지만 크게 보아서 논의가 위정척사와 문명개화 그리고 동도서기라는 세 부류로 나눠졌습니다. 당시 외세가 가져다준 충격은 상상을 뛰어넘는 것이었습니다. 위정척사의 입장에서는 서양 세력을 단순한 야만을 넘어선 금수로 부르고 있었습니다. 한편 문명개화의 입장에서는 변화하는 상황 속에서 서양 세력들이 우리보다 더 효율적으로 힘을 발휘하고 있기 때문에 그들이 우리보다 낫게 힘을 발휘하는 것은 받아들여야 한다고 생각했습니다. 그리고 동도서기론은 서양의 문물만을 선택적으로 받아들이기를 희망했습니다. 나중에 다시 이야기하겠지만 위정척사, 문명개화, 동도서기의 싸움은 오늘의 세계화와 반세계화의 싸움보다 훨씬 더 격렬한 싸움일 수밖에 없었습니다. 그 시기에 젊은 그들이 택했던 비전은 세계의 움직임을 자세히 또는 바로 보니까 세상의 커다란 흐름의 대세가 예의禮義국가에서 부강富強국가라는 새로운 국가 목표로 일단 바뀌었다는 것입니다. 역사를 뒤돌아보면 이들이 봤던 비전은 틀렸다고 하기는 대단히 어렵습니다. 지난 200년 동안 부강국가를 추구했던 국가들은 결국 살아남았

고 그것을 거부했던 국가들은 모두 무대에서 사라지는 비극을 겪었습니다. 비전의 면에서는 일단 점수를 줄 수밖에 없습니다.

그런데 젊은 그들의 비전이 현실 무대에서는 제대로 뿌리를 내리지 못했습니다. 뿌리를 내렸다면 우리가 1905년이나 1910년에 무대에서 쫓겨나는 비극을 맞지는 않았겠죠. 뿌리를 내리지 못한 가장 중요한 이유는 안과 밖의 힘을 활용하는 데 실패했기 때문입니다. 비전을 현실화하기 위한 외세 활용론은 이미 1880년 전후부터 논의됩니다. 당시로서는 단기간 내에 부강국가를 건설하는 일이 우리가 가진 힘만으로는 현실적으로 불가능했기 때문이죠. 일본은 메이지유신 이후 비교적 단기간에 근대국가를 건설하는 과정에서 외세를 적극적으로 활용해서 성공했다고 볼 수 있습니다. 따라서 그러면 우선 어떻게 바깥의 힘을 성공적으로 빌릴 수 있느냐라는 문제에 부딪히게 됩니다. 하나는 외세를 일단 받아들여서 외세의 힘을 쓸 수밖에 없지 않느냐는 친외세의 입장이 있었습니다. 다른 하나는 외세를 섣부르게 받아들이면 내세內勢를 모두 무력화하므로 일단 외세를 반대할 수밖에 없다는 반외세의 입장이 있었습니다. 그리고 우리가 가진 힘이 상대적으로 모자라기 때문에 어쩔 수 없이 힘을 빌리기는 하되 우리를 잃지 않으면서 힘을 빌려보려는 것이 용用외세의 입장이

있었습니다. 구체적 현실로 들어가 보면 선택은 대단히 어려운 일이었겠죠. 예를 들어, 김홍집이 2차 수신사로 1880년 일본을 방문했을 당시 주일 청국 공사였던 하여장과 여섯 차례에 걸친 긴 필담을 나누고, 황쭌셴이 작성한 『조선책략』을 받아 오게 됩니다. 『조선책략』은 조선이 19세기에 살아남으려면 자강自强과 균세均勢의 두 가지 기본 전략을 빨리 터득해야 한다고 강조하고 있습니다. 예禮만 가지고 살아남기는 어렵게 됐다는 거죠. 상황이 바뀌어서 원래 예의 종주국이었던 중국이 새로운 조언을 한 셈이죠. 자강은 스스로 힘을 기르는 것이고, 균세는 자기 힘이 모자라니 주변의 강한 힘들을 적절히 균형 잡힌 형태로 빌리는 방안을 강구하는 것입니다. 당시 청나라는 청나라의 입장에서 조선이 택할 수 있는 길로 친親중국, 결結일본, 연聯미국을 제시하고 있습니다.

그런데 근대국가를 건설하기 위해 외세의 힘을 빌리려고 노력하는 과정에서 결과적으로 커다란 실패를 하게 됩니다. 개화 세력들에게는 문명개화를 위해 우선은 청에서 벗어나는 것이 큰 목표였습니다. 왜냐하면 당시 중국 모델은 근대국가 모델은 아니었기 때문이죠. 청에서 벗어나려고 하는데 자력으로 벗어날 수 없었습니다. 따라서 바깥 힘을 빌려야 하는데 쉽사리 힘을 빌려줄 나라를 찾을 수도 없었습니다. 그래서 궁여지책 끝에 힘을

빌린 나라가 일본이었습니다. 그러나 청에서 벗어나서 근대국가를 만들기 위해서 일본의 힘을 빌렸더니 근대국가의 완성이 채 되기도 전에 일본의 영향력 밑에 놓이게 되고 결국 일본의 식민지가 되고 마는 비극을 겪게 됩니다. 이 비극은 역사적으로 가장 중요한 교훈의 하나로 받아들여야 할 것입니다.

두 번째로 19세기에 젊은 그들의 비전이 뿌리를 내리지 못했던 중요한 이유 중의 하나는 어려운 시대적 상황 속에서 국내 역량이 충분히 결집될 수 있는 기회가 쉽게 마련되지 않았다는 것입니다. 이러저러한 예들이 있습니다만, 대표적인 예로 갑신정변, 갑오개혁, 애국계몽운동을 들 수 있습니다. 갑신정변은 처음 시작할 때 말씀드린 대로 1884년에 우리가 어디로 가야 할 것인가를 놓고 정면충돌이 일어난 사건이었습니다. 1880년대 젊은 그들이 짧은 삼일천하의 정권을 장악하게 됩니다. 하지만 이 정권은 사흘 이상을 버티지 못하고 결국 붕괴하게 됩니다. 그 당시 밖에서는 청과 일본이 서로 한반도에 영향력을 행사하고자 경쟁 관계에 있었고, 안에서는 수구사대와 개화자주라는 세력이 갈등 관계에 있었습니다. 결국 수구사대가 청과 연결되고 개화자주가 일본과 연결되는 속에서 잠시 반짝했던 삼일천하의 정변은 실패하고 청의 본격적 개입을 불러오게 됩니다. 결과적으로 청에서 벗어나려고 했던 노력은 정반

대의 결과를 가져왔습니다. 1884년 갑신정변부터 1894년 청일전쟁까지의 10년 동안은 청의 압도적인 영향력 속에서 지내게 됩니다. 사실상 청의 위안스카이 감독하에 10년 세월을 보내는 어려움을 겪게 되죠.

이런 청의 영향력에서 벗어난 것은 1882년 임오군란과 1884년 갑신정변에서 청에 수모를 겪은 후 절치부심하면서 힘을 키운 일본이 10년 만에 청일전쟁에서 승리함으로써 비로소 가능했습니다. 청일전쟁이 진행되는 과정에서 일본의 전쟁 핑계용 내정개혁 요구를 활용해 우리 정부는 국내 역량을 강화하기 위한 갑오개혁을 추진합니다. 이 시기에 국내 역량의 결집 차원에서 보면 국내 정치 세력은 크게 다섯으로 나뉘어 있었습니다. 우선 갑오개혁과 함께 새로운 세력으로 부상한 유길준을 비롯한 개혁 6인방이 있었습니다. 이때는 갑신정변 후 벌써 10년이라는 세월이 흘렀으니까 유길준의 나이도 이미 30대 중반이었죠. 또 한 세력은 갑신정변에서 천만다행으로 죽음을 면하고 일본 또는 미국으로 망명했던 세력들로, 그 대표로는 박영효를 들 수 있습니다. 다음으로 외국 공관들이 많이 모여 있던 정동을 거점으로 하는 친미 세력을 비롯한 정동파가 있었습니다. 또 고종이나 명성황후에게 충성을 바치고 있던 근황 세력이 있었습니다. 그리고 서서히 약해져 가고 있던 대원군 세력이 있었

습니다. 이렇게 나눠져 있던 국내 정치 세력은 쉽사리 하나로 결집되기 어려웠습니다. 오늘날 여의도에서 벌어지고 있는 싸움보다도 더욱 치열한 싸움들을 했습니다. 국제 역량의 활용이 현실적으로 점점 불가능해져 가는 심각한 상황 속에서도 국내 역량의 결집이 쉽사리 이뤄지지 않았습니다. 결국 우리는 1905년에 을사조약의 비극을 겪게 됩니다. 마지막으로 1905년 러일전쟁에서 일본이 승리하게 됨으로써 러시아까지 한반도의 국제 무대에서 물러나게 되니까 자력만으로 버틸 수 없었던 한국은 자동적으로 일본의 독점적 영향하에 들어간 것이죠. 그때 마지막 몸부림으로 애국계몽운동이 일어나고 아까 말씀드린 나눠져 있던 시각들이 하나로 서서히 합쳐지기 시작하는 분위기를 맞이하게는 됩니다. 그러나 뒤늦게 정신을 차려보니까 나라는 이미 서서히 없어져 가는 상황이었습니다. 결국 국운을 다시 돌리지 못하고 국망의 비극을 맞이하게 됩니다.

이렇게 긴 이야기를 돌아서 온 것은 단순히 19세기의 이야기를 하려는 것이 아닙니다. 지난 열한 번의 강좌를 마무리하면서 우리가 근현대사를 바로 봄으로써 무엇을 하려고 하는가에 대한 답을 찾고자 하는 것입니다. 근현대사를 바로 보려는 궁극적인 목적은 미래사 바로 만들기입니다. 우리에게 다가올 앞으로의 역사를 바로 만들기 위해서 근현대사를 바로

보자는 것입니다. 과거사 잘못의 사후적 청산보다 더 중요한 것은 미래사에서 범할 잘못의 사전적 청산입니다. 미래사의 방향을 제대로 읽고 이에 따른 구상을 마련하고 실천해서 더 이상 19세기의 좌절을 반복하지 말아야 합니다. 세계사의 커다란 흐름을 초보적으로 읽어 충분히 완성된 구상을 하지 못하고, 또 이런 구상의 현실화 과정에서 내외 역량의 동원에 실패했기 때문에 우리는 20세기 무대에서 주변 역할에 머무르거나 아예 무대 밖으로 밀려나는 좌절을 겪을 수밖에 없었습니다.

21세기의 새로운 무대에서 우리가 역사의 중심에 서려면 어떤 준비를 어떤 모습으로 바로 해야 할 것인가라는 이야기를 하려고 합니다. 우선 비전의 문제입니다. 19세기의 젊은 그대들이 엉성하더라도 세계사의 흐름을 초보적으로 바로 보려는 노력이 있었다고 한다면, 21세기의 우리는 21세기가 어디로 가고 있는가를 바로 보고 있느냐 하는 것입니다. 19세기의 변화가 충격적인 변화였다는 이야기를 했습니다. 국내적으로 여론은 오늘날에도 대단히 갈려 있어서 이런 청소년 강좌도 열고 있습니다만, 사실 19세기에는 이보다 더 갈려 있었습니다. 오늘의 시점에서도 19세기 못잖은 변화를 우리가 지금 겪고 있습니다. 어디에 변화가 오고 있는지 하루하루 바쁘게 살면서는 잘 모르겠다고 생각할 수도 있습니다.

따라서 변화하는 내용을 주인공, 무대, 연기로 나눠서 구체적으로 검토해 볼 필요가 있습니다. 21세기에 나타나고 있는 주인공과 무대와 연기는 분명히 우리가 19세기 중반부터 겪기 시작했던 변화에 버금가는 변화를 겪기 시작하고 있습니다. 그 축약된 모습의 하나는 유비쿼터스 네트워크 국가이고, 두 번째는 지식기반 복합국가이고, 세 번째는 늑대거미 국가라는 것입니다. 제가 이런 이야기를 하면 세 개가 다 무슨 얘긴지 모르겠다는 것이 중론입니다. 설명을 들으면 들을수록 더 모르겠다는 것입니다. 유비쿼터스 네트워크 이야기를 초등학생이나 중학생이 알아들을까 걱정했더니 우리 대학원생 조교가 아마 선생님보다는 훨씬 더 감이 있을 거라고 합니다. 요즘 텔레비전에서 'any time, any where'라는 광고를 자주 보게 됩니다. 쉽게 이야기해서 유비쿼터스는 어느 시간이나 어느 장소에서라는 뜻입니다. 유비쿼터스를 우리말로 편재적이라고 번역하고 있지만 편재라는 말은 너무 어렵습니다. 편재한다는 것은 신이 어떤 시간과 공간에나 두루 존재할 때 쓰는 말이죠.

천하에서 국제로 바뀌었다는 이야기도 잘 모르겠는데, 국제에서 이제 유비쿼터스 그물망의 세계로 간다는 것은 어디로 간다는 이야기냐라는 것이죠. 그렇다고 해서 국제질서가 없어진 것은 아닙니다. 국제질서는 여전히 중요합니다. 그리고 국제질서는 고정된 것이 아니라 그 속에서 분명히 주인공의 부침浮沈이 있습니다. 미 제국의 장래는 어떻게 될 것인가, 중국은 얼마나 빠르게 부상할 것인가, 일본은 명실상부한 대국이 될 것인가, 그 가운데 한반도의 운명은 어떻게 될 것인가를 생각해 보면 동북아 무대의 주인공에도 분명히 변화가 있을 것입니다. 결론만 말씀드린다면 미국은 쉽게 망하지 않을 것입니다. 그러나 무조건 또 한 번 미국의 세기가 올 것이라고 전망하는 것은 조심스러운 판단이 필요합니다. 그러기 위해서는 미국이 지금보다는 훨씬 겸손해져야 하고 주변 국가나 세력과 협력해야 합니다. 그러면 의외로 미국은 상당히 오래 세계질서의 중심에 남아 있게 될 것입니다. 중국은 흔히 예상하는 것보다 여러 가지 우여곡절을 겪으면서 부상을 진행할지도 모릅니다. 또 21세기의 일본은 우리가 얼른 생각하는 것만큼 쉽게 기울어지지는 않을 것입니다. 그러나 동시에 중국과의 관계 때문에 미국을 최대한 활용하는 형태로 살아갈 수밖에 없는 것이 일본입니다.

우리 주변 나라들의 부침을 이야기했습니다만 21세기 무대를 바라다보면 국가만 있는 것이 아니라 굉장히 다양한 주인공들이 등장하고 있음을 알 수 있습니다. 가수 혼자서 노래를 하는 것이 아니라 백댄서도 등장하고 그 밖에 여러 연기자들이 등장해서 다양한 역할을 하기 시작했습니다. 더 중요한 것은 그런 주인공들이 서로 끈으로 연결돼서 그물망 형태로 무대에 서 있는 모습을 우리한테 보여 주기 시작했다는 점입니다. 19세기에 전통적으로 중국 중심의 천하질서를 세계라고 생각했던 사람들이 근대 국제질서를 만나면서 느꼈던 당혹감 못지않게 21세기의 기성세대들은 21세기 무대의 주인공들을 바라다보면서 굉장히 현란하고 혼란스럽다는 느낌을 받고 있습니다. 그러나 청소년 세대한테는 대단히 자연스러운 무대 주인공들의 변화입니다.

두 번째로 무대도 상당히 바뀌고 있습니다. 한반도를 포함하는 전통적 천하 무대의 모습은 예를 중심으로 하는 무대였습니다. 그러니까 오늘의 세대에게는 대단히 고리타분하게 생각될 예의 무대가 19세기나 20세기로 들어오면 상당히 화려해집니다. 하나는 돈의 무대이고, 또 하나는 폭력의 무대인 부국강병의 무대입니다. 이 무대가 21세기가 되면서 훨씬 복잡한 무대로 바뀝니다. 젊은 세대나 어린 세대에게 장래 무엇이 되겠냐고 물어보면 얼마 전까지도 대통령, 장군, 재벌이 되겠다는 대답을 쉽게 들을 수 있었습니다. 21세기 청소년들의 대답은 그것보다는 훨씬 더 다양합니다. 탤런트가 중요한 꿈이 될 수 있고, 사회운동가도 중요한 꿈이 될 수 있습니다. 기왕에 전혀 생각하지 않았던 무대들이 등장하기 시작한 것입니다. 정보기술혁명에 따라서 지식 무대가 대단히 중요한 무대로 급격히 부상하고 있습니다. 다음으로 냉전이 종식되고 탈근대를 포함한 복합의 시대가 찾아옴에 따라 문화 무대가 중요해지고 있습니다. 또 하나는 우리가 그동안 이뤄왔던 산업화의 부작용으로 인해 생긴 환경 무대입니다. 따라서 이런 무대에서 골고루 잘 뛰어야 21세기 무대에서 제대로 살아남을 수 있습니다. 과거처럼 힘만 세고 돈만 있다고 살아남는 것이 아닙니다. 정보, 지식적으로 강하고, 문화적으로도 세련되고, 환경의 부작용이 대단히 적은 모습으로 나라를, 또는 개인을 바꿔나갈 수 있어야 살아남는다는 것입니다.

자연히 무대에서 하는 연기의 내용도 새로운 모습의 늑대거미가 되어야 합니다. 무대에 올라간 주인공들이 거미줄을 촘촘히 엮어서 생존 경기를 하고 있는데, 나만 독불장군으로 뛰어다닌다면 살아남기가 대단히 어렵겠죠. 거미줄을 치는 거미의 특징은 순식간에 한쪽 끝에서 다른 한쪽 끝까지 끊임없이 움직일 수 있다는 점입니다. 그게 유비쿼터스의 특징입니다. 무대를 혼자 외롭게 뛰어다니는 것은 늑대의 삶이죠. 그러나 21세기에는 늑대의 연기가 완전히 사라지고 거미의 새로운 연기만 남는 것이 아니라 그것이 겹쳐집니다. 21세기의 화려한 무대에서는 늑대같이 살면서 거미줄도 칠 수 있는 존재가 살아남습니다. 상상으로만 이런 생각을 하고 우연히 인터넷에 들어가서 장난삼아서 늑대거미를 쳐봤습니다. 내 머릿속에 있는 가공의 연기 주인공으로 상정했던 늑대거미가 실제 존재했습니다. 늑대적인 속성을 가진 거미, 즉 대단히 이중적인 행동 양식을 지닌 존재인 것이죠.

이제까지 설명한 세 가지 변화가 굉장히 빠르게 진행되고 있는데, 우리는 그 변화를 제대로 읽고 있을까요. 미래사 바로 만들기를 위해서 변화하는 세계를 바로 보고 있는가 하는 면에서는 부정적입니다. 19세기의 386세대인 갑신정변의 4인방은 1884년에 역사의 변화하는 모습을 바로 보고 있었고, 주인공과 무대, 연기의 변화에 그런대로 감을 잡고 있었습니다. 20세기 후반에 청소년기를 겪고 21세기에 386세대로서 등장한 오늘의 주인공들은 조금 전에 이야기한 유비쿼터스 그물망이나 무대의 복합 또 늑대거미의 연기를 바로 보지 못하고 있습니다. 그럼 왜 바로 보지 못할까요. 그것은 21세기의 386세대가 세계를 바라다보는 잣대가 하나는 탈냉전이고 다른 하나는 탈권위주의이기 때문입니다. 그동안 11회의 강좌를 들으면서 느꼈겠지만, 20세기 후반에 청년이었던 오늘의 386세대는 냉전과 권위주의의 피해 속에서 1980년대를 살았기 때문에 21세기에 맞지 않는 닫힌 시공간 의식을 형성하게 되었습니다. 결국 20세기의 눈으로 21세기를 보게 된 것이죠. 내가 1980년부터 서울대학교에서 강의를 시작했으니까 이 세대와 같이 공부하고 토론하는 과정을 겪었습니다. 그 시대적인 상황에서는 어쩔 수 없는 면도 있었습니다. 그 두 개의 시각에서 세상을 볼 수밖에 없었는데, 역사는 빠른 속도로 변화해 이제는 탈냉전이나 탈권위주의의 수준에서 유비쿼터스 네트워크나 지식기반 복합국가나 늑대거미를 이해하기는 대단히 어려워졌습니다.

21세기의 미래사를 바로 보고 바로 만들기 위해, 21세기를 준비하고 있는 10대나 20대 초반들이 해야 할 것에 대해서 제가 몇 가지 이야기하겠습니다. 하나는 유비쿼터스 네트워크 짜기입니다. 무대의 주인공이 되기 위해서는 부지런히 그물망을 짜야 하는데, 보다 구체적으로는 최소한 5중의 그물망을 짜려는 노력이 필요합니다. 왜 이런 생각의 전환이 젊은 세대한테 필요한가를 따져볼 필요가 있습니다.

지난주 일본 정부가 신방위계획대강을 새로 발표했습니다. 1976년, 1995년에 이어 세 번째입니다. 10년 만인 셈입니다. 2005년부터 2015년까지 10년간의 일본 군사력의 장래를 다루고 있습니다. 이 안의 실질적 밑그림을 그린 일본 총리부의 「안전 보장과 방위력에 관한 간담회 보고서」의 서문에서 좌장을 맡았던 아라키 히로시荒木浩 도쿄전력 고문은 열세 차례의 간담회 내내 자신의 머리를 떠

나지 않았던 이노우에 시게요시井上成美 제독의 한마디를 흥미 있게 소개하고 있습니다. 1941년 태평양전쟁을 앞두고 일본 군령부는 대함거포大艦巨砲의 건조를 요구하는 방대한 해군군비확장계획안을 제출했습니다. 당시 일본 해군의 지성을 대표했던 이노우에 항공본부부장은 메이지明治의 머리로 쇼와昭和의 군비를 다루지 말라고 비판하면서 해군의 공군화를 강조했습니다. 아라키 고문은 이노우에의 머리로 21세기 일본 방위력을 생각해본다면 하드 파워와 소프트 파워의 결집이 가장 중요하다고 지적했습니다. 20세기의 눈으로 21세기의 일본을 함부로 재단해서 21세기를 살게 될 다음 세대들에게 피해를 주지 않게 하기 위해서는 어떻게 해야 하느냐라는 문제입니다. 총리 간담회 보고서를 보면서 또 하나 주목해야 할 것은 일본은 21세기의 미래를 위해 일단 미국을 선택했다는 점입니다. 21세기 일본은 중국을 가상의 적으로 설정하고, 살아남기 위해서는 일차적으로 스스로의 힘을 키지만 어쩔 수 없이 밖의 힘들을 활용할 수밖에 없다고 판단한 것이죠. 그중에도 가장 중요한 활용 대상으로 미국을 설정한 것입니다. 다음이 한국쯤 되겠죠.

동아시아에 깊이 들어와 있는 미국은 이미 21세기적인 유비쿼터스 네트워크 사고로 상당히 변환되어 있습니다. 한반도 입장에서 보면 한쪽에서는 미국과 일

본이 21세기적으로 동아시아를 새로 재편하려는 노력을 보이고 있다면, 다른 한쪽에는 중국이라는 거대한 세력이 자리 잡고 있습니다. 중국은 지금 어디로 달리고 있느냐 하면 적어도 2020년까지는 다른 모든 것을 참고 경제에만 전념하겠다는 것입니다. 경제우선론 내지는 선부先富론을 강조하면서 필사의 노력을 기울이고 있습니다. 아시다시피 중국은 인구가 13억~14억 되기 때문에 지금 공식적으로 1인당 소득이 1000달러, 국민총생산 규모는 1조 3000억 달러 정도입니다. 중국 당국이 기대하는 대로 7~8%의 경제성장을 계속한다면 2020년에는 4조~5조 달러 크기가 되겠죠. 간단치 않은 액수입니다. 전 세계의 GNP가 현재로는 33조 달러 정도 됩니다. 미국이 11조 달러, 유럽이 10조 달러 전후, 일본이 4조 달러 수준입니다. 한국은 달러 환율이 격변해서 경제생활의 커다란 변화는 없이 갑자기 1인당 국민소득이 1만 3000달러로 바뀌었기 때문에 국민총생산 규모가 6000억 달러 정도 됩니다. 따라서 중국의 국민총생산이 2020년에 4~5조 달러가 된다는 것은 일본 수준이 된다는 것입니다. 일본이 왜 중국의 약진에 대해서 불안해하는가를 쉽게 이해할 수가 있습니다. 답답한 것은 북한은 1인당 국민소득이 800달러에 불과하면서도 아직도 19세기 용어인 강성대국이라는 구호를 앞세우고 21세기를 맞고 있다는 점입니다. 북한 문헌들을 자세히 읽어보면 강성대국은 앞에서 말씀드렸던 19세기 젊은 그대들의 비전이었던 부강국가의 다른 표현입니다. 그래서 우리 한쪽에는 21세기적인 삶을 살아가는 미국과 일본이 있고 다른 한쪽에는 20세기적 목표에 매진하고 있는 중국이 있습니다. 한편 북쪽에는 19세기의 목표를 내걸고 있는 북한이 있습니다. 그 가운데에서 우리는 어디로 가야 할 것인가라는 숙제를 풀어야 합니다. 간단하지 않은 선택의 문제입니다. 미국과 일본을 선택하면 중국이 문제고, 중국을 선택하면 미일과 멀어져서 21세기 무대에서 어떻게 살아남느냐 하는 어려운 선택에 직면하게 됩니다. 따라서 이 난관을 돌파하는 대안으로서 우리 젊은 세대에게 작은 거미가 되자고 이야기하고 싶습니다. 우리는 21세기 동아시아의 지정학적 구도에서 보자면 큰 거미가 되기는 현실적으로 어렵습니다. 미국, 중국, 일본, 그리고 러시아 같은 큰 거미들이 굉장히 큰 거미줄을 한쪽에서 치밀하게 치고 있습니다. 게다가 단순히 큰 거미가 아니라 굉장히 큰 늑대거미입니다. 그런 가운데 우리가 매력적이고 행복하게 살려면 우리는 작은 거미가 되어 적어도 5중의 복잡한 거미줄을 쳐야 합니다. 5중 거미줄의 하나는 남북의 거미줄입니다. 19세기적인 통일은 21세기에는 반드시 적절한 것은 아니라고 생각합니다. 이를 대단히 위험한 생각이라고 지적하는 분들도 계시지만, 21세기 통일은 하나로 통하는 것이 아닙니다. 그것은 19세기 국가 목표일 수 있지만, 21세기에는 하나로 통해서는 살아남기가 어렵습니다. 모든 것과 통해야 합니다. 전통 統해야 한다는 것입니다. 전부 통하려면 결국 거미줄처럼 연결할 수밖에 없습니다. 따라서 남북의 거미줄 치기가 첫 번째 목표입니다.

두 번째는 동아시아의 거미줄 치기입니다. 정부 산하에 동북아시대위원회가 있기는 하지만, 우리의 동북아 사고는 아직도 20세기적입니다. 동아시아에 거미줄을 치려면 21세기 미일이 치는 거미줄하고 튼튼하게 연결을 하면서 다른 한쪽으로는 중국이 치는 거미줄과도 든든하게 연결하는 것이 큰 숙제입니다. 요즘은 예전보다 거미를 보기가 어려워졌지만 조금 어두컴컴한 후미진 곳으로 가보면 아직도 거미를 만날 수가 있습니다. 나는 책을 읽다가 답답해지면 가끔 거미들을 찾아 나서서 유심히 볼 때도 있습니다. 만화에서는 거미줄을 간단하게 그리고 있지만, 실제로 큰 거미들이 친 거미줄을 보면 대단히 복잡합니다. 거미가 인간보다 훨씬 똑똑하다는 느낌을 줄 정도입니다. 거미는 살아남기 위해서 사방팔방으로 연결된 입체적인 거미줄을 치고 있습니다. 근대적인 사고를 하는 사람들에게 이중의 거미줄을 칠 수 있겠냐고 물어보면 불가능하다고 대답하겠지만, 오히려

거미한테 물어보면 미일하고 거미줄을 튼튼히 치고 동시에 중국하고 보조 거미줄을 칠 수 있다고 대답할 것입니다.

다음으로 또 하나 필요한 거미줄은 지구 전체와 연결된 거미줄입니다. 세계화와 반세계화의 싸움을 아직도 우리는 길거리에서도 하고 있고, 시민사회 그룹 중에 세계화에 찬성하는 쪽도 있고 반대하는 쪽도 있습니다. 이것은 다 구시대적인 발상입니다. 이미 세계화와 반세계화의 이분법은 의미가 없습니다. 21세기를 짊어지고 나갈 젊은 세대들은 한국적 세계화의 그물망 치기를 하루빨리 배워서 실천에 옮겨야 합니다.

그다음에 사이버 공간이 문제입니다. 우리가 공식적으로 인터넷의 이용률이나 초고속 전산망이 깔려 있는 수준은 전 세계 1위에 가깝습니다. 그러나 그것을 이용해서 무엇을 하느냐고 물어보면 그다지 자신 있게 대답하기가 어렵습니다. 사이트 접속 내용을 보면 여전히 게임과 포르노가 가장 중요한 비중을 차지하고 있습니다. 그런데 사이트에 그런 것만 있는 것은 아닙니다. 한국이 인터넷에 접속할 수 있는 여건이 세계 최고 수준이라는 것은 밖을 나가보면 금방 알 수 있습니다. 유럽 또는 호주에 가서 인터넷을 쓰려면 한국에 비해서 굉장히 불편합니다. 우리는 편하기는 합니다만 그 안에서 정말 그물망을 제대로 짜고 있는지는 의문입니다. 아직 남들이 엉성하게 거미줄을 치고

있어서 그에 비해 대단히 좋은 조건을 가지고 있음에도 불구하고 그 조건을 활용해 무엇을 해야 할지 몰라 방황하고 있습니다. 특히 우리는 지정학적인 공간에서는 네 개의 제국에 둘러싸여 있습니다. 그 안에서 분단된 한반도로서는 쉽사리 탈출할 길이 없습니다. 그것은 운명적으로 지구를 떠나기 전에는 불가능할지 모릅니다. 지구를 떠나는 한 가지 방법은 사이버 공간에 그물망을 치는 것입니다. 사이버 공간은 특히 우리에게 굉장히 중요한 공간입니다.

마지막 중요한 그물망 짜기는 앞에서 이야기했던 것처럼 국내의 거미줄을 쳐야 한다는 것입니다. 국내의 정치·사회 세력들이 지나치게 경직되게 우나 좌로, 또는 뉴라이트나 뉴레프트로 편을 갈라서 서로 싸움을 계속하면 우리는 당면한 21세기 미래사 바로 만들기라는 숙제를 제대로 하기 어렵습니다. 우리는 근대의 숙제 풀기도 상대적으로 늦어 먼저 푼 남들이 이미 상당히 앞서가 버렸기 때문에 역사의 지각생이 됐습니다. 검정고시를 통해 건너뛰고 또 빠른 속도로 따라잡아야 하는데, 역사의 지름길을 찾기란 그렇게 쉽지 않습니다.

지름길을 제대로 찾기 위해서는 문제를 정확히 읽고 정답을 찾아야 합니다. 정답을 찾기 위해서는 5중 그물망 짜기와 함께 무대의 복합 건설을 생각해야 합니다. 요즘 영화관들은 다 복합 상영을 하고 있지만, 이것은 비교적 최근의 일입니다. 얼마 전까지만 해도 영화관에 가면 영화는 한 편만 보게 되어 있었습니다. 그러나 요즘 무대는 안보, 번영, 지식, 문화, 생태균형의 복합 무대로 짜여지고 있습니다. 따라서 복합 무대를 동시에 충족할 수 있는 새로운 세대를 어떻게 키우느냐 하는 것이 중요한 숙제입니다.

마지막 결론으로 한국적 세계화 체제의 부상 없이는 21세기 한반도 미래사 바로 만들기는 희망이 없다는 것입니다. 그 돌파구는 바로 오늘 강좌를 들으시는 21세기 청소년 여러분입니다. 20세기 386세대의 역사적인 역할은 조금 심하게 말하자면 끝났습니다. 탈냉전이나 탈권위주의로서 우리의 삶을 풍요롭게 하는 것은 역사적으로 근대의 숙제입니다. 그러나 역사의 중심권에 있는 스타들은 이미 그것들을 다 기본으로 가지고 있습니다. 그것이 앞으로 추구해야 할 구호는 아닙니다. 그래도 우리는 그것을 천신만고해서 얻었기 때문에 그것으로 자족하고 있으면 또 한 번 무대에서 엑스트라로 전락하거나 또는 무대에서 밀려나게 될 것입니다. 아니면 객석에 관객이 아무도 들지 않는 무대에서 외로운 연기를 펼칠 수밖에 없게 되는지도 모릅니다.

따라서 새로운 세대들이 갖춰야 할 것은, 다시 말씀드리지만 주인공 차원에서 그물망을 최대한 활용해 무대 중심에 서는 훈련을 하는 동시에, 여러 무대가 복합되어 있는 가운데 지식기반 복합국가를 건설하는 숙제를 푸는 열쇠를 찾는 일입니다. 이런 숙제를 하루빨리 풀려면 육체의 젊음이 아닌 사고의 젊음이 절실하게 필요합니다. 대학교 신입생들에게 늘 하는 이야기가 그렇게 어린 나이에 어떻게 그렇게 늙은 생각을 하느냐는 것입니다. 10대가 40~50대의 사고로 세상을 바라다보고 행동하지 말고 좀 젊게 생각하고 행동하라는 것입니다. 21세기를 살아가려면 적어도 22세기의 사고로 21세기를 바라다볼 줄 알아야 합니다. 근현대사를 바로 보는 젊음, 또 21세기 미래사를 바로 만들기 위한 젊음이 필요합니다. 그런 의미에서는 오늘의 여의도도 청와대도 육체적으로는 젊었지만 정신적으로는 너무 늙은 386세대가 모여서 21세기를 늙은 눈으로 바라보고 있습니다. 21세기는 오늘의 386세대가 생각하는 것보다 훨씬 새롭다는 것을 명심해야 합니다. 늙은 386세대 대신에 이 이야기를 듣고 있는 바로 여러분이 21세기의 젊은 그들로서 무대의 주인공으로 등장할 준비를 부지런히 해야 합니다. 이상으로 21세기의 사랑방 이야기를 마치겠습니다. 궁금한 것이 있으면 주저하지 말고 질문해 주세요.

질문자 저는 ○○고등학교 2학년 이○○라고 합니다. 선생님이 강조하신 그물망 짜기라는 것이 좀 막연하고 저희에게는 잘 이해가 되지 않는데요. 우리 사회가 자본주의 국가이니만큼 우리 사회에서 추구하는 것이 부와 경제력이라고 생각을 하는데요. 그런 것들이 20세기의 가치관이라고 하셨는데요. 그렇다면 우리가 그물망을 짜는 목적과 구체적인 방법이 무엇인지 다시 한번 설명해 주시면 감사하겠습니다.

하영선 시간이 좀 있으니까 일문일답식으로 하죠. 그물망은 쉽게 이야기해서 이런 식으로 말씀드릴 수 있습니다. 그물망만 봐가지고는 사람이 거미가 아닌 한 잘 알 수가 없는 것이 자연스럽습니다. 우리가 이때까지 살아온 세계와 그물망 세계는 어떻게 다른지 생각해 볼 필요가 있습니다. 한미 관계, 한일 관계를 생각하는 경우에 21세기 젊은이들이 그물망 관계로 생각하는 것과 19세기 이래 살아왔던 사람들이 국제 관계로 생각하는 것이 얼마나 다르냐는 것입니다. 요즘 시끄러운 한미 동맹 관계도 이렇게 생각할 필요가 있어요. 우선 한국이 세계 무대에서 어떻게 살아가야 할 것인가를 생각해 보죠. 우선은 스스로의 힘을 키워서 살아남으려는 노력을 하겠죠. 점을 중심으로 하는 일차원의 생존전략입니다. 그러나 한국뿐만이 아니라 전 세계 모든 국가들이 자기 힘만으로 21세기 세계를 살아가기는 불가능합니다. 가장 힘이 센 미국도 마찬가지죠. 따라서 각자 자기 힘만으로 안 되니까 모든 나라들은 이해를 같이하고 마음 맞는 나라들하고 최소한으로 선으로 연결하는 이차원의 생존전략을 마련하게 됩니다. 이것이 우리가 19세기 이래 배워온 근대 동맹 국제정치입니다. 우리 정부의 공식 입장인 협력적 자주국방은 바로 이 수준의 사고에 머물러 있는 것입니다. 다음으로 생각할 수 있는 것은 지구를 입체적으로 활용하는 3차원의 생존전략입니다. 그러나 21세기의 세계는 1차원과 2차원, 그리고 3차원을 넘어서서 시간과 공간의 장벽을 넘어서는 유비쿼터스 네트워크의 4차원 생존전략이 필요한 시대를 맞고 있습니다. 과거처럼 국가라는 주인공끼리 최소한의 선 잇기를 해서 관계를 늘려나가는 것이 아니라 인터내셔널이 아닌 인터넷이라는 말 그대로 거미줄과 거미줄이 서로 얽히게 되는 거죠. 예를 들어서 3억 인구의 국가와 1억 인구의 국가가 단순히 나라와 나라 사이의 국제 관계를 맺는 것이 아니고 거미줄로 얽히는 경우에는 두 나라는 안과 밖을 넘어서서 사실상 둘이면서 하나가 되는 셈이죠. 그리고 국가 간만 엮는 것이 아니라 요즘은 유럽연합EU이라는 새로운 의미의 지역 국가가 생겼고 세계무역기구WTO 같은 지구 조직도 대단히 활발하게 움직이고 있죠. 또 부정적으로는 세계 테러집단이라는 새로운 주인공이 등장해서 자기 나름의 그물망을 짜고 있습니다. 따라서 그것을 막기 위해서도 전 세계적인 그물망이 필요하게 된 거죠. 그러면 여태까지 우리가 스스로 나라를 지키고 안 되면 줄 연결하기를 해서 살던 것과 지구 전체를 촘촘하게 그물망으로 엮는 것은 얼마나 차이가 날까요. 천에 비유하면 베처럼 엉성하게 짠 옷감과 1인치에 수천만 원 하는 굉장히 촘촘한 옷감을 생각하면 될 것입니다.

그렇게 촘촘하게 거미줄을 쳐가지고 결국 무엇을 하려는 것일까요. 우리는 오랫동안 예의국가가 되려고 했습니다. 그러다가 근대 서양 제국들과 만난 이후 최근 100~200년은 부국강병을 추구해 왔습니다. 따라서 누가 장래희망이 뭐냐고 물으면 대부분 연봉 많은 직업 또는 권력을 휘두를 수 있는 직업을 원합니다. 조금 생각이 엉뚱한 사람은, 수입이 적지만 명예가 있는 직업을 원하기도 하죠. 이것은 지난 200년 동안 익숙해진 사고방식입니다. 그렇다면 이런 현실이 졸지에 사라질 것인가라고 묻는다면 그렇지는 않다는 것이죠. 부나 폭력으로 강해지려는 목표는 여전히 작동할 것입니다. 그러나 우리가 여태까지 익숙해졌던 방식만으로는 더 이상 안 됩니다. 과거처럼 한 나라 중심으로 경제를 극대화하는 것만으로는 안 된다는 것입니다. 그래서 굳이 내가 안보 번영 국가가 돼야 한다고 말한 것은 21세기 무대의 화려한 주인공으로서 부를 모은다 해도 그것이 타자를 완벽하게 거지로 만들고 나만 재벌이 되는 형태라면 21세기에 살아남기 힘들다는 것입니다. 국내적인 차원에서도, 당장 우리가 겪고 있습니다만, 분배와 성장이 어느 정도 균형 잡힌 형태로 갈 수밖에 없다는 것입니다. 안팎으로의 변화가 나타나고 있기 때문에 단순한 일국 중심의 부국만 가지고는 안 된다는 것입니다. 안으로는 부민과 밖으로는 부세계가 동시에 고려돼야 합니다. 군사력도 마찬가지입니다. 나만 살기 위해 상대방을 죽인다고 한다면 상대방도 똑같이 할 수밖에 없기 때문에 양쪽이 모두 불안한 상태로 살 수밖에 없는 안보의 딜레마에 빠지게 됩니다. 따라서 양쪽이 다 자신의 삶을 지키기 위한 방어적 의미의 군사력을 갖추면서도 타자의 안보를 동시에 고려해야 하며, 국내적으로는 국가 안보라는 명분으로 인권과 같은 개인 안보를 무시해서는 안 된다는 것입니다. 1970~1980년대의 우리나 오늘의 북한이 겪는 딜레마는 결국 부작용을 낳을 수밖에 없습니다.

그러나 군사력이나 경제력은 21세기에도 여전히 중요하지 않느냐고 반문할 수 있습니다. 맞습니다. 중요합니다. 내가 지적한 것은 부국과 강병이 안보와 번영이라는 21세기의 형태로 여전히 중요한 목표라는 것입니다. 그러나 정보, 지식이나 문화 또는 환경이라는 목표를 외면하면 어떻게 될 것인가 하는 점을 생각해야 합니다. 그런 목표를 외면하고서 21세기 역사의 중심에 서기란 대단히 어렵다는 것입니다. 그것들을 기반으로 하는 군사력이나 경제력이 핵심적인 21세기의 목표가 될 수밖에 없다는 것이죠. 따라서 21세기를 살아가는 한 개인으로서도 장래에 무엇이 되고 싶으냐는 질문을 받는다면 새로운 고민을 할 필요가 있습니다. 21세기에 정말 매력적인 인간으로서 모든 사람이 부러워하고 스스로도 만족할 수 있는 매력 있는 인간, 매력 있는 국가가 되려면 어떤 힘을 키워야 할 것인가 하는 고민입니다. 몸짱이 돼야 할지, 돈짱이 돼야 할지, 아니면 그것을 넘어서는 또 다른 새로운 목표들을 추구해야 할 것인지의 고민입니다. 조금 더 새로운 목표를 동시에 고민해 볼 필요가 있습니다. 국가도 그렇고 개인도 마찬가지입니다. 제가 농담으로 요새 유행하는 배용준 신드롬, 욘사마 이야기를 많이 하는데요. 주변의 우리보다 덩치 큰 어깨들이 모두 우리에게 매력을 느낄 수 있도록 7000만이 모두 다 배용준이 되는 것이야말로 제국에 둘러싸인 우리가 살아남는 길이라는 말입니다. 주변의 모든 사람, 모든 국가가 우리를 매력 있는 개인, 매력 있는 국가로 생각해서 미일은 미일대로 우리를 품으려 하고 중국은 중국대로 우리를 품으려 하게 만들면서 쉽사리 한쪽에 일방적으로 기울어지지 않고 그 나름대로 자기를 지켜나가는 매력을 기르자는 것입니다.

그렇게 되기 위한 21세기의 미래사 바

로 만들기는 어떻게 해야 할까요. 그것은 더 이상 탈냉전이나 탈권위주의의 수준에서 우리가 멋있게 하는 것으로는 부족합니다. 미일, 중국, 또 북한이 우리를 굉장히 매력 있는 상대로 생각해서 한번 보면 또 보고 싶고 한번 만나면 또 만나고 싶고 더 나아가 영원히 만나고 싶도록 만드는 것은 결코 쉬운 일이 아닙니다. 그러려면 복합적 매력이 있어야 합니다. 가령 북한이 매력을 느낄 수 있게 하려면 19세기로 돌아가야겠죠. 그렇게 돌아가는 경우에는 21세기적인 매력을 추구하는 미일은 우리를 한 번은 만나더라도 다시 보고 싶지는 않을 것입니다. 모두에게 주목받고 매력 있는 존재로 무대에 서려면 그물망 짜기와 복합 무대를 준비하라는 것이 내 주문입니다. 우리가 그런 주인공으로 복합 무대에서 화려한 연기력을 보여주면 21세기의 모든 세력, 모든 국가가 매력을 느끼고 다가오게 될 것입니다. 개인도 마찬가지겠죠.

질문자 ○○초등학교에 재학 중인 이○○라고 합니다. 황쭌셴의 『조선책략』이 외세를 이용해야 한다는 내용이라고 교수님께서 말씀하셨는데, 제가 생각하기에는 오히려 이용당한 거라는 생각이 드는데요. 황쭌셴이 주장하는 책략은 중국과 러시아가 서로 싸우고 있는 사이에 미국을 끌어들여서 중국을 보호하고 다시 조선을 속국으로 만들기 위한 것이라고 생각합니다. 새로운 비전을 만들기 위해서는 새로운 사람으로 바뀌어야 한다고 하셨는데, 그러면 고르바초프 같은 사람이 나와서 러시아 체제를 다 바꾼 것처럼 해야 되는 것인지 궁금합니다.

하영선 재미있는 질문인데, 황쭌셴의 『조선책략』에 관한 생각은 반은 맞고 반은 틀린 것 같아요. 시간이 없어서 제가 길게 설명은 안 했지만 『조선책략』은 우리말 번역도 나와 있어요. 초등학생이 읽어서 100% 이해할 수 있을지는 모르겠지만 궁금하면 번역본을 한번 읽어보세요. 아주 쉽게 이야기해서, 질문 중에 맞았다는 내용은 『조선책략』이 사실상 조선을 위한 책략이기보다는 중국이 조선을 활용하려는 책략 아니냐는 지적입니다. 외교는 우리가 상상하는 것보다 훨씬 많은 부분이 거짓말이라고 생각하는 것이 좋습니다. 일류 외교관은 낯을 붉히는 것이 아니라 속이 끓어도 상대의 면전에서는 늘 미소를 머금고 있는 사람입니다. 『조선책략』도 전형적인 예죠. 중국 외교관인 황쭌셴이 우리한테 이렇게 하면 우리가 살 수 있다고 책략을 써준 것도 우리 입장에서 보자면 비극이죠. 우리는 어떻게 하면 살 수 있는지 길을 잘 몰랐는데 이렇게 하면 너희들이 살 수 있다고 청의 외교관이 우리에게 이야기하고 있으니까요. 청나라의 일본 공사였던 하여장은 우리에게 가르쳐준 책략의 내용과는 달리 본국에 보내는 보고서에는 뭐라고 썼냐면 조선 문제 해결을 위해서는 조선을 완전히 청의 속국화하는 것이 상책이고, 완전히 포기하는 것이 하책이며, 중책은 청국의 힘이 현실적으로 모자라니까 한중 관계라는 특수 관계를 유지하되 지금 힘을 휘두르는 국가들과 모두 조약을 맺게 해서 자기들끼리 힘의 균형이 잡히게 만드는 것이라고 하고 있습니다. 본국에 올리는 보고에는 조선을 청의 속국화하는 것이 상책이라고 하면서 김홍집에게는 당신네들의 살길은 균세와 자강밖에 없다고 말해준 것입니다. 김홍집은 고맙게 생각하면서 『조선책략』을 받아가지고 돌아옵니다. 국내에서는 책략의 내용을 둘러싸고 이것이 우리가 살길이냐 아니냐 하면서 치열한 싸움이 벌어집니다. 그러니까 첫 번째로 우리가 살 길을 남의 나라가 써준 것도 웃기는 일이고, 두 번째로 책략을 써주는 순간에도 상대의 속마음이 복잡했다는 것을 우리가 충분히 몰랐던 것도 비극입니다. 그러나 청국만을 일방적으로 욕할 수도 없습니다. 오늘날에도 중국이나 미국이나 일본 또는 프랑스나 영국이나 정상회담을 하면 다 악수하고 환하게 웃지만 속으로도 웃고 있는 것만은 아닌 것이죠. 근대 외교는 늘 그래 왔습니다.

그러나 『조선책략』에 관한 질문 중에 뒷부분은 다시 생각해 볼 필요가 있습니다. 그 당시에 자강만 가지고 살아남을

수 있는 길은 없었습니다. 비극이죠. 따라서 균세를 하라는 권고는 맞습니다. 보다 중요한 것은 어떻게 균세를 해야 하느냐입니다. 러시아를 막기 위해서는 친중국 하고 결일본 하고 연미국 하라고 했습니다. 중국 나름의 복안이었어요. 『조선책략』을 계기로 균세 논의가 우리 국내에서도 본격적으로 활발해지기 시작했지만 특별한 묘안이 나왔던 것은 아니죠. 그 당시 젊은 그들은 중국 모델로는 근대 국제 무대에서 살아남기 어렵다고 생각했습니다. 그러나 우리 힘만으로는 부족하니까 일본의 힘을 빌려서 국내의 친중국 세력을 제거하려는 갑신정변을 시도하지만 실패하고 맙니다. 그러면 이제 어떻게 할 것이냐. 갑신정변 이후 유길준이나 김옥균은 당시 조선을 중립국으로 만들면 어떨까 하는 생각도 합니다. 그런데 중립도 주변의 도움 없이는 불가능합니다. 중립으로 가기 위한 힘이 없었던 것이 당시 우리의 문제였습니다.

두 번째 질문은 새로운 비전을 현실화하기 위해서는 고르바초프 같은 사람의 출현이 필요한가라는 것입니다. 고르바초프는 페레스트로이카라는 비전이 있었습니다. 그러나 결과적으로는 페레스트로이카를 실천해 보니까 소련이 해체되고 러시아로 바뀌게 됐습니다. 따라서 비전의 현실화는 말처럼 쉬운 것이 아니죠. 그러나 실패하더라도 시대에 맞거나 앞서가게 변화를 하려면 비전이 필요한 것

은 확실합니다. 19세기에 우리는 비록 초보적이었지만 19세기의 젊은 그들로 대표되는 비전의 맹아가 있었습니다. 제 이야기는 21세기 우리의 시력이 19세기 젊은 그들보다도 약하다고 하는 것입니다. 이것은 굉장히 큰 문제라고 생각합니다. 고르바초프의 경우처럼 시력을 웬만큼 가졌어도 비전을 현실화하기는 어렵습니다. 조금 전에 이야기했듯이 인간이 눈만 가지고 사는 것은 아니에요. 눈으로 본 것을 실천에 옮기려면 머리도 써야 하고 주먹도 있어야 하고 위도 튼튼해서 국내외 역량을 총체적으로 모을 수 있어야 하죠.

비전이 없는 경우에 어떻게 비전을 만들어낼 수 있을까요. 이것은 생각을 바꾸기 위해 사람을 바꿔야 할 것인가 하는 문제와도 연결됩니다. 적절한 예일지는 모르겠지만 최근 북한 문제를 가지고 치열한 싸움을 하고 있습니다. 미국의 부시 행정부는 어려운 말로 북한 체제가 변환 transformation을 해야 한다고 주장합니다. 그러면서 북한이 살려면 상당한 변환이 일어나야 하는데, 그것이 꼭 김정일 위원장 대신 새로운 인물로 바뀌어야 한다는 이야기는 아니라는 것입니다. 지금 북한이 추구하는 목표나 동원하는 수단이 지금과 같아서는 안 된다는 것이죠. 북한의 21세기 목표와 수단을 바꿔야 하는데, 이를 위해 사람을 바꿔야 할 것인가 하는 문제입니다. 역사를 보면 한 지도자의 비

전이 시력 교정되는 경우가 예외적으로는 있었지만, 확률적으로는 대개 비전을 바꾸려면 새로운 사람의 눈이 필요합니다. 내가 386세대가 21세기에 맞게 시력을 조정해서 새로운 비전을 가지라고 하는 대신 21세기의 새로운 세대가 새로운 안목을 키우라고 하는 것은 시력이 그렇게 쉽사리 바뀌는 게 아니기 때문입니다. 물론 현대의 기술로 라식수술 같은 것도 등장을 했습니다만, 세대 전체의 집단 라식수술이 가능한지는 의문입니다.

질문자 ○○고등학교 2학년에 재학 중인 이○○라고 합니다. 그러면 저희 중고등학생들은 어떻게 공부를 해야 하는 것인지 구체적으로 알려주셨으면 합니다.

하영선 답변하기가 굉장히 어려운 질문입니다. 동아일보의 청소년을 위한 시리즈 때문에 지난여름에 처음으로 고등학교에 가서 학생들에게 강의를 할 기회가 있었습니다. 예상대로 세계적인 석학들과 국제회의를 하는 것보다 몇 배 더 어려운 두세 시간을 대원외고 해외유학반 학생들과 같이했습니다.

공부를 어떻게 하는 것이 좋으냐라는 질문에 답하기가 어려운 이유에는 몇 가지가 있습니다. 첫 번째로 나도 대학교에서 가르치고 있지만 만약 내가 대학 입시를 신경 쓰지 않고 어떻게 공부하라고 한다면 여기 학생들과 같이 오신 부모님들

은 저 사람이 누구 신세 망칠 일이 있느냐고 생각하실 가능성도 있기 때문입니다. 그래서 어쩔 수 없이 여러분이 일단 원하는 대학에 들어가서 교정을 시작할 수밖에 없다고 생각합니다.

내 개인 희망으로는 차라리 여러분이 섣불리 어떤 색깔이 칠해지지 않은 백지 상태로 대학에 들어오면 좋겠습니다. 이 시리즈를 시작한 이유도 그런 데 있지만, 근현대사를 굉장히 어설프게 교과서적으로 또는 편향적으로 배우고 온 학생들보다는 오히려 백지 상태에서 온 학생들을 균형감 있게 가르치고 싶다는 생각을 자주 합니다.

입시 고민을 잠시 옆으로 밀어놓고 21세기적인 안목으로 내가 권하고 싶은 것은, 좀 어려운 이야기인지 모르지만, 시공간을 자유롭게 넘나들 수 있는 머리와 마음을 키우는 것입니다. 고생하면서 가르치시는 초등학교, 그리고 중고등학교 선생님들이 힘들지만 학생들에게 좀 더 미래 지향적이고 열린 공간의 시각을 키워주셨으면 합니다. 나를 포함한 구세대 교육자들이 앞으로 미래를 살아갈 신세대에게 미래의 역사를 제대로 보고 살도록 가르친다는 것은 쉬운 일이 아닙니다. 학교에서 1~2학년 제자들하고 이런 이야기를 자주 합니다. 지금 너희가 젊음을 불사르면서 공부를 하고 있는데, 30년 후에 그렇게 청춘을 바쳐서 한 공부가 아무 의미가 없게 된다면 어떻겠느냐는 것

이죠. 앞으로 30년간 일어날 변화는 엄청날 것입니다. 내가 대학을 1960년대 후반에 다녔는데 그 당시 대학 생활과 40년이 지난 오늘날 대학 생활의 차이는 오늘의 세대가 상상하기 어려울 정도입니다. 앞으로 30~40년 후의 세대가 오늘의 대학 생활을 상상하기는 더 어려울 것입니다. 이런 한계를 성공적으로 극복하려면 현재에 발이 묶여 있지 말고 과거와 미래를 동시에 살면서 현재를 좀 더 긴 시간의 축에서 생각하고 사는 훈련이 필요합니다.

또 하나는 부디 공간을 넓고 또 복합적으로 생각하고 행동하라는 것입니다. 우리는 오랫동안 찌들린 채 살아온 탓에 늘 발아래를 내려다보는 데만 익숙합니다. 어떤 이야기를 해도 한반도 통일 이상을 넘지 못해요. 그러나 21세기에 정말 우리가 한번 화끈하게 무대 가운데에서 춤을 춰보려면 좋은 의미의 제국적 가슴이나 머리를 가진 새로운 세대가 등장해야 합니다. 어떻게 하면 제국적인 사고를 할 수 있을까요. 결코 남의 나라를 함부로 지배하자는 것이 아닙니다. 제帝 자는 원래 신이라는 뜻에서 온 것입니다. 좋은 의미의 제국으로서 전 세계에 좋은 의미의 영향력을 행사할 수 있는 나라가 되려면, 쉽게 이야기해서 신처럼 공간을 자유롭게 넘나들 수 있어야 합니다. 한 번이라도 우리가 서울을, 한국을, 또는 한반도를 넘어서 본격적으로 공간 운영을 생

각해 본 적이 있었나요. 아시아인으로, 그리고 세계인으로 자유롭게 상상해 본 적이 있었나요.

차라리 백지 상태로 대학에 오면 1학년 때부터 제대로 시공간 교육을 시킬 텐데 고등학교를 막 졸업한 1학년생들을 만나보면 시간적으로 굉장히 짧은 현재와 공간적으로 좁은 한반도에 붙들려 있어요. 1950년대의 기성세대나 1980년대의 386세대의 시각으로 21세기를 바라다보는 답답함이죠. 이 답답함을 벗어나기 위해서는 우선 시간적으로 좀 길게 생각할 줄 알아야 합니다. 18세기의 젊은이들은 어떻게 살았을까요. 또 22세기의 젊은이들은 어떻게 살아갈까요. 공간적으로도 매일 우리가 한반도라는 좁은 공간에만 갇혀 있지 말고, 동아시아와는 어떻게 어우러져 살고 지구적으로는 어떻게 살 것인가를 생각해야 합니다. 더구나 지구를 넘어서 우주에서는 어떻게 살 것인가, 사이버 공간에서는 어떻게 살 것인가라는 것도 생각해 볼 수 있어야 합니다. 전 세계적으로 보면 이런 생각을 하는 젊은이들이 많이 있습니다. 그러나 우리 현실에서는 이런 생각만 하고 있으면 대학을 떨어지지 않겠습니까. 그러니까 대학을 들어가기 위한 공부를 거부하라는 것이 아니라 좀 더 복합적으로 공부를 하라는 이야기입니다.

마지막으로 여러분에게 무엇보다 가장 하고 싶은 이야기는 매력 있는 사람이 되라는 것입니다. 그러려면 전 세계 사람들이 무엇을 부러워하고 무엇에 끌리는지를 알아야 합니다. 뿐만 아니라, 내가 전 세계 사람들 중에 가장 좋아하고 잘하는 생각, 활동, 작품이 전 세계 사람들로부터 인정받고 부러움의 대상이 되도록 해야겠죠. 그러나 우리가 여러분을 지금 교육하는 시간과 공간은 과거의 대단히 제약된 시간과 공간에 사로잡혀 있어요. 내가 386세대를 닫힌 민족주의에 너무 빠져 있다고 자주 지적하는 것도 이런 이유 때문이죠. 근대 민족주의는 근대국가로서 갖춰야 할 필수 덕목이기는 하지만, 동시에 상당한 부작용도 발생시킵니다. 그렇다고 부작용이 무서워서 맹목적으로 열린 세계주의로 가자는 것도 아닙니다. 올바른 해답은 한국적 세계인이 되는 것이고, 그렇게 되기 위한 맹훈련이 필요하다는 것입니다. 여러 가지 훈련이 필요하겠죠. 대학을 일단 들어오면 언어도 이제 영어만으로는 부족합니다. 우리 세대는 모국어 이외에 영어만 알면 그런대로 불편 없이 살았지만, 여러분의 시대는 다릅니다. 여러분이 좋아하는 가수만 봐도 모국어, 영어는 물론이고 일본어, 중국어를 할 수 있어야 아시아의 스타, 또는 세계적인 스타로 뜰 수 있다는 것을 알 수 있죠. 우리는 7000만의 인구로서 한반도의 좁은 땅에서 살면서 엄청나게 큰 상대들과 함께 살아야 하기 때문에 일인 다역을 할 수밖에 없습니다. 억울하다고 느껴

지더라도 어쩔 수 없습니다. 미국이나 중국, 일본이 상대적으로 쉽게 주인공의 배역을 맡을 수 있다면, 우리는 주인공이 되기 위해서 그들보다 몇 배의 노력을 해야 합니다. 미국이나 중국, 일본 사람들은 한국말을 하지 않더라도 그런대로 살 수 있습니다. 우리가 그 나라의 언어를 배운다는 것은 단순히 언어를 배우는 것이 아닙니다. 그 사람들의 생각과 행동의 기본 원칙을 배우는 것입니다. 우리는 영어, 중국어, 일본어를 자유롭게 구사하면서 이 사람들의 어깨를 두드리며 만남의 자리를 주도하고, 그들의 머리와 가슴을 꿰뚫어 보고 활용할 수 있어야 합니다. 그러려면 그들이 잘 때 우리는 안 자고 준비하는 수밖에 없습니다. 그런데 비극은 우리 중고등학생들이 안 자면서 공부하기는 하는데, 안 자면서 공부하는 내용이 21세기적 내용이 아니라는 것입니다. 이것이 우리 현실입니다. 현실에 적절히 적응해서 빨리 대학을 들어오세요. 강연을 계속해서 들었으면 느꼈겠지만 많은 선생님들이 충분히 여러분에게 21세기적 교육을 시키려고 기다리고 계십니다. 그때에는 21세기의 새로운 주인공으로 새로운 무대에서 여러분이 자유롭게 뛰어놀기 위한 본격적 훈련을 받고 또 하나의 새로운 세계를 만날 수 있게 될 것입니다.

질문자 ○○중학교 3학년 김○○라고 합니다. 교수님 말씀 잘 들었습니다. 교수님이 19세기에는 통일이 핵심적인 국가목표가 될 수 있었지만, 21세기에는 통신망을 열어서 다 통일해야 된다고 말씀하셨습니다. 요즘 북한을 둘러싸고 여러 가지 문제가 많이 터지고 있는데 교수님께서 생각하시는 바람직한 21세기적 한반도 통일상에 대해서 말씀해 주시면 감사하겠습니다.

하영선 21세기에 남북한의 통일을 네트워크적으로 해야 한다는 이야기는 통신망을 복잡하게 깔자는 이야기가 아닙니다. 19세기나 20세기의 근대적 통일은 삶의 기본 단위를 국민국가로 설정하는 것을 굉장히 자연스럽게 여기잖아요. 여러분도 그렇게 교육을 받고 있죠. 그러나 동양이 이런 생각에 익숙해진 것은 아직 200년도 안 됐고, 서양도 500년을 넘지 않습니다. 그것이 여러분이 여태까지 받아온 교육입니다. 이런 생각에 익숙해진 지 우리 경우에는 200년밖에 안 됐고 서양도 500년밖에 안 됐습니다. 그러면 그 전에는 어떻게 살았을까요. 유럽의 중세는 오늘날처럼 소수의 국민국가 중심이 아니라 500개 이상의 다양한 봉건 영주의 성과 무역 및 상업 마을을 중심으로 삶이 이뤄졌습니다. 동시에 로마 교황청과 신성 로마 제국 같은 초국가적인 단위도 중세적 삶의 일부로 얽혀 있었어요. 국민국가 중심의 근대의 눈으로 보면 대단히 이상하게 살았던 것이죠. 예전에 동아시아도 오늘날 우리의 눈으로 보자면 굉장히 이상하게 살고 있었어요. 한마디로 중국 중심의 천하질서 속에서 예의국가를 기본 명분으로 삼고 살았으니까요. 따라서 당시의 나라 개념은 근대 이후의 국민국가 개념과는 상당히 달랐죠. 요즘처럼 마음대로 국경을 건너면 총으로 쏴 죽이거나 탈북자들처럼 다른 나라로 가기 위해 필사적으로 담을 넘을 필요가 없었죠. 조선 시기에 일본의 왜구가 범람했다고 했는데 그 당시 왜구는 오늘의 근대적 국경 개념 없이 자연스럽게 여러 나라의 해안을 왔다 갔다 한 거예요. 중세의 왜구는 21세기적으로 살았던 것이죠.

19세기에 서양의 근대 국제질서를 받아들이면서 우리는 비로소 근대적 국경 개념에 기반을 둔 국민국가 건설을 시도하게 됩니다. 그러나 이러한 시도가 좌절되고 한반도는 일본의 식민지로 전락하게 되죠. 제2차 세계대전에서 일본이 패망하면서 한반도는 해방과 함께 다시 한 번 명실상부한 근대국가를 건설할 기회를 맞았었습니다. 그러나 미국과 소련의 냉전사 전개와 함께 우리는 남북으로 분단되는 비극을 겪게 됩니다. 그 이후 남북한은 다시 하나로 합치기 위해서 협상이나 또는 전쟁으로 통일을 해보려는 시도를 했지만 실패했습니다. 그리고 최근까지 남북협상이나 정상회담 같은 노력을 계속하고 있지만, 눈에 띄는 성과를

보이지 못하고 있습니다. 그런데 이런 19세기적 노력은 21세기에 커다란 한계가 있다는 것을 명심해야 합니다. 네트워크는 단순히 통신망을 이야기하는 것이 아니라 복합적 그물망을 말합니다. 요즘 많이 보도되고 있는 개성공단은 복합 그물망 중에 아주 작은 물질적 그물망의 하나일 뿐입니다. 따라서 개성공단은 북한 전체를 그물망으로 엮는 과정의 작은 부분이죠. 꾸준히 그물망을 연결해 나가되, 개성공단 추진으로 곧바로 남북 정상을 통해 통일로 성큼 다가갈 수 있으리라는 생각은 버려야 합니다. 남북의 다양한 주인공들이 복합 무대에서 그물망을 치밀하게 짜지 않고서는 21세기에 맞는 통일을 이루기는 어렵습니다.

21세기의 통일을 생각하려면 남북통일을 넘어선 통일도 동시에 생각할 줄 알아야 합니다. 유럽의 통일을 보세요. 유럽연합은 최근 회원국 수를 25개국으로 확장했습니다. 미국도 사실은 50개 나라가 합친 연방국가입니다. 올림픽을 생각하면 우리 입장에서 대단히 불공평하죠. 올림픽도 미국은 50개국으로 나눠서 나와야 공평하죠. 미국의 주 중에는 여러 면에서 한국보다 강한 곳이 많습니다. 캘리포니아주를 보세요. 중국도 마찬가지입니다. 우린 남북을 합쳐도 1억이 안 되는데, 13억 국가와 일대일로 붙는 것은 애초에 불공평한 게임이죠. 그것을 충분히 생각하지 않고 우리도 당당하게 대결

하겠다고 하는 것은 현실을 직시하지 않은 것입니다.

그러나 유럽의 25개국을 하나의 국가 연합으로 성공적으로 엮어내는 일은 25개국에 살고 있는 개개의 국민들이 모두 유럽 시민이라는 정체성을 가져야 가능합니다. 동서독이 합쳐졌지만 독일이 진정으로 한 나라로 거듭나기 위해서는 동서독의 국민들이 거미줄처럼 엮여져야 합니다.

언뜻 생각하면 양쪽이 협상으로 도장을 찍거나 양쪽이 전쟁으로 합치면 금방 통일이 될 것 같지만, 그렇지 않습니다. 21세기적으로 보면 통일은 보다 길게 생각해야 합니다. 통일이라는 말은 더 조심스럽게 써야 합니다. 하나로 통해가지고만 되는 일이 아닙니다. 모두와 통해야 합니다. 그렇기 때문에 남북통일만 생각하면서 21세기의 나날을 지새울 수는 없습니다. 아시아와 연결하고, 지구하고 연결하는 것을 동시에 고민해야 합니다. 남북한의 통일에만 전념하다가 다른 공간과 통하는 것에 실패하면 남북통일을 이루더라도 19세기처럼 망할 수 있습니다. '우리의 소원은 통일'은 더 이상 21세기 애국가가 될 수 없습니다. 통일은 중요하지만 21세기적으로 접근해야 합니다. 동시에 통일은 아시아, 그리고 세계와 통하는 가운데 이뤄져야 합니다. 남북통일은 21세기의 필요조건이지 충분조건이 아니라는 것입니다. 21세기에 남북통일에

만 모든 것을 건다는 것은 무대에서 내려가겠다는 이야기나 다름없습니다. 이것이 마치 반통일 세력이 하는 이야기처럼 들릴 수 있겠지만, 내가 하고자 하는 이야기는 21세기 새로운 세대들이 통일을 세계 속에서 엮어가는 것으로 여기고 늘 더 큰 것과 통하는 것들을 모두 포함한 가운데 남북통일의 위치를 설정할 줄 알아야 한다는 것입니다.

질문자 주부 임○○이라고 합니다. 제가 역사를 되돌아보면서 나름대로 고민을 해보게 되는데요. 오늘 말씀 중에 교수님은 네트워크 국가 건설을 강조하셨습니다. 일제강점기에 독립된 나라의 국민이 되기 위한 노력을 하려 해도 아나키스트 운동들이 일어나서 독립운동이 힘들었다는 것을 본 기억이 있어요. 요즘에 냉전 시대가 끝나면서 대안학교, 생태균형 운동 등과 같은 새로운 변화가 눈에 띄기 시작하고 최근에는 정보혁명에 힘입어 본격적 네트워크 시대로 진입하고 있어서 극단적인 개인주의 경향이 많이 나타나고 있습니다. 이에 대한 교수님의 자세한 이야기를 듣고 싶습니다.

하영선 네트워크가 반드시 개인주의라 생각하지는 않아요. 왜냐하면 그물망을 짠다는 것은 이미 타자와의 연결을 의미하니까요. 부모님들이 생각하시기에 요즘 젊은 세대는 깨어 있을 때만 아니라 자는

동안도 인터넷에 접속된 상태로 살아가는 인생으로 보이실 겁니다. 그러나 인터넷의 삶은 이중적인 면이 있습니다. 인터넷으로 접속되어 있는 사이버 공간 자체는 현실의 시간과 공간의 제약을 넘어서서 굉장히 연결되어 있는 삶이죠. 그런데 인터넷을 하고 있는 개인은 사이버 공간이 아닌 현실 공간에서는 대단히 고독하죠. 사람도 안 만나고 앉아서 컴퓨터만 바라다보고 인터넷 세계 속에서만 연결되는 고독을 겪고 있는 것도 사실입니다.

조금 전에 말씀하신 것처럼 대안학교나 생태균형운동은 국가를 너무 강조한 것에서부터 국가를 좀 넘어서 보자는 노력을 하고 있어요. 그러나 내가 한 시간 반 동안 한국적 세계인이 되자고 이야기한 것은 세계가 하나처럼 네트워크화되어 가고 있음에도 불구하고 21세기 또는 심하게 이야기하면 향후 몇백 년간이나 1000년 동안 우리가 지난 500년 동안 인간이 만들어낸 국가라는 틀을 완전히 벗어나 살기가 굉장히 어렵기 때문입니다. 따라서 늑대거미가 되라는 것은 복합적 의미가 있습니다. 늑대는 자기중심적이지만 거미는 그물망을 통해 모두와 연결됩니다. 따라서 네트워크 자체는 반드시 사람들을 개인주의에 함몰되도록 만드는 것은 아닙니다. 내가 21세기 젊은 세대와 이야기하면서 기대를 가지는 것은 그들이 20세기 386세대가 겪었던 역사적인 좌절감이 만들어낸 반외세·자주

의 구시대적 유산에 지나치게 집착하지 않고 21세기의 젊은 세대답게 유비쿼터스 네트워크적인 삶을 산다는 점입니다. 웹사이트에 국경이 있나요. 순간적으로 자기가 지구 전체하고 늘 접속되어 있는데요.

단, 이런 문제는 있습니다. 젊은 세대가 염두에 두어야 할 것은 정보기술이 세계를 얼마나 변화시키느냐 하는 점입니다. 최근에 후배 제자들과 함께 공부하면서 엮어낸 책들 중의 하나가 『21세기 한반도 백년대계』이고, 다른 하나가 『변화하는 세계 바로보기』입니다. 21세기 한반도 백년대계를 고민하면서 정보기술이 가져다주는 세계 변화를 처음에는 대단히 소박하게 생각해서 사이버 공간이 우리가 사는 현실 공간을 굉장히 빠른 속도로 대체할 것으로 예상했습니다. 따라서 온라인 비즈니스가 굉장히 빠른 시간 안에 전체 비즈니스의 50%를 차지할 줄 알았습니다. 그러나 상대적으로 앞서가는 미국도 온라인 비즈니스의 비율이 예상보다는 낮아서 아직 전체 비즈니스의 10%를 넘지 못하고 있습니다. 물론 사이버 공간이 우리 삶 속에 자리 잡기 시작한 지는 얼마 안 됐습니다. 2004년은 사이버 공간사에서는 기념할 만한 해입니다. 사이버 공간이라는 말을 윌리엄 깁슨William Gibson이 본격적으로 처음 쓰기 시작한 지 20년 됐기 때문입니다. 그리고 월드 와이드 웹World Wide Web: WWW

이 등장한 지 꼭 10년 됐습니다. 그러나 온라인 비즈니스가 예상보다 느린 속도로 성장하고 있는 현실을 주목할 필요도 있습니다.

하지만 동시에 전통적인 오프라인 비즈니스들이 새로운 온라인 비즈니스 방식을 적절하게 받아들이지 않고서는 21세기 비즈니스에서 살아남기 어렵다는 것도 현실입니다. 대기업도 인터넷을 충분히 활용하지 않고서는 더 이상 생존할 수 없습니다. 반대로 한동안 국내에서 온라인 벤처라 하면 단번에 신흥 재벌이 될 것으로 기대했지만 이런 꿈들은 결국 대부분 거품이었습니다. 따라서 개인에게도 온라인과 오프라인의 균형감은 대단히 중요합니다. 더 이상 사이버 공간을 모르고 살 수는 없습니다. 그러나 사이버 공간에서만 사는 경우에 현실 공간의 삶에 문제가 생깁니다. 따라서 두 공간의 적절한 조화가 개인이나 국가에 모두 대단히 중요한 문제입니다. 조화를 잃어버리면 개인이나 국가는 낙오할 수밖에 없습니다. 따라서 어느 한계 내에서 조정할 수밖에 없습니다. 사이버 공간의 나와 현실 공간의 나라는 두 명의 나가 잘 조화되어야겠죠. 그러나 이것도 세대에 따라서 상당한 차이가 있을 것입니다. 통계를 봐도 50~60대의 인터넷 이용률은 여전히 높지 않습니다. 하지만 10~20대로 가면 전 세계 1위의 이용률을 보여주고 있습니다. 따라서 가령 10대가 인터넷을 통해 어떤 공간에서 어떤 세계를 보고 사는지 이해하는 것은 우리 기성세대에게 커다란 숙제입니다. 더 나아가 현실과 인터넷 공간의 적절한 균형을 어떻게 잡아나가느냐 하는 것은 21세기 개인에게도 그렇고 국가에도 대단히 중요한 문제입니다.

질문자 ○○고등학교에 재학 중인 강○○라고 합니다. 며칠 전 신문에서 노무현 대통령이 LA에서 북한에 관해서 한 발언에 대한 교수님의 시론을 읽었는데요. LA 북한 발언에 대해서 악수惡手라고 말씀하시면서 특사 교환이나 정상회담을 통한 노력들이 위기 국면의 해소 직후에 이뤄져야 한다고 하셨는데, 이에 대해서 질문이 있습니다. 외교라는 것이 위기 국면이 닥치기 전에 예방하는 것이 중요한데 특사 교환이나 정상회담 없이 북핵 위기의 악화를 줄이기 위해서 어떻게 노력을 해야 하는지 궁금합니다. 그런 것을 조용한 예방외교라고 표현하셨는데, 그것이 구체적으로 어떤 방안을 통해서 이뤄질 수 있는 것인지 말씀해 주셨으면 합니다.

하영선 그 바쁜 시간에 칼럼을 읽은 게 용합니다. 내가 쓰는 칼럼에 대해서 상당수 독자들은 무슨 이야기인지 잘 모르겠다는 반응을 보입니다. 지금 질문한 칼럼에 대해서도 실무 담당자들은 노 대통령 이야기보다 더 어려워서 잘 모르겠다고 농담을 해요. 그러면서 칼럼 제목이 "잘못 짚은 LA 북핵 발언"이었는데, 이번은 하 교수가 잘못 짚은 것 아니냐고 물어요. 미국 부시 행정부의 반응도 예상했던 것보다 그렇게 나쁘지 않고 핵 문제를 돌파할 가능성을 높인 것 아니냐는 것이죠. 바둑으로 말하자면 나는 그 연설을 여전히 악수라고 생각하지만, 한편으로는 차라리 내 판단이 틀렸기를 바랍니다.

조금 어려운 질문인데, 왜 특사 교환이나 정상회담을 북한이 전략적 선택을 한 직후에 하는 것이 바람직하고, 왜 로스앤젤레스 연설 같은 내용의 이야기는 현 단계가 아닌 다음 단계에 하는 것이 옳은 수순인가 하는 이야기입니다. 현재까지의 진행을 보면 우선 미국의 반응에 대해서는 내 전망이 맞았다고 생각해요. 내가 악수라고 한 이유는 한마디로 해답이 없는 현 단계에서 우리가 맞는다고 제시한 해답을 북한이나 미국이 받아들이지 않을 것이기 때문입니다. 로스앤젤레스 연설 이후 산티아고에서 부시 대통령과 우리 대통령이 밝게 웃으면서 서로 악수를 나눴기 때문에 우리 정부는 미국이 우리의 입장을 받아들인 것이라고 생각하고 있습니다. 그러나 미국 측 이야기로는 미국이 한국 이야기를 편하게 생각하지 않고 있고, 따라서 쌍방의 진화 노력으로 그 이야기는 원칙적으로 산티아고에서는 하지 않은 것으로 알려지고 있습니다. 따

라서 아까 말한 것처럼 외교에서는 앞에서 악수하면서 하는 이야기와 문 닫아걸고 뒤에서 하는 이야기가 대부분 다르다는 것을 다시 한번 명심해야 합니다. 19세기 한국 외교사를 공부해 온 입장에서 대부분 공식적으로 앞에서 한 이야기와 뒤에서 나중에 문서로 정리된 자기네들끼리 한 이야기는 전혀 다른 경우가 많습니다. 이번 경우도 나는 미국이 우리가 제시한 해답을 전혀 해답이라고 생각하지 않고 있다고 봅니다.

그렇다면 현 단계에서 북한은 문 닫아걸고 무슨 이야기를 하고 있을까요. 만약 북한도 우리 이야기를 해답이라고 생각하지 않고 있다면 남북한 간에 특사 교환이나 정상회담이 이뤄져도 실질적인 결실을 맺기 어려울 것입니다. 그러면 협상할 준비가 되어 있지 않은데 북한이 왜 한국 특사 교환이나 정상을 만나겠느냐고 반문할 수 있습니다. 그래도 만날 수가 있죠. 바둑을 두는데 상대방 돌을 따먹기 위한 수만 두는 것이 아니라 경우에 따라서는 패를 써야 하기 때문입니다. 따라서 특사나 정상회담을 하지 말자는 것이 아니고 그것을 실제 북한의 팻감으로 허비하지 말라는 것입니다. 정말 대마의 사활이 걸렸을 때는 대마를 확실히 살리기 위해 두어야 합니다.

따라서 우리가 내놓은 해답대로 쉽게 됐으면 좋겠는데 현실은 다릅니다. 앞에서 이야기한 것처럼 현 단계에서는 미국

은 뒤돌아 문 닫아걸고는 한국이 내놓은 해답을 받아들일 수 없다고 비판하고 있을 것입니다. 한마디로 남한이 북한을 잘못 보고 있다는 것이죠. 한편 북한은 문 닫아걸고 한국이 기대하는 것처럼 미국이 쉽게 바뀔 가능성은 없다고 평가하고 있겠죠. 미국이 어떤 제국주의인데 그렇게 쉽게 입장을 바꾸겠냐라는 것입니다. 그러면 우리는 북한과 미국으로부터 영원히 소외당할까요. 반드시 그렇지는 않습니다. 양쪽이 상대방을 억압하기 시작해서 망하냐, 안 망하냐 하는 상황에 직면하게 되면 우리가 이야기하고 싶어 하는 대안의 모색이 의미를 가지게 되겠죠. 그때 우리가 한계 안에서 해야 할 역할이 생길 겁니다.

현 단계에서는 북한이나 미국이나 우리나 해결책이 없습니다. 해결책이 없다 했을 때 문제는 그럼 어떻게 해결책이 생기냐는 것입니다. 해결책은 생길 수 있습니다. 북한과 미국이 서로 버티고 위협하면서 상황이 더 긴박해지면 어느 한쪽 또는 양쪽이 결국 선택을 하게 됩니다. 북한이나 미국은 지금은 마지막 선택을 할 때가 아니라고 생각하고 있습니다. 그런데 우리가 미리 답을 마련해서 이것이 해답이라고 하는 경우에 양쪽은 아직 수가 늘어져 있기 때문에 받아들이지 않을 것입니다. 답안 제출 시간을 잘못 잡았다는 의미로 내가 잘못 짚었다고 말한 것입니다. 따라서 답안 작성이나 정상회담을 하

지 말라는 것이 아니고 시기 선택과 단계가 필요하다는 것입니다. 북한이 전략적 선택을 하기 전까지는 조용한 예방외교를 할 수밖에 없습니다. 공개 발언이 아니고, 조용한 외교로서 양쪽한테 대안이 있다는 메시지를 전달할 수 있습니다.

다음으로 적절한 시기에 우리 의견을 최대한 반영시키려면 어떻게 해야 하느냐는 어려운 질문에 대해 생각해 보죠. 국제정치는 말로 하는 무대인 동시에 말로만 연기할 수 없는 무대이기도 합니다. 우리가 반드시 알아야 할 것은 말로 혼내 줄 수 있는 국제정치는 누구나 할 수 있지만 상대방이 정말 혼이 나서 말을 들을 것인지는 전혀 다른 문제라는 점입니다. 현실 국제정치는 비정한 세계이기 때문에 바로 보고 바른말만 하면 되는 게 아니라 바로 하기가 중요합니다. 상대방의 전략적 선택이 이뤄지기 전 단계에 우리는 일단 말의 국제정치를 할 수밖에 없습니다. 그러나 이 단계에서 말이 쉽사리 받아들여지지 않을 것을 잘 알아야 합니다. 상대방을 움직이는 것은 쉽지 않습니다. 현실에서 한 사람의 상대방을 움직이는 것도 어렵습니다. 부모님이 자식을, 그리고 자식이 부모님의 의사를 바꾸는 것만 해도 대단히 힘듭니다. 그렇다면 상대방을 어떻게 효과적으로 움직일 수 있을까요. 매를 들거나 용돈을 주거나 말로써 설득하거나 가슴에 감동을 불러일으켜서 따르게 할 수 있겠죠. 그러나 국제

정치에서 상대방 국가를 감동의 눈물이나 세치 혀로만 설득하거나 감동시켜서 따르게 하는 경우는 극히 드물죠. 현재까지 부국강병의 세계에서는 부와 병이 국제정치를 움직였습니다. 그리고 21세기 무대에서는 부강과 함께 상대방을 움직일 수 있는 새로운 힘들이 등장하고 있습니다. 말의 국제정치가 현실의 국제정치가 되려면 이런 힘들을 제대로 기르고 또 활용할 줄 알아야 합니다.

우리가 언젠가 힘을 발휘하기 위해서 기성세대는 그동안 부국강병, 즉 군사력과 경제력을 키우려고 노력해 왔습니다. 여러분 젊은 세대는 그 기반 위에 21세기의 새로운 힘들을 더 키워야 합니다. 한반도라는 조그만 공간에서 태어난 여러분이 세계라는 무대의 주인공이 되려면 21세기에 맞는 복잡한 힘을 길러야 합니다. 우리 대통령이 영국이나 프랑스에 가서 대접받을 수 있는 것은 무엇보다도 밤잠 안 자고 일해온 산업 전사들의 노력으로 달성한 세계 10위권 정도의 경제력 덕택이죠. 그것이 적어도 20세기에 대우받는 힘의 중심 내용이었습니다. 그러나 21세기에는 그 힘만으로는 부족합니다. 김구 선생이 「나의 소원」에서 지적했던 것처럼 강대국에 둘러싸여 있는 우리는 군사력과 경제력의 추구만으로는 한계가 있습니다. 21세기에는 정보·지식력, 문화력, 생태균형력 같은 새로운 매력을 필요로 합니다. 이런 매력은 군사력

이나 경제력과 비교해 보면 우리가 상대적으로 덜 불리하다고 할 수 있습니다. 군사력과 경제력을 넘어선 매력, 그것이 새 세대가 고민하고 풀어야 할 21세기 최대의 화두입니다. 어떻게 세계 모두가 부러워하는 삶을 꽃피울지 고민하고 노력해야 하는 것이죠.

내가 1~2학년의 어린 제자들을 보고 자주 지적하는 것은 어떻게 해서 그렇게 늙은 대학생으로 대학 생활을 보내느냐는 것입니다. 적어도 전 세계 어느 고등학생들보다도 밤잠 안 자고 노력해서 대학을 왔으면 전 세계 대학생들 중에 아프리카나 아시아는 물론이고 미국이나 유럽의 대학생들이 한 번쯤 한국의 대학생들을 궁금해하고 또 보고 싶어 해야 할 것입니다. 그러나 현실은 그렇지 않습니다. 오히려 조기 유학이 늘고 있습니다. 전 세계가 부러워할 정도로 열심히 공부하고 열심히 즐기는 매력적인 대학 생활을 우리가 못 할 이유가 없습니다. 중고등학교 때 대학 입시를 위해 공부하던 여러분의 노력과 부모님의 정성을 합치면 얼마든지 세계적으로도 매력적인 대학생으로 성장할 수 있습니다.

꼭 내가 대학에 몸담고 있어서 이야기하는 것이 아니라, 오늘의 대학은 정확하게 한국의 20년 앞을 미리 보여주는 곳입니다. 지금 2000년대에 일어나는 사태가 1980년대 내가 관악산에서 겪었던 바로 그 모습입니다. 따라서 2020년이

어떤 모습일지는 대체로 상상이 갑니다. 관악, 신촌, 안암 등을 비롯한 오늘 한국 대학의 모습이 2020년 우리의 모습일 수밖에 없습니다. 오늘의 일본이나 중국 대학생들이 한국 대학생들을 부러워하면 2020년에 일본이나 중국이 우리를 부러워할 것입니다. 그런데 역으로 지금 베이징대학교나 칭화대학교를 가보면 장난이 아니에요. 우리는 중국이 바짝 따라와서 걱정이라고 하는데, 중국은 이미 우리와 같은 경기장에 있다고 생각하지 않습니다. 정확하게 우리 자신을 알고 지나치게 비관하지 말고 전 세계 사람들에게 매력적인 청년으로 성장할 수 있어야 합니다. 부모님 입장에서는 어떻게 자식들을 그런 방향으로 성장하도록 도와주시느냐가 중요하겠죠. 이런 노력의 작은 시작이 근현대사 바로보기이고, 궁극적으로 한 개인의 미래사 바로 만들기입니다. 더 나아가서는 한국의 미래사 바로 만들기입니다. 그것은 더 이상 아시아의 미래사 바로 만들기나 전 세계의 미래사 바로 만들기와 단절해서 생각할 수 없습니다. 이런 안목을 노인부터 장년, 청년이 함께 갖출 수 있을 때 2020년의 우리에게 희망이 있지 않을까요. 그렇지 않으면 2020년의 우리 미래는 굉장히 어두울 것이라는 생각이 듭니다. ◉

더 읽을거리 3

조선 백자의 매력

자료: 하영선, 《중앙일보》(2005.12.11).

어수선하고 바쁜 12월이다. 모처럼 시간을 내서 새로 문을 연 국립중앙박물관을 찾았다. 꼭 보고 싶은 것이 있었다. 조선 백자철화끈무늬병. 처음 만난 순간 문외한임에도 불구하고 나는 헉하는 숨 막힘을 느꼈다. 병의 모양, 색깔, 무늬는 완벽했다. 끈무늬병은 500여 년 세월을 훌쩍 뛰어넘어 살아 있었다. 15세기의 백자가 아닌 21세기의 백자로. 인간들이 수천 년 동안 빚어온 도자기 중에 딱 한 점만을 고르라면 주저 없이 골라잡고 싶을 만큼 매력적이다.

얼마 전 도쿄에서 열린 청화백자의 한중일 비교 전시회를 보러 갔었다. 청화백자의 원조인 중국의 징더전 그릇들과 정유재란 이후 이삼평을 비롯한 조선의 도공들에 의해 전수된 일본의 아리타 자기들 사이에서 조선의 청화백자들은 단연 눈길을 끌고 있었다. 요란하게 화려하지 않으면서 그렇다고 단조롭지도 않은 우아함을 격조 있게 자랑하고 있었다.

나의 도자기에 대한 뒤늦은 관심은 조금은 엉뚱한 데서 시작되었다. 국제정치 공부를 하느라고 오랫동안 폭력과 금력을 주 무기로 하는 외교 무대의 주인공들의 연기 분석에 시간을 보냈다. 최근 매력 공부를 새로 시작하면서 머리를 떠나지 않는 질문은 한국이 지난 수천 년 동안 만들어낸 것들 중에 전 세계를 홀릴 만큼 매력적인 것이 있었던가다. 도자기가 그 해답의 가능성을 보여주고 있다. 중국은 영어로 자기라는 뜻의 'China'로 불리는 것에서도 쉽게 알 수 있듯이 오랫동안 도자기의 세계적 표준을 이끌어왔었다. 한국 도자기들은 이런 중국의 영향을 받았으면서도 중국을 뛰어넘는 독특한 매력을 만들어내는 데 성공한 것이다.

무엇이 그렇게 만든 것일까. 끈무늬병의 비밀을 밝힐 수 있다면 21세기 한국 국제정치학의 핵심 과제인 매력의 비밀에 한 발짝 더 다가서게 될 것이다. 그 비밀의 열쇠는 끈무늬병을 빚었던 이름 모를 도공의 가슴, 머리 그리고 손의 절묘한 결합에서 찾아야 한다. 끈무늬병을 바라다보면 볼수록 자기 작품에 대한 도공의 무한한 애정을 짙게 느끼게 된다. 완벽한 아름다움을 재현해 보겠다는 마음 없이 세계 표준의 완성도에 도달하기는 불가능하다. 그러나 사랑만으로 모든 사람이 탐내는 매력적인 작품이 탄생하지는 않는다. 자기를 구체적으로 형상화하기 위해서는 동시에 흙, 안료, 모양, 무늬, 가마 등에 대한 당대 최고의 지식이 필수다. 마지막으로 남들이 흉내 낼 수 없는 손 솜씨로 자기를 빚고 무늬를 그리고 구워낼 수 있어야 한다.

21세기의 새로운 힘으로 부상하고 있는 매력을 키우는 길은 15세기 도공의 이런 삼중적 노력을 재현하는 것이다. 지난 한 주 내내 황우석 교수팀의 줄기세포 연구의 윤리성과 진실성에 대한 시비로 나라가 시끄러웠다. 세계 과학계는 두 번 놀라고 있을 것이다. 한국이 줄기세포 연구의 선두주자 대열에 서 있다는 데 놀라고, 연구의 윤리성과 진실성을 논의하는 방식의 정치성과 후진성에 더 놀라고 있을 것이다. 세계 과학사에 매력 있는 사례가 아니라 혐오스러운 사례로 기록될 위험성이 높다.

늦었지만 이제라도 논의의 방향을 제대로 잡아야 한다. 오늘날 우리에게 절실하게 필요한 것은 세계를 매혹시키는 21세기 도공을 키우는 일이다. 황우석 연구팀의 약점을 찾아 죽이기보다는 약점을 고쳐 21세기의 매력을 빚어낼 수 있는 도공으로 살리는 길을 찾아야 한다. 그리고 하루빨리 제2, 제3의 도공을 찾아 키워야 한다. 21세기 매력 한국의 사활은 여기에 달렸다. 그 일선에는 TV 공화국의 실질적 주인공인 PD들이 적극적으로 동참해야 한다. 제대로 된 21세기 《PD수첩》을 제작해야 한다. 지난해 말 KBS가 전 세계를 매혹시킬 만한 다큐멘터리였던 '도자기' 6부작을 방영해 시청자들에게 자신감과 깨달음을 선사했듯이. ◉

이중섭과 빈센트 반 고흐

자료: 하영선, 《조선일보》(2009.7.16).

제주도 서귀포에서 한일 신시대 공동연구 모임을 끝내고 가까운 이중섭미술관을 들렀다. 한국전쟁이 한창 벌어지고 있던 1951년 원산에서 월남한 이중섭은 서귀포에서 가족과 함께 물질적으로는 엄청나게 어려웠지만, 정신적으로는 한없이 행복했던 1년을 지내면서 '서귀포의 환상'과 '섶섬이 보이는 풍경'과 같이 주목할 만한 그림들을 남겼다. 작품 탄생의 현장에서 그림들을 다시 볼 수 있는 것은 소중한 기회다.

파리에서 북서쪽으로 30km쯤 올라가면 오베르쉬르우아즈라는 작은 마을이 있다. 빈센트 반 고흐가 삶의 마지막 10주를 불살랐던 현장이다. 마을에 들어서면 고흐의 작업장이었고 자살로 마지막 숨을 거뒀던 다락방이 당시 모습 그대로 남아 있다. 형 빈센트를 천연보호기념물처럼 돌봤던 테오가 형과 함께 나란히 묻혀 있는 흙무덤도 인상적이다.

그러나 이 마을의 보석은 교회다. 그림 같은 교회를 바라다보고 있으면 파리의 오르세 미술관에 걸려 있는 고흐의 교회 그림이 눈앞의 교회보다 더 선명하게 머릿속에 떠오른다. 고흐의 교회가 현실의 교회보다 더 현실적이다. 이 짜릿한 충격 때문에 파리를 갈 일이 생기면 어김없이 이 마을을 서성거리게 된다. 오베르쉬르우아즈는 이런 분위기를 만끽할 수 있도록 마을 전체를 한 편의 아름다운 작품처럼 세련되게 연출하고 있다.

1951년 제주도는 복잡했다. 한국전쟁은 1950년 10월 중국의 참전으로 38선에서 전선이 교착된 채 장기전으로 접어들었다. 그러나 1948년 좌우가 대규모로 충돌한 4·3 사건의 비극을 겪은 제주도는 한국전쟁을 겪으면서 아픈 기억을 더해갔다. 한편 1951년 1·4 후퇴와 함께 제주도민의 반에 가까운 15만의 피란민이 제주를 찾았다. 수많은 말 못 할 사연들이 섬마을을 떠돌 수밖에 없었다. 이중섭 가족도 그중 하나였다.

피란처 움막에서 내려다보면 떠오르는 '섶섬이 보이는 풍경'은 전란기의 마을 풍경이라고 생각하기에는 너무나 평화롭다. 그러나 그림 속에서 멀리 보이는 섶섬과 바로 마주한 소남머리는 4·3의 핏빛 어린 기억을 대표하는 곳 중 하나다. 가족들과 허기진 배를 달래느라고 게 잡으러 가는 곳이기도 했지만 4·3의 원혼들이 맴도는 곳이기도 한 소남머리 풍경을 이렇게 그리고 있던 이중섭의 마음을 쉽사리 헤아리기는 어렵다.

'서귀포의 환상'은 제목 그대로 평화와 풍요가 꿈을 넘어서서 환상의 모습으로 그려져 있다. 그림 한가운데에는 어린아이가 평화롭게 전투기가 아닌 새를 타고 푸른 서귀포 앞바다를 날고 있다. 해안에는 어린아이들이 풍요롭게 먹을 것을 나르거나 한가하게 누워 있다. 이중섭이 1951년 서귀포에서 가족과 함께 지내고 싶었던 꿈과 환상이다.

서귀포의 이중섭 마을 만들기 노력이 오베르쉬르우아즈의 고흐 마을 만들기를 따라잡으려면 아직 갈 길이 멀다. 이중섭과 고흐는 둘 다 40년 정도의 짧은 세월을 살았다. 고흐에 비해서 이중섭의 삶은 훨씬 더 어려웠다. 남다른 한국 근현대사의 비극을 모두 겪어야 했기 때문이다. 식민지 화가로서 일본 여성과 했던 결혼 생활은 무척이나 힘들었다. 유복한 집안 출신인 그는 사회주의 북한에서 살아남기 어려워서 월남한다.

그러나 자본주의 남한의 삶에도 쉽사리 적응할 수 없었다. 설상가상으로 끔찍하게 사랑하는 부인과 두 아들을 경제적인 이유로 일본으로 보내놓고 괴로움의 나날을 보내야 했다. 그의 가족 상봉 프로젝트는 한국 근현대사의 비극 풀기만큼이나 어려웠다. 그러나 하루를 우동과 간장 한 끼로 때우면서도 그의 창작열은 뜨거웠다.

그는 아내에게 보낸 편지에서 이런 말을 남겼다. "나는 한국인으로서 한국의 모든 것을 세계 속에 올바르게, 당당하게 표현하지 않으면 안 되오. … 세계의 사람들은 한국 사람들이 최악의 조건하에서 생활해 온 표현, 올바른 방향의 외침을 보고 싶어 하고 듣고 싶어 한다는 것을 알고 있소." 반세기가 지난 오늘에라도 그의 간절한 소망을 풀어주려면 무엇보다도 요즘 유행하는 '영어 하기' 수준의 세계화가 아니라 이중섭 같은 안목의 세계화가 절실하게 필요하다.

이중섭이 영양실조의 행려병자 모습으로 우리를 떠난 지 이미 반세기가 흘렀다. '서귀포의 환상'에서 그려진 풍요는 더 이상 환상이 아니다. 어린아이들처럼 합심해서 거두면 충분히 이룰 수 있는 꿈으로 눈앞에 다가왔다. 한국은 성공국가와 실패국가의 마지막 갈림길에 서 있다. 한반도의 근현대사는 이중섭의 삶처럼 기구했다. 세계 어느 나라보다도 힘들게 문명개화, 망국식민화, 분단냉전화, 그리고 21세기의 복합화의 길을 걸어야 했지만, 그가 평생 즐겨 그리던 소 같은 강인함으로 오늘에 이르렀다. 마지막 순간에 자중지란으로 굴러떨어지지만 않는다면 우리는 세계가 부럽게 바라보는 가운데 새를 타고 우주를 날게 될 것이다. ◉

더 읽을거리 5

세한도와 정권의 겨울

자료: 하영선,《중앙일보》(2006.12.10).

해마다 이때가 되면 보고 싶어지는 그림이 있다. 완당의 세한도다. 겨울보다 더 겨울다운 그림이다. 춥고 쓸쓸함의 아름다움을 새삼 깨닫게 해준다.

세한을 맞이하는 마음에 정말 와닿는 것은 그림 옆에 써진 글의 내용이다. 제자인 역관譯官 이상적이 청나라 연행 길에 힘들게 구한 서적들을 세상의 모든 권세와 이익을 잃고 제주에서 귀양살이하던 완당에게 보냈기 때문에, 스승 김정희는 고마운 마음을 그림 같은 글씨로 절절하게 적어서 그림과 함께 제자에게 전한 것이다.

완당은 세한도에 송백 네 그루를 그린 연유를 "날이 차가워진 이후라야 송백의 시들지 않음을 안다歲寒然後 知松柏之後凋"라는 공자 말씀으로 설명하고 있다. 세상 사람들은 권세와 이익을 따라서 부나방처럼 날아다니는데 제자 이상적은 계절따라 옷을 갈아입지 않는 송백처럼 세한을 겪고 있는 스승 모시기에 변함이 없다는 것이다.

세한도의 아름다움은 과감한 버림과 나눔의 따뜻함에 있다. 송백 네 그루와 허름한 집 한 채 빼고 나머지 공간을 다 버림으로써 겨울의 아름다움은 완벽하게 살아나고 있다. 동시에 변하지 않는 송백의 마음 나눔은 허름한 집을 훈훈하게 만든다.

이번 겨울을 누구보다 춥게 맞이하는 사람은 노무현 대통령일 것이다. 유행가 가사처럼 세월은 유수 같아서 따뜻한 봄이 찾아온 것이 엊그제 같은데 벌써 을씨년스러운 겨울의 문턱에 들어섰다. 노무현 정부의 마지막 한 해가 남은 것이다.

이 한 해를 노추老醜로 장식하지 않으려면 세한도의 미학을 하루빨리 배워야 한다. 그 첫걸음은 버림의 미학이다.

겨울을 겨울답게 만드는 것은 낙엽이다. 남은 한 해 동안을 수확의 계절이라고 생각하지 말고 버림의 계절이라고 생각하는 것이 현명하다. 북핵 위기의 평화적 해결과 남북 정상회담을 위해 무리하지 말아야 한다. 북한의 수령체제는 단순히 세한의 계절을 맞이하고 있는 것이 아니다. 새봄을 예측하기 어려운 죽음의 행군을 앞두고 있다. 따라서 북한이 핵무기를 경제 지원, 관계 개선, 체제 보장과 맞바꿀 수 있을 것이라는 기대는 버려야 한다. 다가오는 6자회담에서 부분적인 결실을 수확할지라도 결국 북한의 새로운 생존전략이 마련되지 않는 한 6자회담을 통한 북핵 위기의 해결은 불가능하다. 남북 정상회담도 마찬가지다. 국내 대통령 선거에 일조할지는 모르나, 남북 관계 개선이나 핵 위기 해결의 돌파구를 마련하기는 어렵다. 한미 관계 개선도 마찬가지다. 양국 정부의 전략적 사고가 변환과 탈냉전의 갈등을 보여주고 있기 때문에 전술적 개선 이상의 변화를 기대하기는 어렵다.

마지막 1년 동안 노무현 정부가 전심전력해야 할 것은 국내 경제 문제다. 중국은 최소 2020년까지 국내 경제 성장에 전념하기 위해 모든 국제 문제를 문제화하지 않으려는 노력을 하고 있다. 우리도 마찬가지 노력을 해야 할 만큼 국내 경제가 어려워지고 있다. 남북한 관계와 한미 관계는 모두 경제우선주의에 기여하는 방향으로 조종해 나가야 한다.

참여정부의 역사적 임무는 반면교사反面教師다. 지난 4년 동안의 부동산정책, 교육정책, 대북정책, 한미동맹정책의 실패는 가슴 아픈 일이다. 그러나 중국은 문화혁명의 세기적 실패를 역사적 자산으로 삼아 개혁개방의 새로운 실험에 성공함으로써 21세기 초강대국으로 거듭나고 있다. 노무현 정부가 남은 기간에 할 일은 실패한 4대 정책들을 무리하게 지속적으로 추진하기보다는 2008년 새로 들어설 정부가 전철을 밟지 않도록 도와주는 나눔의 미학을 실천하는 것이다. 그러기 위해서는 기대했던 4대 정책의 좌절 원인에 대한 철저한 자아비판을 통해 21세기 한국 미래사의 위대한 반면교사의 역할을 수행하고자 해야 한다. 국정인계위원회의 역사적 임무를 조기 가동하는 것이다. 낙엽의 아름다움은 떨어지지 않으려고 몸부림치는 대신 새봄에 눈뜰 싹들의 거름이 되는 것이다. ◉

더 읽을거리 6

G20과 스무 선재동자

자료: 하영선, 《조선일보》(2010.11.11).

어제저녁 국립중앙박물관에서 열린 G20

정상 환영 리셉션 행사장 바로 옆에서는 고려불화 특별전시가 열리고 있었다. 그 불화들은 명실상부하게 700년 전 세계 미美의 G1이라고 해도 손색없을 만큼 아름답다. 그중에도 버들잎(물방울) 모양의 광배光背 앞에 서 있는 수월관음은 세월을 넘어서서 루브르 박물관의 모나리자처럼, 바라보는 사람들의 발걸음을 쉽사리 뗄 수 없게 한다.

21세기 한국미를 대표하는 아이돌을 방불케 할 만큼 팔등신의 매력적인 몸매를 가진 관음보살이 그림의 중앙에 놀라운 자태로 서 있다. 그러나 더 감동스러운 것은 관음의 오른발 밑에 보일락 말락하게 작게 그려진 선재동자善財童子의 모습이다. 이 구도는 화엄경에 나오는 유명한 이야기를 그린 것이다.

선재동자는 깨달음을 얻기 위해서 53선善지식을 찾아가는 긴 순례길에서 스물여덟 번째로 세상의 모든 아픔과 괴로움을 모두 품어주는 관음보살을 만난다. 선재동자는 간절한 모습으로 관음보살을 쳐다보면서 삶의 법을 찾고 있고 관음보살은 버드나무 가지와 정수淨水를 들고 자비로운 모습으로 선재동자를 내려다보고 있다.

지금 세계 스무 명의 선재동자가 서울에 모인 것은 어려움을 겪고 있는 세계 경제질서를 성공적으로 재건축하기 위해서다. 공식적으로는 환율, 국제금융기구 개혁, 금융규제 개혁, 지구 금융 안전망,

개발 등 일곱 개의 주요 의제들을 이틀간에 걸쳐 논의한 후 공동성명을 채택할 예정이다.

단기적으로 보면 서울에서 열린 제5차 G20의 성패는 기존 의제와 한국 주도 의제를 논의해서 얼마나 가시적 성과를 거두느냐에 달려 있다. 그러나 G20 서울 정상회의의 진정한 성패는 지구 통치 global governance를 재건축하는 데 얼마나 기여했는가에 따라서 역사적 평가를 받게 될 것이다.

따라서 G20은 많은 사람들이 착각하고 있듯이 단순한 경제 정상회의가 아니라 세계경제 재건축을 위한 정치 정상회의이므로 특히 의장국 한국은 지구 통치 철학을 제대로 갖추고 회의를 이끌어가려는 노력을 해야 한다.

21세기에 들어서서 9·11 테러와 미국발 금융위기가 초래한 세계 경제위기 속에서 국력의 상대적 쇠퇴에 직면한 미국은 G1 독무獨舞의 꿈을 버리고 G2, G8에 이어서 G20을 지구 통치 건물 안의 새로운 정치 모임으로서 자리를 마련했다. 그리고 지구 경제 현안 해결을 위한 '최고'의 모임이라고 부르고 있다.

그러나 미국은 단순하게 G20 중심의 군무群舞를 추려는 것이 아니라 러시아 인형 마트료시카처럼 제일 큰 인형 G1 안에 G2, G8, G20의 점점 작아지는 인형들이 차곡차곡 들어가는 모습의 복합 통치구조물을 건축하고 있다. 반대로 한국처럼 G20 모임의 탄생으로 처음으로 건물에 입주한 국가군은 제일 큰 인형 G20 안에 G8, G2, G1을 차례차례 집어넣기를 기대하고 있다.

개혁·개방 이래 지난 30년간의 고도성장에 힘입어 드디어 세계 제2위의 경제 대국이 된 중국은 적어도 1인당 국민소득이 1만 달러를 넘어설 2020년대 초반까지는 현재의 발전 우선 정책을 지속해야 하므로 제일 큰 인형 G2 안에 G20, G8, G1을 담으려고 하고 있다. 미국과 중국을 제외한 G8 국가들은 큰 인형 G8 안에 G1, G2, G20 인형들을 집어넣으려고 생각하고 있다.

결국 세계 경제위기의 어려움을 성공적으로 푸는 법을 찾기 위해 스무 선재동자들이 스무 개의 다른 마트료시카 만들기에만 골몰하지 않고 눈부시도록 아름다운 관음보살에 함께 한 걸음 더 다가서려는 간절한 모습을 보여줄 수 있다면 서울 G20 정상회의는 지구 통치 건축사에 기억될 만한 모임으로 기록될 것이다.

G20은 갈림길에 서 있다. 세계 경제위기의 진통 속에 태어난 세 살배기 어린 모임은 역설적으로 진통이 완화될수록 새롭게 생존의 길을 찾아 나서야 한다. 다른 지구 통치 모임에서 찾아볼 수 없는 70억 중생들의 아픔과 괴로움을 가장 효율적으로 들을 수 있고 또 조율할 수 있는 새로운 그물망으로 부상할수록 밝은 내일이 기다리고 있을 것이다. ◉

박물관의 국제정치

자료: 하영선, 《조선일보》(2008.9.5).

중국 정주鄭州, 낙양洛陽, 안양安陽의 세 박물관을 다녀왔다. 꽤 오랫동안 벼르던 답사여행이었다. 중국이 공들여 추진한 '하상주단대공정夏商周斷代工程(1996~2000)'의 중심 지역이라 생각보다 훨씬 더 많은 것을 보여주고 있었다. 1899년 학질을 치료하기 위한 한약재에서 우연히 발견되어 상나라(B.C. 1600~B.C. 1046)를 신화에서 역사로 바꿔놓은 귀한 갑골문들이 안양의 은허 박물관에는 지천으로 널려 있었다. 1959년부터 발굴되기 시작해 신화 속 하왕조(B.C. 2070~B.C. 1600)를 새로 중국 역사에 편입시킨 이리두二里頭 문화의 청동기와 도기들을 낙양 박물관에서 만났다. 그리고 규모가 가장 큰 정주의 허난 박물원은 대단히 인상적인 상주 시대의 청동기들을 대량으로 전시하고 있었다.

박물관은 단순히 과거를 보여주는 곳이 아니라 동시에 미래를 속삭이는 곳이다. 미래는 과거의 토양에서 피는 꽃이기 때문이다. 금년 개혁개방 30주년을 맞은 중국은 올림픽을 무사히 치르고 새로운 꿈의 날개를 펼치기 시작하고 있다. 예정대로 2020년까지 전 중국 인민의 기본 생계를 해결할 수 있는 전면적 소강小康사회 건설에 성공한다면 다음 목표는 어디일까. 중국은 '하상주단대공정'에 이어 2003년부터 '중화문명탐원공정中華文明探源工程'을 추진하고 있다. 전설 속 삼황오제를 역사화하려는 노력을 시작한 것이다. 이런 시간사時間史공정과 함께 공간사空間史의 동북, 서북, 서남 공정을 합쳐보면 자연스럽게 중국이 하고 싶은 자기 이야기의 내용을 그려볼 수 있다. '중화문명미래공정'은 21세기형 대동大同아시아의 제국을 꿈꾸게 될 것이다. 그 속에서 바람직한 한중 관계를 어떻게 가꾸어나갈 것인가 하는 숙제는 한반도가 당면한 21세기 최대의 숙제다.

중국 박물관들을 돌아보고 답답해진 마음을 풀어줄 만한 곳이 있다면 일본 오사카의 동양도자미술관이다. 그곳에서 한국의 미래를 볼 수 있기 때문이다. 아담한 박물관이기는 하지만 한국 도자기 애호가들에게는 성지순례의 필수코스다. 세계적으로 유명한 아타카 컬렉션 1000여 점의 대부분을 차지하는 한국 도자기 800점, 그리고 이병창이 기증한 한국 도자기 250점을 만날 수 있다. 우아한 고려청자, 서민적이면서도 포스트모던적인 분청사기, 한번 쓰다듬어보고 싶은 순백자, 간결하고 멋스러운 철화백자, 깨끗한 화려함을 자랑하는 청화백자가 중국이나 일본 도자기와는 비교할 수 없는 빼어난 아름다움을 발산하고 있다. 작은 이 공간에서만은 한국이 중국과 일본이 따라올 수 없는 초강대국이다. 21세기 역사를 우리 선조들이 도자기를 만들었던 것처럼만 빚을 수 있다면 우리의 21세기는 남들이 모두 경탄하는 매력덩어리가 될 텐데.

21세기 세계 무대에서는 과거 어느 때보다도 미래사 프로젝트의 기획과 실천의 치열한 싸움이 벌어지고 있다. 그 속에서 동아시아는 아직 군사력과 경제력이 주도하는 무대다. 그러나 상대적으로 군사와 경제력이 열세인 한국은 누구보다도 시대를 앞서가는 기획 실천력으로 모자라는 힘을 극복해 나가야 한다. 불가능한 일은 아니다. 같은 흙과 불로 남과 다른 세계 최고의 도자기를 구운 역사를 우리는 갖고 있다. 우리는 1948년 정부 수립 이래 60년 동안 남들이 500년 동안 건설한 근대화를 압축적으로 이루어, 보이지 않을 정도로 앞서 있던 주자들과 어깨를 나란히 하고서 뛸 만큼 따라잡았다. 지난 10년 동안 숨 고르기의 시간도 보냈다.

이제 다시 한번 새 목표를 향해서 뛰어야 할 때다. 그 첫발은 과거와 미래의 박물관을 21세기에 맞게 새롭게 꾸미는 것이다. 남들은 만년을 되돌아보고 만년 구상을 꿈꾸는데 답답하게 '해방파'와 '건국파'로 갈라져서 목숨 걸고 싸운다면 새 무대에서 목숨을 부지하기 어렵다. 올림픽이 베이징에서 화려하게 열리는 동안 미국의 수도 워싱턴 D.C.에서는 15세기 초 명나라의 정화鄭和가 이끌었던 300척

해상 군단의 일곱 차례에 걸친 세계 최초 남해원정 전시회가 당당하게 정박하고 있었다. ◉

더 읽을거리 8

옛 제국의 심장에서 새로운 천년을 꿈꾸다

자료: 하영선, 《조선일보》(2011.3.3).

이슬람 문화권인 튀니지와 이집트의 민주화 열풍이 드디어 리비아에 상륙하는 거대한 변화 속에 오랫동안 준비했던 기독교 문화권의 유럽 제국 답사를 21세기의 한국과 아시아를 짊어질 대학생 30명과 함께 열흘간 다녀왔다.

한국에서 근대 유럽을 처음으로 방문한 것은 1884년 초 민영익을 단장으로 하는 미국 방문 보빙사報聘使 일행이었다. 미국 정부가 제공한 군함 트랜튼호를 타고 귀국길에 마르세유에 도착해 파리, 런던, 로마를 돌아볼 기회를 가졌다. 안내 역으로 동승했던 미국 해군 소위 포크는 민영익이 서양 문명을 열심히 관찰하지 않고 가져온 책만 보려 한다고 불평했지만, 미국에 이은 유럽 여행은 아직 20대였던 보빙사 일행들에게는 충분히 부럽고 놀랄 만한 것이었다. 당시 주한 미국 공사 푸트는 "광명의 세계에서 암흑의 세계로 돌아온 것 같다"는 보빙사 일행의 귀국 소감을 전하고 있다.

그로부터 100여 년의 세월이 흐른 21세기 초 젊은 대학생 답사대는 민영익 일행과 비슷한 여정을 전혀 다른 눈으로 바라보고 있었다. 근대 유럽의 뿌리인 고대 로마 제국에서 시작해 근대 유럽 제국의 수도들이었던 암스테르담, 런던, 파리, 그리고 미래 유럽의 중심인 브뤼셀을 미리 작성한 답사 보고서에 따라서 초고속으로 돌았다. 민영익과 동갑내기인 답사대들은 주눅 들기보다는 당당했으며 새로움보다는 익숙함을 느끼고 있었다.

이번 답사에는 숨은 두 가지 목적이 있었다. 우선 제국 흥망의 비밀 캐기다. 제국의 제帝 자는 원래 신神 중에서 최고의 신인 상제上帝에게 제사 지내는 상牀의 모습을 상형화한 것이다. 따라서 제국은 다른 나라에 전지전능한 영향력을 행사하는 최고의 신국神國을 의미한다. 오늘 격랑을 겪고 있는 이슬람 문화권은 서로마 제국 멸망 이후 1000년을 선진 제국으로 군림했다. 당시 후진국이었던 기독교 문화권의 유럽 국가들이 선진 이슬람 문화의 전파 속에 고대 로마 제국의 영광을 재현하려는 꿈을 지난 500년의 근대 국제질서 현실 속에서 펼쳐왔으며, 유럽의 전통을 이어받은 미 제국은 '천년제국'의 꿈을 마저 완성해 보려는 노력을 계속하고 있다. 그 속에서 천하국가天下國家의 역사적 체험을 가진 중국을 포함한 아시아 국가들도 새로운 천년을 준비하기 시작하고 있다.

제국 흥망의 핵심은 시대에 걸맞은 문명표준을 누가 주도하느냐에 달려 있다. 신新천년제국의 등장을 새롭게 읽기 위해 구舊천년제국의 전반부를 주도했던 유럽 국가들이 어떻게 새로운 문명표준으로서 부국과 강병을 목표로 치열한 각축을 벌였던 근대국가체제를 마련하고 유지해 왔는가를 보러 간 것이다. 우리를 맞이한 유럽은 청년답사대에 비해서 조금은 나이 들어 보였고, 브뤼셀의 유럽연합집행위원회는 회춘을 위한 영약靈藥을 만들기 위해 부산했다.

그럼에도 불구하고 파리를 갈 때마다 들르는 오베르쉬르우아즈의 고흐 묘지는 여전히 그곳에 있었다. 추적추적 내리는 늦겨울 비를 맞으며 30명의 젊은이들과 함께 고흐 형제의 아이비 덮인 흙무덤 앞에서 그림의 표준이 아니라 삶의 표준을 다시 생각하면서 묵도를 했다. 그리고 런던의 테이트모던 미술관에서 21세기 국제정치학자들보다 적어도 반세기는 앞서 가고 있는 20세기 전위예술의 실험정신을 바라보면서 미래의 표준 싸움은 그렇게 간단한 것이 아니라는 것을 다시 한번 실감했다.

이번 답사의 마지막 목적은 한국과 동아시아의 21세기 신화 창조였다. 20세기의 짧은 100년 동안 망국亡國에서 흥국興國이라는 신화 창조에 성공한 한국은 21세기를 맞이해서 신문명 한국이라는 제2의 신화 창조를 앞두고 있다. 신화는 쉽게 만들어지지 않는다. 신화는 인간들이 꿈꾸는 세상의 이야기다. 이 글을 쓰면서 틀어놓은 텔레비전에서는 민주화의 대변혁에 직면한 카다피가 지지자들과 외신기자들을 모아놓고 리비아가 얼마나 인민의 국가인가라는 연설을 끝도 없이 계속하고 있다. 그곳에서 세계가 꿈꾸는 이야기를 찾기는 어렵다.

21세기 한반도와 동아시아에서 세계가 꿈꾸는 신화를 창조하기 위해서는 우선 우리가 세계가 모두 부러워하는 천년의 꿈을 꾸기 시작해야 한다. 젊은 답사대의 10일간의 유럽 둘러보기는 천년의 한국, 아시아, 그리고 지구의 꿈을 키우기 위한 준비운동이었다. 천년 앞을 내다보고 벌어지는 새로운 꿈의 표준 경쟁은 이제 막 시작되었다. ◉

더 읽을거리 9

아시아의 다음 천년 수도는?

자료: 하영선, 《중앙일보》(2006.3.12).

골프 정국으로 머리가 어지럽다. 내년 말 대선을 위한 본격적 선거전이 예정보다 당겨진 느낌이다. 그럴수록 하루하루의 시국 변화를 넘어선 멀고 넓은 이야기를 하고 싶어진다. 공부 모임 회원들과 함께 중국의 고도들인 시안西安(옛 장안), 베이징, 열하熱河, 선양瀋陽으로 답사여행을 다녀왔다.

시안의 야시장은 세월의 흐름을 잊게 했다. 어디선가 금방 혜초, 의상 같은 구법승이나 조기 유학생의 원조인 최치원이 눈앞에 금방 나타날 것 같은 기분이었다. 야시장의 이국적 분위기 때문이었을 것이다. 이들이 신라에서 여기까지 험한 바닷길을 건너서 찾아온 데에는 그럴 만한 이유가 있었다. 당시 당나라 장안은 바그다드와 함께 인구 100만을 육박하는 천하제일의 도시였다. 실크로드의 출발지로서 동과 서의 물품, 문화, 종교가 화려하게 어우러지는 세계의 중심가였다. 중국이 제국의 모습을 처음 갖춘 진나라의 시황제 시절부터 당나라가 멸망할 때까지의 아시아 천년사를 대표할 만한 도시는 역시 장안이었다. 그러나 오늘 우리는 미래의 시안보다는 과거의 장안을 보러 모인다. 1000년 전의 장안이 오늘의 시안보다 더 세계화된 도시였던 것을 주목해야 한다.

이번 답사의 꽃은 열하였다. 티베트의 세계적인 절 포탈라궁을 산 위에 그대로 옮겨놓은 작은 포탈라궁에서 바라다보는 경치는 장관이었다. 푸른 하늘은 유난하게 가까이 눈 안으로 들어왔다. 까마득하게 내려다보이는 속세의 청나라 여름궁전 피서산장避暑山莊은 장난감처럼 조그맣게 보였다. 18세기 조선조의 이단아 연암 박지원은 남다른 연행 기록인 『열하일기』에서 8월의 더운 날씨에 베이징부터 5일 밤낮의 힘든 여정 끝에 열하에 도착해 인상 깊은 글을 남겨놓고 있다. 연암은 청조가 열하의 피서산장에서 연중 몇 개월씩을 지내면서 그렇게 공을 들인 것이 단순히 휴가를 즐기기 위한 것이 아니라 당시 중요한 위협의 대상이던 북쪽 몽골에 대한 고도의 천하질서 유지용 억지전략이었다는 점을 정확하게 지적했다. 동시에 산장이 빤히 내려다보이는 산정에 그렇게 거대한 포탈라궁을 짓게 하고, 유교 국가인 조선 연행사들에게 티베트 불교의 2인자인 판첸 라마를 만나보도록 강요할 정도로 신경 썼던 것도 잠재적 위협의 대상이던 주변 민족들을 달래기 위한 천하질서 유지 행위라는 것을 잘 읽고 있었다. 당의 멸망과 함께 쇠락한 장안에 이어 금, 원, 명, 청의 수도로서 아시아의 천년사를 대표한 베이징은 열하의 피서산장 같은 노력 없이 살아남기 어려웠을 것이다.

청조의 첫 도읍지로서 만주족의 모습을 이제는 옛 궁전과 묘, 그리고 박물관에서밖에 찾아보기 어려운 선양을 돌아보면서 내 머릿속에는 호란胡亂 이후 끌려와 온갖 고초를 겪었던 소현세자를 비롯한 우리 선조들의 애환과 청의 강요로 추운 겨울 불필요하게 선양까지 올라왔다가 다시 산해관으로 내려가야 했던 연행사들의 힘든 여정도 떠올랐지만, 더 큰 의문이 떠나지 않았다. 시안과 베이징에 이어 다음 천년 아시아의 수도는 어디로 옮겨갈 것이며 21세기 풍수지리의 요건은 무엇일까 하는 의문이었다.

열흘간의 중국 천년 고도의 주마간산 답사를 마치고 서울에 돌아오자마자 뒤늦게 토리노 동계올림픽의 쇼트트랙 금메달 획득의 감격적인 장면을 녹화화면으로 볼 수 있었다. 그러나 아나운서와 해설자의 목소리를 죽이고 화면을 보면서야 뒤늦게 감격을 함께했다. 타자를 품는 여유 없이 지나치게 자기중심적으로 진행하는 설명과 해설은 화면의 감동을 살리기보다 죽이고 있었다.

월드컵의 계절이 4년 만에 다시 돌아왔다. 붉은 악마도 4년 전보다는 한 단계 승화된 응원 모습을 준비해야 한다. 타자를 품으면서 스스로를 응원할 줄 아는 격조를 찾자. 세계가 부러워하는 붉은 악마가 되어보자. 아시아 천년대계의 첫걸음은 멀리 있는 것이 아니라 바로 우리 옆에 있다. ◉

더 읽을거리 10
짝퉁 세상과 맑은 인연

자료: 하영선, 《조선일보》(2009.12.17).

세계 경제위기의 한파와 함께 시작했던 한 해가 저문다. 추웠던 한 해를 떠나보내기 위한 크고 작은 송년회 모임으로 모두들 분주하다. 쌓이는 모임의 피로를 풀기 위해 술 깨는 술모임의 작은 이야기를 하나 할까 한다.

1768년 어느 날 초정 박제가가 연암 박지원을 찾아갔다. 첫 만남이었다. 초정은 평소 "뜻이 높고 고독한 사람만을 남달리 친하게 사귀고 번화한 사람과는 스스로 멀리하니 뜻에 맞는 이가 없어 늘 가난하게" 살았다. 서얼 출신의 젊은 수재인 박제가가 당시 노론 명문가의 이단아로서 이미 문명이 나 있던 연암과 만난 소감을 『백탑청연집白塔淸緣集』에서 흥분된 기분으로 전하고 있다.

열세 살 연상인 천하의 연암이 옷도 입지 못한 채 나와 옛 친구처럼 맞이하면서 자신의 글도 읽어보라 하고 손수 지은 밥을 함께 먹고 술잔을 나눴다는 것이다. 30대 초반의 연암이 채 스물도 되지 않은 초정을 이렇게 환대한 데에는 그럴 만한 이유가 있었다. 연암은 초정 나이에 심한 우울증인 심병心病에 시달렸다. 가까운 사람들은 병의 원인을 향원鄕原에서 찾았다. 향원은 원래 공·맹자 이래의 표현이나, 요즘 말로 사이비 또는 짝퉁을 말한다. 연암은 권력, 이익, 허명만을 좇는 양반들이 판치는 짝퉁 세상을 못 견뎌 했던 것이다. 결국 세대의 차이를 넘어서서 짝퉁 세상의 혐오와 맑은 인연의 갈구가 잘 어우러졌던 것이다.

첫 만남은 백탑파 모임으로 이어진다. 연암을 위시해서 박제가를 비롯한 북학파 젊은이들이 모여 살았던 곳이 오늘의 탑골공원 백탑(원각사지십층석탑) 근처였기에 붙여진 이름이다. 밤새도록 술을 마시고 풍류를 즐기면서 한편으로는 짝퉁 세상을 희화화하되 다른 한편으로는 나라 걱정에 열정을 불태웠다. 연암은 박제가가 쓴 『북학의北學議』에 붙인 서문에서 명분론에 치우친 북벌 대신에 이용후생론에 따라 배울 것은 배워야 한다는 북학을 강조하면서, 이것은 두 사람이 중국을 직접 본 뒤에야 알게 된 것이 아니라 "일찍부터 비 오는 지붕, 눈 뿌리는 처마 밑에서 연구하고 또 술을 데우고 등잔 불똥을 따면서 손바닥을 치며 이야기했던 것"이라고 밝히고 있다.

연암을 중심으로 하는 백탑파 모임과 같은 시절의 다산 정약용이 최연소자로 참여했던 경기도 광주의 천진암 모임은 모두 1800년 정조의 죽음과 함께 단기적으로는 그들이 원했던 실학의 꿈을 현실화하지 못하고 허학의 비극적 운명을 맞아야 했다. 그러나 길게 보자면 오늘과 내일의 한국을 지탱해 나갈 지적 상상력의 든든한 받침대 역할을 하고 있다.

그 구체적 예를 박지원의 「허생전」에서 찾아보자. 요즘 국제정치 시각에서 보면 당시 필수품이었던 과일과 말총의 매점매석 등으로 짧은 시간에 변 부자에게 빌린 돈 1만 냥으로 100만 냥을 만들어 국내 복지 문제를 한 방에 해결하는 앞의 이야기보다 뒤에 나오는 대對중국 그물망 외교론이 훨씬 흥미롭다. 변 부자와 함께 찾아온 어영대장 이완이 허생에게 북벌 계책을 물으니까 허생은 의외의 세 가지 묘책을 제시한다.

첫째로 와룡선생 같은 지략가를 삼고초려하여 지식외교를 하고, 둘째로 명나라가 망한 후 조선으로 온 명의 병사들을 혼맥과 금맥의 그물망으로 엮고, 셋째로 젊은이들을 가려 뽑아 변복·변발시켜 대거 중국으로 유학 보내서 벼슬할 수 있도록 만들고, 또 서민들은 중국에 건너가서 장사를 할 수 있게 청의 승낙을 받으라는 것이다. 그래서 지식인과 장사꾼이 국경을 자유롭게 넘나들면서 중국을 제대로 파악한 다음 청의 중심 세력들과 유대 관계를 긴밀하게 구축해서 사실상 천하를 호령하거나 최소한 대국으로서의 위치를 유지할 수 있도록 하라는 것이다. 허생은 당시 힘의 역학 관계를 현실적으로 고려해서 북벌론은 비현실적이라고 보고 현실적 대안으로서 소프트 파워 외교론인 북학론을 제시했던 것이다.

힘들었던 2009년이 가고 기대하는 2010년이 다가온다. 세계 경제위기에서 모범 탈출국으로 부상하고, G20 회의에서 명실상부한 가교 역할을 담당하는 복합외교에 성공하고, 남북 관계에 새로운 돌파구를 마련하고, 국내정치도 난장판을 졸업하고 논의판으로 성장해야 한다. 그러기 위해서는 숙취만이 남는 모임이 아니라 21세기 백탑파 모임, 천진암 모임을 키워야 한다. ◉

더 읽을거리 11

21세기 허생의 중국 문제 풀기

자료: 하영선, 《조선일보》(2010.8.19).

중국의 국내총생산이 드디어 일본을 앞섰다. 예상되었던 일이라 그리 놀랍지는 않다. 그러나 급변하는 동아시아 세력망 속에서 당당히 살아남는 길은 무엇인가라는 21세기 최대의 숙제가 우리에게 한 발자국 더 성큼 다가온 것은 사실이다.

1년 전 일이다. 중국의 중견 국제정치학자와 이야기를 나누면서 청일전쟁에서 일본에 수모를 겪은 지 100여 년 만에 5조 달러의 일본 국내총생산을 드디어 넘어서는 소감을 물었다. "중국의 국내총생산이 이제 5조 달러를 넘어섰더라도 14억 인구를 생각하면 아직 1인당 국민소득은 4000달러가 안 되니까 일본의 4만 달러에 비하면 갈 길이 멀다"는 중국정부의 공식 입장과 같은 답변이 나올 것으로 예상했다. 그러나 답변은 예상과 달랐다. "앞으로 5년 정도는 일본이 당황하겠지만 10년 내로 현실을 받아들일 수밖에 없을 것"이라며 자신감을 표했다.

우리 국내와 남북 문제도 중요하지만, 21세기 한반도에 가장 큰 영향을 미칠 문제는 동아시아 정세다. 동아시아 세력망의 구조 변화를 제대로 전망하고 대응 전략을 새롭게 짤 때다. 우선 국내총생산을 빌려 경제력을 보면 미국이 전 세계

62조 달러의 24%인 15조 달러, 중국과 일본이 5조 달러, 러시아가 1.5조 달러, 한국 1조 달러, 북한 100억 달러다. 여기에 군사비를 덧칠하면 그림은 훨씬 선명해진다. 미국이 6600억 달러로 전 세계 군사비 1.5조 달러의 44%를 차지하고, 중국의 공식 군사비는 1000억 달러(비공식 1500억~2000억 달러)를 넘어섰으며, 러시아와 일본 군사비도 500억 달러 규모다. 한국은 240억 달러, 북한은 60억 달러다.

21세기 국력의 새로운 꽃인 지식력知識力을 더해보기 위해 전 세계 최고 싱크탱크 25개의 순위를 훑어보면 최상위 5개 연구소는 모두 미국이 차지하고 있고, 전체의 60%를 넘는 16개가 미국 연구소인 데 반해, 나머지 국가들은 하나도 없다. 결국 동아시아 세력망을 가시적인 자원력資源力 중심으로 보면 여전히 미국이 선두인 가오리연 모습이고, 앞으로 중국의 급부상에 따른 방패연 모습으로 변화할 가능성을 보여주고 있다.

연암 박지원은 18세기 당시 조선이 직면하고 있었던 청나라 다루기의 어려운 숙제를 새로운 해법으로 풀고 있다. 「허생전」을 통해서 북벌론이 아닌 대對중국 그물망 외교를 역설하고 있다(더 읽을거리 10). 21세기 중국 문제 풀기는 훨씬 복잡하다. 당시나 지금이나 상대적으로 작은 나라인 한국이 군사력이나 경제력 같은 자원력만으로 해답을 찾기는 불가

능하다. 보조 해법으로 중요한 것은 연암이 강조했던 네트워크력이다. 그러나 21세기 허생이 고민해야 할 네트워크력 강화 방안은 동아시아 세력망의 삼중 복합구조를 제대로 파악해서 18세기처럼 하나가 아니라 다른 모습의 세 거미줄을 동시에 치는 것이다.

우선 '연결 그물망'이다. 냉전 시기에 형성된 한미동맹이나 한일 동반자관계를 21세기 신시대에 맞게 심화 발전시키려는 노력이다. 이제까지 국가 간의 2차원적 단일 그물 연결을 양국의 안과 밖을 3차원적 복합 그물 연결로 대폭 보완하고 주먹과 돈의 단순 무대를 지식과 가슴의 무대로 복합화함으로써 사고와 행동의 기본 원칙을 공유한다는 믿음을 심화시키는 공동 작업이 무엇보다 중요하다.

다음으로 중요한 것은 '인접 그물망'이다. 한중 관계는 지난 20년 동안 냉전적 적대 관계에서 전략적 우호협력 관계로의 준準혁명적 변화를 겪어왔다. 지금부터가 더 중요하다. 한중 관계는 21세기적 신동맹 관계로 발전하기 위한 공동 노력을 해야 한다. 그 과정에서 가장 중요한 것은 인접 그물망과 연결 그물망의 성공적 결합이다.

마지막으로 필요한 것은 '중개 그물망'이다. 동아시아의 세력망 구조를 유심히 보면 유난히 빈 구멍이 많다. 북한은 한국, 미국, 일본과 구조적 공백structural hole을 형성하고 있다. 중국의 개혁개방

이후 중국과 지역 내 국가들이 공백을 메우기 위한 그물망 짜기를 눈부시게 진행해 왔으나 그물망의 넓이와 깊이는 아직 초보적이다. 한국이 동아시아 세력망 구조에서 자기 위치력을 높이기 위해서는 이런 빈 공간을 중개하는 역량을 키워야 한다.

이런 3대 네트워크 역량 강화가 한국의 전통적 자강력自彊力 강화를 얼마나 받쳐주느냐가 21세기 중국 문제 풀기의 핵심이다. ◉

더 읽을거리 12

김옥균 묘 앞에서

자료: 하영선, 《중앙일보》(2006. 6.25).

죽은 사람과의 만남은 늘 많은 생각을 하게 만든다. 오랜만에 한말 우리 역사의 슬픈 주인공인 김옥균(1851~1894)의 도쿄 아오야마 묘를 찾았다. 이번 방문은 조금 특별했다. 혼자가 아니라 21세기의 김옥균 20여 명과 함께 떠난 답사여행이었다.

우리를 반갑게 맞아주는 "嗚呼 抱非常之才 遇非常之時 無非常之功 有非常之死(아, 슬프다. 비상한 재주를 가지고 비상한 시국을 만나 비상한 공이 없이 비상한 죽음만 있었으니)"라는 묘비문의 시작은 오늘따라 유난히 애절하게 가슴에 다가왔다. 아무도 돌보지 않아 잡초만

무성한 묘 앞에서 21세기의 젊은 주인공들과 함께 19세기 조선과 21세기 한반도의 비상시국을 함께 고민하는 묘지 세미나를 했다.

자타가 공인하는 매력남 김옥균은 실패한 19세기 386 정치인들의 중심인물이다. 그럼에도 불구하고 100여 년이 지난 오늘 그를 찾는 데는 이유가 있다. 21세기 386 정치인들이 과거의 시각에 붙잡혀 미래의 변화를 제대로 내다보지 못하고 우왕좌왕하고 있는 것에 비해서 김옥균은 예禮 중심의 천하질서가 부국강병 중심의 국민국가질서로 대변환을 겪고 있는 비상시국의 긴박함을 제대로 읽고 있었다. 그런데 왜 비상한 공을 이루지 못하고 총에 맞아 죽은 시체마저 갈가리 찢기는 비상한 죽음을 맞이해야 했는가. 한마디로 비전을 실천할 수 있는 국내외 역량 동원에 실패했기 때문이다. 바깥으로는 아편전쟁(1840) 이래 비교우위를 상실한 천하국가 중국 대신에 화려하게 등장한 새로운 주인공인 구미 열강의 근대국가들을 제대로 활용할 수 없었다. 결국 궁여지책으로 재빨리 아류 근대국가로 성장한 일본의 도움을 받고자 위험을 무릅쓰고 시도했으나 호랑이 굴에 제 발로 걸어 들어간 셈이 되었다. 안으로는 당시 민영익 등을 중심으로 하는 정치 주도 세력과의 협력에 실패하고 삶과 죽음의 갈림길에 서게 된다. 결국 역량면에서 설익은 갑신정변(1884)을 무리

하게 추진함으로써 심각한 개혁 세력의 약화와 죽음을 초래했다.

노무현 대통령은 지난 22일 해양경찰관 격려 오찬에서 동해 EEZ 해양주권과 관련해 "동해에서 돌발사태 시 대응할 수 있는 정도의 전투력을 갖추고 그 이상은 정치에 맡겨달라"고 말했다. 독도 문제에 대해서는 "조용한 외교로는 문제 해결에 한계가 있어 정면 대결을 하지 않을 수 없는 상황"이라고 설명했다. 국내외적으로 노 대통령 발언의 진의를 파악하느라고 부산하다. 그 답은 노 대통령이 지난 16일 군 주요 지휘관과의 대화에서 '전략적 사고로 미래를 준비하자'라는 제목으로 한 강연에서 쉽게 찾을 수 있다. 선택하고 있는 용어의 세련도나 논리의 일관성에 문제가 있으나 강연은 대통령의 비전과 전략을 잘 보여주고 있다. 한반도를 둘러싼 동북아는 역사적으로 중·러 같은 대륙 세력과 미·일 또는 미·일·영의 해양 세력이 역사적으로 한반도를 경계로 해서 대립해 왔으며 이러한 지정학적 악순환에서 탈출하기 위해서는 우선 국력을 키워야 하며, 다음으로 의존적 사고에서 벗어나야 하며, 마지막으로 전략적 사고를 해야 한다는 것을 강조하고 있다.

노 대통령은 이런 비전과 전략은 특히 역사적 안목에 기반을 둘 것을 강조하고 있다. 맞는 말이다. 그러나 '과거 속의 미래'와 '미래 속의 과거'를 제대로 읽기 위해서는 역사 공부의 진도가 더 나가야 한다. 무엇보다 전통의 천하질서, 근대의 국제질서, 그리고 21세기의 복합질서는 동일한 사고와 행동의 원칙 위에서 움직이고 있지 않다. 전통, 근대, 복합 시기의 전쟁은 통사적으로 비교할 수 없는 다른 전쟁이다. 따라서 제대로 된 21세기 비전과 전략은 과거사의 통찰 못지않게 미래사의 전망 위에서 가능하다. 국력을 키우되 21세기 국력을 키워야 한다. 19세기형 근대 국력에 기반을 둔 '호통외교'로 21세기의 발 빠른 제국들의 '복합외교'를 제압하기는 어렵다. 비분강개를 넘어선 와신상담외교가 필요하다. 21세기 복합국력 양성에 전력하면서 의존적 사고 탈피라는 변방적 사고를 넘어서서 주변 세력들을 복합적으로 활용하는 새로운 비전과 전략을 마련하자. 그때 비로소 김옥균은 편안히 잠들 것이다. ◉

더 읽을거리 13

평양에 두고 온 발표문

자료: 하영선, 《중앙일보》(2003.4.17).

이라크전이 사실상 끝났다. 미국은 반反 대량살상무기테러 세계질서를 구축하기 위한 다음 목표로 북핵 문제의 해결을 본격적으로 시도할 것이다. 한편 북한은 조건부 다자회담의 수락을 시사하고 있다. 그렇다면 이라크전 이후의 북핵 문제는 어떻게 풀려나갈 것인가.

이라크전이 시작된 직후, 나는 제6차 남북 해외학자통일회의에 참석하기 위해 평양에 닷새 동안 머물렀다. 그러나 나는 준비했던 "한반도 핵 문제와 위기 해소 방안"이라는 제목의 글을 남북 주최 측의 철야에 가까운 노력에도 불구하고 발표할 수 없었다.

남측의 발표가 생략된 채 북측의 발표로 시작되는 '한반도의 안정과 평화'라는 둘째 날 회의의 진행 모습을 발표석 대신 객석에서 바라보면서 나는 답답함보다는 연민의 정을 느꼈다.

'평양의 불온문서'가 된 발표문에서 우선 강조했던 것은 핵무기의 구시대성이다. 한 국가의 자주와 생존을 핵무기로 담보하려는 노력은 자기모순에 직면해 이미 빠르게 사라져 가고 있다.

그러나 불행하게도 한반도는 뒤늦게 핵 문제에 직면해 커다란 어려움을 겪고 있다. 핵 문제를 하루빨리 해결하고 새로운 문명표준의 역사에 적극적으로 대처하지 못하면, 21세기 한반도의 미래는 어두울 것이다.

다음으로 강조한 것은 남·북·미가 제시하고 있는 현재의 해법은 해법이 아니라는 것이다. 북한은 '조선반도 핵 문제'의 원인을 미국의 대조선 적대시 정책에서 찾고, 그 해법으로서 협상의 방법과 억제력의 방법을 제시하고 있다.

그러나 협상의 방법으로 제안하고 있는 북미 간의 불가침조약 체결은 현실 국제정치에서는 군사적·정치적 담보 없이는 커다란 의미를 갖기 어렵다.

억제력의 방법은 남북한 정치·군사 관계의 불안정화, 동아시아 핵확산의 연쇄반응 가능성, 북미 관계의 위기, 한국 경제에 타격을 불러일으켜 국내외적으로 정당성을 획득하기 어렵다.

반대량살상테러전의 틀에서 북핵 문제를 다루려는 미국의 해법도 한반도의 자주와 생존을 충분히 고려하지 못하는 한계를 가지고 있다. 그리고 한국 정부가 추진하는 북한의 핵개발 금지와 핵 문제의 평화적 해결은 북미 관계가 악화되는 경우에 동시 충족될 수 없다.

따라서 발표문은 21세기적 해법으로서 민족적 공조와 국제 공조라는 이분법적 갈등을 넘어 민족적 국제 공조라는 한 단계 높은 차원의 문제 해결 방안을 제안했다.

북한과 미국은 만남의 내용에서는 '선핵포기, 후대화'와 '선불가침조약 체결, 후핵논의'로 첨예하게 대립하고, 만남의 형식에서는 다자회담과 직접회담의 차이를 보여왔다.

북한과 미국의 입장 차이를 민족적 국제 공조를 통해 극복하기 위한 첫 단계로 북한과 미국은 동시 개별 선언을 활용할 수 있다.

북한은 자주권과 생존권을 핵무기가 아닌 21세기적 방안으로 확보할 것을 선언하고, 구체적으로 이러한 선언을 국제적으로 검증받도록 하며, 미국 및 관련 당사국들은 북한이 21세기 문명표준을 효율적으로 추진할 수 있도록 군사적·경제적·정치적 담보를 적극적으로 제공할 것을 선언하도록 한다.

북한과 미국 및 관련 당사국들이 동시적 일방 선언을 하고, 이를 구체적으로 실천에 옮기는 단계에 들어서면 양자와 다자를 포함한 복합적 만남을 통해 21세기 기본합의서를 마련해야 한다.

민족 공조가 기본 교리인 평양에서 민족적 국제 공조의 발표문은 설 땅이 없었다. 그러나 이라크 전쟁의 종전과 함께 북한은 만남의 형식에 조심스러운 유연성을 보이고 있다.

북한 외무성 대변인은 "만일 미국이 핵 문제의 해결을 위해 대조선정책을 대담하게 전환할 용의가 있다면"이라는 조건을 달아 대화의 형식에 크게 구애되지 않을 것이라고 밝혔다.

그러나 문제의 핵심은 만남의 형식이 아니라 내용이다. 북한 외무성 대변인은 이라크 전쟁의 교훈으로서 나라와 민족의 안전을 수호하는 것은 불가침조약이 아니라 물리적 억제력이라는 것을 강조하고 있다. 만남의 험난함을 충분히 예상케 하는 주장이다.

평양의 봄은 추웠다. 그러나 그곳에도 봄은 오고 있었다. 이것이 자연의 섭리이고, 역사의 진리이다. ◉

더 읽을거리 14

히로시마 여행의 회상

자료: 하영선, 《중앙일보》(2005.10.9).

꼭 10년 전이다. 일본인으로는 두 번째로 노벨문학상을 받은 오에 겐자부로大江健三郎의 『히로시마 노트』를 손에 들고 히로시마 원폭 박물관을 찾았다. 단순한 관광여행은 아니었다. 그 당시 북한과 미국은 북핵 문제를 해결하기 위해 제네바 기본합의문(1994년 10월 21일)에 서명했다. 한국의 핵 문제가 시끄러워졌던 75년부터 20년째 공부해 온 한반도 핵 문제로부터 이제는 해방되는 모양이라고 약간 흥분했었다. 1995년 초 히로시마 여행은 북핵 문제 공부를 마감하는 고별 여행이었다. 그러나 판단 착오였다. 나는 북핵 문제와 헤어지지 못했고 지난 10년간 꾸준히 만남을 계속해 왔다.

지난 9월 19일 베이징 6자회담은 북핵 문제를 해결하기 위한 공동성명을 발표했다. 북핵 문제에서 해방된다는 기쁨보다는 공동성명이 1994년 기본합의서의 운명을 반복하지 않기 위해서는 어떤 노력을 해야 할까 하는 고민이 앞섰다. 10년 전 그렇게 힘들여서 만든 기본합의서는 왜 휴지 조각이 된 것일까. 오랜만에 빛바랜 합의서를 찾아서 조심스럽게 다시 들여다봤다. 새삼스럽게 눈에 띈 것은 기본합의서와 공동성명의 놀랄 만한 구조적 유사성이었다.

2005년 공동성명의 기본 골격인 북핵 포기, 경제 지원, 관계 정상화, 평화체제라는 마魔의 사각관계(《중앙일보》 2005년 8월 1일 자 하영선 칼럼)는 1994년 기본합의서에서도 그대로 모습을 드러내고 있다. 경수로 및 대체에너지 제공에 대한 보장 서한 접수 즉시 북한은 흑연감속 원자로 및 관련 시설을 동결하고 경수로 사업이 완결될 때 이를 폐기하며, 정치적·경제적 관계의 완전 정상화를 추구하고, 핵 없는 한반도의 평화와 안전을 위해 함께 노력한다는 것이다.

꿈의 합의서는 결국 현실화되지 못한 채 백일몽으로 끝났다. 2005년 공동성명의 현실적 이행을 위한 첫 단계는 합의서의 좌절 원인에 대한 심층 분석에서 출발해야 한다. 중유가 공급되기 시작하고 한반도에너지개발기구KEDO 주관 아래 경수로 건설이 진행되었으며, 북미 간에 연락사무소를 비롯한 관계 정상화를 위한 노력이 계속되었음에도 불구하고, 북한은 핵 프로그램의 마지막 카드를 버릴 수 없었다. 북한의 입장에서 보자면 합의서의 소극적 안전 보장이라는 서면 담보만으로는 수령체제의 옹위라는 북한 체제의 최우선 목표를 확보할 수 없었기 때문이다.

북핵 문제의 역사적 교훈은 분명하다. 마의 사각 기둥 위에 한반도 비핵화의 집을 제대로 짓기 위해서는 경제 지원, 관계 정상화라는 기둥이 중요하다. 그러나

북한은 최종적으로 수령체제 옹위의 확고한 물적 담보로서 평화체제의 기둥이 마련되어야 현실적으로 핵 포기 기둥의 완성을 추진할 것이다. 문제의 핵심은 북한이 지난 10년간 제시해 왔던 물적 담보로서 평화체제의 기본 내용이다. 북한 수령체제의 직접적인 위협 대상은 한국이 아니라 미국이다. 따라서 한반도 평화체제의 핵심은 남북이 아니라 북미다. 북한이 위협 내용으로 강조하는 것은 미국의 제도 전복 정책, 주한 미군, 한미 군사동맹이다. 북한이 요구하는 평화체제의 물적 담보는 현실적으로 제공할 길을 찾기 어렵다.

기본합의서에서 공동성명까지 지난 10년 동안 북한의 기본 입장이 크게 바뀌지 않은 반면에 미국은 9·11 테러 이후 완전히 새로운 입장에서 북핵 문제를 다루고 있다. 북핵 문제를 과거처럼 핵확산금지정책의 시각에서 다루는 것이 아니라 대량살상무기테러의 현실적 위협을 막기 위한 국내 안보의 시각에서 다루고 있는 것이다. 미국 부시 행정부는 핵 폐기 기둥을 사실상 나머지 세 기둥의 초석으로 삼고 있다. 따라서 1994년 기본합의서처럼 경수로의 건설 과정과 연동해 북핵 동결과 폐기를 진행하는 방식은 받아들이기 어렵다.

11월로 예정되어 있는 5차 6자회담에서 공동성명의 이행 논의에 성과를 거두려면 경제 지원과 관계 정상화 논의도 중

요하지만 미국이 우선적으로 원하는 핵 포기 기둥과 북한이 최종적으로 원하는 수령체제 옹위의 기둥을 상호 모순의 위치에서 상호 보완의 위치로 바꿔놓아야 하는 세기의 난제를 풀 수 있느냐에 달려 있다. 12월 학생들과 함께 나가사키로 답사여행을 갈 예정이다. 이번에는 정말 고별여행이 되려나. ◉

더 읽을거리 15

백남준의 촛불과 네 개의 한반도 그림자

자료: 하영선, 《조선일보》(2011.6.16.).

계속되는 한반도 관련 국제회의 참석 중에 잠시 시간을 내서 워싱턴 국립미술관에서 열린 백남준 5주기 특별전시회를 보러 갔다. 모처럼 회의의 답답함을 잊게 하는 신선한 충격이었다. 그중에도 내 발길을 얼어붙게 한 것은 '하나의 촛불, 촛불의 투영One Candle, Candle Projection'이라는 작품이었다. 실제로 켜져 있는 촛불을 비디오카메라와 열두 대의 프로젝터로 어두운 전시실의 벽과 천장에 투영해 붉고 푸르고 노란 촛불들이 방안을 가득 채우고 있었다. 살아 숨 쉬는 촛불 그림자의 아름다움 뒤에는 작은 촛불 하나가 켜져 있을 뿐이었다. 현대판 '플라톤 동굴'의 비유였다.

전시실을 나오면서 나는 현재 투영되고 있는 한반도의 그림자 뒤에 놓여 있는 진짜 한반도의 모습은 무엇일까 궁금해하면서 현실로 다시 돌아왔다. 회의장에는 네 개의 촛불 그림자가 어른거리고 있었다.

지난달 25일 베이징에서는 1년 만에 세 번째인 북중 정상회담이 있었다. 회담 후 열린 연회에서 두 정상은 대단히 흥미로운 연설을 했다. 후진타오 국가주석은 전략적 의사소통의 심화, 국가 건설 경험 교류의 강화, 호혜협조의 확대, 다양한 분야의 교류 심화, 국제 및 지역 정세를 비롯한 중요 문제들과 관련된 의사소통 강화와 공동 보조 유지라는 다섯 개 항에 견해 일치를 보았다고 밝혔다. 김정일 위원장은 이번 방문이 두 나라 사이의 전략적 의사소통을 강화하고 실무적 협조를 심화시키며 중·조 친선협조 관계를 보다 높은 단계로 끌어올리게 될 것이라고 요약했다. 중국의 다섯 개 항과 북한의 세 개 항의 차이를 유심히 볼 필요가 있다.

6월 초 싱가포르에서 열린 영국 국제전략문제연구소IISS의 제10차 아시아안보회의에서 중국 국방부장 량광례梁光烈는 안보 협력의 4대 원칙을 밝힌 다음에 가진 질의응답에서 과거와 달리 "우리가 북한과 소통해 온 것은 밖에서 상상하는 것보다 훨씬 다양하다"라고 솔직하게 답변하고 이어서 "중국은 북한에 모험을 하지 말라고 여러 경로로 권고해 왔다"고 밝혔다. 같은 모임에서 미국 국방장관

로버트 게이츠는 '북한의 도발, 국제 규제, 양보를 통한 협상'의 악순환을 지적하면서 미국은 "더 이상 같은 말馬을 두 번 사지는 않을 것"이라고 강조했다. 김정일 위원장의 귀국 이후 북한의 언론과 방송은 방중 성과를 대대적으로 홍보하는 반면, 한국에 대한 비방 강도를 급격히 높이면서 남북 관계의 악화 책임을 한국에 돌리고 있다. 한편 한국은 북한의 천안함 폭침, 연평도 포격에 대한 사과를 전제로 6자회담의 개최와 포용정책의 가능성을 반복하고 있다.

미국과 중국, 한국과 북한이 보여주고 있는 네 개의 한반도 그림자 뒤에서 조용히 타고 있는 하나의 촛불이 한국 김성환 외교통상부 장관의 대북 공동전략을 논의하기 위한 방미를 일주일 앞두고 어느 방향으로 움직일지 주목할 필요가 있다. 우선 6자회담의 재개를 최우선 과제로 삼고 있는 중국은 북한에 대해서 황금평·위화도 경제지대와 나선경제무역지대 공동 착공과 같은 경제 협력의 심화와 함께 더 이상 한국에 대해 모험을 하지 말고 6자회담으로 돌아오라는 외교적 압력의 이중 정책을 강화하고 있다. 북한은 일단 남북 관계의 개선 없이 북중 협력을 최대한 강화하는 방안을 모색하고 있다. 따라서 북한은 최근 남북 비밀 접촉의 실패 책임을 한국 쪽에 일방적으로 전가하면서 대남 비방의 수위를 높이고 있다. 그러나 중국의 경제 협력과 외교 압력이 라는 대북 이중 정책에 직면해서 북한은 현재의 '친중반남親中反南' 정책을 장기화하기는 불가능하다.

한편 미국도 북한의 진정성 있는 비핵화를 추진하기 위해서는 '전략적 인내'도 중요하지만 동시에 6자회담을 통한 관리도 필요하기 때문에 첫 단추로서 한국이 북한과 관계 개선을 하기를 희망하고 있다. 미 국무부 동아태 차관보 커트 캠벨은 지난 10일 베이징과 협의를 끝내고 서울에 도착해 "중국에 북한이 한국과 관계 개선을 시도하도록 최대한 노력해 달라고 부탁했으며, 미국도 남북 대화에 진전이 있기를 바란다"고 밝혔다.

네 개의 그림자 뒤에서 타고 있는 촛불에 불고 있는 바람의 방향은 남북 관계의 긴장 완화와 6자회담의 재개로 잡히고 있다. '선先사과, 후後6자회담'의 단순 논리로 현실의 강한 바람을 피하기는 어렵다. 어설픈 비밀 접촉의 뼈아픈 실패를 교훈 삼아 보다 장기적인 대북정책을 제대로 마련해서 국면을 주도해 나가지 못하면 뒷북치며 끌려가는 어려움을 겪게 될 것이다. ◉

더 읽을거리 16

매력국가 건설하기

자료: 하영선, 《중앙일보》(2005.3.4).

상하이를 다녀왔다. 두 번째다. 상하이와

의 첫 만남은 조금은 엉뚱하게 북한의 김정일 국방위원장 때문이었다. 김 위원장은 2001년 1월 18년 만에 상하이를 방문해 변한 모습을 보고 천지개벽이라는 표현을 썼다. 무엇을 보고 천지개벽이라는 말이 머릿속에 떠올랐는지 궁금했다. 그래서 같은 과의 동료 교수들과 함께 상하이행 비행기를 탔다.

황푸강 너머 중국의 21세기를 상징하는 푸둥 지역을 바라다보면서 18년 전의 허허벌판을 생각했다면 천지개벽이란 표현이 지나친 것은 아니다. 그러나 내 머릿속에 떠올랐던 것은 개벽이 아니라 복합이었다. 푸둥을 바라보는 눈길을 반대쪽으로 돌려보면 바로 19세기 구미 제국들의 조계였던 와이탄 거리에 유럽풍 석조 건물들이 즐비하게 늘어서 있다. 그리고 그 뒤에는 20세기 세계 자본주의의 표준형 상가를 방불케 하는 난징로가 자리 잡고 있다. 내일의 푸둥은 어제의 와이탄과 오늘의 난징로 위에 건설되고 있다. 그리고 맨 밑바닥에는 오랜 세월의 구 상하이가 깔려 있다. 김 위원장이 21세기 상하이를 보면서 21세기 북한을 위해 정말로 깨달아야 했던 것은 푸둥의 천지개벽한 겉모습이 아니라 상하이의 복합성이었다.

상하이의 두 번째 나들이는 순전히 요즘 쉽사리 머릿속을 떠나지 않는 매력국가론 때문이었다. 첫 만남에서 돌아온 뒤 나는 상대방을 좀 더 잘 알고 싶어 본격적인 상하이론들을 찾아보기 시작했다. 결과는 예상을 훨씬 넘어섰다. 구미와 일본의 많은 일급 지식인이 상하이의 매력에 빠져 있었다. 상하이에 '마도魔都'(1923)라는 별명을 붙여준 무라마쓰 쇼후村松梢風는 이 도시를 연인처럼 아꼈고, 1930년대 상하이의 코즈모폴리터니즘을 『상하이 모던』(1999)에서 완벽하게 재현한 하버드대의 중국문학 교수 레오우-판 리도 이 도시에 깊은 애정을 보이고 있다. 무엇이 이들을 사로잡은 것일까. 상하이를 다시 한번 보면서 매력의 정체를 밝히고 싶었다.

그 정체는 하늘을 찌르는 고층 건물도 아니고 유럽풍의 석조 건물도 아니었다. 19세기 아편전쟁 후 맺은 난징조약에 따라 1843년 개항한 상하이는 살아남기 위해 전통·근대·탈근대를, 그리고 동양·서양을 끊임없이 비벼서 새로운 도시로 태어나려는 노력을 계속해 왔다. 따라서 동양과 서양, 그리고 과거와 미래가 모두 상하이의 복합성 속에서 자신의 일부를 발견하고 있는 것이다.

상하이의 매력을 궁금해하면서 정말 궁금한 것은 상하이보다 매력이라는 힘이다. 예禮의 명분력에 오랫동안 익숙했던 우리는 19세기 중반 이래 폭력과 금력이라는 현실적 힘을 뼈저리게 겪고 있다. 21세기를 맞이하면서 매력이라는 새로운 힘이 우리 앞에 등장하고 있다. 미국은 9·11 테러 이후 반테러전 수행 과정에서 군사전에서는 상대적으로 쉽게 승리하면서도 정치전에서는 고전을 면치 못했다. 일방주의와 오만이 불러일으킨 지구적 반미 정서 때문이었다. 하버드대 국제정치학 교수인 조지프 나이는 반미 정서의 가장 효과적인 치료제로서 힘 안 들이고 상대방을 끄는 매력을 적극 추천하고 있다. 동아시아의 지정학과 지경학을 고려하면 한반도는 군사력과 경제력만으로 주변 제국들을 원하는 방향으로 움직이기 쉽지 않다. 한반도는 미국보다 훨씬 더 21세기의 새로운 힘인 매력을 절실하게 필요로 하고 있다.

매력은 죽은 사람의 모습을 상징하고 있는 한자의 뜻대로 상대방을 홀리는 힘이다. 사람을 홀리는 데는 두 가지가 있다. 지력智力으로 상대방의 생각을 홀리는 것과 심력心力으로 상대방의 느낌을 홀리는 것이다. 최근 관심을 끌기 시작한 동아시아의 '한류 현상'은 21세기 아시아적 공감共感을 선도하는 수준의 초보적 홀리기 단계에서 크게 벗어나지 못하고 있다. 이 홀리기를 보다 영구적이고 심층적인 수준으로 끌어올리려면 공지共知와 공감의 세계적 기반 위에서 한반도가 동아시아와 세계적 문제를 선도적으로 풀어나가고 느끼도록 노력해야 한다. 따라서 이런 노력이 국가적 차원에서 마련되지 않는 한, 현재의 초보적 한국 매력론은 한 번 지나쳐 가는 물거품에 그치게 될 것이다. ◉

더 읽을거리 17

사랑에 기반 둔 경쟁사회 만들려면

자료: 하영선, 《조선일보》(2011.4.14).

한국 대학교육의 실험장처럼 여겨졌던 KAIST의 네 젊은 대학생과 한 교수의 죽음은 우리를 슬프게 한다. 뒤늦은 개혁안 마련에 모두들 부산하다. 그러나 문제는 훨씬 심각하다. 교육은 우리의 미래다. 그들의 죽음은 우리 미래에 대한 경고다. 우리에게 필요한 것은 KAIST 개혁을 넘어선 교육 개혁이고 미래 개혁이다. 더 늦기 전에 미래의 철학에 대한 철저한 자기반성과 궤도 수정을 해야 한다.

이번 비극의 뿌리에는 초보 수준의 경쟁철학이 자리 잡고 있다. 죽음까지 불러오는 치열한 경쟁사회를 살아야 하는 우리에게 경쟁이라는 말은 그리 오래되지 않았다. 한말韓末의 개화 지식인 유길준은 일본 유학에서 돌아와서 1883년에 「경쟁론競爭論」이라는 짧은 글을 썼다. 경쟁이라는 말이 한국에 처음으로 등장한 것이다. 유길준은 몇 년 뒤 쓴 『서유견문』에서는 「경려론競勵論」을 펴고 있다.

앞글은 "만일 인생에 경쟁하는 바가 없다면 무엇으로 지덕知德과 행복을 높이고 진전시킬 수 있으며 국가가 경쟁하는 바가 없다면 무엇으로 빛나는 위신과 부강을 증진할 수 있겠는가?"라고 시작하는 전형적인 경쟁예찬론이다. 그러나 뒷

글은 "경려를 선용하면 세상의 큰 복福을 이루고, 경려를 악용하면 세상의 큰 화禍를 키우므로 그 취사선택이 세상화복의 관건이다"라는 말로 끝맺고 있다. 이처럼 유길준의 초보적 경쟁예찬론은 보다 신중한 경쟁화복론으로 한 걸음 나아가고 있다. 하지만 한국에 서양의 경쟁 competition론이 일본을 경유해서 도입된 지 벌써 130년이 지났으나, 우리는 아직도 유길준의 초보적 경쟁론조차 벗어나지 못하고 있다.

경쟁의 화복적 양면성을 해결해 보려는 가장 대표적인 시도는 18세기 루소의 교육론이다. 그가 한평생 괴로워했던 것은 인간들은 원래 서로 사랑할 수 있는 자연인으로 태어났는데 왜 서로 미워하는 사회인으로 변했는가라는 의문이었다. 루소는 그 책임을 잘못된 경쟁애競爭愛, amour-propre에서 찾고 있다. 맹목적 경쟁애는 자기애自己愛, amour-soi를 완성시켜주는 것이 아니라 남의 눈에 비치는 자기를 허망하게 사랑하다가 자기파멸을 불러온다는 것이다. 그렇다고 우리가 더 이상 경쟁 없는 자연사회로 돌아갈 수는 없다. 루소는 그 해결책으로 '사랑을 기반으로 한 경쟁'을 대안으로 제시한다. 나와 남을 동시에 사랑할 수 있는 감성교육 위에 나와 남의 이해타산을 따지는 이성교육을 시켜야 한다는 것이다.

KAIST 개혁의 열쇠는 경쟁체제의 완화가 아니라 사랑에 기반을 둔 경쟁체제의 구축이다. '경쟁競爭'의 한자 어원을 보면 신神을 모시는 두 사람이 함께 축사祝辭를 올리는 모습과 막대기를 위아래에서 붙잡고 서로 잡아당기는 모습을 형상화한 것이다. 반면에 '사랑愛'의 한자는 상대방에게 마음을 두고 뒤돌아본 모습을 형상화한 것이다. 이런 사랑의 모습을 구체화하는 것은 형식적인 멘토 제도 강화로 될 일이 아니다. 지금까지 전력투구해서 마련한 경쟁체제에 상응하는 사랑체제의 구축을 위해서 우선 교수 스스로가 연구자인 동시에 교육자라는 소명감을 가지고 사랑에 기반을 둔 경쟁교육을 개발해야 한다. 동시에 이를 위한 인적·물적 지원이 과감하게 이루어지지 않고서는 KAIST의 비극은 계속될 것이다.

국제화를 위한 영어강의 100%는 전면적으로 재검토해야 한다. 이것은 단순히 KAIST만의 문제가 아니다. 21세기 선진국가가 되기 위해서 어떤 언어로 교육해야 할 것인가를 고민해야 한다. 한국은 현재 태어나서부터 영어 열병을 앓고 있다. 그러나 정답은 완벽한 모국어에 기반을 둔 완벽한 영어교육이다.

이를 위해서는 영어강의는 원칙적으로 영어를 모국어 수준으로 하는 교수들에 의해 진행하고, 해외 교환학생 제도를 필수화해야 하며, 동시에 완벽한 모국어로 세계적인 지적 분석력과 상상력을 키울 수 있는 강의가 병행되어야 한다. 따라서 현재처럼 대학교육의 국제화 수준을 눈

가리고 아웅 하는 식의 영어강의 비율이라는 잣대로 측정하려는 구시대적 촌스러움은 하루빨리 폐지해야 한다.

우리 사회가 경쟁예찬론과 경쟁비판론의 이분법적 논쟁을 벗어나서 사랑에 기반을 둔 경쟁사회의 미래를 가꿔나갈 수 있을 때 비로소 한 세기 전 유길준이 가졌던 경쟁화복론의 걱정에서 졸업하게 될 것이다. ◉

11강

토크콘서트

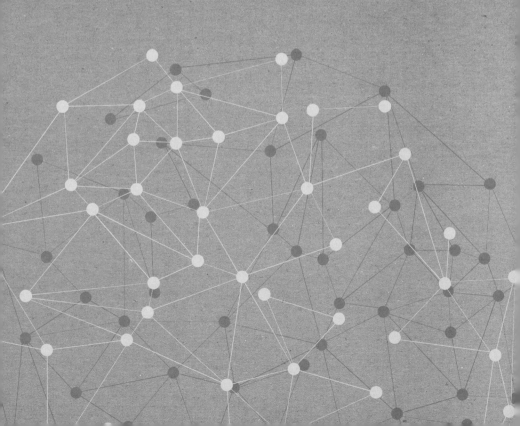

학생   선생님은 한평생 국제정치학의 공부와 가르침을 '사랑의 국제정치학'이라는 한마디로 요약하셨습니다. 긴 세월 동안 같은 관심을 계속 유지할 수 있었던 원동력은 무엇이었는지가 무엇보다도 궁금합니다.

하영선   2012년에 33년 동안의 관악 시대를 끝내면서 마지막 학기에 했던 대학원 세미나의 제목이 '사랑과 전쟁'이었어요. 학기 전반에는 탄생 300주년을 맞이한 루소의 주요 저작을 다시 읽었고, 후반에는 클라우제비츠의 『전쟁론』을 읽었죠. 그리고 이번 강의의 시작에서 이야기한 것처럼 20대에 가장 많은 시간을 보냈던 공부 주제가 루소의 사랑 개념이었어요. 물론 삶에서도 첫사랑이 반드시 끝사랑이 아닌 것처럼 지난 반세기 동안 사랑의 국제정치학만 고민해 온 것은 아니에요. 사랑을 제대로 알기 위해서는 미움을 제대로 알아야 하듯이 사랑의 정치학을 하기 위해서는 미움의 국제정치학, 즉 폭력과 전쟁의 국제정치학에 많은 시간을 써야 했죠. 다만 사랑과 미움의 국제정치학을 한평생 사랑의 지평에서 바라다보려 했던 것은 단순한 학문의 여정이 아니라 첫 시간에 이야기했듯 내가 절실하게 생각했던 삶의 실존적 고민을 해결해 보려는 길이었어요.

이런 학문적 여정을 걷는 과정에서 이용희 교수와 노재봉 교수 같은 좋은 선생님을 만나는 복이 있었어요. 두 선생님들이 항상 강조한 현실주의적 이상주의에 힘입어 사랑과 전쟁의 국제정치학을 동시에 공부할 수 있었죠. 나는 한국 국제정치론의 학통을 두 분으로부터 이어받아 달려서 후학들에게 전달해야 한다고 생각해 왔어요.

나는 여러분이 애정이 가는 문제에서 출발하라는 이야기를 하고 싶어요. 다만 교조적인 첫사랑에 머무르지는 마세요. 지적 사랑에는 방황이 필수적이에요. 첫사랑이 끝사랑이 되는 것은 더욱더 다양한 사랑을 겪어보고 첫사랑에 대한 확실한 믿음이 생길 때 비로소 가능해요. 나는 20대에 몰두했던 루소의 자기애와 경쟁애의 문제의식을 한평생 함께할 수 있었던 것을 감사하게 생각해요. 지난 반세기 동안 부딪히는 현실 속에서 끊임없이 이런 지평에서 문제를 풀어보려고 했어요. 구체적으로 남북 관계, 한미 관계, 미중 관계, 21세기 아태 질서를 복합적으로 다루려는 데는 20대에 품었던 문제의식의 영향이 커요. 요즘 세월에 여러분 중에 사랑의 국제정치학에서 출발할 사람들은 거의 없겠죠.

김상배(서울대학교 정치외교학부 교수) '국제정치학'을 빼고 '사랑'으로 시작할 사람은 있겠죠(웃음). 그런데 사랑의 국제정치학은 국내 정치학계에도 이렇게 강의하시는 분은 교수님이 유일하신 것 같아요.

하영선 그럴지도 모르죠. 사랑의 국제정치학을 인터넷에서 찾아봐도 국내외에 없어요.

김상배 상표권을 등록하셔야겠어요. 사실은 선생님이 국제정치학에 관한 이야기도 많이 하셨지만, 사랑에 대한 이야기도 학생들에게 굉장히 많이 하셨어요. 이런 강의실이 아니라 해외답사를 가서 촛불을 하나씩 켜고, '원 캔들 투 캔들 프로젝트'라고 말씀하신 분위기에서 선생님 첫사랑에 대한 이야기도 많이 들었어요. 항상 느끼는 건데 복합적이세요. 듣는 사람이 누구냐에 따라 첫사랑 사연도 달랐어요. 강의에서도 마찬가지지만, 사실은 국제정치학을 공부하는 데 그런 게 필요한 부분인 것 같아요. 학생들도 선생님의 지적뿐만 아니라 실제 첫사랑 이야기도 궁금할 거예요.

학생 선생님께서 1970년대 초 주한 미군 철수에 따른 한국의 삼중 생존전략으로 북방정책, 남북 관계 개선을 시도하고, 국내적으로는 자주국방과 함께 북한의 수령체제에 대응하는 유신체제를 추진했다고 말씀하셨는데 제가 맞게 이해한 것인지요?

하영선 1970년대 유신체제에 대해서는 박정희 대통령이 장기 집권을 위해서 남북 관계를 활용한 것이 아니냐는 논쟁이 있었어요. 구체적으로 사회학과 한상진 교수가 중남미에서 유행하던 관료적 권위주의로 1970년대를 설명하는 논의가 한창 유행하던 때가 있었어요. 중남미 경제 발전 과정에서 관료적 권위주의를 통해 국가를 통제하는 시스템이 생겨났는데, 유신체제도 그런 맥락에서 설명하려는 거죠. 남북 관계 긴장에서 북한의 수령체제에 대응하기 위해 유신체제를 도입했다는 것은 핑계라는 이야기죠. 한상진 교수와 이 문제와 관련해서 토론도 했어요. 남북 대결에서 북한이 한국의 혁명 역량을 활용하려 했던 건 확실하다는 게 내 결론이에요. 최근에 우드로 윌슨 센터에서 냉전 시기 북한 관련 동유럽 문서를 공개했어요. 특히 북한과 가까웠던 루마니아 문서들을 보면 깜짝 놀랄 만한 내용들이 있어요. 김일성 주석이 남한의 혁명 세력을 높게 평가하면서도 현실적인 한계가 있으므로 일반 국민들이 혁명 역량을 지원하도록 북한에 대한 기본 시각을 바꿀 필요가 있다고 말해요. 따라서 박정희는 궁극적으로 제거해야 할 상대지만, 박정희도 품을 수 있다는 제스처를 남쪽 국민에게 보여줄 필요가 있다고 루마니아의 차우셰스쿠^{Nicolae Ceauşescu} 대통령에게 솔직하게 이야기하고 있어요. 그런 상황에서 박정희 대통령은 북한과 비슷한 국내체제를 만들어 체제 대결을 하려 했지만, 결국 유신체제는 실패하죠. 북한과 유사한 권위주의체제로 국내 역량을 동원할 수 있을 것으로 생각했던 것은 박정희 시대의 한계였어요. 만약 국내적으로 민주 역량을 강화하면서 남북 관계를 대응할 수 있었다면 훨씬 이상적이었겠죠. 그러나 현실적으로 그렇게 못 한 건 박정희 대통령의 삶의 지평에서 온 한계였죠.

학생　정보화 시대의 변화가 남북한 관계에는 어떤 영향을 미치고 있고, 비국가 행위자와 국제사회는 어떤 새로운 방식으로 북한 문제를 풀어야 하는지 궁금합니다.

하영선　정보기술의 혁명적 발달에 따라 지식 무대 중요성이 폭발적으로 증대하게 된 것은 한반도의 남쪽만이 아니라 북쪽에도 영향을 주고 있어요. 현실적으로 스마트폰 사용이 폭발적으로 증가하고 있고 또 요즘 탈북자 이야기를 들어보면 북한 주민들이 여러분보다도 한국 드라마를 훨씬 더 열심히 보는 것 같아요. 이처럼 상대적으로 사회·문화 무대에서 변화의 조짐이 강하게 나타나고 있어요. 북측도 통치 차원에서 중요한 변화가 있다는 것을 잘 알고 있기 때문에, 남북한이 복합 무대 중에서 어느 무대에서 싸우고 협력할 것인지가 굉장히 중요해질 거예요.

그런데 북한은 안보 무대에서는 여전히 전력을 다해서 핵무기를 개발하고 있고, 한국은 억지체제를 구축하려고 집중적인 노력을 기울이고 있어요. 경제 무대에서는 교류협력이 거의 안 이루어지고 있죠. 그리고 정보·지식의 기층 무대는 특히 주목해야 해요. 북한에 정보·지식 무대의 혁신과 발전은 21세기에 필수적이지만 동시에 폐쇄 통치를 위해서는 불가피하게 통제에 각별한 신경을 쓸 수밖에 없는 문제예요. 인터넷이 사용되기 시작하던 때 현재 평양 과기대 총장인 박현모 교수를 만났더니 남북이 컴퓨터 자판 통일을 위한 회의를 하면 호텔의 한방에 모여서 정말로 화기애애한데 정치 이야기만 나오면 싸늘해지니, 도대체 정치하는 사람들은 어째서 문제를 해결하는 게 아니라 오히려 어렵게 만드느냐고 말하기도 했어요.

마지막으로 내가 대학을 떠날 때쯤에 북한의 인권이나 시민사회에 대한 젊은 세대의 관심이 늘어나기 시작했어요. 그러나 확실한 것은 우리가 생각하는 시민사회를 북한에서 단기적으로 기대하기는 어렵다는 점이에요. 최근에 30여 년 만에 열린 7차 당대회를 봐도 북한은 유일영도체제를 최우선적으로 강조하고 있기 때문에 시민사회의 자기조직화나 또는 국제연계화는 대단히 어려울 수밖에 없어요. 이런 한계 안에서 북한의 내부적 자기조직화와 국제적 공동 진화를 어떻게 결합할 수 있을지를 고민해야 해요.

학생 연미연중의 구체적인 내용과 구상이 궁금합니다. 중국 민족주의와 미국 일방주의가 심화되고 있는 상황에서 미중 경제의 의존과 갈등 중에 어느 것이 더 강하게 작동할지가 궁금하고, 또 미국의 대선 결과가 어떤 변화를 가져올지에 대해서도 여쭤보고 싶습니다.

하영선 연미연중의 구체적인 내용은 앞서 설명했고, 여러분의 몫은 끝난 게 아니라 이제부터 시작이에요. 각 무대에 따라서 구체적인 대응책이 나와야 할 시기인데, 아직도 개론이나 총론을 하고 있어서 별로 도움이 안 돼요. 현장의 입장에서 이런 딜레마는 있죠. 21세기 한중일 또는 아태 공간에서 사랑의 국제정치를 펼치기 위한 복합 이야기를 많이 했지만, 우리의 현실에서는 오히려 사이버 공간에서 벌어지는 사이버 민족주의를 포함해서 민족주의 갈등이 더 커지고 있어요. 그리고 인공지능이 초지능으로 발달하면 경쟁애적 민족주의와 연결돼 걷잡을 수 없이 폭발할 위험성이 있죠. 한일 그리고 한중의 싸움이 일국 중심의 민족주의로 커지면 결국 더 큰 손해를 겪는 것은 우리예요. 따라서 우리는 각생이 아니라 공생을 위해 공진해야 해요. 대국들은 각진各進해도 그만이라고 생각할 수 있지만, 비대국들은 공진해야 살 수 있으므로 복합적 대응이 필요해요.

닫힌 민족주의를 졸업하지 못하고 있는 중국과 일본에 적절하게 대응하면서 그들을 열린 민족주의로 끌고 가려는 노력을 해야 해요. 중국의 시진핑 국가주석도 단순히 중화민족보다 더 큰 아시아태평양의 위대한 부흥을 꿈꾸도록 해야겠죠. 중국이 중심이고 한국, 일본, 아세안은 변방이라고 생각하는 고정관념에서 벗어날 수 있도록 도와줘야 해요. 여러분도 한국의 젊은이로서 중국의 젊은이들이 꿈을 더 크게 꾸도록 만들어야 해요. 앞선 강의에서 국제정치학회의 국제회의에 관해 이야기하면서도 잠깐 언급했지만, 중국과 일본보다 작은 나라인 한국이 오히려 큰형 입장에 서서 모두 함께 정신을 차려, 미국이나 유럽과 싸울 게 아니라 21세기 세계질서를 복합적으로 재건축해야 한다고 목소리를 높여야 해요.

한일 신시대 공동연구의 한국 측 좌장을 맡아 아태 공간에 복합 네트워크를 건설하자고 제안하면서 구체적으로는 이런 이야기를 했어요. 첫째로, 한국과 일본에서 일국 민족주의의 악순환을 막으려면 한일 간의 갈등을 양국이 국내정치적으로 이용하지 말아야 해요. 일본의 아베 총리는 전형적으로 독도 문제나 역사 문제를 국내정치화하고 한국의 이명박 대통령도 충분한 국제정치적 고려 없는 국내정치적 판단으로 독도를 방문했죠. 둘째로, 한일 간에 상호이익을 최대한 공동 증대시키려는 노력을 해야 해요. 특히 경제 번영 무대와 함께 신흥 무대로서 기술·정보·지식·환경 무대가 중요하죠. 셋째로, 동아시아는 유럽에 비해 뒤늦게 근대 국제체제의 청춘기를 맞이해서 협력보다는 갈등을 겪고 있지만, 장기적으로 근대적 정체성을 넘어선 복합적 정체성을 형성하려는 노력을 해야죠. 당장 근대에서 복합으로 바로 갈 수는 없겠지만, 한국인, 일본인, 중국인이 동시에 아태인이라는 정체성을 어떻게 공유할 수 있을까가 중요해요. 가령 유럽연합은 영국의 탈퇴라는 어려움을 겪고 있지만 유럽연합인이라는 초보적인 정체성을 키우고 있어요. 실제로 유럽연합의 공항에 내리면 유럽연합인들은 줄을 따로 서죠. 우리도 아태인의 정체성을 키우려는 노력이 필요해요. 그러려면 특히 한중일이 서로 싸우지 않은 역사적인 체험을 공유할 필요가 있어요. 그런데 우리는 각생의 미움의 역사만 강조하고 공생의 사랑의 역사에는 무관심해요. 그러나 새로운 지역 정체성 형성의 노력을 하지 않으면 21세기의 문명사적 변환에 뒤쳐질 거예요. 그런 면에서 유럽의 국가들은 21세기 복합문명의 새로운 표준으로서 유럽연합이라는 중요한 실험을 하고 있는 셈이죠. 유럽연합은 현재 동아시아보다 생산성은 단기적으로 떨어지지만, 복합성의 측면에서 보면 장기적인 선행지표로서 주목될 만해요. 동주는 『미래의 세계정치』에서 미국이 사실은 50개 국가가 하나의 연방을 이룬 합중국이라는 것을 강조하죠. 그리고 근대국가체제의 자기모순을 극복하기 위해 국가연합이나 연방의 미래를 검토하고 있어요. 현실적으로 50개국의 연방으로 구성된 미국이나 28개국의 유럽연합과 분단 한국이 각기 하나의 정치단위체로서 한 무대에서 경쟁한다는 것은 불공평한 일이죠.

학생 남미 국가들의 종속이론이 구미의 주류 국제정치이론에 대항적이었던 것처럼 한국의 국제정치이론도 비슷한 성격이 있는지 궁금합니다. 그리고 남미의 종속이론이나 아프리카의 탈식민주의가 특정 장소를 벗어나서 적용되기 힘든 것처럼 한국의 국제정치이론도 동아시아를 벗어나서 적용되기 어렵다면 보편 국제정치이론으로 부를 수 있나요? 국제정치이론에서 한국만이 가져야 하는 국제정치학이 따로 있는지 궁금합니다.

하영선 강의에서 이미 강조했던 것처럼 '한국적 국제정치학'이라는 표현은 자기모순이에요. 국제정치학은 지구의 다양한 삶터에서 벌어지는 삶이 부딪히는 밖의 문제들을 풀려는 노력이죠. 그것을 굳이 '한국적 국제정치학'으로 부를 것이 아니라 그냥 한국이 당면한 국제정치 문제를 풀어나가는 거죠.

예를 들자면, 미국의 트럼프 공화당 대통령 후보는 한미 관계와 관련해 미국이 주한 미군 등 동맹을 유지하는 데 너무 많은 비용을 부담하고 있다면서 이를 문제시하고 있어요. 따라서 동맹 당사국들이 부담을 더 져야 하고, 아니면 주한 미군과 주일 미군이 철수하고 당사국들이 안보를 스스로 책임져야 한다고 주장해요. 만약 중국이 아태 지역에서 영향력을 확대하고 미국이 하와이나 캘리포니아까지 철수하고 미국의 동맹국들은 개별 안보를 추진한다면, 미국이 지불해야 할 동맹 비용은 줄어드는 것이 아니라 오히려 천문학적으로 늘어날 거예요. 왜냐하면 미국의 아태 병력이나 무기체계는 이중적인 성격을 띠기 때문이죠. 한국은 자기 생존을 자력으로만 확보하기 어려워서 동맹인 미국의 도움을 받고 있지만, 미국도 국가 이익에 도움이 안 되는데 한국을 비롯한 동맹국에 군사력을 주둔시키는 것은 아니에요.

미국이 아태 지역 질서를 주도적으로 운영하려면 반드시 군사적 기반이 있어야 해요. 해외 주둔 군사력은 미국의 국가 이익을 위해서도 필수적이죠. 한국은 이 효과까지 계산하고 있지 않아요. 트럼프 후보는 주둔 미군에 대한 방위비 분담을 현재 한국이 50%, 일본이 80% 부담하고 있는데 동맹국들이 100% 해야 한다고 주장하고 있어요. 트럼프의 당선 여부와 관계없이 트럼프 현상은 분명해요. 미국 경제가 부딪힌 어려움을 더 많이 겪는 계층에서 나온 불만이 트럼프 현상을 가져왔기 때문에 누가 대통령이 되더라도 주한 미군 방위비 분담은 불가피하게 조정되겠죠.

그러나 한국의 입장에서 바라보는 한미 동맹의 문제는 당연히 다를 수밖에 없어요. 따라서 유학을 가서 미국적 지평의 국제정치학을 배워서 한국의 국제정치학자로서 한미 간의 국제정치 문제를 풀겠다는 것은 간단한 일이 아니에요. 현실을 보면 보통 한국에서 석사과정을 하고 박사과정을 미국을 비롯한 해외에서 밟고 있어요. 그러나 서양 국제정치학은 서양이라는 삶터가 겪는 밖의 문제를 해결하기 위해 탄생하고 전개돼 온 것이기 때문에, 한국과 국제 문제를 공유하고 있음에도 불구하고 그것을 어떻게 인식하고 풀어나갈 것인가 하는 점에서는 다른 지평이 작동하죠. 그러니까 이용희 교수가 구미 국제정치 이론을 일반 국제정치학인 줄 알고 배웠는데 사실은 구미 국제정치학도 특수 국제정지학이었다는 반세기 전의 지적은 21세기에도 여전히 유효해요.

따라서 한국 외교정책을 위한 전략적 사고를 해외에서 충분히 배울 수 있느냐는 문제가 있어요. 미국 국제정치학 입장에서는 그런 문제는 미국이 아니라 당연히 한국 국제정치학이 풀어야 할 숙제라고 여겨요. 미국의 국제정치학은 21세기의 미중 관계 속에서 주도국 미국은 중국을 미국 주도의 아태 질서에서 책임 있는 주인공으로 적응시키는 묘수풀이에 전력하겠죠. 한편 중견국 한국은 미국과 일본의 기존 네트워크를 심화시키는 동시에 중국과의 네트워크를 확대하는 묘수를 찾고 있죠.

이미 우리는 미국의 메사추세츠공과대학MIT을 비롯한 세계 주요 대학의 기본 강의들을 인터넷을 통해 쉽게 볼 수 있어요. 물리학이나 화학 같은 자연과학 분야는 한국과 미국에서 가르치는 내용이 같으니까 보다 쉽게 대체가 가능하죠. 그러나 문화, 역사, 그리고 국제정치는 쉽사리 대체하기 어려워요. 가령 미국 대학에서 가르치는 국제정치학과 내가 한국에서 가르치는 국제정치학은 꿈, 삶, 앎, 함의 시각에서 보면 같고도 달라요. 지구, 아태, 한반도의 복합 공간에 펼쳐진 안보·번영·문화·생태·지식·공치의 복합 무대에서 벌어지는 복합 연기를 함께 분석하지만, 복합의 내용이 다르죠. 한국적 국제정치학을 하겠다고 무리하게 덤벼들기보다는 내 삶에 커다란 영향을 미치는 국제정치 문제를 제대로 알고 풀어보고자 노력하면 돼요. 내 삶에서 국제정치가 고민스럽지 않으면 굳이 국제정치학을 할 필요가 없겠죠. 왜냐하면 인간은 모두 다른 재능과 관심을 가지고 다양한 세상을 살아가는데, 국제정치가 나의 관심을 절실하게 끌지 못하는데도 단지 경쟁애 때문에 국제정치학 공부를 시작하면 교과서 수준 이상의 본격적인 국제정치학을 하기는 불가능해요. 대신에 내 관심을 끄는 문제를 제대로 만나면 다른 누구보다도 열심히 문제를 풀기 위해서 노력하게 되고, 그렇게 해서 찾아낸 해답은 남들에게도 커다란 도움을 주게 되죠.

국제정치학 공부를 위한 해외유학에는 적지 않은 문제점이 있음에도 불구하고 여전히 국제정치학의 해외 박사과정 체험을 권장하는 데는 몇 가지 중요한 이유가 있어요. 첫째로, 미국의 대학과 대학원의 경우를 보면 한국에 비해 공부의 절대 시간이 훨씬 많아요. 한국 학생들은 고등학교까지 비자율적인 공부에 쫓기다가 대학에 들어와서는 지쳐서 직업으로서의 학생에 전념하지 못하고 있어요. 반면에 미국 학생들은 고등학교까지 좀 더 자유롭게 공부하다가 대학에 들어오면 창살 없는 감옥으로 자진해서 들어가 본격적인 공부를 하게 되죠. 미국 대학교의 박사과정을 되돌아보면 공부의 반 정도는 초강대국 미국을 위한 국제정치학이었고, 나머지 반은 미국 국제정치학을 넘어선 일반 국제정치학에도 도움이 되는 훈련이었어요. 문제는 미국 대학의 일반 국제정치학에 관한 훈련량이 한국 대학보다 훨씬 많다는 거예요. 최근 한국 대학생들의 공부 시간도 많이 늘었지만, 여전히 국제 수준에는 못 미치고 있어요. 둘째로, 해외유학은 국제수준의 새로운 지적 공간을 직접적으로 체험할 기회를 줘요. 내 국제정치학도 한국에서 동주 국제정치학을 배우면서 처음으로 뿌리를 내리고 성장했고, 미국에서 모델스키 국제정치학을 만나 공부하면서 다시 심화·확대할 기회를 얻었어요. 특히 구미의 국제정치학에 대한 교과서적 이해가 아니라 해석학적 이해를 본격적으로 시도한 것이 내 국제정치학을 키워나가는 데 도움이 됐죠.

학생　수업을 들으면서 한국이라는 뿌리에 대해서 생각하게 됐습니다. 교수님께서는 국제정치학을 한평생 연구하고 가르치시면서 의식적으로 뿌리를 계속 떠올리셨는지 궁금했었는데 방금 말씀을 들으면서 답을 얻었습니다.

하영선　한국인이니까 한국 공부를 의무적으로 해야 한다는 부담을 느끼지는 마세요. 내 마음이 한국에 잡힐 때 시작하면 돼요. 내가 전통 한국과 지적 인연을 맺게 된 것은 학교 강의와는 관계없이 동주의 권유로 1980년대 중반 다산 공부를 시작하면서부터예요. 그때까지는 동주가 강조했던 장소의 국제정치학에 대한 초보적 관심만 가지고 있었어요. 다른 인문사회과학에서도 물리적 공간space과 인간 삶터의 장소place를 구분해서 강조하고 있지만, 동주는 특히 인간 집단의 의미권으로 국제정치 권역들 간의 만남에서 나타나는 전파와 변용을 강조했어요. 이런 이론적 틀을 단순히 추상적 차원에서 이해하는 것이 아니라 19세기 조선에서 벌어진 근대 국제질서와 전통 천하질서의 복합을 본격적으로 공부하게 됨에 따라 자연스럽게 우리 문제를 좀 더 길고 넓은 시공의 맥락에서 바라다보는 작업에 빠져들게 된 거죠.

학생　처음에는 전공이 잘 안 맞는다는 생각을 하다가 전공과목을 들으면서 초보적 관심이 생겼고, 다음으로 국제정치경제학 수업을 들으면서 좀 더 알고 싶다는 욕심이 생겨서 공부를 계속해야겠다는 결정을 하게 됐어요.

하영선　그러면 본격적으로 관심이 생긴 분야에 관한 공부를 시작해 보세요. 내가 여러분에게 권하는 것은 연애나 공부나 두루 많이 사귀어 보라는 거예요. 어떤 부모님들은 시간 아깝게 방황하지 말라고 하실지 모르지만, 대학 4년은 삶과 앎의 안목을 키우는 가장 중요한 시기예요. 그러니까 본인이 정말 사랑하는 대상이 무엇인지를 찾기 위한 다양한 방황을 해보세요. 국제정치 공부의 처음 시작을 정치경제에서 할 수도 있고 정치군사에서 할 수도 있어요. 나는 공식적으로는 국제정치학자로 알려져 있지만, 이번 강연에서 소개했듯이 대학 시절에는 루소를 만나서 처음에는 서양 정치사상을 공부했고 그 이후

상당히 다양한 공부를 계속해 왔어요. 그러니까 일단 관심이 생긴다는 것이 굉장히 중요해요

제자 중에 현재 홍콩과기대학 교수로 있는 홍지연 박사가 대학원에 입학해서 국제정치경제학에 관심이 있다며 찾아왔어요. 왜 정치경제에 관심이 있냐고 물었더니 돈에 관심이 있다는 거예요. 그러면 국제정치경제학 교수의 지도를 받아야지 왜 날 찾아왔냐고 물었어요. 단순히 돈에 관심이 있는 게 아니라 돈의 역사를 석사과정에서 공부하고 싶다는 거예요. 그래서 갑오개혁 때 시도한 한국 최초의 화폐개혁에 관한 석사학위 논문을 썼어요. 그 논문은 그해 한국경제사학회에서 교수들과 함께 발표될 기회를 얻었죠. 국제정치학회는 갑오개혁 (1894~1895) 시기의 화폐개혁을 국제정치경제학적 시각에서 분석한 내용에 별다른 관심을 보이지 않았지만, 한국경제사학회의 한국 경제사 학자들은 새로운 분석 시각을 높이 평가하고 자료 교환과 토론을 위해 자주 만나자고 이야기해서 저로서는 흥미로웠죠. 홍 양은 미국에서 박사학위를 마치고 지금 홍콩과기대에서 잘 가르치고 있어요.

나는 대학 시절에 경제적으로 그렇게 여유롭지 않았는데도 돈이 돌아가는 세계에 그렇게 큰 관심이 없었고 인간들의 미움과 사랑에 한참 몰두해 있었어요. 미국에 뒤늦게 박사과정을 밟으러 갔을 때 지도교수였던 모델스키는 미국에서 외국인이 교수를 하기에 상대적으로 유리한 국제정치경제학을 전공해 보는 것이 어떻겠느냐고 권했어요. 당시 지도교수가 가르치던 다국적 기업 세미나를 수강해 봤지만 남다른 애정을 느끼기 어려웠어요. 지적 연애도 이성과의 연애와 마찬가지예요. 연애를 하다가 정말 헤어지기 싫으면 결혼하는 것처럼, 지적 연애도 대상에 대한 관심이 점점 깊어져서 전공을 하게 되고 본격적으로 박사학위 논문을 쓰게 되는 거죠. 한 분야의 전문가가 되려

면 적어도 선택한 대상과 세계의 누구보다도 깊은 사랑을 하고 있다
는 자신감이 필요해요. 몇 과목을 들어본 후, 국제정치경제가 내게는
사랑의 대상이 아니라는 것을 쉽게 알 수 있었어요. 그래서 나는 이
분야에 나보다 더 관심을 쏟는 사람들에게 해당 주제를 선뜻 양보할
수 있었어요. 그러나 나와는 달리 평소에 비물질세계보다 물질세계에
남다른 흥미를 느끼는 사람이면 주저하지 말고 지적 연애를 시작해
보세요. 만나는 과정에서 흥미가 점점 커지거나 새로운 대상을 소개
받을 수도 있어요.

　　요즘 공부에 재능이 있는 대학생들은 상당수가 법학전문대학원
을 가거나 고시를 보려고 하기 때문에 상대적으로 교수나 연구원 같
은 지식 분야 직업에 관심들이 적지만, 나는 그들이 공부를 계속해서
지식 분야 직업에 종사할 것을 적극적으로 권해요. 여학생들에게는
특별히 더 추천해요. 우리 사회의 남녀 불평등이 많이 개선됐다고 하
지만, 아직도 공무원, 언론, 기업의 보이지 않는 성불평등은 여전히 굉
장히 높아요. 그에 반해서 학계의 성불평등성은 빠른 속도로 개선되
고 있어요. 더구나 근무 시간을 비교적 자유롭게 조절할 수 있기 때문
에 여러 가지 장점이 있어요. 만약 내가 공부 재능이 있는 딸이 있었
다면 당연히 지식 분야 직업을 권했을 거예요.

　　김상배　오늘 이후로 대학원 진학 인원이 늘어날 것 같아요. 기본
적인 질문에 포괄적으로 답변을 해주셔서 몇 가지 전문적인 질문을
드리면 30분 내로 끝날 수 있을 것 같아요. 다음으로 탈근대세계정치
론과 관련한 질문을 드려보면 좋겠어요.

　　학생　선생님께서는 한반도를 포함한 동아시아가 근대 프로젝트

를 끝내지 못했더라도 근대와 탈근대 프로젝트를 함께 완성시켜야 한다고 말씀하셨어요. 그런데 근대가 미완인 상태에서 탈근대를 성공적으로 완성할 수 있는지가 궁금하고, 특히 환경 같은 탈근대적 과제를 근대적 과제조차 미완으로 남겨둔 주체들이 잘 풀 수 있을까요? 그리고 유럽의 탈근대적 실험을 말씀하셨지만, 최근 난민 사태 등을 보면서 이런 실험도 결국 실패한 것 아닌가 생각이 들어요.

하영선 세 가지 질문이네요. 첫째는 근대와 탈근대 프로젝트를 병진할 수 있느냐는 질문이죠. 그러나 순차와 병진은 선택할 수 있는 문제가 아니에요. 역사의 숙제는 인내심을 가지고 우리를 기다려주지 않아요. 군사국가, 경제국가, 국민국가라는 근대국가 건설의 프로젝트를 성공적으로 추진하는 데 역사적으로 실패한 우리는 어쩔 수 없이 밀린 어제의 숙제와 눈앞에 다가온 내일의 복합국가 건설이라는 탈근대 숙제를 동시에 할 수밖에 없어요.

두 번째 질문은 산업화라는 근대적 숙제를 아직 충분히 풀어내지 못했는데 산업화에 따른 환경오염이라는 탈근대적 숙제를 미리 걱정하기보다는 환경오염의 부작용이 있더라도 근대적 산업을 우선 개발하고 난 후에 환경오염 문제를 풀어야 하지 않느냐는 질문과도 연관되네요. 요즘 간신히 합의한 기후변화협약도 마찬가지 어려움을 겪고 있죠. 중국 같은 신흥 개발도상국들은 오랫동안 환경오염의 주범이었던 선진 산업국가들이 뒤늦게 환경오염을 유발하는 산업화를 견제하려는 노력에 대해서 불만이죠. 자기들도 우선 산업화를 달성한 다음에 환경오염을 치유하겠다는 거죠. 반면 선진 산업국가들의 역사적 실험 결과는 환경오염 이후 되돌아오는 것보다 미리 지속가능한 성장을 하는 게 훨씬 현명하다는 거예요.

셋째로 유럽연합의 실패 여부예요. 유럽연합 실험은 20세기에 세계대전을 치렀던 독일과 프랑스가 다시 전쟁을 하지 않으려고 시작했죠. 솔직하게 말하면 20세기에 두 번이나 세계대전을 일으켰던 독일을 순치하려는 노력이었어요. 21세기의 독일은 유럽연합에서 경제적으로 최대 강국으로 다시 한번 부활했어요. 거기다가 독자적인 군사력까지 갖춘다면 걱정스러우니까 유럽연합이라는 족쇄를 채운 셈이죠. 그런데 지금 독일이나 프랑스 젊은이들에게 서로 국익이 부딪치면 또 전쟁할 것 같으냐고 물으면 모두 부정적으로 대답해요. 독일과 프랑스가 이만큼은 성공한 거죠. 영국의 유럽연합 탈퇴 문제로 시끄럽지만, 독일이 현재처럼 유럽연합을 끌고 가는 한 실패라고 판단하기는 너무 성급해요.

유럽연합이나 마찬가지로 한중일을 포함한 아시아태평양도 각자 살면서도 함께 살 수 있는 핵심 개념이 필요해요. 그런데 쉽지 않아요. 이명박 정부 시기에 한국과 일본 학자들이 모여서 21세기 백년대계를 위한 한일 신시대 공동연구를 4년 동안 진행한 적이 있어요. 최종 보고서를 마무리하면서 제목을 정하기 위해 긴 토론을 벌였지만, 쉽사리 합의에 이르기가 어려웠어요. 일본 국제정치학자들은 '동아시아공동체'가 어떻겠느냐고 제안했지만, 현실적인 한계가 있었죠. 공동체는 원래 사회와 대비되는 말로, 그 둘은 각각 독일의 게마인샤프트 Gemeinschaft와 게젤샤프트Gesellschaft의 번역어예요. 게마인샤프트는 마음과 마음이 통해서 이루어지는 사람들의 모임이고, 사회는 이해를 같이해서 이루어지는 사람들의 모임이죠. 따라서 일본의 대한정책이 공동체적 시각에서 독도 문제나 교과서 문제를 다룰 가능성이 있다면 공동체라는 표현을 써도 좋겠다고 했더니 일본 측에서 자진해 철회했어요. 그래서 과거 지향적 국제 경쟁이나 미래 지향적 공동체 대신 현실적인 대안으로 복합 네트워크를 제안해서 최종적으로 합의를 봤죠.

스웨덴에서 1년간 안식년을 보내면서 흥미로운 경험을 한 적이 있어요. 스웨덴과 핀란드 사이에 올란드라는 작은 섬이 있어요. 두 나라는 그 섬을 서로 소유하지 않겠다고 양보하다가 결국 현재 핀란드가 소유하고 있죠. 그러나 좁은 의미의 일국 중심 민족주의를 성공적으로 넘어서고 있는 두 나라는 이에 대해 서로 불평불만이 없어요. 이런 북유럽의 현실은 동아시아에서 당연히 상상하기 어렵죠. 그런데 현재 진행되고 있는 유럽연합의 노력도 상당한 우여곡절을 겪고 있어요. 영국은 유럽 이주민들이 입국해서 소란스럽게 하고 실업률도 높아지니까 유럽연합 탈퇴를 선언했지만, 오히려 유럽연합 탈퇴가 반대로 영국인들의 실업을 늘릴 거라는 주장이 나와요. 그래서 민심이 흔들리고 탈퇴를 취소해야 한다는 주장도 나오고 있죠.

이런 상황에서 유럽연합 탈퇴와 같이 백년대계의 국운이 달려 있는 문제는 단순히 단기 정책적 시각에서 다룰 것이 아니라 반드시 장기적 시각에서 검토해야 해요. 이를 위해서는 장기적 국가 이익을 제대로 판단할 국가 두뇌의 역할이 대단히 중요해요. 관악은 싫으나 좋으나 한국의 국가 두뇌죠. 따라서 관악의 교수와 학생은 좋은 의미에서 '저주받은 인생'이에요. 소아小我를 넘어서 대아大我까지 고민해야 하니까요. 물론 관악인들이 소아를 버리고 대아만을 위해 살아야 한다는 것은 아니고 행복한 저주를 받은 특혜 인생으로서 내 삶을 개척하는 것과 동시에 국가의 두뇌 역할을 해야겠죠.

김상배 행복한 저주라는 키워드가 또 나왔네요. 중요한 질문들에 대한 답변이 거의 됐으니까 마무리로 선생님 개인사와 관련한 질문들을 몇 개 하고 끝내도록 하죠.

학생　선생님이 평생 하신 많은 연구 중에서 가장 훌륭하다고 생각하시는 연구는 무엇이고 많은 강의들 중에 가장 기억에 남는 강의는 어느 것인지 궁금합니다.

하영선　무엇이 훌륭한 것인지는 잘 모르지만 지난 50년 동안 연구하고 강의했던 주제들에 계속 흘려서 지내왔고 또 내일도 그럴 것 같아요. 그중에도 가장 흘려 있었던 시기는 이 강연 제목을 '사랑의 국제정치학'이라고 붙인 것을 보면 물어보지 않아도 알겠죠. 많은 사람들이 나를 핵 문제나 한국 외교정책 전문가라고 생각하지만, 주관적으로는 물질적으로 가장 어려웠던 20대가 제일 행복했던 시절이었어요. 20대 말까지 현실적 삶을 어떻게 살지는 제대로 준비하지 않고 노모가 싸주신 김칫국물 흐르는 도시락을 들고 루소의 사랑 개념에 흘려서 정신없이 지냈어요. 사랑 공부가 삶의 현장에서 단기적으로는 전혀 도움이 되지 않는데도 지적 연애의 심도는 깊었어요. 결국 현실의 무게에 눌려서 뒤늦게 국제정치학 공부를 하러 미국 유학을 갔죠.

　33년 동안 많은 과목을 가르쳤지만, 가장 기억에 남는 여러 학교 강의 중 역시 국제정치이론과 한국 외교사가 중요했어요. 그리고 학교 밖에서 했던 강연으로는 '역사 속의 젊은 그들'이 우선 기억에 남아요. 젊은 사람들을 늙었다고 야단치면서 했던 강의가 굉장히 재미있었고, 강의를 하면서 우리 삶터의 과거 젊은이들과 미래 젊은이들을 함께 어우러지게 만들려고 했던 내 나름의 접신 노력은 굉장히 흥분되는 체험이었어요.

　다음으로 정년 기념 강연을 하면서는 '떠날 때는 말없이' 뒤돌아보지 않고 가는 것이 미덕이라고 생각해서 앞으로 공부할 주제를 간단히 밝히는 작별 인사를 했었어요. 약속에 따라서 그해 가을에 '동아시아 질서 건축사'를 한 학기 동안 연세대에서 공개 강연했고, 지난 5년 동안 본격적으로 이 주제와 지적 연애를 하고 있는 중이에요. 그리고 서울대학교에서만 한평생 강의를 했던 나에게 지난 5년 동안 동아시아연구원EAI '사랑방'에서 여러 대학교의 젊은이들과 함께 국제정치학의 이론과 역사에 관한 세미나를 진행하고 학기 말 마무리로 해외답사를 했던 프로그램도 새롭고 즐거운 체험의 하나였어요.

이번 학기에 진행하고 있는 '사랑의 국제정치학 50년' 강연도 나에게는 특별한 의미가 있어요. 반세기 전에 국제정치학 공부를 시작한 이래 뒤를 되돌아볼 겨를 없이 계속해서 앞만 보고 달리다가 이번에 두 교수의 요청으로 지난 50년의 국제정치학 공부를 처음으로 사랑의 시각에서 되돌아볼 수 있었던 것은 귀한 시간이었어요.

그리고 앞으로 기회가 오면 '꿈의 세계정치학'에서 짧게 소개했던 '예술과 국제정치학'에 관한 강의를 본격적으로 한 학기 동안 진행해보고 싶어요. 매주 세계의 미술관이나 박물관을 찾아가서 국제정치학 이야기를 함께 나누는 형식이 되겠죠. 첫 시도로는 '도자기의 국제정치학'을 해보고 싶어요. 도자기에 매력을 느끼기 시작한 1990년대 초이래 지난 사반세기 동안 도자기가 세계로 전파된 길을 따라 송나라 때부터 도자기의 세계 수도로 불리는 징더전에서 출발해서 한국의 강진, 광주를 지나고, 일본의 아리타와 이마리를 거쳐서 네덜란드의 델프트, 독일의 마이센, 프랑스의 세브르, 그리고 영국의 세인트 아이브스까지 다녀봤지만, 아직 칼럼 이외에 본격적으로 글을 쓰고 강의를 해볼 기회는 없었어요.

김상배 몇 년 후에는 이번 학기의 사랑의 국제정치학 강의가 가장 기억에 남았다고 말씀하시지 않을까요?

하영선 내가 살아왔던 삶의 궤적 속에서 겪었던 지적 연애기이니까 그럴 수도 있겠죠. 그러나 앞으로 더 매혹적인 지적 연애를 하게 될는지는 아무도 모르는 일이죠.

학생 선생님의 강의에서 추임새처럼 자주 언급하는 단어가 동주예요. 동주가 선생님께 어떤 의미인지 한 단어로 표현한다면 무엇이고, 그 이유는 무엇인가요?

하영선 여러분의 마지막 주 질문들이 강의 중간에 제출했던 '지적 연애기'보다는 많이 재미있어져서 즐거워요. 그중에도 이 질문이 가장 어렵네요. 내가 역사 속의 젊은 그들에서 주인공들의 꿈, 삶, 앎, 함을 이의역지以意逆志라는 동양 해석학적 방법으로 재현을 시도했는데 다산이나 연암이 억울해서 무덤에서 벌떡 일어나지는 않을 거예요. 나로부터 최대한 벗어나서 그들의 내면세계로 들어가기 위해 최선의 노력을 했으니까요. 그러나 동주는 직접 만났던 스승이었기 때문에 훨씬 더 조심스럽네요. 내가 강의 중에 동주를 자주 이야기했다는 것은 지금도 지적 연인이 있다는 것이니 정말 다행이죠.

나에게 동주의 의미를 한 글자로 표현하라고 하면 '삶'이었어요. 삶은 여러 형태의 충격을 줬던 단어예요. 대학이란 곳이 신입생 시절에는 삶을 배우기보다는 앎을 배우는 데라고 생각했어요. 그런데 정말 중요한 것은 앎보다는 삶이고 의미 있는 앎은 내 삶을 위한 것이어야 한다는 동주의 이야기를 들었어요. 그리고 내가 사는 구체적인 시공간의 삶터에서 부딪히는 문제를 풀기 위한 앎으로서 권역의 전파이론이라는 동주 국제정치학을 만나게 됐어요. 동주가 1950년대에 자신에게 던졌던, 우리는 왜 이렇게 궁핍하게 살 수밖에 없는가라는 질문은 1960년대 초까지도 1인당 국민소득이 80달러인 세계 최빈국에는 절실할 수밖에 없었죠. 그러나 세계 10위권의 중진국이 된 한국의 질문은 바뀌어야겠죠. 그런데 그 질문이 단순히 미국 국제정치학을 어떻게 잘 알 것인가가 돼서는 안 돼요. 미국 국제정치학 공부는 궁극적으로 한반도, 아시아태평양, 그리고 지구적 삶에서 폭력적으로 싸우지 않고 물질적으로 윤택하고 감성적으로 충만한 삶으로 만들기 위해 필요한 것 아니겠어요? 그런데 지식후진국이나 지식식민지의 지식인들에게는 제국의 학문이 내 삶을 위해 내 앎의 지평을 넓히는 데 기여하기보다는 내 삶 자체가 돼버릴 위험성이 높아요. 그렇다고 내가 여러분의 미국 유학을 반대하는 것은 아니에요. 여전히 21세기 세계질서를 주도할 미국적인 삶과 앎의 지평을 현장에서 제대로 체험해서, 최종적으로는 내 삶의 지평을 넓혀나가야겠죠.

동주는 마지막 강의인 '미래 세계정치'에서 건강 사정으로 예정된 강의를 마무리하지 못하고 9주 만에 끝냈기 때문에 동아시아나 한국의 미래 이야기를 본격적으로 하지 못하고 질의응답 형식으로 간단히 다룰 수밖에 없었어요. 당시는 마스트리흐트 조약이 막 체결될 때라 미국 국제정치학에서는 유럽의 장래에 대한 논쟁이 진행되던 때였어요. 공격적 현실주의 국제정치학자인 존 미어샤이머는 미소 양극 냉전체제 붕괴 이후 유럽의 불안정성을 강조했어요. 반면에 자유주의적 제도주의자들은 냉전 이후 형성되는 유럽연합의 미래를 낙관적으로 전망했죠. 그러나 동주가 유럽의 미래를 집중적으로 다룬 것은 구미 국제정치학계의 논쟁에서 출발한 것이 아니라 21세기 한국이나 동아시아의 삶의 문명사적 표준으로서 유럽연합의 미래를 검토한 거예요. 같은 유럽연합의 미래를 강의했지만, 동주와 구미 국제정치학자들은 서로 다른 삶의 현장에서 다른 앎의 국제정치학을 보여준 거죠.

동주가 강조한 삶의 국제정치학은 어린 시절 나의 국제정치학 형성기에 결정적인 영향을 미쳤어요. 따라서 구미의 현대 국제정치학을 충실하게 배우기만 하면 국제정치학을 알 수 있으리라는 순진한 생각에서 비교적 일찍 벗어날 수 있었죠. 그 대신 나나 우리가 겪는 삶에 미치는 안과 밖의 상호 영향을 제대로 알아내고 풀어야 할 문제들을 실천적으로 해결하려는 국제정치학을 동주 특유의 지적 영향 속에서 고민하다 보니까 나도 모르게 국제정치학을 한평생 하게 됐어요.

학생 선생님은 학문으로서의 국제정치와 직업으로서의 국제정치의 선택 과정에서 어떤 고민을 하셨는지 궁금합니다.

하영선 법률대학원을 가거나 국립외교원 시험을 봐서 법조인이나 외교관이 되거나 해외유학을 갔다 와서 교수가 되는 길을 선택하는 과정에서 자신의 재능을 깊이 생각하지 않고 남들을 따라 하는 것은 바람직하지 않아요. 나는 대학 시절 외시 준비를 하지 않았어요. 사람들을 만나서 설득하는 것을 나보다 즐겁게 잘하는 친구들이 주위에 많이 있더라고요. 학교 성적이 좋다고 반드시 훌륭한 외교관이 되는 건 아니에요. 요즘도 저녁 모임을 하루 다녀오면 며칠 동안 후유증을 겪는 것을 보면 나는 좋은 외교관이 되기는 어려워요. 반대로 도서관이나 연구실 또는 사이버 공간의 지적 여행은 며칠을 계속해도 그렇게 피곤하지 않아요. 사업하는 친구들이 학교 연구실을 찾아오면 한평생을 창살 없는 감옥 같은 방에서 보내는 것이 답답하지 않느냐고 궁금해해요. 그러나 하루의 대부분을 무한한 사이버 공간에 있는데 연구실의 크기가 무슨 관계가 있겠어요. 따라서 무대의 배우보다는 작가 겸 감독의 길을 걷고 싶었어요.

중진국 한국이 19세기의 역사적 실패를 반복하지 않고 21세기 신문명표준을 적극적으로 공동 제작하기 위해서는 국가 두뇌의 중심인 서울대의 역할은 여러분이 생각하는 것보다 훨씬 더 중요해요. 시간이 별로 없어요. 정치적으로 30년 단위의 두 세대만 주춤거려도 무대의 뒤안길로 다시 사라질 수 있어요. 서울대는 무대의 연기자도 키워야 하지만, 동시에 21세기 질서를 건축하기 위한 전략적 사고를 할 수 있는 인재들을 육성해야 해요. 그러려면 서울대 국제정치학 전공자들의 최소한 10%는 공부를 이어나가야 해요. 국제정치학에 대해 애정을 가지고 한평생 그 길을 걷는 사람들이 필요하죠. 물론 그 길에는 세속적으로 화려한 권력이나 금력이 기다리고 있지 않아요. 그렇다고 예전처럼 고난의 행군만을 각오할 필요는 없어요. 그러니까 이 길이 나의 적성에 맞고 객관적으로 인정을 받고 있다면 택하세요. 부모님들이 섭섭해하시더라도 연구실이나 도서관의 작업이 즐겁다면 주저하지 말고 그 길을 가세요. 반대로 그런 작업보다 현장 무대에서 더 보람을 느낀다면 적절하게 준비를 해서 무대에 서야겠죠. 그렇게 해서 여러분이 가진 능력에 따라 21세기 한반도와 아시아태평양의 신질서 건축에 기여할 수 있기를 기대해요.

학생 국제정치학을 본격적으로 하기 위해서는 여러 외국어 자료의 활용이 필수적인데, 이런 외국어 장벽을 어떻게 극복하셨는지 궁금합니다.

하영선 언어는 국제정치학 공부에서 반드시 필요한 도구지만, 그렇게 넘기 어려운 장벽이라고 생각하지는 않아요. 언어를 넘어서 연애도 하고 또 국제결혼도 하잖아요. 상대가 좋아지면 어떻게든 소통이 이루어지게 돼요. 언어를 먼저 배워서 소통을 하는 것이 아니라 소통을 하면서 언어를 배우는 거죠. 일본어의 경우에 나는 대학 시절에 초급 일본어만 배우고 무작정 국제정치 입문서를 읽기 시작했어요. 중국어의 경우에도 2000년대 들어서서 중국의 부상과 함께 중국 외교부의 공식 문서를 영어 번역으로 읽는 데에는 한계가 있다고 생각해서 중국 간체자를 컴퓨터 모니터 옆에 놓고 공식 문서를 바로 읽기 시작했어요. 그런데 관심을 갖고 있는 북핵 문제나 미중 문제에 관한 발언이나 문서를 보면 다행히 비슷한 내용이 반복돼요. 대북 3원칙이나 신형 국제 관계를 매일 들여다보고 있으니까 저절로 간체자를 읽을 수 있게 되고 뜻도 통하기 시작하더라고요. 물론 본격적으로 문학 서적들을 읽으려면 따로 시간 투자가 필요하겠죠.

큰 학자나 정치가가 되려면 한문을 반드시 배우세요. 단순히 평범한 국회의원이 돼서 여의도에 앉아 있거나 외무고시에 붙어서 장관을 하고 싶다면 모르지만, 본격적으로 아시아적 상상력을 주도할 수 있는 정치가나 외교관이 되고 싶으면 한문이라는 중요한 자산을 마련하세요. 한중일 동아시아 삼국과 베트남은 오랜 세월 동안 한자 문화를 공유해 왔죠. 중국의 국가주석인 시진핑이나 외교부장 왕이는 적절하게 한시나 사자성어를 정책 용어로 활용하고 있어요. 그러니까 한국이 미래의 표준어를 만들려면 한문은 필수과목인 셈이죠.

한문을 배우는 데 시간이 오래 걸린다고 걱정하지 말고 우선 시작해 보세요. 나는 1980년대 중반 다산 공부를 하면서 뒤늦게 한문을 익히기 시작해서 여러 선생님들한테 간헐적으로 배웠어요. 나중에 4~5년은 최정운 교수와 함께 번역대학원의 이상하 교수에게 배웠어요. 율곡 기호학파와 쌍벽을 자랑하는 퇴계 영남학파의 학통을 잇는다는 자부심을 가진 이 교수와 재미있게 한문 공부를 했어요. 주자학적 시각에서 경서 읽기를 정통으로 가르치고 싶어 했던 이상하 교수는 19세기 한국 외교사의 한문 사료, 18세기 실학 사료, 그리고 고대 갑골문 등에 개인적 관심이 많았던 나에게 처음에는 그런 글들을 많이 읽으면 제대로 된 한문을 못 배운다고 하면서 걱정했어요. 그러나 나는 주제에 대한 애정이 우선 중요하다고 생각했어요. 기본적인 한문을 배운 이후에는 내가 알고 싶은 『조선책략』이나 『갑신일록』 같은 자료들을 읽었어요. 이미 내용을 알고 있기 때문에 어렵지 않게 읽을 수 있었죠. 그러니 한문도 너무 걱정하지 마세요. 알고 싶은 주제에 대한 관심과 사랑이 있으면 얼마든지 언어 장벽을 극복할 수 있어요. 다만 관심이 없으면 아무리 한문을 배워도 관련 자료를 제대로 읽을 수 없어요.

김상배 조만간 속성으로 한문과 중국어 자료 다루는 비법을 본격적으로 강의해 주시면 좋겠어요.

하영선 비법이 아니라 관심과 애정만 있으면 누구나 다 할 수 있어요. 19세기 말 개화 시기에 뛰어난 어학 실력을 보였던 윤치호나 유길준도 모두 그렇게 영어나 일본어를 공부했어요. 여러분의 선생님인 80학번 세대들도 대학생 당시 일본 책들을 빨리 읽기 위해 4주 완성 속성 과정을 공부했어요. 그러나 속성 일본어 읽기는 요즘 개발된 것이 아니에요. 20세기 초 한국 지식인들의 필독서였던 『음빙실문집飮氷室文集』의 저자인 량치차오가 19세기 말 무술정변 100일에 실패하고 일본에 망명해서는 영어를 모르면서 서양 문명을 본격적으로 알기 위해 짧은 기간에 일본어를 배워서 『화문한독법和文漢讀法』(1900)이라는 일본어 속성 입문서까지 냈죠. 한문 고전에 정통했던 량치차오는 그렇게 일본 서적을 통해 서양 지식을 소화했어요. 량치차오도 필요 때문에 언어 장벽을 넘어선 거죠. 속는 셈 치고 한번 해보세요.

김상배 시간이 다 돼서 마지막 질문을 드려야겠네요. 마무리 질문은 선생님의 근황에 관한 질문이 좋을 것 같아요.

학생 정년퇴임 이후에도 여전히 바쁘게 연구 생활을 하시는 것으로 알려져 있는데, 최근에 가장 재밌으셨던 일은 어떤 것인지 궁금합니다.

하영선 내가 어떻게 지내는지는 김상배 교수와 전재성 교수가 자세히 알아요. 내가 주로 거처하고 있는 곳은 '사이버 공간'이에요. 사람들이 사무실이 어디냐고 물을 때 '사이버 공간'이라고 대답하면 대부분 농담인 줄 아는데 진담이에요. 다음으로 가장 많은 시간을 쓰는 것은 오랫동안 함께해 온 공부 모임들을 위한 준비예요. 공부 모임들의 중심인물은 85학번 전후의 교수들이에요. 83학번의 전재성 교수나 85학번의 김상배 교수부터 시작해서 2000년대 학번들까지 있어요. 내가 후학들과 함께하는 대표적 공부 모임들은 여섯 개예요. 간단히 소개하자면, 첫째로, 가장 오래된 전파연구모임은 그동안 한국 19세기 문헌을 주로 공부했었는데 최근에는 냉전의 남북한 개념이 어떻게 다른지 공부하고 있어요. 둘째로, 정보세계정치연구모임은 21세기 미래 세계정치 문제들을 주로 공부해요. 그리고 셋째로, 한국외교사 연구모임은 중국 25사의 조선전과 한국의 관련 역사서를 함께 읽으면서 전통 천하질서와 한국의 생존전략 문제를 새롭게 보고 있어요. 넷째로, 북핵 문제나 아태 신질서 건축과 같이 한반도가 현재 당면하고 있는 국제 문제들은 동아시아연구원EAI을 중심으로 공동 작업을 하고 있어요. 가장 최근 작업으로는 북한의 제7차 당대회 분석이 있어요. 다섯째로, 최근에 동북아역사재단이 한국 현대 외교사를 체계적으로 정리해 달라고 해서 1945년부터 김대중 정부 시기까지 한국 현대 외교정책 사례에 대해 공동 연구를 진행하고 있어요. 여섯째로, 최근에 북한도 21세기를 위한 '휘황한 설계도'를 내놓은 것처럼 모든 국가들이 21세기 신질서 건축을 준비하고 있어요. 따라서 정말 21세기에 어울리는 설계도를 마련하기 위해서 새로운 문명표준에 관한 본격적인 공부를 하기 위한 모임을 시작했어요. 이런 공부 모임을 준비하는 것은 즐겁고 좋은데 작은 어려움이 하나 있어요. 공부 모임은 교수들이 함께 모여서 대학원 세미나처럼 발제하고 토론하는데, 모임 회원 중에 나만 모든 참가자들을 가르쳤던 사람이라서 예의상 발제 내용을 모두 훑어보고 들어가야 하는 어려움이 있죠. 다른 참석 교수들은 대부분 자기 발제 부분만 읽고 들어올 자유가 있는데, 나는 총평을 해야 하는 형편이라 그런 자유를 못 누리죠.

김상배 안 읽고 들어가는 거 어떻게 아셨어요. (웃음)

하영선 여섯 개 공부 모임을 동시에 준비하려면 읽어야 할 자료 분량이 현실적으로 간단치 않아서 많은 시간을 써야 해요. 그리고 한 달에 한 번 정도는 해외에서 열리는 회의에 참석하게 돼요. 이번 열 번의 강의도 아슬아슬하게 해외 회의 참석을 피해서 진행할 수 있었어요. 그리고 남는 시간은 그동안 공개 강연했던 내용들을 책으로 엮는 작업에 쓰고 있어요. 남들이 보면 별로 재미없지만, 내 주관적으로는 즐겁게 바쁘죠.

김상배 5년 후면 선생님께서 하실 이야기가 더 많아질 것 같은데요.

하영선 마지막으로 다시 한번 여러분에게 부탁하는데, 공부에 재능과 관심이 있으면 주저하지 말고 직업교육기관인 법학전문대학원이나 국제대학원보다 본격적으로 학문에 도전해 볼 수 있는 외교학과 대학원으로 오세요. 객관적으로 관악의 교수 수준은 미국의 주요 대학과 충분히 경쟁할 만해요. 그리고 지적 노동은 21세기의 직업으로도 바람직해요. 동아시아연구원EAI에서는 매년 학부 상급 학년과 대학원생들을 위한 사랑방을 진행하고 있으니 관심 있는 학생들은 언제든 찾아오세요. 매년 한 학기는 현대 국제정치이론, 다른 한 학기는 동아시아 질서 건축사 세미나를 열고 있어요.

김상배 오늘로써 일단 대학원 다섯 명은 건진 것 같고, 대학원 올 사람들은 우선 동아시아연구원 사랑방을 거쳐서 오세요. (웃음) 오늘 일정은 일단 여기서 마무리 짓고, 시간이 늦었지만 식사와 맥주를 함께 하면서 선생님 말씀을 더 듣도록 할게요.

강의를 마치며

이 책에서 소개한 지난 반세기의 작업은 지금도 진행형이다. 첫째, 전통 천하질서, 근대 국제질서, 현대 냉전질서, 탈근대 복합질서를 포함하는 동아시아 질서 건축사 연구에 가장 많은 시간을 쏟고 있다. 정년 기념 강연에서 약속한 대로 2012년 가을에 동아시아 질서의 역사적 변환 3000년사를 한 학기 동안 공개 강연한 『동아시아 질서 건축사: 천하에서 복합까지』가 출판을 기다리고 있다. 이 책의 숙성 기간이 7년으로 길어지는 동안에 한국 외교사 모임을 중심으로 전통 천하질서와 한국의 생존전략을 공부하는 데 많은 시간을 썼다. 첫 중간보고로 『사행의 국제정치: 16~19세기 조천 연행록 분석』(2016)을 선보였고, 두 번째 중간보고로 천하질서 속의 한국의 생존전략을 함께 마무리하고 있다.

다음으로 동아시아연구원EAI을 구심점으로 해서 미국과 중국의 연구소와 함께 2050년의 아태 신문명 건축에 관한 공동 연구를 진행하고 있다. 중국의 1인당 국민소득이 현재의 1만 달러에서 한 세대 이후 3만 달러로 늘어날 때 생길 문제를 검토하고 이러한 문제를 성공적으로 풀어가기 위한 신문명 건축은 어떻게 해야 할 것인가를 검토하고 있다. 특히 미소 중심의 아태 질서 건축을 넘어서서 한국이 중진국으로서 아태 질서 건축의 공동 설계에 더욱더 적극적으로 참여하는 방안을 모색하고 있다.

셋째, 21세기의 복합세계질서는 기존의 주도적인 국제정치이론을 넘어서서 새로운 복합세계정치론을 필요로 하고 있다. 따라서 정보세계정치학회를 중심으로 주인공, 무대, 연기의 복합화를 이론화하기 위한 노력을 강화하고 있다. 동시에 전파연구모임과 함께 21세기의 문명사적 변화를 제대로 담아내기 위해 미래 개념사 연구를 시작했다. 인공지능의 혁명적 발전으로 인간을 기계가 지배하는 초지능 시대의 비극을 막기 위해 나는 20세기의 정신권역noosphere 개념을 검토하면서 21세기의 사랑 개념을 고민하고 있다.

넷째, 21세기를 맞아 우리 삶터에서 미움을 넘어선 사랑의 삶이 제대로 자리 잡기 위해서는 한국형 문명 표준으로서 그물망 복합국가를 건설해야 한다. 이러한 꿈을 현실화하기 위한 실천전략이 함께 풀어야 할 마지막 숙제다.

이 책이 지금의 모습을 갖추기까지 오랜 기간 많은 이의 도움이 있었다. 서울대 정치외교학부 김상배, 전재성 교수의 치밀한 준비와 지원 속에 2016년 봄학기에 서울대에서 특별 강의를 진행했다. 강의는 동영상(http://www.hayoungsun.net/lec5.asp)으로 제작되었고, 동시에 정치외교학부 외교학 전공 수강생들의 노력에 힘입어 원고화되었다. 그 후 2년에 걸쳐서 초벌 원고를 수정하고 보완하는 작업을 계속했다. 2019년에 최종 완성된 원고를 책으로 만드는 과정은 서울대 정치외교학부 외교학 전공 박사과정 주연정 양의 주도면밀한 노력으로 큰 차질 없이 진행될 수 있었다. 그리고 미국 노트르담대학 권민주 박사는 마지막 교정 단계에서 꼼꼼한 지원으로 글의 완성도를 한 단계 높여주었다. 미국 플로리다대학 박사과정 송지예 양, 서울대 정치외교학부 외교학 전공 석사과정 노가연 양과 태희준 군도 교정 과정에서 많은 도움을 줬다. 그리고 한울엠플러스(주) 출판사 임직원 여러분의 도움이 컸다. 이분들께 특별히 고마운 마음을 전하고 싶다.

2019년 8월 15일

만청晩靑 하영선

1강 사랑의 국제정치학

1   하영선, 「Rousseau 研究序說: amour de soi와 amour propre를 中心으로」, 서울대학교
    석사학위 논문(1974).
2   Colin Wilson, *The Outsider* (London: Victor Gollancz, 1956).
3   하영선, 『역사 속의 젊은 그들: 18세기 북학파에서 21세기 복합파까지』(서울: 을유문화사,
    2011).
4   이용희, 『국제정치원론』(서울: 장왕사, 1956); 이용희, 『(동주 이용희 전집 제1권) 국제정치
    원론』(고양: 연암서가, 2017).
5   이용희, 『政治와 政治思想』(서울: 일조각, 1958); 이용희, 『(동주 이용희 전집 제2권) 정치
    사상과 한국 민족주의』(고양: 연암서가, 2017).
6   이용희, 『일반 국제정치학(상)』(서울: 박영사, 1962; 서울: 이조, 2013); 이용희, 『(동주 이
    용희 전집 제3권) 일반 국제정치학(상)』(고양: 연암서가, 2017).
7   Jean-Jacques Rousseau, *Œuvres complètes, tome III: Du Contrat Social ou
    Principes du droit politique*. 영역본은 *The Collected Writings of Rousseau. v.4:
    Social Contract*.
8   Jean-Jacques Rousseau, *Œuvres complètes, tome III: Discours sur les
    sciences et les arts, Discours sur l'origine et les fondements de l'inégalité,
    Discourse sur l'économie politique, Du contrat social, Fragments politiques*,
    Bibliothèque de la Pléiade(Paris, Gallimard, 1964). 여러 루소 전집 중에 가장 권위 있
    는 판본은 플레이아드 판본이며, 루소 탄생 300주년을 기념해 총 24권으로 구성된 새로운
    전집이 출판됐다. Jean-Jacques Rousseau, *Œuvres complètes*, Édition
    thématique du Tricentenaire(https://rousseau.slatkine.com/). 루소 전집의 영역본
    으로는 *The Collected Writings of Rousseau*, 13 volumes(Dartmouth: University
    Press of New England, 1990~2010)가 있다.
9   Jean-Jacques Rousseau, *Œuvres complètes, tome III. Discours sur l'origine et
    les fondements de l'inégalité parmi les hommes*. 영역본은 *The Collected
    Writings of Rousseau, v.3: Discouse on the Origins of Inequality*.

10 Jean-Jacques Rousseau, *Œuvres complètes, tome II: La Nouvelle Heloise* (1961). 영역본은 *The Collected Writings of Rousseau. v.6: Julie, or the New Heloise*.

11 Jean-Jacques Rousseau, *Œuvres complètes, tome I: Les Confessions* (1959). 영역본은 *The Collected Writings of Rousseau, v.5: The Confessions*.

12 Jean-Jacques Rousseau, *Œuvres complètes, tome I: Rousseau, judge of Jean-Jacques ,dialogues* (1959). 영역본은 *The Collected Writings of Rousseau, v.1: Rousseau, judge of Jean-Jacques, Dialogues*.

13 Jean-Jacques Rousseau, *Œuvres complètes, tome III: Les Rêveries du Promeneur Solitaire* (Paris: Bordas, 1985). 영역본은 *The Collected Writings of Rousseau, v.8: The Reveries of the Solitary Walker, Botanical Writings and Letter to Franquieres*.

14 Jean-Jacques Rousseau, *Œuvres complètes, tome IV: Émile, ou, De l'éducation* (1969).

15 Raymond Polin, *La Politique de la Solitude: Essai Sur la Philosophie Politique de Jean-Jacques Rousseau* (Paris: Editions Sirey, 1971).

16 Jean-Jacques Rousseau, *Principes du droit de la guerre, Écrits sur la paix perpétuelle* (Paris: Vrin, 2008). 영역본은 *The Collected Writings of Rousseau, v.11: The Plan for Perpetual Peace*.

17 Jean-Jacques Rousseau, *Principes du droit de la guerre, Écrits sur la paix perpétuelle* (Paris: Vrin, 2008), Extrait du projet de paix perpétuelle de monsieur l'abbe de Saint Pierre. 영역본은 *The Collected Writings of Rousseau, v.11: The Plan for Perpetual Peace*.

18 Jean-Jacques Rousseau, *Principes du droit de la guerre, Écrits sur la paix perpétuelle* (Paris: Vrin, 2008). *Jugement du Projet de paix perpétuelle de Monsieur l'Abbé de Saint-Pierre*. 영역본은 *The Collected Writings of Rousseau, v.11: The Plan for Perpetual Peace*.

2강 세계질서와 한반도의 핵무기

1 Young-Sun Ha, "Nuclearization of Small States and World Order: The Case of Korea," University of Washington Ph.D Dissertation(1979).

2 Young-Sun Ha, *Nuclear Proliferation, World Order and Korea* (Seoul: Seoul National University Press, 1983).

3 하영선, 『한반도의 핵무기와 세계질서』(서울: 나남, 1991).

4 George Modelski, "The Long Cycle of Global Politics and the Nation-State,"

Comparative Studies in Society and History, Vol.20, No.2(1978).

5   Young-Sun Ha, "Nuclearization of Small States and World Order: The Case of Korea," *Asian Survey*, Vol.18, No.11(1978).

6   James Everett Katz and Onkar S. Marwah, *Nuclear Power in Developing Countries: An Analysis of Decision Making* (Lexington, Mass, Toronto: Lexington, 1982).

7   National Foreign Assessment Center, "South Korea: Nuclear Developments and Strategic Decisionmaking," CIA(1978). retrieved from http://nautilus.org/wp-content/uploads/2011/09/CIA_ROK_Nuclear_DecisionMaking.pdf

8   William Burr(ed.), "Stopping Korea from going Nuclear, Part, I ," National Security Archive(2017), retrieved from https://nsarchive.gwu.edu/briefing-book/nuclear-vault/2017-03-22/stopping-korea-going-nuclear-part-i; William Burr(ed.), "Stopping Korea from going Nuclear, Part, II ," National Security Archive(2017), retrieved from https://nsarchive.gwu.edu/briefing-book/nuclear-vault/2017-04-12/stopping-korea-going-nuclear-part-ii.

9   Woodrow Wilson Digital Archive, https://digitalarchive.wilsoncenter.org/.

10 Dwight D. Eisenhower, "Atoms for Peace Speech," Addressed to the 470th Plenary Meeting of the UN General Assembly(1953), retrieved from https://www.iaea.org/about/history/atoms-for-peace-speech).

11 Ronald H. Coase, "The Problem of Social Cost"(reprinted from 1960), *The Journal of Law and Economics*, Vol.56, No.4(2013).

12 Robert O. Keohane, "The Demand for International Regimes," *International Organization*, Vol.36, No.2(1982).

13 하영선, 「미일 신원자력 협력협정에 관한 연구」, 한국원자력연구소 연구보고서(1994).

14 하영선, 「핵연료주기 연구 개발을 위한 국제정치 환경」, 한국원자력연구소 연구보고서 (1997).

15 하영선, 「북한 핵·미사일의 주기적 위기: 강성대국과 페리보고서」, 《계간사상》, 제45호 (2000).

3강 한반도의 전쟁과 평화

1   Mikhail Gorbachev. *Perestroika: New Thinking for our Country and the World*. New York: Harper & Row, 1987.

2   정약용. 『정본 여유당전서(定本 與猶堂全書)』(전 37권), 다산학술문화재단 엮음(서울: 다산학술문화재단. 2013).

3   Carl von Clausewitz, *Vom Kriege*, Werner Hahlweg(ed.)(Bonn: Dümmler, 1991).

4   Vanya Eftimova Bellinger, *Marie von Clausewitz: The Woman behind the Making of on War* (Oxford: Oxford University Press. 2016).

5   Carl von Clausewitz, *On War*, Peter Paret, Michael Howard and Bernard Brodie(trans.)(Princeton, NJ.: Princeton University Press, 1984).

6   Raymond Aron, *Penser la Guerre, Clausewitz* (Paris: Gallimard. 1976).

7   Johan Galtung, "An Editorial," *Journal of Peace Research*. Vol.1, No.1(1964).

8   Hermann Schmid, "Peace Research and Politics," *Journal of Peace Research*. Vol.5, No.3(1968).

9   Johan Galtung, "Violence, Peace, and Peace Research." *Journal of Peace Research*, Vol.6, No.3(1969).

10 Johan Galtung, "A Structural Theory of Imperialism," *Journal of Peace Research*, Vol.8, No.2(1971).

11 John A. Hobson, *Imperialism: A Study*. New York: James Pott & Company, 1902.

12 Vladimir Lenin, *Imperialism, the Highest Stage of Capitalism*. Russian ed.(1917).

13 Johan Galtung, "Social Cosmology and the Concept of Peace," *Journal of Peace Research*, Vol.18, No.2(1981).

14 하영선. 『한국전쟁의 새로운 접근: 전통주의와 수정주의를 넘어서』(서울: 나남, 1990).

15 하영선, 『한반도의 전쟁과 편화:군사적 긴장의 구조』(서울: 청계연구소, 1989).

16 이용희, 『국제정치원론』 동주 이용희 전집 제1권(고양: 연암서가. 2017).

17 하영선. 「한국외교정책 분석틀의 모색」. ≪국제정치논총≫, 제28집 2호(1988).

18 하영선, 「전쟁과 평화: 한반도의 전쟁과 평화」, 송호근 외, 『(문화의 안과 밖 7) 시민사회의 기획과 도전: 근대성의 검토』(서울: 민음사, 2016); 네이버 열린 연단: 문화의 안과 밖 강연 시리즈, '제40강 평화와 전쟁: 한반도의 전쟁과 평화', https://openlectures.naver.com/contents?contentsId=48480&rid=251&lectureType=lecture

4강 한국 현대 외교정책론

1   George F. Kennan, "The Source of Soviet Conduct," *Foreign Affairs*, Vol.65 (1947).

2   Bruce Cumings, *The Origins of the Korean War* (Princeton, NJ.: Princeton University Press, 1981, 1990).

3   Bruce Cumings, *Child of Conflict: The Korean American Relationship, 1943–1953*. (Seattle: University of Washington Press, 1983). 한국어판은 브루스 커밍스, 『한국전쟁과 한미관계: 1943~1953』, 박의영 옮김(서울: 靑史, 1987).

4   Woodrow Wilson Center Digital Archive, http://digitalarchive.wilsoncenter.org.

5   백남운, 『쏘련 인상』(평양: 조선역사편찬위원회, 1950).

6 John Lewis Gaddis. *Strategies of Containment: A Critical Appraisal of Postwar American National Security Policy* (New York: Oxford University Press, 1982).

7 John Lewis Gaddis. *We Now Know: Rethinking Cold War History* (New York: Oxford University Press, 1997). 한국어판은 존 루이스 개디스, 『새로 쓰는 냉전의 역사』, 박건영 옮김(서울: 사회평론, 2002).

8 John Lewis Gaddis. *The Cold War: A New History* (New York: Penguin Press, 2005). 한국어판은 존 루이스 개디스, 『냉전의 역사: 거래, 스파이, 거짓말 그리고 진실』, 정철·강규형 옮김(서울: 에코리브르, 2010).

9 Odd Arne Westad, *The Global Cold War: Third World Inventions and the Making of Our Times* (Cambridge: Cambirdge University Press, 2005).

10 Odd Arne Westad, *The Cold War: A World History* (New York: Basic Books, 2017).

11 Melvyn P. Leffler and Odd Arne Westad(eds.), *The Cambridge History of the Cold War 1, 2, 3* (Cambridge: Cambridge University Press, 2010).

12 션즈화, 『마오쩌뚱 스탈린과 조선전쟁』, 최만원 옮김(서울: 선인, 2010).

13 Zhuihua Shen, 『朝鮮戰爭: 俄國檔案館的解密文件』(臺北: 中央研究院近代史研究所, 2003).

14 Anatoly Vasilievich Torkunov, *The War in Korea 1950-1953* (Tokyo: ICF Publishers, 2000) http://www.torkunov.mgimo.ru/files/The-War-in-Korea_1950-1953.pdf.

15 The National Security Archive-The George Washington University, http://nsarchive2.gwu.edu.

16 이용희, 『일반 국제정치학(상)』(서울: 이조, 2013).

5강 현대 국제정치이론

1 이동주(이용희), 『국제정치원론』(서울: 장왕사, 1955).

2 이용희, 『일반국제정치학(상)』(서울: 박영사, 1962).

3 하영선, 「한국 국제정치학의 새로운 방향 모색」, 서울대학교 사회과학연구원(1986).

4 조효원, 『국제정치학』(서울: 문종각, 1954).

5 Edward Hallett Carr, *The Twenty Years' Crisis, 1919-1939: an introduction to the Study of International Relations* (London: Palgrave Macmillan, 1939; 2001).

6 Karl Mannheim, *Ideology and Utopia: An Introduction to the Sociology of Knowledge* (San Diego: A Harvest Book, 1936).

7 김양수, "세력균형주의와 국제협조주의", 《개벽》, 통권 제46호(1924).

8 Hans. J. Morgenthau, *Politics among Nations: The Struggle for Power and Peace* (Boston: McGraw-Hill, 1948; 7th edition, 2006).

9   Hans. J. Morgenthau, *Scientific Man vs. Power Politics* (Chicago: The University of Chicago Press, 1974).

10   Raymond Aron, *Paix et Guerre entre les Nations* (Paris: Calmann-Lévy, 1962). 영문판은 Raymond Aron, *Peace and War: A Theory of International Relations* (New York: Praeger, 1966).

11   Kenneth Waltz, *Theory of International Politics* (Boston: McGraw-Hill, 1979).

12   Joseph S. Nye and Robert O. Keohane, "Transnational Relations and World Politics," *International Organization*, Vol.25, No.3(1971).

13   Robert O. Keohane and Joseph S. Nye. *Power and Interdependence: World Politics in Transition* (Boston: Little, Brown, 1977).

14   Robert O. Keohane, *After Hegemony: Cooperation and Discord in the World Political Economy* (Princeton, N. J.: Princeton University Press, 1984).

15   George Modelski, *Principles of World Politics* (New York: Free, 1972).

16   Alexander Wendt, "The Agent-Structure Problem in International Relations Theory," *International Organization*, Vol.41, No.3(1987).

17   Alexander Wendt, *Social Theory of International Politics* (Cambridge; New York: Cambridge University Press, 1999). 한국어판은 알렉산더 웬트, 『국제정치의 사회적 이론: 구성주의』, 박건영·이옥연·구갑우 옮김(서울: 사회평론, 2009).

18   Alexander Wendt, *Quantum Mind and Social Science: Unifying Physical and Social Ontology* (Cambridge; New York: Cambridge University Press, 2015).

19   Michael Mann, *The Sources of Social Power*, vol.1~4(New York: Cambridge University Press, 1986; 1993; 2012; 2013).

20   Thomas Kuhn, *The Structure of Scientific Revolutions*, 50th Anniversary Edition (Chicago: University of Chicago Press, 2012; 1st ed, 1962).

6강 복합세계정치학

1   하영선 엮음, 『탈근대지구정치학』(서울: 나남, 1993).

2   하영선 엮음, 『사이버 공간의 세계정치: 베스트 사이트 1000 해제』(서울: 이슈투데이, 2001).

3   하영선 엮음, 『21세기 한반도 백년대계: 부강국가를 넘어서 지식국가로』(서울: 풀빛, 2004).

4   하영선·김상배 엮음, 『네트워크 지식국가: 21세기 세계정치의 변환』(서울: 을유문화사, 2006).

5   하영선·김상배 엮음, 『네트워크 세계정치: 은유에서 분석으로』(서울: 서울대학교 출판문화원, 2010).

6   하영선·김상배 엮음, 『복합세계정치론: 전략과 원리, 그리고 새로운 질서』(파주: 한울, 2012).

7   이상우·하영선 엮음, 『현대 국제정치학』(서울: 나남, 1992).

8   하영선 엮음, 『탈근대지구정치학』(서울: 나남, 1993).

9 하영선 엮음, 『사이버 공간의 세계정치: 베스트 사이트 1000 해제』(서울: 이슈투데이, 2001; 2003).

10 국제정치포털, http://www.worldpolitics.ne.kr.

11 Barry Buzan, *People, States, and Fear: The National Security Problem in International Relations* (Brighton, Sussex: Wheatsheaf Books, 1983); Barry Buzan, *People, States, and Fear: an Agenda for International Security Studies in the Post-cold Era* (Boulder, CO.: L. Rienner, 1991).

12 Susan Strange, *States and Markets: An Introduction to International Political Economy* (London: Pinter Pub, 1988).

13 Samuel Huntington, "The Clash of Civilizations?," *Foreign Affairs*, Vol.72, No.3 (1993).

14 Edward Said, "The Clash of Ignorance," *The Nation*, Vol.273, No.12(2001).

15 Rachel Carson, *Silent Spring* (Boston: Houghton Mifflin Co., 1962).

16 Donella H. Meadow et al., *The Limits to Growth: A Report for the Club of Rome's Project on the Predicament of Mankind* (New York: Universe Books, 1972).

17 World Commission on Environment and Development, *Our Common Future* (Oxford & New York: Oxford University Press, 1987).

18 Nick Bostrom, *Superintelligence: Path, Dangers, Strategies* (Oxford: Oxford University Press, 2014).

7강 한국 외교사

1 魏源, 『海國圖志』, 魏源全集, 第四冊~第七冊(岳麓書社, 2004)

2 석파학술연구원 엮음, 『흥선대원군 사료휘편』(전 4권)(서울: 현음사, 2005).

3 최익현, 『면암 최익현 문집』(전 3권), 민족문화추진회 옮김(서울: 한국학술정보, 2006).

4 하영선, 『역사 속의 젊은 그들: 18세기 북학파에서 21세기 복합파까지』(서울: 을유문화사, 2011).

5 徐繼畬 輯著, 『瀛環志略』(1848)(臺灣商務印書館, 1986).

6 Jane Kate Leonard, *Wei Yuan and China's Rediscovery of the Maritime World* (Cambridge, Mass: Council on East Asian Studies, Harvard University, 1984).

7 魏源, 『海國圖志』, 魏源全集, 第四冊.

8 이광수, ""甲申政變回顧談, 朴泳孝氏를 만난 이야기", 《동광》, 제19호(1931).

9 윤종의, 『벽위신편(闢衛新編)』(1848)(서울: 한국교회사연구소,1990).

10 Henry Wheaton, *Elements of International Law* (1st ed., Philadelphia: Carey, Lea & Blanchard, 1836; 8th ed., Boston: Little, Brown, And Company, 1866); 丁韙良

(William A. P. Martin) 漢譯,『萬國公法』(京師崇實館版, 1864), 한국학문헌연구소 엮음 (서울: 아세아문화사, 1981).

11 Theodore D. Woolsey. *Introduction to the study of International Law*, 3rd ed. (New York: Scribner, Armstrong & CO, 1874; 1st ed. 1869).

12 Owen N. Denny, *China and Korea* (Shanghai: Kelly & Walsh, Limited Presents, 1888).

13 황준헌,『朝鮮策略』, 조일문 옮김(서울: 건국대학교출판부, 1988; 2001).

14 안중근,『안중근의 동양 평화론』, 이영옥 엮음, 손태수·신현하·김월배 옮김(서울: 서울셀렉션, 2018).

8강 한국 근대 사회과학 개념사

1 유길준,『兪吉濬全書(III)』(서울: 일조각 1971).

2 François Guizot, *Histoire générale de la civilisation en Europe depuis la chute de l'Empire romain jusqu'à la Révolution française* (Paris: Pichon & Didier, 1828); 영역본은 François Guizot, *The History of Civilization: from the Fall of the Roman Empire to the French Revolution*, William Hazlitt(trans.)(London: D. Bogue, 1846).

3 François Guizot, *Histoire de la civilization en France depuis la chute de l'Empire romain jusqu'en 1789*, 5 volumes.(Paris: Didier, 1829~1832).

4 Henry Thomas Buckle, *History of Civilization in England*, 2 volumes(London: John W. Parker, 1857~1861).

5 Otto Brunner, Werner Conze and Reinhart Koselleck(Hrsg.), *Geschichtliche Grundbegriffe: historisches Lexikon zur politisch-sozialen Sprache in Deutschland*. 1. Auflage, 8 Bände in 9: Band 1-7 sowie Registerbände 8/1 und 8/2(Stuttgart: Klett-Cotta, 2004).

6 白川 静,『字統』(東京: 平凡社, 1984).

7 白川 静,『字訓』(東京: 平凡社, 1987).

8 白川 静,『字通』(東京: 平凡社, 1996).

9 白川 静,『常用字解』(東京: 平凡社, 2003).

10 하영선 외,『근대한국의 사회과학 개념 형성사』(파주: 창비, 2009).

11 福澤諭吉,『西洋事情』, 福澤諭吉著作集, 1卷(東京: 慶応義塾大學出版會, 2001~2003).

12 福澤諭吉,『學問のすすめ』, 福澤諭吉著作集, 3卷(東京: 慶応義塾大學出版會, 2001~2003).

13 福澤諭吉,『文明論之概略』, 福澤諭吉著作集, 4卷(東京: 慶応義塾大學出版會, 2001~2003).

14 하영선, 손열 엮음,『근대한국의 사회과학 개념 형성사 2』(파주: 창비, 2012).

1   임기중 엮음, 『연행록총간증보판』(서울: 누리미디어, 2013). 2016년 6차 개정증보판 출간.

2   홍대용, 『을병연행록』(1775~1776). 현대 한글 번역본으로는 정훈식 옮김, 『을병연행록: 18
    세기 장편 국문 연행록의 현대어 완역본』(전 2권)(광명: 경진, 2012)이 있다.

3   김창업, 『노가재연행일기』, 민족문화추진회 편역, (신편국역) 연행록선집 4(파주: 한국학술정
    보, 2008).

4   박지원, 『열하일기』, 박영철 엮음, 연암집(1932). 원문은 한국고전종합DB(http://db.itkc.
    or.kr/)에서 볼 수 있으며, 현대 한글 번역본으로는 이가원 옮김(고전번역총서, 1968), 리상
    호 옮김(보리, 2004), 김혈조 옮김(돌베개, 2009) 등이 있다.

5   John King Fairbank(ed.), *The Chinese World Order: Traditional China's Foreign
    Relations* (Cambridge, MA.: Harvard University Press, 1968).

6   李云泉, 『万邦来朝: 朝贡制度史论』(北京: 新华出版社, 2014).

7   이용희·신일철, "사대주의: 그 현대적 해석을 중심으로", 《지성》, 1972년 2~3월호; 이용희,
    『한국 민족주의』, 노재봉 엮음(서울: 서문당, 1977); 이용희, 『(동주 이용희 전집 제2권) 정
    치사상과 한국 민족주의』(고양: 연암서가, 2017).

8   Morris Rossabi ed., *China among Equals: The Middle Kingdom and its Neighbors,
    10th-14th Centuries* (Berkeley: University of California Press, 1983).

9   David Kang, *East Asia before the West* (New York: Columbia University Press:
    2010).

10 Evelyn Rawski, *Early Modern China and Northeast Asia: Cross-Border Perspectives*
    (Cambridge: Cambridge University Press, 2015).

11 Evelyn Rawski, "Presidential Address: Reenvisioning the Qing: The Significance
    of the Qing Period in Chinese History," *The Journal of Asian Studies*, Vol.55,
    No.4(1996).

12 Tonio Andrade, *The Gunpowder Age: China, Military Innovation, and the Rise of
    the West in World History* (New Jersey: Princeton University Press, 2016).

13 徐兢, 『宣和奉使高麗圖經』(1123), 김한규 옮김, 『사조선록 역주 1』(서울: 소명, 2012).

14 西嶋定生, 「六-八世紀の東アジア」, 家永三郎 等編, 『岩波講座日本歷史 第2(古代 第2)』
    (東京: 岩波書店, 1962).

15 堀 敏一, 『东アジア世界の形成――中国と周辺国家』(東京: 汲古書院, 2006).

16 김부식, 『삼국사기』(1145). 원문은 한국고전종합DB(http://db.itkc.or.kr/)에서 볼 수 있다.

1 Sigmund Freud, *Die Trumdeutung* (Leipzif und Wien: Franz Deuticke, 1900); 영
   역본은 *The Interpretation of Dreams: The Complete and Definitive Text*, James
   Strachey(trans.)(New York: Basic Books,1955).

2 하영선, "북한 제7차 노동당대회 감상법", EAI 하영선 칼럼(2016.5.26.).

3 박근혜 대통령 광복절 70주년 경축사 전문(2015), retrieved from https://www.yna.co.
   kr/view/AKR20150815030000001?input=1195m.

4 藤塚鄰, 「淸朝文化東傳の硏究: 嘉慶·道光學壇と李朝の金阮堂」(東京: 國書刊行會, 1975).

5 하영선 엮음, 「1972 한반도와 주변4강 2014」(서울: 동아시아연구원, 2015).

6 하영선·조동호 엮음, 「북한 2032: 선진화로 가는 공진전략」(서울:동아시아연구원, 2010).

7 Pierre Teihard de Chardin, *Oeuvres de Teihard de Chardin*, I~XIII(Paris: Editions
   du Seuil, 1953~1976); Pierre Teihard de Chardin, *The Human Phenomenon*,
   Sarah Appleton-Weber, A new Edition and Translation of *Le Phenomene
   humain* (Brighton: Sussesx Aademic Press, 1999).

8 Francis Heilighen, The Global Brain Institute, https://sites.google.com/site/
   gbialternative1/

찾아보기

인물 찾아보기

가우디, 안토니Antoni Gaudi 395
갈퉁, 요한Johan Galtung 125~126
개디스, 존 루이스John Lewis Gaddis 167
고르바초프, 미하일Mikhail Gorbachev 112
기조, 프랑수아François Pierre Guillaume Guizot
    311~312
김일성 51, 135, 182~183, 187, 191
김정은 87, 376
김정희 383, 456
깁슨, 윌리엄William Gibson 246

나이, 조지프Joseph Nye 219, 475
니부어, 라인홀트Reinhold Niebuhr 215
니시지마 사다오西嶋定生 360
닉슨, 리처드Richard Milhous Nixon 52

동주東洲 20~22, 56, 116, 142, 201~202, 204,
    206~211, 222~223, 228, 487, 500
드러커, 피터Peter Drucker 215

라우셴버그, 로버트Robert Rauschenberg 389
량치차오梁啓超 287, 505
러커토시, 임레Imre Lakatos 232~234, 323
레닌, 블라디미르Vladimir Il'Ich Lenin 127
로사비, 모리스Morris Rossabi 345, 352, 355
로스키, 에벌린Evelyn Rawski 352

루소, 장 자크Jean Jacques Rousseau 13, 22~
    26, 28~33, 35, 37~38, 40~41, 45~46,
    121, 261, 405, 476, 481
린쩌쉬林則徐 282

만, 마이클Michael Mann 227
만하임, 카를Karl Mannheim 215
모겐소, 한스Hans J. Morgenthau 217~218
모델스키, 조지George Modelski 54, 56, 58,
    70~72, 142, 210, 221, 224, 354, 399

박규수 270, 282
박정희 63
반 고흐, 빈센트Vincent van Gogh 18, 388, 454
백남준 387, 472
버클, 헨리Henry Thomas Buckle 311~312
부잔, 배리Barry Buzan 255

사라세노, 토마스Tomas Saraceno 392
사이드, 에드워드Edward Said 259
션즈화沈志華 169~170
소동파蘇東坡 357
슈미트, 헤르만Hermann Schmid 126
스칼라피노, 로버트Robert A. Scalapino 59
스탈린, 이오시프Iosif Vissarionovich Stalin 135,
    182, 184
스트레인지, 수전Susan Strange 258
시진핑習近平 212, 372

신채호 301

아롱, 레몽Raymond Aron 124, 218
아베 신조安倍晋三 126
아이젠하워, 드와이트Dwight David Eisenhower 62
안중근 302~303
애그뉴, 스피로Spiro Agnew 63
오바마, 버락Barack Obama 371
요시다 쇼인吉田松陰 286
월러스틴, 이매뉴얼Immanuel M. Wallerstein 224
월츠, 케네스Kenneth Waltz 218
웨스타드, 오드 아른Odd Arne Westad 168
웨이위안魏源 276, 283~284
웬트, 알렉산더Alexander Wendt 223
윌슨, 콜린Colin Wilson 17
유길준 20, 275~277, 280~281, 284, 291,
    294~298, 308~310, 312, 317~318,
    321~322, 326~327, 332, 475~476
윤치호 277~278
이승만 187
이용희 ☞ 동주東洲
이중섭 385, 454

저우언라이周恩來 50, 189
정약용 115, 210, 464
지눌 230~231

카, 에드워드 핼릿Edward Hallett Carr 214
카터, 지미Jimmy Carter 66
커밍스, 브루스Bruce Cumings 164, 177~178
케넌, 조지George Frost Kennan 163
코젤렉, 라인하르트Reinhart Koselleck 312,
    320~321, 329~330
코헤인, 로버트Robert Keohane 219
쿤, 토머스Thomas Kuhn 230~231, 233~234,
    323
클라우제비츠, 카를 폰Carl von Clausewitz
    118~121, 123, 127, 218
클린턴, 힐러리Hillary Rodham Clinton 411
키신저, 헨리Henry Alfred Kissinger 50, 189

트럼프, 도널드Donald Trump 82, 410, 488

페어뱅크, 존John King Fairbank 344, 352, 355,
    360
포퍼, 칼Karl Popper 232~234, 323

헌팅턴, 새뮤얼Samuel Huntington 258
호크니, 데이비드David Hockney 390
홉슨, 존John A. Hobson 126
황쭌셴黃遵憲 298
후지모토 소우藤本壯介 393
후쿠자와 유키치福澤諭吉 275, 277~278, 291,
    310~312, 318, 322, 326~327

용어 찾아보기

개념 307
거미줄 251~252
격물치지格物致知 249
견미사절단 271
경쟁애amour propre 24, 26~33, 35, 37~39, 54,
    62, 405, 476, 490

『고백Confessions』 25
공포의 균형 47
『과학혁명의 구조The Structure of Scientific
    Revolutions』 230~231
광무개혁 273, 300
구성주의 205, 214, 223, 225, 229, 256, 389
국가주의 301~302
국권회복론 281, 301

국제역사사회학 214, 227~228

국제원자력기구IAEA 198

『국제정치원론』 21, 202, 211

군국기무처 272

권역과 전파의 국제정치학 21~22, 311, 321~
    322, 326, 328, 360, 381, 492, 500

근대 국제정치 205, 207~208, 235, 237, 243,
    248, 251, 256, 268, 279, 281, 289, 348,
    408, 416

기술혁명 244, 405, 431

「긴 전문Long Telegram」 163, 178

김일성과 스탈린의 대화(1949) 181

김일성과 스탈린의 대화(1950) 183

김정은 신년사(2018) 87

김정은 신년사(2019) 102

남북 고위급회담 198

남북 기본합의서 76

냉전 개념사 329

네트워크 국제정치 392

늑대거미 236, 238, 251~253, 263, 383, 397,
    407, 422, 429, 431~432

닉슨 독트린 63

다보탑 236, 239, 253~254, 263, 382, 404,
    421~422

대大데탕트 54, 159, 189, 191

대동아공영권 365

대륙간탄도유도탄ICBM 78

대북 경제 제재 79~80

대북 비핵 신안보체제 80

대중국 그물망 외교 464

데탕트 50, 58, 112, 129, 145, 158, 167, 170,
    174, 190, 220~221, 330, 350

《독립신문》 278

돈오점수頓悟漸修론 230~231

『동문휘고』 338

동아시아 세력망 465~467

동아시아 전통 개념사 313

동아시아 질서 건축사 273, 337, 340~341,
    343, 346, 349~350, 363

동양주의 301~302

『동양평화론』 302

동정pitié 26~29, 31~32, 35~39

러일전쟁 273

『만국공법萬國公法』 289, 293

매력의 국제정치학 379, 453, 474~475

목적론, 존재론, 인식론, 실천론의 빈곤
    211~213, 235~237

무식의 충돌The Clash of Ignorance 259

문명civilization 310, 321, 326, 362, 424

문명개념사 326

『문명론의 개략文明論之槪略』 275, 291, 296,
    311~312, 327

문명충돌론The Clash of Civilizations 258

문명표준 41, 206, 213, 226, 262, 290, 292,
    295~297, 308, 311, 313, 318, 327, 397,
    408~410, 415~416, 420~422, 461, 469~
    470

문화 258, 313, 321~322, 326, 424

미래 개념사 329, 331, 333

백자철화끈무늬병 380, 452

베를린 장벽 붕괴 157

복합국가 236, 238~239, 244, 249, 251, 263,
    397, 404, 429, 436

복합세계정치 22, 173, 212~213, 229,
    235~236, 238~239, 243, 248~249,
    253~254, 256, 262~263, 274, 281, 317,
    382, 393~394, 397~398, 404, 407, 417,
    420~422, 435, 484, 490

복합세계질서 340, 363, 377

북미 정상회담 105
북진론 187
북핵 해결의 4중 복합 해법(제재, 억지, 관여,
　자구) 85~87, 95~96
비핵·경제 병진노선 81, 89, 99, 101, 402
비핵 안보와 번영의 병진노선 85

사랑의 국제정치학 13, 27, 41, 45~46, 60,
　111, 117, 302, 408, 481
사이버 공간 239, 244, 246, 253, 256, 333,
　369, 403, 434~435, 486
『사회계약론Du Contrat Social ou Principes du
　droit politique』 23, 25, 36~37, 40
『삼국사기』 361
생 피에르의 영구평화안 38~39
『서유견문』 235, 275~276, 280, 291, 297~
　298, 308, 326, 475
세계질서 13, 15~16, 46, 50, 54~58, 61, 69~
　70, 111, 117, 129, 139, 142~143, 145,
　159, 163~165, 197, 204, 222, 226, 235,
　237, 243, 253, 257, 269, 295, 355, 359~
　360, 363, 370, 379, 411, 416, 430, 468,
　486
세계체제론 214, 221~225
세한도 383, 455
소극적 평화 126
소小데탕트 51, 138, 159, 173, 189, 191
수정론 162, 164~167, 172~173, 181
신냉전 54, 111~112, 129, 146, 158, 169, 220~
　221
신자유제도주의 221
신청사 348, 352
신형 국제 관계 364, 414

『**아**웃사이더Outsider』 17~19
아편전쟁 269, 276, 283, 288~289, 467, 474
양절체제론 281, 294, 297~298, 318

『에밀Émile』 25, 29, 35, 261, 405
『연행록』 339~340, 342
『열하일기』 340, 352~353
『영국 문명사The History of Civilization in
　England』 311
완전 비핵화 90, 92, 94~95, 98, 100~102,
　104~106, 401
용미用美론 175, 319, 398
『우리의 공동 미래Our Common Future』 260
원용부회론 281, 288~289, 292, 299
『유럽 문명사Histoire de la civilisation en Europe』
　311
이의역지以意逆志 87, 348, 350, 500
인공지능 260
『인류 불평등 기원론Discours sur l'origine et les
　fondements de l'inégalité parmi les
　hommes』 23~24, 27, 30, 35, 38, 261
인류애 32, 39
일반 국제정치학 205, 491
『일반 국제정치학(상)』 21, 202~203, 207, 209
일반의지volonté générale 36~37, 40, 405

자강균세론 281, 298, 300
자기애amour de soi 24~28, 33, 35, 476
자유주의 54~55, 74, 205, 214, 219~222, 225,
　228, 410
장소의 국제정치학 56, 203, 205, 492
장주기 이론 55~56, 72, 222, 224, 399
적극적 평화 126
적응, 저항, 사랑 16
전략핵무기제한협정Strategic Arms Limitation
　Treaty 47, 69
『전쟁론』 118~120, 122~124, 481
『전쟁상태론L'état de Guerre』 38
전쟁의 삼면성 119~120, 124
정통론 162~163, 165~166, 171, 173, 181
제3의 길(삶) 17, 19, 22~23

제4기 신냉전 연구 168~170
제5기 복합적 신냉전 연구 172
제국주의 126
제너럴셔먼호 사건 269
제네바 기본합의 76
조국애 32, 37, 39, 405
조선반도 비핵화 91~92, 97, 104~106
『조선책략朝鮮策略』 298~299, 427
조일수호조규 270
중견국 146, 214, 225, 400, 402~403, 408,
　　420, 490
중국몽中國夢 212
「중립론」 295
지구냉전사 168
지구 통치global governance 416, 458
지속가능한 발전 260

척사파 279
천안문 사태 159
천하도 250~251, 378
천하질서 206, 208, 212, 235~236, 268, 275~
　　276, 290~291, 293, 295, 299, 310, 317~
　　318, 327, 329, 337, 340~343, 345, 348,
　　350, 352~353, 355, 359~360, 362~363,
　　373, 410, 430, 463, 467, 492
천하질서의 4대 작동 원리(기미, 예치, 정벌,
　　회유) 344, 346~348
청일전쟁 189, 272, 296, 300, 310, 328, 428,
　　465

『카라마조프가의 형제들』 19, 22
코즈 정리Coase theorem 73~74
코펜하겐 학파 255~256

탈근대 지구정치 197, 208, 223, 243~244,
　　267, 337, 389
탈냉전 47, 69~70, 75~76, 129, 134, 137,
　　146~147, 150~151, 157~158, 160,
　　165~166, 168, 172~174, 178, 181,
　　192, 197~198, 220~221, 227, 229,
　　235, 243~244, 249, 255, 257~258,
　　267, 330, 337, 374, 396, 398, 419,
　　431~432, 435, 456
탈수정론 162, 165, 167, 172~173
통려오해론通麗五害論 357

페레스트로이카Perestroika 113

『학문예술론Discours sur les Sciences et les
　　Arts』 23~24
한국 개념사 307, 320~321, 325, 328, 331
한국 국제정치학 125, 204~205, 210,
　　212~213, 227, 235~236, 238, 320, 396,
　　453, 489
한국 외교사 267~268, 274~275, 281, 303,
　　316, 320
한국의 핵개발 57, 62, 85
한국적 세계화 403, 435
한국전쟁 122, 125, 127, 129~131, 133~137,
　　140, 143~146, 164, 166, 169, 171~174,
　　176~177, 182, 184~185, 187, 192, 194,
　　198, 235, 330, 350, 385
한국 지성사 115~116
한국 현대사 115, 157, 162, 173, 176, 187, 385
한반도 비핵화 공동선언 76
한반도 전쟁과 평화의 삼중체제적 접근(국제
　　체제, 분단체제, 국내체제) 128, 173
한반도 평화체제 86, 90, 96, 421
한중수교 198
『해국도지海國圖志』 276, 283~284
해방론 270, 276, 281~282, 284, 287, 289
해석학 226, 233, 319~320, 323, 341, 348,
　　350~351, 491, 500
핵무기 46~47

핵비확산체제 69~70, 85
핵전략 이론 48
핵확산 57~58, 60~61, 65, 68, 70, 72~75, 102, 469
핵확산금지조약NPT 198
현실주의 22, 41, 54~55, 71, 205~206, 214, 216~225, 228, 248, 281, 501
힘力, 이利, 의義의 국제정치 373, 399, 413

21세기 미래사 435~436

21세기 세계정치 209, 237, 243, 254, 369
21세기 아태 질서 295, 341, 402, 417, 420
21세기 중국의 부상 337, 340
21세기 통일 434
3대 혁명 역량 15, 89, 137~140, 150, 191~192, 330, 375, 401
4차 산업혁명 261
5중 그물망 397, 435
7·4 남북공동성명 51, 76, 138, 190, 192~194, 198, 330, 350, 391

하영선 河英善

국제정치 이론과 역사를 반세기 동안 연구해 온 한국의 대표적 국제정치학자다. 현재 동아시아연구원EAI 이사장이며 서울대학교 명예교수다. 서울대학교 외교학과에서 학사 및 석사학위를, 미국 워싱턴대학교에서 국제정치학 박사학위를 받았다. 서울대학교 외교학과 교수(1980~2012)로 재직했고, 미국 프린스턴대학 국제문제연구소와 스웨덴 스톡홀름국제평화연구소의 초청연구원이었으며, 서울대학교 국제문제연구소장, 미국학연구소장, 한국평화학회 회장을 역임했다. 《조선일보》와 《중앙일보》에 20년 동안 400편의 시론을 썼고, "하영선 칼럼"을 7년 동안 연재했다.

'전파연구', '한국 외교사', '정보세계정치', '동아시아연구원'의 연구 모임들을 이끌며 한국 국제정치학의 길을 개척해 왔다. 강의와 답사를 연계해서 '체험하는 외교사'라는 학습 모델을 개발해 '서울대 교육상'을 수상했으며, 서울대학교와 동아시아연구원에서 지난 15년 동안 동아시아 질서 건축사와 한국의 생존전략을 젊은 세대들과 함께 공부하고 현장을 찾아보는 학술답사를 계속하고 있다.

최근 저서 및 편저로는 국제정치이론 분야에 『미중의 아태질서 건축경쟁』(2017), 『복합세계정치론: 전략과 원리 그리고 새로운 질서』(2012), 『변환의 세계정치』(2012), 한국 외교사 분야에 『한국 외교사 바로보기: 전통과 근대』(2019), 『사행의 국제정치: 16~19세기 조천·연행록 분석』(2016), 『역사 속의 젊은 그들: 18세기 북학파에서 21세기 복합파까지』(2011), 한국 외교정책 분야에 『1972 한반도와 주변4강 2014』(2015), 『2020 한국외교 10대 과제: 복합과 공진』(2013), 『하영선 국제정치 칼럼 1991~2011』(2012), 『북한2032: 선진화로 가는 공진전략』(2010), 『한일 신시대를 위한 제언: 공생을 위한 복합 네트워크의 구축』(2010), 한국 개념사 연구 분야에 『한국 사회과학 개념사: 조공에서 정보화까지』(2018), 『냉전기 한국 사회과학 개념사』(2018), 『근대한국의 사회과학 개념 형성사 1, 2』(2009, 2012) 등이 있다.

한울아카데미 2188

사랑의 세계정치: 전쟁과 평화

지은이 하영선 ┃ **펴낸이** 김종수 ┃ **펴낸곳** 한울엠플러스(주) ┃ **편집** 최규선

초판 1쇄 인쇄 2019년 8월 20일 ┃ **초판 1쇄 발행** 2019년 9월 5일

주소 10881 경기도 파주시 광인사길 153 한울시소빌딩 3층

전화 031-955-0655 ┃ **팩스** 031-955-0656 ┃ **홈페이지** www.hanulmplus.kr

등록번호 제406-2015-000143호

ISBN 978-89-460-7188-9 03340(양장), 978-89-460-6803-2 03340(무선)

※ 책값은 겉표지에 표시되어 있습니다.